모던 스위프트 개발의 핵심! 패러다임과 매크로 그리고 동시성까지

SWIFT
스위프트 프로그래밍 4판

지은이 야곰

2010년부터 iOS 관련 개발을 시작했습니다. 컴퓨터교육을 전공했으며 컴퓨터 지식을 더 쉽고 재미있게 알리는 데 관심이 많습니다. 새로운 것을 배우고 지식을 나누는 것을 좋아합니다. Swift/iOS 관련 커뮤니티 활동도 하고 있습니다. 저서로는 『iOS 7 핵심 노트』, 『iOS 8 핵심 노트』, 『iOS 9 핵심 노트』, 『만들면서 배우는 Swift』, 『스위프트 프로그래밍』(이상 한빛미디어)이 있습니다.

스위프트 프로그래밍 4판 모던 스위프트 개발의 핵심! 패러다임과 매크로 그리고 동시성까지

초판 1쇄 발행 2017년 1월 2일
4판 1쇄 발행 2025년 5월 30일

지은이 야곰 / **펴낸이** 전태호
펴낸곳 한빛미디어(주) / **주소** 서울시 서대문구 연희로2길 62 한빛미디어(주) IT출판2부
전화 02-325-5544 / **팩스** 02-336-7124
등록 1999년 6월 24일 제25100-2017-000058호 / **ISBN** 979-11-6921-390-5   93000

책임편집 홍성신 / **기획 · 편집** 김수민
디자인 박정우 / **전산편집** 다인
영업마케팅 송경석, 김형진, 장경환, 조유미, 한종진, 이행은, 김선아, 고광일, 성화정, 김한솔 / **제작** 박성우, 김정우

이 책에 대한 의견이나 오탈자 및 잘못된 내용은 출판사 홈페이지나 아래 이메일로 알려주십시오.
파본은 구매처에서 교환하실 수 있습니다. 책값은 뒤표지에 표시되어 있습니다.
한빛미디어 홈페이지 www.hanbit.co.kr / 이메일 ask@hanbit.co.kr

Published by Hanbit Media, Inc. Printed in Korea
Copyright © 2025 야곰 & Hanbit Media, Inc.
이 책의 저작권은 야곰과 한빛미디어(주)에 있습니다.
저작권법에 의해 보호를 받는 저작물이므로 무단 복제 및 무단 전재를 금합니다.

지금 하지 않으면 할 수 없는 일이 있습니다.
책으로 펴내고 싶은 아이디어나 원고를 메일(**writer@hanbit.co.kr**)로 보내주세요.
한빛미디어(주)는 여러분의 소중한 경험과 지식을 기다리고 있습니다.

모던 스위프트 개발의 핵심! 패러다임과 매크로 그리고 동시성까지

SWIFT

스위프트 프로그래밍 4판

SWIFT 6

야곰 지음

한빛미디어

베타리더의 말

이 책을 읽다 보면 처음에는 코드 한 줄을 이해하는 데 집중하지만, 점차 스위프트의 패러다임이 보이기 시작하고 나아가 그 철학과 개발자로서의 사고방식까지 배우게 됩니다. 이 과정에서 책의 내용은 매 순간 새로운 의미로 다가옵니다. 이 책은 단순히 스위프트의 문법만 설명하는 것이 아니라, 객체지향, 함수형, 프로토콜 지향 프로그래밍이 어우러진 스위프트의 철학을 깊이 있게 이해하도록 도와줍니다. 스위프트를 배우는 여정에서 이 책이 언제나 길을 잃지 않도록 안내해주는 든든한 길잡이가 되어줄 것입니다.

_강동영(아렉스)

스위프트를 처음 접했을 때부터 지금까지, 이 책은 저에게 든든한 동반자였습니다. 면접을 준비할 때는 기본기를 탄탄히 다지는 데 큰 도움이 되었고 실무에서는 자칫 놓치기 쉬운 개념들을 다시금 되짚는 기준점이 되어주었습니다. 특히 스위프트 6의 큰 변화 속에서도 여전히 빛을 발하는, 말 그대로 바이블 같은 책입니다. 앞으로도 iOS 개발자로서의 길을 걷는 동안, 이 책은 제 책장에서 소중한 자리를 지킬 것입니다. 스위프트를 다루는 모든 개발자에게 진심으로 추천합니다.

_김대황(메이슨), 아하앤컴퍼니

이 책은 단순한 스위프트 입문서가 아닙니다. 초심자에게는 명쾌한 설명과 꼼꼼한 예제로 스위프트의 세계를 친절하게 소개하고, 숙련된 개발자에게는 놓치기 쉬운 개념을 되짚어보게 하는 길잡이가 되어줍니다. 특히 함수형 프로그래밍과 프로토콜 지향 프로그래밍이라는 스위프트의 핵심 패러다임을 명확히 이해할 수 있도록 돕습니다. 막연하게 느껴졌던 개념들이 하나씩 정리되며 퍼즐이 맞춰지는 듯한 경험을 하게 될 것입니다. 스위프트 개발자라면 반드시 읽어야 할 필독서이자, 실력을 한층 더 끌어올려줄 지침서라고 자신 있게 말씀드립니다.

_김선민(kuu)

이 책은 제 iOS 개발 여정의 시작점이자 나침반입니다. 7년 전, 학생 시절 두 번 정독하며 iOS 개발자라는 꿈을 키웠고, 이후 현업에 들어선 뒤에도 여러 차례 다시 읽으며 매번 새로운 배움을 얻었습니다. 이 책이 제 책장에 바이블처럼 자리 잡은 이유는 저자 야곰 님의 진정성 있는 철학이 책 전체에 고스란히 녹아 있기 때문입니다. 입문자의 눈높이로 시작하면서도 실무에 필요한 깊이까지 아우르며 읽을 때마다 새로운 발견과 더 넓은 이해를 선물해줍니다. 특히 이번 개정판 소식을 들었을 때 설렘을 감출 수가 없었습니다. 기초부터 심화까지 체계적으로 정리된 '모국어 문법서'를 만나는 건 큰 기쁨이기 때문입니다.

우리는 지금 그 어느 때보다 정보가 넘치는 시대에 살고 있지만, 그만큼 스스로에게 질문하고 답을 찾아가며 지식을 내 것으로 만드는 일은 여전히 어렵습니다. 저는 이 책이 그 여정의 나침반이 되어줄 것이라 믿습니다. 스위프트가 10주년을 맞이한 지금, 앞으로 20주년이 될 때까지도 이 책이 우리의 학습과 토론의 출발점이 되기를 바랍니다.

_김예빈(vivi), 현대자동차

어떤 일이든 오래할수록 기본기의 중요성을 절실히 깨닫게 됩니다. 이 책은 탄탄한 기초를 쌓고 싶은 분은 물론, 스위프트 개발을 어디서부터 시작해야 할지 고민하는 분 모두에게 좋은 책입니다. 누구나 이해하기 쉽도록 구성되어 있으며 다양한 예제를 통해 학습할 수 있습니다. 이 책으로 스위프트 개발의 첫걸음을 함께 시작해보는 건 어떨까요?

_김태형(태태)

스위프트는 버전이 올라갈 때마다 새로운 기능과 트렌드가 추가됩니다. 그 흐름을 따라가다 보면 때로는 벅차게 느껴지기도 하지만, 그럴 때마다 저는 '교과서' 같은 이 책을 믿고 다시 펼쳐봅니다. 오랜 기간 많은 개발자에게 선택받고 검증된 만큼 충분히 신뢰할 수 있는 책이기 때문이죠. 특히 이번 개정판은 최신 스위프트 6까지 반영되어 더욱 반갑습니다. 스위프트를 처음 접하는 분부터 이미 익숙한 분들에게도 주저 없이 추천합니다.

_송치원(곰튀김), 보이저엑스

이 책은 제가 스위프트 개발을 처음 시작할 때 쉽고 명확한 설명과 풍부한 예제로 빠르게 개념을 익히는 데 도움을 준 소중한 책입니다. 그 이후로도 제 책상 한쪽에 늘 자리하며 언제든 참고할 수 있는 유용한 자료가 되어주었습니다. 시간이 흘러 최신 스위프트 내용을 반영해 새롭게 돌아온 이번 개정판 역시 모든 iOS 개발자가 꼭 가지고 있어야 할 책이라 자신 있게 추천합니다.

_신대성(아실), 카카오

이 책으로 스위프트를 공부했습니다. 글만으로는 이해하기 어려운 개념들도 직관적인 예시를 통해 쉽게 설명해주어, 어느새 스위프트에 익숙해진 저를 발견할 수 있었습니다. 이 책으로 다진 기초는 실제 개발 과정에서 마주하는 다양한 문제를 해결하는 데 큰 힘이 되고 있습니다. 스위프트를 제대로 공부하고 싶다면 이 책을 꼭 읽어보길 바랍니다.

_신한섭(올라프)

이 책을 추천하는 이유는 스위프트 언어에 대한 깊은 이해를 바탕으로 효율적인 개발을 돕는 훌륭한 지침서이기 때문입니다. 스위프트처럼 고수준 언어의 효율성을 높이려면 그 원리에 대한 정확한 이해가 필수입니다. 응용 소프트웨어의 기능을 구현하기 전에 언어 자체를 충분히 이해하고 시작하면 개발 과정에서 시행착오를 크게 줄일 수 있습니다. 스위프트를 보다 체계적으로 익히고 싶은 분들에게 추천합니다.

_안솔찬, 채널코퍼레이션

저는 이 책의 저자인 야곰 님을 통해 처음 스위프트를 접했고, 이 책을 통해 '왜?'라는 질문을 스스로 던지고 깊이 고민하며 사고하는 법을 배웠습니다. 이러한 배움은 제 사고의 깊이를 더하고 문제 해결 능력을 키우는 데 도움이 되었습니다.

이 책은 스위프트에 대한 꼼꼼한 설명과 함께, 독자가 능동적으로 사고하고 학습할 수 있도록 돕는 질문들을 곳곳에 담고 있습니다. 스위프트를 단순히 사용하는 것을 넘어 원리까지 깊이 이해하고 싶은 분에게 강력히 추천합니다. 초보자부터 현업 개발자까지 모두에게 유익한 책이라 확신합니다. 언제나 좋은 내용과 깊은 통찰을 전해주시는 야곰 님께 감사합니다.

_연정민(Jake), 마이리얼트립

iOS 개발자라면 한 권쯤은 갖고 있는 바이블, 『스위프트 프로그래밍』 4판이 드디어 출간되었습니다. 이 책은 제가 스위프트 세계에 첫발을 내딛게 해주었고 앞으로도 더 많은 사람이 이 책을 통해 스위프트를 쉽게 배울 수 있을 거라 기대합니다. 스위프트로 개발하고 있거나 이제 막 시작하려는 분이라면 이 책을 꼭 읽으세요. 진심을 담아 추천합니다.

_오경식(unchain), 애즈위메이크

스위프트를 처음 시작하는 분이 기본 개념을 익히고 온보딩하기에 아주 좋은 책입니다. 객체지향과 함수형 프로그래밍 기법을 균형 있게 다루면서 실무에 자주 활용되는 고급 스킬까지 체계적으로 설명합니다. 개념을 따라가기 쉽게 구성된 목차와 쉬운 설명 그리고 다양한 예제를 통해 개념을 하나씩 익히다 보면 어느새 스위프트를 자유롭게 활용하고 있는 자신을 발견하게 될 것입니다.

_오진성, 토스

전체적인 흐름 속에서 스위프트 문법을 이해하며 공부하기에 딱 좋은 책입니다. 단편적인 인터넷 정보와 달리, 흐름을 따라가며 배울 수 있기 때문에 머릿속에 오래 남고 여러 개념을 스스로 설명할 수 있을 정도로 개념을 탄탄히 다지는 데 많은 도움이 되었습니다. 여러 번 읽다 보면 스위프트의 철학은 물론 프로그래밍 패러다임까지 자연스럽게 익힐 수 있어 저와 같은 주니어 개발자분들에게 특히 추천하고 싶습니다.

_윤수빈(Avery), 롯데카드

많은 앱 개발 서적이 있지만, 언어의 버전이 업데이트될 때마다 초보자부터 시니어 개발자까지 아우르며 언어의 본질과 최신 변화를 깊이 있게 설명하는 책은 흔치 않습니다. 이 책은 제 첫 iOS 개발부터 함께해온 반려서와도 같은 존재입니다. 새로운 스위프트 버전이 나올 때마다 다시 펼쳐보며 실력을 재정비할 수 있었습니다. iOS 개발을 하는 분이라면 업무 중에도 자주 참고하게 될 최고의 자료가 되어줄 것입니다.

_이경규(ㅅ(ᐛ)ㅊ 경규), ITX-AI

개발자는 경력의 길고 짧음을 떠나, 프로그래밍 언어의 기초를 반복 학습하며 깊은 통찰력을 얻게 됩니다. 탄탄한 기본기는 복잡한 문제를 해결하고 최신 기술을 효과적으로 활용하는 데 필수적인 토대가 됩니다. 그런 의미에서 이 책은 제가 견고한 기초를 다지는 데 큰 도움을 주었습니다. 스위프트의 기본을 확실히 다지고 싶은 주니어는 물론 실력을 한 단계 높이고자 하는 시니어 개발자 모두에게 실질적인 성장을 경험할 수 있게 해줄 것입니다.

_이재성(재르시), 레벨스

개발자로 일하고 있는 지금도 이 책을 다시 읽을 때마다 새로운 배움을 얻고 있습니다. 처음에는 온전히 이해하기 어려웠던 개념들도 이 책을 통해 더 깊은 시각으로 바라볼 수 있게 되었습니다. 기본적인 문법부터 실무에 적용할 수 있는 다양한 개념까지 체계적으로 정리되어 있어, 스위프트에 대한 이해도를 높이고 싶은 분들에게 적극 추천합니다.

_이지영(써머캣), 트러스테이

비전공자로서 개발을 시작하며 막막했던 순간이 많았습니다. 하지만 이 책을 통해 스위프트 기초를 차근차근 다지면서 어려웠던 개념들을 하나씩 정리할 수 있었습니다. 초보자뿐만 아니라 기본기를 다시 다지고 싶은 현업 개발자에게도 강력 추천합니다.

_임리나(엘림), 위버스컴퍼니

몇 년간 Objective-C로 개발해왔지만, 스위프트로 전환하는 과정은 결코 쉽지 않았습니다. 익숙한 방식을 버리고 새로운 패러다임을 익히는 일이 막막했던 순간, 이 책을 만나 큰 도움을 받았습니다. 기초 개념을 정리하는 데서 시작해 실무에서 부딪히는 고민까지 함께 해결할 수 있도록 구성된 책입니다. 저처럼 새로운 도전을 앞둔 분들 그리고 iOS 개발을 더 깊이 이해하고 싶은 분들에게 이 책을 자신 있게 추천합니다.

_장왕수(클린트장), 트러스테이

취업을 준비하던 10여 년 전, 야곰 님의 Objective-C 관련 글을 통해 처음으로 프로그래밍을 공부했습니다. 스위프트가 등장한 이후에는 이 책을 통해 스위프트에 대한 지식을 쌓았고, 스위프트 버전에 따른 업데이트와 여러 개정판을 통해 제 지식도 더욱 단단해졌으며, 저를 성장시키는 데 중요한 자원이 되었습니다.

이 책은 기본 문법부터 고급 개념까지 예제를 통해 체계적으로 안내하고, 단순히 코드를 작성하는 것을 넘어 코드를 이해하고 활용하는 능력을 키우도록 돕습니다. 초보자에게는 친절한 가이드가 되고 현업 개발자에게는 새로운 통찰과 레퍼런스를 제공합니다. 스위프트를 제대로 배우고자 하는 모든 개발자에게 필독서로 추천합니다.

_조성표(내일날씨맑음), 라인플러스

하나의 언어를 배운다는 것은 단순히 문법을 외우는 것이 아니라, 그 언어가 가진 철학과 원리를 이해하는 과정입니다. 이 책은 스위프트의 기초부터 깊이 있는 개념까지 탄탄하게 다루며 '왜 이렇게 동작할까?'라는 질문을 스스로 던지고 그 답도 스스로 깨닫게 해줍니다. 스위프트를 이해하고 싶은 모든 이들에게 최고의 선택이 될 것입니다.

_조찬우(그린), 쿠팡

개발의 기본기는 탄탄한 기초에서 시작됩니다. 이 책은 스위프트의 핵심 개념을 명확하고 쉽게 설명하여 견고한 기초를 다지는 데 도움이 됩니다. 저 역시 이 책을 통해 한층 더 성장할 수 있었습니다. 이 책과 함께 시작해 실력을 갖춘 iOS 개발자가 되어보세요.

_최선호(엔비냥), 아이즈엔터테인먼트

어떤 분야든 기본기가 가장 중요하다고 생각합니다. 스위프트 언어의 역사와 함께해온 이 책으로 탄탄한 초석을 다질 수 있을 겁니다. 처음 스위프트를 배우는 분, 더 깊이 있는 학습을 원하는 분은 이 책과 함께 기반을 마련할 수 있습니다.

_한상진(havi), 카카오페이

저자 서문(4판)

스위프트 언어가 벌써 탄생 10주년을 맞이했습니다. 그동안 거의 매년 주요 업데이트를 거듭해온 스위프트가 약 5년 만에 메이저 버전을 공개했습니다. 긴 시간만큼 변화도 많았습니다. 안정성과 속도는 더욱 향상되었고 다양한 기능이 추가되면서 이제는 정말 '성숙한 언어'라 불릴 만한 모습을 갖추게 되었습니다. 하지만 깃허브 저장소에서는 여전히 활발한 논의와 변화가 이어지고 있으며, 스위프트는 앞으로도 끊임없이 발전할 것입니다.

언어의 기능이 많아질수록 그 언어를 제대로 이해하고 활용하기가 점점 더 어려워지는 것 같습니다. 그래서 이번 개정판에 새로 추가한 내용은 최대한 쉽게 설명하려고 노력했습니다. 이 책이 입문자뿐만 아니라 실무자에게도 유용한 참고서가 되었으면 합니다.

개정판 작업을 하며 도움을 주신 동료분들 그리고 언제나 이 책을 사랑해주시는 독자 여러분께 진심으로 감사드립니다. 또한 일정에 늘 여유롭지 못한 저자 때문에 고생하신 한빛미디어 김수민 님께도 감사의 말씀을 전합니다.

마지막으로, 한동안 충분한 시간을 함께하지 못한 가족들에게 미안함과 사랑을 전합니다.

모두 모두 사랑합니다.

저자 서문(3판)

스위프트는 해마다 크게 발전하며 새로운 버전이 출시됩니다. 이 책의 1판은 스위프트 3을 기반으로 했는데, 매해 개정판을 내다 보니 벌써 3판을 출간하게 되었습니다. 개정 작업을 할 때마다 적지 않은 압박감도 느끼고 힘든 점도 많지만, 동시에 새로운 것을 배울 수 있어 즐겁기도 합니다.

개정판을 쓰기 전에는 '이제 5 버전이면 완숙기에 접어들었겠지?'라고 생각했지만, 다시 들여다볼수록 스위프트는 여전히 발전할 여지가 많다는 걸 실감합니다. 그 증거로, 스위프트의 깃허브 저장소에는 지금도 많은 Pull Request와 Merge로 분주합니다. 이를 볼 때마다 '다음 개정판에서는 또 어떤 멋진 문법을 소개할 수 있을까'하는 기대감이 생깁니다.

이번 개정을 진행하면서 또 많은 동료를 귀찮게 해버렸습니다. JK, kawoou, Mason, Zedd, kuu, 미정, 상어, 엉덩숭아, 엔비냥, 와니, 완복, 재르시, 주현, 초프, 태(가나다순, 혹시 이름이 빠졌다면 정말 미안합니다. 아마 많이 빠져 있을 거예요…). 시간을 내어 원고를 읽어주고 많은 피드백과 지식을 나누어주어서 정말 고맙습니다. 더불어 이 개정판이 나올 수 있도록 방아쇠를 당겨주신 한빛미디어 조희진 님, 편집을 맡아주신 이미연 님과 박지영 님께 감사의 인사를 전합니다.

또 개정 작업 때문에 즐거운 봄날을 함께하지 못하고, 멋진 여름휴가까지 반납해야 했던 못난 남편을 둔 아내에게 진심으로 깊은 사과와 사랑을 전합니다. 여보, 정말 미안하고 사랑해요.

이 책이 3판까지 이어질 수 있도록 기회를 준 독자 여러분께도 진심으로 깊은 감사의 말씀 전합니다.

모두 모두 사랑합니다.

저자 서문(2판)

이 책의 초고를 작성하기 시작한 것이 엊그제 같은데, 벌써 개정판을 출간합니다. 처음 집필을 시작했을 때는 스위프트 2 버전이었지만, 너무 오래 걸리는 바람에 스위프트 3 버전으로 초판을 출간하게 되었습니다. 그리고 이렇게 스위프트 4 버전으로 다시 여러분을 다시 만나 뵙게 되어 정말 기쁩니다.

스위프트는 발전하고 있습니다. 성능이 더욱 개선되고, 문법도 세련되어졌으며, 다양한 기능이 추가되었습니다. 이제 차세대 주력 언어로 자리매김하기에도 손색이 없다고 생각합니다. 스위프트가 더 널리, 더 많은 곳에 쓰이면 좋겠습니다. 그리고 이 책이 스위프트 언어를 필요로 하는 분들께 도움이 되길 바랍니다.

이번 개정판 작업에 큰 도움을 준 한빛미디어 이중민 님께 심심한 감사의 말씀을 드립니다. 또 이 책을 사랑해주는 모든 독자분께도 감사 인사를 드립니다.

사랑합니다.

저자 서문(1판)

애플이 스위프트를 세상에 내놓은 지 2년이 지났습니다. 그동안 수많은 변화를 거치며 더욱 정제되고 강력해진 스위프트는 이제 대세 언어로 떠오르고 있습니다. 처음 스위프트를 접했을 때는 환호성보다 한숨을 먼저 내뱉기도 했습니다. '아… 또 새로운 언어를 배워야 해?'라는 생각이 먼저 들었죠. 그러나 조금씩 알아갈수록 스위프트의 무한 매력에 빠져버렸습니다.

이 책으로 많은 분에게 스위프트의 문법뿐 아니라, 그 강력한 기능을 쉽게 전달하고자 합니다. 추상적인 개념은 그림으로 설명하고 다양한 예제를 통해 이해를 도왔습니다. 또한 기존 객체지향 프로그래밍 패러다임에 익숙한 분들이 스위프트에 녹아 있는 함수형 프로그래밍 패러다임을 쉽게 받아들이고 활용할 수 있도록 구성했습니다. 특히 스위프트의 가장 큰 특징이라 할 수 있는 프로토콜 지향 프로그래밍도 쉽게 풀어냈습니다. 책을 다 읽고 나면 스위프트가 왜 '프로토콜 지향 언어'라고 불리는지 자연스럽게 체감할 수 있으리라 기대합니다.

이 책은 다른 프로그래밍 언어를 접해본 경험이 있는 프로그래밍 초보자와 실무 프로그래머, 특히 객체지향 프로그래밍 패러다임에 익숙한 프로그래머까지 폭넓게 읽을 수 있도록 구성했습니다. 따라서 책을 온전히 소화하려면 컴퓨터 전반에 대한 이해와 약간의 프로그래밍 지식이 필요합니다. 프로그래밍에 익숙하지 않은 독자라도 책을 끝마칠 때쯤 상당한 수준의 프로그래밍 개념을 익힐 수 있을 것이고, 함수형 프로그래밍 패러다임과 프로토콜 지향 프로그래밍을 맛보고 싶은 프로그래머라면 기존의 프로그래밍 패러다임과는 다른 스위프트만의 강력함을 직접 경험할 수 있을 것입니다.

책을 읽다 보면 본문 중간중간 NOTE와 TIP을 확인할 수 있습니다. NOTE에는 꼭 알아두어야 할 중요한 개념을, TIP에는 본문 내용을 활용할 때 도움이 될 만한 유용한 정보를 담았습니다. 예제 코드에 대한 상세한 설명은 본문에 적었지만, 간단한 설명은 코드의 주석으로 제공했습니다.

스위프트를 처음 접하는 분들께 꼭 전하고 싶은 말이 있습니다. 스위프트는 근래 등장한 프로그래밍 언어들의 특징과 기능을 차용하면서도 고유의 기능을 많이 갖고 있는 언어입니다. 다른 언어에서 가져온 기능에 스위프트만의 방식으로 특징과 기능을 덧붙이기도 했습니다. 그러므로 같은 이름의 기능이라도 기존 언어의 기능이나 특징과 비교했을 때 사용법이 다른 경우가 많습니다. 바로 이런 부분이 다른 프로그래밍 언어에 익숙한 분들이 스위프트를 처음 접할 때 어려워하는 점입니다. 따라서 기존 프로그래밍 언어의 개념과 틀에 스위프트를 억지로 연관 지어 끼워 맞추려 하지 않으면 좋겠습니다. 기존 언어에 스위프트를 대입하려고 하면 굉장히 난해하거나 어려운 경우가 많을 것입니다. 그러니 스위프트는 스위프트답게, 고유의 기능과 특징이 있다고 받아들여주길 바랍니다.

끝으로, 이 책이 완성되기까지 믿고 지켜보며 함께 고민하고 멋지게 편집해주신 한빛미디어 조희진 님과 이중민 님께 감사의 말을 전합니다. 또한 책이 언제 나오냐며 저의 집필 의욕을 계속해서 불어넣어준 주변의 많은 동료에게도 감사의 말을 전합니다. 더불어 더 좋은 글을 쓸 수 있게 함께 고민하고, 부족한 글을 가다듬고, 코드를 테스트해준 분들께 진심으로 감사합니다. 무엇보다 항상 믿고 응원해준 친구들과 가족에게도 진심으로 깊은 고마움을 전하고 싶습니다.

사랑합니다.

일러두기

이 책의 소스코드는 다음 링크에서 확인할 수 있습니다.

- **소스코드**: bitbucket.org/yagom/swift6_programming

처음 스위프트를 접하는 분들께 작게나마 도움이 되고자 영상을 준비했습니다. 이 책의 모든 내용을 다루지는 않지만 스위프트를 처음 시작하는 데 도움이 되면 좋겠습니다. 온라인 동영상 강의는 아래 링크 중 편한 곳에서 시청하면 됩니다.

- **야곰닷넷**: yagom.net/courses/swift-basic
- **깃허브**: yagom.github.io/swift_basic
- **구름EDU**: edu.goorm.io/lecture/1141/야곰의-스위프트-프로그래밍
- **인프런**: inflearn.com/course/스위프트-기본-문법

> **NOTE_** 시작하기에 앞서 스위프트와 iOS 및 macOS 프로그래밍은 엄연히 다르다는 점을 알려드립니다. 스위프트를 안다 하여 무작정 iOS 프로그래밍을 할 수 있는 건 아닙니다. 스위프트가 애플 서비스의 애플리케이션(iOS와 macOS용) 개발에 사용할 수 있는 언어로 추가된 것뿐입니다. 이는 자바 언어를 사용하는 프로그래머 모두가 안드로이드 앱을 만드는 게 아니라는 점과 같습니다. 이 책은 스위프트라는 프로그래밍 언어에 관한 책이며 iOS 앱 개발과는 별개로 인식해주길 바랍니다. 또한 애플에서 스위프트를 오픈소스로 공개했기 때문에 애플의 플랫폼 외에도 다양한 환경에서 스위프트를 사용할 수 있습니다. 따라서 이 책은 iOS 또는 macOS 프레임워크에 관한 내용을 심도 있게 다루지 않음을 밝힙니다.

CONTENTS

베타리더의 말 ··· 4
저자 서문(4판) ··· 12
저자 서문(3판) ··· 13
저자 서문(2판) ··· 14
저자 서문(1판) ··· 15
일러두기 ·· 17

PART 스위프트 기초

CHAPTER 1 스위프트

1.1 스위프트의 역사 ··· 36
1.2 스위프트의 언어적 특성 ··· 47
    1.2.1 객체지향 ·· 48
    1.2.2 함수형 ·· 50
    1.2.3 프로토콜 지향 ·· 54
1.3 스위프트 실행 환경 ·· 55
    1.3.1 Xcode – 플레이그라운드 ··· 55
    1.3.2 REPL ·· 62
    1.3.3 웹 ··· 65
    1.3.4 모바일 ··· 67

CHAPTER 2 스위프트 시작하기

2.1 기본 명명 규칙 ··· 69
2.2 콘솔 로그 ·· 71

2.2.1 print() 함수 · 71
2.2.2 문자열 보간법 · 72
2.3 주석 · 73
2.3.1 주석 남기기 · 73
2.3.2 마크업 문법을 활용한 문서화 주석 · 75
2.4 변수와 상수 · 79
2.4.1 변수 · 79
2.4.2 상수 · 80

CHAPTER 3 데이터 타입 기본

3.1 Int와 UInt · 81
3.2 Bool · 83
3.3 Float과 Double · 84
3.4 Character · 85
3.5 String · 86
3.5.1 특수문자 · 90
3.6 Any, AnyObject와 nil · 91

CHAPTER 4 데이터 타입 고급

4.1 데이터 타입 안심 · 93
4.1.1 데이터 타입 안심이란 · 93
4.1.2 타입 추론 · 94
4.2 타입 별칭 · 94
4.3 튜플 · 95
4.4 컬렉션형 · 96

CONTENTS

    4.4.1 배열 · **97**

    4.4.2 딕셔너리 · **100**

    4.4.3 세트 · **102**

4.5 열거형 · **106**

    4.5.1 기본 열거형 · **107**

    4.5.2 원시 값 · **108**

    4.5.3 연관 값 · **110**

    4.5.4 항목 순회 · **112**

    4.5.5 순환 열거형 · **115**

    4.5.6 비교 가능한 열거형 · **116**

CHAPTER 5 연산자

5.1 연산자의 종류 · **120**

    5.1.1 할당 연산자 · **120**

    5.1.2 산술 연산자 · **120**

    5.1.3 비교 연산자 · **121**

    5.1.4 삼항 조건 연산자 · **122**

    5.1.5 범위 연산자 · **123**

    5.1.6 부울 연산자 · **124**

    5.1.7 비트 연산자 · **124**

    5.1.8 복합 할당 연산자 · **125**

    5.1.9 오버플로 연산자 · **125**

    5.1.10 기타 연산자 · **126**

5.2 연산자 우선순위와 결합방향 · **127**

5.3 사용자 정의 연산자 · **132**

    5.3.1 전위 연산자 정의와 구현 · **133**

5.3.2 후위 연산자 정의와 구현 ········· 135
5.3.3 중위 연산자 정의와 구현 ········· 136

CHAPTER 6 흐름 제어

6.1 조건문 ········· 141
    6.1.1 if 구문 ········· 141
    6.1.2 switch 구문 ········· 143
    6.1.3 표현으로서의 조건문 ········· 152
6.2 반복문 ········· 153
    6.2.1 for-in 구문 ········· 153
    6.2.2 while 구문 ········· 156
    6.2.3 repeat-while 구문 ········· 157
6.3 구문 이름표 ········· 157

CHAPTER 7 함수

7.1 함수와 메서드 ········· 159
7.2 함수의 정의와 호출 ········· 160
    7.2.1 기본적인 함수의 정의와 호출 ········· 160
    7.2.2 매개변수 ········· 161
    7.2.3 반환이 없는 함수 ········· 170
    7.2.4 데이터 타입으로서의 함수 ········· 171
7.3 중첩 함수 ········· 174
7.4 종료되지 않는 함수 ········· 177
7.5 반환 값을 무시할 수 있는 함수 ········· 178

CONTENTS

CHAPTER 8 옵셔널

- 8.1 옵셔널 사용 ········· 181
- 8.2 옵셔널 추출 ········· 185
  - 8.2.1 강제 추출 ········· 186
  - 8.2.2 옵셔널 바인딩 ········· 186
  - 8.2.3 암시적 추출 옵셔널 ········· 188

PART II 객체지향 프로그래밍과 스위프트

CHAPTER 9 구조체와 클래스

- 9.1 구조체 ········· 194
  - 9.1.1 구조체 정의 ········· 194
  - 9.1.2 구조체 인스턴스의 생성 및 초기화 ········· 195
- 9.2 클래스 ········· 195
  - 9.2.1 클래스 정의 ········· 195
  - 9.2.2 클래스 인스턴스의 생성과 초기화 ········· 197
  - 9.2.3 클래스 인스턴스의 소멸 ········· 198
- 9.3 구조체와 클래스의 차이 ········· 199
  - 9.3.1 값 타입과 참조 타입 ········· 199
  - 9.3.2 스위프트의 기본 데이터 타입은 모두 구조체 ········· 202
- 9.4 구조체와 클래스 선택해서 사용하기 ········· 202

CHAPTER 10 프로퍼티와 메서드

10.1 프로퍼티 ·· **205**
    10.1.1 저장 프로퍼티 ·· **206**
    10.1.2 지연 저장 프로퍼티 ··· **209**
    10.1.3 연산 프로퍼티 ·· **210**
    10.1.4 프로퍼티 감시자 ··· **214**
    10.1.5 전역변수와 지역변수 ··· **217**
    10.1.6 타입 프로퍼티 ·· **219**
    10.1.7 키 경로 ··· **221**

10.2 메서드 ··· **225**
    10.2.1 인스턴스 메서드 ··· **225**
    10.2.2 타입 메서드 ··· **231**
    10.2.3 함수 호출로서의 메서드 ··· **233**

CHAPTER 11 인스턴스 생성 및 소멸

11.1 인스턴스 생성 ··· **235**
    11.1.1 프로퍼티 기본값 ··· **236**
    11.1.2 이니셜라이저 매개변수 ··· **238**
    11.1.3 옵셔널 프로퍼티 타입 ·· **239**
    11.1.4 상수 프로퍼티 ·· **240**
    11.1.5 기본 이니셜라이저와 멤버와이즈 이니셜라이저 ····································· **241**
    11.1.6 초기화 위임 ··· **242**
    11.1.7 실패 가능한 이니셜라이저 ··· **244**
    11.1.8 함수를 사용한 프로퍼티 기본값 설정 ··· **247**

11.2 인스턴스 소멸 ··· **248**

CONTENTS

CHAPTER 12 접근제어

12.1 접근제어란 ······ **251**
    12.1.1 접근제어의 필요성 ······ **251**
    12.1.2 소스파일 · 모듈 · 패키지 ······ **252**
12.2 접근수준 ······ **252**
    12.2.1 공개 접근수준 – public ······ **253**
    12.2.2 개방 접근수준 – open ······ **253**
    12.2.3 패키지 접근수준 – package ······ **254**
    12.2.4 내부 접근수준 – internal ······ **254**
    12.2.5 파일외부비공개 접근수준 – fileprivate ······ **254**
    12.2.6 비공개 접근수준 – private ······ **255**
12.3 접근제어 구현 ······ **255**
12.4 접근제어 구현 참고 사항 ······ **256**
12.5 private와 fileprivate ······ **259**
12.6 읽기 전용 구현 ······ **260**

PART III 함수형 프로그래밍과 스위프트

CHAPTER 13 클로저

13.1 기본 클로저 ······ **266**
13.2 후행 클로저 ······ **269**
13.3 클로저 표현 간소화 ······ **270**
    13.3.1 문맥을 이용한 타입 유추 ······ **271**
    13.3.2 단축 인자 이름 ······ **271**

13.3.3 암시적 반환 표현 ·· **272**
13.3.4 연산자 함수 ·· **272**
13.4 값 획득 ·· **273**
13.5 클로저는 참조 타입 ·· **276**
13.6 탈출 클로저 ·· **277**
13.6.1 withoutActuallyEscaping ···················· **280**
13.7 자동 클로저 ·· **281**

CHAPTER 14 옵셔널 체이닝과 빠른종료

14.1 옵셔널 체이닝 ·· **287**
14.2 빠른종료 ·· **296**

CHAPTER 15 맵 · 필터 · 리듀스

15.1 맵 ··· **301**
15.2 필터 ·· **305**
15.3 리듀스 ··· **306**
15.4 맵, 필터, 리듀스의 활용 ···································· **311**

CHAPTER 16 모나드

16.1 컨텍스트 ·· **314**
16.2 함수객체 ·· **316**
16.3 모나드 ··· **319**

CONTENTS

PART IV 확장

CHAPTER 17 서브스크립트

17.1 서브스크립트 문법 **330**
17.2 서브스크립트 구현 **331**
17.3 복수 서브스크립트 **332**
17.4 타입 서브스크립트 **335**

CHAPTER 18 상속

18.1 클래스 상속 **338**
18.2 재정의 **341**
    18.2.1 메서드 재정의 **342**
    18.2.2 프로퍼티 재정의 **344**
    18.2.3 프로퍼티 감시자 재정의 **346**
    18.2.4 서브스크립트 재정의 **348**
    18.2.5 재정의 방지 **349**
18.3 클래스의 이니셜라이저 – 상속과 재정의 **350**
    18.3.1 지정 이니셜라이저와 편의 이니셜라이저 **350**
    18.3.2 클래스의 초기화 위임 **352**
    18.3.3 2단계 초기화 **354**
    18.3.4 이니셜라이저 상속 및 재정의 **357**
    18.3.5 이니셜라이저 자동 상속 **360**
    18.3.6 요구 이니셜라이저 **364**

CHAPTER 19 타입캐스팅

- **19.1** 기존 언어의 타입 변환과 스위프트의 타입 변환 ········ **369**
- **19.2** 스위프트 타입캐스팅 ········ **372**
- **19.3** 데이터 타입 확인 ········ **374**
- **19.4** 다운캐스팅 ········ **377**
- **19.5** Any, AnyObject의 타입캐스팅 ········ **380**

CHAPTER 20 프로토콜

- **20.1** 프로토콜이란 ········ **385**
- **20.2** 프로토콜 채택 ········ **385**
- **20.3** 프로토콜 요구사항 ········ **387**
  - 20.3.1 프로퍼티 요구 ········ **387**
  - 20.3.2 메서드 요구 ········ **389**
  - 20.3.3 가변 메서드 요구 ········ **393**
  - 20.3.4 이니셜라이저 요구 ········ **394**
- **20.4** 프로토콜의 상속과 클래스 전용 프로토콜 ········ **398**
- **20.5** 프로토콜 조합과 프로토콜 준수 확인 ········ **399**
- **20.6** 프로토콜의 선택적 요구 ········ **402**
- **20.7** 실존 타입으로서의 프로토콜 ········ **404**
- **20.8** 위임을 위한 프로토콜 ········ **405**

CHAPTER 21 익스텐션

- **21.1** 익스텐션이란 ········ **407**
- **21.2** 익스텐션 문법 ········ **409**

CONTENTS

21.3 익스텐션으로 추가할 수 있는 기능 ·············· **411**
    21.3.1 연산 프로퍼티 ·············· **411**
    21.3.2 메서드 ·············· **412**
    21.3.3 이니셜라이저 ·············· **415**
    21.3.4 서브스크립트 ·············· **417**
    21.3.5 중첩 데이터 타입 ·············· **418**

CHAPTER 22 제네릭

22.1 제네릭 함수 ·············· **425**
22.2 제네릭 타입 ·············· **428**
22.3 제네릭 타입 확장 ·············· **431**
22.4 타입 제약 ·············· **432**
22.5 프로토콜의 연관 타입 ·············· **435**
22.6 제네릭 서브스크립트 ·············· **439**
22.7 매개변수 다발 ·············· **440**

CHAPTER 23 프로토콜 지향 프로그래밍

23.1 프로토콜 초기구현 ·············· **445**
23.2 맵, 필터, 리듀스 직접 구현해보기 ·············· **454**
23.3 기본 타입 확장 ·············· **458**

PART V 스위프트 고급

CHAPTER 24 타입 중첩

24.1 중첩 데이터 타입 ··· **463**

CHAPTER 25 패턴

25.1 와일드카드 패턴 ··· **468**
25.2 식별자 패턴 ·· **469**
25.3 값 바인딩 패턴 ·· **469**
25.4 튜플 패턴 ·· **470**
25.5 열거형 케이스 패턴 ··· **471**
25.6 옵셔널 패턴 ·· **473**
25.7 타입캐스팅 패턴 ··· **474**
25.8 표현 패턴 ·· **475**

CHAPTER 26 where 절

26.1 where 절의 활용 ·· **481**

CHAPTER 27 ARC

27.1 ARC란 ·· **491**
27.2 강한참조 ·· **493**
    27.2.1 강한참조 순환 문제 ··· **495**

CONTENTS

27.3 약한참조 · **498**
27.4 미소유참조 · **500**
27.5 미소유 옵셔널 참조 · **503**
27.6 미소유참조와 암시적 추출 옵셔널 프로퍼티 · **505**
27.7 클로저의 강한참조 순환 · **507**
      27.7.1 획득목록 · **509**

CHAPTER 28 오류처리

28.1 오류처리란 · **517**
28.2 오류의 표현 · **518**
28.3 오류 포착 및 처리 · **519**
      28.3.1 함수에서 발생한 오류 알리기 · **519**
      28.3.2 do-catch 구문을 이용하여 오류처리 · **522**
      28.3.3 옵셔널 값으로 오류처리 · **524**
      28.3.4 오류가 발생하지 않을 것이라고 확신하는 방법 · · · · · · · · · · · **526**
      28.3.5 다시 던지기 · **526**
      28.3.6 후처리 · **530**
28.4 오류 타입 지정하기 · **534**

CHAPTER 29 메모리 안전

29.1 메모리 접근 충돌의 이해 · **537**
      29.1.1 메모리 접근의 특성 · **538**
29.2 입출력 매개변수에서의 메모리 접근 충돌 · **540**
29.3 메서드 내부에서 self 접근의 충돌 · **541**
29.4 프로퍼티 접근 중 충돌 · **543**

CHAPTER 30 불명확 타입과 상자형 프로토콜 타입

30.1 불명확 타입 ··· 545

30.2 상자형 프로토콜 타입 ·· 547

CHAPTER 31 결과 구축자

CHAPTER 32 동시성

32.1 작업 ··· 560

32.2 비동기 함수의 정의와 호출 ·· 561

32.3 비동기 함수의 병렬 호출 ··· 563

32.4 작업 그룹 ·· 564

32.5 작업의 취소 ··· 566

32.6 비구조적 동시성 ··· 568

32.7 액터 ··· 568

32.8 전송 가능한 타입 ·· 572

32.9 미복사 타입 ··· 576

CHAPTER 33 매크로

33.1 독립 매크로 ··· 589

    33.1.1 표현 매크로 ·· 589

    33.1.2 선언 매크로 ·· 591

33.2 부착 매크로 ··· 594

CONTENTS

33.2.1 동등 매크로 · **594**
33.2.2 접근자 매크로 · **597**
33.2.3 멤버 속성 매크로 · **600**
33.2.4 멤버 매크로 · **604**
33.2.5 익스텐션 매크로 · **607**

부록

A. 스위프트의 주요 프로토콜 · **611**
B. 스위프트의 주요 함수 · **613**
C. 스위프트의 예약어 · **625**
D. 디버깅 식별자 · **627**
E. 컴파일러 제어 구문 · **627**
　　E.1 조건부 컴파일 블록 · **627**
　　E.2 라인 제어 구문 · **630**
　　E.3 컴파일 시점 진단 구문 · **631**
F. 사용 가능 조건 확인 · **632**
G. 속성 · **634**
　　G.1 선언 속성 · **634**
　　G.2 타입 속성 · **653**
　　G.3 스위치 케이스 속성 · **656**
H. 타입 별칭 및 호환 타입 · **656**
I. 알아두면 유용한 타입 · **657**
　　I.1 Codable · **657**
　　I.2 CaseIterable · **661**
　　I.3 Result · **662**

찾아보기 · **663**

Part I

스위프트 기초

스위프트를 처음 배우기 위해 이 책을 펼친 독자 여러분! 환영합니다. 1부에서는 스위프트의 역사와 언어의 특징을 소개하고 스위프트를 이해하는 데 꼭 필요한 최소한의 기본 문법을 설명합니다. 더불어 스위프트 코드를 작성하고 실행하는 IDE인 Xcode에 대한 간략한 개요를 살펴보겠습니다.

Part I
스위프트 기초

- 1장 스위프트
- 2장 스위프트 시작하기
- 3장 데이터 타입 기본
- 4장 데이터 타입 고급
- 5장 연산자
- 6장 흐름 제어
- 7장 함수
- 8장 옵셔널

CHAPTER 1

스위프트

애플은 iOS, macOS, watchOS, tvOS 등 자사의 제품 개발에 활용하고자 새 프로그래밍 언어인 스위프트를 만들었습니다. 스위프트는 안전을 우선으로 하는 프로그래밍 패턴을 지향하며, 더욱 쉽고 재미있게 프로그래밍할 수 있도록 옵셔널, 제네릭, 프로토콜, 튜플, 익스텐션 등 새로운 기능을 많이 도입했습니다. 스위프트는 오픈소스이므로 애플 외에 다양한 플랫폼에서 사용할 수 있습니다.

그림 1-1 스위프트 로고

스위프트는 편리하며 고차원적 언어입니다. 먼저, ARC$^{\text{Automatic Reference Counting}}$(자동 참조 횟수 계산)를 지원하므로 메모리를 쉽게 관리할 수 있습니다. 또한 기존 Objective-C 언어에 익숙하다면 더욱 쉽게 스위프트를 익힐 수 있습니다. Objective-C의 동적 객체 모델과 매개변수 형식을 스위프트에 도입했기 때문입니다. 더불어 스크립트 언어처럼 (문법은 스크립트 언어 같아 보여도 스위프트는 컴파일 언어입니다) 프로그램을 빌드하고 실행하는 등의 수고 없이 플레이그라운드를 사용해 스위프트 코드의 결과를 바로 확인할 수도 있습니다. 이처럼 스위프트는 최신 언어의 철학을 결합한 산물이며, 컴파일러의 성능은 프로그램 실행 속도 향상 및 빌드 시간 단축에 최적화되어 있습니다.

기존에 다른 프로그래밍 언어를 사용하던 프로그래머라면 스위프트의 문법이 다소 생소할 수도 있습니다. 스위프트의 거의 모든 문법에서 소괄호(( ))는 사용하거나 생략해도 무관합니다. 또한 세미콜론(;)도 생략할 수 있습니다. 다만 중괄호({ })는 생략할 수 없습니다.* 이 때문에 프로그래머마다 전혀 다른 스타일로 코딩할 수 있습니다. 좋은 의미로 보자면 자신이 원하는 방식대로 자유롭게 코딩할 수 있다는 뜻이지만, 다른 사람의 코드를 읽기 어려울 수 있다는 단점이 있기도 합니다. 즉, 스위프트는 언어의 자유도가 높아서 작성자의 스타일에 따라 다양한 방식으로 코딩할 수 있지만 한편으로 가독성이 떨어질 수 있으므로 주의가 필요합니다.

1.1 스위프트의 역사

스위프트는 2010년 크리스 라트너Chris Lattner를 필두로 애플의 프로그래머들이 개발하기 시작했습니다. Objective-C, 루비Ruby, 파이썬Python, C#, 러스트Rust, 하스켈Haskell, CLU 등 많은 프로그래밍 언어의 콘셉트를 참고하여 만들었으며 2014년 9월 정식 발표된 이후 현재까지 계속 발전하고 있습니다. 굵직굵직한 변경 사항은 예제와 함께 스위프트 공식 블로그**에서 확인할 수 있습니다. 그러면 지금까지 스위프트가 어떻게 발전됐는지 간략히 살펴보겠습니다.

> TIP 스위프트의 역사가 그 자체로 큰 의미를 가지는 것은 아닙니다. 다만, 스위프트 문법이 어떻게 변화해왔는지를 살펴보면 구버전의 코드를 현재 버전에 맞춰 이해하는 데 도움이 될 수 있으므로 그런 맥락에서 간단히 소개하고자 합니다.

| 1.0 |

애플은 2014년 6월 처음으로 스위프트의 존재를 발표하고 베타 버전을 배포했습니다. 그리고 2014년 9월 Xcode 6과 함께 1.0 버전을 공식 배포했습니다. 기존 프로그래밍 언어의

---

* 클로저 문법에서는 생략 가능한 경우도 있습니다. 자세한 내용은 클로저(13장)에서 확인해볼 수 있습니다.

** https://swift.org/blog

기능을 대부분 갖추었으며 안전한 코딩을 위한 안전장치 등의 새로운 기능 덕에 많은 프로그래머의 관심을 받았습니다.

1.1

애플은 한 달 만인 2014년 10월 1.1 버전을 발표했습니다. 열거형의 원시 값과 관련된 프로퍼티와 이니셜라이저가 일부 변경되었고 실패 가능한 이니셜라이저에 대한 내용이 추가되었습니다. 더불어 사용자 정의 연산자에 물음표(?)를 사용할 수 있게 변경되었습니다.

1.2

이듬해 봄인 2015년 4월에는 스위프트 1.2 버전을 발표했습니다. 이 시기는 스위프트 문법의 1차 혼돈기로 1.0과 1.1에 비해 문법의 변화가 많습니다. 다음은 주요 변경 사항만 정리한 내용입니다.

- 컬렉션 타입 중 Set을 추가했습니다.
- @autoclosure의 사용 위치를 변경했으며, 비탈출 클로저(Nonescaping Closure) 키워드인 @noescape 키워드를 추가했습니다.
- 타입 메서드와 타입 프로퍼티를 선언할 때 static 키워드를 사용합니다.
- 캐스트 키워드인 as에 물음표와 느낌표를 추가하여 실패 가능한 다운캐스트 연산자를 추가했습니다.
- 오버플로 나누기 연산자(&/)와 오버플로 나머지 연산자(&%)를 삭제했습니다.
- 상수 선언 시 바로 값을 할당하거나 초기화하지 않고도, 이후에 작성할 코드 중 1회에 한하여 값을 할당할 수 있도록 변경했습니다.
- 클로저 획득목록 문법이 명확해졌습니다.
- 옵셔널 체이닝 문법을 소폭 변경했습니다.
- 옵셔널 바인딩을 쉼표로 구분해서 한 구문에서 여러 번 실행할 수 있게 변경했습니다.

2.0

애플은 2015년 6월 WWDC에서 스위프트 2.0 버전을 발표했습니다. 2차 혼돈기였던 이 시기는 1.X 버전과는 차이가 컸으나 이후로는 버전별 변화가 적어져 1차 안정기라 볼 수 있습니다. 2.0 버전에서 추가/변경된 사항은 다음과 같습니다.

- 오류처리와 관련된 do, try, catch, throw 등의 키워드를 추가했습니다.
- #available 키워드로 시스템 버전을 체크할 수 있는 기능을 추가했습니다.

- try 키워드에 물음표(?)를 추가하여 오류를 옵셔널 값으로 표현할 수 있습니다.
- 순환 열거형에 관한 내용을 추가했습니다.
- guard 키워드로 빠른종료Early Exit 기능을 구현할 수 있습니다.
- do-while 구문을 repeat-while 구문으로 변경했습니다(오류처리 키워드인 do와 중복되기 때문에 변경되었습니다).
- String 타입은 더 이상 CollectionType 프로토콜을 준수하지 않습니다.
- println() 함수가 사라지고 print() 함수를 사용하도록 통합되었습니다.
- 프로토콜 확장 기능을 추가해 프로토콜 지향 프로그래밍을 할 수 있습니다.

| 2.1 |

2015년 10월 발표한 스위프트 2.1 버전은 2.0 버전과 비교했을 때 약간의 편의 사항 추가, 버그 수정, 안정화 등에 초점을 둔 마이너 업데이트입니다.

| 오픈소스 전환 |

애플은 2015년 12월 스위프트를 오픈소스로 전환하여 공개했습니다. 이제 다른 플랫폼에서도 자유롭게 스위프트를 사용할 수 있게 되었습니다. 자세한 내용은 스위프트 오픈소스 공식 사이트*에서 확인해볼 수 있습니다. 또한 스위프트 발전에 기여하고 싶다면 Swift Programming Language Evolution 페이지**에 수정을 제안할 수도 있습니다.

| 2.2 |

2016년 3월, 스위프트 2.2 버전을 발표했습니다. 향후 3.0 업데이트가 있을 예정이라 변화가 크지는 않았습니다. 그중 알아두면 좋을 사항은 다음과 같습니다.

- 튜플 비교 연산이 기본으로 지원됩니다.
- 대부분의 키워드를 매개변수 이름으로 사용할 수 있습니다.
- String 타입 셀렉터가 사라졌습니다.
- 컴파일 타임에 스위프트 버전을 체크할 수 있습니다.
- 몇몇 문서화 주석 키워드를 추가했습니다.
- 변수형 매개변수를 더 이상 사용할 수 없습니다.

---

* https://swift.org

** https://github.com/apple/swift-evolution

- 디버그 식별자 일부가 변경되었습니다.
- 프로토콜에 associatedtype 키워드를 추가했습니다.
- 실패 가능한 이니셜라이저에서 모든 프로퍼티가 설정되기 전 실패하면 바로 return nil을 할 수 있습니다.
- ++와 -- 연산자 사용을 제한Deprecated했습니다.
- C 스타일의 for 반복문 사용을 제한했습니다.
- 일부 컬렉션 타입에 removeFirst() 메서드를 추가했습니다.

| 3.0 |

2016년 6월, WWDC에서 스위프트 3.0 버전을 발표했습니다. 3.0 버전에서도 굵직한 변화들이 많았습니다.

- ++와 -- 연산자를 삭제Remove했습니다.
- C 스타일의 for 반복문을 삭제했습니다.
- 함수를 호출할 때 함수의 첫 번째 매개변수 이름을 생략하지 않습니다.
- 라인 제어 구문의 #line 표현이 #sourceLocation으로 변경되었습니다.
- Objective-C의 셀렉터에 접근하기 위한 #selector 표현이 추가되었습니다.
- 옵셔널 바인딩, if 구문, while 구문, guard 구문 등에 where 절 대신 쉼표(,)로 조건을 추가하도록 변경되었습니다.
- 사용자 정의 연산자를 전역 함수 대신 타입 메서드로 추가할 수 있게 되었습니다.
- 프로토콜 조합Protocol Composition 관련 문법이 변경되었습니다.
- ErrorProtocol 프로토콜 이름이 Error로 변경되었습니다.
- StringLiteralConvertible 프로토콜 이름이 ExpressibleByStringLiteral로 변경되었습니다.
- Boolean 프로토콜이 스위프트 표준 라이브러리에서 삭제되었습니다.
- 접근수준에 open, fileprivate 수준이 추가되었습니다.
- 입출력 매개변수를 위한 inout이 매개변수 이름 앞에서 매개변수 타입 앞으로 위치를 옮겼습니다.
- 함수 매개변수 클로저의 탈출 관련 기본 설정이 비탈출로 변경되었습니다.
- @noescape 키워드가 사라지고 @escaping 키워드가 추가되었습니다.
- 연산자 우선순위 그룹인 precedencegroup이 추가되었습니다.
- 중위 연산자 우선순위 지정 방법이 우선도 지정에서 우선순위 그룹 지정으로 변경되었습니다.
- 제네릭에서 where 절의 사용 위치가 변경되었습니다.
- 함수의 전달인자 레이블은 더 이상 함수 타입의 일부로 취급되지 않습니다.
- 프로그램 실행 중, 타입을 알아내는 방법이 dynamicType 프로퍼티에서 type(of:) 함수로 변경되었습니다.

- noreturn 키워드가 사라지고 Never 타입이 추가되었습니다.
- 매개변수 기본값을 갖는 매개변수가 여러 개 있을 경우, 함수를 호출할 때 매개변수의 순서가 뒤바뀔 수 없도록 변경되었습니다.
- 선언 속성Declaration Attribute 값을 지정할 때 등호(=) 대신 콜론(:)을 사용하도록 변경되었습니다.
- 함수의 타입을 나타낼 때 매개변수가 하나면 소괄호를 생략할 수 있던 문법이 매개변수가 하나라고 하더라도 꼭 소괄호를 사용하여 표현하도록 변경되었습니다.
- 선택적 프로토콜 요구에서 objc 속성을 매번 명시하도록 변경되었습니다.
- 함수 매개변수의 속성으로 let을 사용할 수 없게 변경되었습니다.
- ImplicitlyUnwrappedOptional 타입(암시적 추출 옵셔널의 타입)이 사라졌습니다(Deprecated). 그러나 암시적 추출 옵셔널을 사용할 때 타입 이름 뒤에 느낌표(!)를 붙여 표현하는 것은 그대로 사용할 수 있습니다.
- Objective-C id 타입의 스위프트 대응인 AnyObject 타입이 Any 타입으로 변경되었습니다.

| 3.1 |

2017년 3월에는 스위프트 3.1 버전을 발표했습니다. 스위프트를 좀 더 편리하게 사용할 수 있도록 언어 스펙 일부에 변화를 주었습니다.

- 중첩 제네릭 타입을 허용합니다.
- 제네릭 타입을 확장할 때, where 절을 사용하여 연관 타입에 제약을 줄 수 있게 되었습니다.
- Collection 타입을 받는 UnsafeMutablePointer.initialize(from:)이 UnsafeMutableBufferPointer.initialize<S>(from: S)로 대체되었습니다.
- Sequence 프로토콜에 클로저를 매개변수로 갖는 drop과 prefix 메서드가 추가되었습니다.
- 실패 가능한 숫자 변환 이니셜라이저가 추가되었습니다.
- 선언 속성 중 available 속성의 매개변수로 스위프트 언어 버전을 사용할 수 있게 되었습니다.
- 조건부 컴파일 블록에서 스위프트 버전 조건에 패치 버전 숫자를 사용할 수 있게 되었습니다.
- 이제 여러 매개변수를 갖는 함수와 튜플 매개변수 하나를 갖는 함수를 구분합니다.

| 4.0 |

2017년 6월, WWDC에서 스위프트 4.0을 발표합니다. 3.1 버전에 이어 스위프트 언어 스펙을 더 강화했습니다. 4.0 버전 정식 배포는 2017년 9월에 진행됐습니다.

- 단방향 범위 연산자가 추가되었습니다.
- String 타입이 다시 Collection 프로토콜을 준수합니다.

- 스위프트가 유니코드Unicode 9을 따릅니다.
- 여러 줄 String 리터럴 문법이 추가되었습니다.
- Substring 타입과 StringProtocol 프로토콜이 추가되었습니다.
- Charater 타입에 unicodeScalars 프로퍼티가 추가되었습니다.
- 키와 값 시퀀스를 사용해 새로운 Dictionary 인스턴스를 생성할 수 있게 되었습니다.
- 키와 값을 기존의 Dictionary 인스턴스에 병합할 수 있게 되었습니다.
- Dictionary와 Set의 filter 메서드 결과 타입이 Array 대신 원래의 Dictionary와 Set 타입으로 변경되었습니다.
- Dictionary 타입에 mapValues(_:) 메서드가 추가되었습니다.
- Dictionary 타입에 reserveCapacity(_:) 메서드가 추가되었습니다.
- Dictionary 타입에 기본값을 돌려줄 수 있는 서브스크립트 메서드가 추가되었습니다.
- KeyPath 타입이 추가되었습니다.
- 프로토콜과 그 연관 타입에 where 절을 사용하여 타입 제약을 줄 수 있게 되었습니다.
- 서브스크립트가 제네릭 매개변수와 제네릭 반환 타입을 사용할 수 있게 되었습니다.
- private 접근수준의 특성이 일부 변경되었습니다.
- Codable 프로토콜이 추가되었습니다.
- JSONEncoder와 JSONDecoder가 추가되었습니다.
- 여러 프로토콜을 합성하여 특정 클래스가 해당 프로토콜들을 준수해야 함을 표현할 수 있습니다.
- 컴파일러가 암시적으로 추가했던 objc 속성을 대부분 위치에서 프로그래머가 명확히 명시해주어야 합니다.
- 프로토콜의 익스텐션에서 final 수식어를 사용할 수 없게 되었습니다.

> TIP 스위프트는 계속 변화하고 있습니다. 스위프트가 어떻게 변화하고 발전하고 있는지 스위프트 오픈소스 공식 사이트(https://swift.org)에 종종 들러 확인해보세요.

4.1

2018년 3월 스위프트 4.1을 배포합니다. 4.0 버전에서 추가한 기능을 보강하고 성능의 개선을 꾀한 모습이 눈에 띕니다.

- flatMap() 메서드가 몇몇 경우에 이름이 compactMap()으로 변경되었습니다.
- 타입의 프로퍼티가 모두 Equatable 프로토콜을 준수한다면 Equatable 프로토콜을 채택하기만 하여도 Equatable 프로토콜을 준수하는 타입이 됩니다.
- 익스텐션의 연관 타입에 조건부 제약을 추가할 수 있습니다.
- Codable 프로토콜을 위한 keyDecodingStrategy가 추가되었습니다.

- 프로토콜의 연관 타입을 프로토콜 자신의 타입으로 지정할 수 있습니다.
- 조건부 컴파일 블록에 플랫폼 확인을 위한 canImport()와 targetEnvironment()가 추가되었습니다.

| 4.2 |

2018년 9월, 스위프트 4.2를 배포합니다. 격변하던 4 버전을 마무리하는 버전입니다. 다양한 기능 추가와 안정화에 노력을 기울인 모습입니다.

- 열거형 타입에 열거형 케이스 순회 기능이 추가되었습니다.
- 컴파일 시점 진단 구문이 추가되었습니다.
- dynamicMemberLookup 속성이 추가되었습니다.
- usableFromInline 속성이 추가되었습니다.
- 스위프트 4.1 버전에서 추가된 익스텐션 연관 타입 조건부 제약의 기능이 개선되었습니다.
- 임의의 수를 생성할 수 있는 random() 메서드와 컬렉션의 요소를 임의의 순서로 뒤섞을 수 있는 shuffle() 및 shuffled() 메서드가 추가되었습니다.
- Bool 타입의 인스턴스의 값을 반전할 수 있는 toggle() 메서드가 추가되었습니다.
- 컬렉션의 요소를 특정 조건에 따라 제거할 수 있는 removeAll(where:) 메서드가 추가되었습니다.
- Sequence의 모든 요소가 적절한 조건을 모두 충족하는지 확인할 수 있는 allSatisfy() 메서드가 추가되었습니다.
- requires_stored_property_inits와 warn_unqualified_access 속성이 추가되었습니다.
- 리터럴 표현에 #dsohandle이 추가되었습니다.

| 5.0 |

2019년 3월, 스위프트 5.0을 배포합니다. 기능 추가와 성능 개선에 초점을 맞췄던 4 버전과 달리 5 버전은 범용화와 안정화를 가장 큰 목적으로 합니다. ABI 안정화에 가장 큰 초점이 맞춰져 있습니다.

- 문자열의 큰따옴표 바깥쪽으로 #을 붙여 쓰면 String 문자열을 있는 그대로 표현할 수 있는 기능이 추가되었습니다.
- 문자열 보간법을 통해 표현할 문자열을 사용자화할 수 있는 appendInterpolation() 메서드가 추가되었습니다.
- dynamicCallable 속성이 추가되었습니다.
- Result 타입이 추가되었습니다.
- 열거형에 적용할 수 있는 unknown 속성이 추가되었습니다.

- try? 표현을 통한 결과가 옵셔널이라도 이중 옵셔널로 반환하지 않고 단순 옵셔널로 반환하도록 변경되었습니다.
- 정수 타입에 isMultiple(of:) 메서드가 추가되었습니다.
- 딕셔너리에 compactMapValues() 메서드가 추가되었습니다.
- 자기표현 키 경로 (\.self)가 추가되었습니다.
- 조건부 컴파일 블록에서 미만 연산자(<)를 사용할 수 있게 추가되었습니다.

| 5.1 |

2019년 9월, 스위프트 5.1을 배포합니다. ABI와 모듈 안정화 이후 지속해서 언어가 발전해나가고 있는 모습을 볼 수 있습니다.

- some을 사용한 불명확 타입 기능이 추가되었습니다.
- 함수와 연산 프로퍼티에서 마지막 줄의 코드가 return 키워드 없이 값을 반환할 수 있게 되었습니다.
- 구조체에서 기본 멤버와이즈 이니셜라이저 외에 추가로, 기본값을 가지는 프로퍼티를 매개변수에서 제외한 멤버와이즈 이니셜라이저도 생성해줍니다.
- Self가 현재 타입(클래스, 구조체, 열거형 등)을 가리킬 수 있도록 사용처가 확대되었습니다.
- 타입 서브스크립트 기능이 추가되었습니다.
- 정렬된 컬렉션 사이의 다른 점을 연산할 수 있는 difference(from:) 메서드가 추가되었습니다.
- 초기화되지 않은 배열을 생성할 수 있습니다.
- 강한 타입의 키 경로 구현을 지원하도록 dynamicMemberLookup 속성의 기능이 확장되었습니다.
- propertyWrapper 선언 속성이 추가되었습니다.

| 5.2 |

2020년 3월, 스위프트 5.2를 배포합니다. 스위프트 5.2 버전은 개발자 경험을 중점으로 업데이트가 이루어져 언어 문법적인 업데이트는 많지 않습니다. 대신 언어를 사용하면서 느낄 큰 부분들을 개선했습니다. 컴파일러가 오류를 진단하는 방법의 개선이나 코드 자동 완성 등의 개선이 개발자 경험 향상을 위해 개선한 내용입니다. 변경 사항은 다음과 같습니다.

- 함수로서의 키 경로 표현이 추가되었습니다.
- 사용자 정의 명목 타입의 호출 가능한 값이 추가되었습니다.
- 서브스크립트의 매개변수가 기본값을 가질 수 있게 되었습니다.

| 5.3 |

2020년 9월, 스위프트 5.3을 배포합니다. 스위프트 5.3은 스위프트 패키지 매니저에 대한 업데이트가 많이 포함되어 있고, 언어 자체도 많이 업데이트되었습니다.

- 다중 후행 클로저 문법이 추가되었습니다.
- @main 속성을 통해 프로그램 진입 지점을 나타낼 수 있습니다.
- #filePath 리터럴이 추가되었습니다.
- 몇 가지 조건에 따라 열거형의 케이스가 같은 이름의 프로토콜 요구사항을 준수하는 동작을 합니다.
- Float16 타입이 추가되었습니다.
- 탈출 클로저의 획득목록에 self를 명시하면 클로저 내부에서 암시적 self를 사용할 수 있습니다(클로저 내부에서 self.xxx 대신 xxx만 사용해도 된다는 뜻).
- Comparable 프로토콜을 준수하는 연관 값만 갖거나 연관 값이 없는 열거형은 Comparable 프로토콜을 채택하면 각 케이스를 비교할 수 있습니다.
- 제네릭 타입과 제네릭 익스텐션에 포함된 함수에서 where 절을 사용할 수 있습니다.
- do - catch 구문의 catch 에서 여러 종류의 오류를 한 번에 매치하여 받을 수 있습니다.
- String 타입에 초기화하지 않은 버퍼와 함께 동작하는 이니셜라이저가 추가되었습니다.
- didSet 감시자 코드 블록 내부에서 oldValue를 참조하지 않으면 didSet 블록이 호출되지 않도록 변경되었습니다.
- 프로퍼티 감시자(willSet과 didSet)가 지연(lazy)프로퍼티에서도 동작합니다.

| 5.4 |

2021년 4월, 스위프트 5.4를 배포합니다.

- 선언적 방식으로 중첩 데이터 구조를 생성하기 위해 정의하는 타입인 결과 구축자 Result Builder 와 이를 나타낼 수 있는 @resultBuilder 속성이 추가되었습니다.
- 함수가 다중 가변 매개변수 Multiple Variadic Parameters 를 가질 수 있게 되었습니다.
- 암시적 멤버 표현 Implicit Member Expression 에서 체이닝이 가능해졌습니다.
- 지역 함수의 오버로딩을 지원합니다.

| 5.5 |

2021년 9월, 스위프트 5.5를 배포합니다. 이 버전에서 스위프트 자체 기능으로 동시성 Concurrency 기능이 추가되었습니다.

- 비동기 코드를 나타낼 수 있는 async 키워드가 추가되었습니다.
- 코드가 일시 중지될 수 있는 지점을 나타내는 await 키워드가 추가되었습니다.
- 경쟁 상태Race Condition로부터 안전한 타입인 actor가 추가되었습니다.
- #if, #endif를 사용한 조건부 컴파일 블록을 활용하여 연결된 메서드, 접미사 표현식의 호출 시기를 조절할 수 있습니다.

| 5.6 |

2022년 3월, 스위프트 5.6을 배포합니다.

- API 가용성을 확인할 때 #available 조건뿐만 아니라 #unavailable 조건도 사용할 수 있습니다.
- 타입 플레이스홀더Type Placeholder가 적용되었습니다.
- 프로토콜의 실존 타입Existential Type을 표현하는 any가 생겼습니다.

| 5.7 |

2022년 9월, 스위프트 5.7을 배포합니다.

- 동시성 도메인 사이에서 안전하게 공유할 수 있는 타입인 Sendable 타입이 추가되었습니다.
- @sendable 속성을 통해 함수 또는 클로저를 전달할 수 있도록 만들 수 있습니다.
- @unchecked 속성을 통해 Sendable 프로토콜의 요구사항을 강제하지 않도록 할 수 있습니다.
- 정규 표현식 리터럴이 추가되었습니다.
- if-let 옵셔널 바인딩의 간소화 표현이 추가되었습니다.

| 5.8 |

2023년 3월, 스위프트 5.8을 배포합니다.

- @backDeployed(before:) 속성이 추가되었습니다.

| 5.9 |

2023년 9월, 스위프트 5.9를 배포합니다.

- if 구문과 switch 구문을 상수 또는 변수의 초기화에 활용할 수 있습니다.
- 매크로 기능이 추가되었습니다.
- 실존 타입Existential Type이라고도 불리는 상자형 프로토콜 타입Boxed Protocol Type이 추가되었습니다.

- Result-Building 메서드에 buildPartialBlock(first:)와 buildPartialBlock(accumulated:next:)가 추가되었습니다.
- 매개변수 다발Parameter Packs이 추가되었습니다.
- 열거형과 구조체에 적용할 수 있는 noncopyable 미복사 타입이 추가되었습니다.
- consuming, borrowing 매개변수 제어자Parameter Modifier가 추가되었습니다.
- 준수 매크로Conformance Macros가 확장 매크로Extension Macros로 변경되었습니다.
- 패키지Package 접근수준이 추가되었습니다.

| 5.10 |

2024년 3월, 스위프트 5.10을 배포합니다.

- UIApplicationMain과 NSApplicationMain을 더 이상 사용하지 않습니다Deprecated.
- 제네릭이 아닌 문맥에서도 중첩 프로토콜을 허용합니다.

| 6.0 |

2024년 9월, 스위프트 6을 배포합니다.

- @Resolvable 매크로와 런타임 변경을 통해 클라이언트-서버 시스템에서 분산 액터Distributed Actors를 쉽게 처리할 수 있습니다. 즉, 서버가 구현한 액터 타입을 알지 않고도 분산 액터 API 모듈을 공유하고 사용할 수 있습니다.
- @TaskLocal 프로퍼티 래퍼가 매크로로 변경되었으며, 전역 프로퍼티로도 선언할 수 있도록 변경되었습니다.
- 동적 동시성 체크를 활성화할 수 있는 @preconcurrency 속성이 추가되어 C/C++/Objective-C와의 상호 운용성이 개선되었습니다.
- 비동기 함수가 #isolation 기본값을 가진 isolated 매개변수를 통해 격리를 명시적으로 상속받습니다.
- 함수 매개변수에서 sending을 활용하여 격리 경계를 넘어 안전하게 값을 전송할 수 있습니다.
- 연관 타입이나 Self 요구사항이 있는 프로토콜을 참조할 때 any 키워드를 사용해야 합니다.
- 불명확 반환 타입은 이제 연관 타입 제약 조건과 일치해야 하며, 일치하지 않으면 오류가 발생합니다.
- for-in 루프를 활용하여 매개변수 다발을 반복할 수 있어 임의의 길이의 튜플을 반복처리할 수 있습니다.
- 함수에서 던지는 오류의 타입을 지정할 수 있습니다.
- 튜플의 요소가 Equatable, Comparable, Hashable 등의 프로토콜을 준수한다면 튜플도 해당 프로토콜을 준수합니다.
- 사용자 정의 매크로를 기본 내장 매크로처럼 매개변수 기본값으로 사용 가능합니다.
- 매개변수 이름 없이 매개변수 타입만 있는 클로저 문법은 이제 사용할 수 없습니다.
- noncopyable 미복사 타입을 제네릭 문맥에서 사용할 수 있도록 확대되었습니다.

1.2 스위프트의 언어적 특성

애플이 최초에 스위프트를 발표했을 때 스위프트 언어의 특징을 Safe, Modern, Powerful이라고 발표했습니다. 그러나 오픈소스로 전환하면서 **Safe, Fast, Expressive**로 변경하여 발표했습니다. 먼저 애플이 발표한 스위프트의 언어적 특징을 항목별로 정리해보았습니다.

| 안전성(Safe) |

스위프트는 안전한 프로그래밍을 지향합니다. 소프트웨어가 배포되기 전, 즉 프로그래밍하는 중에 프로그래머가 저지를 수 있는 실수를 엄격한 문법으로 미연에 방지하고자 노력했습니다. 때론 너무 강제적이라고 느껴질 수 있지만 문법적 제재는 실수를 줄이는 데 도움이 됩니다. 버그를 수정하거나 실수를 찾아내는 시간을 절약할 수 있습니다. 옵셔널이라는 기능을 비롯하여 guard 구문, 오류처리, 강력한 타입 통제 등을 통해 스위프트는 안전한 프로그래밍을 구현하고 있습니다.

| 신속성(Fast) |

스위프트는 C 언어를 기반으로 한 C, C++, Objective-C와 같은 프로그래밍 언어를 대체하려는 목적으로 만들어졌습니다. 아직은 미흡한 부분도 있지만 스위프트는 C 언어 수준과 동등한 성능을 일정한 수준으로 유지하는 데 초점을 맞춰 개발되었습니다. 실행 속도의 최적화뿐만 아니라 컴파일러를 지속적으로 개량해 더 빠른 컴파일 성능을 구현해나가고 있기도 합니다.

| 더 나은 표현성(Expressive) |

컴퓨터 과학 분야의 발전과 함께 성장한 수많은 프로그래밍 언어 각각의 문법은 다양한 장단점이 있습니다. 스위프트는 이런 장단점을 참고해 좀 더 사용하기 편하고 보기 좋은 문법을 구현하려 노력했습니다. 덕분에 개발자들이 원하던 현대적이고 세련된 문법을 구사할 수 있습니다. 그러나 지금의 스위프트가 끝이 아닙니다. 계속된 업데이트를 통해 더욱 보기 좋고 쓰기 좋은 언어로 발전해나갈 것입니다.

애플이 발표한 세 가지 특징 외에도 스위프트는 많은 특징을 가지고 있습니다. 그중에 프로그래밍 패러다임에 대해 조금 더 설명하겠습니다. 스위프트는 여러 가지 프로그래밍 패러다임을 차용한 다중 패러다임 프로그래밍 언어입니다. 크게 보면 명령형 프로그래밍 패러다임, 객체지향 프로그래밍 패러다임, 함수형 프로그래밍 패러다임, 프로토콜 지향 프로그래밍 패러다임을 차용했습니다. 정확하게는 명령형과 객체지향 프로그래밍 패러다임을 기반으로 한 함수형 프로그래밍 패러다임과 프로토콜 지향 프로그래밍 패러다임을 지향합니다.

결과적으로 스위프트에서 가장 강조하는 부분은 함수형 프로그래밍 패러다임과 프로토콜 지향 프로그래밍 패러다임입니다.

기존의 C 언어는 명령형 프로그래밍 패러다임*을 차용했으며, C++, 자바JAVA 등의 언어는 명령형 프로그래밍 패러다임과 객체지향 프로그래밍 패러다임을 동시에 차용한 다중 프로그래밍 패러다임 언어입니다. 스위프트는 여기에 함수형 프로그래밍 패러다임과 프로토콜 지향 프로그래밍 패러다임을 더한 언어라고 생각하면 됩니다.

지금부터 오늘날 대부분의 프로그래밍 언어에서 차용하는 객체지향 프로그래밍 패러다임에 대해 알아보고, 근래에 큰 인기를 끌고 있는 함수형 프로그래밍 패러다임과 프로토콜 지향 프로그래밍 패러다임에 대해 조금 더 알아보겠습니다.

1.2.1 객체지향

현대 프로그래밍 언어에서 대부분 차용하고 있는 객체지향 프로그래밍 패러다임에 대해 알아보겠습니다.

객체지향 프로그래밍 패러다임

객체지향 프로그래밍 패러다임Object-Oriented Programming Paradigm**은 컴퓨터 프로그래밍 패러다임의 한 종류로 객체지향 프로그래밍Object-Oriented Programming(OOP)이라고도 불립니다. 객체지향 프로그래밍은 컴퓨터 프로그램을 명령어의 목록으로 보는 기존의 명령형 프로그래밍 패러다임의 시각에서 벗어나 여러 개의 독립된 단위인 객체의 모임으로 파악합니다. 각각의 객체는 서로 메시지를 주고받고 데이터를 처리할 수 있습니다.

---

* 비슷한 의미로 사용되는 절차적 프로그래밍 패러다임도 있습니다. 상세하게 설명하면 (조금 다른 의미지만) C 언어를 명령형 프로그래밍 패러다임 또는 절차적 프로그래밍 패러다임을 따른다고 표현하기도 합니다.

** https://ko.wikipedia.org/wiki/객체_지향_프로그래밍

객체지향 프로그래밍은 프로그램을 유연하고 쉽게 변경할 수 있도록 작성할 수 있어 대규모 소프트웨어 개발에 많이 사용됩니다. 또한 객체만 잘 이해하면 프로그래밍을 더 쉽게 배울 수 있고, 소프트웨어 개발과 유지보수를 간편하게 할 수 있으며, 직관적으로 코드를 분석할 수 있다는 장점이 있습니다. 소프트웨어 공학의 관점에서 소프트웨어의 질을 향상하려면 강한 응집력 Strong Cohesion과 약한 결합력 Weak Coupling을 지향해야 합니다. 객체지향 프로그래밍은 클래스에 하나의 문제 해결을 위한 데이터와 메서드를 모아놓은 방식으로 응집력을 강화합니다. 또 각 클래스는 독립적이 되도록 디자인해 결합력을 약화합니다. 그러나 실제 세계의 모습을 프로그램 안에 구현하고자 했던 객체지향 프로그래밍 패러다임이지만, 지나친 프로그램의 객체화 경향 때문에 오히려 실제 세계의 모습을 그대로 반영하기 어렵다는 비판을 받기도 합니다.

객체지향 프로그래밍의 주요 특징으로는 자료 추상화, 상속, 다형성, 동적 바인딩 등이 있으며 객체지향 프로그래밍 패러다임을 차용한 언어에는 스몰토크 Smalltalk, Objective-C, C++, C#, 자바, 파이썬, 루비, 스위프트 등이 있습니다.

클래스와 객체

클래스와 객체의 관계를 살펴보기 전에 객체지향 프로그래밍에서 주요하게 다루는 용어를 먼저 알아보겠습니다.

- **클래스**Class : 같은 종류(또는 문제 해결을 위한)의 집단에 속하는 속성과 행위를 정의한 것입니다. 객체지향 프로그램의 기본 사용자 정의 데이터 타입이라고 할 수 있습니다. 클래스는 다른 클래스 또는 외부 요소와 독립적으로 디자인되어야 합니다.
- **객체**Object : 클래스의 인스턴스(실제로 메모리에 할당되어 동작하는 모양을 갖춘 것입니다. 객체는 자신 고유의 속성이 있으며 클래스에서 정의한 행위를 할 수 있습니다. 스위프트에서는 '객체'라는 용어보다는 '클래스의 인스턴스'라는 표현을 사용합니다.***
- **메서드**Method **또는 메시지**Message : 객체가 클래스에 정의된 행위를 실질적으로 하는 함수입니다. 메서드(메시지)를 통해 객체에 명령을 전달할 수 있습니다. 객체 간에 명령 전달 또는 데이터 전달은 메서드(메시지)를 통해 이루어지며 명령을 전달하거나 데이터를 전달하는 행위를 '메서드를 호출한다' 또는 '메시지를 전달한다'라고 표현합니다.

[코드 1-1]은 스위프트에서 객체지향 프로그래밍 패러다임을 차용하여 코드를 작성한 예입니다.

*** 중요한 부분이라 추가로 객체와 인스턴스에 대해 설명합니다. 객체와 인스턴스는 동의어가 아닙니다. '객체 == 클래스의 인스턴스', '객체 != 인스턴스'입니다. 즉, 인스턴스는 구조체의 인스턴스도 있고, 열거형의 인스턴스도 있을 수 있기 때문에 객체는 인스턴스 중에도 클래스의 인스턴스만 가리키는 말로 좀 더 한정적인 의미입니다.

코드 1-1 스위프트에서 객체지향 프로그래밍 패러다임의 사용

```
class SomeClass {
    var someProperty: Any = 1
    func someMethod() {
        // some task...
    }
}

let myInstance: SomeClass = SomeClass()
// SomeClass라는 이름의 클래스의 이니셜라이저를 호출하여
// myInstance라는 이름의 상수에 할당합니다.
// 클래스의 이니셜라이저를 통해 메모리에 할당되고 초기화한 객체를 우리는 인스턴스라고 부릅니다.

myInstance.someProperty = 100    // 인스턴스의 프로퍼티에 값을 할당할 수도 있고
print(myInstance.someProperty)   // 값을 가져올 수도 있습니다.

myInstance.someMethod() // 인스턴스의 메서드를 호출하여 작업을 수행하도록 할 수 있습니다.
```

코드를 보면 알 수 있듯이 스위프트뿐만 아니라 객체지향 프로그래밍 패러다임을 차용한 언어는 필수로 명령형 프로그래밍 패러다임을 사용합니다. 프로퍼티, 변수 등에 해당하는 메모리 값의 변화(상태변화)가 있기 때문입니다.

클래스는 객체가 만들어지기 위한 청사진에 비유할 수 있습니다. 클래스는 실제 메모리에 객체를 할당해 인스턴스를 만들기 위한 일종의 설계 코드입니다. 클래스에 구현된 코드대로 실제로 객체가 메모리에 올라가 활동하게 됩니다. 클래스에 정의된 모양대로 객체가 생성되고 객체 간의 메시지를 통해 프로그램의 각 명령이 실행됩니다.

객체지향 프로그래밍에서 클래스와 객체는 매우 중요한 개념이므로 꼭 이해하고 넘어가야 합니다. 객체지향 프로그래밍을 처음 접하는 독자라면 2부 '객체지향 프로그래밍과 스위프트'까지 읽은 다음 '클래스와 객체'를 다시 읽어보기를 추천합니다.

1.2.2 함수형

여기에서는 함수형 프로그래밍 패러다임이 무엇인지 알아보고 스위프트가 왜 함수형 프로그래밍 패러다임을 차용했는지도 살펴보겠습니다.

함수형 프로그래밍 패러다임

함수형 프로그래밍 패러다임은 최근 프로그래밍 패러다임의 대세로 떠오르고 있습니다. 함수형 프로그래밍 패러다임의 가장 큰 장점은 **대규모 병렬처리가 굉장히 쉽다**는 점입니다. 지금부터 함수형 프로그래밍 패러다임에 대해 알아보겠습니다.

함수형 프로그래밍 패러다임은 프로그램이 상태의 변화 없이 데이터 처리를 수학적 함수 계산으로 취급하고자 하는 패러다임입니다. 기존 객체지향 프로그래밍 패러다임이나 명령형 프로그래밍 패러다임에서는 프로그램에서 값이나 상태의 변화를 중요하게 여기지만, 함수형 프로그래밍 패러다임은 함수 자체의 응용을 중요하게 여깁니다. 수학적 함수와 명령형 함수의 차이점은 코드 이해와 실행 결과의 관점에서도 큰 차이를 보입니다. 명령형 함수를 이용하는 객체지향 프로그래밍은 과거의 유산이라고도 볼 수 있는 절차지향 프로그래밍 패러다임이 포함되어 있습니다. 그래서 함수 실행 시 함수가 전달받은 전달인자Argument 외에도 포인터, 레퍼런스 값 등 객체의 상태 값(프로퍼티 값) 또는 메모리 참조 값 등이 변경될 수 있으며 함수 내부의 처리에도 영향을 미칠 수 있습니다.

하지만 수학적 함수를 이용하는 함수형 프로그래밍은 순수하게 함수에 전달된 인자 값만 결과에 영향을 주므로 상태 값을 갖지 않고 순수하게 함수만으로 동작합니다. 따라서 어떤 상황에서 프로그램을 실행하더라도 일정하게 같은 결과를 도출할 수 있습니다. 프로그램이 동작하는 흐름에서 상태(값)가 변하지 않으면 함수 호출이 각각 상호 간섭 없이 배타적으로 실행되므로 병렬처리할 때 부작용이 거의 없습니다. 프로세스 혹은 스레드별로 특정 값을 참조하기 위해 락을 걸거나 대기할 필요가 없기 때문입니다. 또한 필요한 만큼 함수를 나누어 처리할 수 있도록 스케일업할 수 있기 때문에 대규모 병렬처리에 큰 강점이 있습니다.

또 다른 함수형 프로그래밍의 큰 특징은 함수를 일급 객체First-Calss Citizen로 다룬다는 점입니다. 다음 조건을 모두 충족해야 일급 객체가 될 수 있습니다.*

- 전달인자로 전달할 수 있습니다.
- 동적 프로퍼티 할당이 가능합니다.
- 변수나 데이터 구조 안에 담을 수 있습니다.
- 반환 값으로 사용할 수 있습니다.
- 할당할 때 사용된 이름과 관계없이 고유한 객체로 구별할 수 있습니다.

---

* https://ko.wikipedia.org/wiki/일급_객체

기존의 스칼라 타입인 정수, 실수 등은 거의 모든 언어에서 일급 객체의 조건을 갖출 수 있지만, 대부분의 함수는 그렇지 않습니다. 하지만 스위프트의 함수는 이 조건을 모두 충족할 수 있기에 함수를 일급 객체로 취급합니다. 함수가 일급 객체가 된다는 의미는 다양한 종류의 함수를 호출하고, 전달하고, 반환하는 등의 동작만으로도 프로그램을 구현할 수 있다는 뜻입니다.

그럼 기존 명령형 프로그래밍 패러다임으로 구현된 코드를 함수형 프로그래밍 패러다임 코드와 비교해보겠습니다. 함수 자체가 전달인자로 전달되는 점을 눈여겨보면 됩니다.

코드 1-2 명령형 프로그래밍 패러다임과 함수형 프로그래밍 패러다임의 비교

```
// doSomething 함수와 doAnotherThing 함수를 모두 처리하고 싶을 경우

// 명령형 프로그래밍 패러다임              // 함수형 프로그래밍 패러다임
func doSomething() {                    func doSomething() {
    print("do something")                   print("do something")
}                                       }

func doAnotherThing() {                 func doAnotherThing() {
    print("do another thing")               print("do another thing")
}                                       }

func excuteAll() {                      func excute(tasks: [()-> Void]) {
    doSomething()                           for task in tasks {
    doAnotherThing()                            task()
}                                           }
                                        }
excuteAll()
///////////////////////                 excute(tasks: [doSomething, doAnotherThing])
                                        ///////////////////////

// 두 수의 합을 구하고 싶은 경우

// 명령형 프로그래밍 패러다임              // 함수형 프로그래밍 패러다임
func sum(first: Int, second: Int) -> Int {   func sum(first: Int) -> ((Int) -> Int) {
    return first + second                       return { second in first + second }
}                                           }

sum(first: 10, second: 5)               sum(first: 10)(5)

///////////////////////                 ///////////////////////
```

함수형 프로그래밍 패러다임 안에서는 함수가 일급 객체이므로 전달인자 또는 반환 값으로 사용할 수 있습니다. 따라서 excute(tasks: [doSomething, doAnotherThing])처럼 doSomething 함수와 doAnotherThing 함수를 전달인자로 사용할 수 있습니다. 또 덧셈 함수인 sum 역시 함수형 프로그래밍 패러다임에서 즐겨 사용되는 커링Currying* 기법으로 전달인자를 하나만 두고 반환하면서 second in first + second처럼 전달인자를 사용할 수 있습니다.

또한 함수형 프로그래밍 패러다임은 위에 제시한 간단한 차이 외에도 모나드Monad, 함수객체Functor, 필터Filter, 맵Map, 플랫맵FlatMap, 리듀스Reduce 등의 기능을 사용할 수 있습니다. 함수형 프로그래밍 패러다임으로 강력해진 부분은 3부 함수형 프로그래밍과 스위프트에서 조금 더 다루겠습니다.

표 1-1 명령형 프로그래밍과 함수형 프로그래밍의 비교**

구분	명령형 프로그래밍	함수형 프로그래밍
프로그래머가 초점을 두는 곳	• 작업 수행 알고리즘 • 상태의 변경 추적	• 원하는 정보 • 필요한 변환
상태 변경	• 중요	• 없음
실행 순서	• 중요	• 낮은 중요도
주요 흐름 제어	• 제어 구문(반복문, 조건문 등) • 함수(메서드) 호출	• 순환(재귀)함수 호출 등의 함수 호출로 제어
주요 조작 단위	• 클래스나 구조체의 인스턴스	• 함수

스위프트가 함수형 프로그래밍 패러다임을 차용한 의의

사실 각각의 프로그래밍 패러다임 자체도 정의하기 어렵거니와 어떤 언어에 어떠한 프로그래밍 패러다임이 있다고 딱 잘라 말하기도 쉽지 않습니다. 그렇지만 애플이 스위프트를 공개하며 발표한 내용을 살펴보면 스위프트는 분명 객체지향 프로그래밍 패러다임과 함수형 프로그래밍 패러다임을 모두 차용하고 있습니다.

사실 애플의 프레임워크 대부분은 객체지향 프로그래밍 패러다임을 기반으로 설계된 수많은 클래스로 구성되어 있습니다. 따라서 애플의 프레임워크에서 사용될 언어가 객체지향 프로그

---

* 여러 개의 매개변수를 갖는 함수를 매개변수 하나를 갖는 함수의 나열로 표현하는 방법입니다.

** MSDN Library – https://msdn.microsoft.com/ko-kr/library/bb669144.aspx

래밍 패러다임을 수용하지 않는다면 당연히 문제가 발생할 것입니다.

하지만 애플은 스위프트에서 함수형 프로그래밍 패러다임을 특히나 강조합니다. 이는 애플의 프레임워크를 벗어나 다른 영역(예를 들어 서버용 프레임워크 등)에서 스위프트를 사용했을 때 순수하게 함수형 프로그래밍 패러다임만으로 프로그램을 작성할 수 있기 때문입니다.

순수하게 함수형 프로그래밍 패러다임으로 프로그램을 작성하면 다음 장점이 있습니다.

- 여러 가지 연산 처리 작업이 동시에 일어나는 프로그램을 만들기 쉽습니다.
- 멀티 코어 혹은 여러 개 연산 프로세서를 사용하는 시스템에서 효율적인 프로그램을 만들기 쉽습니다.
- 상태변화에 따른 부작용에서 자유로워지므로 순수하게 기능 구현에 초점을 맞추어 설계할 수 있습니다.

때에 따라서 적절하게 객체지향과 함수형 프로그래밍 패러다임을 섞어 프로그램을 작성한다면 필요한 기능에 맞게 최적의 성능을 발휘할 수도 있고, 생산성도 극대화할 수 있는 프로그램을 만들 수 있습니다.

근래에는 스위프트뿐만 아니라 객체지향 프로그래밍 패러다임을 기반으로 구현된 프로그래밍 언어 중에서도 함수형 프로그래밍이 가능하도록 버전이 업데이트된 언어(예를 들어 자바 8, C# 3.0 등)도 찾아볼 수 있습니다.

1.2.3 프로토콜 지향

2015년 2.0 버전이 발표되면서 추가된 프로토콜 익스텐션은 스위프트가 강력한 프로토콜 지향 언어Protocol-Oriented Language로 변모하는 데 큰 공헌을 했습니다. 심지어 WWDC에서 스위프트 표준 라이브러리의 테크니컬 리더인 데이브 에이브러햄Dave Abrahams이 직접 스위프트는 프로토콜 지향 언어라고 선언했습니다. 그는 프로토콜 지향 프로그래밍은 참조 타입인 클래스의 인스턴스보다 값 타입을 더 효율적으로 사용하며, 오류를 줄일 방안이라고 소개했습니다.

스위프트에서는 구조체와 열거형에 기존의 클래스에서 구현할 수 있었던 캡슐화, 추상화, 접근 제어 등의 기능을 모두 구현할 수 있습니다. 더불어 프로토콜에 익스텐션을 활용할 수 있기 때문에 프로토콜 지향 프로그래밍이 가능해졌습니다. 이는 참조 타입의 참조 문제에서 조금 더 자유로울 수 있고, 다중상속이 불가능한 한계를 뛰어넘을 수 있으며, 더 나은 추상화 메커니즘을 구현할 수 있다는 이야기입니다.

실제로 스위프트의 프로토콜 지향 프로그래밍 기법은 프로토콜 익스텐션 기능을 통해 완성되었으며 강력해졌습니다. 프로토콜 지향 프로그래밍에 대해서는 프로토콜 지향 프로그래밍(23장)에서 더 자세히 다루겠습니다.

1.3 스위프트 실행 환경

스위프트는 오픈소스로 전환된 이후 macOS 외의 다른 환경, 즉 리눅스 및 윈도우 등에서도 사용할 수 있습니다. 그렇지만 아직 스위프트의 문법을 익히고 연습하기에는 애플에서 공식 지원하는 Xcode의 플레이그라운드와 REPL$^{\text{Read-Eval-Print Loop}}$(1.3.2절)이 가장 편리합니다. 그 외에 웹에서 손쉽게 스위프트 문법을 익히고 실행할 수 있도록 서비스를 제공하는 곳도 소개하겠습니다.

1.3.1 Xcode - 플레이그라운드

Xcode는 macOS에서 동작하는 애플의 통합 개발 환경$^{\text{Integrated Development Environment}}$(IDE)으로 맥 앱 스토어에서 무료로 내려받아 설치할 수 있습니다.

그림 1-2 Xcode 아이콘

Xcode로는 맥용 애플리케이션 제작부터 iOS, watchOS, tvOS 등의 애플리케이션 제작, 프레임워크 및 라이브러리 제작 등 다양한 프로그래밍을 할 수 있습니다. 이 Xcode의 특별한 기능 중 하나가 플레이그라운드입니다.

그림 1-3 플레이그라운드 아이콘

플레이그라운드는 별도의 프로젝트 생성 없이 스위프트 코드를 실행할 수 있는 스위프트 코딩 환경입니다. 기본 문법 연습부터 복잡한 코드 테스트까지 다양한 기능을 이용할 수 있습니다. 스위프트를 맛보고 문법 연습을 하기에 더할 나위 없이 좋은 도구입니다.

플레이그라운드를 사용하는 방법에 대해 알아보도록 하겠습니다. Xcode를 설치하고 실행하면 [그림 1-4]와 같이 Welcome to Xcode 창이 나타납니다. Welcome to Xcode 창에서 플레이그라운드 생성 메뉴를 찾아볼 수 없다면 화면 상단의 메뉴바에 있는 Xcode의 메뉴 중 [File] - [New] - [Playground]를 선택하여 새로운 플레이그라운드를 생성합니다.

그림 1-4 Welcome to Xcode 창

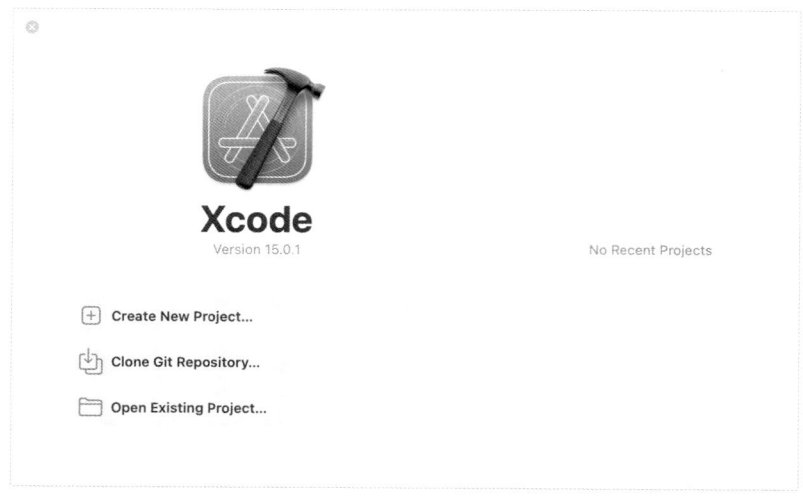

[그림 1-5]처럼 새로운 플레이그라운드 생성 창이 나타나면 [iOS], [macOS] 중 플랫폼 하나를 고른 후 [Blank], [Game], [Map], [Single View] 중 하나를 고른 다음 [Next] 버튼을 누릅니다. 그리고 플레이그라운드를 저장하기 원하는 위치를 선택한 후 이름을 정해 플레이그라운드 파일을 생성합니다.

그림 1-5 새로운 플레이그라운드 생성

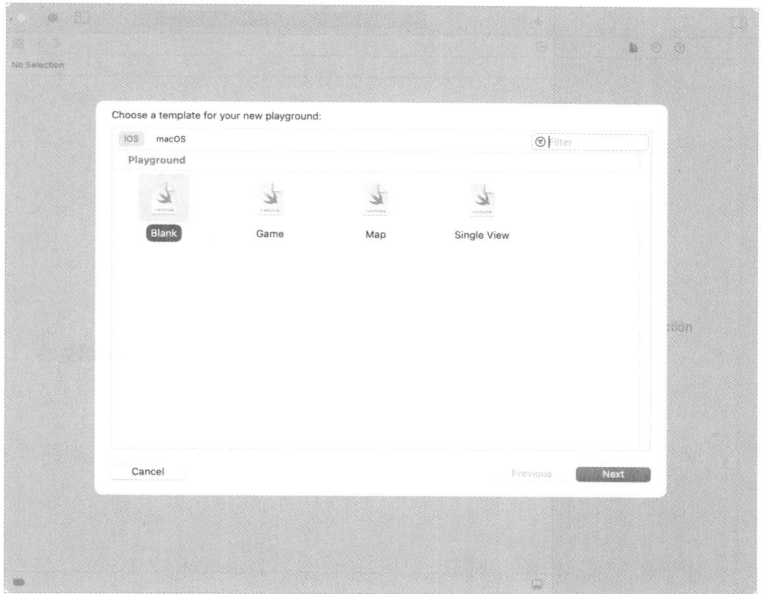

참고로 [Game], [Map], [Single View]는 각 항목에 맞는 템플릿 코드를 함께 생성하므로 이 책의 코드를 살펴볼 때는 [Blank]를 선택하길 권합니다.

[그림 1-6]은 플레이그라운드의 기본 화면 구성입니다. 플레이그라운드는 구성이 매우 단순합니다.

- **소스 편집기:** 스위프트 코드를 작성하고 빠른확인 화면을 볼 수 있는 영역
- **결과 사이드바:** 소스 편집기에서 작성된 코드의 실행 결과를 볼 수 있는 영역
- **콘솔 보이기/감추기 버튼:** 콘솔을 보여주거나 감출 수 있는 버튼
- **실행 버튼:** 플레이그라운드를 실행하거나 실행 모드를 자동 또는 수동으로 상호 변경할 수 있는 버튼

> **TIP** 스위프트 문법을 연습한다면 `import Swift`를 입력해 스위프트 표준 라이브러리를 임포트해두는 것이 좋습니다.

그림 1-6 기본적인 플레이그라운드 화면 구성

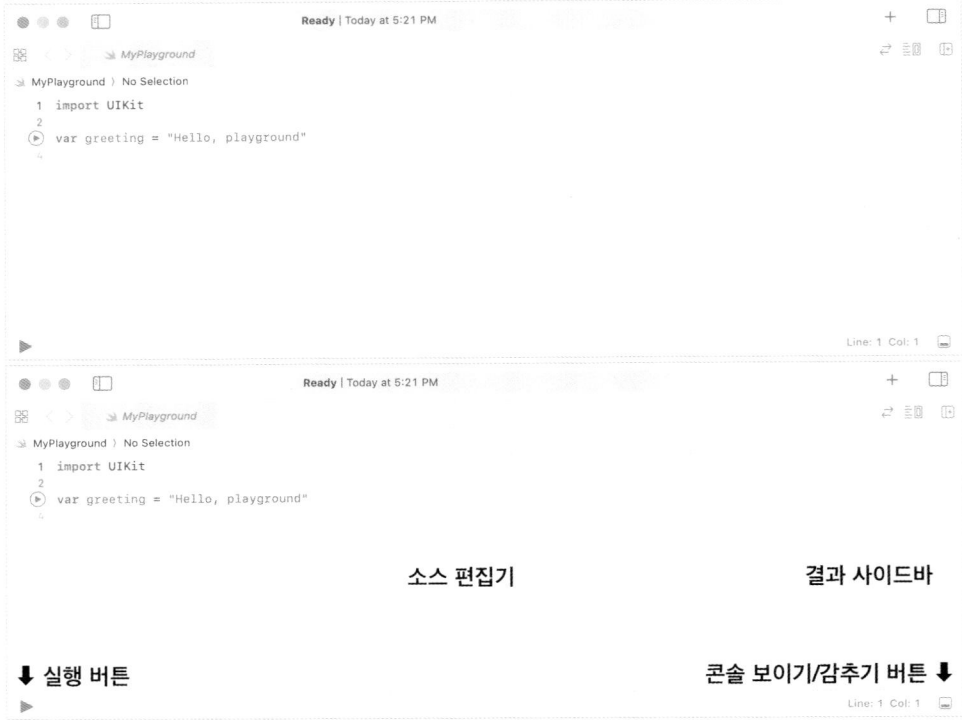

스위프트 코드를 소스 편집기 영역에 작성해보세요. 코드 작성을 완료하거나 코드 작성 중 잠깐 쉬면 플레이그라운드는 코드를 자동으로 컴파일하고 실행합니다.

코드의 실행 결과는 결과 사이드바에 출력됩니다. 플레이그라운드 상단에 [Running 〈플레이그라운드 이름〉]이라는 상태로 플레이그라운드의 코드가 실행 중임을 확인할 수 있습니다.

그림 1-7 실행 중인 플레이그라운드

플레이그라운드의 실행 모드는 자동 실행이 기본입니다. 그러나 플레이그라운드가 너무 자주 실행되어 불편하다면 실행을 수동으로 변경할 수도 있습니다. 실행 버튼을 길게 누르고 있으면 팝업 메뉴가 나타납니다. 실행을 자동Automatically으로 할지 수동Manually으로 할지 이때 클릭해서 결정합니다.

그림 1-8 플레이그라운드 실행 모드 변경

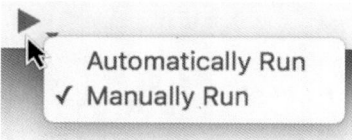

만약 코드가 잘못되었다면 빨간색 느낌표와 함께 오류 메시지를 출력할 것입니다. 느낌표를 선택하여 오류 메시지를 확인하고 오류를 수정하면 다시 올바르게 동작합니다.

그림 1-9 오류 발생과 오류 메시지

`let str: String = 1` ❗ Cannot convert value of type 'Int' to specified type 'String'

만약 값이 변경되는 흐름을 확인하고 싶다면 빠른확인Quick Look 기능을 사용할 수 있습니다. 또 print() 등의 함수를 통해 콘솔에 출력된 결과를 확인하고 싶다면 콘솔 보이기 버튼을 선택하여 콘솔 출력 결과를 확인할 수 있습니다.

그림 1-10 빠른확인과 콘솔

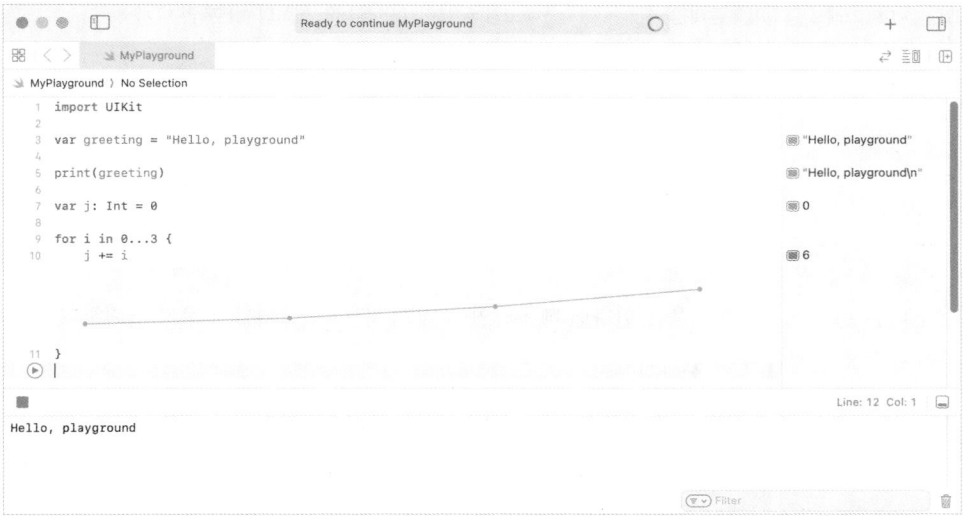

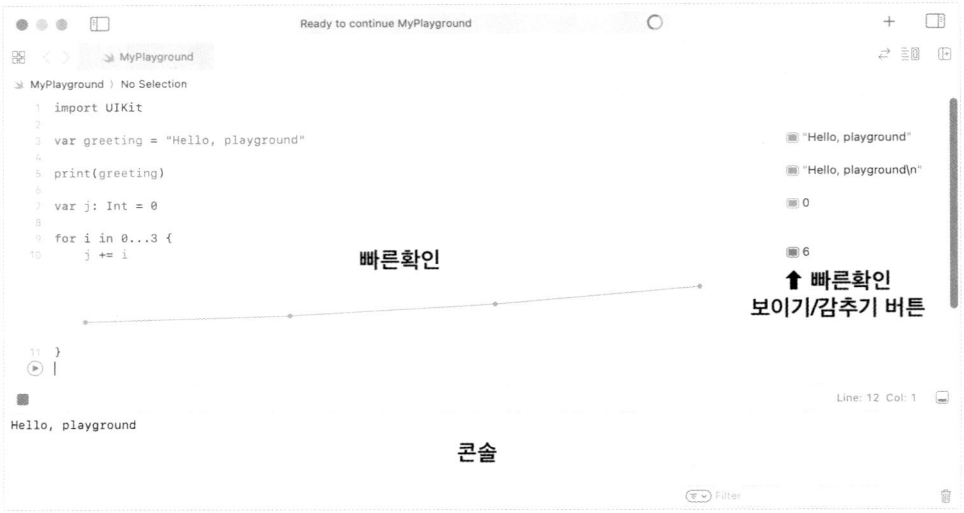

값이 변경되거나 반복 실행 등의 작업을 하게 되면 과정을 확인할 수 있도록 빠른확인 보이기 버튼이 나타납니다. 이 버튼을 선택하면 해당 값을 확인할 수 있는 빠른확인 뷰가 나타납니다.

그림 1-11 그래프 형식의 빠른확인   그림 1-12 값 변경 내역 형식의 빠른확인

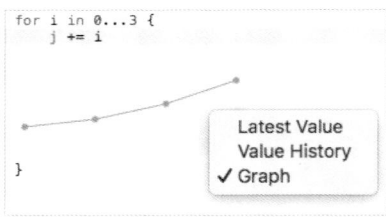

만약 다른 형식의 빠른확인을 원한다면 빠른확인 뷰 위에서 Control 키를 누르고 클릭하여 빠른확인 형식을 변경할 수도 있습니다.

플레이그라운드에서 여러 스위프트 파일을 함께 사용하고 싶을 때가 있을 겁니다. 예를 들어 접근제어를 테스트하고 싶을 때나 다른 사람이나 내가 만든 다른 스위프트 파일을 사용할 때입니다. 이때 다른 스위프트 파일을 현재 플레이그라운드에 가져와 사용할 수 있습니다.

다른 스위프트 파일을 플레이그라운드로 가져오려면 우선 프로젝트 내비게이터가 보이도록 해야 합니다. Xocde 메뉴의 [View] → [Navigators] → [Show Navigator]를 선택합니다(단축키는 ⌘ + 0 입니다). [그림 1-13]과 같이 내비게이터 영역이 나타납니다.

그림 1-13 내비게이터 영역

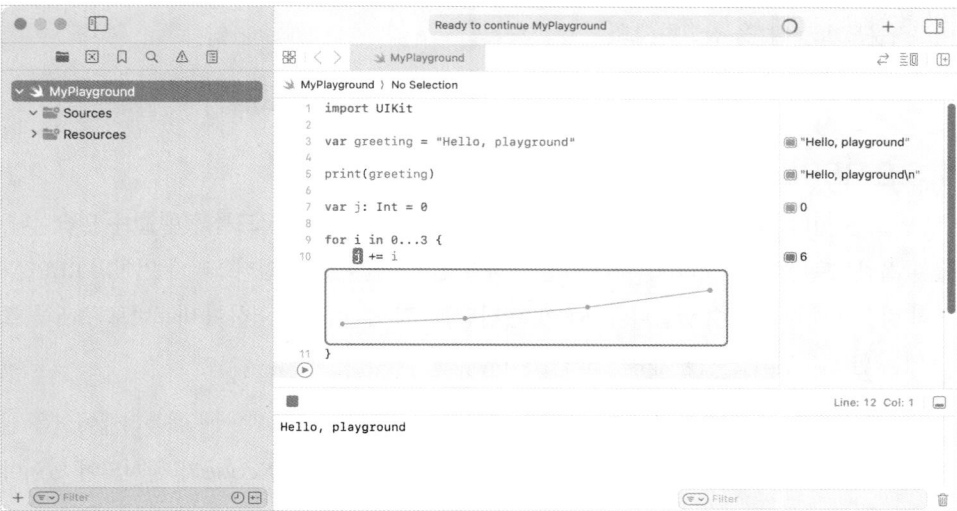

[그림 1-14]와 같이 [Sources] 폴더에 새로운 스위프트 파일을 만들 수도 있고 외부의 스위프트 파일을 추가하여 사용할 수도 있습니다.

그림 1-14 새로 추가된 Additional.swift 파일

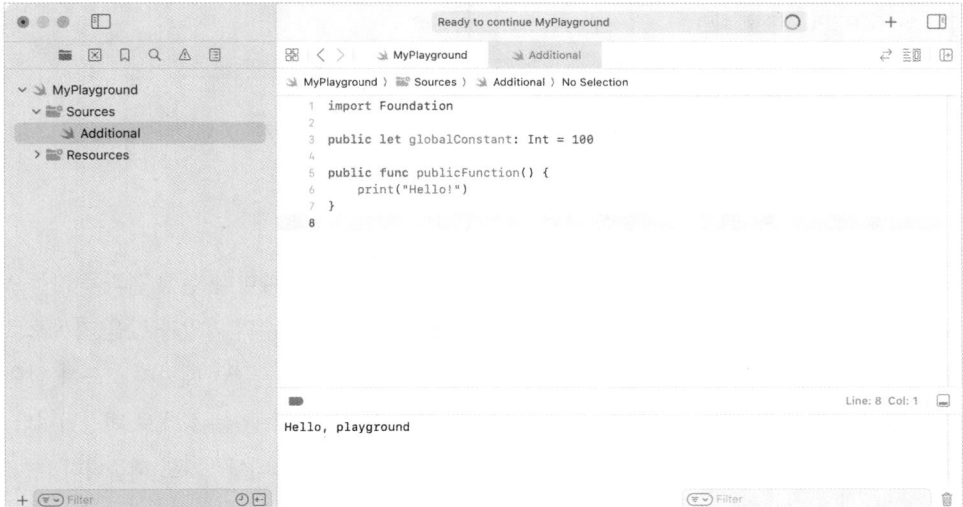

1장 - 스위프트 61

이 외에도 플레이그라운드에서 제공하는 기능은 많습니다. 더 많은 기능을 익히고 싶다면 플레이그라운드 도움말*을 참고하세요.

1.3.2 REPL

스위프트는 인터프리터Interpreter 언어에서 주로 사용되는 REPL로도 코드를 실행할 수 있습니다. 물론 스위프트는 인터프리터 언어가 아닌 컴파일 언어지만 기존의 인터프리터 언어의 REPL과 거의 비슷하게 사용할 수 있습니다. REPL은 간단한 코드를 직접 입력하여 바로바로 결과를 볼 수 있는 환경과 편의를 제공해주는 도구입니다.

스위프트의 REPL을 사용하려면 Xcode가 설치된 macOS의 터미널Terminal 애플리케이션을 실행하면 됩니다. 더 정확히 말하자면 Command Line Tools for Xcode가 설치되어 있어야 합니다.**

/Application/Utilities 폴더에 있는 터미널 애플리케이션을 실행하고 swift라고 명령어를 입력하면 Swift REPL이 실행됩니다. 코드를 입력할 수 있게 REPL 실행이 완료된 상황은 [그림 1-15]와 같습니다. 여기에 스위프트 코드를 입력할 수 있습니다.

그림 1-15 REPL 첫 실행 화면

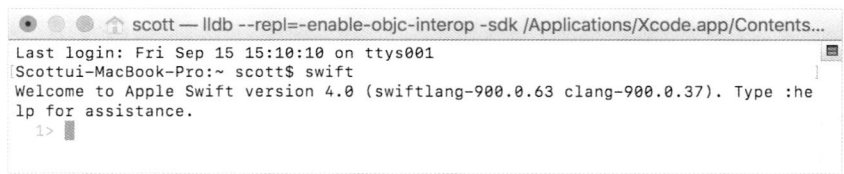

[그림 1-16]처럼 REPL에 입력되는 코드들은 하나의 구문이 끝날 때마다 실행 결과를 자동으로 출력해줍니다. 변수 또는 상수를 선언하면 선언된 변수 또는 상수의 타입과 값을 자동으로 출력해줍니다. 3~5줄처럼 함수를 작성하는 중이라면 함수의 범위가 끝날 때까지 코드가 실행되지 않고 있다가 함수의 범위가 끝나는 순간 다른 코드를 입력할 수 있는 상태로 변경됩니다. 또 코드 블록이 시작되고 끝나는 것을 파악하여 알아서 들여쓰기 및 내어쓰기도 해줍니다.

---

* https://help.apple.com/xcode/mac/9.0/#/dev188e45167

** Xcode를 설치하지 않았을 때는 따로 설치해주어야 합니다. Xcode를 설치하면 자동으로 설치되는 도구입니다.

그림 1-16 REPL을 통한 코드 작성 및 결과 확인

```
scott — lldb --repl=-enable-objc-interop -sdk /Applications/Xcode.app/Contents...
Last login: Fri Sep 15 15:10:10 on ttys001
Scottui-MacBook-Pro:~ scott$ swift
Welcome to Apple Swift version 4.0 (swiftlang-900.0.63 clang-900.0.37). Type :he
lp for assistance.
  1> let name: String = "yagom"
name: String = "yagom"
  2> print(name)
yagom
  3> func greeting(to name: String) {
  4.     print("Hello \(name)!")
  5. }
  6> greeting(to: name)
Hello yagom!
  7> "eric"
$R0: String = "eric"
  8> print("\(name)'s friend: \($R0)")
yagom's friend: eric
  9>
```

[그림 1-16]의 7번 줄을 봅시다. "eric"을 변수나 상수에 따로 할당하지는 않았지만 REPL에서 $R0이라는 이름을 지정했습니다. 이렇게 자동으로 부여된 이름은 8번 줄의 print() 함수처럼 이후의 코드에서 해당 이름으로 값을 사용할 수 있습니다.

만약 실수로 코드를 잘못 입력한다면 오류가 발생하며 오류 메시지가 출력됩니다. 오류를 수정하기 위해 키보드의 위쪽 방향 화살표를 입력하면 이전의 코드 작성 내역이 나옵니다. 키보드의 위, 아래, 좌, 우 화살표로 이동하면 코드를 수정할 수 있습니다.

그림 1-17 출력된 오류 메시지와 키보드의 화살표를 이용한 코드 작성 내역 수정

```
scott — lldb --repl=-enable-objc-interop -sdk /Applications/Xcode.app/Contents...
Last login: Fri Sep 15 15:17:05 on ttys001
Scottui-MacBook-Pro:~ scott$ swift
Welcome to Apple Swift version 4.0 (swiftlang-900.0.63 clang-900.0.37). Type :he
lp for assistance.
  1> func nonReturnFunction() {
  2.     return nil
  3. }
error: repl.swift:2:12: error: unexpected non-void return value in void function
    return nil
           ^~~


  1> func nonReturnFunction() {
  2.     print("This is non Return function")
  3. }
```

이렇게 REPL을 사용하여 스위프트 코드를 한 줄 한 줄 확인해가며 작성할 수도 있습니다. 스위프트의 REPL에 대해 조금 더 알아보려면 코드 대신 :help라고 입력해보세요. REPL 명령어에 대한 자세한 도움말이 출력됩니다.

그림 1-18 Swift REPL의 도움말

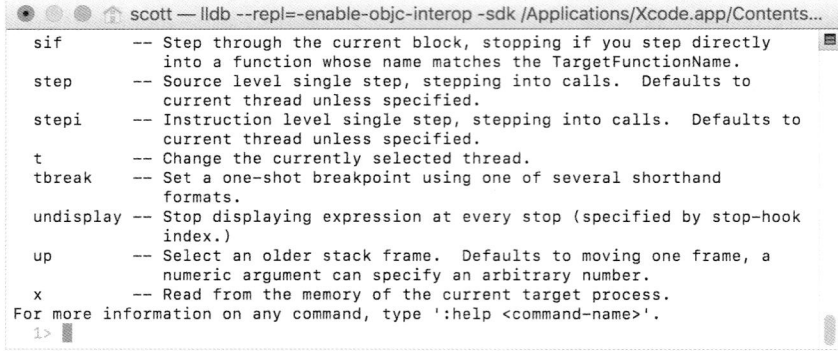

REPL의 대표적인 단축키 몇 가지를 [표 1-2]에서 소개합니다.

표 1-2 REPL의 대표 단축키

단축키	기능
화살표 키	커서를 좌/우/상/하로 이동
control + F	커서를 오른쪽으로 한 칸 이동 – 오른쪽 화살표(→)와 동일한 기능
control + B	커서를 왼쪽으로 한 칸 이동 – 왼쪽 화살표(←)와 동일한 기능
control + N	커서를 아랫줄의 맨 마지막으로 이동 – 아래쪽 화살표(↓)와 동일한 기능
control + P	커서를 윗줄의 맨 마지막으로 이동 – 위쪽 화살표(↑)와 동일한 기능
control + D	커서가 위치한 곳의 한 글자를 삭제
option + Left(←)	커서를 이전 단어의 맨 앞으로 이동
option + Right(→)	커서를 다음 단어의 맨 앞으로 이동
control + A	커서를 현재 줄의 맨 앞으로 이동
control + E	커서를 현재 줄의 맨 뒤로 이동
delete	커서 왼쪽의 한 글자를 삭제
esc + shift + 〈	커서를 첫 줄의 맨 처음으로 이동
esc + shift + 〉	커서를 맨 마지막 줄의 맨 마지막으로 이동

1.3.3 웹

스위프트 코드를 macOS가 아닌 다른 환경에서도 쉽게 테스트할 수 있도록 여러 웹 사이트에서 플레이그라운드와 유사한 환경을 제공합니다. 자신이 작성한 코드를 다른 사람들과 공유할 수도 있어서 매우 유용합니다. 대표적인 웹 사이트 몇 개를 소개합니다.

| Online Swift Playground |

- http://online.swiftplayground.run

플레이그라운드와 유사한 모습으로 스위프트 코드를 작성하고 실행해볼 수 있습니다. 자신이 온라인에서 작성한 코드를 스위프트 파일 혹은 플레이그라운드 파일로 내려받을 수도 있습니다.

그림 1-19 IBM Swift Sandbox

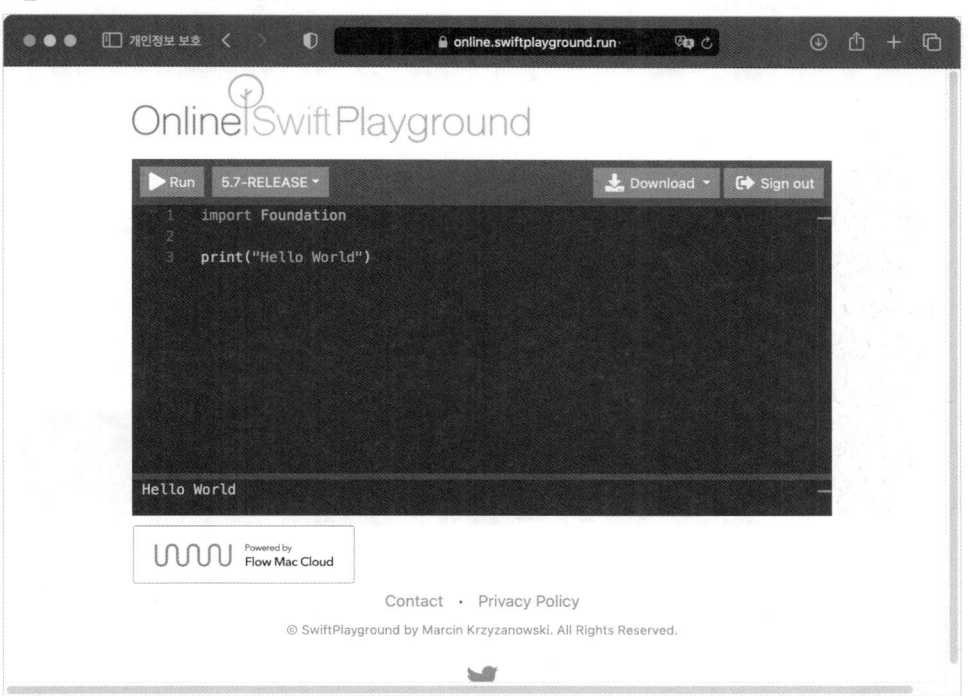

| 구름IDE |

- https://ide.goorm.io

국내의 클라우드 통합 개발 환경입니다. 컨테이너를 생성하여 가상 리눅스 환경에서 프로젝트를 관리할 수 있으며, 별도의 플러그인 등을 설치하지 않고도 온라인에서 직접 빌드 및 실행이 가능합니다. 리눅스 터미널 환경에서 스위프트 패키지 매니저를 사용할 수 있기 때문에 외부 라이브러리를 가져와서 프로젝트도 구현할 수 있습니다. 회원가입을 하면 내 프로젝트를 반영구적으로 저장하고 관리할 수 있습니다.

스위프트 외에도 C, C++, 자바, 파이썬, 루비, PHP, Go 등 많은 프로그래밍 언어를 지원하며 Node.js, Spring, JSP, Arduino 등의 개발 환경도 제공합니다. 클라우드 서버에서 바로 웹 서비스를 실행하여 운영할 수도 있습니다.

그림 1-20 구름IDE 실행 화면

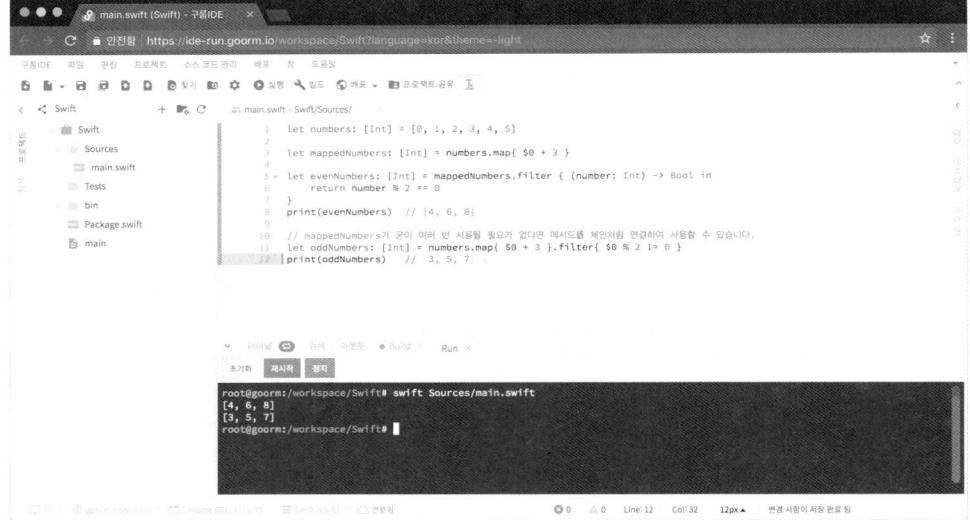

1.3.4 모바일

| iPad용 플레이그라운드 |

- https://goo.gl/gUugXe 또는 앱 스토어에서 Swift Playgrounds 검색

아이패드에서 스위프트 코드를 작성하고 테스트해볼 수 있는 애플리케이션입니다. 직접 자신만의 코드를 작성할 수도 있으며, 튜토리얼을 따라 문제를 해결해나가며 스위프트를 익힐 수도 있습니다.

또 플레이그라운드를 활용하여 바로 결과를 확인할 수 있는 여러 가지 템플릿도 제공하여 재미있게 스위프트를 배워볼 수 있습니다.

그림 1-21 iPad용 플레이그라운드 실행 화면

그림 1-22 객체 만들기 템플릿

그림 1-23 그래프 템플릿

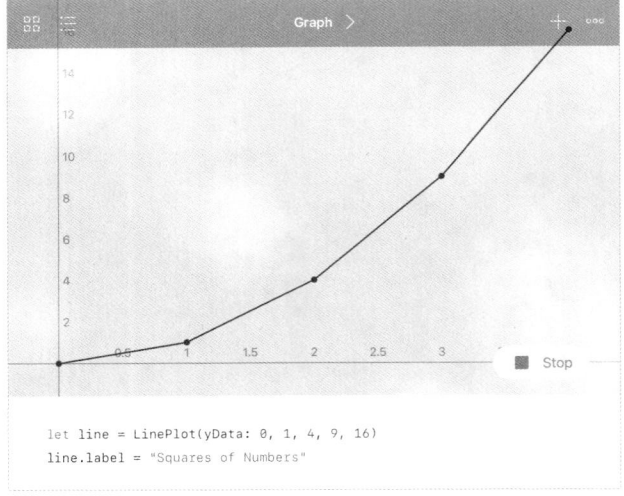

CHAPTER 2

스위프트 시작하기

2장에서는 스위프트 프로그래밍을 시작하기 전 알아야 할 몇 가지 규칙을 설명합니다. 가장 기본이 되고 계속 곱씹어보아야 할 내용이므로 책을 읽는 중간중간 의문점이 생기거나 기억이 나지 않는 부분이 있다면 다시 2장으로 돌아와 살펴보세요. 새로운 장을 시작할 때마다 2장을 다시 보았으면 하는 바람입니다. 그때마다 이해되는 부분이 점점 많아질 것입니다.

2.1 기본 명명 규칙

모든 프로그래밍 언어가 그렇듯 스위프트 언어 자체에 명시된 명명 규칙은 없습니다. 명명 규칙은 프레임워크나 코딩 환경 또는 협업 그룹마다 달라질 수 있습니다. 물론 언어에 따라서 권장하는 명명법이나 코딩 규칙이 있기도 합니다.

애플은 스위프트 관련 문서 및 예제를 모두 스위프트의 **API 디자인 가이드라인** 및 애플의 **코코아를 위한 코딩 가이드라인**에 따라 작성했습니다. 이 책에서도 이 가이드라인에 따라 변수(2장), 상수(2장), 열거형(4장), 함수(7장), 클래스(9장), 구조체(9장), 메서드(10장), 프로토콜(20장) 등을 명명하려 합니다. 자세한 명명 규칙은 스위프트의 API 디자인 가이드라인* 및 애플의 공식 문서**를 참고하세요. 코딩은 습관이라 나중에 교정하기 어려우니 처음부터 제대로 된 코딩 규칙 및 명명 규칙을 익히도록 노력하는 것이 좋습니다.

* https://swift.org/documentation/api-design-guidelines
** Coding Guidelines for Cocoa. https://developer.apple.com/library/mac/documentation/Cocoa/Conceptual/CodingGuidelines/Articles/NamingBasics.html

다음은 가이드라인 중에서 꼭 알아야 할 기본 명명 규칙입니다.

- 변수, 상수, 함수, 메서드, 타입 등의 이름은 유니코드에서 지원하는 어떤 문자(한글, 한자, 영문, 숫자, 이모티콘 등)라도 사용할 수 있습니다. 다만 다음과 같은 예외 경우는 사용할 수 없습니다.
  - 스위프트에서 미리 정한 예약어 또는 키워드
  - 해당 코드 범위 내에서 미리 사용되는 기존 이름과 동일한 이름
  - 연산자로 사용될 수 있는 기호(+, -, *, /)
  - 숫자로 시작하는 이름
  - 공백이 포함된 이름
- 함수, 메서드, 인스턴스 이름은 첫 글자를 소문자로 사용하는 소문자 카멜케이스Lower Camel Case를 사용합니다.
- 클래스, 구조체, 익스텐션, 프로토콜, 열거형 이름은 타입의 이름이기 때문에 첫 글자를 대문자로 사용하는 대문자 카멜케이스Upper Camel Case를 사용합니다.
- 대소문자를 구별합니다. 예를 들어 Var와 var를 다르게 인식합니다.

> **TIP 예약어와 키워드**
>
> 예약어는 프로그래밍 언어에서 미리 사용하기로 약속한 단어로, 식별자로 사용할 수 없는 단어를 뜻합니다. 키워드는 프로그래밍 언어 문법의 일부로, 특별한 의미가 있는 단어를 뜻합니다. 스위프트의 키워드는 대부분 예약어입니다. 일부 예약어의 경우에는 강세표(backquote, `)를 사용하여 이름으로 사용할 수 있습니다. 자세한 내용은 [코드 부록-2]를 참고하시기 바랍니다.

> **TIP 스위프트에서 세미콜론**
>
> 스위프트에서 명령 구문 뒤에 세미콜론(;)을 붙이는 것은 선택 사항입니다. 기존 프로그래밍 언어의 습관대로 구문 뒤에 세미콜론을 붙여도 상관없습니다만, 새로운 문법에 적응하려면 세미콜론을 붙이지 않길 권합니다.

NOTE_ 변수, 상수, 함수, 클래스, 구조체, 열거형, 익스텐션 등의 모든 이름은 스위프트에서 미리 정한 키워드(예약어) 및 데이터 타입 이름 등을 사용할 수 없습니다. 예를 들어 `let var: String = "string"`은 잘못된 구문입니다.

그림 2-1 let var: String = "string" 코드에 대해 출력되는 오류 메시지

🛑 'var' cannot appear nested inside another 'var' or 'let' pattern

var는 스위프트의 키워드이므로 상수 이름으로 사용할 수 없습니다. 스위프트의 키워드 및 주요 식별자 등은 부록에서 조금 더 자세하게 다룹니다.

2.2 콘솔 로그

프로그램에서 로그란 애플리케이션의 상태 또는 애플리케이션 내부 로직의 흐름을 관찰할 수 있도록 출력한 정보를 의미합니다. 콘솔 로그Console Log는 디버깅 중 디버깅 콘솔에 보여줄 로그를 뜻합니다. 스위프트에서는 print() 또는 dump() 함수를 사용하여 콘솔 로그를 출력할 수 있습니다.

2.2.1 print( ) 함수

스위프트에서 콘솔 로그를 남기는 용도로 print() 함수를 사용합니다. print() 함수의 기본 원형은 `public func print(items: Any..., separator: String = default, terminator: String = default)`로 정의되어 있습니다. 기본적으로 print("Hello Swift!")와 같이 사용하면 디버깅 콘솔에서 'Hello Swift!'라는 로그를 확인할 수 있습니다. print() 함수는 로그를 출력한 뒤 줄바꿈을 해주기 위해 줄바꿈 문자(\n)를 자동으로 삽입해줍니다. 자세한 사용 방법은 변수와 상수에서 다루도록 하겠습니다.

> **NOTE_ print()와 dump() 함수**
>
> 스위프트 표준 라이브러리에는 print() 함수 외에도 dump()라는 함수가 있습니다. print() 함수는 디버깅 콘솔에 간략한 정보를 출력해주는 반면, dump() 함수는 조금 더 자세한 정보를 출력해줍니다. print() 함수는 출력하려는 인스턴스의 description 프로퍼티에 해당하는 내용을 출력해주고, dump() 함수는 출력하려는 인스턴스의 자세한 내부 콘텐츠까지 출력해줍니다. 필요에 따라 print() 함수 대신에 dump() 함수를 적절히 사용하는 것도 좋습니다. print()와 dump() 함수는 부록 B '스위프트의 주요 함수'에서 더 살펴볼 수 있습니다.
>
> ```
> struct BasicInformation {
>     let name: String
>     var age: Int
> }
>
> var yagomInfo: BasicInformation = BasicInformation(name: "yagom", age: 99)
>
> class Person {
>     var height: Float = 0.0
>     var weight: Float = 0.0
> ```
> →

```
    }

    let yagom: Person = Person()
    yagom.height = 182.5
    yagom.weight = 78.5

    print(yagomInfo)    // BasicInformation(name: "yagom", age: 99)
    dump(yagomInfo)
    /*
     ▿ BasicInformation
     - name: "yagom"
     - age: 99
     */

    print(yagom)    // Person
    dump(yagom)
    /*
     ▿ Person #0
     - height: 182.5
     - weight: 78.5
     */
```

2.2.2 문자열 보간법

문자열 보간법 String Interpolation 은 변수 또는 상수 등의 값을 문자열 내에 나타내고 싶을 때 사용합니다. 문자열 내에 \(변수나 상수)의 형태로 표기하면 이를 문자열로 치환해서 넣습니다. 문자열 보간법을 이용해 프로그래머가 원하는 문자열로 치환하려면 변수나 상수 타입을 CustomStringConvertible 프로토콜을 준수하는 description 프로퍼티로 구현합니다.

코드 2-1 문자열 보간법 사용

```
let name: String = "yagom"
print("My name is \(name)")
```

[코드 2-1]의 실행 결과로 디버깅 콘솔에서 'My name is yagom'이라는 결과를 볼 수 있습니다. 앞으로 자주 사용할 테니 기억해두세요.

> **TIP** 문자열 보간법을 통해 조금 더 다양한 문자열 출력하기
>
> 문자열 보간법을 사용하면 기본적으로 인스턴스를 description 프로퍼티를 사용하여 문자열로 치환합니다. description 프로퍼티는 CustomStringConvertible 프로토콜을 준수할 때 구현해주면 됩니다. 하나의 타입에만 국한하지 않거나 조금 더 다양한 경우의 문자열 보간법을 구현하고 싶다면 StringInterpolationProtocol을 활용하면 됩니다.

2.3 주석

주석은 프로그램 소스코드에 정보를 남기는 목적으로 사용합니다. 주로 코드를 다시 봤을 때 필요한 중요 메모나 다른 프로그래머에게 설명하기 위한 메모 등을 주석으로 남깁니다.

Xcode에는 말풍선의 형태로 레퍼런스 문서의 요약된 내용을 보여주는 퀵헬프라는 기능이 있습니다. 코드를 작성하는 중에 레퍼런스 문서로 이동하지 않고도 (퀵헬프를 지원하는) 데이터 타입이나 메서드 등의 간단한 정보를 확인할 수 있는 아주 유용한 기능입니다.

퀵헬프를 보려면 퀵헬프를 보기 원하는 항목(변수, 상수, 함수, 메서드, 타입 등) 위에 마우스 커서를 위치한 다음 키보드의 옵션(`option`) 키를 누른 상태로 클릭하면 됩니다. 또는 퀵헬프를 보기 원하는 항목에 커서를 위치한 다음 Quick Help Inspector(단축키 `command` + `option` + `2`)를 통해 퀵헬프를 확인할 수도 있습니다.

마크업 문법에 맞춰 메서드나 변수, 클래스 등에 주석을 작성하면 퀵헬프로 다른 프로그래머가 해당 내용을 확인할 수 있습니다. 형식을 맞추는 일이 번거로울 수는 있으나 문서화에 큰 도움이 됩니다.

2.3.1 주석 남기기

스위프트에서는 여러 종류의 주석을 달 수 있습니다. 주석을 Xcode의 퀵헬프 기능을 통해 볼 수 있게 하려면 마크업 문법을 사용해서 작성하면 됩니다. 스위프트에서 사용할 수 있는 주석 종류를 하나씩 살펴봅시다.

한 줄 주석

한 줄 주석은 슬래시 두 개를 사용하여 나타냅니다.

코드 2-2 한 줄 주석

```
// 한 줄 주석은 이렇게 표현합니다.
```

여러 줄 주석

여러 줄 주석은 슬래시와 별표를 사용하여 나타냅니다.

코드 2-3 여러 줄 주석

```
/* 여러 줄 주석을 시작할 때는 슬래시와 별표를 사용합니다.
이 줄의 앞에는 별다른 표기가 없지만 이 줄도 주석으로 인식합니다.
주석을 끝내고 싶을 때는 별표를 먼저 쓰면 됩니다. */

/*
한 줄만 주석을 달아도 무방합니다.
*/
```

중첩 주석

스위프트에서는 여러 줄 주석 안에 여러 줄 주석 또는 한 줄 주석을 넣는 중첩 주석을 지원합니다.

> **TIP** 대부분의 프로그래밍 언어는 중첩 주석을 지원하지 않습니다.

코드 2-4 중첩 주석

```
/* 여러 줄 주석 안쪽에
/* 추가로 여러 줄 주석을 포함할 수 있으며
// 그 안에 한 줄 주석을 추가하여도 무방합니다.
*/
이 부분도 주석 처리 됩니다.
*/
```

2.3.2 마크업 문법을 활용한 문서화 주석

앞서 변수, 상수, 클래스, 메서드, 함수, 열거형 등을 설명하고자 하는 경우 일정한 마크업 형식에 따라 주석을 작성하면 퀵헬프를 통해 그 내용을 확인할 수 있다고 언급했습니다. 중요한 차이는 문서화를 위한 한 줄 주석은 슬래시 세 개를 사용하고, 여러 줄 주석은 별표 두 개를 사용한다는 점입니다. 자동으로 문서화 주석 코드 조각을 생성하려면 문서로 만들려는 요소(상수, 변수, 함수 등)에 커서를 위치한 후 Xcode 메뉴의 [Editor] → [Structure] → [Add Documentation](단축키 ⌘ + option + /)을 선택합니다. 자세한 마크업 문법은 애플에서 제공하는 문서인 Markup Formatting Reference*를 참고하세요. 주로 사용하는 간단한 예를 살펴봅시다.

코드 2-5 퀵헬프를 위한 마크업

```
/// 오류 타입의 열거형입니다.
/// - noName: 이름을 전달받지 못했을 때 발생하는 오류
/// - incorrectAge(age: Int): 나이가 0세 미만, 150세 초과인 경우 잘못된 나이로 인식하여
/// 오류로 처리
/// - unknown: 알 수 없는 오류
enum HelloError: Error {
    case noName
    case incorrectAge(age: Int)
    case unknown
}

/**
여기에 작성되는 텍스트는 Description 부분에 표기됩니다.

텍스트 간에 한 줄을 비워놓으면 줄바꿈이 됩니다.

'-', '+', '*'를 사용하여 원형 글머리 기호를 사용할 수 있습니다.

- 이렇게 말이죠
+ 이렇게도 되고요
* 이렇게도 됩니다

아니면 번호로 글머리 기호를 매겨줄 수도 있습니다.

1. 1번
```

---

* https://developer.apple.com/library/content/documentation/Xcode/Reference/xcode_markup_formatting_ref

2. 2번
6. 3번

눈치채셨겠지만 앞에 붙는 번호는 크게 중요하지 않습니다. 자동으로 번호를 매겨주죠.

````
----
문단 바꿈
````

바를 세 개 이상 사용하면 긴 줄로 문단을 나눠줍니다.

````
----
````

언더바 또는 별표를 사용하여 텍스트를 강조할 수 있습니다.

텍스트를 기울이고 싶으면 *A pair of marks*를 사용하고

텍스트를 굵게 표기하고 싶으면 **Two pair of marks**를 사용하면 됩니다.

관련 링크도 넣어줄 수 있습니다.

````
[Swift Blog](https://swift.org/blog/)
````

````
---
````
등호를 사용하면 바로 위 텍스트를 큰 제목으로 표시해줍니다. 텍스트 앞에 #을 하나 붙여줘도 동일한 효과를 냅니다.

````
큰 제목 표시
===
````

바를 사용하면 바로 위 텍스트를 중간 크기 제목으로 표시해줍니다. 텍스트 앞에 #을 두 개 붙여줘도 동일한 효과를 냅니다.

````
사용 예
----
````

다른 텍스트보다 네 칸 이상 들여쓰기하면 코드 블록을 만들어줍니다. 또한 강세표(backquote, `)를 세 개 이상 한 쌍으로 묶어도 코드 블록을 만들어줍니다.

```
    // 코멘트도 넣어줄 수 있지요.
    let myName: String = "yagom"
    try helloSwift(myName, yourAge: 100)
```

````
```` 
let myName: String = "yagom"
try helloSwift(myName, yourAge: 100)
````
````

```
 ````
 Precondition, Postcondition, Requires, Invariant, Complexity, Important, Warning,
    Author, Authors, Copyright, Date, SeeAlso, Since, Version, Attention, Bug,
    Experiment, Note, Remark, ToDo 등의 키워드를 통해 적절한 정보를 제공해보세요.
 - note: 강조하고픈 메모를 노트로 남겨둘 수 있습니다.
 - author: 작성자를 남길 수 있습니다.
 - warning: 주의해야 할 점을 남길 수도 있습니다. *주의: 하등 쓸모없는 함수임.

 > 매개변수와 반환 값 등도 적절히 표기해줄 수 있습니다.
 - parameters:
    - yourName: 당신의 이름.
    - yourAge: 당신의 나이. 0 미만 또는 150을 초과하면 오류 발생
 - Throws: 오류가 발생하면 HelloError의 한 케이스를 throw
 - returns: Hello string
 */
func helloSwift(yourName: String?, yourAge age: Int = 0) throws -> String {

    guard let name: String = yourName else {
        throw HelloError.noName
    }

    if age > 150 {
        throw HelloError.incorrectAge(age: age)
    }

    return "Hello Swift!! My name is \(name)." + (age > 0 ? " I'm \(age)
        years old." : "")
}
```

마크업 문법을 따른 이 주석은 퀵헬프를 통해 [그림 2-2]와 [그림 2-3]처럼 볼 수 있습니다.

그림 2-2 마크업 형식이 적용된 HelloError 열거형의 퀵헬프

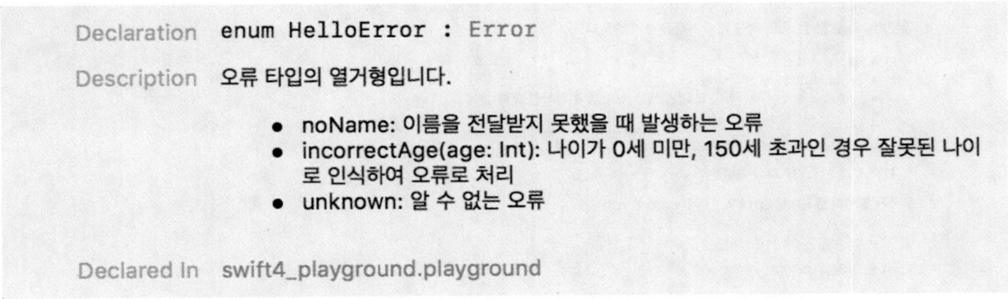

Declaration    enum HelloError : Error

Description    오류 타입의 열거형입니다.

- noName: 이름을 전달받지 못했을 때 발생하는 오류
- incorrectAge(age: Int): 나이가 0세 미만, 150세 초과인 경우 잘못된 나이로 인식하여 오류로 처리
- unknown: 알 수 없는 오류

Declared In    swift4_playground.playground
```

그림 2-3 마크업 형식이 적용된 helloSwift() 함수의 퀵헬프

Declaration `func helloSwift(yourName: String?, yourAge age: Int = default) throws -> String`

Description 여기에 작성되는 텍스트는 Description 부분에 표기됩니다.

텍스트 간에 한 줄을 비워놓으면 줄바꿈이 됩니다.

'-', '+', '*'를 사용하여 원형 글머리 기호를 사용할 수 있습니다.

- 이렇게 말이죠
- 이렇게도 되고요
- 이렇게도 됩니다

아니면 번호로 글머리 기호를 매겨줄 수도 있습니다.

1. 1번
2. 2번
3. 3번

눈치채셨겠지만 앞에 붙는 번호는 크게 중요하지 않습니다. 자동으로 번호를 매겨주죠.

문단 바꿈
바를 세 개 이상 사용하면 긴 줄로 문단을 나눠줍니다.

언더바 또는 별표를 사용하여 텍스트를 강조할 수 있습니다.
텍스트를 기울이고 싶으면 *A pair of marks*를 사용하고
텍스트를 굵게 표기하고 싶으면 __Two pair of marks__를 사용하면 됩니다.
관련 링크도 넣어줄 수 있습니다.
Swift Blog

등호를 사용하면 바로 위 텍스트를 큰 제목으로 표시해줍니다. 텍스트 앞에 #을 하나 붙여줘도 동일한 효과를 냅니다.

큰 제목 표시

바를 사용하면 바로 위 텍스트를 중간 크기 제목으로 표시해줍니다. 텍스트 앞에 #을 두 개 붙여줘도 동일한 효과를 냅니다.

사용 예

다른 텍스트보다 네 칸 이상 들여쓰기하면 코드 블록을 만들어줍니다. 또한 강세표(backquote, `)를 세 개 이상 한 쌍으로 묶어도 코드 블록을 만들어줍니다.

// 코멘트도 넣어줄 수 있지요. let myName: String = "yagom" try helloSwift(myName, yourAge: 100)

```
let myName: String = "yagom"
try helloSwift(myName, yourAge: 100)
```

Precondition, Postcondition, Requires, Invariant, Complexity, Important, Warning, Author, Authors, Copyright, Date, SeeAlso, Since, Version, Attention, Bug, Experiment, Note, Remark, ToDo 등의 키워드를 통해 적절한 정보를 제공해보세요.

Note
강조하고픈 메모를 노트로 남겨둘 수 있습니다.

Author
작성자를 남길 수 있습니다.

Warning
주의해야 할 점을 남길 수도 있습니다. *주의: 하등 쓸모없는 함수임.

매개변수와 반환 값 등도 적절히 표기해줄 수 있습니다.

- parameters:
- yourName: 당신의 이름.
- yourAge: 당신의 나이. 0 미만 또는 150을 초과하면 오류 발생

Parameters yourName   No description.
　　　　　　　age   No description.

Throws 오류가 발생하면 HelloError의 한 케이스를 throw

Returns Hello string

Declared In swift4_playground.playground

2.4 변수와 상수

우리는 변수나 상수를 이용해 프로그램에서 사용되는 데이터를 메모리에 임시로 저장합니다. 이때 변수와 상수는 특정 데이터 타입에 해당하는 값의 이름입니다. 변수는 생성 후 데이터값을 변경할 수 있지만, 상수는 한 번 값을 설정하면 다음에 변경할 수 없습니다.

2.4.1 변수

스위프트에서 변수를 생성하려면 var 키워드를 사용합니다. var [변수명]: [데이터 타입] = [값]*의 형태로 선언합니다. 변수를 생성할 때 데이터 타입은 생략할 수 있습니다.

> **TIP** 변수를 생성할 때 데이터 타입을 생략하면 컴파일러가 변숫값의 타입을 추론하여 타입을 지정합니다. 애플은 이런 타입 추론을 스위프트의 강력한 기능이라고 소개했지만, 스위프트에 익숙하지 않은 프로그래머에게는 오히려 독이 될 수 있습니다. 그러다 보니 필자는 타입 추론을 많이 사용하지는 않습니다. 자칫 잘못된 타입 추론으로 인해 오류가 생기면 이 오류를 찾는 데 상당한 시간이 걸릴 수도 있습니다. 변수 또는 상수의 이름 뒤에 콜론을 붙이고 타입을 명시하는 것을 타입 지정Type Annotation이라고 합니다. 변수 또는 상수의 타입을 명확히 지정하지 않고 타입 추론에 의지하여 코딩했을 때 발생하는 오류를 찾아내는 것보다 처음부터 타입을 명시하는 편이 시간을 더 절약할 수 있습니다. 또 컴파일러가 컴파일할 때 타입을 추론해야 하므로, 컴파일에 더 오랜 시간이 걸릴 수 있습니다. 이 책에서도 타입 추론 기능은 자주 사용하지 않을 예정입니다. **타입 추론은 스위프트에 많이 익숙해졌을 때 사용하길 권합니다.** 타입 추론은 4장에서 자세히 다루겠습니다.

코드 2-6 변수의 선언 및 사용

```
var name: String = "yagom"
var age: Int = 100
var job = "iOS Programmer"    // 타입 추론이 사용되었습니다.
var height = 181.5            // 실수 타입에 타입 추론으로 어떤 타입이 지정되는지 확인해보세요.
// print("\(type(of: height))")
age = 99                      // 변수는 값을 변경해줄 수 있습니다.
job = "Writer"                // 값을 변경할 때는 기존과 같은 타입의 값을 할당해주어야 합니다.
print("저의 이름은 \(name)이고, 나이는 \(age)세이며, 직업은 \(job)입니다. 비밀이지만, 키는
    \(height)센티미터입니다.")
```

---

* 데이터 타입은 3장에서 다룹니다.

2.4.2 상수

스위프트에서는 let 키워드를 사용해서 상수를 생성합니다. let [상수명]: [데이터 타입] = [값]의 형태로 선언합니다. 변수 생성과 마찬가지로 상수 생성 때도 데이터 타입을 생략할 수 있습니다.

코드 2-7 상수의 선언 및 사용

```
let name: String = "yagom"      // 차후 변경하지 않는 값은 상수로 선언합니다.
var age: Int = 100
var job = "iOS Programmer"      // 타입 추론이 사용되었습니다.
let height = 181.5              // 실수 타입은 타입 추론으로 어떤 타입이 지정되는지 확인해보세요.
age = 99                        // 변수는 값을 변경할 수 있습니다.
job = "Writer"                  // 값을 변경할 때는 기존과 동일한 타입의 값을 할당해야 합니다.
name = "야곰"                    // 상수로 선언된 값은 변경할 수 없습니다. 오류가 발생합니다.
print("저의 이름은 \(name)이고, 나이는 \(age)세이며, 직업은 \(job)입니다. 비밀이지만, 키는
    \(height)센티미터입니다.")
```

> **TIP** 상수를 사용하는 이유는 다양합니다. 하지만 가장 중요한 이유는 가독성입니다. 상수는 변하지 않는 값입니다. 그 때문에 상수로 값을 선언하면, 이후 코드에서 값의 변화가 없다는 사실을 주석이나 API 문서 등을 살펴보지 않고서도 직관적으로 알 수 있습니다. 즉, 차후 값의 변경을 신경 쓰지 않아도 된다는 것입니다. 예를 들어 원주율 값은 (아직은) 공식적으로 불변하는 값이므로 상수로 선언하는 것이 좋습니다.
>
> 또 특정 값에 특별한 의미를 부여할 때 상수를 사용할 수도 있습니다. 예를 들어 입력받는 수의 최대 크기가 100이라고 한다면, 100이라는 숫자에 의미를 부여하기 위해 let maxInputValue = 100 등으로 선언해두면 차후에 직관적으로 읽기도, 사용하기도 편리할 것입니다.

CHAPTER 3

데이터 타입 기본

스위프트에서 기본으로 제공하는 데이터 타입$^{Data\ Type*}$에 대해 알아보겠습니다.

데이터 타입은 프로그램 내에서 다뤄지는 데이터의 종류를 뜻합니다. 차후에 문법을 더 많이 익히면 알겠지만, 스위프트의 기본 데이터 타입은 구조체를 타입의 기반으로 삼아 스위프트의 다양한 기능(익스텐션, 제네릭 등)을 두루 사용하여 구현되어 있습니다. 그중 가장 주목해야 할 점은 스위프트의 기본 데이터 타입이 모두 구조체를 기반으로 구현되어 있다는 것입니다. 구조체에 대해서는 구조체와 클래스(9장)에서 조금 더 자세히 알아볼 것입니다.

스위프트의 모든 데이터 타입 이름은 첫 글자가 대문자로 시작하는 **대문자 카멜케이스**를 사용합니다.

3.1 Int와 UInt

정수 타입입니다. Int는 +, - 부호를 포함한 정수를 뜻하며 이 중 - 부호를 포함하지 않는 0을 포함한 양의 정수는 UInt로 표현합니다. Int와 UInt 타입의 최댓값과 최솟값은 각각 max와 min 프로퍼티로 알아볼 수 있습니다. Int와 UInt는 각각 8비트, 16비트, 32비트, 64비트의 형태가 있습니다. 즉, Int8, Int16, Int32, Int64, UInt8, UInt16, UInt32, UInt64

---

* 자료형이라고도 합니다. 데이터 타입을 줄여서 타입(Type)이라고 표현하기도 합니다. 책 곳곳에서 타입이라는 표현을 자주 보게 될 것입니다.

등으로 저장할 수 있는 데이터의 크기에 따라 타입이 분리되어 있습니다. 시스템 아키텍처에 따라 Int와 UInt의 타입이 달라집니다. 32비트 아키텍처에서는 Int32가 Int 타입으로, UInt32가 UInt 타입으로 지정됩니다. 그리고 64비트 아키텍처에서는 Int64가 Int 타입으로, UInt64가 UInt 타입으로 지정됩니다. [코드 3-1]의 실제 코드에서 Int와 UInt가 어떤 차이가 있는지 살펴봅시다.

> **TIP** **Int와 UInt 중 선택해 사용하기**
>
> 플랫폼에 따른 Int의 최댓값(64비트 환경이라면 Int64의 최댓값) 이상 UInt의 최댓값 미만을 사용하게 되는 경우 이외에는 UInt보다 Int 타입을 사용하기 바랍니다. 예를 들어 64비트 환경이라면 Int64의 최댓값과 UInt64의 최댓값 사이의 값을 사용하는 경우 이외에 정수 타입의 값을 변수에 담고자 할 때는 Int 타입을 사용하는 것이 좋습니다. 또 양수만 사용한다고 해서 굳이 UInt를 고집할 필요는 없습니다. 스위프트는 데이터 타입에 굉장히 엄격합니다. 같은 정수라 하더라도 Int와 UInt를 완전히 다른 타입으로 인식합니다. 따라서 코드 안에 Int와 UInt 두 타입을 모두 사용하면 (부호의 유무는 다르지만) 정수 타입의 변수끼리도 값을 교환할 때 많은 자원을 소모할 수도 있습니다.

그림 3-1 Int 타입과 UInt 타입의 범위 모식도

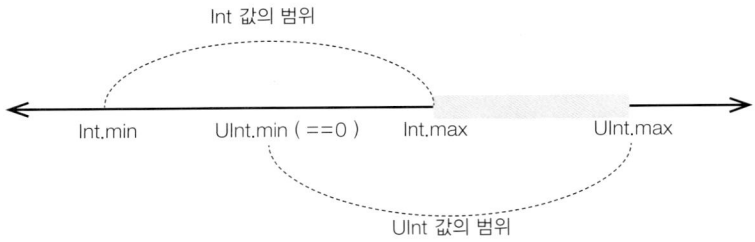

[그림 3-1]은 Int와 UInt 값의 범위를 나타낸 모식도입니다. 그림에서 굵게 표시된 영역은 Int로 표현할 수 있는 값의 범위를 초과하고, UInt의 최댓값보다는 작은 값의 범위입니다. 이 범위에 해당하는 값을 사용하고자 할 때 UInt를 사용하고, 그 외의 경우에는 Int를 사용하기를 권합니다.

코드 3-1 Int와 UInt

```
var integer: Int = -100
let unsignedInteger: UInt = 50    // UInt 타입에는 음수 값을 할당할 수 없습니다.
print("integer 값: \(integer), unsignedInteger 값: \(unsignedInteger)")
print("Int 최댓값: \(Int.max), Int 최솟값: \(Int.min)")
print("UInt 최댓값: \(UInt.max), UInt 최솟값: \(UInt.min)")
let largeInteger: Int64 = Int64.max
let smallUnsignedInteger: UInt8 = UInt8.max
```

```
print("Int64 최댓값: \(largeInteger), UInt8 최댓값: \(smallUnsignedInteger)")

let tooLarge: Int = Int.max + 1    // Int의 표현 범위를 초과하므로 오류를 냅니다.
let cannotBeNegetive: UInt = -5    // UInt는 음수가 될 수 없으므로 오류를 냅니다.

integer = unsignedInteger          // 오류! 스위프트에서 Int와 UInt는 다른 타입입니다.
integer = Int(unsignedInteger)     // Int 타입의 값으로 할당해주어야 합니다.
```

다음은 각 진수에 따라 정수를 표현하는 방법입니다.

- **10진수**: 우리가 평소에 쓰던 숫자와 동일하게 작성하면 됩니다.
- **2진수**: 접두어 0b를 사용하여 표현합니다.
- **8진수**: 접두어 0o를 사용하여 표현합니다.
- **16진수**: 접두어 0x를 사용하여 표현합니다.

[코드 3-2]에 간단하게 표현해봤습니다.

코드 3-2 진수별 정수 표현

```
let decimalInteger: Int = 28
let binaryInteger: Int = 0b11100      // 2진수로 10진수 28을 표현합니다.
let octalInteger: Int = 0o34          // 8진수로 10진수 28을 표현합니다.
let hexadecimalInteger: Int = 0x1C    // 16진수로 10진수 28을 표현합니다.
```

3.2 Bool

Bool은 불리언 타입입니다. 불리언 타입은 참(true) 또는 거짓(false)만 값으로 가집니다. [코드 3-3]은 불리언 타입 예제 코드입니다.

코드 3-3 Bool

```
var boolean: Bool = true
boolean.toggle()    // true - false 반전
let iLoveYou: Bool = true
let isTimeUnlimited: Bool = false
print("시간은 무한합니까?: \(isTimeUnlimited)")
```

3.3 Float과 Double

Float과 Double은 부동소수점을 사용하는 실수며 부동소수 타입이라고 합니다. 흔히 우리가 말하는 소수점 자리가 있는 수입니다. 부동소수 타입은 정수 타입보다 훨씬 넓은 범위의 수를 표현할 수 있습니다. 스위프트에는 64비트의 부동소수 표현을 하는 Double과 32비트의 부동소수 표현을 하는 Float이 있습니다.

64비트 환경에서 Double은 최소 15자리의 십진수를 표현할 수 있는 반면에 Float은 6자리의 숫자까지만 표현이 가능합니다. 필요에 따라 둘 중 하나를 선택하여 사용할 텐데 무엇을 사용해야 할지 잘 모르겠다면 Double을 사용하길 권합니다.

다음 [코드 3-4]는 Float과 Double의 예입니다. 각 floatValue와 doubleValue에는 같은 값을 입력했으나 타입에 따라 정확도는 달라집니다.

코드 3-4 Float과 Double

```swift
// Float이 수용할 수 있는 범위를 넘어섭니다.
// 자신이 감당할 수 있는 만큼만 남기므로 정확도가 떨어집니다.
var floatValue: Float = 1234567890.1

// Double은 충분히 수용할 수 있습니다.
let doubleValue: Double = 1234567890.1

print("floatValue: \(floatValue) doubleValue : \(doubleValue)")

// Float이 수용할 수 있는 범위의 수로 변경합니다.
floatValue = 123456.1

// 문자열 보간법을 사용하지 않고 단순히 변수 또는 상수의 값만 보고 싶으면
// print 함수의 전달인자로 변수 또는 상수를 전달하면 됩니다.
print(floatValue)
```

NOTE_ 부동소숫값을 콘솔 로그에 출력해보면 우리가 평소에 볼 수 있는 10진수 표현이 아닌 다른 표현이 보이는 경우가 있습니다. 이는 콘솔 로그가 10진수로 표현할 수 있는 한계를 넘어 지수로 표현된 값입니다. 반대로 우리도 해당 표현을 사용해서 값을 넣어줄 수 있습니다. 10진수일 때와 16진수일 때 두 가지로 자릿수 확장 표현을 사용할 수 있습니다.

10진수는 지수를 뜻하는 exponent의 첫 글자를 따서 영어 알파벳 'e' 또는 'E'를 사용하여 자릿수 확장 표현을 할 수 있습니다. 10진수에서는 다음처럼 123000.0을 표현할 수 있습니다.

$$1.23e5 = 1.23E5 = 1.23 \times 10^5 = 123000.0$$

소수점 이하의 수는 다음과 같이 e나 E 다음에 음수를 써서 표현합니다.

$$1.23e-5 = 1.23E-5 = 1.23 \times 10^{-5} = 0.0000123$$

16진수는 영어 알파벳 'p' 또는 'P'를 사용하여 자릿수 확장 표현을 할 수 있습니다. 16진수에서 A부터 F까지는 대소문자를 구별하지 않으므로 0XA나 0xa 모두 같은 수입니다.

$$0xAp3 = 0XAP3 = 10(0xA) \times 2^3 = 80.0 = 0xaP3 = 0xap3$$

16진수에서 소수점 이하의 수는 다음과 같이 표현합니다.

$$0xAp-3 = 10(0xA) \times 2^{-3} = 1.25$$

> **TIP** 임의의 수 만들기
>
> 스위프트 4.2 버전부터 임의의 수를 만드는 random(in:) 메서드가 추가되었습니다. 정수, 실수 모두 임의의 수를 만들 수 있습니다.
>
> ```
> Int.random(in: -100…100)
> UInt.random(in: 1…30)
> Double.random(in: 1.5…4.3)
> Float.random(in: -0.5…1.5)
> ```

3.4 Character

Character는 말 그대로 '문자'를 의미합니다. 단어, 문장처럼 문자의 집합이 아닌 단 하나의 문자를 의미합니다. 스위프트는 유니코드 9 문자를 사용하므로 영어는 물론, 유니코드에서 지원하는 모든 언어 및 특수기호 등을 사용할 수 있습니다.* 문자를 표현하기 위해서는 값의 앞뒤에 큰따옴표를 사용하여 표현합니다.

[코드 3-5]는 코드에 실제 이모티콘과 한글을 사용한 예제입니다. 실제 이모티콘과 한글을 코드에 사용할 수 있으나 실제 프로젝트에서는 이런 식으로 변수 이름을 정하는 방식은 잘 사용

---

* 심지어 스위프트 코드를 작성할 때도 유니코드 문자를 모두 사용할 수 있습니다. let 이름: String = "yagom"과 같은 식으로 말이죠.

되지 않습니다.

코드 3-5 Character

```swift
let alphabetA: Character = "A"
print(alphabetA)

// Character 값에 유니코드 문자를 사용할 수 있습니다.
let commandCharacter: Character = "♡"
print(commandCharacter)

let 한글변수이름: Character = "ㄱ"

// 한글도 유니코드 문자에 속하므로 스위프트 코드의 변수 이름으로 사용할 수 있습니다.
print("한글의 첫 자음: \(한글변수이름)")
```

3.5 String

String은 문자의 나열, 즉 문자열입니다. String은 Character와 마찬가지로 유니코드 9를 사용할 수 있으며, 값의 앞뒤에 큰따옴표를 사용하여 표현합니다. [코드 3-6]의 주석으로 좀 더 자세히 설명하겠습니다.

코드 3-6 String

```swift
// 상수로 선언된 문자열은 변경이 불가능합니다.
let name: String = "yagom"

// 이니셜라이저를 사용하여 빈 문자열을 생성할 수 있습니다.
// var 키워드를 사용하여 변수를 생성했으므로 문자열의 수정 및 변경이 가능합니다.
var introduce: String = String()

// append() 메서드를 사용하여 문자열을 이어붙일 수 있습니다.
introduce.append("제 이름은")

// + 연산자를 통해서도 문자열을 이어붙일 수 있습니다.
introduce = introduce + " " + name + "입니다."
print(introduce)
```

```swift
// name에 해당하는 문자의 수를 셀 수 있습니다.
print("name의 글자 수: \(name.count)")
// 빈 문자열인지 확인해볼 수 있습니다.
print("introduce가 비어있습니까?: \(introduce.isEmpty)")

// 유니코드의 스칼라값을 사용하면 값에 해당하는 표현이 출력됩니다 - 어떤 모양이 출력되나요?
let unicodeScalarValue: String = "\u{2665}"
```

사실 문자열을 다루는 것은 프로그래밍에서 꽤 까다로운 부분 중 하나입니다. 그러나 스위프트에서는 비교적 손쉽게 문자열을 다룰 수 있습니다. String 타입에는 기본적으로 많은 메서드와 프로퍼티들이 구현되어 있으며, 문자열과 관련된 연산자도 많이 정의되어 있기 때문에 문자열을 조금이나마 다루기 쉽게 지원해줍니다.* [코드 3-7]은 String 타입의 다양한 기능을 정리한 예제입니다. 코드를 보면 좀 더 쉽게 이해할 수 있을 겁니다.

코드 3-7 String 타입의 다양한 기능

```swift
// 연산자를 통한 문자열 결합
let hello: String = "Hello"
let yagom: String = "yagom"
var greeting: String = hello + " " + yagom + "!"
print(greeting) // Hello yagom!

greeting = hello
greeting += " "
greeting += yagom
greeting += "!"
print(greeting) // Hello yagom!


// 연산자를 통한 문자열 비교
var isSameString: Bool = false

isSameString = hello == "Hello"
print(isSameString) // true

isSameString = hello == "hello"
print(isSameString) // false
```

---

* 메서드, 연산자, 프로퍼티 등은 뒤에서 다시 설명하겠습니다.

```
isSameString = yagom == "yagom"
print(isSameString) // true

isSameString = yagom == hello
print(isSameString) // false


// 메서드를 통한 접두어, 접미어 확인
var hasPrefix: Bool = false
hasPrefix = hello.hasPrefix("He")
print(hasPrefix) // true

hasPrefix = hello.hasPrefix("HE")
print(hasPrefix) // false

hasPrefix = greeting.hasPrefix("Hello ")
print(hasPrefix) // true

hasPrefix = yagom.hasPrefix("gom")
print(hasPrefix) // false

hasPrefix = hello.hasPrefix("Hello")
print(hasPrefix) // true

var hasSuffix: Bool = false
hasSuffix = hello.hasSuffix("He")
print(hasSuffix) // false

hasSuffix = hello.hasSuffix("llo")
print(hasSuffix) // true

hasSuffix = hello.hasSuffix("He")
print(hasSuffix) // false

hasSuffix = greeting.hasSuffix("yagom")
print(hasSuffix) // false

hasSuffix = greeting.hasSuffix("yagom!")
print(hasSuffix) // true

hasSuffix = yagom.hasSuffix("gom")
print(hasSuffix) // true
```

```swift
// 메서드를 통한 대소문자 변환
var convertedString: String = ""
convertedString = hello.uppercased()
print(convertedString)  // HELLO

convertedString = hello.lowercased()
print(convertedString)  // hello

convertedString = yagom.uppercased()
print(convertedString)  // YAGOM

convertedString = greeting.uppercased()
print(convertedString)  // HELLO YAGOM!

convertedString = greeting.lowercased()
print(convertedString)  // hello yagom!


// 프로퍼티를 통한 빈 문자열 확인
var isEmptyString: Bool = false
isEmptyString = greeting.isEmpty
print(isEmptyString) // false

greeting = "안녕"
isEmptyString = greeting.isEmpty
print(isEmptyString) // false

greeting = ""
isEmptyString = greeting.isEmpty
print(isEmptyString) // true

// 프로퍼티를 이용해 문자열 길이 확인
print(greeting.count) // 0

greeting = "안녕하세요"
print(greeting.count) // 5

greeting = "안녕!"
print(greeting.count) // 3

// 코드상에서 여러 줄의 문자열을 직접 쓰고 싶다면 큰따옴표 세 개를 사용하면 됩니다.
// 큰따옴표 세 개를 써주고 한 줄을 내려써야 합니다.
// 마지막 줄도 큰따옴표 세 개는 한 줄 내려써야 합니다.
```

```
greeting = """
안녕하세요 저는 야곰입니다.
스위프트 잘하고 싶어요!
잘 부탁합니다!
"""
```

대표적으로 소개해드린 이 기능들 외에도 문자열을 다루기 위해 더 많은 메서드와 프로퍼티를 제공합니다.

3.5.1 특수문자

스위프트에는 문자열 내에서 일정 기능을 하는 특수문자(제어문자라고도 합니다)가 있습니다. 특수문자는 모두 백슬래시에 특정한 문자를 조합하여 사용합니다. 가장 많이 쓰는 특수문자를 [표 3-1]에 정리해봤습니다.

표 3-1 스위프트에서 많이 사용하는 특수문자

특수문자	설명
\n	줄바꿈 문자
\\	문자열 내에서 백슬래시를 표현하고자 할 때 사용
\"	문자열 내에서 큰따옴표를 표현하고자 할 때 사용
\t	탭 문자. 키보드의 탭키를 눌렀을 때와 같은 효과
\0	문자열이 끝났음을 알리는 null 문자

실제 문자열 내에서 특수문자를 사용하는 방식은 [코드 3-8]과 같으며 이를 출력한 결과가 [그림 3-2]입니다.

코드 3-8 문자열 내 특수문자 사용

```
print("문자열 내부에\n 이런 \"특수문자\"를\t사용하면 \\이런 놀라운 결과를 볼 수 있습니다")
print(#"문자열 내부에서 특수문자를 사용하기 싫다면 문자열 앞, 뒤에 #을 붙여주세요"#)
let number: Int = 100
print(#"특수문자를 사용하지 않을 때도 문자열 보간법을 사용하고 싶다면 이렇게 \#(number) 해보세요"#)
```

그림 3-2 [코드 3-8] 출력 결과

```
문자열 내부에
    이런 "특수문자"를    사용하면 \이런 놀라운 결과를 볼 수 있습니다
문자열 내부에서 특수문자를 사용하기 싫다면 문자열 앞, 뒤에 #을 붙여주세요
특수문자를 사용하지 않을 때도 문자열 보간법을 사용하고 싶다면 이렇게 100 해보세요
```

3.6 Any, AnyObject와 nil

Any는 스위프트의 모든 데이터 타입을 사용할 수 있다는 뜻입니다. 변수 또는 상수의 데이터 타입이 Any로 지정되어 있다면 그 변수 또는 상수에는 어떤 종류의 데이터 타입이든지 상관없이 할당할 수 있습니다.

AnyObject는 Any보다는 조금 한정된 의미로 클래스의 인스턴스만 할당할 수 있습니다. 클래스에 대한 내용은 구조체와 클래스(9장)에서 더 자세히 다루겠습니다.

코드 3-9 Any

```swift
var someVar: Any = "yagom"     // Any로 선언된 변수에는 문자열도
someVar = 50                    // 정수도
someVar = 100.1                 // 실수, 또는 어떤 타입의 값이라도 할당할 수 있습니다.
```

> **NOTE_** Any와 AnyObject는 될 수 있으면 사용하지 않는 편이 좋습니다. 타입에 엄격한 스위프트의 특성상 Any 또는 AnyObject로 선언된 변수의 값을 가져다 쓰려면 매번 타입 확인 및 변환을 해줘야 하는 불편함이 있을뿐더러 예기치 못한 오류의 위험을 증가시키기 때문입니다. 앞서 타입 추론 때도 설명했지만, 타입은 최대한 명시하는 것이 좋습니다.

nil은 사실 특정 타입이 아니라 '**없음**'을 나타내는 스위프트의 키워드입니다. 즉, 변수 또는 상수에 값이 들어있지 않고 비어있음을 나타내는 데 사용합니다. 변수 또는 상수에 값이 없는 경우, 즉 nil이면 해당 변수 또는 상수에 접근했을 때 잘못된 메모리 접근^{Memory Access}으로 런타임 오류가 발생합니다. 잘못된 메모리에 접근하여 발생하는 런타임 오류중 흔히 널 포인트 익셉션^{Null Point Exception}이라고 불리는 오류 상황에 대해서는 옵셔널(8장)에서 조금 더 자세히 알아보겠습니다.

또 데이터 타입 기본에서 설명하지 않았지만 특정 함수의 반환 타입으로 사용될 수 있는 Never라는 타입이 있습니다. Never에 대해서는 종료되지 않는 함수(7장)에서 소개하겠습니다.

CHAPTER 4

데이터 타입 고급

4.1 데이터 타입 안심

애플이 처음 스위프트를 발표할 때 강조했던 스위프트의 특징 중 **안전성**Safe이 가장 뚜렷하게 나타나는 부분입니다. 스위프트는 타입에 굉장히 민감하고 엄격합니다. 서로 다른 타입끼리의 데이터 교환은 꼭 타입캐스팅Type-Casting(형변환)을 거쳐야 합니다. 스위프트에서 값 타입의 데이터 교환은 엄밀히 말하면 타입캐스팅이 아닌 새로운 인스턴스를 생성하여 할당하는 것입니다. 그에 대한 설명은 타입캐스팅(19장)에서 확인할 수 있습니다.

4.1.1 데이터 타입 안심이란

스위프트는 데이터 타입을 안심하고 사용할 수 있는 언어입니다. 타입을 안심하고 사용할 수 있다는 말은 그만큼 실수를 줄일 수 있다는 의미입니다. 예를 들어 Int 타입 변수에 할당하려는 값이 Character 타입이라면 컴파일 오류가 발생합니다. 이런 오류는 프로그래밍 도중에 눈치채기 어려워 컴파일러가 알려주지 않으면 나중에 오류를 찾아내기도 쉽지 않습니다. 그렇지만 스위프트는 컴파일 오류로 알려주므로 서로 다른 타입의 값을 할당하는 실수를 줄일 수 있습니다. 이렇게 스위프트가 컴파일 시 타입을 확인하는 것을 **타입 확인**이라고 합니다. 타입 확인을 통해 여러 타입을 섞어 사용할 때 발생할 수 있는 런타임 오류를 피할 수도 있습니다.

4.1.2 타입 추론

스위프트에서는 변수나 상수를 선언할 때 특정 타입을 명시하지 않아도 컴파일러가 할당된 값을 기준으로 변수나 상수의 타입을 결정합니다. 예를 들어 `let name = "Kwanhee"`라는 코드를 작성하면, 컴파일러가 컴파일하면서 `name`의 타입을 `String`으로 결정합니다.

코드 4-1 타입 안심과 타입 추론

```
// 타입을 지정하지 않았으나 타입 추론을 통하여 name은 String 타입으로 선언됩니다.
var name = "Kwanhee"

// 앞서 타입 추론에 의해 name은 String 타입의 변수로 지정되었기 때문에
// 정수를 할당하려고 시도하면 오류가 발생합니다.
name = 100
```

4.2 타입 별칭

스위프트에서 기본으로 제공하는 데이터 타입이든, 사용자가 임의로 만든 데이터 타입이든 이미 존재하는 데이터 타입에 임의로 다른 이름(별칭)을 부여할 수 있습니다. 그런 다음 기본 타입 이름과 이후에 추가한 별칭을 모두 사용할 수 있습니다. [코드 4-2]의 주석을 보면 쉽게 이해할 수 있을 겁니다. 기존에 사용하던 데이터 타입의 이름과 프로그래머가 만들어준 이름 모두 사용할 수 있습니다.

코드 4-2 타입 별칭

```
typealias MyInt = Int
typealias YourInt = Int
typealias MyDouble = Double

let age: MyInt = 100        // MyInt는 Int의 또 다른 이름입니다.
var year: YourInt = 2080    // YourInt도 Int의 또 다른 이름입니다.

// MyInt도, YourInt도 Int이기 때문에 같은 타입으로 취급합니다.
year = age
```

```
let month: Int = 7              // 물론 기존의 Int도 사용 가능합니다.
let percentage: MyDouble = 99.9  // Int 외에 다른 자료형도 모두 별칭 사용이 가능합니다.
```

4.3 튜플

튜플^{Tuple}은 타입의 이름이 따로 지정되어 있지 않은, 프로그래머 마음대로 만드는 타입입니다. **지정된 데이터의 묶음**이라고 표현할 수 있습니다. C 언어를 예로 들자면 원시 구조체의 형태와 가깝습니다.

스위프트의 튜플은 파이썬의 튜플과 유사합니다. 튜플은 타입 이름이 따로 없으므로 일정 타입의 나열만으로 튜플 타입을 생성해줄 수 있습니다. 튜플에 포함될 데이터의 개수는 자유롭게 정할 수 있습니다. 하나가 될 수도, 두 개가 될 수도, 열 개가 될 수도 있습니다. [코드 4-3]은 튜플 생성 및 사용 예제입니다.

코드 4-3 튜플 기본

```
// String, Int, Double 타입을 갖는 튜플
var person: (String, Int, Double) = ("yagom", 100, 182.5)

// 인덱스를 통해서 값을 빼 올 수 있습니다.
print("이름: \(person.0), 나이: \(person.1), 신장: \(person.2)")

person.1 = 99           // 인덱스를 통해 값을 할당할 수 있습니다.
person.2 = 178.5

print("이름: \(person.0), 나이: \(person.1), 신장: \(person.2)")
```

[코드 4-3]에서는 튜플의 각 요소를 이름 대신 숫자로 표현하기 때문에 간편해 보일 수 있지만, 차후에 다른 프로그래머가 코드를 볼 때 각 요소가 어떤 의미가 있는지 유추하기가 어렵습니다. 이름 없이 인덱스만으로 각 요소의 데이터가 무엇을 나타내는지 쉽게 파악하기가 어렵기 때문이죠. 그래서 튜플의 요소마다 이름을 붙여줄 수도 있습니다. [코드 4-4]에서는 튜플의 요소마다 이름을 붙여봤습니다.

코드 4-4 튜플 요소 이름 지정

```swift
// String, Int, Double 타입을 갖는 튜플
var person: (name: String, age: Int, height: Double) = ("yagom", 100, 182.5)

// 요소 이름을 통해서 값을 빼 올 수 있습니다.
print("이름: \(person.name), 나이: \(person.age), 신장: \(person.height)")

person.age = 99         // 요소 이름을 통해 값을 할당할 수 있습니다.
person.2 = 178.5        // 인덱스를 통해서도 값을 할당할 수 있습니다.

// 기존처럼 인덱스를 이용하여 값을 빼 올 수도 있습니다.
print("이름: \(person.0), 나이: \(person.1), 신장: \(person.2)")
```

또 튜플에는 타입 이름에 해당하는 키워드가 따로 없다 보니 사용에 불편함을 겪기도 합니다. 매번 같은 모양의 튜플을 사용하고 싶은데 선언해줄 때마다 긴 튜플 타입을 모두 써줘야 하는 불편함이 생길 수 있기 때문이죠. 이럴 때는 타입 별칭을 사용하여 조금 더 깔끔하고 안전하게 코드를 작성할 수 있습니다. [코드 4-5]와 같이 튜플 별칭을 지정할 수 있습니다.

코드 4-5 튜플 별칭 지정

```swift
typealias PersonTuple = (name: String, age: Int, height: Double)

let yagom: PersonTuple = ("yagom", 100, 178.5)
let eric: PersonTuple = ("eric", 150, 183.5)

print("이름: \(yagom.name), 나이: \(yagom.age), 신장: \(yagom.height)")
print("이름: \(eric.name), 나이: \(eric.age), 신장: \(eric.height)")
```

4.4 컬렉션형

스위프트는 튜플 외에도 많은 수의 데이터를 묶어서 저장하고 관리할 수 있는 컬렉션 타입을 제공합니다. 컬렉션 타입에는 배열Array, 딕셔너리Dictionary, 세트Set 등이 있습니다.

4.4.1 배열

배열은 같은 타입의 데이터를 일렬로 나열한 후 순서대로 저장하는 형태의 컬렉션 타입입니다. 각기 다른 위치에 같은 값이 들어갈 수도 있음을 알아두세요.

배열 타입을 선언해줄 방법은 다양합니다. let 키워드를 사용해 상수로 선언하면 변경할 수 없는 배열이 되고, var 키워드를 사용해 변수로 선언해주면 변경 가능한 배열이 됩니다. 실제로 배열을 사용할 때는 Array라는 키워드와 타입 이름의 조합으로 사용합니다. 또 대괄호로 값을 묶어 Array 타입임을 표현할 수도 있습니다. 빈 배열은 이니셜라이저 또는 리터럴 문법을 통해 생성해줄 수 있는데 isEmpty 프로퍼티로 비어있는 배열인지 확인해볼 수 있습니다. 그리고 배열에 몇 개의 요소가 존재하는지 알고 싶으면 count 프로퍼티를 확인하면 됩니다.

> **NOTE_ 스위프트의 Array**
>
> 스위프트의 Array는 C 언어의 배열처럼 버퍼Buffer입니다. 단, C 언어처럼 한 번 선언하면 크기가 고정되던 버퍼가 아니라, 필요에 따라 자동으로 버퍼의 크기를 조절해주므로 요소의 삽입 및 삭제가 자유롭습니다. 스위프트는 이런 리스트 타입을 Array, 즉 배열이라고 표현합니다. 기존 언어의 배열과는 조금 다른 특성도 있지만 이 책에서도 Array를 배열이라고 표현하겠습니다.

[코드 4-6]과 [코드 4-7]의 각 줄에 표시된 번호는 앞에서 살펴본 [그림 4-1]의 각 번호에 해당하는 코드입니다.

코드 4-6 배열의 선언과 생성

```
// 대괄호를 사용하여 배열임을 표현합니다. ①
var names: Array<String> = ["yagom", "chulsoo", "younghee", "yagom"]

// 위 선언과 정확히 동일한 표현입니다. [String]은 Array<String>의 축약 표현입니다.
var names: [String] = ["yagom", "chulsoo", "younghee", "yagom"]

var emptyArray: [Any] = [Any]()      // Any 데이터를 요소로 갖는 빈 배열을 생성합니다.
var emptyArray: [Any] = Array<Any>() // 위 선언과 정확히 같은 동작을 하는 코드입니다.

// 배열의 타입을 정확히 명시해줬다면 []만으로도 빈 배열을 생성할 수 있습니다.
var emptyArray: [Any] = []
print(emptyArray.isEmpty)    // true
print(names.count)           // 4
```

배열은 각 요소에 인덱스를 통해 접근할 수 있습니다. 인덱스는 0부터 시작합니다. 잘못된 인덱스로 접근하려고 하면 익셉션 오류Exception Error가 발생합니다. 또 맨 처음과 맨 마지막 요소는 first와 last 프로퍼티를 통해 가져올 수 있습니다. firstIndex(of:) 메서드를 사용하면 해당 요소의 인덱스를 알아낼 수도 있습니다. 만약 중복된 요소가 있다면 제일 먼저 발견된 요소의 인덱스를 반환*합니다. 맨 뒤에 요소를 추가하고 싶다면 append(_:) 메서드를 사용합니다.

중간에 요소를 삽입하고 싶다면 insert(_:at:) 메서드를 사용하면 됩니다. 요소를 삭제하고 싶다면 remove(_:) 메서드를 사용하게 되는데, 메서드를 사용하면 해당 요소가 삭제된 후 반환됩니다.

코드 4-7 배열의 사용

```
print(names[2])            // younghee
names[2] = "jenny"         // ②
print(names[2])            // jenny
print(names[4])            // 인덱스의 범위를 벗어났기 때문에 오류가 발생합니다.

names[4] = "elsa"          // 인덱스의 범위를 벗어났기 때문에 오류가 발생합니다.
names.append("elsa")       // 마지막에 elsa가 추가됩니다. ③
names.append(contentsOf: ["john", "max"])   // 맨 마지막에 john과 max가 추가됩니다. ④
names.insert("happy", at: 2)                // 인덱스 2에 삽입됩니다. ⑤
// 인덱스 5의 위치에 jinhee와 minsoo가 삽입됩니다. ⑥
names.insert(contentsOf: ["jinhee", "minsoo"], at: 5)

print(names[4])                         // yagom
print(names.firstIndex(of: "yagom"))    // 0
print(names.firstIndex(of: "christal")) // nil
print(names.first)                      // yagom
print(names.last)                       // max

let firstItem: String = names.removeFirst()      // ⑦
let lastItem: String = names.removeLast()        // ⑧
let indexZeroItem: String = names.remove(at: 0)  // ⑨

print(firstItem)        // yagom
print(lastItem)         // max
print(indexZeroItem)    // chulsoo
print(names[1 ... 3])   // ["jenny", "yagom", "jinhee"]
```

* 반환에 관한 내용은 함수와 메서드(7.1절)를 참고하세요.

그림 4-1 [코드 4-6]과 [코드 4-7]의 names Array 모식도

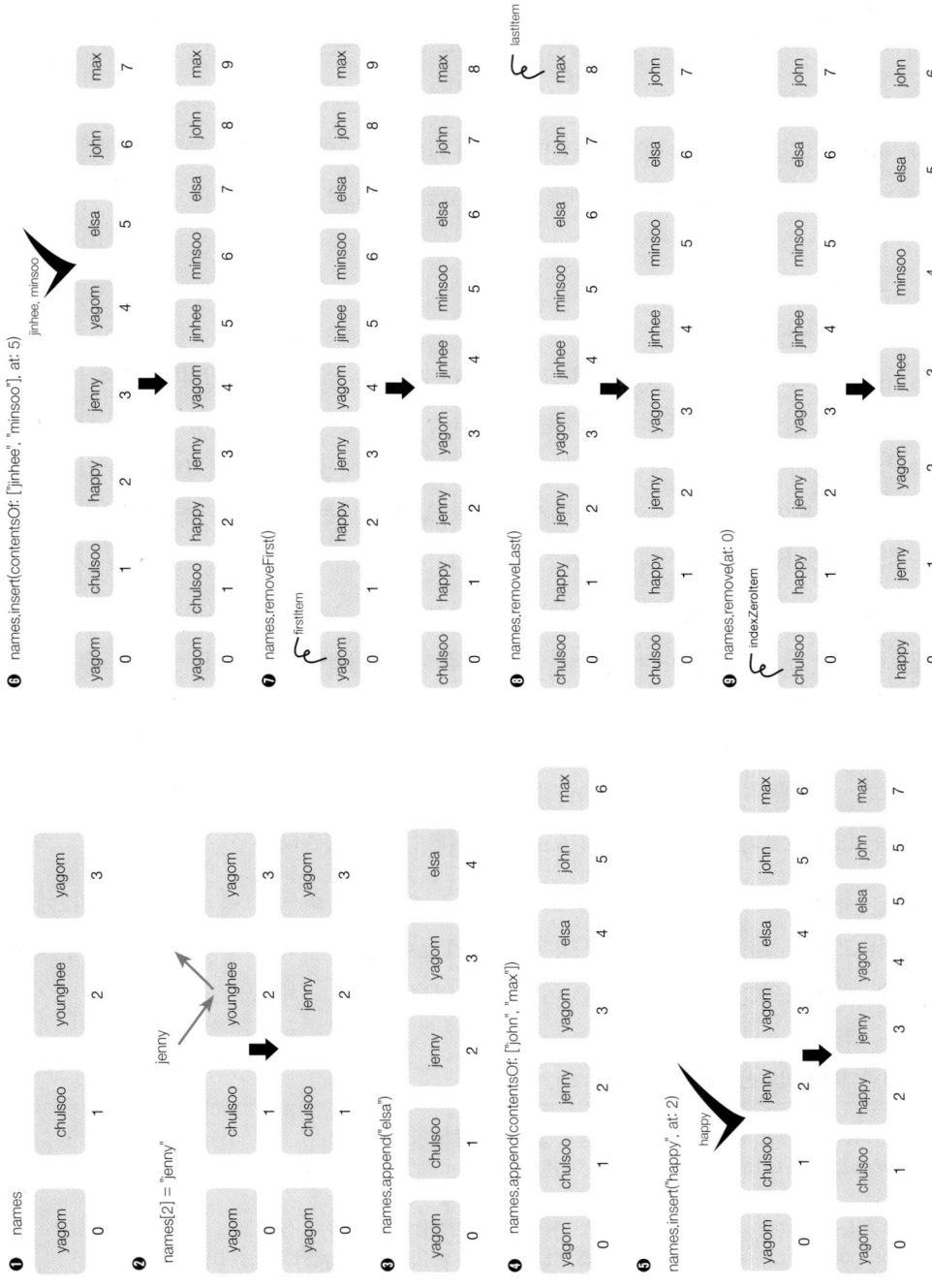

4장 - 데이터 타입 고급

[코드 4-7]의 맨 아래 줄의 names[1 ... 3] 표현은 범위 연산자(5.1.5절)를 사용하여 names 배열의 일부만 가져온 것입니다. 코드처럼 읽기만 가능한 것이 아니라 names[1 ... 3] = ["A", "B", "C"]와 같이 범위에 맞게 요소를 바꾸는 것도 가능합니다.

스위프트의 배열을 비롯한 컬렉션 타입을 활용할 때 서브스크립트^{Subscript} 기능을 많이 사용합니다. 서브스크립트 문법은 나중에 조금 더 자세히 다루겠습니다(17.1절). 조금 더 재미있고 다양한 배열의 활용 방법은 반복문을 배울 때 다루겠습니다(6.2절).

4.4.2 딕셔너리

딕셔너리는 요소들이 순서 없이 키와 값의 쌍으로 구성되는 컬렉션 타입입니다. 딕셔너리에 저장되는 값은 항상 키와 쌍을 이루게 되는데, 딕셔너리 안에는 키가 하나이거나 여러 개일 수 있습니다. 단, 하나의 딕셔너리 안의 키는 같은 이름을 중복해서 사용할 수 없습니다. 쉽게 말해서 [코드 4-8]에서 "yagom"이라는 키가 두 번 쓰일 수 없다는 뜻입니다. 즉, 딕셔너리에서 키는 값을 대변하는 유일한 식별자가 되는 것입니다.

딕셔너리는 Dictionary라는 키워드와 키의 타입과 값의 타입 이름의 조합으로 써줍니다. 대괄호로 키와 값의 타입 이름의 쌍을 묶어 딕셔너리 타입임을 표현합니다. let 키워드를 사용하여 상수로 선언하면 변경 불가능한 딕셔너리가 되고, var 키워드를 사용하여 변수로 선언해주면 변경 가능한 딕셔너리가 됩니다. 빈 딕셔너리는 이니셜라이저 또는 리터럴 문법을 통해 생성할 수 있습니다. isEmpty 프로퍼티를 통해 비어있는 딕셔너리인지 확인할 수 있습니다. 그리고 count 프로퍼티로 딕셔너리의 요소 개수를 확인할 수 있습니다.

[코드 4-8]과 [코드 4-9]의 각 줄에 표시된 번호는 앞에서 살펴본 [그림 4-2]의 각 번호에 해당하는 코드입니다. [코드 4-8]에 사용된 typealias 키워드는 타입 별칭 키워드입니다. 타입 별칭에 대한 자세한 설명은 타입 별칭(4.2절)에 있습니다.

코드 4-8 딕셔너리의 선언과 생성

```
// typealias를 통해 조금 더 단순하게 표현해볼 수도 있습니다.
typealias StringIntDictionary = [String: Int]

// 키는 String, 값은 Int 타입인 빈 딕셔너리를 생성합니다.
var numberForName: Dictionary<String, Int> = Dictionary<String, Int>()
```

```
// 위 선언과 같은 표현입니다. [String: Int]는 Dictionary<String, Int>의 축약 표현입니다.
var numberForName: [String: Int] = [String: Int]()

// 위 코드와 같은 동작을 합니다.
var numberForName: StringIntDictionary = StringIntDictionary()

// 딕셔너리의 키와 값 타입을 정확히 명시해줬다면 [:]만으로도 빈 딕셔너리를 생성할 수 있습니다.
var numberForName: [String: Int] = [:]

// 초깃값을 주어 생성해줄 수도 있습니다. ①
var numberForName: [String: Int] = ["yagom": 100, "chulsoo": 200, "jenny": 300]

print(numberForName.isEmpty)        // false
print(numberForName.count)          // 3
```

딕셔너리는 각 값에 키로 접근할 수 있습니다. 딕셔너리 내부에서 키는 유일해야 하며, 값은 유일하지 않습니다. 딕셔너리는 배열과 다르게 딕셔너리 내부에 없는 키로 접근해도 오류가 발생하지 않습니다. 다만 nil을 반환할 뿐이죠. 특정 키에 해당하는 값을 제거하려면 removeValue(forKey:) 메서드를 사용합니다. 키에 해당하는 값이 제거된 후 반환됩니다.

코드 4-9 딕셔너리의 사용

```
print(numberForName["chulsoo"])     // 200
print(numberForName["minji"])       // nil

numberForName["chulsoo"] = 150      // ②
print(numberForName["chulsoo"])     // 150

numberForName["max"] = 999          // max라는 키로 999라는 값을 추가해줍니다. ③
print(numberForName["max"])         // 999

print(numberForName.removeValue(forKey: "yagom"))    // 100 ④

// 위에서 yagom 키에 해당하는 값이 이미 삭제되었으므로 nil이 반환됩니다.
// 키에 해당하는 값이 없으면 기본값을 돌려주도록 할 수도 있습니다.
print(numberForName.removeValue(forKey: "yagom"))

// yagom 키에 해당하는 값이 없으면 기본으로 0이 반환됩니다.
print(numberForName["yagom", default: 0])    // 0
```

조금 더 재미있고 다양한 딕셔너리의 활용 방법은 반복문에서 다룹니다(6.2절).

그림 4-2 [코드 4-8]과 [코드 4-9]의 numberForName Dictionary 모식도

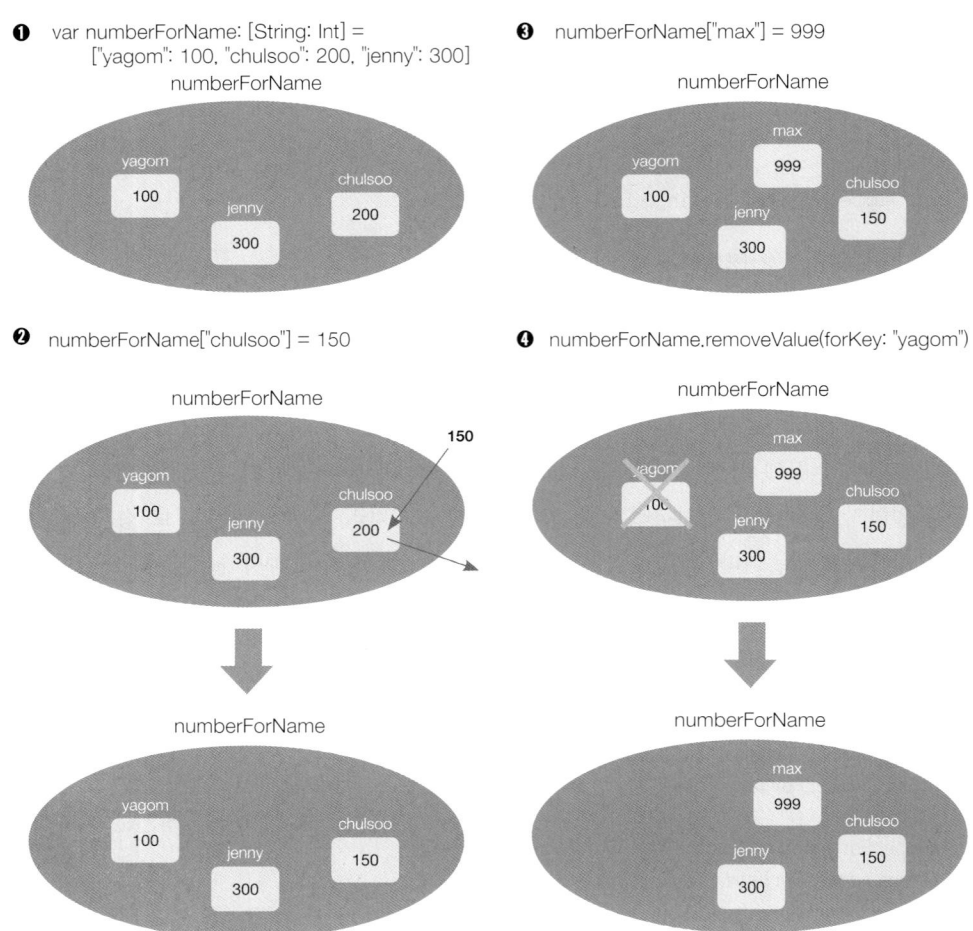

4.4.3 세트

세트는 같은 타입의 데이터를 순서 없이 하나의 묶음으로 저장하는 형태의 컬렉션 타입입니다. 세트 내의 값은 모두 유일한 값, 즉 중복된 값이 존재하지 않습니다. 그래서 세트는 보통 **순서가 중요하지 않거나 각 요소가 유일한 값이어야 하는 경우**에 사용합니다. 또 세트의 요소로는 **해시 가능한 값** *이 들어와야 합니다.

---

* 스위프트 표준 라이브러리의 Hashable 프로토콜을 따른다는 것을 의미합니다. 스위프트의 기본 데이터 타입은 모두 해시 가능한 값입니다.

세트는 Set 키워드와 타입 이름의 조합으로 써줍니다. 또 배열과 마찬가지로 대괄호로 값들을 묶어 세트 타입임을 표현합니다. 배열과 달리 줄여서 표현할 수 있는 축약형(예를 들어 Array<Int>를 [Int]로 축약해 쓸 수 있던)이 없습니다. let 키워드를 사용하여 상수로 선언하면 변경 불가능한 세트가 되고, var 키워드를 사용하여 변수로 선언해주면 변경 가능한 세트가 됩니다. 빈 세트는 이니셜라이저 또는 리터럴 문법을 통해 생성할 수 있습니다. isEmpty 프로퍼티를 통해 비어있는 세트인지 확인해볼 수 있습니다. 그리고 세트에 몇 개의 요소가 존재하는지 알고 싶으면 count 프로퍼티를 확인하면 됩니다.

[코드 4-10], [코드 4-11], [코드 4-12], [코드 4-13]의 각 줄에 표시된 번호는 [그림 4-3]의 각 번호에 해당하는 코드입니다.

코드 4-10 세트의 선언과 생성

```
var names: Set<String> = Set<String>()    // 빈 세트 생성
var names: Set<String> = []               // 빈 세트 생성

// Array와 마찬가지로 대괄호를 사용합니다.  ①
var names: Set<String> = ["yagom", "chulsoo", "younghee", "yagom"]

// 그렇기 때문에 타입 추론을 사용하게 되면 컴파일러는 Set가 아닌 Array로 타입을 지정합니다.
var numbers = [100, 200, 300]
print(type(of: numbers))     // Array<Int>

print(names.isEmpty)         // false
print(names.count)           // 3 - 중복된 값은 허용되지 않아 yagom은 1개만 남습니다.
```

세트에 요소를 추가하고 싶다면 insert(_:) 메서드를 사용합니다. 요소를 삭제하고 싶다면 remove(_:) 메서드를 사용하는데, 메서드를 사용하면 해당 요소가 삭제된 후 반환됩니다.

코드 4-11 세트의 사용

```
print(names.count)                    // 3
names.insert("jenny")                 // ②
print(names.count)                    // 4

print(names.remove("chulsoo"))        // chulsoo   ③
print(names.remove("john"))           // nil
```

세트는 자신 내부의 값들이 모두 유일함을 보장하므로 집합관계를 표현하고자 할 때 유용하게 쓰일 수 있으며, 두 세트의 교집합, 합집합 등을 연산하기에 매우 용이합니다. 또한 sorted( ) 메서드를 통하여 정렬된 배열을 반환해줄 수도 있습니다.

코드 4-12 세트의 활용 - 집합연산

```
let englishClassStudents: Set<String> = ["john", "chulsoo", "yagom"] // ④
let koreanClassStudents: Set<String> = ["jenny", "yagom", "chulsoo",
    "hana", "minsoo"] // ④

// ④ 교집합 {"yagom", "chulsoo"}
let intersectSet: Set<String> =
    englishClassStudents.intersection(koreanClassStudents)

// ④ 여집합의 합(배타적 논리합) {"john", "jenny", "hana", "minsoo"}
let symmetricDiffSet: Set<String> =
    englishClassStudents.symmetricDifference(koreanClassStudents)

// ④ 합집합 {"minsoo", "jenny", "john", "yagom", "chulsoo", "hana"}
let unionSet: Set<String> = englishClassStudents.union(koreanClassStudents)

// ④ 차집합 {"john"}
let subtractSet: Set<String> =
    englishClassStudents.subtracting(koreanClassStudents)

print(unionSet.sorted()) // ["chulsoo", "hana", "jenny", "john", "minsoo", "yagom"]
```

세트는 포함 관계를 연산할 수 있는 메서드로 구현되어 있습니다.

코드 4-13 세트의 활용 - 포함관계 연산

```
let 새: Set<String> = ["비둘기", "닭", "기러기"]           // ⑤
let 포유류: Set<String> = ["사자", "호랑이", "곰"]          // ⑤
let 동물: Set<String> = 새.union(포유류)   // 새와 포유류의 합집합   // ⑤

print(새.isDisjoint(with: 포유류))      // 서로 배타적인지 - true
print(새.isSubset(of: 동물))           // 새가 동물의 부분집합인가요? - true
print(동물.isSuperset(of: 포유류))      // 동물은 포유류의 전체집합인가요? - true
print(동물.isSuperset(of: 새))         // 동물은 새의 전체집합인가요? - true
```

조금 더 재미있고 다양한 세트의 활용 방법은 반복문에서 다룹니다(6.2절).

그림 4-3 [코드 4-10], [코드 4-11], [코드 4-12], [코드 4-13]의 Set 모식도

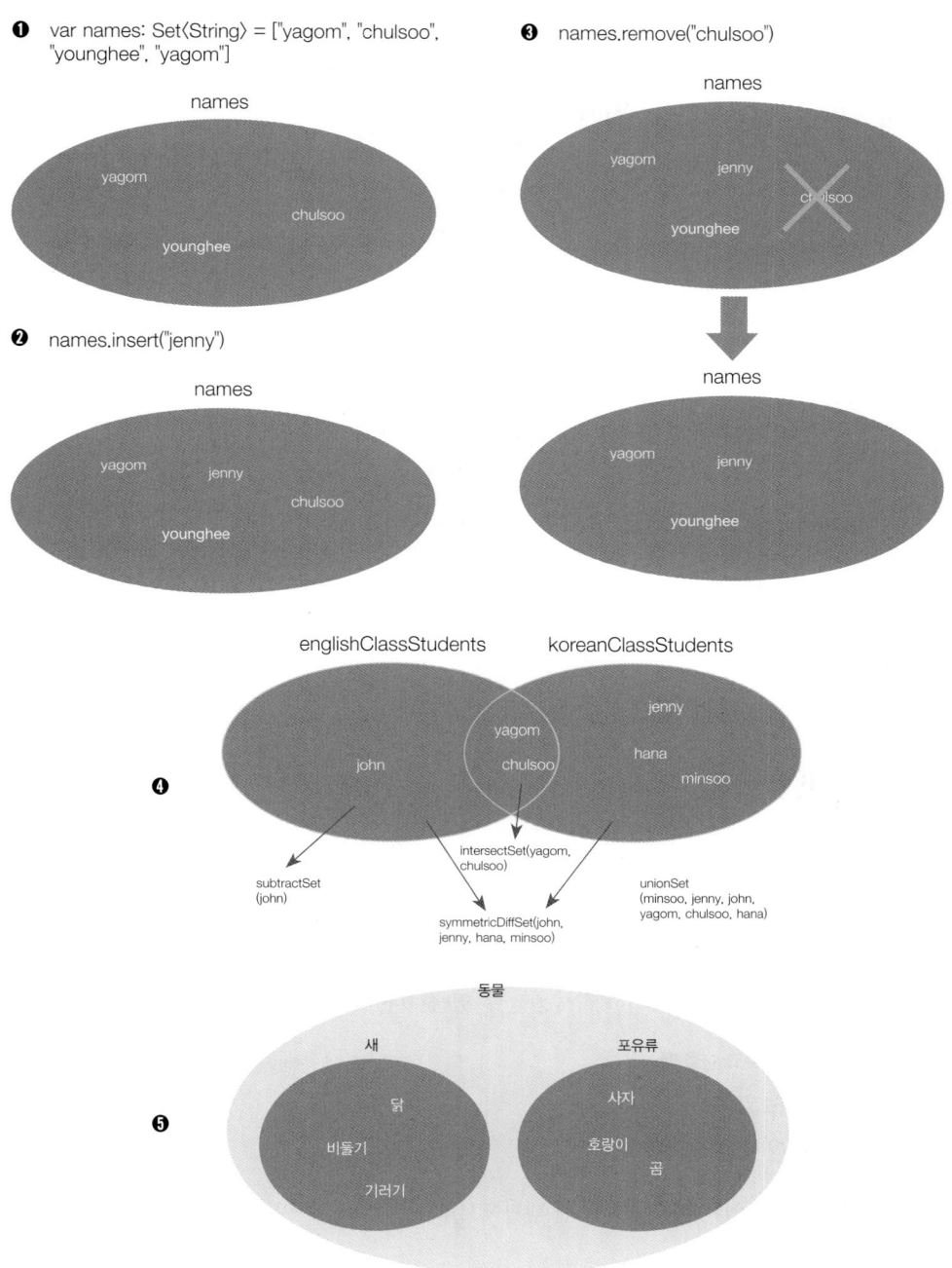

4장 - 데이터 타입 고급

> **TIP** 컬렉션에서 임의의 요소 추출과 뒤섞기
>
> 스위프트 4.2 버전에서 컬렉션에서 임의의 요소를 추출하는 randomElement() 메서드와 컬렉션의 요소를 임의로 뒤섞는 shuffle() 메서드가 추가되었습니다. 또 자신의 요소는 그대로 둔 채 새로운 컬렉션에 임의의 순서로 섞어서 반환하는 shuffled() 메서드도 추가되었습니다.
>
> ```swift
> var array: [Int] = [0, 1, 2, 3, 4]
> var set: Set<Int> = [0, 1, 2, 3, 4]
> var dictionary: [String: Int] = ["a": 1, "b": 2, "c": 3]
> var string: String = "string"
>
> print(array.randomElement())    // 임의의 요소
> print(array.shuffled()) // 뒤죽박죽된 배열 [4, 2, 3, 1, 0] - array 내부의 요소는 그대로 있습니다.
> print(array)    // [0, 1, 2, 3, 4]
> array.shuffle() // array 자체를 뒤죽박죽으로 뒤섞기
> print(array)    // 뒤죽박죽된 배열 [0, 4, 3, 2, 1]
>
> print(set.shuffled())   // 세트를 뒤섞으면 배열로 반환해줍니다.
> //set.shuffle()    // 오류 발생! 세트는 순서가 없기 때문에 스스로 뒤섞을 수 없습니다.
> print(dictionary.shuffled())    // 딕셔너리를 뒤섞으면 (키, 값)이 쌍을 이룬 튜플의 배열로 반환해줍니다.
> print(string.shuffled())    // String도 컬렉션입니다!
> ```

4.5 열거형

열거형은 연관된 항목들을 묶어서 표현할 수 있는 타입입니다. 열거형은 배열이나 딕셔너리 같은 타입과 다르게 프로그래머가 정의해준 항목 값 외에는 추가/수정이 불가합니다. 그렇기 때문에 딱 정해진 값만 열거형 값에 속할 수 있습니다.

열거형은 다음 같은 경우에 요긴하게 사용할 수 있습니다.

- 제한된 선택지를 주고 싶을 때
- 정해진 값 외에는 입력받고 싶지 않을 때
- 예상된 입력 값이 한정되어 있을 때

열거형으로 묶을 수 있는 항목들은 주변 생활에서 많이 찾아볼 수 있습니다.

- **무선통신 방식** : WiFi, 블루투스, LTE, 3G, 기타
- **학생** : 초등학생, 중학생, 고등학생, 대학생, 대학원생, 기타
- **지역** : 강원도, 경기도, 경상도, 전라도, 제주도, 충청도

우리는 앞서 열거형을 통하여 연관된 항목들의 그룹을 정의할 수 있다는 사실을 알았습니다. 다른 프로그래밍 언어에서 열거형을 사용해봤다면 조금 의아할 수 있지만, 스위프트의 열거형은 항목별로 값을 가질 수도, 가지지 않을 수도 있습니다. 예를 들어 C 언어는 열거형의 각 항목 값이 정수 타입으로 기본 지정되지만, 스위프트의 열거형은 각 항목이 그 자체로 고유의 값이 될 수 있습니다.

기존의 C 언어 등에서 열거형은 주로 정수 타입 값의 별칭 형태로 사용이 될 뿐이었습니다. 그렇기 때문에 모든 열거형의 데이터 타입은 같은 타입(주로 정수 타입)으로 취급합니다. 이는 열거형 각각이 고유의 타입으로 인식될 수 없다는 문제 때문에 여러 열거형을 사용할 때 프로그래머의 실수로 인한 버그가 생길 수도 있었습니다. 그러나 스위프트의 열거형은 각 열거형이 고유의 타입으로 인정되기 때문에 실수로 버그가 일어날 가능성을 원천 봉쇄할 수 있습니다.

물론 열거형 각 항목이 **원시 값**Raw Value이라는 형태로 (정수, 실수, 문자 타입 등의) 실제 값을 가질 수도 있습니다. 또는 **연관 값**Associated Values을 사용하여 다른 언어에서 공용체라고 불리는 값의 묶음도 구현할 수 있습니다.

열거형은 `switch` 구문과 만났을 때 멋지게 활용해볼 수 있습니다. 이번 열거형 파트에서는 열거형에 관한 기본 문법을 알아보고 흐름 제어(6장)에서 열거형의 활용을 조금 더 다양하게 다루겠습니다.

> **TIP** 열거형과 옵셔널
>
> 스위프트의 주요 기능 중 하나인 옵셔널은 enum(열거형)으로 구현되어 있습니다. 이에 관한 내용은 옵셔널(8장)에서 더 자세히 알아보겠습니다.

4.5.1 기본 열거형

스위프트의 열거형은 `enum`이라는 키워드로 선언할 수 있습니다.

코드 4-14 School 열거형의 선언

```
enum School {
    case primary        // 유치원
    case elementary     // 초등
    case middle         // 중등
    case high           // 고등
    case college        // 대학
    case university     // 대학교
    case graduate       // 대학원
}
```

School이라는 이름을 갖는 열거형에는 primary, elementary, middle, high, college, university, graduate라는 항목이 있습니다. 각 항목은 그 자체가 고유의 값이며, 항목이 여러 가지라서 나열하기 귀찮거나 어렵다면 한 줄에 모두 표현해줄 수도 있습니다.

코드 4-15 School 열거형의 선언

```
enum School {
    case primary, elementary, middle, high, college, university, graduate
}
```

[코드 4-16]에서는 열거형 변수를 생성하고 값을 할당했습니다.

코드 4-16 School 열거형 변수의 생성 및 값 변경

```
var highestEducationLevel: School = School.university

// 위 코드와 정확히 같은 표현입니다.
var highestEducationLevel: School = .university

// 같은 타입인 School 내부의 항목으로만 highestEducationLevel의 값을 변경해줄 수 있습니다.
highestEducationLevel = .graduate
```

4.5.2 원시 값

열거형의 각 항목은 자체로도 하나의 값이지만 항목의 **원시 값**Raw Value도 가질 수 있습니다.

즉, 특정 타입으로 지정된 값을 가질 수 있다는 뜻입니다. 특정 타입의 값을 원시 값으로 가지고 싶다면 열거형 이름 오른쪽에 타입을 명시해주면 됩니다. 또 원시 값을 사용하고 싶다면 rawValue라는 프로퍼티를 통해 가져올 수 있습니다.

코드 4-17 열거형의 원시 값 지정과 사용

```
enum School: String {
    case primary = "유치원"
    case elementary = "초등학교"
    case middle = "중학교"
    case high = "고등학교"
    case college = "대학"
    case university = "대학교"
    case graduate = "대학원"
}

let highestEducationLevel: School = School.university
print("저의 최종 학력은 \(highestEducationLevel.rawValue) 졸업입니다.")
// 저의 최종 학력은 대학교 졸업입니다.

enum WeekDays: Character {
    case mon = "월", tue = "화", wed = "수", thu = "목", fri = "금", sat = "토", sun = "일"
}

let today: WeekDays = WeekDays.fri
print("오늘은 \(today.rawValue)요일입니다.")   // 오늘은 금요일입니다.
```

만약 일부 항목만 원시 값을 주고 싶다면 그렇게 해도 됩니다. 나머지는 스위프트가 알아서 처리해줄 테니까요. 문자열 형식의 원시 값을 지정해줬다면 각 항목 이름을 그대로 원시 값으로 갖게 되고, 정수 타입이라면 첫 항목을 기준으로 0부터 1씩 늘어난 값을 갖게 됩니다. [코드 4-18]에서 확인해볼 수 있습니다.

코드 4-18 열거형의 원시 값 일부 지정 및 자동 처리

```
enum School: String {
    case primary = "유치원"
    case elementary = "초등학교"
    case middle = "중학교"
    case high = "고등학교"
```

```
        case college
        case university
        case graduate
    }

    let highestEducationLevel: School = School.university
    print("저의 최종 학력은 \(highestEducationLevel.rawValue) 졸업입니다.")
    // 저의 최종 학력은 university 졸업입니다.

    print(School.elementary.rawValue)      // 초등학교

    enum Numbers: Int {
        case zero
        case one
        case two
        case ten = 10
    }

    print("\(Numbers.zero.rawValue), \(Numbers.one.rawValue), \(Numbers.two.rawValue), \(Numbers.ten.rawValue)")      // 0, 1, 2, 10
```

열거형이 원시 값을 갖는 열거형일 때, 열거형의 원시 값 정보를 안다면 원시 값을 통해 열거형 변수 또는 상수를 생성해줄 수도 있습니다. 만약 올바르지 않은 원시 값을 통해 생성하려고 한다면 nil을 반환합니다. 이는 실패 가능한 이니셜라이저(11.1.7절) 기능입니다.

코드 4-19 원시 값을 통한 열거형 초기화

```
    let primary = School(rawValue: "유치원")  // primary
    let graduate = School(rawValue: "석박사")// nil

    let one = Numbers(rawValue: 1)          // one
    let three = Numbers(rawValue: 3)        // nil
```

4.5.3 연관 값

스위프트의 열거형 각 항목이 연관 값을 가지게 되면, 기존 프로그래밍 언어의 공용체 형태를 띨 수도 있습니다. 열거형 내의 항목(case)이 자신과 연관된 값을 가질 수 있습니다. 연관 값은 각 항목 옆에 소괄호로 묶어 표현할 수 있습니다. 다른 항목이 연관 값을 갖는다고 모든 항

목이 연관 값을 가질 필요는 없습니다.

코드 4-20 연관 값을 갖는 열거형

```
enum MainDish {
    case pasta(taste: String)
    case pizza(dough: String, topping: String)
    case chicken(withSauce: Bool)
    case rice
}

var dinner: MainDish = MainDish.pasta(taste: "크림")      // 크림 파스타
dinner = .pizza(dough: "치즈크러스트", topping: "불고기")    // 불고기 치즈크러스트 피자
dinner = .chicken(withSauce: true)                      // 양념 통닭
dinner = .rice   // 밥
```

식당의 재료가 한정적이라 파스타의 맛과 피자의 도우, 토핑 등을 특정 메뉴로 한정 지으려면 [코드 4-21]처럼 열거형으로 바꾸면 됩니다.

코드 4-21 여러 열거형의 응용

```
enum PastaTaste {
    case cream, tomato
}
enum PizzaDough {
    case cheeseCrust, thin, original
}

enum PizzaTopping {
    case pepperoni, cheese, bacon
}

enum MainDish {
    case pasta(taste: PastaTaste)
    case pizza(dough: PizzaDough, topping: PizzaTopping)
    case chicken(withSauce: Bool)
    case rice
}

var dinner: MainDish = MainDish.pasta(taste: PastaTaste.tomato)
dinner = MainDish.pizza(dough: PizzaDough.cheeseCrust, topping: PizzaTopping.bacon)
```

4.5.4 항목 순회

우리는 때때로 열거형에 포함된 모든 케이스를 알아야 할 때가 있습니다. 그럴 때 열거형의 이름 뒤에 콜론(:)을 작성하고 한 칸 띄운 뒤 CaseIterable 프로토콜(20장)을 채택해주세요. 그러면 열거형에 allCases라는 이름의 타입 프로퍼티(10.1.6절)를 통해 모든 케이스의 컬렉션을 생성해줍니다.

코드 4-22 CaseIterable 프로토콜을 활용한 열거형의 항목 순회

```
enum School: CaseIterable {
    case primary
    case elementary
    case middle
    case high
    case college
    case university
    case graduate
}

let allCases: [School] = School.allCases
print(allCases)
// [School.primary, School.elementary, School.middle, School.high, School.college, School.university, School.graduate]
```

원시 값을 갖는 열거형이라면 원시 값의 타입 다음에 쉼표(,)를 쓰고 띄어쓰기를 한 후 CaseIterable 프로토콜을 채택해주면 됩니다.

코드 4-23 원시 값을 갖는 열거형의 항목 순회

```
enum School: String, CaseIterable {
    case primary = "유치원"
    case elementary = "초등학교"
    case middle = "중학교"
    case high = "고등학교"
    case college = "대학"
    case university = "대학교"
    case graduate = "대학원"
}
```

```
let allCases: [School] = School.allCases
print(allCases)
// [School.primary, School.elementary, School.middle, School.high, School.college,
School.university, School.graduate]
```

[코드 4-22]와 [코드 4-23]처럼 단순한 열거형에는 CaseIterable 프로토콜을 채택해주는 것만으로 allCases 프로퍼티를 사용할 수 있습니다. 그렇지만 조금 복잡해지는 열거형은 그렇지 않을 수도 있습니다. 그 대표적인 예가 플랫폼별로 사용 조건을 추가하는 경우입니다.

코드 4-24 available 속성을 갖는 열거형의 항목 순회

```
enum School: String, CaseIterable {
    case primary = "유치원"
    case elementary = "초등학교"
    case middle = "중학교"
    case high = "고등학교"
    case college = "대학"
    case university = "대학교"
    @available(iOS, obsoleted: 12.0)
    case graduate = "대학원"

    static var allCases: [School] {
        let all: [School] = [.primary,
                             .elementary,
                             .middle,
                             .high,
                             .college,
                             .university]

        #if os(iOS)
        return all
        #else
        return all + [.graduate]
        #endif
    }
}

let allCases: [School] = School.allCases
print(allCases)
// 실행 환경에 따라 다른 결과
```

[코드 4-24]처럼 available 속성을 통해 특정 케이스를 플랫폼에 따라 사용할 수 있거나 없는 경우가 생기면 CaseIterable 프로토콜을 채택하는 것만으로는 allCases 프로퍼티를 사용할 수 없습니다. 그럴 때는 직접 allCases 프로퍼티를 구현해주어야 합니다. 이렇게 CaseIterable 프로토콜을 채택하여도 allCases 프로퍼티를 바로 사용할 수 없는 경우가 또 있는데, 바로 열거형의 케이스가 연관 값을 갖는 경우입니다.

코드 4-25 연관 값을 갖는 열거형의 항목 순회

```
enum PastaTaste: CaseIterable {
    case cream, tomato
}

enum PizzaDough: CaseIterable {
    case cheeseCrust, thin, original
}

enum PizzaTopping: CaseIterable {
    case pepperoni, cheese, bacon
}

enum MainDish: CaseIterable {
    case pasta(taste: PastaTaste)
    case pizza(dough: PizzaDough, topping: PizzaTopping)
    case chiken(withSauce: Bool)
    case rice

    static var allCases: [MainDish] {
        return PastaTaste.allCases.map(MainDish.pasta)
            + PizzaDough.allCases.reduce([]) { (result, dough) -> [MainDish] in
                result + PizzaTopping.allCases.map { (topping) -> MainDish in
                    MainDish.pizza(dough: dough, topping: topping)
                }
            }
            + [true, false].map(MainDish.chiken)
            + [MainDish.rice]
    }
}

print(MainDish.allCases.count) // 14
print(MainDish.allCases)       // 모든 경우의 연관 값을 갖는 케이스 컬렉션
```

[코드 4-24]와 [코드 4-25]에 나오는 문법은 아직 어려울 수 있습니다. `#if` 등의 표현은 부록 E의 '조건부 컴파일 블록'을, `map`이나 `reduce` 등의 메서드는 15장을 참고하세요. [코드 4-24]와 [코드 4-25]에서는 직접 `allCases` 프로퍼티를 구현해주었는데요, 처음 열거형을 정의하고 `allCases`를 구현한 이후에 케이스를 추가할 일이 생긴다면 꼭 잊지 말고 `allCases`를 다시 살펴봐야겠습니다.

4.5.5 순환 열거형

순환 열거형은 열거형 항목의 연관 값이 열거형 자신의 값이고자 할 때 사용합니다. 순환 열거형을 명시하고 싶다면 `indirect` 키워드를 사용하면 됩니다. 특정 항목에만 한정하고 싶다면 `case` 키워드 앞에 `indirect`를 붙이면 되고, 열거형 전체에 적용하고 싶다면 `enum` 키워드 앞에 `indirect` 키워드를 붙이면 됩니다.

다음은 산술 연산을 위해 정의한 열거형입니다.

코드 4-26 특정 항목에 순환 열거형 항목 명시

```
enum ArithmeticExpression {
    case number(Int)
    indirect case addition(ArithmeticExpression, ArithmeticExpression)
    indirect case multiplication(ArithmeticExpression, ArithmeticExpression)
}
```

코드 4-27 열거형 전체에 순환 열거형 명시

```
indirect enum ArithmeticExpression {
    case number(Int)
    case addition(ArithmeticExpression, ArithmeticExpression)
    case multiplication(ArithmeticExpression, ArithmeticExpression)
}
```

[코드 4-27]의 열거형에는 정수를 연관 값으로 갖는 `number`라는 항목이 있고 덧셈을 위한 `addition`이라는 항목, 곱셈을 위한 `multiplication` 항목이 있습니다. [코드 4-28]은 `ArithmeticExpression` 열거형을 사용하여 (5 + 4) × 2 연산을 구현해보는 예제입니다.

evaluate는 `ArithmeticExpression` 열거형의 계산을 도와주는 순환 함수[Recursive Function]입니다.

코드 4-28 순환 열거형의 사용

```swift
let five = ArithmeticExpression.number(5)
let four = ArithmeticExpression.number(4)
let sum = ArithmeticExpression.addition(five, four)
let final = ArithmeticExpression.multiplication(sum, ArithmeticExpression.number(2))

func evaluate(_ expression: ArithmeticExpression) -> Int {
    switch expression {
    case .number(let value):
        return value
    case .addition(let left, let right):
        return evaluate(left) + evaluate(right)
    case .multiplication(let left, let right):
        return evaluate(left) * evaluate(right)
    }
}

let result: Int = evaluate(final)
print("(5 + 4) * 2 = \(result)")    // (5 + 4) * 2 = 18
```

`indirect` 키워드는 [코드 4-28]의 예제뿐만 아니라, 이진 탐색 트리 등의 순환 알고리즘을 구현할 때 유용하게 사용할 수 있습니다.

4.5.6 비교 가능한 열거형

`Comparable` 프로토콜을 준수하는 연관 값만 갖거나 연관 값이 없는 열거형은 `Comparable` 프로토콜을 채택하면 각 케이스를 비교할 수 있습니다. 앞에 위치한 케이스가 더 작은 값이 됩니다.

코드 4-29 비교 가능한 열거형의 사용

```swift
enum Condition: Comparable {
    case terrible
    case bad
    case good
    case great
}

let myCondition: Condition = Condition.great
let yourCondition: Condition = Condition.bad

if myCondition >= yourCondition {
    print("제 상태가 더 좋군요")
} else {
    print("당신의 상태가 더 좋아요")
}
// 제 상태가 더 좋군요

enum Device: Comparable {
    case iPhone(version: String)
    case iPad(version: String)
    case macBook
    case iMac
}

var devices: [Device] = []
devices.append(Device.iMac)
devices.append(Device.iPhone(version: "14.3"))
devices.append(Device.iPhone(version: "6.1"))
devices.append(Device.iPad(version: "10.3"))
devices.append(Device.macBook)

let sortedDevices: [Device] = devices.sorted()
print(sortedDevices)
// [Device.iPhone(version: "14.3"), Device.iPhone(version: "6.1"), Device.iPad(version: "10.3"), Device.macBook, Device.iMac]
```

CHAPTER 5

연산자

스위프트의 연산자는 특정한 문자로 표현한 함수라 할 수 있습니다. 따라서 특정 연산자의 역할을 프로그래머의 의도대로 변경할 수도 있습니다.

연산자에 의해 연산 되는 값의 수에 따라 단항, 이항, 삼항 등으로 구분하기도 하며, 연산자의 위치에 따라 전위, 중위, 후위 등으로 구분하기도 합니다.

표 5-1 연산자의 분류

분류	설명	예
단항 연산자	피연산자(연산 대상)가 한 개인 연산자	!A
이항 연산자	피연산자가 두 개인 연산자	A + B
삼항 연산자	피연산자가 세 개인 연산자	A ? B : C
전위 연산자	연산자가 피연산자 앞에 위치하는 연산자	!A
중위 연산자	연산자가 피연산자 사이에 위치하는 연산자	A + B
후위 연산자	연산자가 피연산자 뒤에 위치하는 연산자	A!

이번 장에서는 간단한 예를 들어 연산자를 설명하려 합니다. 좀 더 자세한 활용법은 이후 장에서 나오는 코드에서 직접 볼 수 있습니다. 스위프트에서 추가된 개념이거나 독특한 특성이 있는 연산자는 좀 더 자세히 설명해두었습니다.

> **NOTE_ 띄어쓰기와 연산자**
>
> 스위프트에서는 띄어쓰기도 중요한 문법 중 하나입니다. 연산자가 어디에 위치하느냐도 중요하지만, 연산자 앞과 뒤 중 어디에 공백이 있는지도 중요한 부분입니다. 예를 들어, A != B와 A! = B는 전혀 다른 의미입니다. 또 A > B? A : B는 잘못된 사용이며 물음표를 B에서 띄어 써야 합니다.

5.1 연산자의 종류

연산자는 종류가 굉장히 많습니다. 먼저 몇 가지 주요 연산자를 하나씩 설명하겠습니다.

5.1.1 할당 연산자

값을 할당할 때 사용하는 연산자입니다.

표 5-2 할당 연산자

연산자	부호	설명
할당(대입) 연산자	A = B	A에 B의 값을 할당합니다. 서로 다른 데이터 타입이라면 오류가 발생합니다.

5.1.2 산술 연산자

산술 연산자는 대체로 수학에서 쓰이는 연산자와 같은 역할을 수행합니다.

표 5-3 산술 연산자

연산자	부호	설명
더하기 연산자	A + B	A와 B를 더한 값을 반환합니다.
빼기 연산자	A – B	A에서 B를 뺀 값을 반환합니다.
곱하기 연산자	A * B	A와 B를 곱한 값을 반환합니다.
나누기 연산자	A / B	A를 B로 나눈 값을 반환합니다.
나머지 연산자	A % B	A를 B로 나눈 나머지를 반환합니다.

NOTE_ 스위프트의 나머지 연산과 나누기 연산자

스위프트에서는 부동소수점 타입의 나머지 연산까지 지원합니다. 기존의 프로그래밍 언어에서는 나머지 연산자가 정수 타입만 지원하는 경우가 많았는데 스위프트에서는 부동소수점 타입도 나머지 연산을 할 수 있습니다.

```
let number: Double = 5.0
var result: Double = number.truncatingRemainder(dividingBy: 1.5) // 0.5
result = 12.truncatingRemainder(dividingBy: 2.5)                 // 2.0
```

나누기 연산은 기존의 프로그래밍 언어처럼 나머지나 소수점을 제외한 정수만을 결괏값으로 반환합니다.

```
var result: Int = 5 / 3     // 1
result = 10 / 3             // 3
```

또한, 스위프트는 데이터 타입에 굉장히 엄격하므로 서로 다른 자료형끼리의 연산을 엄격히 제한합니다. 서로 다른 자료형끼리의 연산을 실행하려면 값을 해당 타입으로 변환한 후 연산해야 합니다. 심지어 같은 정수 타입인 Int 타입과 UInt 타입끼리의 연산도 엄격히 제한됩니다. 더 자세한 내용은 타입캐스팅(19장)에서 다루겠습니다.

5.1.3 비교 연산자

두 값을 비교할 때 사용합니다.

표 5-4 비교 연산자

연산자	부호	설명
값이 같다	A == B	A와 B가 같은 값인지 비교하여 불리언 값을 반환합니다.
값이 크거나 같다	A >= B	A가 B보다 크거나 같은 값인지 비교하여 불리언 값을 반환합니다.
값이 작거나 같다	A <= B	A가 B보다 작거나 같은 값인지 비교하여 불리언 값을 반환합니다.
값이 크다	A > B	A가 B보다 큰 값인지 비교하여 불리언 값을 반환합니다.
값이 작다	A < B	A가 B보다 작은 값인지 비교하여 불리언 값을 반환합니다.
값이 같지 않다	A != B	A와 B가 다른 값인지 비교하여 불리언 값을 반환합니다.
참조가 같다	A === B	A와 B가 참조(레퍼런스) 타입일 때 A와 B가 같은 인스턴스를 가리키는지 비교하여 불리언 값을 반환합니다.

연산자	부호	설명
참조가 같지 않다	A !== B	A와 B가 참조(레퍼런스) 타입일 때 A와 B가 같지 않은 인스턴스를 가리키는지 비교하여 불리언 값을 반환합니다.
패턴 매치	A ~= B	A와 B의 패턴이 매치되는지 확인하여 불리언 값을 반환합니다.

NOTE_ 참조 비교 연산자

스위프트의 유일한 참조Reference 타입인 클래스의 인스턴스에서만 참조 비교 연산자를 사용할 수 있습니다(물론 다른 데이터 타입에서 === 등의 연산자를 프로그래머가 정의하면 다른 용도로 사용이 가능합니다). 스위프트의 기본 데이터 타입은 모두 구조체로 구현되어 있기 때문에 값 타입입니다. 그렇기 때문에 값의 비교 연산에는 ==를 사용하고 클래스의 인스턴스인 경우에만 ===를 사용합니다. 구조체와 클래스, 값 타입과 참조 타입에 대해서는 값 타입과 참조 타입(9.3.1절)에서 더 자세히 알아보겠습니다.

```swift
let valueA: Int = 3
let valueB: Int = 5
let valueC: Int = 5

let isSameValueAB: Bool = valueA == valueB    // false
let isSameValueBC: Bool = valueB == valueC    // true

let referenceA: SomeClass = SomeClass()
let referenceB: SomeClass = SomeClass()
let referenceC: SomeClass = referenceA

let isSameReferenceAB: Bool = referenceA === referenceB    // false
let isSameReferenceAC: Bool = referenceA === referenceC    // true
```

5.1.4 삼항 조건 연산자

피연산자가 세 개인 삼항 조건 연산자입니다.

표 5-5 삼항 조건 연산자

연산자	부호	설명
삼항 조건 연산자	Question ? A : B	Question(불리언 값)이 참이면 A를, 거짓이면 B를 반환합니다.

삼항 조건 연산자를 사용하면 조건식을 간단히 한 줄에 표현할 수 있습니다.

코드 5-1 삼항 조건 연산자의 사용

```
var valueA: Int = 3
var valueB: Int = 5
var biggerValue: Int = valueA > valueB ? valueA : valueB      // 5

valueA = 0
valueB = -3
biggerValue = valueA > valueB ? valueA : valueB               // 0

var stringA: String = ""
var stringB: String = "String"
var resultValue: Double = stringA.isEmpty ? 1.0 : 0.0          // 1.0
resultValue = stringB.isEmpty ? 1.0 : 0.0                      // 0.0
```

> **TIP** 물론, 조건 안에 또 다른 삼항 연산자를 넣을 수도 있고 여러 번 중첩할 수도 있지만, 중첩을 너무 많이 사용하면 오히려 코드를 이해하기 어려우므로 적절히 사용할 줄 아는 지혜가 필요합니다.

5.1.5 범위 연산자

값(수)의 범위를 나타내고자 할 때 사용합니다.

표 5-6 범위 연산자

연산자	부호	설명
폐쇄 범위 연산자	A…B	A부터 B까지의 수를 묶어 범위를 표현합니다. A와 B를 포함합니다.
반폐쇄 범위 연산자	A..<B	A부터 B 미만까지의 수를 묶어 범위를 표현합니다. A를 포함하고 B를 포함하지 않습니다.
단방향 범위 연산자	A…	A 이상의 수를 묶어 범위를 표현합니다. A를 포함합니다.
	…A	A 이하의 수를 묶어 범위를 표현합니다. A를 포함합니다.
	..<A	A 미만의 수를 묶어 범위를 표현합니다. A를 포함하지 않습니다.

범위 연산자의 사용은 반복문(6.2절)에서 다루겠습니다.

5.1.6 부울 연산자

불리언 값의 논리 연산을 할 때 사용합니다.

표 5-7 부울 연산자

연산자	표현	설명
NOT(부정) 부울 연산자	!B	B(불리언 값)의 참, 거짓을 반전합니다.
AND 부울 연산자	A && B	A와 B의 불리언 AND 논리 연산을 실행합니다.
OR 부울 연산자	A || B	A와 B의 불리언 OR 논리 연산을 실행합니다.

> **TIP** 부울 논리 연산과 비트 논리 연산을 잘 이해하고 구분하여 사용해야 합니다.

5.1.7 비트 연산자

값의 비트 논리 연산을 위한 연산자입니다.

표 5-8 비트 연산자

연산자	표현	설명
NOT(부정) 비트 연산자	~A	A의 비트를 반전한 결과를 반환합니다.
AND 비트 연산자	A & B	A와 B의 비트 AND 논리 연산을 실행합니다.
OR 비트 연산자	A | B	A와 B의 비트 OR 논리 연산을 실행합니다.
XOR 비트 연산자	A ^ B	A와 B의 비트 XOR 논리 연산을 실행합니다.
비트 이동 연산자(시프트 연산자)	A >> B A << B	A의 비트를 B만큼 비트를 시프트(이동)합니다.

> **TIP** 비트 시프트(이동)
>
> 시프트 연산자는 지정하는 수만큼 피연산자를 왼쪽(<<) 또는 오른쪽(>>)으로 이동합니다. 예를 들어 정수 4($0100_{(2)}$)를 왼쪽으로 1 시프트 연산할 때 4 << 1로 표현해줄 수 있습니다. 왼쪽으로 비트를 이동했기 때문에 결과는 8($1000_{(2)}$)이 됩니다. 반대로 오른쪽 1 시프트 연산을 하면 4 >> 1로 표현할 수 있고 결과는 2($0010_{(2)}$)가 됩니다.
>
> 앞서 왼쪽 비트 연산의 결과처럼 시프트한 후 빈 자리는 0으로 채워집니다. 반대로 시프트 연산을 하면서 비트 범위를 벗어난 비트는 버려집니다. 만약 7($0111_{(2)}$)를 오른쪽 2 시프트 연산을 하면, 결과는 1($0001_{(2)}$)이 됩니다.

5.1.8 복합 할당 연산자

할당 연산자와 다른 연산자가 하는 일을 한 번에 할 수 있도록 연산자를 결합할 수 있습니다. 이를 복합 할당Compound Assignment 연산자라고 합니다.

표 5-9 복합 할당 연산자

표현	설명	같은 표현
A += B	A와 B의 합을 A에 할당합니다.	A = A + B
A -= B	A와 B의 차를 A에 할당합니다.	A = A - B
A *= B	A와 B의 곱을 A에 할당합니다.	A = A * B
A /= B	A를 B로 나눈 값을 A에 할당합니다.	A = A / B
A %= B	A를 B로 나눈 나머지를 A에 할당합니다.	A = A % B
A <<= N	A를 N만큼 왼쪽 비트 시프트 한 값을 A에 할당합니다.	A = A << N
A >>= N	A를 N만큼 오른쪽 비트 시프트 한 값을 A에 할당합니다.	A = A >> N
A &= B	A와 B의 비트 AND 연산 결과를 A에 할당합니다.	A = A & B
A |= B	A와 B의 비트 OR 연산 결과를 A에 할당합니다.	A = A | B
A ^= B	A와 B의 비트 XOR 연산 결과를 A에 할당합니다.	A = A ^ B

5.1.9 오버플로 연산자

기존 프로그래밍 언어에서는 오버플로(또는 언더플로) 가능성이 있는 연산에 대해서는 따로 오버플로에 대한 추가 알고리즘 및 로직 등을 설계하는 것이 일반적이었습니다. 스위프트는 기본 연산자를 통해 오버플로에 대비할 수 있도록 준비해두었습니다. 오버플로 연산자를 사용하면 오버플로를 자동으로 처리합니다.

표 5-10 오버플로 연산자

연산자	부호	설명
오버플로 더하기 연산	&+	오버플로에 대비한 덧셈 연산을 합니다.
오버플로 빼기 연산	&-	오버플로에 대비한 뺄셈 연산을 합니다.
오버플로 곱하기 연산	&*	오버플로에 대비한 곱셈 연산을 합니다.

예를 들어 UInt8 타입은 8비트 정수 타입으로 부호가 없는 양의 정수만을 표현하기 때문에 0 아래로 내려가는 계산을 하면 런타임 오류가 발생합니다. 그렇지만 오버플로 빼기 연산을 사용하면 오류 없이 오버플로 처리를 해줍니다. 그렇지만 오버플로에 대한 이해 없이 사용한다면 엉뚱한 값을 구할 수도 있습니다. 따라서 오버플로에 대해 먼저 이해하고 사용해야 합니다.

코드 5-2 오버플로 연산자의 사용

```
var unsignedInteger: UInt8 = 0
let errorUnderflowResult: UInt8 = unsignedInteger - 1    // 런타임 오류
let underflowedValue: UInt8 = unsignedInteger &- 1       // 255

unsignedInteger = UInt8.max                              // 255
let errorOverflowResult: UInt8 = unsignedInteger + 1     // 런타임 오류
let overflowedValue: UInt8 = unsignedInteger &+ 1        // 0
```

5.1.10 기타 연산자

앞서 소개한 연산자 외에 스위프트 라이브러리에 기본적으로 정의된 연산자를 소개합니다.

표 5-11 기타 연산자

연산자	부호	설명
nil 병합 연산자	A ?? B	A가 nil이 아니면 A를 반환하고, A가 nil이면 B를 반환합니다.
단항 뺄셈 연산자	-A	A(수)의 부호를 변경합니다.
옵셔널 강제 추출 연산자	O!	O(옵셔널 개체)의 값을 강제로 추출합니다.
옵셔널 연산자	V?	V(옵셔널 값)를 안전하게 추출하거나, V(데이터 타입)가 옵셔널임을 표현합니다.

> **NOTE_ nil 병합 연산자**
>
> nil 병합 연산자는 옵셔널을 사용할 때 아주 유용한 연산자입니다. 아직 옵셔널에 대해 배우지 않았지만 차후 옵셔널을 배우고 nil 병합 연산자를 다시 확인해보기 바랍니다. 다음 두 코드는 같은 역할을 하지만, 아래의 nil 병합 연산자를 사용하는 것이 훨씬 안전하고 간단한 방법입니다.

```
let valueInt: Int = someOptionalInt != nil ? someOptionalInt! : 0

// 위 코드와 같은 결과를 볼 수 있지만 훨씬 안전하게 옵셔널을 다룰 수 있습니다.
let valueInt: Int = someOptionalInt ?? 0
```

참고로 옵셔널 강제 추출 연산자 사용은 지양하는 편이 좋습니다.

5.2 연산자 우선순위와 결합방향

C 언어 등 기존 언어에서 연산자는 연산자 우선순위를 쉽게 알기 어려웠습니다. 그러나 스위프트에서는 연산자 **우선순위**Precedence를 지정해놓았기 때문에 코딩하다가 헷갈리는 경우 확인하면 됩니다. 우선순위가 높은 연산자는 자신에 비해서 우선순위가 낮은 연산자보다 먼저 실행됩니다. 프로그래머가 임의로 정의하는 사용자 정의 연산자 또한 이 규칙에 따라 실행 순서가 결정됩니다.

또 연산자가 연산하는 **결합방향**Associativity도 지정되어 있습니다. 결합방향은 같은 우선순위에 있는 연산자끼리 나열되었을 때 어느 방향부터 그룹 지을 것인지 나타냅니다. 예를 들어 1 + 2 + 3 + 4라는 수식이 있다면, 연산자 +는 모두 같은 우선도를 가지며 +의 결합방향은 왼쪽이기 때문에 (((1 + 2) + 3) + 4)처럼 왼쪽부터 그룹이 묶이는 것입니다. 그래서 1 + 2가 가장 먼저 연산이 되고 연산된 결과가 다시 3과 연산이 되고 그 결과가 다시 4와 연산이 되는 것입니다. 만약 결합방향이 오른쪽이라면 (1 + (2 + (3 + 4)))처럼 묶여서 연산이 됩니다.

기본 연산자들의 우선도와 결합방향을 알아보려면 스위프트 표준 라이브러리의 연산자 정의를 참고하면 됩니다. [코드 5-3]은 스위프트 표준 라이브러리에 정의된 연산자 정의의 일부입니다.

코드 5-3 스위프트 연산자 정의 확인

```
// 중략...

infix operator === : ComparisonPrecedence
infix operator ~= : ComparisonPrecedence
infix operator &= : AssignmentPrecedence
```

```
infix operator % : MultiplicationPrecedence
infix operator & : MultiplicationPrecedence
infix operator > : ComparisonPrecedence
infix operator / : MultiplicationPrecedence
infix operator != : ComparisonPrecedence
infix operator <= : ComparisonPrecedence
infix operator ?? : NilCoalescingPrecedence
infix operator ^= : AssignmentPrecedence
infix operator == : ComparisonPrecedence
infix operator >>= : AssignmentPrecedence
infix operator |= : AssignmentPrecedence
infix operator ..< : RangeFormationPrecedence
infix operator << : BitwiseShiftPrecedence
infix operator >> : BitwiseShiftPrecedence
infix operator || : LogicalDisjunctionPrecedence
infix operator | : AdditionPrecedence
infix operator < : ComparisonPrecedence
infix operator <<= : AssignmentPrecedence
infix operator %= : AssignmentPrecedence
infix operator += : AssignmentPrecedence
infix operator *= : AssignmentPrecedence
infix operator ~> : DefaultPrecedence
infix operator -= : AssignmentPrecedence
infix operator ... : RangeFormationPrecedence
infix operator /= : AssignmentPrecedence
infix operator >= : ComparisonPrecedence
infix operator && : LogicalConjunctionPrecedence
infix operator * : MultiplicationPrecedence
infix operator &* : MultiplicationPrecedence
infix operator !== : ComparisonPrecedence
infix operator ^ : AdditionPrecedence
infix operator &+ : AdditionPrecedence
infix operator + : AdditionPrecedence
infix operator &- : AdditionPrecedence
infix operator - : AdditionPrecedence

// 중략...
```

[코드 5-3]을 아무리 둘러봐도 연산자 우선도와 결합방향을 알 수 없습니다. 연산자 뒤에 콜론을 붙이고 이어서 써준 **연산자 우선순위 그룹**precedencegroup을 지정해준 것이기 때문입니다. 스위프트 표준 라이브러리에는 다양한 우선순위 그룹이 존재합니다.

코드 5-4 스위프트 표준 연산자 우선순위 그룹

```
precedencegroup BitwiseShiftPrecedence {
    higherThan: MultiplicationPrecedence
}

precedencegroup FunctionArrowPrecedence {
    associativity: right
    higherThan: AssignmentPrecedence
}

precedencegroup MultiplicationPrecedence {
    associativity: left
    higherThan: AdditionPrecedence
}

precedencegroup TernaryPrecedence {
    associativity: right
    higherThan: FunctionArrowPrecedence
}

precedencegroup DefaultPrecedence {
    higherThan: TernaryPrecedence
}

precedencegroup LogicalDisjunctionPrecedence {
    associativity: left
    higherThan: TernaryPrecedence
}

precedencegroup LogicalConjunctionPrecedence {
    associativity: left
    higherThan: LogicalDisjunctionPrecedence
}

precedencegroup ComparisonPrecedence {
    higherThan: LogicalConjunctionPrecedence
}

precedencegroup NilCoalescingPrecedence {
    associativity: right
    higherThan: ComparisonPrecedence
}
```

```
precedencegroup AdditionPrecedence {
    associativity: left
    higherThan: RangeFormationPrecedence
}

precedencegroup CastingPrecedence {
    higherThan: NilCoalescingPrecedence
}

precedencegroup AssignmentPrecedence {
    associativity: right
    assignment: true
}

precedencegroup RangeFormationPrecedence {
    higherThan: CastingPrecedence
}
```

[코드 5-4]처럼 연산자 우선순위 그룹은 `higherThan`, `lowerThan`, `associativity` 등으로 우선순위 및 결합방향 등을 지정한 것을 볼 수 있습니다. 연산자 우선순위 그룹의 정의를 보고 눈치 채셨겠지만 스위프트 연산자의 연산자 우선순위는 절대치가 아닌 상대적인 수치임을 알 수 있습니다.

[표 5-12]는 스위프트 표준 라이브러리에 존재하는 기본 연산자 우선순위 그룹의 관계 체계입니다. 할당방향 사용에 관해서는 중위 연산자 정의와 구현(5.3.3절)에서 설명합니다.

표 5-12 스위프트 표준 라이브러리의 연산자 우선순위 그룹 우선순위별 정렬(우선순위 높은 순)

연산자 우선순위 그룹 이름	결합방향	할당방향 사용
DefaultPrecedence	none	false
BitwiseShiftPrecedence	none	false
MultiplicationPrecedence	left	false
AdditionPrecedence	left	false
RangeFormationPrecedence	none	false
CastingPrecedence	none	false
NilCoalescingPrecedence	right	false

연산자 우선순위 그룹 이름	결합방향	할당방향 사용
ComparisonPrecedence	none	false
LogicalConjunctionPrecedence	left	false
LogicalDisjunctionPrecedence	left	false
TernaryPrecedence	right	false
AssignmentPrecedence	right	true
FunctionArrowPrecedence	right	false

연산자 우선순위가 높을수록 같은 라인의 연산자 중 먼저 처리됩니다.

코드 5-5 연산자 우선순위에 따른 처리순서

```
let intValue: Int = 1
let resultValue1: Int = intValue << 3 + 5    // 8 + 5 => 13
let resultValue2: Int = 1 * 3 + 5            // 3 + 5 => 8
```

[코드 5-5]에는 Int 타입의 피연산자를 연산하기 위해 <<, +, * 연산을 사용했습니다. Int 타입의 << 연산은 BitwiseShiftPrecedence 연산자 우선순위 그룹을 우선순위로 가지며, + 연산은 AdditionPrecedence 연산자 우선순위 그룹을 우선순위로 가집니다. 따라서 << 연산이 + 연산보다 더 먼저 실행되는 것을 확인할 수 있습니다. 또 * 연산은 MultiplicationPrecedence 연산자 우선순위 그룹을 우선순위로 가지므로 + 연산보다 먼저 실행됩니다.

> **NOTE_** Objective-C, C 언어, 스위프트의 연산자 우선순위와 결합방향
>
> 스위프트의 연산자 우선순위와 결합방향 규칙은 C 언어나 Objective-C보다 훨씬 간단하고 예측 가능합니다. 그렇지만 C 계열 언어와 스위프트의 연산자 우선순위나 결합방향이 완전히 같지는 않습니다. 기존의 C 계열 언어를 스위프트로 변환할 때 이를 명심해야 합니다.

5.3 사용자 정의 연산자

스위프트에서는 사용자(프로그래머)의 입맛에 맞게 연산자 역할을 부여할 수 있습니다. 또 기존에 존재하지 않던 연산자 기호를 만들어 추가할 수도 있습니다. **이번 사용자 정의 연산자 파트는 함수(7장), 클래스(9장), 메서드(10장) 등의 선수 개념이 필요합니다.** 읽어보고 어렵다고 판단이 되면 해당 내용을 먼저 익힌 후 돌아와서 다시 보길 추천합니다.

> **NOTE_ = 과 ?:**
> 할당 연산자(=)와 삼항 연산자(?:)는 사용자 정의 역할을 부여할 수 없습니다.

우선 기존 연산자의 역할을 변경하거나 새로운 역할을 추가하기 위해서는 기존의 연산자가 전위 연산자인지, 중위 연산자인지, 후위 연산자인지 알아야 합니다.

전위 연산자는 연산자가 피연산자 앞에 위치하는 연산자를 뜻합니다. 대표적인 예로 부울 부정 논리연산(NOT) 연산자(!)가 있습니다.

- 예) !A

중위 연산자는 피연산자 사이에 위치하는 연산자를 뜻합니다. 많은 수의 연산자가 여기에 속합니다.

- 예) A + B

후위 연산자는 피연산자 뒤에 위치하는 연산자를 뜻합니다. 대표적인 예로 옵셔널 강제 추출 연산자 등이 있습니다.

- 예) O!

[코드 5-3]에 표현된 연산자 정의를 보면 `infix`라는 키워드로 선언되어 있는데, 이는 중위 연산자를 뜻합니다. 전위 연산자를 뜻하는 키워드는 `prefix`, 후위 연산자를 뜻하는 키워드는 `postfix`입니다.

`operator`라는 키워드는 연산자임을 뜻하고, `associativity`는 연산자 결합방향을 뜻합니다. `precedence`라는 키워드는 우선순위를 뜻합니다.

사용자 정의 연산자는 아스키^ASCII 문자 /, =, -, +, !, *, %, <, >, &, |, ^, ?, ~를 결합해서 사용합니다.

또 마침표(.)를 사용자 정의 연산자에 사용할 수 있습니다. 다만 마침표를 사용자 정의 연산자에 사용할 때 주의할 점이 있습니다. 연산자를 표현하는 문자 중 맨 처음의 문자가 마침표일 때만 연산자에 포함된 마침표가 연산자로 인식됩니다. 예를 들어 .+ 처럼 사용할 수 있습니다. 만약 마침표로 시작되지 않는 연산자에 마침표가 들어가게 되면 이를 인식할 수 없습니다. 예를 들어 +.+의 경우에는 + 연산자와 .+ 연산자를 사용한 것으로 인식됩니다.

물음표(?)도 사용자 정의 연산자에 포함시킬 수 있지만 물음표 자체만으로는 사용자 정의 연산자를 정의할 수 없습니다. 더불어 사용자 정의 연산자에 느낌표(!)도 같은 조건으로 포함시킬 수 있습니다. 단, 전위 연산자는 물음표나 느낌표로 시작하는 사용자 정의 연산자를 정의할 수 없습니다.

토큰으로 사용되는 =, ->, //, /*, */, .과 전위 연산자 <, &, ?, 중위 연산자 ?, 후위 연산자 >, !, ? 등은 이미 스위프트에서 예약한 상태이기 때문에 재정의할 수 없으며 사용자 정의 연산자로 사용될 수도 없습니다.

5.3.1 전위 연산자 정의와 구현

Int 타입의 제곱을 구하는 연산자로 **을 전위 연산자로 사용하려고 합니다. 기존에 없던 전위 연산자를 만들고 싶다면 연산자 정의를 먼저 해주어야 합니다. 정의한다는 뜻은 '이제 이 연산자를 사용하겠다'라고 알리는 것을 뜻합니다. 정의된 연산자는 모듈 전역에서 사용됩니다.

코드 5-6 전위 연산자 정의

```
prefix operator **
```

[코드 5-6]처럼 연산자의 정의를 마치면, 어떤 데이터 타입에 이 연산자가 동작할 것인지 함수를 구현합니다. 전위 연산자 함수를 구현할 때는 함수 func 키워드 앞에 prefix 키워드를 추가해줍니다. func나 return같이 아직 설명하지 않은 표현들도 있지만 무엇을 의미할지 한번 유추해보길 권합니다.

코드 5-7 전위 연산자 구현과 사용

```swift
prefix operator **

prefix func ** (value: Int) -> Int {
    return value * value
}

let minusFive: Int = -5
let sqrtMinusFive: Int = **minusFive

print(sqrtMinusFive) // 25
```

스위프트 표준 라이브러리에 존재하는 전위 연산자에 기능을 추가할 때는 따로 연산자를 정의하지 않고 함수만 중복 정의*하면 됩니다.** 첫 번째로 생각해볼 예제에서는 기존에 존재하는 전위 연산자 중 정수에 사용되는 느낌표(!)를 문자열에도 사용하고자 합니다. 문자열 앞에 사용하면 문자열이 비어있는지 확인하는 연산자로 사용하기 위해 함수를 중복 정의해줍니다.

코드 5-8 전위 연산자 함수 중복 정의와 사용

```swift
prefix func ! (value: String) -> Bool {
    return value.isEmpty
}

var stringValue: String = "yagom"
var isEmptyString: Bool = !stringValue

print(isEmptyString)    // false

stringValue = ""
isEmptyString = !stringValue

print(isEmptyString)    // true
```

또 앞서 [코드 5-7]에서 만들어주었던 ** 연산자를 String 타입에서도 동작할 수 있도록 중복 정의해줄 수도 있습니다.

---

* 오버로드(overload) 함수의 오버로드(중복 정의) 및 오버라이드(재정의)는 함수(7장)에서 자세히 다룹니다.

** 조금 다르게 이야기하자면, 연산자의 재정의가 불가능하므로 기존 연산자의 우선순위나 결합방향 등을 변경할 수는 없습니다.

코드 5-9 사용자 정의 전위 연산자 함수 중복 정의와 사용

```
prefix operator **

prefix func ** (value: String) -> String {
    return value + " " + value
}

let resultString: String = **"yagom"

print(resultString)       // yagom yagom
```

5.3.2 후위 연산자 정의와 구현

이번에는 후위 연산자를 사용자 정의하는 방법을 알아봅니다. 사용자 정의 전위 연산자를 구현한 것과 크게 다르지 않습니다. [코드 5-10]에서 정수 타입의 값 뒤에 **를 붙이면 10을 더해주는 연산을 구현해보겠습니다. 후위 연산자의 함수 구현 앞에는 `postfix`라는 키워드를 붙여줍니다.

코드 5-10 사용자 정의 후위 연산자 정의와 함수 구현

```
postfix operator **

postfix func ** (value: Int) -> Int {
    return value + 10
}

let five: Int = 5
let fivePlusTen: Int = five**

print(fivePlusTen)  // 15
```

하나의 피연산자에 전위 연산과 후위 연산을 한 줄에 사용하게 되면 후위 연산을 먼저 수행합니다. [코드 5-11]을 통해 전위 연산자와 후위 연산자를 한 번에 사용하게 되면 후위 연산을 먼저 실행한다는 것을 확인할 수 있습니다.

코드 5-11 전위 연산자와 후위 연산자 동시 사용

```swift
prefix operator **
postfix operator **

prefix func ** (value: Int) -> Int {
    return value * value
}

postfix func ** (value: Int) -> Int {
    return value + 10
}

let five: Int = 5
let sqrtFivePlusTen: Int = **five**

print(sqrtFivePlusTen)   // (10 + 5) * (10 + 5) == 225
```

5.3.3 중위 연산자 정의와 구현

중위 연산자 정의도 전위 연산자나 후위 연산자 정의와 크게 다르지 않습니다. 다만 중위 연산자는 우선순위 그룹을 명시해줄 수 있습니다.

우선 연산자 우선순위 그룹을 정의하는 방법에 대해 알아봅시다. 연산자 우선순위 그룹은 precedencegroup 뒤에 그룹 이름을 써주어 정의할 수 있습니다.

```swift
precedencegroup 우선순위 그룹 이름 {
    higherThan: 더 낮은 우선순위 그룹 이름
    lowerThan: 더 높은 우선순위 그룹 이름
    associativity: 결합방향(left / right / none)
    assignment: 할당방향 사용(true / false)
}
```

연산자 우선순위 그룹은 중위 연산자에서만 사용됩니다. 전위 연산자 및 후위 연산자는 결합방향 및 우선순위를 지정하지 않습니다. 대신, 앞서 설명했듯 하나의 피연산자에 전위 연산과 후위 연산을 한 줄에 사용하게 되면 후위 연산을 먼저 수행합니다.

더 낮은 우선순위 그룹 이름을 넣을 수 있는 `higherThan`과 더 높은 우선순위 그룹 이름을 넣을 수 있는 `lowerThan`에 들어갈 수 있는 그룹 이름을 통해 기존의 우선순위 그룹과 새로 만들어줄 우선순위 그룹과의 상하관계를 설정해줄 수 있습니다. `lowerThan` 속성에는 현재 모듈 밖에 정의된 우선순위 그룹만 명시할 수 있습니다.

결합방향을 명시해줄 수 있는 `associativity`에는 `left`, `right`, `none`을 지정해줄 수 있습니다. 만약 `associativity`를 빼놓고 연산자 우선순위 그룹을 정의하면 기본적으로 `none`이 설정됩니다. 결합방향이 없는 연산자는 여러 번 연달아 사용할 수 없습니다. 결합방향이 있는 더하기(+) 또는 빼기(-) 등의 연산자는 1 + 2 + 3과 같이 연산해줄 수 있고, 3 - 2 - 1과 같이 연산해줄 수 있습니다. 결합방향이 있는 연산자는 섞어서 1 + 2 - 3처럼도 사용할 수 있습니다. 그렇지만 결합방향이 없는 부등호 연산자(<)의 경우에는 연달아 사용해줄 수 없습니다. 1 < 2 < 3과 같은 모양으로 사용할 수 없다는 뜻입니다.

연산자 우선순위 그룹의 `assignment`는 옵셔널 체이닝(14장)과 관련된 사항입니다. 연산자가 옵셔널 체이닝을 포함한 연산에 포함되어 있을 경우 연산자의 우선순위를 지정합니다. `true`로 설정해주면 해당 우선순위 그룹에 해당하는 연산자는 옵셔널 체이닝을 할 때 표준 라이브러리의 할당 연산자와 동일한 결합방향 규칙을 사용합니다. 즉, 스위프트의 할당 연산자는 오른쪽 결합을 사용하므로 `assignment`를 `true`로 설정하면 연산자를 사용하여 옵셔널 체이닝을 할 때 오른쪽부터 체이닝이 시작된다는 뜻입니다. 그렇지 않고 `false`를 설정하거나 `assignment`를 따로 명시해주지 않으면 해당 우선순위 그룹에 해당하는 연산자는 할당을 하지 않는 연산자와 같은 옵셔널 체이닝 규칙을 따릅니다. 즉, 연산자에 옵셔널 체이닝 기능이 포함되어 있다면 왼쪽부터 옵셔널 체이닝을 하게 됩니다.

> **TIP** 옵셔널 체이닝은 아직 배우지 않은 개념입니다. 우선순위와 결합방향이 어렵게 느껴진다면 옵셔널 체이닝(14장)까지 읽은 다음 다시 한번 읽어보길 권합니다.

만약, 중위 연산자를 정의할 때 우선순위 그룹을 명시해주지 않는다면 우선순위가 가장 높은 DefaultPrecedence 그룹을 우선순위 그룹으로 갖게 됩니다.

연산자 우선순위 그룹을 정의하는 방법을 알아보았으니 본격적으로 중위 연산자를 정의하는 방법에 대해 알아봅시다. 중위 연산자의 정의에는 `infix`라는 키워드를 사용합니다.

[코드 5-12]에서 **를 중위 연산자로 사용하기 위해 정의해봅시다. 연산자의 이름은 **이고, MultiplicationPrecedence 연산자 우선순위 그룹에 속하게 됩니다.

만약 MultiplicationPrecedence라고 명시해주지 않는다면 DefaultPrecedence 그룹으로 자동 지정됩니다.

코드 5-12 중위 연산자의 정의

```
infix operator ** : MultiplicationPrecedence
```

[코드 5-12]에서 연산자 정의를 했으니 이제 구현할 차례죠? 문자열과 문자열 사이에 ** 연산자를 사용하면 뒤에 오는 문자열이 앞의 문자열 안에 속해 있는지 확인하는 연산을 실행하도록 구현하겠습니다. 중위 연산자 구현 함수에는 따로 키워드를 추가하지 않습니다.

코드 5-13 중위 연산자의 구현과 사용

```
// String 타입의 contains(_:) 메서드를 사용하기 위해 Foundation 프레임워크를 임포트합니다.
import Foundation

infix operator ** : MultiplicationPrecedence

func ** (lhs: String, rhs: String) -> Bool {
    return lhs.contains(rhs)
}

let helloYagom: String = "Hello yagom"
let yagom: String = "yagom"
let isContainsYagom: Bool = helloYagom ** yagom      // true
```

[코드 5-14]를 살펴보면 우리가 정의한 데이터 타입(클래스, 구조체 등)에서 유용하게 사용할 수 있는 연산자도 새로 정의하거나 중복 정의할 수 있음을 알 수 있습니다.

코드 5-14 클래스 및 구조체의 비교 연산자 구현

```
class Car {
    var modelYear: Int?     // 연식
    var modelName: String?  // 모델 이름
}
```

```
struct SmartPhone {
    var company: String?     // 제조사
    var model: String?       // 모델
}

// Car 클래스의 인스턴스끼리 == 연산했을 때 modelName이 같다면 true를 반환
func == (lhs: Car, rhs: Car) -> Bool {
    return lhs.modelName == rhs.modelName
}

// SmartPhone 구조체의 인스턴스끼리 == 연산했을 때 model이 같다면 true를 반환
func == (lhs: SmartPhone, rhs: SmartPhone) -> Bool {
    return lhs.model == rhs.model
}

let myCar = Car()
myCar.modelName = "S"

let yourCar = Car()
yourCar.modelName = "S"

var myPhone = SmartPhone()
myPhone.model = "SE"

var yourPhone = SmartPhone()
yourPhone.model = "6"

print(myCar == yourCar)       // true
print(myPhone == yourPhone)   // false
```

[코드 5-14]의 사용자 정의 연산자는 [코드 5-6] ~ [코드 5-13]과 마찬가지로 전역 함수로 구현했습니다. 그러나 특정 타입에 국한된 연산자 함수라면 그 타입 내부에 구현되는 것이 읽고 이해하기에 더욱 쉬울 것입니다. 그래서 타입 내부에 타입 메서드로 구현할 수도 있습니다. [코드 5-15]에서 타입 메서드로 구현된 사용자 정의 연산자 함수를 확인해볼 수 있습니다.

코드 5-15 타입 메서드로 구현된 사용자 정의 비교 연산자

```
class Car {
    var modelYear: Int?      // 연식
    var modelName: String?   // 모델 이름
```

```swift
        // Car 클래스의 인스턴스끼리 == 연산했을 때 modelName이 같다면 true를 반환
        static func == (lhs: Car, rhs: Car) -> Bool {
            return lhs.modelName == rhs.modelName
        }
    }

    struct SmartPhone {
        var company: String?    // 제조사
        var model: String?      // 모델

        // SmartPhone 구조체의 인스턴스끼리 == 연산했을 때 model이 같다면 true를 반환
        static func == (lhs: SmartPhone, rhs: SmartPhone) -> Bool {
            return lhs.model == rhs.model
        }
    }
```

[코드 5-15]에서 타입 메서드로 구현한 사용자 정의 연산자는 각 타입의 익스텐션으로 구현해도 됩니다. 익스텐션을 통해 타입 메서드로 구현한 사용자 정의 메서드는 익스텐션으로 추가할 수 있는 기능(21.3절)에서 확인해볼 수 있습니다.

지금까지 간단한 예를 들어 설명했지만, 실제로 스위프트로 프로그램을 만들면서 활용하게 될 사용자 정의 연산자는 굉장히 강력한 무기가 될 수 있습니다. 복잡한 연산을 하나의 특수문자로 구현한다면 일반 함수만으로 기능을 실행하는 것보다 훨씬 강력할 것입니다.

CHAPTER 6

흐름 제어

프로그램을 작성하다보면 특정 조건에서 코드를 실행해야 하거나 실행하지 말아야 하는 상황이 생기기 마련입니다. 또 특정 명령어를 반복해서 실행해야 하는 일도 종종 발생합니다. 이럴 때 사용하는 것이 조건문과 반복문입니다.

대부분의 프로그래밍 언어에서 조건문과 반복문을 다루지만 스위프트는 다른 언어와 차이가 있으니 유의해야 합니다. 스위프트의 흐름 제어 구문에서는 소괄호(())를 대부분 생략할 수 있습니다. 물론 사용해도 무관하지만 중괄호({})는 생략할 수 없습니다.

6.1 조건문

조건문에서는 if 구문과 switch 구문을 소개합니다. 그러나 스위프트의 조건문에는 guard 구문도 있습니다. guard 구문은 빠른종료(14.2절)에서 소개합니다.

6.1.1 if 구문

if 구문은 대표적인 조건문으로 if, else 등의 키워드를 사용하여 구현할 수 있습니다. 정수, 실수 등 0이 아닌 모든 값을 참으로 취급하여 조건 값이 될 수 있었던 다른 언어와는 달리 **스위프트의 if 구문은 조건의 값이 꼭 Bool 타입이어야 합니다.**

코드 6-1 if 구문 기본 구현

```
let first: Int = 5
let second: Int = 7

if first > second {
    print("first > second")
} else if first < second {
    print("first < second")
} else {
    print("first == second")
}

// 결과는 "first < second"가 출력됩니다.
```

`else if`는 몇 개가 이어져도 상관없으며 `else` 블록은 없어도 상관없습니다. 당연히 위 `else if` 조건을 충족해 블록 내부의 명령문이 실행되면 그다음에 이어진 `else if`의 조건을 충족하더라도 실행되지 않고 조건문을 빠져나옵니다. `if` 키워드 뒤에 따라오는 조건수식을 소괄호로 감싸주는 것은 선택 사항입니다.

코드 6-2-1 if 구문의 다양한 구현(소괄호가 없는 코드)

```
let first: Int = 5
let second: Int = 5
var biggerValue: Int = 0

if first > second {    // 조건 수식을 소괄호로 묶어주는 것은 선택 사항입니다.
    biggerValue = first
} else if first == second {
    biggerValue = first
} else if first < second {
    biggerValue = second
} else if first == 5 {
    // 조건을 충족하더라도 이미 first == second라는 조건을 충족해 위에서 실행되었습니다.
    // 따라서 실행되지 않습니다.
    biggerValue = 100
}
// 마지막 else는 생략 가능합니다. 물론 else if도 생략 가능합니다.
// 즉, else나 else if 없이 if만 단독으로 사용할 수도 있습니다.

print(biggerValue)  // 5
```

코드 6-2-2 if 구문의 다양한 구현(소괄호가 있는 코드)

```
let first: Int = 5
let second: Int = 5
var biggerValue: Int = 0

if (first > second) {    // 조건 수식을 소괄호로 묶어주는 것은 선택 사항입니다.
    biggerValue = first
} else if (first == second) {
    biggerValue = first
} else if (first < second) {
    biggerValue = second
} else if (first == 5) {
    // 조건을 충족하더라도 이미 first == second라는 조건을 충족해서 위에서 실행되었습니다.
    // 따라서 실행되지 않습니다.
    biggerValue = 100
}
// 마지막 else는 생략 가능합니다. 물론 else if도 생략 가능합니다.
// 즉, else나 else if 없이 if만 단독으로 사용할 수도 있습니다.

print(biggerValue)   // 5
```

6.1.2 switch 구문

기본 문법이라 할 수 있는 switch 구문은 다른 언어와 비교했을 때 많이 달라진 문법 중 하나입니다. switch 구문도 소괄호(())를 생략할 수 있습니다. 단, break 키워드 사용은 선택 사항입니다. 즉, case 내부의 코드를 모두 실행하면 break 없이도 switch 구문이 종료된다는 뜻입니다. 이 방식은 예상치 못한 실수를 줄이는 데도 큰 도움이 됩니다. 따라서 break를 쓰지 않고 case를 연속 실행하던 트릭을 더 이상 사용하지 못합니다. 스위프트에서 switch 구문의 case를 연속 실행하려면 fallthrough 키워드를 사용합니다.

C 언어에서는 정수 타입만 들어갈 수 있었으나 스위프트에서는 switch 구문의 조건에 다양한 값이 들어갈 수 있습니다. 다만 각 case에 들어갈 비교 값은 입력 값과 데이터 타입이 같아야 합니다. 또 비교될 값이 명확히 한정적인 값(열거형 값 등)이 아닐 때는 default를 꼭 작성해 줘야 합니다. 또한 각 case에는 범위 연산자를 사용할 수도, where 절을 사용하여 조건을 확장할 수도 있습니다.

```
switch 입력 값 {
case 비교 값 1:
    실행 구문
case 비교 값 2:
    실행 구문
    // 이번 case를 마치고 switch 구문을 탈출하지 않습니다. 아래 case로 넘어갑니다.
    fallthrough
case 비교 값 3, 비교 값 4, 비교 값 5:   // 한 번에 여러 값과 비교할 수 있습니다.
    실행 구문
    break   // break 키워드를 통한 종료는 선택 사항입니다.
default:   // 한정된 범위가 명확지 않다면 default는 필수입니다.
    실행 구문
}
```

아주 간단한 switch 구문 활용을 살펴보겠습니다.

코드 6-3 switch 구문 기본 구현

```
let integerValue: Int = 5

switch integerValue {
case 0:                                   // ①
    print("Value == zero")
case 1...10:                              // ②
    print("Value == 1~10")
    fallthrough
case Int.min..<0, 101..<Int.max:          // ③
    print("Value < 0 or Value > 100")
    break
default:
    print("10 < Value <= 100")
}

// 결과
// Value == 1~10
// Value < 0 or Value > 100
```

[코드 6-3]에서 각 case의 비교 값에 범위 연산자를 사용해서 놀랐나요? 스위프트에서는 ①처럼 단 하나의 값으로 case를 만들 수 있지만 ②처럼 범위를 사용할 수도 있습니다.

③이 실행된 이유는 앞의 case 블록 ②에서 fallthrough 키워드를 사용하여 다음 case도 실행되도록 했기 때문입니다. 만약 integerValue가 0이라면 "Value == zero"라고 출력될 것입니다.

범위 연산자는 정수뿐만 아니라 [코드 6-4]처럼 부동소수 타입에도 사용할 수 있습니다.

코드 6-4 부동소수 타입의 범위 연산을 통한 switch case 구성

```
let doubleValue: Double = 3.0

switch doubleValue {
case 0:
    print("Value == zero")
case 1.5...10.5:
    print("1.5 <= Value <= 10.5")
default:
    print("Value == \(doubleValue)")
}

// 1.5 <= Value <= 10.5
```

switch 구문의 입력 값으로 숫자 표현이 아닌 문자, 문자열, 열거형, 튜플, 범위, 패턴이 적용된 타입 등 다양한 타입의 값도 사용 가능합니다.

코드 6-5 문자열 switch case 구성

```
let stringValue: String = "Liam Neeson"

switch stringValue {
case "yagom":
    print("He is yagom")
case "Jay":
    print("He is Jay")
case "Jenny", "Joker", "Nova":
    print("He or She is \(stringValue)")
default:
    print("\(stringValue) said 'I don't know who you are'")
}

// Liam Neeson said 'I don't know who you are'
```

[코드 6-5]의 case "Jenny", "Joker", "Nova": 처럼 여러 개의 항목을 한 번에 case로 지정해주는 것도 가능합니다. 그렇지만 여러 항목을 나타내기 위해 case를 연달아 쓰는 것은 불가능합니다. **case XXX: 다음에는 꼭 실행 가능한 코드가 위치해야 합니다.**

코드 6-6 잘못된 case 사용

```
let stringValue: String = "Liam Neeson"

switch stringValue {
case "yagom":
    print("He is yagom")
case "Jay":
    print("He is Jay")

case "Jenny":
    // stringValue가 "Jenny"에 해당할 때 실행될 코드가 와야 합니다.
    // 비어있으므로 오류 발생!
case "Joker":
    // stringValue가 "Joker"에 해당할 때 실행될 코드가 와야 합니다.
    // 비어있으므로 오류 발생!
case "Nova":
    print("He or She is \(stringValue)")
default:
    print("\(stringValue) said 'I don't know who you are'")
}
```

[코드 6-6]에서 stringValue가 "Jenny" case에 해당할 때 실행될 코드가 있어야 하는데 비어있기 때문에 컴파일 오류가 발생합니다. 만약 C 언어의 switch처럼 break를 사용하지 않은 경우 그다음 case를 실행하도록 했던 트릭을 스위프트에서 구현하고 싶다면 fallthrough 키워드를 사용해야 합니다.

코드 6-7 fallthrough의 사용

```
let stringValue: String = "Joker"

switch stringValue {
case "yagom":
    print("He is yagom")
case "Jay":
```

```
        print("He is Jay")
    case "Jenny":
        fallthrough
    case "Joker":
        fallthrough
    case "Nova":
        print("He or She is \(stringValue)")
    default:
        print("\(stringValue) said 'I don't know who you are.'")
}

// He or She is Joker
```

[코드 6-8]처럼 switch 구문의 입력 값으로 튜플도 사용 가능합니다.

코드 6-8 튜플 switch case 구성

```
typealias NameAge = (name: String, age: Int)

let tupleValue: NameAge = ("yagom", 99)

switch tupleValue {
case ("yagom", 99):
    print("정확히 맞췄습니다!")
default:
    print("누굴 찾나요?")
}

// 정확히 맞췄습니다!
```

[코드 6-8]은 굳이 switch 구문이 필요하지는 않습니다만 case의 값으로 튜플을 사용할 수도 있음을 보여주기 위한 예시입니다. 튜플은 이외에도 [코드 6-9]처럼 와일드카드 식별자와 함께 사용하면 좀 더 유용합니다. 와일드카드 식별자(_)는 switch 구문 외에도 여러 곳에서 사용됩니다.

코드 6-9 와일드카드 식별자를 사용한 튜플 switch case 구성

```
typealias NameAge = (name: String, age: Int)

let tupleValue: NameAge = ("yagom", 99)
```

6장 - 흐름 제어 **147**

```swift
switch tupleValue {
case ("yagom", 50):
    print("정확히 맞췄습니다!")
case ("yagom", _):
    print("이름만 맞았습니다. 나이는 \(tupleValue.age)입니다.")
case (_, 99):
    print("나이만 맞았습니다. 이름은 \(tupleValue.name)입니다.")
default:
    print("누굴 찾나요?")
}

// 이름만 맞았습니다. 나이는 99입니다.
```

그런데 [코드 6-9]처럼 와일드카드 식별자를 사용하면 무시된 값을 직접 가져와야 하는 불편함도 생깁니다. 그래서 미리 지정된 조건 값을 제외한 다른 값은 실행문 안으로 가져올 수 있습니다. 그때 let을 붙인 값 바인딩을 사용합니다.

코드 6-10 값 바인딩을 사용한 튜플 switch case 구성

```swift
typealias NameAge = (name: String, age: Int)

let tupleValue: NameAge = ("yagom", 99)

switch tupleValue {
case ("yagom", 50):
    print("정확히 맞췄습니다!")
case ("yagom", let age):
    print("이름만 맞았습니다. 나이는 \(age)입니다.")
case (let name, 99):
    print("나이만 맞았습니다. 이름은 \(name)입니다.")
default:
    print("누굴 찾나요?")
}

// 이름만 맞았습니다. 나이는 99입니다.
```

where 키워드를 사용하여 case의 조건을 확장할 수 있습니다. where에 관한 문법은 where 절(26장)에서 조금 더 상세하게 다루겠습니다.

코드 6-11 where를 사용하여 switch case 확장

```swift
let 직급: String = "사원"
let 연차: Int = 1
let 인턴인가: Bool = false

switch 직급 {
case "사원" where 인턴인가 == true:
    print("인턴입니다.")
case "사원" where 연차 < 2 && 인턴인가 == false:
    print("신입사원입니다.")
case "사원" where 연차 > 5:
    print("연식 좀 된 사원입니다.")
case "사원":
    print("사원입니다.")
case "대리":
    print("대리입니다.")
default:
    print("사장입니까?")
}

// 신입사원입니다.
```

열거형과 같이 한정된 범위의 값을 입력 값으로 받게 될 때 값에 대응하는 각 case를 구현한다면 default를 구현하지 않아도 됩니다. 만약 값에 대응하는 각 case를 구현하지 않는다면 default는 필수입니다.

코드 6-12 열거형을 입력 값으로 받는 switch 구문

```swift
enum School {
    case primary, elementary, middle, high, college, university, graduate
}

let 최종 학력: School = School.university

switch 최종 학력 {
case .primary:
    print("최종 학력은 유치원입니다.")
case .elementary:
    print("최종 학력은 초등학교입니다.")
case .middle:
    print("최종 학력은 중학교입니다.")
```

6장 - 흐름 제어 149

```swift
    case .high:
        print("최종 학력은 고등학교입니다.")
    case .college, .university:
        print("최종 학력은 대학(교)입니다.")
    case .graduate:
        print("최종 학력은 대학원입니다.")
}

// 최종 학력은 대학(교)입니다.
```

만약에 열거형에 case가 추가될 가능성이 있다면 switch 구문에서는 어떻게 대비해야 할까요?

앞서 살펴본 대로 switch 구문에서 현재의 열거형에 정의한 모든 case를 처리해주면 지금은 정상적으로 컴파일되겠지만, 나중에 열거형에 case를 추가하면 기존의 switch 구문은 컴파일 오류가 발생할 것입니다. switch 구문이 모든 case에 대해 대비하지 못하기 때문이죠. 스위프트 5.0 버전에서 추가된 unknown이라는 속성은 이런 문제를 조금 유려하게 대처할 수 있도록 도와줍니다.

코드 6-13 Menu 열거형의 모든 case를 처리하는 switch 구문의 상태

```swift
enum Menu {
    case chicken
    case pizza
}

let lunchMenu: Menu = .chicken

switch lunchMenu {
case .chicken:
    print("반반 무많이")
case .pizza:
    print("핫소스 많이 주세요")
case _: // case default: 와 같은 표현입니다
    print("오늘 메뉴가 뭐죠?")
}
```

[코드 6-13]의 Menu라는 열거형은 나중에 case를 추가할 것 같다는 예상을 했습니다. 그래서 해당 열거형의 값을 처리하는 switch 구문의 마지막 case로 와일드카드 case(case _)를

미리 추가해뒀습니다. 그러면 나중에 Menu 열거형에 case를 추가해도 switch 구문에서 컴파일 오류가 발생하지 않을 것입니다. 여기까지는 그래도 미래를 대비하여 꽤 멋지게 대비해둔 것 같습니다. 물론 다음 [그림 6-1]처럼 컴파일러가 경고를 보여주긴 하겠지만요.

그림 6-1 실행되지 않을 case에 대한 컴파일러 경고

```
switch lunchMenu {
case .chicken:
    print("반반 무많이")
case .pizza:
    print("핫소스 많이 주세요")
case _:                 ⚠ Case will never be executed
    print("오늘 메뉴가 뭐죠?")
}
```

그런데 만약 미래의 나 혹은 동료가 Menu 열거형에 새로운 case를 추가했다고 생각해봅시다. 그리고 깜빡하고 [코드 6-13]에 구현해 둔 switch 구문의 내부 코드는 수정하지 않았다면? 오히려 case _의 상황이 발생할 가능성이 있기 때문에 [그림 6-1]의 컴파일러 경고조차 사라집니다. 문법적으로는 오류가 없지만 논리적 오류가 발생할 수 있는 여지가 충분히 생깁니다. 이런 문제를 방지하기 위해서 unknown 속성을 사용할 수 있습니다.

코드 6-14 차후에 Menu 열거형에 추가한 case를 처리하지 않으면 경고를 내어줄 unknown 속성

```swift
enum Menu {
    case chicken
    case pizza
    case hamburger
}

let lunchMenu: Menu = .chicken

switch lunchMenu {
case .chicken:
    print("반반 무많이")
case .pizza:
    print("핫소스 많이 주세요")
@unknown case _:
    print("오늘 메뉴가 뭐죠?")
}
```

[코드 6-14]에서는 Menu 열거형에 hamburger case를 추가했고, case _: 앞에 unknwon 속성을 붙여줬습니다. unknown 속성을 부여하면 case _ 에서 [그림 6-2]와 같은 경고가 발생합니다.

그림 6-2 모든 switch 구문이 모든 case에 대응하지 않는다는 컴파일러 경고

```
switch lunchMenu {        ⚠ Switch must be exhaustive
case .chicken:
    print("반반 무많이")
case .pizza:
    print("핫소스 많이 주세요")
@unknown case _:
    print("오늘 메뉴가 뭐죠?")
}
```

[그림 6-2]와 같은 경고를 통해서 해당 switch 구문이 모든 case에 대응하지 않는다는 사실을 다시 상기할 수 있습니다.

이처럼 논리적인 오류에 대해 도움을 받을 수 있는 unknown 속성을 부여할 수 있는 case는 [코드 6-14]처럼 case _ 혹은 default case 뿐입니다. 또 unknwon 속성을 부여한 case는 switch 구문의 가장 마지막 case로 작성해야 합니다.

6.1.3 표현으로서의 조건문

표현 형식을 사용하면 if나 switch의 조건 결과를 변수나 상수에 바로 할당할 수 있습니다. 구문 형식과 크게 다르지 않은 모습이지만, 구문은 단독 블록으로 사용하고 표현 형식은 변수나 상수 등에 할당해야 한다는 점이 다릅니다. 또 표현 형식에서는 블록 안에 반드시 하나의 값이 있어야 하며, 그 값의 타입은 할당하려는 변수 또는 상수의 타입과 같아야 합니다.

코드 6-15 조건문을 통한 상수/변수의 초깃값 할당

```
let someInt: Int = 100

let size: String = if someInt > 10 { "큰 수" } else { "작은 수" }

print(size) // 큰 수
```

```
enum Menu {
    case chicken, pizza, hamburger
}

let lunchMenu: Menu = .pizza

let menu: String = switch lunchMenu {
    case .pizza: "피자"
    default: "피자가 아니네..."
}

print(menu) // 피자
```

[코드 6-15]에서 size 상수의 초깃값은 if-else 구문을 통해 할당되었고, menu 상수의 초깃값은 switch 구문을 통해 할당된 것을 볼 수 있습니다.

6.2 반복문

조건에 따라 실행되어야 하는 명령어를 조건문을 통해 분기한다면, 같거나 비슷한 명령을 반복 실행할 때는 반복문만큼 중요한 것이 없습니다. 특히나 배열과 같은 시퀀스^{Sequence}, 순서가 있는 데이터는 반복문으로 더욱 편리하게 처리할 수 있습니다.

스위프트의 반복문은 기존 프로그래밍 언어의 반복문과 크게 다르지 않습니다. 다만 전통적인 C 스타일의 for 구문이 사라졌다*는 것과 조건에 괄호를 생략할 수 있다는 정도일까요? 또한 do-while 구문은 스위프트에서는 repeat-while 구문으로 구현되어 있습니다.**

6.2.1 for-in 구문

for-in 반복 구문***은 반복적인 데이터나 시퀀스를 다룰 때 많이 사용합니다.

---

* 전통적인 C 스타일의 for 구문은 스위프트 3.0에서 삭제되었습니다.
** 스위프트 2에서 변경된 문법입니다. 스위프트 1에서는 do-while 구문으로 사용합니다.
*** 스위프트의 for-in 구문은 타 언어의 for-each 구문과 유사합니다. 기존의 전통적인 C 언어 스타일의 for 구문(for(...;...;...))은 스위프트에서 더 이상 사용되지 않습니다.

```
for 임시 상수 in 시퀀스 아이템 {
    실행 코드
}
```

몇 가지 간단한 예를 통해 for-in 반복 구문을 살펴보겠습니다.

코드 6-16 for-in 반복 구문의 활용

```
for i in 0...2 {
    print(i)
}

// 0
// 1
// 2

for i in 0...5 {

    if i.isMultiple(of: 2) {
        print(i)
        continue      // continue 키워드를 사용하면 바로 다음 시퀀스로 건너뜁니다.
    }

    print("\(i) == 홀수")
}

// 0
// 1 == 홀수
// 2
// 3 == 홀수
// 4
// 5 == 홀수

let helloSwift: String = "Hello Swift!"

for char in helloSwift {
    print(char)
}


var result: Int = 1
```

```
// 시퀀스에 해당하는 값이 필요 없다면 와일드카드 식별자(_)를 사용하면 됩니다.
for _ in 1...3 {
    result *= 10
}

print("10의 3제곱은 \(result)입니다.")

// 10의 3제곱은 1000입니다.
```

for-in 구문은 스위프트의 기본 컬렉션 타입에서도 유용하게 사용할 수 있습니다. 딕셔너리는 넘겨받는 값의 타입이 튜플로 지정되어 넘어옵니다.

코드 6-17 기본 데이터 타입의 for-in 반복 구문 사용

```
// Dictionary
let friends: [String: Int] = ["Jay": 35, "Joe": 29, "Jenny": 31]

for tuple in friends {
    print(tuple)
}

// ("Joe", 29)
// ("Jay", 35)
// ("Jenny", 31)

let 주소: [String: String] =
    ["도": "충청북도", "시군구": "청주시 청원구", "동읍면": "율량동"]

for (키, 값) in 주소 {
    print("\(키) : \(값)")
}

// 도 : 충청북도
// 동읍면 : 율량동
// 시군구 : 청주시 청원구

// Set
let 지역번호: Set<String> = ["02", "031", "032", "033", "041", "042", "043", "051",
    "052", "053", "054", "055", "061", "062", "063", "064"]

for 번호 in 지역번호 {
    print(번호)
```

```
    }
    // 02
    // 031
    // 032
    // ...
```

for-in 구문을 사용하여 반복처리를 쉽게 할 수 있습니다. 하지만 스위프트에 좀 더 익숙해져서 옵셔널, 클로저 등을 배우고, 함수형 프로그래밍 패러다임을 이해하면 for-in 구문보다 map, filter, flatMap 등을 더 많이 사용하게 될 겁니다. 자세한 내용은 맵·필터·리듀스(15장)에서 다루겠습니다.

6.2.2 while 구문

while 반복 구문도 다른 프로그래밍 언어의 while 구문과 크게 다르지 않습니다. 특정 조건(Bool 타입으로 지정되어야 함)이 성립하는 한 블록 내부의 코드를 반복해서 실행합니다.

간단한 예로 while 반복 구문을 살펴보겠습니다. for-in 구문과 마찬가지로 continue, break 등의 제어 키워드 사용이 가능합니다.

코드 6-18 while 반복 구문의 사용

```
var names: [String] = ["Joker", "Jenny", "Nova", "yagom"]

while names.isEmpty == false {
    print("Good bye \(names.removeFirst())")
    // removeFirst()는 요소를 삭제함과 동시에 삭제한 요소를 반환합니다.
}

// Good bye Joker
// Good bye Jenny
// Good bye Nova
// Good bye yagom
```

6.2.3 repeat-while 구문

repeat-while 반복 구문은 다른 프로그래밍 언어의 do-while 구문과 크게 다르지 않습니다. repeat 블록의 코드를 최초 1회 실행한 후, while 다음의 조건이 성립하면 블록 내부의 코드를 반복 실행합니다.

코드 6-19 repeat-while 반복 구문의 사용

```
var names: [String] = ["John", "Jenny", "Joe", "yagom"]

repeat {
    print("Good bye \(names.removeFirst())")
    // removeFirst()는 요소를 삭제함과 동시에 삭제한 요소를 반환합니다.
} while names.isEmpty == false

// Good bye John
// Good bye Jenny
// Good bye Joe
// Good bye yagom
```

6.3 구문 이름표

반복문을 작성하다 보면 종종 반복문을 중첩으로 작성하게 됩니다. 이때 반복문을 제어하는 키워드(break, continue 등)가 어떤 범위에 적용되어야 하는지 애매하거나 큰 범위의 반복문을 종료하고 싶은데 작은 범위의 반복문만 종료되는 등 예상치 못한 실수를 할 수도 있습니다. 그럴 때는 반복문 앞에 이름과 함께 콜론을 붙여 구문의 이름을 지정해주는 구문 이름표를 사용하면 좋습니다. 이름이 지정된 구문을 제어하고자 할 때는 제어 키워드와 구문 이름을 함께 써주면 됩니다.

코드 6-20 중첩된 반복문의 구문 이름표 사용

```
var numbers: [Int] = [3, 2342, 6, 3252]

numbersLoop: for num in numbers {
    if num > 5 || num < 1{
```

```
            continue numbersLoop
        }

        var count: Int = 0

        printLoop: while true {

            print(num)
            count += 1

            if count == num {
                break printLoop
            }
        }

        removeLoop: while true {
            if numbers.first != num {
                break numbersLoop
            }
            numbers.removeFirst()
        }
    }

    // 3
    // 3
    // 3
    // numbers에는 [2342, 6, 3252]가 남습니다.
```

CHAPTER 7

함수

함수 대부분은 작업의 가장 작은 단위이자 하나의 작은 프로그램이기도 합니다. "하나의 프로그램은 하나의 큰 함수다"라는 말이 있듯이, 함수는 프로그램을 이루는 주된 요소 중 하나입니다. 스위프트에서 함수는 일급 객체이기 때문에 하나의 값으로도 사용할 수 있습니다(1.2.2절 참고).

앞으로 설명하겠지만 스위프트에서 함수는 다른 언어보다 훨씬 다양한 모습으로 존재하며, 코딩 스타일도 여러 가지입니다. 따라서 개인이나 협업자끼리 코딩 규칙을 만들고 함수를 사용하기를 권합니다.

7.1 함수와 메서드

함수와 메서드는 기본적으로 같습니다. 다만 상황이나 위치에 따라 다른 용어로 부르는 것뿐입니다. 구조체, 클래스, 열거형 등 특정 타입에 연관되어 사용하는 함수를 **메서드**, 모듈 전체에서 전역적으로 사용할 수 있는 함수를 그냥 **함수**라고 부릅니다. 즉, 함수가 위치하거나 사용되는 범위 등에 따라 호칭이 달라질 뿐, 함수라는 것 자체에는 변함이 없습니다.

7.2 함수의 정의와 호출

앞서 설명했듯이 함수와 메서드는 정의하는 위치와 호출되는 범위만 다를 뿐, 정의하는 키워드와 구현하는 방법은 같습니다. 조건문이나 반복문 같은 스위프트의 다른 문법과 달리 함수에서는 소괄호(( ))를 생략할 수 없습니다.

스위프트의 함수는 재정의(오버라이드)와 중복 정의(오버로드)를 모두 지원합니다. 따라서 매개변수의 타입이 다르면 같은 이름의 함수를 여러 개 만들 수 있고, 매개변수의 개수가 달라도 같은 이름의 함수를 만들 수 있습니다. 그렇기 때문에 예제 중간중간 이름이 같은 함수를 구현해도 오류가 발생하지 않습니다.

7.2.1 기본적인 함수의 정의와 호출

스위프트의 함수는 자유도가 굉장히 높은 문법 중 하나입니다. 기본으로 함수의 이름과 매개변수Parameter(파라미터), 반환 타입Return Type 등을 사용하여 함수를 정의합니다.

함수를 정의하는 키워드는 func입니다. 함수 이름을 지정해준 후 매개변수는 소괄호(())로 감싸줍니다. 반환 타입을 명시하기 전에는 ->를 사용하여 어떤 타입이 반환될 것인지 명시해줍니다. 반환을 위한 키워드는 다른 언어처럼 return입니다. 함수의 기본 형태는 다음과 같습니다.

```
func 함수 이름(매개변수...) -> 반환 타입 {
    실행 구문
    return 반환 값
}
```

코드 7-1 기본 형태의 함수 정의와 사용

```
func hello(name: String) -> String {
    return "Hello \(name)!"
}

let helloJenny: String = hello(name: "Jenny")
print(helloJenny)    // Hello Jenny!
```

```
func introduce(name: String) -> String {
    // [return "제 이름은 " + name + "입니다"]와 같은 동작을 합니다.
    "제 이름은 " + name + "입니다"
}

let introduceJenny: String = introduce(name: "Jenny")
print(introduceJenny)     // 제 이름은 Jenny입니다.
```

기본 형태는 다른 프로그래밍 언어와 비슷합니다. 그렇지만 생략할 수 있거나 추가 가능한 부분을 살펴보면 스위프트에서 함수를 얼마나 다양하게 정의할 수 있는지 알 수 있습니다. 앞으로 다양한 형태의 함수를 살펴보겠지만 우선 [코드 7-1]의 introduce: 함수에서 보듯이 return 키워드를 생략할 수도 있습니다. 함수 내부의 코드가 단 한 줄의 표현이고, 그 표현의 결괏값의 타입이 함수의 반환 타입과 일치한다면 return 키워드를 생략해도 그 표현의 결괏값이 함수의 반환 값이 됩니다.

> **NOTE_ 매개변수와 전달인자**
>
> 매개변수는 함수를 정의할 때 외부로부터 받아들이는 전달 값의 이름을 의미합니다. 전달인자^{Argument} 혹은 인자는 함수를 실제로 호출할 때 전달하는 값을 의미합니다. 예를 들어 [코드 7-1]의 hello(name:) 함수에서 매개변수는 name이고, 실제 사용 시 전달받는 값인 "Jenny"가 전달인자입니다.

7.2.2 매개변수

스위프트의 함수는 매개변수를 어떻게 정의하냐에 따라서도 모습이 크게 달라질 수 있습니다. 매개변수에 따라서 함수의 모양과 기능이 어떻게 달라지는지 알아보겠습니다.

매개변수가 없는 함수와 매개변수가 여러 개인 함수

함수에 매개변수가 필요 없다면 매개변수 위치를 공란으로 비워둡니다. [코드 7-2]는 매개변수가 없는 함수를 구현한 코드입니다.

코드 7-2 매개변수가 없는 함수 정의와 사용

```swift
func helloWorld() -> String {
    return "Hello, world!"
}

print(helloWorld()) // Hello, world!
```

매개변수가 여러 개 필요한 함수를 정의할 때는 쉼표(,)로 매개변수를 구분합니다. 주의할 점은 함수를 호출할 때, 매개변수 이름을 붙여주고 콜론(:)을 적어준 후 전달인자를 보내준다는 점입니다. 이렇게 호출 시에 매개변수에 붙이는 이름을 **매개변수 이름**Parameter Name이라고 합니다. [코드 7-3]은 여러 개 매개변수가 있는 함수를 구현하고 사용한 코드입니다.

코드 7-3 매개변수가 여러 개인 함수의 정의와 사용

```swift
func sayHello(myName: String, yourName: String) -> String {
    return "Hello \(yourName)! I'm \(myName)"
}

print(sayHello(myName: "yagom", yourName: "Jenny")) // Hello Jenny! I'm yagom
```

매개변수 이름과 전달인자 레이블

[코드 7-3]에서 sayHello(myName:yourName:)} 함수를 호출할 때 myName과 yourName 이라는 **매개변수 이름**Parameter Name을 사용했습니다. 매개변수 이름과 더불어 **전달인자 레이블**Argument Label을 지정해줄 수 있습니다. 보통 함수를 정의할 때 매개변수를 정의하면 매개변수 이름과 전달인자 레이블을 같은 이름으로 사용할 수 있지만 전달인자 레이블을 별도로 지정하면 함수 외부에서 매개변수의 역할을 좀 더 명확히 할 수 있습니다. 전달인자 레이블을 사용하려면 함수 정의에서 매개변수 이름 앞에 한 칸을 띄운 후 전달인자 레이블을 지정합니다.

> **TIP** 스위프트에서 기본적으로 사용하는 키워드 대부분은 매개변수 이름으로 사용할 수 없습니다. 하지만 이름을 지정해줄 때 강세표 혹은 backquote(`, 키보드 탭 키 위의 특수기호)로 이름을 감싸주면 대부분의 키워드를 이름으로 사용할 수 있습니다. 예를 들어 var라는 단어는 스위프트의 키워드이므로 이름으로 사용하면 컴파일 오류가 발생하지만, 강세표를 사용하여 `var`처럼 작성해주면 이름으로 사용할 수 있습니다. 자세한 내용은 부록 C '스위프트의 예약어'에서 다룹니다.

매개변수 이름과 전달인자 레이블을 지정할 때는 다음처럼 표현합니다.

```
func 함수 이름(전달인자 레이블 매개변수 이름: 매개변수 타입, 전달인자 레이블 매개변수 이름:
            매개변수 타입...) -> 반환 타입 {
    실행 구문
    return 반환 값
}
```

코드 7-4 매개변수 이름과 전달인자 레이블을 가지는 함수 정의와 사용

```
// from과 to라는 전달인자 레이블이 있으며
// myName과 name이라는 매개변수 이름이 있는 sayHello 함수
func sayHello(from myName:String, to name:String) -> String {
    return "Hello \(name)! I'm \(myName)"
}

print(sayHello(from: "yagom", to: "Jenny")) // Hello Jenny! I'm yagom
```

[코드 7-4]에서 매개변수 이름과 전달인자 레이블을 어떻게 사용했는지 확인했나요? 함수 내부에서 전달인자 레이블을 사용할 수 없으며, 함수를 호출할 때는 매개변수 이름을 사용할 수 없습니다.

C 언어나 자바 같은 기존 언어처럼 전달인자 레이블을 사용하고 싶지 않다면 와일드카드 식별자를 사용하세요. [코드 7-5]는 와일드카드 식별자를 사용하여 전달인자 레이블을 사용하지 않는 함수를 구현한 것입니다.

코드 7-5 전달인자 레이블이 없는 함수 정의와 사용

```
func sayHello(_ name: String, _ times: Int) -> String {
    var result: String = ""
    
    for _ in 0..<times {
        result += "Hello \(name)!" + " "
    }
    
    return result
}

print(sayHello("Chope", 2)) // Hello Chope! Hello Chope!
```

또 전달인자 레이블을 변경하면 함수의 이름 자체가 변경됩니다. 그렇기 때문에 전달인자 레이블만 다르게 써주더라도 함수 중복 정의(오버로드)로 동작할 수 있습니다.* [코드 7-6]에 함수 중복 정의를 구현해봤습니다.

코드 7-6 전달인자 레이블 변경을 통한 함수 중복 정의

```swift
func sayHello(to name: String, _ times: Int) -> String {
    var result: String = ""

    for _ in 0..<times {
        result += "Hello \(name)!" + " "
    }

    return result
}

func sayHello(to name: String, repeatCount times: Int) -> String {
    var result: String = ""

    for _ in 0..<times {
        result += "Hello \(name)!" + " "
    }

    return result
}

print(sayHello(to: "Chope", 2))
print(sayHello(to: "Chope", repeatCount: 2))
```

매개변수 기본값

스위프트의 함수에서는 매개변수마다 기본값을 지정할 수 있습니다. 즉, 매개변수가 전달되지 않으면 기본값을 사용합니다. 매개변수 기본값이 있는 함수는 함수를 중복 정의한 것처럼 사용할 수 있습니다.

[코드 7-5]에서 구현했던 sayHello(_: times:) 함수의 times 매개변수에 기본값을

---

* 전달인자 레이블을 사용하는 경우 매개변수 이름은 함수의 이름에 포함되지 않으므로 매개변수 이름과 타입이 같은 함수를 매개변수 이름만 바꿔서 중복 정의할 수 없습니다.

3으로 주면 times 매개변수를 넘겨주지 않아도 times 값을 3으로 설정해 함수가 동작합니다. [코드 7-7]은 times 매개변수에 기본값이 있는 함수를 구현한 코드입니다.

코드 7-7 매개변수 기본값이 있는 함수의 정의와 사용

```swift
// times 매개변수가 기본값 3을 갖습니다.
func sayHello(_ name: String, times: Int = 3) -> String {
    var result: String = ""
    
    for _ in 0..<times {
        result += "Hello \(name)!" + " "
    }
    
    return result
}

// times 매개변수의 전달 값을 넘겨주지 않아 기본값 3을 반영해서 세 번 출력합니다.
print(sayHello("Hana"))              // Hello Hana! Hello Hana! Hello Hana!

// times 매개변수의 전달 값을 2로 넘겨주었기 때문에 전달 값을 반영해서 두 번 출력합니다.
print(sayHello("Joe", times: 2))     // Hello Joe! Hello Joe!
```

기본값이 없는 매개변수를 기본값이 있는 매개변수 앞에 사용하세요. 기본값이 없는 매개변수는 대체로 함수를 사용함에 있어 중요한 값을 전달할 가능성이 높습니다. 무엇보다 기본값이 있는지와 상관없이 중요한 매개변수는 앞쪽에 배치하는 것이 좋습니다.

> **TIP** print 함수
>
> 우리가 콘솔 로그를 남길 때 사용하는 print() 함수의 원형을 살펴보면 public func print(_ items: Swift.Any..., separator: String = default, terminator: String = default)로 정의되어 있습니다. 우리가 단순히 print() 함수에 items 전달인자만 넘겨도 자동으로 동작할 수 있었던 이유를 알 수 있겠죠. terminator 매개변수의 default 값은 줄바꿈 문자(\n)입니다. 그래서 우리가 문자열 끝에 줄바꿈을 해주지 않더라도 print() 함수를 통해 로그를 생성하면 자동으로 줄이 바뀝니다. 하지만 terminator 매개변수에 빈 문자열("")을 넣어주면 자동으로 줄바꿈이 되지 않습니다. 참고로 separator 매개변수는 items 매개변수를 통해 들어온 값을 분리해서 표시해주는 문자열을 뜻합니다. 기본으로는 공백(띄어쓰기)으로 동작합니다.

가변 매개변수

매개변수로 몇 개의 값이 들어올지 모를 때, 가변 매개변수를 사용할 수 있습니다. 가변 매개변수는 0개 이상(0개 포함)의 값을 받아올 수 있으며, 가변 매개변수로 들어온 인자 값은 배열처럼 사용할 수 있습니다. 함수는 여러 개의 가변 매개변수를 가질 수 있습니다. 가변 매개변수 뒤에 따르는 매개변수는 필수로 전달인자 레이블이 있어야 합니다. 그래야 어디서부터 어디까지 가변 매개변수인지 파악할 수 있기 때문입니다. 또 가변 매개변수에 아무것도 전달할 것이 없으면 가변 매개변수의 전달인자 레이블을 생략하고 호출할 수 있습니다. [코드 7-8]을 통해 가변 매개변수의 사용을 확인해보세요.

코드 7-8 가변 매개변수를 가지는 함수의 정의와 사용

```
func sayHelloToFriends(friends names: String..., me: String) -> String {
    
    var result: String = ""
    
    for friend in names {
        result += "Hello \(friend)!" + " "
    }
    
    result += "I'm " + me + "!"
    
    return result
}

print(sayHelloToFriends(friends: "Johansson", "Jay", "Wizplan", me: "yagom"))
// Hello Johansson! Hello Jay! Hello Wizplan! I'm yagom!
print(sayHelloToFriends(me: "yagom"))
// I'm yagom!
```

매개변수 제어자

매개변수 제어자Parameter Modifier는 함수로 전달되는 전달인자가 어떤 방식으로 전달되어야 하는지를 결정합니다. 종류로는 `inout`, `borrowing`, `consuming`이 있습니다.

입출력 매개변수(In-Out Parameters)
함수의 전달인자로 값을 전달할 때는 보통 값을 복사해서 전달합니다.

함수의 전달인자로 값을 전달할 때는 보통 값을 복사해서 전달합니다. 값이 아닌 참조*를 전달하려면 입출력 매개변수를 사용합니다. 값 타입 데이터의 참조를 전달인자로 보내면 함수 내부에서 참조하여 원래 값을 변경합니다. C 언어의 포인터와 유사합니다. 하지만 이 방법은 함수 외부의 값에 어떤 영향을 줄지 모르기 때문에 함수형 프로그래밍 패러다임에서는 지양하는 패턴입니다. 물론 객체지향 프로그래밍 패러다임에서는 종종 사용됩니다. 애플의 프레임워크(iOS, macOS 등)에서는 객체지향 프로그래밍 패러다임을 사용하므로 유용할 수 있지만, 애플 프레임워크를 벗어난 다른 환경에서 함수형 프로그래밍 패러다임을 사용할 때는 불변 값 Immutable Value을 중요시하고 순수 함수를 중요시하기 때문에 입출력 매개변수를 사용하지 않는 것이 좋습니다.

입출력 매개변수의 전달 순서는 다음과 같습니다.

1. 함수를 호출할 때, 전달인자의 값을 복사합니다.
2. 해당 전달인자의 값을 변경하면 1에서 복사한 것을 함수 내부에서 변경합니다.
3. 함수를 반환하는 시점에 2에서 변경된 값을 원래의 매개변수에 할당합니다.

연산 프로퍼티 또는 감시자가 있는 프로퍼티가 입출력 매개변수로 전달된다면, 함수 호출 시점에 그 프로퍼티의 접근자가 호출되고 함수의 반환 시점에 프로퍼티의 설정자가 호출됩니다. 이에 대한 내용은 프로퍼티 감시자(10.1.4절)에서도 다시 언급됩니다.

참조는 `inout` 매개변수로 전달될 변수 또는 상수 앞에 앰퍼샌드(&)를 붙여서 표현합니다. [코드 7-9]에서 값 타입 매개변수와 참조 타입 매개변수의 사용을 비교했습니다.

코드 7-9 inout 매개변수의 활용

```
var numbers: [Int] = [1, 2, 3]

func nonReferenceParameter(_ arr: [Int]) {
    var copiedArr: [Int] = arr
    copiedArr[1] = 1
}

func referenceParameter(_ arr: inout [Int]) {
    arr[1] = 1
}
```

---

* 값과 참조에 대한 자세한 내용은 구조체와 클래스의 차이(179쪽)에서 다룹니다.

```
nonReferenceParameter(numbers)
print(numbers[1])          // 2

referenceParameter(&numbers)     // 참조를 표현하기 위해 &를 붙여줍니다.
print(numbers[1])          // 1
```

입출력 매개변수는 매개변수 기본값을 가질 수 없으며, 가변 매개변수로 사용될 수 없습니다. 또한 상수는 변경될 수 없으므로 입출력 매개변수의 전달인자로 사용될 수 없습니다.

입출력 매개변수는 잘 사용하면 문제없지만 잘못 사용하면 메모리 안전^{Memory Safety}을 위협하기도 합니다. 따라서 사용에 몇몇 제약이 있습니다. 그에 대한 자세한 내용은 메모리 안전(29장)에서 다룹니다.

빌림과 소비 매개변수(Borrowing and Consuming Parameters)

기본적으로 스위프트는 함수를 호출하면서 값을 매개변수로 전달할 때 꼭 필요한 경우에만 값을 복사하도록 객체 생명주기를 관리하는 몇 가지 자동화 규칙이 있습니다. 이 규칙은 오버헤드를 최소화하도록 디자인되어 있습니다. 하지만 자동화된 규칙이 항상 완벽할 수는 없겠지요.

함수를 호출하면서 매개변수를 전달할 때, 전달인자가 어떻게 사용될 것인지 더욱 상세한 제약을 부여하고 싶다면 borrowing 또는 consuming 매개변수 제어자를 활용할 수 있습니다.

inout 매개변수에는 앰퍼샌드(&)를 붙여서 전달인자를 보냈던 것과 다르게 borrowing이나 consuming은 특별한 표기 없이 함수를 호출할 수 있습니다.

borrowing 제어자는 함수가 매개변수의 값을 유지하지 않는다는 것을 나타냅니다. 이 경우 함수를 호출하는 쪽에 전달인자의 소유권이 있으며 생명주기를 관리할 책임이 있습니다. borrowing은 함수가 전달받는 값을 일시적으로 활용만 할 때 오버헤드를 최소화하기 위해 활용할 수 있습니다.

코드 7-10 borrowing 매개변수 제어자의 활용

```
var storedValue: Int = 0

func isLessThan(lhs: borrowing Int, rhs: borrowing Int) -> Bool {
    return lhs < rhs
}
```

```
func store(_ value: borrowing Int) {
    storedValue = value // 오류 발생!! 빌린 값은 암시적으로 복사할 수 없습니다.
}
```

[코드 7-10]처럼 단순히 함수 내부에서 일시적으로 사용하는 경우 borrowing을 활용해 오버헤드를 최소화할 수 있습니다. 그러나 명시적으로 복사하지 않고 암시적으로 복사를 시도한다면 오류가 발생합니다.

만약 borrowing 매개변수로 전달받은 값을 전역변수에 할당하는 등 복사가 필요하다면 copy를 활용하여 명시적 복사를 할 수 있습니다.

코드 7-11 copy를 활용한 borrowing 매개변수의 명시적 복사

```
var storedValue: Int = 0

func isLessThan(lhs: borrowing Int, rhs: borrowing Int) -> Bool {
    if lhs < storedValue {
        storedValue = copy lhs
    } else if rhs < storedValue {
        storedValue = copy rhs
    }
    return lhs < rhs
}
```

반면, consuming 매개변수 제어자는 함수가 전달인자의 소유권을 갖고 함수가 종료되기 전에 해당 값을 저장하거나 파괴하는 책임을 갖게 됩니다. consuming 매개변수 제어자는 함수를 호출하는 쪽에서 함수 호출 후에 더 이상 전달 값을 사용할 필요가 없을 때 오버헤드를 줄일 수 있습니다.

코드 7-12 consuming 매개변수 제어자의 활용

```
var global: Int = 0
var someLocal: Int = 10

func store(value: consuming Int) {
    global = value
}
```

```
    store(value: someLocal)
    // 이후에 someLocal을 활용하지 않음

func storeAndPrint(value: consuming Int) {
    global = value
    print(value) // 오류 발생!! 소비한 값은 암시적으로 복사할 수 없습니다
}

func copyAndPrint(value: consuming Int) {
    global = copy value
    print(value) // 값을 복사해둔 이후에 소비하므로 문제없습니다.
}
```

[코드 7-12]처럼 소비한 값은 소비한 이후 사용할 수 없습니다. 이런 경우에도 명시적으로 copy를 사용하여 값을 복사해놓고 사용할 수 있습니다.

만약 복사 가능한 값을 consuming 매개변수로 전달하고 함수 호출 이후에 그 값을 다시 사용하는 경우에는 컴파일러가 암시적으로 값을 복사하는 코드를 삽입하여 함수 호출 이후에도 사용할 수 있도록 처리합니다.

코드 7-13 consuming 매개변수로 전달한 후 다시 값 사용

```
// 컴파일러가 암시적으로 코드를 삽입하는 위치

store(value: someLocal) // 함수 호출로 someLocal은 소비됩니다.
print(someLocal) // 이곳에서는 컴파일러가 암시적으로 someLocal의 값을 복사한 값을 사용합니다.
```

이처럼 매개변수 제어자를 잘 활용하면 불필요한 값의 복사를 방지할 수 있기 때문에 함수 호출에서의 불필요한 오버헤드를 줄일 수 있습니다.

7.2.3 반환이 없는 함수

함수는 특정 연산을 실행한 후 결괏값을 반환합니다. 그러나 값의 반환이 굳이 필요하지 않은 함수도 있습니다. 그럴 때는 반환 값이 없는 함수를 만들어 줄 수 있습니다. 만약 반환 값이 없는 함수라면 반환 타입을 **없음**을 의미하는 Void로 표기하거나 아예 반환 타입 표현을 생략해도 됩니다. 즉, 반환 타입이 Void이거나 생략되어 있다면 반환 값이 없는 함수입니다.

[코드 7-14]는 반환 값이 없는 세 개의 함수를 구현하고 사용한 코드입니다.

코드 7-14 반환 값이 없는 함수의 정의와 사용

```swift
func sayHelloWorld() {
    print("Hello, world!")
}
sayHelloWorld() // Hello, world!

func sayHello(from myName: String, to name: String) {
    print("Hello \(name)! I'm \(myName)")
}
sayHello(from: "yagom", to: "Mijeong")   // Hello Mijeong! I'm yagom

func sayGoodbye() -> Void {  // Void를 명시해주어도 상관없습니다.
    print("Good bye")
}
sayGoodbye() // Good bye
```

7.2.4 데이터 타입으로서의 함수

앞서 언급했듯이 스위프트의 함수는 일급 객체이므로 하나의 데이터 타입으로 사용할 수 있습니다. 즉, 각 함수는 매개변수 타입과 반환 타입으로 구성된 하나의 타입으로 사용(정의)할 수 있다는 뜻입니다. 함수를 하나의 데이터 타입으로 나타내는 방법은 다음과 같습니다.

```
(매개변수 타입의 나열) -> 반환 타입
```

예를 들어 다음과 같은 함수가 있다고 합시다.

```swift
func sayHello(name: String, times: Int) -> String {
    // ...
}
```

sayHello 함수의 타입은 `(String, Int) -> String`입니다. 다음 함수도 살펴봅시다.

```swift
func sayHelloToFriends(me: String, names: String...) -> String {
```

```
    //   ...
}
```

sayHelloToFriends 함수의 타입은 (String, String…) -> String입니다. 만약 매개 변수나 반환 값이 없다면 Void 키워드를 사용하여 없음을 나타냅니다.

```
func sayHelloWorld() {
    //   ...
}
```

sayHelloWorld 함수의 타입은 (Void) -> Void입니다. 참고로 Void 키워드를 빈 소괄호의 묶음으로 표현할 수도 있습니다. 다음 표현은 모두 (Void) -> Void와 같은 표현입니다.

- (Void) -> Void
- () -> Void
- () -> ()

> **NOTE_ 함수의 축약 표현**
>
> 함수의 데이터 타입과는 조금 무관한 이야기지만, 함수를 간략히 표현하고자 할 때 앞에서 소개한 축약 표현을 사용하기도 합니다. 앞의 sayHello(name: String, times: Int) -> String 함수 같은 경우는 sayHello(name:times:)와 같이 이름과 매개변수 개수 등을 이용해 함수를 표현할 수 있습니다. 앞으로 이 책의 각 부분에서 또는 다른 스위프트 문서에서도 이런 축약 표현을 자주 볼 것입니다.

다음 [코드 7-15]는 함수를 데이터 타입으로 사용할 수 있는 간단한 예입니다. 함수를 데이터 타입으로 사용할 수 있다는 것은 함수를 전달인자로 받을 수도, 반환 값으로 돌려줄 수도 있다는 의미입니다. 상황에 맞는 함수를 전달인자로 넘겨 적절히 처리할 수도 있으며 상황에 맞는 함수를 반환해주는 것도 가능하다는 뜻입니다. 이는 스위프트의 함수가 일급 객체이기 때문에 가능한 일입니다. 일급 객체에 관한 설명은 함수형(1.2.2절)에 있습니다.

코드 7-15 함수 타입의 사용

```
typealias CalculateTwoInts = (Int, Int) -> Int

func addTwoInts(_ a: Int, _ b: Int) -> Int {
```

```swift
    return a + b
}

func multiplyTwoInts(_ a: Int, _ b: Int) -> Int {
    return a * b
}

var mathFunction: CalculateTwoInts = addTwoInts

// var mathFunction: (Int, Int) -> Int = addTwoInts와 동일한 표현입니다.
print(mathFunction(2, 5))      // 2 + 5 = 7

mathFunction = multiplyTwoInts
print(mathFunction(2, 5))      // 2 * 5 = 10
```

먼저 두 Int 값을 입력받아 계산 후 Int 값을 돌려주는 형태의 함수를 CalculateTwoInts 라는 별칭으로 지었습니다.

> **NOTE_ 매개변수 타입과 반환 타입**
>
> 함수형 프로그래밍에서 특정 로직에 관여할 함수의 매개변수와 반환 타입은 매우 중요합니다. 타입 별칭을 통해 손쉽게 함수를 관리할 수 있으며 매개변수와 반환 타입만 잘 연계된다면 굉장히 훌륭한 패턴을 완성할 수 있습니다.

그리고 addTwoInts(_:_:)와 multiplyTwoInts(_:_:)라는 간단한 함수 두 개를 만들었습니다. 두 함수는 변수 mathFunction에 번갈아가며 할당되거나 mathFunction이라는 이름으로 호출할 수도 있습니다. 또 [코드 7-16]처럼 전달인자로 함수를 넘겨줄 수도 있습니다.

코드 7-16 전달인자로 함수를 전달받는 함수

```swift
func printMathResult(_ mathFunction: CalculateTwoInts, _ a: Int, _ b: Int) {
    print("Result: \(mathFunction(a, b))")
}

printMathResult(addTwoInts, 3, 5)    // Result: 8
```

물론 [코드 7-17]처럼 반환 값으로 함수를 반환할 수도 있습니다.

코드 7-17 특정 조건에 따라 적절한 함수를 반환해주는 함수

```
func chooseMathFunction(_ toAdd: Bool) -> CalculateTwoInts {
    return toAdd ? addTwoInts : multiplyTwoInts
}

printMathResult(chooseMathFunction(true), 3, 5) // Result: 8
```

> **TIP** **전달인자 레이블과 함수 타입**
>
> 전달인자 레이블은 함수 타입의 구성 요소가 아니므로 함수 타입을 작성할 때는 전달인자 레이블을 써줄 수 없습니다.
>
> ```
> let someFunction: (lhs: Int, rhs: Int) -> Int         // 오류
> let someFunction: (_ lhs: Int, _ rhs: Int) -> Int // OK
> let someFunction: (Int, Int) -> Int                   // OK
> ```

기존의 C 언어 등에서는 함수가 일급 객체가 아니었기 때문에 함수의 포인터를 사용해야 했고, 그로 인해 발생하는 다양한 문제가 있었습니다. 일급 객체가 아닌 기존 언어의 함수와 스위프트 함수와의 차이가 무엇인지, 어떤 점이 더 좋은지 등을 깊이 생각해볼 필요가 있습니다.

또 함수가 일급 객체인 경우 어떤 상황에서 유용하게 사용할 수 있을지, 내 프로그램의 어떤 부분에서 쓸 수 있을지 고민해봅시다.

7.3 중첩 함수

스위프트는 데이터 타입의 중첩이 자유롭습니다. 예를 들어 열거형 안에 또 하나의 '열거형'이 들어갈 수 있고 클래스 안에 또 다른 '클래스'가 들어올 수 있는 등 다른 프로그래밍 언어에서 생각하지 못했던 패턴을 자유롭게 만들어볼 수 있습니다.

함수의 중첩은 함수 안에 함수를 넣을 수 있다는 의미인데 우리가 앞서 살펴보았던 함수는 특별한 위치에 속해 있지 않는 한 모두 전역 함수입니다. 즉, 모듈 어디서든 사용할 수 있는 함수라는 뜻입니다. 그러나 함수 안의 함수로 구현된 중첩 함수는 상위 함수의 몸통 블록 내부에서만 함수를 사용할 수 있습니다. 물론 중첩 함수의 사용 범위가 해당 함수 안쪽이라고 해서 아예

외부에서 사용할 수 없는 것은 아닙니다. 함수가 하나의 반환 값으로 사용될 수 있으므로 중첩 함수를 담은 함수가 중첩 함수를 반환하면 밖에서도 사용할 수 있습니다.

다음 그림과 같이 생긴 게임판이 있다고 생각해봅시다.

| … | -3 | -2 | -1 | 0 | 1 | 2 | 3 | … |

원점이 0이고 좌로는 음수, 우로는 양수로 이루어진 보드입니다. 특정 위치에서 원점으로 이동하는 함수를 만들려고 합니다. [코드 7-18]에 왼쪽으로 한 칸 이동하는 함수와 오른쪽으로 한 칸 이동하는 함수, 둘 중 무엇을 호출해야 하는지 판단하는 함수를 구현했습니다.

코드 7-18 원점으로 이동하기 위한 함수

```
typealias MoveFunc = (Int) -> Int

func goRight(_ currentPosition: Int) -> Int {
    return currentPosition + 1
}

func goLeft(_ currentPosition: Int) -> Int {
    return currentPosition - 1
}

func functionForMove(_ shouldGoLeft: Bool) -> MoveFunc {
    return shouldGoLeft ? goLeft : goRight
}

var position: Int = 3    // 현 위치

// 현 위치가 0보다 크므로 전달되는 인자 값은 true가 됩니다.
// 그러므로 goLeft(_:) 함수가 할당될 것입니다.
let moveToZero: MoveFunc = functionForMove(position > 0)
print("원점으로 갑시다.")

// 원점에 도착하면(현 위치가 0이면) 반복문이 종료됩니다.
while position != 0 {
    print("\(position)... ")
    position = moveToZero(position)
}
print("원점 도착!")
```

```
// 3...
// 2...
// 1...
// 원점 도착!
```

[코드 7-18]은 지금까지 우리가 함수를 구현하던 방식입니다. 그런데 왼쪽으로 이동하는 함수와 오른쪽으로 이동하는 함수는 아주 사소한 기능의 차이일 뿐 원점을 찾아가는 목적은 같습니다. 따라서 굳이 모듈 전역에서 사용할 필요가 없습니다. 그래서 사용 범위를 한정하고자 함수를 하나의 함수 안쪽으로 배치하여 중첩 함수로 구현하고, 필요할 때만 외부에서 사용할 수 있도록 구현해보겠습니다. [코드 7-18]에서 전역 함수로 구현된 goLeft(_:) 함수와 goRight(_:) 함수를 functionForMove(_:) 함수 안쪽으로 배치하여 [코드 7-19]에 중첩 함수로 구현했습니다.

코드 7-19 중첩 함수의 사용

```
typealias MoveFunc = (Int) -> Int

func functionForMove(_ shouldGoLeft: Bool) -> MoveFunc {
    func goRight(_ currentPosition: Int) -> Int {
        return currentPosition + 1
    }
    
    func goLeft(_ currentPosition: Int) -> Int {
        return currentPosition - 1
    }
    
    return shouldGoLeft ? goLeft : goRight
}

var position: Int = -4    // 현 위치

// 현 위치가 0보다 작으므로 전달되는 인자 값은 false가 됩니다.
// 그러므로 goRight(_:) 함수가 할당될 것입니다.
let moveToZero: MoveFunc = functionForMove(position > 0)

// 원점에 도착하면(현 위치가 0이면) 반복문이 종료됩니다.
while position != 0 {
    print("\(position)... ")
    position = moveToZero(position)
}
```

```
}
print("원점 도착!")
// -4...
// -3...
// -2...
// -1...
// 원점 도착!
```

물론 이 책의 예제처럼 간단한 목적으로 사용할 때는 별 차이가 없지만, 전역 함수가 많은 큰 프로젝트에서는 전역으로 사용이 불필요한 goRight(_:) 함수와 goLeft(_:) 함수의 사용 범위를 조금 더 명확하고 깔끔하게 표현해줄 수 있습니다.

7.4 종료되지 않는 함수

스위프트에는 종료(return)되지 않는 함수가 있습니다.

종료되지 않는다는 의미는 정상적으로 끝나지 않는 함수라는 뜻입니다. 이를 비반환 함수Nonreturning Function 또는 비반환 메서드Nonreturning Method라고 합니다. 비반환 함수(메서드)는 정상적으로 끝날 수 없는 함수입니다. 이 함수를 실행하면 프로세스 동작은 끝났다고 볼 수 있습니다. 왜 이런 이름을 붙이게 되었을까요? 비반환 함수 안에서는 오류를 던진다든가* 중대한 시스템 오류를 보고하는 등의 일을 하고 프로세스를 종료해버리기 때문입니다. 비반환 함수는 어디서든 호출이 가능하고 guard 구문**의 else 블록에서도 호출할 수 있습니다. 비반환 메서드는 재정의는 할 수 있지만 비반환 타입이라는 것은 변경할 수 없습니다.

비반환 함수(메서드)는 반환 타입을 Never라고 명시해주면 됩니다.

코드 7-20 비반환 함수의 정의와 사용

```
func crashAndBurn() -> Never {
    fatalError("Something very, very bad happened")
}
```

* 오류에 관해서는 오류처리(28장)에서 다룹니다.

** guard 구문에 대해서는 빠른종료(14.2절)에서 설명합니다.

```
crashAndBurn()    // 프로세스 종료 후 오류 보고

func someFunction(isAllIsWell: Bool) {
    guard isAllIsWell else {
        print("마을에 도둑이 들었습니다!")
        crashAndBurn()
    }
    print("All is well")
}

someFunction(isAllIsWell: true)     // All is well
someFunction(isAllIsWell: false)    // 마을에 도둑이 들었습니다!
// 프로세스 종료 후 오류 보고
```

Never 타입이 스위프트 표준 라이브러리에서 사용되는 대표적인 예로는 fatalError 함수가 있습니다. 부록 B에서 fatalError 함수에 대한 설명을 찾아볼 수 있습니다.

7.5 반환 값을 무시할 수 있는 함수

가끔 함수의 반환 값이 꼭 필요하지 않은 경우도 있습니다. 프로그래머가 의도적으로 함수의 반환 값을 사용하지 않을 경우 컴파일러가 함수의 결괏값을 사용하지 않았다는 경고를 보낼 때도 있습니다. 이런 경우 함수의 반환 값을 무시해도 된다는 @discardableResult 선언 속성 (부록 G)을 사용하면 됩니다.

[코드 7-21]에서 @discardableResult 선언 속성의 사용을 살펴봅니다.

코드 7-21 @discardableResult 선언 속성 사용

```
func say(_ something: String) -> String {
    print(something)
    return something
}

@discardableResult func discadableResultSay(_ something: String) -> String {
    print(something)
    return something
}
```

```
// 반환 값을 사용하지 않았으므로 컴파일러가 경고를 표시할 수 있습니다.
say("hello")        // hello

// 반환 값을 사용하지 않을 수 있다고 미리 알렸기 때문에
// 반환 값을 사용하지 않아도 컴파일러가 경고하지 않습니다
discadableResultSay("hello")      // hello
```

@discardableResult 선언 속성은 스위프트 표준 라이브러리 메서드에도 종종 사용합니다. 어떤 상황에 해당 속성을 사용하는지 라이브러리에 구현된 함수나 메서드를 살펴보면 많은 힌트를 얻을 것입니다.

CHAPTER 8

옵셔널

옵셔널Optionals은 1장에서 언급한 스위프트의 특징 중 하나인 안전성Safe을 문법으로 담보하는 기능입니다. C 언어 또는 Objective-C에서는 찾아볼 수 없었던 콘셉트이기도 합니다.

옵셔널은 단어 뜻 그대로 '선택적인', 즉 값이 '있을 수도, 없을 수도 있음'을 나타내는 표현입니다. 이는 '변수나 상수 등에 꼭 값이 있다는 것을 보장할 수 없다. 즉, 변수 또는 상수의 값이 nil*일 수도 있다'는 것을 의미합니다. 라이브러리의 API 문서를 작성하거나 읽어본 사람은 문서에 It can be NULL 또는 It can NOT be NULL 등의 부연 설명을 본 적이 있을 겁니다. 그리고 전달인자로 NULL이 전달되어도 되는지 문서를 보기 전에는 알 수가 없습니다. 그러나 스위프트에서는 옵셔널 하나만으로도 이 의미를 충분히 표현할 수 있기 때문에 (문서에 명시하지 않아도) 문법적 표현만으로 모든 의미를 전달할 수 있습니다. 게다가 옵셔널과 옵셔널이 아닌 값은 철저히 다른 타입으로 인식하기 때문에 컴파일할 때 바로 오류를 걸러낼 수 있습니다.

8.1 옵셔널 사용

Any, AnyObject와 nil(3.6절)에서 nil을 언급했지만, 아직 한 번도 nil을 사용한 적이 없습니다. 혹시 이미 nil을 할당해본 독자가 있나요? 그랬다면 아마 바로 컴파일 오류와 마주했을 겁니다. 그 이유는 옵셔널 변수 또는 상수가 아니면 nil을 할당할 수 없기 때문입니다. Int

---

* NULL을 스위프트에서는 nil로 표기합니다.

타입의 변수에 0을 할당했다면 값이 없다는 의미인가요? 아닙니다. 0도 하나의 값입니다. " "로 **빈 문자열**을 만들었다면 이 또한 '빈 문자열'이라는 값이지, 값이 없는 것은 아닙니다. 변수 또는 상수에 정말 값이 없을 때만 nil로 표현합니다. 함수형 프로그래밍 패러다임에서 자주 등장하는 모나드(16장) 개념과 일맥상통합니다.

그래서 옵셔널의 사용은 많은 의미를 축약하여 표현하는 것과 같습니다. 옵셔널을 읽을 때 '해당 변수 또는 상수에는 값이 없을 수 있다. 즉, 변수 또는 상수가 nil일 수도 있으므로 사용에 주의하라'는 뜻으로 직관적으로 받아들일 수 있습니다. 값이 없는 옵셔널 변수 또는 상수에 (강제로) 접근하려면 런타임 오류가 발생합니다. 그렇게 되면 OS가 프로그램이 강제 종료시킬 확률이 매우 높습니다.

[코드 8-1]과 [코드 8-2]의 예를 통해 확인해보겠습니다.

코드 8-1 오류가 발생하는 nil 할당

```
var myName: String = "yagom"
myName = nil        // 오류!
```

nil은 옵셔널로 선언된 곳에서만 사용될 수 있습니다. 옵셔널 변수 또는 상수 등은 데이터 타입 뒤에 물음표(?)를 붙여 표현해줍니다.

코드 8-2 옵셔널 변수의 선언 및 nil 할당

```
var myName: String? = "yagom"
print(myName)    // yagom
// 옵셔널 타입의 값을 print 함수를 통해 출력하면
// Optional("yagom")이라고 출력되는 것이 정상입니다.
// 다만, 차후의 주석표현의 편의를 위하여
// Optional()은 생략하고 값만 표기하도록 하겠습니다.
// 또 옵셔널 타입의 값을 print 함수의 매개변수로 전달하면
// 컴파일러 경고가 발생할 수 있습니다.
// 정상이므로 놀라지 않아도 됩니다.

myName = nil

print(myName)    // nil
```

사실 var myName: Optional<String>처럼 옵셔널을 조금 더 명확하게 써줄 수도 있습니다.* 그러나 물음표를 붙여주는 것이 조금 더 편하고 읽기도 쉽기 때문에 굳이 긴 표현을 사용하지는 않습니다.

옵셔널은 어떤 상황에 사용할까요? 왜 굳이 변수에 nil이 있음을 가정해야 할까요? 이 질문에 답할 수 있는 예로 우리가 만든 함수에 전달되는 전달인자의 값이 잘못된 값일 경우 제대로 처리하지 못했음을 nil을 반환하여 표현하는 것을 들 수 있습니다. 물론 기능상 심각한 오류라면 별도로 처리해야겠지만, 간단히 nil을 반환해서 오류가 있음을 알릴 수도 있습니다. 또는, 매개변수를 굳이 넘기지 않아도 된다는 뜻으로 매개변수의 타입을 옵셔널로 정의할 수도 있습니다. 스위프트 프로그래밍을 하면서 매개변수가 옵셔널일 때는 '아, 이 매개변수에는 값이 없어도 되는구나'라는 것을 API 문서를 보지 않고도 알아야 합니다. 이렇게 물음표 하나만으로 훌륭하고 암묵적인 커뮤니케이션을 완성했습니다.

[코드 4-19]는 4.5.3절에서 보았던 원시 값을 이용한 열거형 초기화 예제 코드입니다.

코드 4-19 원시 값을 통한 열거형 초기화

```
let primary = School(rawValue: "유치원")    // Primary
let graduate = School(rawValue: "석박사")   // nil

let one = Numbers(rawValue: 1)      // One
let three = Numbers(rawValue: 3)    // nil
```

[코드 4-19]에서 수상한 점을 혹시 발견했나요? 지금까지는 이 책 전반에 걸쳐 대부분 변수나 상수 뒤에 데이터 타입을 명시했습니다. 그러나 이 예제에서는 데이터 타입을 명시해주지 않고 타입 추론 기능을 사용했습니다. 왜 그랬을까요? nil을 할당하는 경우가 생기기 때문입니다. 컴파일러는 아마도 primary 및 graduate 상수의 데이터 타입을 School?이라고 추론했을 것입니다. 또 one과 three 상수의 데이터 타입은 Numbers?라고 추론했을 겁니다. 이때 원시 값이 열거형의 case에 해당하지 않으면 열거형 인스턴스 생성에 실패하여 nil을 반환하는 경우가 생깁니다. 앞에서 설명한 함수의 처리 실패 유형에 해당하는 것이죠.

옵셔널의 더 놀라운 점은 열거형으로 구현되어 있다는 점입니다. 옵셔널의 정의를 한번 찾아봤습니다.

* 이는 제네릭을 사용한 문법으로 제네릭(22장)에서 확인할 수 있습니다.

코드 8-3 옵셔널 열거형의 정의

```swift
public enum Optional<Wrapped> : ExpressibleByNilLiteral {
    case none
    case some(Wrapped)
    public init(_ some: Wrapped)
    /// 중략…
}
```

[코드 8-3]에서 옵셔널은 제네릭이 적용된 열거형입니다. ExpressibleByNilLiteral 프로토콜을 따른다는 것도 확인할 수 있습니다(제네릭이니 프로토콜이니 하는 용어는 뒤에서 배울 예정이니 걱정마세요). 여기서 알아야 할 것은 옵셔널이 값을 갖는 케이스와 그렇지 못한 케이스 두 가지로 정의되어 있다는 것입니다. 즉, nil일 때는 none 케이스가 될 것이고, 값이 있는 경우는 some 케이스가 되는데, 연관 값으로 Wrapped가 있습니다. 따라서 옵셔널에 값이 있으면 some의 연관 값인 Wrapped에 값이 할당됩니다. 즉, 값이 옵셔널이라는 열거형의 방패막에 보호되어 래핑되어 있는 모습이라는 겁니다.

옵셔널 자체가 열거형이기 때문에 옵셔널 변수는 switch 구문을 통해 값이 있고 없음을 확인할 수 있습니다.

코드 8-4 switch를 통한 옵셔널 값의 확인

```swift
func checkOptionalValue(value optionalValue: Any?) {
    switch optionalValue {
    case .none:
        print("This Optional variable is nil")
    case .some(let value):
        print("Value is \(value)")
    }
}

var myName: String? = "yagom"
checkOptionalValue(value: myName)   // Value is yagom

myName = nil
checkOptionalValue(value: myName)   // This Optional variable is nil
```

[코드 8-5]처럼 여러 케이스의 조건을 통해 검사하고자 한다면 더욱 유용하게 쓰일 수도 있습

니다. 그럴 땐 세련되게 where 절과 병합해서 쓰면 더욱 좋습니다. where에 대해서는 where 절(26장)에서 조금 더 자세히 다루겠습니다.

코드 8-5 switch를 통한 옵셔널 값의 확인

```
let numbers: [Int?] = [2, nil, -4, nil, 100]

for number in numbers {
    switch number {
    case .some(let value) where value < 0:
        print("Negative value!! \(value)")
    case .some(let value) where value > 10:
        print("Large value!! \(value)")

    case .some(let value):
        print("Value \(value)")

    case .none:
        print("nil")
    }
}

// Value 2
// nil
// Negative value!! -4
// nil
// Large Value!! 100
```

그러나 단 하나의 옵셔널을 switch 구문을 통해 매번 값이 있는지 확인하는 것은 매우 불편할 것입니다. 그래서 옵셔널 타입에서 값을 조금 더 안전하고 편리하게 추출하는 방법에 대해 알아보겠습니다.

8.2 옵셔널 추출

열거형의 some 케이스로 꼭꼭 숨어있는 **옵셔널의 값을 옵셔널이 아닌 값으로 추출**하는 옵셔널 추출 Optional Unwrapping 방법에 대해 알아보겠습니다.

8.2.1 강제 추출

옵셔널 강제 추출Forced Unwrapping 방식은 옵셔널의 값을 추출하는 가장 간단하지만 **가장 위험한 방법**입니다. 런타임 오류가 일어날 가능성이 가장 높기 때문입니다. 또 옵셔널을 만든 의미가 무색해지는 방법이기도 합니다. 옵셔널의 값을 강제 추출하려면 옵셔널 값의 뒤에 느낌표(!)를 붙여주면 값을 강제로 추출하여 반환해줍니다. 만약 강제 추출 시 옵셔널에 값이 없다면, 즉 `nil`이라면 런타임 오류가 발생합니다.

코드 8-6 옵셔널 값의 강제 추출

```swift
var myName: String? = "yagom"

// 옵셔널이 아닌 변수에는 옵셔널 값이 들어갈 수 없습니다. 추출해서 할당해주어야 합니다.
var yagom: String = myName!

myName = nil
yagom = myName!      // 런타임 오류!

// if 구문 등 조건문을 이용해서 조금 더 안전하게 처리해볼 수 있습니다.
if myName != nil {
    print("My name is \(myName!)")
} else {
    print("myName == nil")
}
// myName == nil
```

런타임 오류의 가능성을 항상 내포하기 때문에 옵셔널 강제 추출 방식은 사용하는 것을 지양해야 합니다.

8.2.2 옵셔널 바인딩

[코드 8-6]에서 사용한 if 구문을 통해 `myName`이 `nil`인지 먼저 확인하고 옵셔널 값을 강제 추출하는 방법은 다른 프로그래밍 언어에서 NULL 값을 체크하는 방식과 비슷합니다. 앞서 설명한 것처럼 옵셔널을 사용하는 의미도 사라집니다. 그래서 스위프트는 조금 더 안전하고 세련된 방법으로 옵셔널 바인딩Optional Binding을 제공합니다.

옵셔널 바인딩은 옵셔널에 값이 있는지 확인할 때 사용합니다. 만약 옵셔널에 값이 있다면 옵셔널에서 추출한 값을 일정 블록 안에서 사용할 수 있는 상수나 변수로 할당해서 옵셔널이 아닌 형태로 사용할 수 있도록 해줍니다. 옵셔널 바인딩은 if 또는 while 구문 등과 결합하여 사용할 수 있습니다.

코드 8-7 옵셔널 바인딩을 사용한 옵셔널 값의 추출

```swift
var myName: String? = "yagom"

// 옵셔널 바인딩을 통한 임시 상수 할당
if let name = myName {
    print("My name is \(name)")
} else {
    print("myName == nil")
}
// My name is yagom

// 옵셔널 바인딩을 통한 임시 변수 할당
if var name = myName {
    name = "wizplan" // 변수이므로 내부에서 변경이 가능합니다.
    print("My name is \(name)")
} else {
    print("myName == nil")
}
// My name is wizplan

// 임시 상수를 별도로 할당하지 않고 옵셔널 변수의 이름을 그대로 활용하여 바인딩
if let myName {
    print("My name is \(myName)")
} else {
    print("myName == nil")
}
```

[코드 8-7]의 예제에서는 if 구문을 실행하는 블록 안쪽에서만 name이라는 임시 상수를 사용할 수 있습니다. 즉, if 블록 밖에서는 사용할 수 없고 else 블록에서도 사용할 수 없습니다. 따라서 위와 아래에서 모두 별도로 name을 사용했지만 충돌이 일어나지 않았습니다. 또 상수로 사용하지 않고 변수로 사용하고 싶다면 if var를 통해 임시 변수로 할당할 수도 있습니다. [코드 8-7]에서는 if와 else 블록만을 사용했지만 else if 블록도 추가할 수 있습니다. 또

임시 상수 이름이 따로 필요 없는 경우 원래의 옵셔널 변수 이름 그대로 바인딩할 수도 있습니다. [코드 8-7]의 맨 아랫부분의 코드에서는 별도의 임시 상수 이름을 할당하지 않고 myName 이라는 이름을 그대로 임시상수로 사용한 것을 볼 수 있습니다. 바인딩할 때 축약하는 표현은 guard 구문(14.2절)에서도 동일하게 사용할 수 있습니다.

옵셔널 바인딩을 통해 한 번에 여러 옵셔널의 값을 추출할 수도 있습니다. 쉼표(,)를 사용해 바인딩할 옵셔널을 나열하면 됩니다. 단, 바인딩하려는 옵셔널 중 하나라도 값이 없다면 해당 블록 내부의 명령문은 실행되지 않습니다.

코드 8-8 옵셔널 바인딩을 사용한 여러 개의 옵셔널 값의 추출

```swift
var myName: String? = "yagom"
var yourName: String? = nil

// friend에 바인딩이 되지 않으므로 실행되지 않습니다.
if let name = myName, let friend = yourName {
    print("We are friend! \(name) & \(friend)")
}

yourName = "eric"

if let name = myName, let friend = yourName {
    print("We are friend! \(name) & \(friend)")
}
// We are friend! yagom & eric
```

옵셔널 바인딩은 옵셔널 체이닝과 환상의 결합을 이룹니다. 옵셔널 체이닝은 옵셔널 체이닝과 빠른종료(14장)에서 다루겠습니다.

8.2.3 암시적 추출 옵셔널

때때로 nil을 할당하고 싶지만, 옵셔널 바인딩으로 매번 값을 추출하기 귀찮거나 로직상 nil 때문에 런타임 오류가 발생하지 않을 것 같다는 확신이 들 때* nil을 할당해줄 수 있는 옵셔널이 아닌 변수나 상수가 있으면 좋을 겁니다. 이때 사용하는 것이 바로 암시적 추출 옵셔널

---

* 예로 들었지만 매우 위험한 생각입니다. 실제 프로젝트용 프로그래밍 중에 오류가 생기지 않겠다라는 확신이 드는 순간은 드물겠죠.

Implicitly Unwrapped Optionals입니다. 옵셔널을 표시하고자 타입 뒤에 물음표(?)를 사용했지만, 암시적 추출 옵셔널을 사용하려면 타입 뒤에 느낌표(!)를 사용해주면 됩니다.

암시적 추출 옵셔널로 지정된 타입은 일반 값처럼 사용할 수 있으나, 여전히 옵셔널이기 때문에 nil도 할당해줄 수 있습니다. 그러나 nil이 할당되어 있을 때 접근을 시도하면 런타임 오류가 발생합니다. [코드 8-9]는 암시적 추출 옵셔널 변수에 nil이 할당되어 있을 때 사용하면 발생하는 오류 상황을 연출한 코드입니다.

코드 8-9 암시적 추출 옵셔널의 사용

```
var myName: String! = "yagom"
print(myName)   // yagom
myName = nil

// 암시적 추출 옵셔널도 옵셔널이므로 당연히 바인딩을 사용할 수 있습니다.
if let name = myName {
    print("My name is \(name)")
} else {
    print("myName == nil")
}
// myName == nil

myName.isEmpty    // 오류!!
```

옵셔널을 사용할 때는 강제 추출 또는 암시적 추출 옵셔널을 사용하기보다는 옵셔널 바인딩, nil 병합 연산자를 비롯해 뒤에서 배울 옵셔널 체이닝 등의 방법을 사용하는 편이 훨씬 안전합니다. 또한 이렇게 하는 편이 스위프트의 지향점에 부합합니다.

Part II

객체지향 프로그래밍과 스위프트

스위프트는 함수형 프로그래밍 패러다임을 강조하지만, 그 못지않게 객체지향 프로그래밍 패러다임도 매우 중요합니다. 애플의 프레임워크는 대부분 객체지향 프로그래밍 패러다임에 근간을 두기에 애플이 스위프트에서 객체지향 프로그래밍 패러다임을 배제하기는 어려웠을 겁니다. 따라서 iOS 및 macOS, tvOS, watchOS 등의 플랫폼 위에서 동작하는 애플리케이션을 작성하려면 객체지향 프로그래밍 패러다임에 대한 이해는 필수입니다. 이번에는 스위프트에서 객체지향 프로그래밍 패러다임을 활용할 수 있는 문법을 알아보겠습니다.

Part II
객체지향 프로그래밍과 스위프트

9장 구조체와 클래스

10장 프로퍼티와 메서드

11장 인스턴스 생성 및 소멸

12장 접근제어

CHAPTER 9
구조체와 클래스

구조체와 클래스는 프로그래머가 데이터를 용도에 맞게 묶어 표현하고자 할 때 유용합니다. 구조체와 클래스는 프로퍼티와 메서드를 사용하여 구조화된 데이터와 기능을 가질 수 있습니다. 하나의 새로운 사용자 정의 데이터 타입을 만들어주는 것입니다.

객체지향 프로그래밍 패러다임을 안다면 클래스라는 용어를 들어봤을 겁니다. 그리고 객체지향 프로그래밍 패러다임이 아니더라도 데이터를 구조화하여 관리하는 데 구조체를 사용해봤을 겁니다. 스위프트에서는 구조체와 클래스의 모습과 문법이 거의 흡사합니다. 다만 구조체의 인스턴스는 값 타입이고, 클래스의 인스턴스는 참조 타입이라는 것이 이 둘을 구분하는 가장 큰 차이점입니다.

이제까지 우리가 알아본 스위프트의 데이터 타입과 열거형은 모두 값 타입입니다. 그러나 구조체와 함께 배워볼 클래스는 참조 타입입니다. C 언어와 Objective-C의 포인터와 유사한 개념입니다. 더 자세한 것은 구조체와 클래스의 차이(9.3절)에서 알아보겠습니다.

일부 프로그래밍 언어는 소스파일 하나에 구조체 또는 클래스 하나만 선언하고 구현할 수 있는 반면, 스위프트에는 그런 제약 사항이 전혀 없습니다. 소스파일 하나에 여러 개의 구조체와 여러 개의 클래스를 정의하고 구현해도 문제가 없습니다. 또 중첩 함수와 마찬가지로 구조체 안에 구조체, 클래스 안에 클래스 등과 같이 중첩 타입의 정의 및 선언이 가능합니다.

9.1 구조체

구조체를 어떻게 정의하고 인스턴스를 어떻게 생성하는지 그리고 구조체를 어떻게 활용하는지에 대해 알아보겠습니다.

9.1.1 구조체 정의

구조체는 struct 키워드로 정의합니다.

> **NOTE_ 구조체 명명법**
>
> 구조체를 정의한다는 것은 새로운 타입을 생성해주는 것과 마찬가지이므로 기본 타입 이름(Int, String, Bool 등)처럼 대문자 카멜케이스를 사용하여 이름을 지어줍니다. 프로퍼티와 메서드는 소문자 카멜케이스를 사용하여 이름을 지어줍니다.

```
struct 구조체 이름 {
    프로퍼티와 메서드들
}
```

[코드 9-1]에 사람의 기본 정보를 구성하는 구조체를 정의해봤습니다. BasicInformation이라는 이름으로 정의했으며 이 구조체는 String 타입인 name과 Int 타입인 age라는 저장 프로퍼티가 있습니다. 프로퍼티와 메서드에 대한 자세한 사항은 프로퍼티와 메서드(10장)에서 다루겠습니다.

코드 9-1 BasicInformation 구조체 정의

```
struct BasicInformation {
    var name: String
    var age: Int
}
```

9.1.2 구조체 인스턴스의 생성 및 초기화

구조체 정의를 마친 후, 인스턴스를 생성하고 초기화하고자 할 때는 기본적으로 생성되는 멤버와이즈 이니셜라이저(11.1.5절)를 사용합니다. 구조체에 기본 생성된 이니셜라이저의 매개변수는 구조체의 프로퍼티 이름으로 자동 지정됩니다.

인스턴스가 생성되고 초기화된 후 프로퍼티 값에 접근하고 싶다면 마침표(.)를 사용하면 됩니다. 구조체를 상수 let으로 선언하면 인스턴스 내부의 프로퍼티 값을 변경할 수 없고, 변수 var로 선언하면 내부의 프로퍼티가 var로 선언된 경우에 값을 변경해줄 수 있습니다.

코드 9-2 BasicInformation 구조체의 인스턴스 생성 및 사용

```swift
// 프로퍼티 이름(name, age)으로 자동 생성된 이니셜라이저를 사용하여 구조체를 생성합니다.
var yagomInfo: BasicInformation = BasicInformation(name: "yagom", age: 99)
yagomInfo.age = 100         // 변경 가능!
yagomInfo.name = "Seba"     // 변경 가능!

// 프로퍼티 이름(name, age)으로 자동 생성된 이니셜라이저를 사용하여 구조체를 생성합니다.
let sebaInfo: BasicInformation = BasicInformation(name: "Seba", age: 99)
sebaInfo.age = 100     // 변경 불가! 오류!
jennyInfo.age = 100    // 변경 불가!
```

기본 제공되는 멤버와이즈 이니셜라이저 외에 사용자 정의 이니셜라이저도 구현이 가능합니다. 자세한 사항은 인스턴스의 생성 및 소멸(11장)에서 다루겠습니다.

9.2 클래스

클래스를 어떻게 정의하고 인스턴스를 어떻게 생성하는지 그리고 클래스를 어떻게 활용하는지에 대해 알아보겠습니다. 스위프트의 클래스는 부모클래스가 없더라도 상속 없이 단독으로 정의가 가능합니다.

9.2.1 클래스 정의

클래스를 정의할 때는 class라는 키워드를 사용합니다.

> **NOTE_ 클래스 명명법**
>
> 클래스를 정의한다는 것은 새로운 타입을 생성해주는 것과 마찬가지므로 기본 타입 이름(Int, String, Bool 등)처럼 대문자 카멜케이스를 사용하여 이름을 지어줍니다. 프로퍼티와 메서드는 소문자 카멜케이스를 사용하여 이름을 지어줍니다.

```
class 클래스 이름 {
    프로퍼티와 메서드들
}
```

클래스를 정의하는 방법은 구조체와 흡사합니다. 다만 클래스는 상속받을 수 있기 때문에 상속받을 때는 클래스 이름 뒤에 콜론(:)을 써주고 부모클래스 이름을 명시합니다. 상속에 대한 자세한 내용은 상속(18장)에서 다루겠습니다.

```
class 클래스 이름: 부모클래스 이름 {
    프로퍼티와 메서드들
}
```

사람의 기본 정보를 프로퍼티로 갖는 클래스를 정의해보겠습니다. 프로퍼티와 메서드에 대한 자세한 사항은 프로퍼티와 메서드(10장)에서 다루겠습니다.

코드 9-3 Person 클래스 정의

```
class Person {
    var height: Float = 0.0
    var weight: Float = 0.0
}
```

[코드 9-3]에 정의된 클래스는 Float 타입인 height와 weight 저장 프로퍼티가 있는 Person 클래스입니다.

9.2.2 클래스 인스턴스의 생성과 초기화

클래스를 정의한 후, 인스턴스를 생성하고 초기화하고자 할 때는 기본적인 이니셜라이저를 사용합니다. [코드 9-3]의 Person 클래스에서는 프로퍼티의 기본값이 지정되어 있으므로 전달인자를 통하여 따로 초깃값을 전달해주지 않아도 됩니다.

> **NOTE_ 인스턴스와 객체**
>
> 흔히 다른 프로그래밍 언어에서는 클래스의 인스턴스를 객체라고 부릅니다. 물론 스위프트에서도 객체라고 부르는 것이 틀린 것은 아니지만, 스위프트 공식 문서에는 좀 더 한정적인 인스턴스라는 용어를 사용합니다. 이 책의 초반부에는 다른 프로그래밍 언어를 사용하던 독자를 위해 객체라는 용어를 사용했지만, 지금부터는 인스턴스라는 용어를 사용합니다. 보통 객체지향 프로그래밍 패러다임을 지향하는 언어에서는 클래스의 인스턴스를 객체라고 통칭합니다.

인스턴스가 생성되고 초기화된 후(이니셜라이즈된 후) 프로퍼티 값에 접근하고 싶다면 마침표(.)를 사용하면 됩니다. 구조체와는 다르게 클래스의 인스턴스는 참조 타입이므로 클래스의 인스턴스를 상수 let으로 선언해도 내부 프로퍼티 값을 변경할 수 있습니다. [코드 9-2]와 [코드 9-4]를 비교해보세요.

코드 9-4 Person 클래스의 인스턴스 생성 및 사용

```
var yagom: Person = Person()
yagom.height = 123.4
yagom.weight = 123.4

let jenny: Person = Person()
jenny.height = 123.4
jenny.weight = 123.4
```

기본 이니셜라이저 외에 사용자가 직접 이니셜라이저를 정의할 수도 있습니다. 자세한 사항은 인스턴스 생성 및 소멸(11장)에서 다루겠습니다.

9.2.3 클래스 인스턴스의 소멸

클래스의 인스턴스는 참조 타입이므로 더는 참조할 필요가 없을 때 메모리에서 해제*됩니다. 이 과정을 소멸이라고 하는데 소멸되기 직전 deinit라는 메서드가 호출됩니다. 클래스 내부에 deinit 메서드를 구현해주면 소멸되기 직전 deinit 메서드가 호출됩니다. 이렇게 호출되는 deinit 메서드는 **디이니셜라이저**Deinitializer라고 부릅니다. deinit 메서드는 클래스당 하나만 구현할 수 있으며, 매개변수와 반환 값을 가질 수 없습니다. deinit 메서드는 매개변수를 위한 소괄호도 적어주지 않습니다. [코드 9-5]에서 Person 클래스에 구현된 deinit 메서드를 확인할 수 있습니다.

코드 9-5 Person 클래스의 인스턴스 생성 및 소멸

```
class Person {
    var height: Float = 0.0
    var weight: Float = 0.0

    deinit {
        print("Person 클래스의 인스턴스가 소멸됩니다.")
    }
}

var yagom: Person? = Person()
yagom = nil      // Person 클래스의 인스턴스가 소멸됩니다.
```

보통 deinit 메서드에는 인스턴스가 메모리에서 해제되기 직전에 처리할 코드를 넣어줍니다. 예를 들어 인스턴스 소멸 전에 데이터를 저장한다거나 다른 객체에 인스턴스 소멸을 알려야 할 때는 특히 deinit 메서드를 구현해야 합니다. 클래스 인스턴스의 소멸은 인스턴스 생성 및 소멸(11장)에서 더 자세히 다루겠습니다.

---

* 메모리에서 해제되는 시점은 ARC(27.1절)에서 자세하게 다룹니다.

9.3 구조체와 클래스의 차이

구조체와 클래스는 서로 비슷하거나 같은 점이 많습니다. 다음은 같은 점입니다.

- 값을 저장하기 위해 프로퍼티를 정의할 수 있습니다.
- 기능 실행을 위해 메서드를 정의할 수 있습니다.
- 서브스크립트 문법을 통해 구조체 또는 클래스가 갖는 값(프로퍼티)에 접근하도록 서브스크립트를 정의할 수 있습니다.
- 초기화될 때의 상태를 지정하기 위해 이니셜라이저를 정의할 수 있습니다.
- 초기구현과 더불어 새로운 기능 추가를 위해 익스텐션을 통해 확장할 수 있습니다.
- 특정 기능을 실행하기 위해 특정 프로토콜을 준수할 수 있습니다.

그러나 확연히 다른 점도 존재합니다.

- 구조체는 상속할 수 없습니다.
- 타입캐스팅은 클래스의 인스턴스에만 허용됩니다.
- 디이니셜라이저는 클래스의 인스턴스에만 활용할 수 있습니다.
- 참조 횟수 계산 Reference Counting 은 클래스의 인스턴스에만 적용됩니다.

구조체와 클래스는 겉보기엔 정의하는 방법도, 인스턴스화하는 방법도, 프로퍼티와 메서드를 갖는다는 점을 비롯해 많은 부분에서 비슷해 보입니다. 그러나 이 두 타입을 구분 짓는 가장 큰 차이점은 값 타입과 참조 타입이라는 것입니다. 그래서 참조 횟수 계산은 클래스의 인스턴스에만 해당됩니다.

9.3.1 값 타입과 참조 타입

구조체는 값 타입이고 클래스는 참조 타입입니다. 값 타입과 참조 타입의 가장 큰 차이는 '무엇이 전달되느냐'입니다. 예를 들어 어떤 함수의 전달인자로 값 타입의 값을 넘긴다면 **전달될 값이 복사**되어 전달됩니다. 그러나 참조 타입이 전달인자로 전달될 때는 값을 복사하지 않고 **참조(주소)가 전달**됩니다. 참조라는 것은 C 언어, C++, Objective-C 등의 언어에서 사용되는 포인터 Pointer 와 매우 유사한 개념입니다. 그러나 참조라는 것을 표현해주기 위하여 애스터리스크(*)를 사용하지는 않습니다.

함수의 전달인자로 넘길 때도 참조가 전달되며 다른 변수 또는 상수에 할당될 때도 마찬가지로 참조가 할당됩니다. [코드 9-6]의 예를 살펴보겠습니다.

코드 9-6 값 타입과 참조 타입의 차이

```swift
struct BasicInformation {
    let name: String
    var age: Int
}

var yagomInfo: BasicInformation = BasicInformation(name: "yagom", age: 99)
yagomInfo.age = 100

// yagomInfo의 값을 복사하여 할당합니다!
var friendInfo: BasicInformation = yagomInfo

print("yagom's age: \(yagomInfo.age)")          // 100
print("friend's age: \(friendInfo.age)")        // 100

friendInfo.age = 999

print("yagom's age: \(yagomInfo.age)")          // 100 - yagom의 값은 변동 없습니다.
print("friend's age: \(friendInfo.age)")
// 999 - friendInfo는 yagomInfo의 값을 복사해왔기 때문에 별개의 값을 갖습니다.

class Person {
    var height: Float = 0.0
    var weight: Float = 0.0
}

var yagom: Person = Person()
var friend: Person = yagom                      // yagom의 참조를 할당합니다!

print("yagom's height: \(yagom.height)")        // 0.0
print("friend's height: \(friend.height)")      // 0.0

friend.height = 185.5
print("yagom's height: \(yagom.height)")
// 185.5 - friend는 yagom을 참조하기 때문에 값이 변동됩니다.

print("friend's height: \(friend.height)")
// 185.5 - 이를 통해 yagom이 참조하는 곳과 friend가 참조하는 곳이 같음을 알 수 있습니다.

func changeBasicInfo(_ info: BasicInformation) {
```

```
        var copiedInfo: BasicInformation = info
        copiedInfo.age = 1
}
func changePersonInfo(_ info: Person) {
    info.height = 155.3
}

// changeBaiscInfo(_:)로 전달되는 전달인자는 값이 복사되어 전달되기 때문에
// yagomInfo의 값만 전달되는 것입니다.
changeBasicInfo(yagomInfo)
print("yagom's age: \(yagomInfo.age)")     // 100

// changePersonInfo(_:)의 전달인자로 yagom의 참조가 전달되었기 때문에
// yagom이 참조하는 값들에 변화가 생깁니다.
changePersonInfo(yagom)
print("yagom's height : \(yagom.height)") // 155.3
```

값 타입의 데이터를 함수의 전달인자로 전달하면 메모리에 전달인자를 위한 인스턴스가 새로 생성됩니다. 생성된 새 인스턴스에는 전달하려는 값이 복사되어 들어갑니다. 반면 참조 타입의 데이터는 전달인자로 전달할 때 기존 인스턴스의 참조를 전달하므로 새로운 인스턴스가 아닌 기존의 인스턴스 참조를 전달합니다. 함수의 전달인자뿐만 아니라 새로운 변수에 할당될 때 또한 마찬가지입니다.

클래스의 인스턴스끼리 참조가 같은지 확인할 때는 **식별 연산자**Identity Operators를 사용합니다(5장). [코드 9-7]은 식별 연산자를 사용하여 두 참조가 같은 인스턴스를 가리키고 있는지 비교해보는 코드입니다.

코드 9-7 식별 연산자의 사용

```
var yagom: Person = Person()
let friend: Person = yagom              // yagom의 참조를 할당합니다.
let anotherFriend: Person = Person()    // 새로운 인스턴스를 생성합니다.

print(yagom === friend)                 // true
print(yagom === anotherFriend)          // false
print(friend !== anotherFriend)         // true
```

9.3.2 스위프트의 기본 데이터 타입은 모두 구조체

[코드 9-8]은 스위프트 표준 라이브러리에 포함되어 있는 스위프트의 String 타입의 기본 정의입니다.

코드 9-8 스위프트 String 타입의 정의

```
public struct String {
    /// An empty 'String'.
    public init()
}
```

public은 잠시 제쳐두고, struct 키워드는 익숙하지 않으신가요? 네, 스위프트의 다른 기본 타입(Bool, Int, Array, Dictionary, Set 등)도 String 타입과 마찬가지로 모두 구조체로 구현되어 있습니다. 이는 기본 데이터 타입은 모두 값 타입이라는 뜻입니다. 전달인자를 통해 데이터를 전달하면 모두 값이 복사되어 전달될 뿐, 함수 내부에서 아무리 전달된 값을 변경해도 기존의 변수나 상수에는 전혀 영향을 미치지 못합니다. 이런 점을 더욱 확실히 하기 위해 스위프트의 전달인자는 모두 상수로 취급되어 전달되는 것일지도 모릅니다.

스위프트에서 선호하는 스타일은 아니지만, C 언어 등의 코딩스타일이 익숙해서 함수의 전달인자로 참조를 전달하고 싶다면 매개변수(7.2.2절)를 참고하세요.

9.4 구조체와 클래스 선택해서 사용하기

구조체와 클래스는 새로운 데이터 타입을 정의하고 기능을 추가한다는 점이 같습니다. 하지만 구조체 인스턴스는 항상 값 타입이고, 클래스 인스턴스는 참조 타입입니다. 생긴 것은 비슷하지만 용도는 다르다는 의미입니다. 프로젝트의 성격에 따라, 데이터의 활용도에 따라, 특정 타입을 구현할 때 구조체와 클래스 둘 중 하나를 선택해서 사용해야 합니다.

애플은 가이드라인*에서 다음 조건 중 하나 이상에 해당한다면 구조체를 사용하는 것을 권장합니다.

---

* Swift Programming Language Guide – https://goo.gl/6HYxfT

- 연관된 간단한 값의 집합을 캡슐화하는 것만이 목적일 때
- 캡슐화한 값을 참조하는 것보다 복사하는 것이 합당할 때
- 구조체에 저장된 프로퍼티가 값 타입이며 참조하는 것보다 복사하는 것이 합당할 때
- 다른 타입으로부터 상속받거나 자신을 상속할 필요가 없을 때

구조체로 사용하기에 가장 적합한 예로는 좌표계가 있습니다. x, y 좌표 등을 표현하고 싶을 때 Int 타입으로 x, y 프로퍼티를 생성할 수 있으며, 물건의 크기를 표현하고자 할 때는 부동소수 표현인 Double 또는 Float 타입을 사용하여 width, height, depth 등으로 묶어 표현해줄 수 있습니다.

이런 몇 가지 상황을 제외하면 클래스로 정의하여 사용합니다. 대다수 사용자 정의 데이터 타입은 클래스로 구현할 일이 더 많을 것입니다.

> **NOTE_ 똑똑한 스위프트의 복사처리**
>
> 스위프트의 기본 데이터 타입이 모두 구조체라서 다수의 배열 또는 딕셔너리 등의 데이터를 복사하고 이용할 때 메모리를 비효율적으로 사용한다고 오해할 수 있습니다. 그렇지만 스위프트는 꼭 필요한 경우에만 '진짜 복사'를 합니다. 컴파일러가 판단해서 꼭 복사를 할 필요가 없을 경우, 요소를 많이 갖는 큰 배열을 함수의 전달인자로 넘겨준다고 해서 꼭 모든 값을 메모리의 다른 공간에 복사해 넣지 않을 수도 있다는 뜻입니다. 스위프트가 적절히 알아서 효율적으로 처리해줄 것입니다.

CHAPTER 10

프로퍼티와 메서드

프로퍼티*는 클래스, 구조체 또는 열거형 등에 관련된 값을 뜻합니다. **메서드**는 특정 타입에 관련된 함수를 뜻합니다. 우리가 앞서 봤던 변수나 상수, 함수 등이 어떤 목적으로 쓰이느냐, 어디에서 어떻게 쓰이느냐에 따라 용어가 조금씩 달라질 뿐입니다.

10.1 프로퍼티

프로퍼티는 크게 **저장 프로퍼티**Stored Properties와 **연산 프로퍼티**Computed Properties, **타입 프로퍼티**Type Properties로 나눌 수 있습니다. 저장 프로퍼티는 인스턴스의 변수 또는 상수를 의미합니다. 연산 프로퍼티는 값을 저장한 것이 아니라 특정 연산을 실행한 결괏값을 의미합니다. 연산 프로퍼티는 클래스, 구조체, 열거형에 쓰일 수 있습니다. 저장 프로퍼티는 구조체와 클래스에서만 사용할 수 있습니다. 저장 프로퍼티와 연산 프로퍼티는 특정 타입의 인스턴스에 사용되는 것을 뜻하지만 특정 타입에 사용되는 프로퍼티도 존재합니다. 이를 타입 프로퍼티라고 합니다.

정리해보자면 기존 프로그래밍 언어에서 사용되던 인스턴스 변수는 저장 프로퍼티로, 클래스 변수는 타입 프로퍼티로 구분 지을 수 있습니다.

---

* Property. 단어만 보자면 Attribute와 같이 '속성'으로 번역됩니다. 대부분 Attribute를 속성으로 사용하니 차이를 두고자 음차 표현을 사용하겠습니다.

더불어, 프로퍼티의 값이 변하는 것을 감시하는 **프로퍼티 감시자**Property Observers도 있습니다. 프로퍼티 감시자는 프로퍼티의 값이 변할 때 값의 변화에 따른 특정 작업을 실행합니다. 프로퍼티 감시자는 저장 프로퍼티에 적용할 수 있으며 부모클래스로부터 상속받을 수 있습니다.

10.1.1 저장 프로퍼티

클래스 또는 구조체의 인스턴스와 연관된 값을 저장하는 가장 단순한 개념의 프로퍼티입니다. 저장 프로퍼티는 var 키워드를 사용하면 변수 저장 프로퍼티, let 키워드를 사용하면 상수 저장 프로퍼티가 됩니다.

저장 프로퍼티를 정의할 때 프로퍼티 기본값*과 초깃값을 지정해줄 수 있습니다.

> **NOTE_ 구조체와 클래스의 저장 프로퍼티**
>
> 구조체의 저장 프로퍼티가 옵셔널이 아니더라도, 구조체는 저장 프로퍼티를 모두 포함하는 이니셜라이저를 자동으로 생성합니다. 하지만 클래스의 저장 프로퍼티는 옵셔널이 아니라면 프로퍼티 기본값을 지정해주거나 사용자 정의 이니셜라이저를 통해 반드시 초기화해주어야 합니다. 또 클래스 인스턴스의 상수 프로퍼티는 인스턴스가 초기화(이니셜라이즈)될 때 한 번만 값을 할당할 수 있으며, 자식클래스에서 이 초기화를 변경(재정의)할 수 없습니다. 자세한 내용은 인스턴스 생성 및 소멸(11장)에서 다룹니다.

[코드 10-1]은 아주 기본적인 저장 프로퍼티의 선언과 인스턴스 초기화 방법입니다.

코드 10-1 저장 프로퍼티의 선언 및 인스턴스 생성

```
// 좌표
struct CoordinatePoint {
    var x: Int      // 저장 프로퍼티
    var y: Int      // 저장 프로퍼티
}

// 구조체에는 기본적으로 저장 프로퍼티를 매개변수로 갖는 이니셜라이저가 있습니다.
let yagomPoint: CoordinatePoint = CoordinatePoint(x: 10, y: 5)

// 사람의 위치 정보
class Position {
```

---

* 프로퍼티 기본값은 인스턴스 생성 및 소멸(11장)에서 다루겠습니다.

```swift
    var point: CoordinatePoint
    // 저장 프로퍼티(변수) - 위치(point)는 변경될 수 있음을 뜻합니다.
    let name: String              // 저장 프로퍼티 (상수)
    
    // 프로퍼티 기본값을 지정해주지 않는다면 이니셜라이저를 따로 정의해주어야 합니다.
    init(name: String, currentPoint: CoordinatePoint) {
        self.name = name
        self.point = currentPoint
    }
}

// 사용자 정의 이니셜라이저를 호출해야만 합니다.
// 그렇지 않으면 프로퍼티 초깃값을 할당할 수 없기 때문에 인스턴스 생성이 불가능합니다.
let yagomPosition: Position = Position(name: "yagom", currentPoint: yagomPoint)
```

구조체는 프로퍼티에 맞는 이니셜라이저를 자동으로 제공하지만 클래스는 그렇지 않아서 클래스 인스턴스의 저장 프로퍼티를 사용하는 일은 좀 번거롭습니다. 하지만 클래스의 저장 프로퍼티에 초깃값을 지정해주면 따로 사용자 정의 이니셜라이저를 구현해줄 필요가 없습니다. [코드 10-2]를 봅시다.

코드 10-2 저장 프로퍼티의 초깃값 지정

```swift
// 좌표
struct CoordinatePoint {
    var x: Int = 0      // 저장 프로퍼티
    var y: Int = 0      // 저장 프로퍼티
}

// 프로퍼티의 초깃값을 할당했다면 굳이 전달인자로 초깃값을 넘길 필요가 없습니다.
let yagomPoint: CoordinatePoint = CoordinatePoint()

// 물론 기존에 초깃값을 할당할 수 있는 이니셜라이저도 사용 가능합니다.
let wizplanPoint: CoordinatePoint = CoordinatePoint(x: 10, y: 5)

print("yagom's point : \(yagomPoint.x), \(yagomPoint.y)")
// yagom's point : 0, 0

print("wizplan's point : \(wizplanPoint.x), \(wizplanPoint.y)")
// wizplan's point : 10, 5
// 사람의 위치 정보
class Position {
```

```swift
        var point: CoordinatePoint = CoordinatePoint()  // 저장 프로퍼티
        var name: String = "Unknown"                    // 저장 프로퍼티
}

// 초깃값을 지정해줬다면 사용자 정의 이니셜라이저를 사용하지 않아도 됩니다.
let yagomPosition: Position = Position()

yagomPosition.point = yagomPoint
yagomPosition.name = "yagom"
```

초깃값을 미리 지정했더니 인스턴스를 만드는 과정이 훨씬 간편해졌습니다. 그러나 의도와 맞지 않게 인스턴스가 사용될 가능성이 남아있고, 인스턴스를 생성한 후에 원하는 값을 일일이 할당해야 해서 불편합니다. 또 `Position`의 `name` 프로퍼티는 한 번 값을 할당해준 후에 변경하지 못하도록 상수로 정의해주고 싶었는데, 인스턴스를 생성한 후에 값을 할당해주어야 하기 때문에 그렇게 할 수도 없었습니다.

인스턴스를 생성할 때 이니셜라이저를 통해 초깃값을 보내야 하는 이유는 프로퍼티가 옵셔널이 아닌 값으로 선언되어 있기 때문입니다. 그러므로 인스턴스는 생성할 때 프로퍼티에 값이 꼭 있는 상태여야 합니다. 그런데 저장 프로퍼티의 값이 있어도 그만, 없어도 그만인 옵셔널이라면 굳이 초깃값을 넣어주지 않아도 됩니다. 즉, 이니셜라이저에서 옵셔널 프로퍼티에 꼭 값을 할당해주지 않아도 됩니다.

[코드 10-3]에서 옵셔널의 사용과 사용자 정의 이니셜라이저를 적절히 혼합하여 의도에 맞는 구조체와 클래스를 정의해보았습니다.

코드 10-3 옵셔널 저장 프로퍼티

```swift
// 좌표
struct CoordinatePoint {
    // 위치는 x, y 값이 모두 있어야 하므로 옵셔널이면 안 됩니다.
    var x: Int
    var y: Int
}

// 사람의 위치 정보
class Position {
    // 현재 사람의 위치를 모를 수도 있습니다. - 옵셔널
    var point: CoordinatePoint?
```

```
    let name: String

    init(name: String) {
        self.name = name
    }
}

// 이름은 필수지만 위치는 모를 수 있습니다.
let yagomPosition: Position = Position(name: "yagom")

// 위치를 알게 되면 그때 위치 값을 할당해줍니다.
yagomPosition.point = CoordinatePoint(x: 20, y: 10)
```

이렇게 옵셔널과 이니셜라이저를 적절히 사용하면 다른 프로그래머가 사용할 때, 내가 처음 의도했던 대로 구조체와 클래스를 사용할 수 있도록 유도할 수 있습니다.

10.1.2 지연 저장 프로퍼티

인스턴스를 생성할 때 프로퍼티에 값이 필요 없다면 프로퍼티를 옵셔널로 선언해줄 수 있습니다. 그런데 그것과는 조금 다른 용도로 필요할 때 값이 할당되는 **지연 저장 프로퍼티**Lazy Stored Properties가 있습니다. 지연 저장 프로퍼티는 호출이 있어야 값을 초기화하며, 이때 `lazy` 키워드를 사용합니다.

상수는 인스턴스가 완전히 생성되기 전에 초기화해야 하므로 필요할 때 값을 할당하는 지연 저장 프로퍼티와는 맞지 않습니다. 따라서 지연 저장 프로퍼티는 `var` 키워드를 사용하여 변수로 정의합니다.

지연 저장 프로퍼티는 주로 복잡한 클래스나 구조체를 구현할 때 많이 사용됩니다. 클래스 인스턴스의 저장 프로퍼티로 다른 클래스 인스턴스나 구조체 인스턴스를 할당해야 할 때가 있습니다. 이럴 때 인스턴스를 초기화하면서 저장 프로퍼티로 쓰이는 인스턴스들이 한 번에 생성되어야 한다면? 또 굳이 모든 저장 프로퍼티를 사용할 필요가 없다면? 이 질문의 답이 지연 저장 프로퍼티 사용입니다. 지연 저장 프로퍼티를 잘 사용하면 불필요한 성능저하나 공간 낭비를 줄일 수 있습니다.

지연 저장 프로퍼티를 선언하는 방법은 [코드 10-4]에서 확인해볼 수 있습니다.

코드 10-4 지연 저장 프로퍼티

```swift
struct CoordinatePoint {
    var x: Int = 0
    var y: Int = 0
}

class Position {
    lazy var point: CoordinatePoint = CoordinatePoint()
    let name: String
    
    init(name: String) {
        self.name = name
    }
}

let yagomPosition: Position = Position(name: "yagom")

// 이 코드를 통해 point 프로퍼티로 처음 접근할 때
// point 프로퍼티의 CoordinatePoint가 생성됩니다.
print(yagomPosition.point)    // x: 0, y: 0
```

NOTE_ 다중 스레드와 지연 저장 프로퍼티

다중 스레드 환경에서 지연 저장 프로퍼티에 동시다발적으로 접근할 때는 한 번만 초기화된다는 보장이 없습니다. 생성되지 않은 지연 저장 프로퍼티에 많은 스레드가 비슷한 시점에 접근한다면, 여러 번 초기화될 수 있습니다.

10.1.3 연산 프로퍼티

연산 프로퍼티는 실제 값을 저장하는 프로퍼티가 아니라, 특정 상태에 따른 값을 연산하는 프로퍼티입니다. 인스턴스 내/외부의 값을 연산하여 적절한 값을 돌려주는 접근자Getter의 역할이나 은닉화된 내부의 프로퍼티 값을 간접적으로 설정하는 설정자Setter의 역할을 할 수도 있습니다. 클래스, 구조체, 열거형에 연산 프로퍼티를 정의할 수 있습니다.

'굳이 메서드를 두고 왜 연산 프로퍼티를 쓸까?'라는 의문이 들 수도 있으니 그 이유를 생각해 보겠습니다. 인스턴스 외부에서 메서드를 통해 인스턴스 내부 값에 접근하려면 메서드를 두 개

(접근자, 설정자) 구현해야 합니다. 또한 이를 감수하고 메서드로 구현한다 해도 두 메서드가 분산 구현되어 코드의 가독성이 나빠질 위험이 있습니다. 타인의 코드를 보는 프로그래머의 입장에서는 프로퍼티가 메서드 형식보다 훨씬 더 간편하고 직관적이기도 합니다.

다만 연산 프로퍼티는 접근자인 get 메서드만 구현해둔 것처럼 읽기 전용 상태로 구현하기 쉽지만, 쓰기 전용 상태로 구현할 수 없다는 단점이 있습니다. 메서드로는 설정자 메서드만 구현하여 쓰기 전용 상태로 구현할 수 있지만 연산 프로퍼티는 그것이 불가능합니다.

먼저 [코드 10-5]에서 연산 프로퍼티를 적용하지 않고 메서드로 접근자와 설정자를 구현한 코드를 살펴보겠습니다.

코드 10-5 메서드로 구현된 접근자와 설정자

```swift
struct CoordinatePoint {
    var x: Int  // 저장 프로퍼티
    var y: Int  // 저장 프로퍼티
    
    // 대칭점을 구하는 메서드 - 접근자
    // Self는 타입 자기 자신을 뜻합니다.
    // Self 대신 CoordinatePoint를 사용해도 됩니다.
    func oppositePoint() -> Self {
        return CoordinatePoint(x: -x, y: -y)
    }
    
    // 대칭점을 설정하는 메서드 - 설정자
    // mutating 키워드에 관한 내용은 10.2.1절에서 다룹니다.
    mutating func setOppositePoint(_ opposite: CoordinatePoint) {
        x = -opposite.x
        y = -opposite.y
    }
}

var yagomPosition: CoordinatePoint = CoordinatePoint(x: 10, y: 20)

// 현재 좌표
print(yagomPosition)                    // 10, 20

// 대칭 좌표
print(yagomPosition.oppositePoint())    // -10, -20
```

```swift
// 대칭 좌표를 (15, 10)으로 설정하면
yagomPosition.setOppositePoint(CoordinatePoint(x: 15, y: 10))

// 현재 좌표는 -15, -10으로 설정됩니다.
print(yagomPosition)       // -15, -10
```

oppositePoint() 메서드로 대칭점을 구할 수 있으며 setOppositePoint(_:) 메서드로 대칭점을 설정해줘야 합니다. [코드 10-5]에서는 접근자와 설정자 이름의 일관성을 유지하기 힘들며, 해당 포인트에 접근할 때와 설정할 때 사용되는 코드를 한 번에 읽기도 쉽지 않습니다.

하지만 연산 프로퍼티를 사용하면 이 두 메서드를 좀 더 간결하고 확실하게 표현할 수 있습니다. [코드 10-6]을 보세요.

코드 10-6 연산 프로퍼티의 정의와 사용

```swift
struct CoordinatePoint {
    var x: Int  // 저장 프로퍼티
    var y: Int  // 저장 프로퍼티
    
    // 대칭 좌표
    var oppositePoint: CoordinatePoint {     // 연산 프로퍼티
        // 접근자
        get {
            return CoordinatePoint(x: -x, y: -y)
        }
        
        // 설정자
        set(opposite) {
            x = -opposite.x
            y = -opposite.y
        }
    }
}

var yagomPosition: CoordinatePoint = CoordinatePoint(x: 10, y: 20)

// 현재 좌표
print(yagomPosition)                    // 10, 20

// 대칭 좌표
print(yagomPosition.oppositePoint)      // -10, -20
```

```
// 대칭 좌표를 (15, 10)으로 설정하면
yagomPosition.oppositePoint = CoordinatePoint(x: 15, y: 10)

// 현재 좌표는 -15, -10으로 설정됩니다.
print(yagomPosition)        // -15, -10
```

이런 식으로 연산 프로퍼티를 사용하면 하나의 프로퍼티에 접근자와 설정자가 모두 모여있고, 해당 프로퍼티가 어떤 역할을 하는지 좀 더 명확하게 표현 가능합니다. 인스턴스를 사용하는 입장에서도 마치 저장 프로퍼티인 것처럼 편하게 사용할 수 있습니다.

설정자의 매개변수로 원하는 이름을 소괄호 안에 명시해주면 set 메서드 내부에서 전달받은 전달인자를 사용할 수 있습니다. 관용적인 표현으로 newValue로 매개변수 이름을 대신할 수 있습니다. 그럴 경우에는 매개변수를 따로 표기하지 말아야 합니다. 또 접근자 내부의 코드가 단 한 줄이고, 그 결괏값의 타입이 프로퍼티의 타입과 같다면 return 키워드를 생략해도 그 결괏값이 접근자의 반환 값이 됩니다. [코드 10-7]에서 이를 확인해보겠습니다.

코드 10-7 매개변수 이름을 생략한 설정자

```
struct CoordinatePoint {
    var x: Int  // 저장 프로퍼티
    var y: Int  // 저장 프로퍼티

    // 대칭 좌표
    var oppositePoint: CoordinatePoint {    // 연산 프로퍼티
        // 접근자
        get {
            // 이곳에서 return 키워드를 생략할 수 있습니다.
            return CoordinatePoint(x: -x, y: -y)
        }

        // 설정자
        set {
            x = -newValue.x
            y = -newValue.y
        }
    }
}
```

굳이 대칭점을 설정해줄 필요가 없으면 읽기 전용으로 연산 프로퍼티를 사용할 수도 있습니다. 연산 프로퍼티를 읽기 전용으로 구현하려면 [코드 10-8]처럼 get 메서드만 사용합니다.

코드 10-8 읽기 전용 연산 프로퍼티

```
struct CoordinatePoint {
    var x: Int   // 저장 프로퍼티
    var y: Int   // 저장 프로퍼티

    // 대칭 좌표
    var oppositePoint: CoordinatePoint {     // 연산 프로퍼티
        // 접근자
        get {
            return CoordinatePoint(x: -x, y: -y)
        }
    }
}

var yagomPosition: CoordinatePoint = CoordinatePoint(x: 10, y: 20)

// 현재 좌표
print(yagomPosition)                        // 10, 20

// 대칭 좌표
print(yagomPosition.oppositePoint)   // -10, -20

// 설정자를 구현하지 않았으므로 오류!!
yagomPosition.oppositePoint = CoordinatePoint(x: 15, y: 10)
```

10.1.4 프로퍼티 감시자

프로퍼티 감시자 Property Observers를 사용하면 프로퍼티의 값이 변경됨에 따라 적절한 작업을 취할 수 있습니다. 프로퍼티 감시자는 프로퍼티의 값이 새로 할당될 때마다 호출합니다. 이때 변경되는 값이 현재의 값과 같더라도 호출합니다.

프로퍼티 감시자는 저장 프로퍼티뿐만 아니라 프로퍼티를 재정의해 상속받은 저장 프로퍼티 또는 연산 프로퍼티에도 적용할 수 있습니다. 물론 상속받지 않은 연산 프로퍼티에는 프로퍼티 감시자를 사용할 필요가 없으며 할 수도 없습니다. 연산 프로퍼티의 접근자와 설정자를 통해

프로퍼티 감시자를 구현할 수 있기 때문입니다. 연산 프로퍼티는 상속받았을 때만 프로퍼티 재정의를 통해 프로퍼티 감시자를 사용합니다.

프로퍼티 감시자에는 프로퍼티의 값이 변경되기 직전에 호출하는 willSet 메서드와 프로퍼티의 값이 변경된 직후에 호출하는 didSet 메서드가 있습니다.

willSet 메서드와 didSet 메서드에는 매개변수가 하나씩 있습니다. willSet 메서드에 전달되는 전달인자는 프로퍼티가 **변경될 값**이고, didSet 메서드에 전달되는 전달인자는 프로퍼티가 **변경되기 전의 값**입니다. 그래서 매개변수의 이름을 따로 지정하지 않으면 willSet 메서드에는 newValue가, didSet 메서드에는 oldValue라는 매개변수 이름이 자동 지정됩니다.

newValue 혹은 oldValue 매개변수 이름 대신에 다른 이름을 사용하고 싶다면 willSet(newValueName)이나 didSet(oldValueName)처럼 willSet이나 didSet 다음에 소괄호로 감싼 이름을 적어주면 됩니다.

> **NOTE_ oldValue와 didSet**
>
> didSet 감시자 코드 블록 내부에서 oldValue 값을 참조하지 않거나 매개변수 목록에 명시적으로 매개변수를 적어(예: didSet(oldValueName))주지 않으면 didSet 코드 블록이 실행되지 않습니다.

[코드 10-9]는 저장 프로퍼티에 프로퍼티 감시자를 구현한 코드입니다.

코드 10-9 프로퍼티 감시자

```
class Account {
    var credit: Int = 0 {
        willSet {
            print("잔액이 \(credit)원에서 \(newValue)원으로 변경될 예정입니다.")
        }

        didSet {
            print("잔액이 \(oldValue)원에서 \(credit)원으로 변경되었습니다.")
        }
    }
}

let myAccount: Account = Account()
// 잔액이 0원에서 1000원으로 변경될 예정입니다.
```

```
myAccount.credit = 1000
// 잔액이 0원에서 1000원으로 변경되었습니다.
```

클래스를 상속받았다면 기존의 연산 프로퍼티를 재정의하여 프로퍼티 감시자를 구현할 수도 있습니다. 연산 프로퍼티를 재정의해도 기존의 연산 프로퍼티 기능(접근자와 설정자, get과 set 메서드)은 동작합니다.

[코드 10-10]은 연산 프로퍼티인 dollarValue가 포함되어 있는 Account 클래스를 상속받은 ForeignAccount 클래스에서 기존 dollarValue 프로퍼티를 재정의하여 프로퍼티 감시자를 구현하는 예제입니다. 주석(실제로는 콘솔에 출력되는 문자열)의 흐름을 통해 언제 어떤 메서드가 호출되는지 확인할 수 있습니다.

코드 10-10 상속받은 연산 프로퍼티의 프로퍼티 감시자 구현

```swift
class Account {
    var credit: Int = 0 {    // 저장 프로퍼티
        willSet {
            print("잔액이 \(credit)원에서 \(newValue)원으로 변경될 예정입니다.")
        }
        
        didSet {
            print("잔액이 \(oldValue)원에서 \(credit)원으로 변경되었습니다.")
        }
    }
    
    var dollarValue: Double {    // 연산 프로퍼티
        get {
            return Double(credit) / 1000.0
        }
        
        set {
            credit = Int(newValue * 1000)
            print("잔액을 \(newValue)달러로 변경 중입니다.")
        }
    }
}

class ForeignAccount: Account {
    override var dollarValue: Double {
```

```
        willSet {
            print("잔액이 \(dollarValue)달러에서 \(newValue)달러로 변경될 예정입니다.")
        }
        
        didSet {
            print("잔액이 \(oldValue)달러에서 \(dollarValue)달러로 변경되었습니다.")
        }
    }
}


let myAccount: ForeignAccount = ForeignAccount()
// 잔액이 0원에서 1000원으로 변경될 예정입니다.
myAccount.credit = 1000
// 잔액이 0원에서 1000원으로 변경되었습니다.

// 잔액이 1.0달러에서 2.0달러로 변경될 예정입니다.
// 잔액이 1000원에서 2000원으로 변경될 예정입니다.
// 잔액이 1000원에서 2000원으로 변경되었습니다.

myAccount.dollarValue = 2    // 잔액을 2.0달러로 변경 중입니다.
// 잔액이 1.0달러에서 2.0달러로 변경되었습니다.
```

> **NOTE_ 입출력 매개변수와 프로퍼티 감시자**
>
> 만약 프로퍼티 감시자가 있는 프로퍼티를 함수의 입출력 매개변수의 전달인자로 전달한다면 항상 willSet 과 didSet 감시자를 호출합니다. 함수 내부에서 값이 변경되든 되지 않든 간에 함수가 종료되는 시점에 값을 다시 쓰기 때문입니다.

10.1.5 전역변수와 지역변수

앞서 설명한 연산 프로퍼티와 프로퍼티 감시자는 전역변수와 지역변수 모두에 사용할 수 있습니다. 따라서 프로퍼티에 한정하지 않고, 전역에서 쓰일 수 있는 변수와 상수에도 두 기능을 사용할 수 있습니다. 함수나 메서드, 클로저, 클래스, 구조체, 열거형 등의 범위 안에 포함되지 않았던 변수나 상수, 즉 우리가 프로퍼티를 다루기 전에 계속해서 사용했던 변수와 상수는 모두 전역변수 또는 전역상수에 해당됩니다.

우리가 이제까지 변수라고 통칭했던 전역변수 또는 지역변수는 **저장변수**라고 할 수 있습니다. 저장변수는 마치 저장 프로퍼티처럼 값을 저장하는 역할을 합니다. 그런데 전역변수나 지역변수를 연산변수로 구현할 수도 있으며, 프로퍼티 감시자를 구현할 수도 있습니다.

참, 전역변수 또는 전역상수는 지연 저장 프로퍼티처럼 처음 접근할 때 최초로 연산이 이루어집니다. lazy 키워드를 사용하여 연산을 늦출 필요가 없습니다. 반대로 지역변수 및 지역상수는 절대로 지연 연산되지 않습니다. [코드 10-11]에서 저장변수에 감시자를 구현한 것과 연산변수를 구현한 것을 볼 수 있습니다.

코드 10-11 저장변수의 감시자와 연산변수

```
var wonInPocket: Int = 2000 {
    willSet {
        print("주머니의 돈이 \(wonInPocket)원에서 \(newValue)원으로 변경될 예정입니다.")
    }
    didSet {
        print("주머니의 돈이 \(oldValue)원에서 \(wonInPocket)원으로 변경되었습니다.")
    }
}

var dollarInPocket: Double {
    get {
        return Double(wonInPocket) / 1000.0
    }
    set {
        wonInPocket = Int(newValue * 1000.0)
        print("주머니의 달러를 \(newValue)달러로 변경 중입니다.")
    }
}

// 주머니의 돈이 2000원에서 3500원으로 변경될 예정입니다.
// 주머니의 돈이 2000원에서 3500원으로 변경되었습니다.
dollarInPocket = 3.5    // 주머니의 달러를 3.5달러로 변경 중입니다.
```

10.1.6 타입 프로퍼티

이제까지 알아본 프로퍼티 개념은 모두 타입을 정의하고 해당 타입의 인스턴스가 생성되었을 때 사용할 수 있는 인스턴스 프로퍼티입니다. 인스턴스 프로퍼티는 인스턴스를 새로 생성할 때마다 초깃값에 해당하는 값이 프로퍼티의 값이 되고, 인스턴스마다 다른 값을 지닐 수 있습니다.

각각의 인스턴스가 아닌 타입 자체에 속하는 프로퍼티를 **타입 프로퍼티**라고 합니다. 타입 프로퍼티는 타입 자체에 영향을 미치는 프로퍼티입니다. 인스턴스의 생성 여부와 상관없이 타입 프로퍼티의 값은 하나며, 그 타입의 모든 인스턴스가 공통으로 사용하는 값(C 언어의 static constant와 유사), 모든 인스턴스에서 공용으로 접근하고 값을 변경할 수 있는 변수(C 언어의 static 변수와 유사) 등을 정의할 때 유용합니다.

타입 프로퍼티는 두 가지인데 저장 타입 프로퍼티는 변수 또는 상수로 선언할 수 있으며, 연산 타입 프로퍼티는 변수로만 선언할 수 있습니다. 저장 타입 프로퍼티는 반드시 초깃값을 설정해야 하며 지연 연산됩니다. 지연 저장 프로퍼티와는 조금 다르게 다중 스레드 환경이라고 하더라도 단 한 번만 초기화된다는 보장을 받습니다. 지연 연산 된다고 해서 lazy 키워드로 표시해주지는 않습니다. [코드 10-12]를 통해 타입 프로퍼티와 인스턴스 프로퍼티의 차이를 확인해봅시다.

코드 10-12 타입 프로퍼티와 인스턴스 프로퍼티

```
class AClass {

    // 저장 타입 프로퍼티
    static var typeProperty: Int = 0

    // 저장 인스턴스 프로퍼티
    var instanceProperty: Int = 0 {
        didSet {
            // Self.typeProperty는
            // AClass.typeProperty와 같은 표현입니다.
            Self.typeProperty = instanceProperty + 100
        }
    }

    // 연산 타입 프로퍼티
    static var typeComputedProperty: Int {
        get {
```

```
            return typeProperty
        }

        set {
            typeProperty = newValue
        }
    }
}

AClass.typeProperty = 123

let classInstance: AClass = AClass()
classInstance.instanceProperty = 100

print(AClass.typeProperty)          // 200
print(AClass.typeComputedProperty)  // 200
```

[코드 10-12]에서 보듯이 타입 프로퍼티는 인스턴스를 생성하지 않고도 사용할 수 있으며 타입에 해당하는 값입니다. 그래서 인스턴스에 접근할 필요 없이 타입 이름만으로도 프로퍼티를 사용할 수 있습니다.

[코드 10-13]과 같이 타입 프로퍼티를 타입 상수로 사용할 수도 있습니다.

코드 10-13 타입 프로퍼티의 사용

```
class Account {

    static let dollarExchangeRate: Double = 1000.0  // 타입 상수

    var credit: Int = 0           // 저장 인스턴스 프로퍼티

    var dollarValue: Double {     // 연산 인스턴스 프로퍼티
        get {
            // Self.dollarExchangeRate 는
            // Account.dollarExchangeRate와 같은 표현입니다.
            return Double(credit) / Self.dollarExchangeRate
        }

        set {
            // Self.dollarExchangeRate는
            // Account.dollarExchangeRate와 같은 표현입니다.
            credit = Int(newValue * Account.dollarExchangeRate)
```

```
            print("잔액을 \(newValue)달러로 변경 중입니다.")
        }
    }
}
```

10.1.7 키 경로

함수가 일급시민으로서 상수나 변수에 참조를 할당할 수 있었던 것을 기억하나요?

```
func someFunction(paramA: Any, paramB: Any) {
    print("someFunction called...")
}

var functionReference = someFunction(paramA:paramB:)
```

또 이렇게 함수를 참조해두고 나중에 원할 때 호출할 수 있고, 다른 함수를 참조하도록 할 수도 있습니다.

```
functionReference("A", "B") // someFunction called...
functionReference = anotherFunction(paramA:paramB:)
```

프로퍼티도 이처럼 값을 바로 꺼내오는 것이 아니라 어떤 **프로퍼티의 위치**만 참조하도록 할 수 있습니다. 바로 키 경로^{keyPath}를 활용하는 방법입니다. 키 경로를 사용하여 간접적으로 특정 타입의 어떤 프로퍼티 값을 가리켜야 할지 미리 지정해두고 사용할 수 있습니다.

키 경로 타입은 `AnyKeyPath`라는 클래스로부터 파생됩니다. 제일 많이 확장된 키 경로 타입은 `WritableKeyPath<Root, Value>`* 와 `ReferenceWritableKeyPath<Root, Value>` 타입입니다. `WritableKeyPath<Root, Value>` 타입은 값 타입에 키 경로 타입으로 읽고 쓸 수 있는 경우에 적용되며, `ReferenceWritableKeyPath <Root, Value>` 타입은 참조 타입, 즉 클래스 타입에 키 경로 타입으로 읽고 쓸 수 있는 경우에 적용됩니다.

키 경로는 역슬래시(\)와 타입, 마침표(.) 경로로 구성됩니다.

---

* 제네릭 타입입니다. 제네릭 타입은 22.2절에서 설명합니다.

```
\타입이름.경로.경로.경로
```

여기서 경로는 프로퍼티 이름이라고 생각하면 됩니다. 예제 코드로 살펴보겠습니다.

코드 10-14 키 경로 타입의 타입 확인

```
class Person {
    var name: String

    init(name: String) {
        self.name = name
    }
}

struct Stuff {
    var name: String
    var owner: Person
}

print(type(of: \Person.name)) // ReferenceWritableKeyPath<Person, String>
print(type(of: \Stuff.name))  // WritableKeyPath<Stuff, String>
```

키 경로는 기존의 키 경로에 하위 경로를 덧붙여줄 수도 있습니다.

코드 10-15 키 경로 타입의 경로 연결

```
let keyPath = \Stuff.owner
let nameKeyPath = keyPath.appending(path: \.name)
```

각 인스턴스의 keyPath 서브스크립트(17장) 메서드에 키 경로를 전달하여 프로퍼티에 접근할 수 있습니다.

코드 10-16 keyPath 서브스크립트와 키 경로 활용

```
class Person {
    let name: String
    init(name: String) {
        self.name = name
    }
```

```swift
}

struct Stuff {
    var name: String
    var owner: Person
}

let yagom = Person(name: "yagom")
let hana = Person(name: "hana")
let macbook = Stuff(name: "MacBook Pro", owner: yagom)
var iMac = Stuff(name: "iMac", owner: yagom)
let iPhone = Stuff(name: "iPhone", owner: hana)

let stuffNameKeyPath = \Stuff.name
let ownerkeyPath = \Stuff.owner

// \Stuff.owner.name과 같은 표현이 됩니다.
let ownerNameKeyPath = ownerkeyPath.appending(path: \.name)

// 키 경로와 서브스크립트를 이용해 프로퍼티에 접근하여 값을 가져옵니다.
print(macbook[keyPath: stuffNameKeyPath]) // MacBook Pro
print(iMac[keyPath: stuffNameKeyPath]) // iMac
print(iPhone[keyPath: stuffNameKeyPath]) // iPhone

print(macbook[keyPath: ownerNameKeyPath]) // yagom
print(iMac[keyPath: ownerNameKeyPath]) // yagom
print(iPhone[keyPath: ownerNameKeyPath]) // hana

// 키 경로와 서브스크립트를 이용해 프로퍼티에 접근하여 값을 변경합니다.
iMac[keyPath: stuffNameKeyPath] = "iMac Pro"
iMac[keyPath: ownerkeyPath] = hana

print(iMac[keyPath: stuffNameKeyPath]) // iMac Pro
print(iMac[keyPath: ownerNameKeyPath]) // hana

// 상수로 지정한 값 타입과 읽기 전용 프로퍼티는 키 경로 서브스크립트로도 값을 바꿔줄 수 없습니다.
// macbook[keyPath: stuffNameKeyPath] = "macbook pro touch bar" // 오류 발생!
// yagom[keyPath: \Person.name] = "bear" // 오류 발생!
```

키 경로를 잘 활용하면 프로토콜과 마찬가지로 타입 간의 의존성을 낮추는 데 많은 도움을 줍니다. 또 애플의 프레임워크는 키-값 코딩 등 많은 곳에 키 경로를 활용하므로, 애플 프레임워크 기반의 애플리케이션을 만든다면 잘 알아두기 바랍니다. 많은 도움이 될 것입니다.

> **NOTE_ 접근수준과 키 경로**
>
> 키 경로는 타입 외부로 공개된 **인스턴스 프로퍼티 혹은 서브스크립트**에 한하여 표현할 수 있습니다. 접근수준은 12.2절에서 설명합니다.

> **TIP** 자신을 나타내는 키 경로인 \.self를 사용하면 인스턴스 그 자체를 표현하는 키 경로가 됩니다. 또 컴파일러가 타입을 유추할 수 있는 경우에는 키 경로에서 타입 이름을 생략할 수도 있습니다.

스위프트 5.2 버전부터 (SomeType) -> Value 타입의 클로저를 키 경로 표현으로 대체하여 사용할 수 있습니다. [코드 10-17]에서 다루는 map, filter, compactMap은 맵·필터·리듀스(15장)에서 설명합니다. 또 클로저의 간소화 표현은 클로저(13장)에서 설명합니다.

코드 10-17 클로저를 대체할 수 있는 키 경로 표현

```
struct Person {
    let name: String
    let nickname: String?
    let age: Int

    var isAdult: Bool {
        return age > 18
    }
}

let yagom: Person = Person(name: "yagom", nickname: "bear", age: 100)
let hana: Person = Person(name: "hana", nickname: "na", age: 100)
let happy: Person = Person(name: "happy", nickname: nil, age: 3)

let family: [Person] = [yagom, hana, happy]
let names: [String] = family.map(\.name)        // ["yagom", "hana", "happy"]
let nicknames: [String] = family.compactMap(\.nickname) // ["bear", "na"]
let adults: [String] = family.filter(\.isAdult).map(\.name) // ["yagom", "hana"]
```

[코드 10-17]의 family 배열은 [Person] 타입이며, 이 타입의 map은 (Person) -> T를, compactMap은 (Person) -> T?를, filter는 (Person) -> Bool 타입의 클로저를 매개변수를 통해 전달받을 것입니다.

이에 따라 \.name 표현은 (Person) -> T 타입의 클로저를 대체하여 표현하였고, 이는 클로

저 표현인 {$0.name}의 표현과 같은 역할을 수행합니다. \.nickname과 \.isAdult 표현도 같은 방식으로 동작하는 것을 알 수 있습니다.

10.2 메서드

메서드는 특정 타입에 관련된 함수를 뜻합니다. 클래스, 구조체, 열거형 등은 실행하는 기능을 캡슐화한 인스턴스 메서드를 정의할 수 있습니다. 또한, 타입 자체와 관련된 기능을 실행하는 타입 메서드를 정의할 수도 있습니다. 타입 메서드는 기존의 프로그래밍 언어에서의 클래스 메서드와 유사한 개념입니다.

구조체와 열거형이 메서드를 가질 수 있다는 것은 기존 프로그래밍 언어와 스위프트간의 큰 차이점입니다. 스위프트에서는 프로그래머가 정의하는 타입(클래스, 구조체, 열거형 등)에 자유롭게 메서드를 정의할 수 있습니다.

10.2.1 인스턴스 메서드

인스턴스 메서드는 특정 타입의 인스턴스에 속한 함수를 뜻합니다. 인스턴스 내부의 프로퍼티 값을 변경하거나 특정 연산 결과를 반환하는 등 인스턴스와 관련된 기능을 실행합니다. 인스턴스 메서드는 함수와 문법이 같으므로 문법은 함수(7장)를 참고하세요.

인스턴스 메서드는 함수와 달리 특정 타입 내부에 구현합니다. 따라서 인스턴스가 존재할 때만 사용할 수 있습니다. 이 점이 함수와 유일한 차이점입니다. [코드 10-18]에서 클래스의 인스턴스 메서드를 정의하고 사용하는 방법을 살펴보겠습니다.

코드 10-18 클래스의 인스턴스 메서드

```
class LevelClass {
    // 현재 레벨을 저장하는 저장 프로퍼티
    var level: Int = 0 {
        // 프로퍼티 값이 변경되면 호출하는 프로퍼티 감시자
        didSet {
            print("Level \(level)")
```

```swift
        }
    }
    
    // 레벨이 올랐을 때 호출할 메서드
    func levelUp() {
        print("Level Up!")
        level += 1
    }
    
    // 레벨이 감소했을 때 호출할 메서드
    func levelDown() {
        print("Level Down")
        level -= 1
        if level < 0 {
            reset()
        }
    }
    
    // 특정 레벨로 이동할 때 호출할 메서드
    func jumpLevel(to: Int) {
        print("Jump to \(to)")
        level = to
    }
    // 레벨을 초기화할 때 호출할 메서드
    func reset() {
        print("Reset!")
        level = 0
    }
}


var levelClassInstance: LevelClass = LevelClass()
levelClassInstance.levelUp()            // Level Up!
// Level 1
levelClassInstance.levelDown()          // Level Down
// Level 0
levelClassInstance.levelDown()          // Level Down
// Level -1
// Reset!
// Level 0
levelClassInstance.jumpLevel(to: 3) // Jump to 3
// Level 3
```

[코드 10-18]에 구현한 **LevelClass**의 인스턴스 메서드는 level 인스턴스 프로퍼티의 값을 수정하는 코드가 있습니다. 자신의 프로퍼티 값을 수정할 때 클래스의 인스턴스 메서드는 크게 신경 쓸 필요가 없지만, 구조체나 열거형 등은 값 타입이므로 메서드 앞에 **mutating** 키워드를 붙여서 해당 메서드가 인스턴스 내부의 값을 변경한다는 것을 명시해야 합니다.

코드 10-19 mutating 키워드의 사용

```swift
struct LevelStruct {
    var level: Int = 0 {
        didSet {
            print("Level \(level)")
        }
    }
    
    mutating func levelUp() {
        print("Level Up!")
        level += 1
    }
    
    mutating func levelDown() {
        print("Level Down")
        level -= 1
        if level < 0 {
            reset()
        }
    }
    
    mutating func jumpLevel(to: Int) {
        print("Jump to \(to)")
        level = to
    }
    
    mutating func reset() {
        print("Reset!")
        level = 0
    }
}

var levelStructInstance: LevelStruct = LevelStruct()
levelStructInstance.levelUp()           // Level Up!
// Level 1
levelStructInstance.levelDown()         // Level Down
```

10장 - 프로퍼티와 메서드 **227**

```
// Level 0
levelStructInstance.levelDown()        // Level Down
// Level -1
// Reset!
// Level 0
levelStructInstance.jumpLevel(to: 3)   // Jump to 3
// Level 3
```

self 프로퍼티

모든 인스턴스는 암시적으로 생성된 self 프로퍼티를 갖습니다. 자바의 this와 비슷하게 인스턴스 자기 자신을 가리키는 프로퍼티입니다. self 프로퍼티는 인스턴스를 더 명확히 지칭하고 싶을 때 사용합니다. [코드 10-18]처럼 level 변수를 사용할 때, 스위프트는 자동으로 메서드 내부에 선언된 지역변수를 먼저 사용하고, 그다음 메서드 매개변수, 그다음 인스턴스의 프로퍼티를 찾아서 level이 무엇을 지칭하는지 유추합니다. 그런데 메서드 매개변수의 이름이 level인데, 이 level 매개변수가 아닌 인스턴스 프로퍼티인 level을 지칭하고 싶다면 self 프로퍼티를 사용합니다.

[코드 10-18]의 jumpLevel(to:) 메서드를 [코드 10-20]에서 조금 변경해보았습니다.

코드 10-20 self 프로퍼티의 사용

```
class LevelClass {
    var level: Int = 0

    func jumpLevel(to level: Int) {
        print("Jump to \(level)")
        self.level = level
    }
}
```

[코드 10-20]에서 jumpLevel(to:) 메서드의 매개변수 이름 level이 인스턴스 프로퍼티 level과 이름이 같습니다. 그럴 때 level = level이라고 적어주면 컴파일러는 좌측의 level은 인스턴스 프로퍼티인 level보다는 매개변수로 넘어온 level을 지칭하는 것으로 판단합니다. 그럴 때 좌측에 level 대신 self.level이라고 적어주면 좌측의 level이 인스턴스 프로퍼티라는 것을 명확히 할 수 있습니다.

또 self 프로퍼티의 다른 용도는 값 타입 인스턴스 자체의 값을 치환할 수 있습니다. 클래스의 인스턴스는 참조 타입이라서 self 프로퍼티에 다른 참조를 할당할 수 없는데, 구조체나 열거형 등은 self 프로퍼티를 사용하여 자신 자체를 치환할 수도 있습니다. [코드 10-21]에서 이를 확인해볼 수 있습니다.

코드 10-21 self 프로퍼티와 mutating 키워드

```
class LevelClass {
    var level: Int = 0

    func reset() {
        // 오류!! self 프로퍼티 참조 변경 불가!
        self = LevelClass()
    }
}

struct LevelStruct {
    var level: Int = 0

    mutating func levelUp() {
        print("Level Up!")
        level += 1
    }

    mutating func reset() {
        print("Reset!")
        self = LevelStruct()
    }
}

var levelStructInstance: LevelStruct = LevelStruct()
levelStructInstance.levelUp()           // Level Up!
print(levelStructInstance.level)        // 1

levelStructInstance.reset()             // Reset!
print(levelStructInstance.level)        // 0

enum OnOffSwitch {
    case on, off
    mutating func nextState() {
        self = self == .on ? .off : .on
    }
```

```
    }

    var toggle: OnOffSwitch = OnOffSwitch.off
    toggle.nextState()
    print(toggle)     // on
```

인스턴스를 함수처럼 호출하도록 하는 메서드

사용자 정의 명목 타입의 호출 가능한 값callable values of user-defined nominal types을 구현하기 위해 인스턴스를 함수처럼 호출할 수 있도록 하는 메서드call-as-function method가 있습니다. 말이 좀 어려운데요. 특정 타입의 인스턴스를 문법적으로 함수를 사용하는 것처럼 보이게 할 수 있다는 뜻입니다. 인스턴스를 함수처럼 호출할 수 있도록 하려면 `callAsFunction`이라는 이름의 메서드를 구현하면 됩니다. 이 메서드는 매개변수와 반환 타입만 다르다면 개수에 제한 없이 원하는 만큼 만들 수 있습니다. `mutating` 키워드도 사용할 수 있고, `throws`와 `rethrows`도 함께 사용할 수 있습니다.

코드 10-22 Puppy 구조체에 callAsFunction 메서드 구현

```
struct Puppy {
    
    var name: String = "멍멍이"
    
    func callAsFunction() {
        print("멍멍")
    }
    
    func callAsFunction(destination: String) {
        print("\(destination)(으)로 달려갑니다")
    }
    
    func callAsFunction(something: String, times: Int) {
        print("\(something)(을)를 \(times)번 반복합니다")
    }
    
    func callAsFunction(color: String) -> String {
        return "\(color) 응가"
    }
```

```swift
        mutating func callAsFunction(name: String) {
            self.name = name
        }
    }

    var doggy: Puppy = Puppy()
    doggy.callAsFunction()  // 멍멍
    doggy() // 멍멍
    doggy.callAsFunction(destination: "집")  // 집(으)로 달려갑니다
    doggy(destination: "뒷동산")              // 뒷동산(으)로 달려갑니다
    doggy(something: "재주넘기", times: 3)    // 재주넘기(을)를 3번 반복합니다
    print(doggy(color: "무지개색"))           // 무지개색 응가
    doggy(name: "댕댕이")
    print(doggy.name) // 댕댕이
```

[코드 10-22]에는 Puppy 구조체에 다양한 형태의 callAsFunction 메서드를 구현했습니다. 매개변수 타입, 전달인자 레이블, 반환 타입이 겹치지 않는다면 원하는 만큼 구현할 수 있습니다. 매개변수의 개수도 원하는 대로 구현할 수 있습니다. [코드 10-22]의 doggy() 표현과 doggy.callAsFunction() 표현은 완전히 똑같은 표현입니다. 이와 마찬가지로 doggy(destination: "집")과 doggy.callAsFunction(destination: "집")도 같은 표현이라는 것을 알 수 있습니다.

하지만 메서드를 호출하는 것 외에 함수 표현으로는 사용할 수 없습니다. 즉, let function: (String) -> Void = doggy(destination:)처럼은 사용할 수 없습니다. 대신에 let function: (String) -> Void = doggy.callAsFunction(destination:)로 표현해야 합니다.

10.2.2 타입 메서드

인스턴스 프로퍼티와 타입 프로퍼티가 있듯이 메서드에도 인스턴스 메서드와 타입 메서드가 있습니다. 타입 자체에 호출이 가능한 메서드를 타입 메서드(흔히 객체지향 프로그래밍에서 지칭하는 클래스 메서드와 유사)라고 부릅니다. 메서드 앞에 static 키워드를 사용하여 타입 메서드임을 나타내줍니다. 클래스의 타입 메서드는 static 키워드와 class 키워드를 사용할 수 있는데 static으로 정의하면 상속 후 메서드 재정의가 불가능하고 class로 정의하면 상속 후 메서드 재정의가 가능합니다. [코드 10-23]에서 이를 확인해보겠습니다.

코드 10-23 클래스의 타입 메서드

```
class AClass {
    static func staticTypeMethod() {
        print("AClass staticTypeMethod")
    }

    class func classTypeMethod() {
        print("AClass classTypeMethod")
    }
}

class BClass: AClass {
    /*
    // 오류 발생!! 재정의 불가!
    override static func staticTypeMethod() {

    }
    */
    override class func classTypeMethod() {
        print("BClass classTypeMethod")
    }
}

AClass.staticTypeMethod()    // AClass staticTypeMethod
AClass.classTypeMethod()     // AClass classTypeMethod
BClass.classTypeMethod()     // BClass classTypeMethod
```

또 타입 메서드는 인스턴스 메서드와는 달리 self 프로퍼티가 타입 그 자체를 가리킨다는 점이 다릅니다. 인스턴스 메서드에서는 self가 인스턴스를 가리킨다면 타입 메서드의 self는 타입을 가리킵니다. 그래서 타입 메서드 내부에서 타입 이름과 self는 같은 뜻이라고 볼 수 있습니다. 그래서 타입 메서드에서 self 프로퍼티를 사용하면 타입 프로퍼티 및 타입 메서드를 호출할 수 있습니다. [코드 10-24]에서 확인해보세요.

코드 10-24 타입 프로퍼티와 타입 메서드의 사용

```
// 시스템 음량은 한 기기에서 유일한 값이어야 합니다.
struct SystemVolume {
    // 타입 프로퍼티를 사용하면 언제나 유일한 값이 됩니다.
    static var volume: Int = 5
```

```swift
        // 타입 프로퍼티를 제어하기 위해 타입 메서드를 사용합니다.
        static func mute() {
            self.volume = 0     // SystemVolume.volume = 0과 같은 표현입니다.
                                // Self.volume = 0과도 같은 표현입니다.
        }
}

// 내비게이션 역할은 여러 인스턴스가 수행할 수 있습니다.
class Navigation {
    
    // 내비게이션 인스턴스마다 음량을 따로 설정할 수 있습니다.
    var volume: Int = 5
    
    // 길 안내 음성 재생
    func guideWay() {
        // 내비게이션 외 다른 재생원 음소거
        SystemVolume.mute()
    }
    
    // 길 안내 음성 종료
    func finishGuideWay() {
        // 기존 재생원 음량 복구
        SystemVolume.volume = self.volume
    }
}

SystemVolume.volume = 10

let myNavi: Navigation = Navigation()

myNavi.guideWay()
print(SystemVolume.volume) // 0

myNavi.finishGuideWay()
print(SystemVolume.volume) // 5
```

10.2.3 함수 호출로서의 메서드

특별한 이름의 몇몇 메서드는 인스턴스를 함수를 호출하는 것과 같은 문법으로 표현할 수 있는 문법적 설탕Syntactic Sugar으로 활용할 수 있습니다. 타입에 특별한 이름의 메서드를 정의하면 그 타입의 인스턴스에 함수를 호출하는 것과 같은 문법을 사용할 수 있습니다. 함수처럼 사용된 인스턴스는 자신의 타입 내부에 정의된 특별한 이름의 함수를 호출합니다.

클래스, 구조체, 열거형 타입에 dynamicCallable이라 불리는 dynamicallyCall(with Arguments:) 또는 dynamicallyCall(withKeywordArguments:) 메서드를 정의하면 함수 호출 문법을 사용할 수 있습니다. dynamicCallable은 부록 G에서 다룹니다.

dynamicCallable 속성을 사용하지 않고도 인스턴스를 함수 호출처럼 사용할 수 있는 방법이 또 있습니다. 바로 함수 호출로서의 메서드^{call-as-function method}를 구현하는 것입니다. 함수 호출로서의 메서드를 구현하더라도 dynamicCallable 속성도 사용할 수 있습니다. 이때는 인스턴스를 함수처럼 호출하면 실행될 수 있는 메서드가 여러 개일 수 있지만, 컴파일러가 적절한 메서드를 판단하여 호출합니다.

함수 호출로서의 메서드 이름은 항상 callAsFunction입니다. 여기에 필요한 만큼 매개변수를 추가해줄 수 있죠.

코드 10-25 함수 호출로서의 메서드 구현과 사용

```swift
struct CallablePerson {
    var name: String
    
    func callAsFunction() {
        print("제 이름은 \(name)입니다.")
    }
    
    func callAsFunction(friend: String) {
        print("저는 \(friend)와 친구입니다.")
    }
}

let yagom: CallablePerson = CallablePerson(name: "야곰")
yagom() // 제 이름은 야곰입니다.
yagom(friend: "스위프트") // 저는 스위프트와 친구입니다.
yagom.callAsFunction() // 제 이름은 야곰입니다.
yagom.callAsFunction(friend: "스위프트") // 저는 스위프트와 친구입니다.
```

[코드 10-25]처럼 인스턴스를 직접 함수처럼 호출할 수도 있으며, 기존 방식대로 인스턴스의 메서드를 호출해도 동일하게 동작합니다. 구현하는 인스턴스 메서드 이름만 callAsFunction이라면 이처럼 인스턴스를 함수처럼 호출하도록 만들 수 있습니다.

CHAPTER 11

인스턴스 생성 및 소멸

구조체와 클래스를 생성할 때는 지금까지 기본 이니셜라이저를 사용해 인스턴스를 생성했습니다. 초기화Initialization는 클래스나 구조체 또는 열거형의 인스턴스를 사용하기 위한 준비 과정입니다. 초기화가 완료된 인스턴스는 사용 후 소멸 시점이 오면 소멸합니다. 이번 장에서는 인스턴스를 생성하는 방법과 클래스의 인스턴스가 소멸할 때 어떤 프로세스가 진행되는지 알아보겠습니다. 클래스 인스턴스의 소멸 시점은 ARC(27장)에서, 클래스의 이니셜라이저와 이니셜라이저 상속에 관한 부분은 상속(18.3절)에서 더 자세히 다루겠습니다.

11.1 인스턴스 생성

초기화 과정은 새로운 인스턴스를 사용할 준비를 하기 위하여 저장 프로퍼티의 초깃값을 설정하는 등의 일을 합니다. **이니셜라이저**Initializer를 정의하면 초기화 과정을 직접 구현할 수 있습니다. 그렇게 구현된 이니셜라이저는 새로운 인스턴스를 생성할 수 있는 특별한 메서드가 됩니다. 스위프트의 이니셜라이저는 반환 값이 없습니다. 이니셜라이저의 역할은 그저 인스턴스의 첫 사용을 위해 초기화하는 것뿐입니다.

이니셜라이저는 해당 타입의 새로운 인스턴스를 생성하기 위해 호출합니다. [코드 11-1]은 매개변수가 없는 기본 이니셜라이저의 모습입니다. 이니셜라이저는 func 키워드를 사용하지 않고 오로지 init 키워드를 사용하여 이니셜라이저 메서드임을 표현합니다. init 메서드는 클래스, 구조체, 열거형 등의 구현부 또는 해당 타입의 익스텐션 구현부에 위치합니다. 다만 클래스의 지정 이니셜라이저는 익스텐션에서 구현해줄 수 없습니다. 익스텐션으로 추가할 수 있는 기능(21.3절)에서 관련 내용을 확인해볼 수 있습니다.

코드 11-1 클래스, 구조체, 열거형의 기본적인 형태의 이니셜라이저

```
class SomeClass {
    init() {
        // 초기화할 때 필요한 코드
    }
}

struct SomeStruct {
    init() {
        // 초기화할 때 필요한 코드
    }
}

enum SomeEnum {
    case someCase

    init() {
        // 열거형은 초기화할 때 반드시 case중 하나가 되어야 합니다.
        self = .someCase
        // 초기화할 때 필요한 코드
    }
}
```

11.1.1 프로퍼티 기본값

구조체와 클래스의 인스턴스는 처음 생성할 때 옵셔널 저장 프로퍼티를 제외한 모든 저장 프로퍼티에 적절한 **초깃값**Initial Value을 할당해야 합니다. 이니셜라이저가 실행될 때 저장 프로퍼티에 적절한 초깃값을 할당할 수 있습니다. 초기화 후에 값이 확정되지 않은 저장 프로퍼티는 존재할 수 없습니다. 프로퍼티를 정의할 때 프로퍼티 **기본값**Default Value을 할당하면 이니셜라이저에서 따로 초깃값을 할당하지 않더라도 프로퍼티 기본값으로 저장 프로퍼티의 값이 초기화됩니다.

> **NOTE_ 초기화와 프로퍼티 감시자**
> 이니셜라이저를 통해 초깃값을 할당하거나, 프로퍼티 기본값을 통해 처음의 저장 프로퍼티가 초기화될 때는 프로퍼티 감시자 메서드가 호출되지 않습니다.

코드 11-2 Area 구조체와 이니셜라이저

```
struct Area {
    var squareMeter: Double

    init() {
        squareMeter = 0.0 // squareMeter의 초깃값 할당
    }
}

let room: Area = Area()
print(room.squareMeter) // 0.0
```

[코드 11-2]의 Area 구조체는 squareMeter라는 Double 타입의 저장 프로퍼티를 가지고 있습니다. init 이니셜라이저로 인스턴스를 초기화하며 squareMeter의 초깃값은 0.0이 됩니다.

앞서 설명했듯이 이니셜라이저로 저장 프로퍼티에 초깃값을 설정하는 방식도 있지만, 프로퍼티를 정의할 때 프로퍼티에 기본값을 할당하는 방식을 사용할 수도 있습니다. 프로퍼티에 기본값을 할당하는 방법을 살펴보겠습니다.

코드 11-3 프로퍼티 기본값 지정

```
struct Area {
    var squareMeter: Double = 0.0 // 프로퍼티 기본값 할당
}

let room: Area = Area()
print(room.squareMeter) // 0.0
```

초기화 과정은 이니셜라이저의 매개변수, 옵셔널 프로퍼티, 상수 프로퍼티의 값 할당 등 프로그래머의 의도대로 구현할 수 있는 수많은 패턴의 이니셜라이저가 있습니다.

11.1.2 이니셜라이저 매개변수

함수나 메서드를 정의할 때와 마찬가지로 이니셜라이저도 매개변수를 가질 수 있습니다. 즉, 인스턴스를 초기화하는 과정에 필요한 값을 전달받을 수 있습니다. [코드 11-4]에서 이니셜라이저 매개변수를 확인해보겠습니다.

코드 11-4 이니셜라이저 매개변수

```swift
struct Area {
    var squareMeter: Double
    
    init(fromPy py: Double) {                        // 첫 번째 이니셜라이저
        squareMeter = py * 3.3058
    }
    
    init(fromSquareMeter squareMeter: Double) {      // 두 번째 이니셜라이저
        self.squareMeter = squareMeter
    }
    
    init(value: Double) {                            // 세 번째 이니셜라이저
        squareMeter = value
    }
    
    init(_ value: Double) {                          // 네 번째 이니셜라이저
        squareMeter = value
    }
}

let roomOne: Area = Area(fromPy: 15.0)
print(roomOne.squareMeter) // 49.587

let roomTwo: Area = Area(fromSquareMeter: 33.06)
print(roomTwo.squareMeter) // 33.06

let roomThree: Area = Area(value: 30.0)
let roomFour: Area = Area(55.0)

Area()   // 오류 발생!!
```

[코드 11-4]에서는 두 종류의 이니셜라이저를 만들었습니다. 평수를 입력받아 제곱미터로 환산한 값을 squareMeter 프로퍼티에 할당하는 이니셜라이저와 제곱미터를 입력받아 그대로

squareMeter 프로퍼티에 할당하는 이니셜라이저입니다. 이렇게 사용자 정의 이니셜라이저를 만들면 기존의 기본 이니셜라이저(init())는 별도로 구현하지 않는 이상 사용할 수 없습니다.

두 번째 이니셜라이저 init(fromSquareMeter squareMeter: Double)에서는 self 프로퍼티를 사용(self.squareMeter)하여 이니셜라이저의 전달인자 레이블인 squareMeter 와 구분 지었습니다.

세 번째 이니셜라이저에서는 따로 전달인자 레이블을 사용하지 않았습니다. 별다른 의미 없는 value라는 이름의 매개변수가 있으므로 만약 자동으로 지정되는 전달인자 레이블 value가 필요하지 않다면 네 번째 이니셜라이저처럼 와일드카드 식별자(_)를 사용하여 전달인자 레이블을 없애주면 됩니다.

재미있는 예로 이니셜라이저가 다양하게 구현된 스위프트의 기본 타입을 들 수 있습니다. 스위프트 표준 라이브러리에서 스위프트의 기본 타입들의 정의를 찾아보세요.

11.1.3 옵셔널 프로퍼티 타입

초기화 과정에서 값을 초기화하지 않아도 되는, 즉 인스턴스가 사용되는 동안에 값을 꼭 갖지 않아도 되는 저장 프로퍼티가 있다면 해당 프로퍼티를 옵셔널로 선언할 수 있습니다. 또는 초기화 과정에서 값을 지정해주기 어려운 경우 저장 프로퍼티를 옵셔널로 선언할 수도 있습니다. 옵셔널로 선언한 저장 프로퍼티는 초기화 과정에서 값을 할당해주지 않는다면 자동으로 nil이 할당됩니다. [코드 11-5]에서 이를 확인해볼 수 있습니다.

코드 11-5 Person 클래스

```swift
class Person {
    var name: String
    var age: Int?

    init(name: String) {
        self.name = name
    }
}

let yagom: Person = Person(name: "yagom")
print(yagom.name)    // "yagom"
```

```
print(yagom.age)      // nil

yagom.age = 99
print(yagom.age)      // 99

yagom.name = "Eric"
print(yagom.name)     // "Eric"
```

사람의 이름은 아는데 나이는 민감한 부분이므로 모를 수 있기 때문에 age 프로퍼티를 옵셔널로 선언했습니다. 이니셜라이저에서 특별히 초기화하지 않았지만 자동으로 nil이 할당되어 있습니다. 나중에 나이를 알게 되는 시점에서 제대로 된 값을 할당할 수 있습니다.

11.1.4 상수 프로퍼티

[코드 11-5]에서 이름 프로퍼티(name)를 상수가 아닌 변수로 선언해둔다면 "Eric"이라는 이름을 할당하고 난 후에 전혀 다른 사람으로 변할 수 있습니다. 이런 상황을 방지하려면 name 프로퍼티를 상수로 선언해야 합니다. 이때 고려해야 할 점이 있습니다. 상수로 선언된 저장 프로퍼티는 인스턴스를 초기화하는 과정에서만 값을 할당할 수 있으며, 처음 할당된 이후로는 값을 변경할 수 없습니다. 이 점을 꼭 기억해두어야 합니다.

> **NOTE_ 상수 프로퍼티와 상속**
>
> 클래스 인스턴스의 상수 프로퍼티는 프로퍼티가 정의된 클래스에서만 초기화할 수 있습니다. 해당 클래스를 상속받은 자식클래스의 이니셜라이저에서는 부모클래스의 상수 프로퍼티 값을 초기화할 수 없습니다.

코드 11-6 상수 프로퍼티의 초기화

```
class Person {
    let name: String
    var age: Int?

    init(name: String) {
        self.name = name
    }
}
```

```
let yagom: Person = Person(name: "yagom")
yagom.name = "Eric" // 오류 발생!!!
```

11.1.5 기본 이니셜라이저와 멤버와이즈 이니셜라이저

이제까지 사용자 정의 이니셜라이저에 대해 알아봤는데, 정작 기본 이니셜라이저에 대해서는 알아보지 못했습니다. 사용자 정의 이니셜라이저를 정의해주지 않으면 클래스나 구조체는 모든 프로퍼티에 기본값이 지정되어 있다는 전제하에 기본 이니셜라이저를 사용합니다. 기본 이니셜라이저는 프로퍼티 기본값으로 프로퍼티를 초기화해서 인스턴스를 생성합니다. 즉, 기본 이니셜라이저는 저장 프로퍼티의 기본값이 모두 지정되어 있고, 동시에 사용자 정의 이니셜라이저가 정의되어 있지 않은 상태에서 제공됩니다.

저장 프로퍼티를 선언할 때 기본값을 지정해주지 않으면 이니셜라이저에서 초깃값을 설정해야 합니다. 그러나, 프로퍼티 하나 때문에 매번 이니셜라이저를 추가하거나 변경하는 일은 여간 귀찮은 일이 아닙니다. 때문에 구조체는 사용자 정의 이니셜라이저를 구현하지 않으면 프로퍼티의 이름으로 매개변수를 갖는 이니셜라이저인 멤버와이즈 이니셜라이저를 기본으로 제공합니다. 그렇지만 클래스는 멤버와이즈 이니셜라이저를 지원하지 않습니다.

[코드 11-7]은 구조체가 기본적으로 제공하는 멤버와이즈 이니셜라이저를 사용하여 인스턴스를 생성하는 코드입니다.

코드 11-7 Point 구조체와 Size 구조체의 선언과 멤버와이즈 이니셜라이저의 사용

```
struct Point {
    var x: Double = 0.0
    var y: Double = 0.0
}

struct Size {
    var width: Double = 0.0
    var height: Double = 0.0
}

let point: Point = Point(x: 0, y: 0)
let size: Size = Size(width: 50.0, height: 50.0)
```

```
// 구조체의 저장 프로퍼티에 기본값이 있는 경우
// 필요한 매개변수만 사용하여 초기화할 수도 있습니다.
let somePoint: Point = Point()
let someSize: Size = Size(width: 50)
let anotherPoint: Point = Point(y: 100)
```

앞서 언급했듯 클래스는 멤버와이즈 이니셜라이저를 지원하지 않으므로 멤버와이즈 이니셜라이저는 구조체만의 특권입니다.

11.1.6 초기화 위임

값 타입인 구조체와 열거형은 코드의 중복을 피하기 위하여 이니셜라이저가 다른 이니셜라이저에게 일부 초기화를 위임하는 초기화 위임을 간단하게 구현할 수 있습니다. 하지만 클래스는 상속을 지원하는 터라 간단한 초기화 위임도 할 수 없습니다. 클래스의 초기화 위임은 상속(18장)에서 자세히 다루겠습니다.

값 타입에서 이니셜라이저가 다른 이니셜라이저를 호출하려면 self.init을 사용합니다. 당연히 self.init은 이니셜라이저 안에서만 사용할 수 있는데 self.init을 사용한다는 것 자체가 사용자 정의 이니셜라이저를 정의하고 있다는 뜻입니다. 그런데 사용자 정의 이니셜라이저를 정의하면 기본 이니셜라이저와 멤버와이즈 이니셜라이저를 사용할 수 없다고 했습니다. 따라서 초기화 위임을 하려면 최소 두 개 이상의 사용자 정의 이니셜라이저를 정의해야 합니다.

> **NOTE_ 기본 이니셜라이저를 지키고 싶다면**
>
> 사용자 정의 이니셜라이저를 정의할 때도 기본 이니셜라이저나 멤버와이즈 이니셜라이저를 사용하고 싶다면 익스텐션을 사용하여 사용자 정의 이니셜라이저를 구현하면 됩니다. 더 자세한 내용은 익스텐션(21장) 및 프로토콜 지향 프로그래밍(23장)에서 다루겠습니다.

코드 11-8 Student 열거형과 초기화 위임

```
enum Student {
    case elementary, middle, high
    case none
```

```
        // 사용자 정의 이니셜라이저가 있는 경우, init() 메서드를 구현해주어야 기본 이니셜라이저를
        // 사용할 수 있습니다.
        init() {
            self = .none
        }

        init(koreanAge: Int) {                    // 첫 번째 사용자 정의 이니셜라이저
            switch koreanAge {
            case 8...13:
                self = .elementary
            case 14...16:
                self = .middle
            case 17...19:
                self = .high
            default:
                self = .none
            }
        }

        init(bornAt: Int, currentYear: Int) {    // 두 번째 사용자 정의 이니셜라이저
            self.init(koreanAge: currentYear - bornAt + 1)
        }
    }

    var younger: Student = Student(koreanAge: 16)
    print(younger)   // middle

    younger = Student(bornAt: 1998, currentYear: 2016)
    print(younger)   // high
```

[코드 11-8]의 열거형은 두 개의 사용자 정의 이니셜라이저가 있습니다. 첫 번째 사용자 정의 이니셜라이저는 나이를 전달받아 나이에 맞는 학교를 case로 구분한 이니셜라이저를 초기화하고, 두 번째 사용자 정의 이니셜라이저는 태어난 해와 현재 연도를 전달받아 나이로 계산한 후 첫 번째 이니셜라이저에 초기화를 위임합니다. 이렇게 초기화 위임 방법을 사용하면 코드를 중복으로 쓰지 않고도 효율적으로 여러 case의 이니셜라이저를 만들 수 있습니다.

11.1.7 실패 가능한 이니셜라이저

이니셜라이저를 통해 인스턴스를 초기화할 수 없는 여러 가지 예외 상황이 있습니다. 대표적으로 이니셜라이저의 전달인자로 잘못된 값이나 적절치 못한 값이 전달되었을 때, 이니셜라이저는 인스턴스 초기화에 실패할 수 있습니다. 그 외에도 여러 이유로 인스턴스 초기화에 실패할 수 있습니다.

이니셜라이저를 정의할 때 이런 실패 가능성을 염두에 두기도 하는데, 이렇게 실패 가능성을 내포한 이니셜라이저를 **실패 가능한 이니셜라이저**Failable Initializer라고 부릅니다. 실패 가능한 이니셜라이저는 클래스, 구조체, 열거형 등에 모두 정의할 수 있습니다. 실패 가능한 이니셜라이저는 실패했을 때 nil을 반환해주므로 반환 타입이 옵셔널로 지정됩니다. 따라서 실패 가능한 이니셜라이저는 init 대신에 init? 키워드를 사용합니다.

> **NOTE_ 이니셜라이저의 매개변수**
>
> 실패하지 않는 이니셜라이저와 실패 가능한 이니셜라이저를 같은 이름과 같은 매개변수 타입을 갖도록 정의할 수 없습니다.
>
> 실패 가능한 이니셜라이저는 실제로 특정 값을 반환하지 않습니다. 초기화를 실패했을 때는 return nil을, 반대로 초기화에 성공했을 때는 return을 적어 초기화의 성공과 실패를 표현할 뿐, 실제 값을 반환하지는 않습니다.

[코드 11-6]의 Person 클래스는 이름이나 나이가 잘못 입력되면 실패할 수도 있습니다. 실패 가능한 이니셜라이저를 사용하면 잘못된 전달인자를 전달받았을 때 초기화하지 않을 수 있습니다.

코드 11-9 실패 가능한 이니셜라이저

```
class Person {
    let name: String
    var age: Int?

    init?(name: String) {

        if name.isEmpty {
            return nil
        }
```

```
        self.name = name
    }

    init?(name: String, age: Int) {
        if name.isEmpty || age < 0 {
            return nil
        }
        self.name = name
        self.age = age
    }
}
let yagom: Person? = Person(name: "yagom", age: 99)

if let person: Person = yagom {
    print(person.name)
} else {
    print("Person wasn't initialized")
}
// yagom

let chope: Person? = Person(name: "chope", age: -10)

if let person: Person = chope {
    print(person.name)
} else {
    print("Person wasn't initialized")
}
// Person wasn't initialized

let eric: Person? = Person(name: "", age: 30)

if let person: Person = eric {
    print(person.name)
} else {
    print("Person wasn't initialized")
}
// Person wasn't initialized
```

실패 가능한 이니셜라이저는 구조체와 클래스에서도 유용하지만 특히 열거형에서 유용하게 사용할 수 있습니다. 특정 case에 맞지 않는 값이 들어오면 생성에 실패할 수 있습니다. 혹은 rawValue로 초기화할 때, 잘못된 rawValue가 전달되어 들어온다면 열거형 인스턴스를 생성하지 못할 수 있습니다. 따라서 rawValue를 통한 이니셜라이저는 기본적으로 실패 가능한 이니셜라이저로 제공됩니다.

[코드 11-10]은 [코드 11-8]의 Student 열거형을 조금 수정한 코드입니다.

코드 11-10 열거형의 실패 가능한 이니셜라이저

```
enum Student: String {
    case elementary = "초등학생", middle = "중학생", high = "고등학생"

    init?(koreanAge: Int) {
        switch koreanAge {
        case 8...13:
            self = .elementary
        case 14...16:
            self = .middle
        case 17...19:
            self = .high
        default:
            return nil
        }
    }

    init?(bornAt: Int, currentYear: Int) {
        self.init(koreanAge: currentYear - bornAt + 1)
    }
}

var younger: Student? = Student(koreanAge: 20)
print(younger)   // nil

younger = Student(bornAt: 2020, currentYear: 2016)
print(younger)   // nil

younger = Student(rawValue: "대학생")
print(younger)   // nil

younger = Student(rawValue: "고등학생")
print(younger)   // high
```

11.1.8 함수를 사용한 프로퍼티 기본값 설정

만약 사용자 정의 연산을 통해 저장 프로퍼티 기본값을 설정하고자 한다면 클로저나 함수를 사용하여 프로퍼티 기본값을 제공할 수 있습니다. 인스턴스를 초기화할 때 함수나 클로저가 호출되면서 연산 결괏값을 프로퍼티 기본값으로 제공해줍니다. 그렇기 때문에 클로저나 함수의 반환 타입은 프로퍼티의 타입과 일치해야 합니다.

만약 프로퍼티 기본값을 설정해주기 위해서 클로저(13장)를 사용한다면 클로저가 실행되는 시점은 초기화할 때 인스턴스의 다른 프로퍼티 값이 설정되기 전이라는 것도 꼭 명심해야 합니다. 즉, 클로저 내부에서는 인스턴스의 다른 프로퍼티를 사용하여 연산할 수는 없다는 것입니다. 다른 프로퍼티에 기본값이 있다고 해도 안 됩니다. 또한 클로저 내부에서 `self` 프로퍼티도 사용할 수 없으며, 인스턴스 메서드를 호출할 수도 없습니다.

코드 11-11 클로저를 통한 프로퍼티 기본값 설정

```swift
class SomeClass {
    let someProperty: SomeType = {
        // 새로운 인스턴스를 생성하고 사용자 정의 연산을 통한 후 반환해줍니다.
        // 반환되는 값의 타입은 SomeType과 같은 타입이어야 합니다.
        return someValue
    }()
}
```

클로저 뒤에 소괄호가 붙은 이유는 클로저를 실행하기 위해서입니다. 클로저 뒤에 소괄호가 붙어 클로저를 실행한 결괏값은 프로퍼티의 기본값이 됩니다. 만약 소괄호가 없다면 프로퍼티의 기본값은 클로저 그 자체가 됩니다. 우리가 의도했던 것과는 전혀 다른 의미가 되는 것이죠.

코드 11-12 클로저를 통한 student 프로퍼티 기본값 설정

```swift
struct Student {
    var name: String?
    var number: Int?
}

class SchoolClass {
    var students: [Student] = {
        // 새로운 인스턴스를 생성하고 사용자 정의 연산을 통한 후 반환해줍니다.
        // 반환되는 값의 타입은 [Student] 타입이어야 합니다.
```

```
            var arr: [Student] = [Student]()

            for num in 1...15 {
                var student: Student = Student(name: nil, number: num)
                arr.append(student)
            }

            return arr
        }()
    }

    let myClass: SchoolClass = SchoolClass()
    print(myClass.students.count)    // 15
```

[코드 11-12]의 students 프로퍼티는 Student 구조체의 인스턴스를 요소로 갖는 Array 타입입니다. SchoolClass 클래스의 인스턴스를 초기화하면 students 프로퍼티의 기본값을 제공하기 위해 클로저가 동작하고 1번부터 15번까지의 학생을 생성하여 배열에 할당합니다. myClass 인스턴스는 생성되자마자 students 프로퍼티에 15명의 학생이 있는 상태가 되는 것입니다.

> **TIP** iOS에서의 활용
>
> 스위프트 언어와는 크게 관계가 없지만 iOS의 UI 등을 구성할 때, UI 컴포넌트를 클래스의 프로퍼티로 구현하고, UI 컴포넌트의 생성과 동시에 컴포넌트의 프로퍼티를 기본적으로 설정할 때 유용하게 사용할 수 있습니다.

지금까지 각 인스턴스를 초기화하는 방법에 대해 알아보았습니다. 이처럼 다양한 초기화 기법을 통해 인스턴스를 의도한 대로 초기화하도록 구현할 수 있습니다.

11.2 인스턴스 소멸

클래스의 인스턴스는 **디이니셜라이저**Deinitializer를 구현할 수 있습니다. 디이니셜라이저는 이니셜라이저와 반대 역할을 합니다. 즉, 메모리에서 해제되기 직전 클래스 인스턴스와 관련하여 원하는 정리 작업을 구현할 수 있습니다. 디이니셜라이저는 클래스의 인스턴스가 메모리에서 소멸되기 바로 직전에 호출됩니다. deinit 키워드를 사용하여 디이니셜라이저를 구현하면 자동으로 호출됩니다. **디이니셜라이저는 클래스의 인스턴스에만 구현할 수 있습니다.**

스위프트는 인스턴스가 더 이상 필요하지 않으면 자동으로 메모리에서 소멸*시킵니다. 인스턴스 대부분은 소멸시킬 때 디이니셜라이저를 사용해 별도의 메모리 관리 작업을 할 필요는 없습니다. 그렇지만 예를 들어 인스턴스 내부에서 파일을 불러와 열어보는 등의 외부 자원을 사용했다면 인스턴스를 소멸하기 직전에 파일을 다시 저장하고 닫아주는 등의 부가 작업을 해야 합니다. 또는 인스턴스를 메모리에서 소멸하기 직전에 인스턴스에 저장되어 있던 데이터를 디스크에 파일로 저장해줘야 하는 경우도 있을 수 있습니다. 그런 경우에 디이니셜라이저는 굉장히 유용하게 사용할 수 있습니다.

클래스에는 디이니셜라이저를 단 하나만 구현할 수 있습니다. 디이니셜라이저는 이니셜라이저와는 다르게 매개변수를 갖지 않으며, 소괄호도 적어주지 않습니다. 또 자동으로 호출되기 때문에 별도의 코드로 호출할 수도 없습니다.

디이니셜라이저는 인스턴스를 소멸하기 직전에 호출되므로 인스턴스의 모든 프로퍼티에 접근할 수 있으며 (큰 의미는 없을 수도 있지만) 프로퍼티의 값을 변경할 수도 있습니다.

코드 11-13 디이니셜라이저의 구현

```swift
class SomeClass {
    deinit {
        print("Instance will be deallocated immediately")
    }
}

var instance: SomeClass? = SomeClass()
instance = nil   // Instance will be deallocated immediately
```

코드 11-14 FileManager 클래스의 디이니셜라이저 활용

```swift
class FileManager {
    var fileName: String

    init(fileName: String) {
        self.fileName = fileName
    }
```

---

* 메모리에서 인스턴스가 소멸되는 시점에 대한 자세한 내용은 ARC(27장)에서 다루겠습니다.

```swift
    func openFile() {
        print("Open File: \(self.fileName)")
    }
    
    func modifyFile() {
        print("Modify File: \(self.fileName)")
    }
    
    func writeFile() {
        print("Write File: \(self.fileName)")
    }
    
    func closeFile() {
        print("Close File: \(self.fileName)")
    }
    
    deinit {
        print("Deinit instance")
        self.writeFile()
        self.closeFile()
    }
}

var fileManager: FileManager? = FileManager(fileName: "abc.txt")

if let manager: FileManager = fileManager {
    manager.openFile()      // Open File: abc.txt
    manager.modifyFile()    // Modify File: abc.txt
}

fileManager = nil
// Deinit instance
// Write File: abc.txt
// Close File: abc.txt
```

[코드 11-14]의 클래스는 디스크의 파일을 불러와 사용하는 **FileManager** 클래스입니다. **FileManager**의 인스턴스가 파일을 불러와 사용하며, 인스턴스의 사용이 끝난 후에는 파일의 변경 사항을 저장하고 다시 닫아줘야 메모리에서 파일이 해제되기 때문에 인스턴스가 메모리에서 해제되기 직전에 파일도 닫아주는 작업을 합니다.

디이니셜라이저를 잘 활용하면 메모리 관리 측면 외에도 프로그래머가 설계한 로직에 따라 인스턴스가 메모리에서 해제되기 직전에 적절한 작업을 하도록 할 수 있을 것입니다.

CHAPTER 12

접근제어

객체지향 프로그래밍 패러다임에서 은닉화는 중요한 개념 중 하나입니다. 이번 장에서는 이를 구현하기 위한 핵심 기능인 접근제어^{Access Control}에 대해 알아보겠습니다.

12.1 접근제어란

접근제어는 코드끼리 상호작용을 할 때 파일 간 또는 모듈 간에 접근을 제한할 수 있는 기능입니다. 접근제어를 통해 코드의 상세 구현은 숨기고 허용된 기능만 사용하는 인터페이스를 제공할 수 있습니다.

12.1.1 접근제어의 필요성

객체지향 프로그래밍 패러다임에서 중요한 캡슐화와 은닉화를 구현하는 이유는 외부에서 보거나 접근하면 안 되는 코드가 있기 때문입니다. 불필요한 접근으로 의도치 않은 결과를 초래하거나 꼭 필요한 부분만 제공해야 하는데 전체 코드가 노출될 가능성이 있을 때 접근제어를 이용합니다. 프로그래머에게 우리가 의도한 대로 코드를 작성하도록 유도할 수 있습니다.

12.1.2 소스파일 · 모듈 · 패키지

스위프트의 접근제어는 소스파일, 모듈, 패키지라는 단위를 기반으로 설계되었습니다.

소스파일Source File은 하나의 스위프트 소스코드 파일을 의미합니다. 자바나 Objective-C와 같은 기존의 프로그래밍 언어에서는 통상 파일 하나에 타입을 하나만 정의합니다. 스위프트에서도 보통 파일 하나에 타입 하나만 정의하지만, 때로는 소스파일 하나에 여러 타입(여러 개의 클래스나 구조체, 열거형 등)이나 함수 등 많은 것을 정의하거나 구현할 수도 있습니다.

모듈Module은 배포할 코드의 묶음 단위입니다. 통상 하나의 프레임워크나 라이브러리 또는 애플리케이션이 모듈 단위가 될 수 있습니다. 스위프트에서는 다른 모듈을 불러올 때 `import` 키워드를 사용합니다.

패키지Package는 모듈의 묶음 단위입니다. 패키지를 구성하기 위해 모듈을 특정 패키지에 포함시킬 수 있습니다.

12.2 접근수준

접근제어는 **접근수준**Access Level 키워드를 통해 구현할 수 있습니다. 각 타입(클래스, 구조체, 열거형 등)에 특정 접근수준을 지정할 수 있고, 타입 내부의 프로퍼티, 메서드, 이니셜라이저, 서브스크립트 각각에도 접근수준을 지정할 수 있습니다. 접근수준을 명시할 수 있는 키워드는 `open`, `public`, `package`, `internal`, `fileprivate`, `private` 여섯 가지가 있습니다.

스위프트의 접근수준은 기본적으로 소스파일, 모듈, 패키지 범위에 따라 구분합니다.

접근수준	키워드	범위	비고
개방 접근수준	open	모듈 외부까지	클래스에서만 사용
공개 접근수준	public	모듈 외부까지	-
패키지 접근수준	package	패키지 내부	-
내부 접근수준	internal	모듈 내부	-
파일 외부 비공개 접근수준	fileprivate	파일 내부	-
비공개 접근수준	private	기능 정의 내부	-

12.2.1 공개 접근수준 – public

public 키워드로 접근수준이 지정된 요소는 어디서든 쓰일 수 있습니다. 자신이 구현된 소스파일은 물론, 해당 소스파일이 속해 있는 모듈, 그 모듈을 가져다 쓰는 모듈 등 모든 곳에서 사용할 수 있습니다. 공개 접근수준은 주로 프레임워크에서 외부와 연결될 인터페이스를 구현하는데 많이 쓰입니다. 우리가 사용하는 스위프트의 기본 요소는 모두 공개 접근수준으로 구현되어 있다고 생각하면 됩니다.

코드 12-1 스위프트 표준 라이브러리에 정의되어 있는 Bool 타입

```
/// A value type whose instances are either 'true' or 'false'.
public struct Bool {
    /// Default-initialize Boolean value to 'false'.
    public init()
}
```

12.2.2 개방 접근수준 – open

open 키워드로 지정할 수 있는 개방 접근수준은 공개 접근수준 이상으로 높은 접근수준이며, 클래스와 클래스의 멤버에서만 사용할 수 있습니다. 기본적으로 공개 접근수준과 비슷하지만 다음과 같은 차이점이 있습니다.

- 개방 접근수준을 제외한 다른 모든 접근수준의 클래스는 그 클래스가 정의된 모듈 안에서만 상속할 수 있습니다.
- 개방 접근수준을 제외한 다른 모든 접근수준의 클래스 멤버는 해당 멤버가 정의된 모듈 안에서만 재정의할 수 있습니다.
- 개방 접근수준의 클래스는 그 클래스가 정의된 모듈 밖의 다른 모듈에서도 상속할 수 있습니다.
- 개방 접근수준의 클래스 멤버는 해당 멤버가 정의된 모듈 밖의 다른 모듈에서도 재정의할 수 있습니다.

클래스를 개방 접근수준으로 명시하는 것은 그 클래스를 다른 모듈에서도 부모클래스로 사용하겠다는 목적으로 클래스를 설계하고 코드를 작성했음을 의미합니다.

코드 12-2 Foundation 프레임워크에 정의되어 있는 개방 접근수준의 NSString 클래스

```
open class NSString : NSObject, NSCopying, NSMutableCopying, NSSecureCoding {
    open var length: Int { get }
```

```
    open func character(at index: Int) -> unichar
    public init()
    public init?(coder aDecoder: NSCoder)
}
```

12.2.3 패키지 접근수준 – package

`package` 키워드로 지정한 패키지 접근수준의 요소는 패키지에 속한 소스파일에서만 사용할 수 있습니다.

패키지 접근수준은 코드가 속한 모듈이 특정 패키지에 속해 있어야 지정할 수 있습니다. 스위프트 패키지 매니저^{Swift Package Manager}(SPM)를 사용하는 경우라면 `Package.swift` 파일에 패키지를 구성할 모듈을 나열할 수 있고, Xcode를 사용하는 경우라면 Xcode 빌드 설정에서 해당 모듈의 `Package Access Identifier` 항목에 모듈이 포함될 패키지 이름을 적어주면 모듈을 해당 패키지에 포함시킬 수 있습니다.

패키지 접근수준은 여러 모듈을 구조화한 프레임워크나 애플리케이션에서 유용하게 활용할 수 있습니다.

12.2.4 내부 접근수준 – internal

`internal` 키워드로 지정하는 내부 접근수준은 **기본적으로 모든 요소에 암묵적으로 지정하는 기본 접근수준**입니다. 내부 접근수준으로 지정된 요소는 소스파일이 속해 있는 모듈 어디에서든 쓰일 수 있습니다. 다만 그 모듈을 가져다 쓰는 외부 모듈에서는 접근할 수 없습니다. 보통 외부에서 사용할 클래스나 구조체가 아니며, 모듈 내부에서 광역적으로 사용할 경우 내부 접근수준을 지정합니다.

12.2.5 파일외부비공개 접근수준 – fileprivate

파일외부비공개 접근수준으로 지정된 요소는 그 요소가 구현된 소스파일 내부에서만 사용할 수 있습니다. 해당 소스파일 외부에서 값이 변경되거나 함수를 호출하면 부작용이 생길 수 있는 경우에 사용하면 좋습니다.

12.2.6 비공개 접근수준 – private

비공개 접근수준은 가장 한정적인 범위입니다. 비공개 접근수준으로 지정된 요소는 그 기능을 정의하고 구현한 범위 내에서만 사용할 수 있습니다. 비공개 접근수준으로 지정한 기능은 심지어 같은 소스파일 안에 구현한 다른 타입이나 기능에서도 사용할 수 없습니다.

그림 12-1 각 접근수준의 접근범위

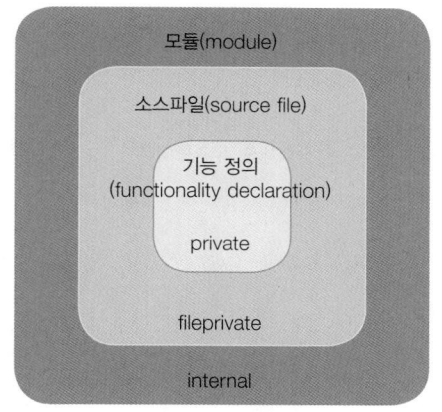

12.3 접근제어 구현

접근제어는 접근수준을 지정해서 구현할 수 있습니다. 각각의 접근수준을 요소 앞에 지정해주기만 하면 됩니다. internal은 기본 접근수준이므로 굳이 표기해주지 않아도 됩니다.

코드 12-3 접근수준을 명기한 각 요소들의 예

```
open class OpenClass {
    open var openProperty: Int = 0
    public var publicProperty: Int = 0
    internal var internalProperty: Int = 0
    fileprivate var filePrivateProperty: Int = 0
    private var privateProperty: Int = 0

    open func openMethod() {}
```

```swift
    public func publicMethod() {}
    internal func internalMethod() {}
    fileprivate func fileprivateMethod() {}
    private func privateMethod() {}
}

public class PublicClass {}
public struct PublicStruct {}
public enum PublicEnum {}
public var publicVariable = 0
public let publicConstant = 0
public func publicFunction() {}

internal class InternalClass {}     // internal 키워드는 생략해도 무관합니다.
internal struct InternalStruct {}
internal enum InternalEnum {}
internal var internalVariable = 0
internal let internalConstant = 0
internal func internalFunction() {}

fileprivate class FilePrivateClass {}
fileprivate struct FilePrivateStruct {}
fileprivate enum FilePrivateEnum {}
fileprivate var filePrivateVariable = 0
fileprivate let filePrivateConstant = 0
fileprivate func filePrivateFunction() {}

private class PrivateClass {}
private struct PrivateStruct {}
private enum PrivateEnum {}
private var privateVariable = 0
private let privateConstant = 0
private func privateFunction() {}
```

12.4 접근제어 구현 참고 사항

모든 타입에 적용되는 접근수준의 규칙은 '상위 요소보다 하위 요소가 더 높은 접근수준을 가질 수 없다'입니다. [그림 12-1]에서 살펴본 것처럼 비공개 접근수준으로 정의한 구조체 내부의 프로퍼티로 내부수준이나 공개수준을 갖는 프로퍼티를 정의할 수 없습니다. 또 함수의 매개변수로 특정 접근수준이 부여된 타입이 전달되거나 반환된다면, 그 타입의 접근수준보다 함수의 접근수준이 높게 설정될 수 없습니다. [코드 12-4]를 통해 잘못된 접근수준의 예를 살펴봅시다.

코드 12-4 잘못된 접근수준 부여

```
private class AClass {
    // 공개 접근수준을 부여해도 AClass의 접근수준이 비공개 접근수준이므로
    // 이 메서드의 접근수준도 비공개 접근수준으로 취급됩니다.
    public func someMethod() {
        // ...
    }
}

// AClass의 접근수준이 비공개 접근수준이므로
// 공개 접근수준 함수의 매개변수나 반환 값 타입으로 사용할 수 없습니다.
public func someFunction(a: AClass) -> AClass { // 오류 발생!
    return a
}
```

함수뿐만 아니라 튜플의 내부 요소 타입 또한 튜플의 접근수준보다 같거나 높아야 합니다. [코드 12-5]에서 이를 확인해볼 수 있습니다.

코드 12-5 튜플의 접근수준 부여

```
internal class InternalClass {} // 내부 접근수준 클래스
private struct PrivateStruct {} // 비공개 접근수준 구조체

// 요소로 사용되는 InternalClass와 PrivateStruct의 접근수준이
// publicTuple보다 낮기 때문에 사용할 수 없습니다.
public var publicTuple: (first: InternalClass, second: PrivateStruct)
    = (InternalClass(), PrivateStruct())

// 요소로 사용되는 InternalClass와 PrivateStruct의 접근수준이
// privateTuple과 같거나 높기 때문에 사용할 수 있습니다.
private var privateTuple: (first: InternalClass, second: PrivateStruct) =
    (InternalClass(), PrivateStruct())
```

코드 12-6 접근수준에 따른 접근 결과

```swift
// AClass.swift 파일과 Common.swift 파일이 같은 모듈에 속해 있을 경우

// AClass.swift 파일
class AClass {
    func internalMethod() {}
    fileprivate func filePrivateMethod() {}
    var internalProperty = 0
    fileprivate var filePrivateProperty = 0
}

// Common.swift 파일
let aInstance: AClass = AClass()
aInstance.internalMethod()              // 같은 모듈이므로 호출 가능
aInstance.filePrivateMethod()           // 다른 파일이므로 호출 불가 - 오류
aInstance.internalProperty = 1          // 같은 모듈이므로 접근 가능
aInstance.filePrivateProperty = 1       // 다른 파일이므로 접근 불가 - 오류
```

[코드 12-6]처럼 접근수준에 따라 접근이 불가능한 경우가 생깁니다. 그렇기 때문에 프레임워크를 만들 때는 다른 모듈에서 특정 기능에 접근할 수 있도록 API로 사용할 기능을 공개 접근수준(public)으로 지정해주어야 합니다. 그 외의 요소는 내부 접근수준 또는 비공개 접근수준으로 적절히 설정하면 됩니다.

열거형의 접근수준을 구현할 때 열거형 내부의 각 case별로 따로 접근수준을 부여할 수는 없습니다. 각 case의 접근수준은 열거형 자체의 접근수준을 따릅니다. 또한 열거형의 원시 값 타입으로 열거형의 접근수준보다 낮은 접근수준의 타입이 올 수는 없습니다. 연관 값의 타입 또한 마찬가지입니다.

코드 12-7 열거형의 접근수준

```swift
private typealias PointValue = Int

// 오류 - PointValue가 Point보다 접근수준이 낮기 때문에 원시 값으로 사용할 수 없습니다.
enum Point: PointValue {
    case x, y
}
```

12.5 private와 fileprivate

같은 파일 내부에서 private 접근수준과 fileprivate 접근수준은 사용할 때 분명한 차이가 있습니다. fileprivate 접근수준으로 지정한 요소는 같은 파일 어떤 코드에서도 접근할 수 있습니다.

반면에 private 접근수준으로 지정한 요소는 같은 파일 내부에 다른 타입의 코드가 있더라도 접근이 불가능합니다. 그러나 자신을 확장하는 익스텐션(21장) 코드가 같은 파일에 존재하는 경우에는 접근할 수 있습니다. [코드 12-8]에서 살펴보겠습니다.

코드 12-8 같은 파일에서의 private와 fileprivate의 동작

```swift
public struct SomeType {
    private var privateVariable = 0
    fileprivate var fileprivateVariable = 0
}

// 같은 타입의 익스텐션에서는 private 요소에 접근 가능
extension SomeType {
    public func publicMethod() {
        print("\(self.privateVariable), \(self.fileprivateVariable)")
    }
    
    private func privateMethod() {
        print("\(self.privateVariable), \(self.fileprivateVariable)")
    }
    
    fileprivate func fileprivateMethod() {
        print("\(self.privateVariable), \(self.fileprivateVariable)")
    }
}

struct AnotherType {
    var someInstance: SomeType = SomeType()
    
    mutating func someMethod() {
        // public 접근수준에는 어디서든 접근 가능
        self.someInstance.publicMethod() // 0, 0
        
        // 같은 파일에 속해 있는 코드이므로 fileprivate 접근수준 요소에 접근 가능
```

```
            self.someInstance.fileprivateVariable = 100
            self.someInstance.fileprivateMethod() // 0, 100
            
            // 다른 타입 내부의 코드이므로 private 요소에 접근 불가! 오류!
            // self.someInstance.privateVariable = 100
            // self.someInstance.privateMethod()
        }
    }
    
    var anotherInstance = AnotherType()
    anotherInstance.someMethod()
```

12.6 읽기 전용 구현

구조체 또는 클래스를 사용하여 저장 프로퍼티를 구현할 때는 허용된 접근수준에서 프로퍼티 값을 가져갈 수 있습니다. 그러면 값을 변경할 수 없도록 구현하고 싶다면 어떻게 해야 할까요? 또 서브스크립트(17장)도 읽기만 가능하도록 제한하려면 어떻게 해야 할까요?

그럴 때는 설정자Setter만 더 낮은 접근수준을 갖도록 제한할 수 있습니다. 요소의 접근수준 키워드 뒤에 접근수준 (set)처럼 표현하면 설정자의 접근수준만 더 낮도록 지정해줄 수 있습니다.

설정자 접근수준 제한은 프로퍼티, 서브스크립트, 변수 등에 적용될 수 있으며, 해당 요소의 접근수준보다 같거나 낮은 수준으로 제한해주어야 합니다. [코드 12-9]에서 이를 알아봅니다.

코드 12-9 설정자의 접근수준 지정

```
public struct SomeType {
    // 비공개 접근수준 저장 프로퍼티 count
    private var count: Int = 0
    
    // 공개 접근수준 저장 프로퍼티 publicStoredProperty
    public var publicStoredProperty: Int = 0
    
    // 공개 접근수준 저장 프로퍼티 publicGetOnlyStoredProperty
    // 설정자는 비공개 접근수준
    public private(set) var publicGetOnlyStoredProperty: Int = 0
```

```swift
    // 내부 접근수준 저장 프로퍼티 internalComputedProperty
    internal var internalComputedProperty: Int {
        get {
            return count
        }
        
        set {
            count += 1
        }
    }
    
    // 내부 접근수준 저장 프로퍼티 internalGetOnlyComputedProperty
    // 설정자는 비공개 접근수준
    internal private(set) var internalGetOnlyComputedProperty: Int {
        get {
            return count
        }
        
        set {
            count += 1
        }
    }
    // 공개 접근수준 서브스크립트
    public subscript() -> Int {
        get {
            return count
        }
        
        set {
            count += 1
        }
    }
    
    // 공개 접근수준 서브스크립트
    // 설정자는 내부 접근수준
    public internal(set) subscript(some: Int) -> Int {
        get {
            return count
        }
        
        set {
            count += 1
        }
    }
```

```
}

var someInstance: SomeType = SomeType()

// 외부에서 접근자, 설정자 모두 사용 가능
print(someInstance.publicStoredProperty)                // 0
someInstance.publicStoredProperty = 100

// 외부에서 접근자만 사용 가능
print(someInstance.publicGetOnlyStoredProperty)         // 0
//someInstance.publicGetOnlyStoredProperty = 100        // 오류 발생

// 외부에서 접근자, 설정자 모두 사용 가능
print(someInstance.internalComputedProperty)            // 0
someInstance.internalComputedProperty = 100

// 외부에서 접근자만 사용 가능
print(someInstance.internalGetOnlyComputedProperty)     // 1
//someInstance.internalGetOnlyComputedProperty = 100    // 오류 발생

// 외부에서 접근자, 설정자 모두 사용 가능
print(someInstance[])                                   // 1
someInstance[] = 100

// 외부에서 접근자만, 같은 모듈 내에서는 설정자도 사용 가능
print(someInstance[0])                                  // 2
someInstance[0] = 100
```

Part III

함수형 프로그래밍과 스위프트

애플은 자사 프레임워크를 모두 객체지향 패러다임으로 구현했습니다. 굳이 새로운 언어에 함수형 프로그래밍 패러다임을 도입할 필요가 없었죠. 하지만 애플은 스위프트를 발표하면서 스위프트를 함수형 프로그래밍 언어라고 표현했습니다. 함수형 프로그래밍은 대규모 병렬처리에 유리한 점, 스레드에 비교적 안전한 점, 콜백 등의 연관처리에 있어서 코드가 분산되는 것을 최소화할 수 있다는 등의 장점이 있습니다. 이런 특성을 객체지향 프로그래밍 패러다임에 더한 스위프트는 훨씬 완성도 높은 프로그래밍 언어로 자리매김할 수 있으리라 봅니다. 기존 애플의 프레임워크에 익숙한 개발자라면 지금부터 함수형 프로그래밍 패러다임의 장점을 익히길 권합니다. 그리고 스위프트의 강력한 기능을 활용하여 기존 객체지향 프로그래밍 패러다임만 사용했을 때 불편했던 부분의 코드를 개선해보도록 합시다.

Part III
함수형 프로그래밍과 스위프트

13장 클로저

14장 옵셔널 체이닝과 빠른종료

15장 맵 · 필터 · 리듀스

16장 모나드

CHAPTER 13
클로저

스위프트에서 함수형 프로그래밍 패러다임을 접할 때 첫걸음으로 꼭 알아야 할 녀석이 바로 **클로저**Closure입니다. 클로저를 잘 이해해야 스위프트의 함수형 프로그래밍 패러다임 스타일을 좀 더 명확하게 이해할 수 있습니다. 클로저와 제네릭Generics, 프로토콜Protocol, 모나드Monad 등이 결합해서 스위프트는 훨씬 강력한 언어가 되었습니다.

스위프트의 클로저는 C 언어나 Objective-C의 블록Block 또는 다른 프로그래밍 언어의 람다Lambda와 유사합니다. 클로저는 일정 기능을 하는 코드를 하나의 블록으로 모아놓은 것을 말합니다. 뭔가 함수랑 비슷한가요? 사실 함수는 클로저의 한 형태입니다.

클로저는 변수나 상수가 선언된 위치에서 참조Reference를 획득Capture하고 저장할 수 있습니다. 이를 변수나 상수의 클로징(잠금)이라고 하며 클로저는 여기서 착안된 이름입니다. 획득 때문에 메모리에 부담이 가지 않을까 걱정할 수도 있지만, 앞서 설명했듯이 스위프트는 스스로 메모리를 관리합니다. 자세한 것은 값 획득(13.4절) 부분에서 다루겠습니다.

클로저의 몇 가지 모양 중 하나가 함수입니다. 함수(7장)는 이미 앞에서 배웠는데 여기서는 함수가 클로저의 몇 가지 모습 중 하나에 속한다는 것을 확인해볼 수 있습니다.

클로저는 세 가지 형태가 있습니다.

- 이름이 있으면서 어떤 값도 획득하지 않는 전역 함수의 형태
- 이름이 있으면서 다른 함수 내부의 값을 획득할 수 있는 중첩된 함수의 형태
- 이름이 없고 주변 문맥에 따라 값을 획득할 수 있는 축약 문법으로 작성한 형태

애플은 클로저의 문법이 정갈하고 깔끔한 스타일이라고 주장하지만, 클로저 문법에 난색을 표하는 분이 있을 겁니다(필자도 난색으로 표하는 사람입니다). 물론 클로저의 문법에 난색을 표했다 해서 클로저 자체의 기능이 별로이거나 불필요하다는 뜻은 아닙니다. 오히려 클로저를 빼놓고는 스위프트를 논할 수 없을 만큼 중요한 내용입니다.

먼저 클로저 문법을 살펴보기 전에 클로저를 얼마나 다양하게 표현할 수 있는지 잠깐 살펴보겠습니다.

- 클로저는 매개변수와 반환 값의 타입을 문맥을 통해 유추할 수 있기 때문에 매개변수와 반환 값의 타입을 생략할 수 있습니다.
- 클로저에 단 한 줄의 표현만 들어있다면 암시적으로 이를 반환 값으로 취급합니다.
- 축약된 전달인자 이름을 사용할 수 있습니다.
- 후행 클로저 문법을 사용할 수 있습니다.

이제부터 클로저의 문법을 살펴보겠습니다. 중첩 함수(7.3절)는 함수 안에 포함된 하나의 클로저 형식이었습니다. 그런데 이렇게 함수를 중첩하여 사용하기보다는 조금 더 간단한 형태로 함수처럼 사용하고 싶을 수 있고 또는 함수 내부에서 다른 함수를 사용할 때 내부 함수에 이름을 붙일 필요가 없을 수 있습니다. 이런 여러 가지 경우에 함수 또는 메서드의 전달인자로 함수를 받아오면 됩니다.

클로저 표현 방법은 클로저가 함수의 모습이 아닌 하나의 블록의 모습으로 표현될 수 있는 방법을 의미합니다. 클로저 표현 방법은 클로저의 위치를 기준으로 크게 기본 클로저 표현과 후행 클로저 표현이 있습니다. 또 각 표현 내에서 가독성을 해치지 않는 선에서 표현을 생략하거나 축약할 수 있는 방법이 있습니다. 우선 두 클로저 표현 방법(기본 클로저 및 후행 클로저)을 먼저 살펴본 후, 문맥을 이용한 타입 유추(13.3.1절)부터 표현을 생략하거나 축약할 수 있는 방법에 대해 알아볼 것입니다.

13.1 기본 클로저

기본 클로저 내용을 포함하여 앞으로 sorted(by:) 메서드를 이용해 동일한 기능을 하는 코드를 어떻게 간결하게 표현하는지 알아보겠습니다.

스위프트 표준 라이브러리에는 배열의 값을 정렬하기 위해 구현한 sorted(by:) 메서드가 있습니다. 이 메서드는 클로저를 통해 어떻게 정렬할 것인가에 대한 정보를 받아 처리하고 결괏값을 배열로 돌려줍니다. 단순히 정렬만 하기 때문에 입력받은 배열의 타입과 크기가 동일합니다. 기존의 배열은 변경하지 않고 정렬된 배열을 새로 생성하여 반환해줍니다.

[코드 13-1]은 sorted(by:) 메서드의 정의입니다. 혹시 모르는 키워드나 기능이 있더라도 지금 모두 이해할 필요는 없습니다.

코드 13-1 스위프트 라이브러리의 sorted(by:) 메서드 정의

```
public func sorted(by areInIncreasingOrder: (Element, Element) -> Bool) ->
    [Element]
```

String 타입의 배열에 이름을 넣어 영문 알파벳을 내림차순으로 정렬하려고 합니다. [코드 13-2]에서 먼저 이름 배열을 하나 생성합니다.

코드 13-2 정렬에 사용될 이름 배열

```
let names: [String] = ["wizplan", "eric", "yagom", "jenny"]
```

sorted(by:) 메서드는 (배열의 타입과 같은 두 개의 매개변수를 가지며 Bool 타입을 반환하는) 클로저를 전달인자로 받을 수 있습니다. 반환하는 Bool 값은 첫 번째 전달인자 값이 새로 생성되는 배열에서 두 번째 전달인자 값보다 먼저 배치되어야 하는지에 대한 결괏값입니다. true를 반환하면 첫 번째 전달인자가 두 번째 전달인자보다 앞에 옵니다.

> **TIP** 전달인자로 함수를 보낸다?
>
> 함수를 메서드의 전달인자로 보내는 일은 함수형 프로그래밍 패러다임에서는 아주 당연한 일입니다. 아직 함수형 패러다임이 익숙하지 않은 독자분은 이번 파트를 읽으면서 천천히 익혀보길 바랍니다. 우선 클로저의 문법을 익힌다는 생각으로 먼저 훑어보고 나중에 차츰차츰 되돌아보면 더욱 수월하게 이해할 수 있을 것입니다.

우선은 우리가 기존에 익숙한 방법대로 매개변수로 String 타입 두 개를 가지며, Bool 타입을 반환하는 함수를 구현해봅시다. 구현된 함수를 sorted(by:) 메서드의 전달인자로 전달하여 reversed라는 이름의 배열로 반환받습니다. 앞서 설명했듯이 전달받는 두 전달인자는 정

렬에 참고할 값이고, 반환될 값은 첫 번째 전달인자가 앞으로 배치될지 뒤로 배치될지에 대한 Bool 타입 값입니다. 참, 함수는 클로저의 한 형태라는 점 잊지 마세요.

코드 13-3 정렬을 위한 함수 전달

```swift
func backwards(first: String, second: String) -> Bool {
    print("\(first) \(second) 비교중")
    return first > second
}

let reversed: [String] = names.sorted(by: backwards)
print(reversed)        // ["yagom", "wizplan", "jenny", "eric"]
```

만약 first 문자열이 second 문자열보다 크다*면 backwards(first:second:) 함수의 반환 값은 true가 될 것입니다. 즉, 값이 더 큰 first 문자열이 second 문자열보다 앞쪽에 정렬되어야 한다는 뜻입니다. 그러나 first > second라는 반환 값을 받기 위해 너무 많은 표현을 사용했습니다. 예시 코드에서 print() 함수는 참고용 콘솔 출력이니 제외해도 역시 많습니다. 함수 이름부터 매개변수 표현까지 부가적인 표현도 많습니다. 이를 클로저 표현을 사용해서 조금 더 간결하게 표현하겠습니다.

클로저 표현은 통상 아래 형식을 따릅니다.

```
{ (매개변수들) -> 반환 타입 in
    실행 코드
}
```

클로저도 함수와 마찬가지로 입출력 매개변수를 사용할 수 있습니다. 매개변수 이름을 지정한다면 가변 매개변수 또한 사용 가능합니다. 다만 클로저는 매개변수 기본값을 사용할 수 없습니다.

이제 backwards(first:second:) 함수를 클로저 표현으로 대체해보겠습니다.

---

* '알파벳이 더 뒤쪽이다'라는 뜻입니다. 예를 들어 'B'는 'A'보다 큽니다. 'yagom'은 'eric'보다 큽니다.

코드 13-4 sorted(by:) 메서드에 클로저 전달

```swift
// backwards(first:second:) 함수 대신에 sorted(by:) 메서드의 전달인자로 클로저를 직접 전달합니다.
let reversed: [String] = names.sorted(by: { (first: String, second: String) -> Bool in
    return first > second
})
print(reversed)         // ["yagom", "wizplan", "jenny", "eric"]
```

sorted(by:) 메서드로 전달하는 클로저의 매개변수 개수와 타입, 그리고 반환 타입이 모두 backwards(first:second:) 함수와 같다는 것을 눈치챘나요? 아직 익숙하지 않겠지만 처음보다 코드가 훨씬 간결해지고 직관적으로 바꿨습니다.

이렇게 프로그래밍하면 sorted(by:) 메서드로 전달되는 backward(first:second:) 함수가 어디에 있는지, 어떻게 구현되어 있는지 찾아다니지 않아도 됩니다. 물론, 반복해서 같은 기능을 사용하려면 함수로 구현해두는 것도 나쁘지 않습니다. 이는 여러분의 선택입니다.

13.2 후행 클로저

[코드 13-4]보다 조금 더 클로저를 읽기 쉽게 바꿔볼 수 있습니다. 함수나 메서드의 마지막 전달인자로 위치하는 클로저는 함수나 메서드의 소괄호를 닫은 후 작성해도 됩니다. 클로저가 조금 길어지거나 가독성이 조금 떨어진다 싶으면 **후행 클로저**Trailing Closure 기능을 사용하면 좋습니다.

Xcode로 코드를 작성할 때, 후행 클로저를 포함한 함수나 메서드 호출 코드 작성 시 자동 완성 기능을 사용하면 Xcode가 자동으로 후행 클로저 사용을 유도합니다. 또한 sorted(by:) 메서드처럼 단 하나의 클로저만 전달인자로 전달하는 경우에는 후행 클로저 사용 시 sorted(by:) 메서드 호출을 위한 소괄호를 생략할 수도 있습니다.

[코드 13-5]는 두 가지 케이스를 모두 사용해본 코드입니다.

또 함수 또는 메서드의 매개변수로 여러 개의 클로저를 전달하는 경우, 다중 후행 클로저 표현을 사용할 수도 있습니다. 다중 후행 클로저를 사용할 때는 전달하려는 클로저가 모두 뒤쪽의 매개변수에 위치해야 하며, 첫 번째 클로저의 전달인자 레이블만 생략하고 뒤에 따라오는 클로저들은 전달인자 레이블을 사용하여 뒤에 따라오는 후행 클로저라는 것을 명시해주면 됩니다.

다중 후행 클로저 역시 [코드 13-5]에서 확인할 수 있습니다.

코드 13-5 후행 클로저 표현

```swift
// 후행 클로저의 사용
 let reversed: [String] = names.sorted() { (first: String, second: String) -> Bool in
    return first > second
}

// sorted(by:) 메서드의 소괄호까지 생략 가능합니다.
let reversed: [String] = names.sorted { (first: String, second: String) -> Bool in
    return first > second
}

// 다중 후행 클로저를 사용하여 호출이 가능한 saveToDB(text:onSuccess:onFailure:) 함수
func saveToDB(text: String?, onSuccess: () -> Void, onFailure: () -> Void) {
    if let text {
        onSuccess()
    } else {
        onFailure()
    }
}

// 다중 후행 클로저의 사용
saveToDB(text: "텍스트") {
    print("저장 완료!")
} onFailure: {
    print("저장 실패!")
}
```

Xcode에서도 자동 완성으로 후행 클로저를 사용하도록 유도하므로 자주 볼 겁니다. 또한 앞으로 배워볼 맵과 필터 등에서도 계속해서 보게 될 형태이니 잘 기억해두세요.

13.3 클로저 표현 간소화

이번 절에서는 클로저 표현을 간소화하는 몇 가지 방법에 대해 알아보겠습니다.

13.3.1 문맥을 이용한 타입 유추

메서드의 전달인자로 전달하는 클로저는 메서드에서 요구하는 형태로 전달해야 합니다. 즉, 매개변수의 타입이나 개수, 반환 타입 등이 같아야 전달인자로서 전달할 수 있습니다. 이를 다르게 말하면, 전달인자로 전달할 클로저는 이미 적합한 타입을 준수하고 있다고 유추할 수 있습니다. 문맥에 따라 적절히 타입을 유추할 수 있는 거죠. 그래서 전달인자로 전달하는 클로저를 구현할 때는 매개변수의 타입이나 반환 값의 타입을 굳이 표현해주지 않고 생략하더라도 문제가 없습니다.

[코드 13-6]에서 매개변수의 타입이 생략된 클로저를 확인해보겠습니다.

코드 13-6 클로저의 타입 유추

```swift
// 클로저의 매개변수 타입과 반환 타입을 생략하여 표현할 수 있습니다.
let reversed: [String] = names.sorted { (first, second) in
    return first > second
}
```

13.3.2 단축 인자 이름

계속해서 sorted(by:) 메서드로 전달하는 클로저를 살펴보면 또 하나 마음에 들지 않는 점이 있습니다. 바로 의미없어 보이는 두 매개변수 이름입니다. first, second라니. 정말 아무 의미도 멋도 없습니다. 그래서 스위프트는 조금 멋스럽고 간결하게 표현할 수 있도록 단축 인자 이름을 제공합니다.

단축 인자 이름은 첫 번째 전달인자부터 $0, $1, $2, $3,… 순서로 $와 숫자의 조합으로 표현합니다. 단축 인자 표현을 사용하게 되면 매개변수 및 반환 타입과 실행 코드를 구분하기 위해 사용했던 키워드 in을 사용할 필요도 없어집니다.

코드 13-7 단축 인자 이름 사용

```swift
// 단축 인자 이름을 사용한 표현
let reversed: [String] = names.sorted {
    return $0 > $1
}
```

13.3.3 암시적 반환 표현

점점 더 간결해지고 있는 클로저 표현을 보고 있습니다. '이제 더 줄일게 없어!!', '이제 이정도가 한계야!'라고 생각했나요? 아직 끝이 아닙니다. [코드 13-7]에서 생략할 수 있는 것이 딱 하나 남았습니다. 클로저에서는 return 키워드마저 생략할 수 있습니다.

만약 클로저가 반환 값을 갖는 클로저이고 클로저 내부의 실행문이 단 한 줄이라면, 암시적으로 그 실행문을 반환 값으로 사용할 수 있습니다.

코드 13-8 암시적 반환 표현의 사용

```
// 암시적 반환 표현의 사용
let reversed: [String] = names.sorted { $0 > $1 }
```

13.3.4 연산자 함수

클로저의 장점은 간단한 표현입니다. 처음 소개했던 함수의 표현에서 얼마나 더 간단해졌는지 [코드 13-3]으로 돌아가 확인해보세요!

우리는 연산자(5장)에 대해 알아봤습니다. 비교 연산자는 두 개의 피연산자를 통해 Bool 타입의 반환을 줍니다. 우리가 sorted(by:) 메서드에 전달한 클로저와 동일한 조건입니다. 클로저는 매개변수의 타입과 반환 타입이 연산자를 구현한 함수의 모양과 동일하다면 연산자만 표기하더라도 알아서 연산하고 반환합니다. 이유를 설명할 때 연산자가 일종의 함수였다는 것 기억하나요? 스위프트 라이브러리에서 우리가 사용하는 비교 연산자의 정의를 보자면 다음과 같습니다.

코드 13-9 〉 연산자 정의

```
public func ><T: Comparable>(lhs: T, rhs: T) -> Bool
```

func 키워드가 보이시나요? 함수는 클로저의 일종! 기억하시죠? 여기서 > 자체가 함수의 이름입니다. 더군다나 이 함수는 우리가 전달인자로 보내기에 충분한 조건을 갖고 있습니다(물론 아직 제네릭과 프로토콜을 배우지 않아 다 이해할 순 없지만 T를 String으로만 바꿔서 생각해보세요). 이 얼마나 멋진 조합인가요?

코드 13-10 클로저로서의 연산자 함수 사용

```
// 연산자 함수를 클로저의 역할로 사용
let reversed: [String] = names.sorted(by: >)
```

13.4 값 획득

클로저는 자신이 정의된 위치의 주변 문맥을 통해 상수나 변수를 **획득**Capture할 수 있습니다. 값 획득을 통해 클로저는 주변에 정의한 상수나 변수가 더 이상 존재하지 않더라도 해당 상수나 변수의 값을 자신 내부에서 참조하거나 수정할 수 있습니다. 이 이야기를 하는 이유는 클로저가 비동기 작업에 많이 사용되기 때문입니다. 클로저를 통해 비동기 콜백Call-back을 작성하는 경우, 현재 상태를 미리 획득해두지 않으면, 실제로 클로저의 기능을 실행하는 순간에는 주변의 상수나 변수가 이미 메모리에 존재하지 않는 경우가 발생합니다.

중첩 함수도 하나의 클로저 형태라고 앞에서 설명했는데, 이 중첩 함수 주변의 변수나 상수를 획득해 놓을 수도 있습니다. 즉, 자신을 포함하는 함수의 지역변수나 지역상수를 획득할 수 있습니다.

지금부터 incrementer라는 함수를 중첩 함수로 포함하는 makeIncrementer 함수를 살펴보겠습니다. 중첩 함수인 incrementer() 함수는 자신 주변에 있는 runningTotal과 amount라는 두 값을 획득합니다. 두 값을 획득한 후에 incrementer는 클로저로서 makeIncrementer 함수에 의해 반환됩니다.

코드 13-11 makeIncrementer(forIncrement:) 함수

```
func makeIncrementer(forIncrement amount: Int) -> (() -> Int) {
    var runningTotal = 0
    func incrementer() -> Int {
        runningTotal += amount
        return runningTotal
    }
```

```
        return incrementer
    }
```

`makeIncrementer` 함수의 반환 타입은 `()  -> Int`입니다. 이는 **함수객체**를 반환한다는 의미입니다. 반환하는 함수는 매개변수를 받지 않고 반환 타입은 `Int`인 함수로, 호출할 때마다 `Int` 타입의 값을 반환해줍니다. `incrementer`가 반환하게 될 값을 저장하는 용도로 `runningTotal`을 정의했고, 0으로 초기화해두었습니다. 그리고 `forIncrement`라는 전달인자 레이블과 `amount`라는 매개변수 이름이 있는 `Int` 타입 매개변수 하나가 있습니다. `incrementer()` 함수가 호출될 때마다 `amount`의 값만큼 `runningTotal` 값이 증가합니다.

또한 값을 증가시키는 역할을 하는 `incrementer`라는 이름의 중첩 함수를 정의했습니다. 이 `incrementer()` 함수는 `amount`의 값을 `runningTotal`에 더하여 결괏값을 반환합니다.

[코드 13-12]처럼 `incrementer()` 함수를 `makeIncrementer(forIncrement:)` 함수 외부에 독립적으로 떨어뜨려 놓으면 동작할 수 없는 이상한 형태가 됩니다.

코드 13-12 incrementer() 함수

```
func incrementer() -> Int {
    runningTotal += amount
    return runningTotal
}
```

`incrementer()` 함수는 어떤 매개변수도 갖지 않으며, `runningTotal`이라는 변수가 어디 있는지 찾아볼 수도 없습니다. 지금 이 형태만으로는 잘못된 코드입니다.

그러나 앞 쪽의 [코드 13-11]처럼 `incrementer()` 함수 주변에 `runningTotal`과 `amount` 변수가 있다면 `incrementer()` 함수는 두 변수의 참조를 획득할 수 있습니다. 참조를 획득하면 `runningTotal`과 `amount`는 `makeIncrementer` 함수의 실행이 끝나도 사라지지 않습니다. 게다가 `incrementer`가 호출될 때마다 계속해서 사용할 수 있습니다.

`makeIncrementer(forIncrement:)` 함수를 사용하여 `incrementByTwo`라는 이름의 상수에 `increment` 함수를 할당해줬습니다. `incrementByTwo`를 호출할 때마다 `runningTotal`은 값이 2씩 증가합니다.

코드 13-13 incrementByTwo 상수에 함수 할당

```swift
let incrementByTwo: (() -> Int) = makeIncrementer(forIncrement: 2)

let first: Int = incrementByTwo()    // 2
let second: Int = incrementByTwo()   // 4
let third: Int = incrementByTwo()    // 6
```

[코드 13-13]의 아래에 incrementer를 하나 더 생성해주면, incrementerByTwo와는 별개의 다른 참조를 갖는 runningTotal 변숫값을 확인할 수 있습니다. 이를 [코드 13-14]에 구현해보았습니다.

코드 13-14 각각의 incrementer의 동작

```swift
let incrementByTwo: (() -> Int) = makeIncrementer(forIncrement: 2)
let incrementByTwo2: (() -> Int) = makeIncrementer(forIncrement: 2)
let incrementByTen: (() -> Int) = makeIncrementer(forIncrement: 10)

let first: Int = incrementByTwo()       // 2
let second: Int = incrementByTwo()      // 4
let third: Int = incrementByTwo()       // 6

let first2: Int = incrementByTwo2()     // 2
let second2: Int = incrementByTwo2()    // 4
let third2: Int = incrementByTwo2()     // 6

let ten: Int = incrementByTen()         // 10
let twenty: Int = incrementByTen()      // 20
let thirty: Int = incrementByTen()      // 30
```

각각의 incrementer 함수는 언제 호출이 되더라도 자신만의 runningTotal 변수를 갖고 카운트하게 됩니다. 다른 함수의 영향도 전혀 받지 않습니다. 각각 자신만의 runningTotal의 참조를 미리 획득했기 때문입니다.

> **NOTE_ 클래스 인스턴스 프로퍼티로서의 클로저**
>
> 클래스 인스턴스의 프로퍼티로 클로저를 할당한다면 클로저는 해당 인스턴스 또는 인스턴스의 멤버의 참조를 획득할 수 있으나, 클로저와 인스턴스 사이에 강한참조 순환 문제가 발생할 수 있습니다. 강한참조 순환 문제는 획득목록을 통해 없앨 수 있습니다. 더 자세한 사항은 ARC의 강한참조 순환 문제(27.2.1절)에서 다루겠습니다.

13.5 클로저는 참조 타입

값 획득 부분의 예제 [코드 13-14]에서 incrementByTwo와 incrementByTen은 모두 상수입니다. 이 두 상수 클로저는 값 획득을 통해 runningTotal 변수를 계속해서 증가시킬 수 있습니다. 왜냐하면 함수와 클로저는 참조 타입이기 때문입니다.

함수나 클로저를 상수나 변수에 할당할 때마다 사실은 상수나 변수에 함수나 클로저의 참조를 설정하는 것입니다. 즉, incrementByTwo라는 상수에 클로저를 할당한다는 것은 클로저의 내용물, 즉 값을 할당하는 것이 아니라 해당 클로저의 참조를 할당하는 것입니다. 결국 클로저의 참조를 다른 상수에 할당해준다면 이는 두 상수가 모두 같은 클로저를 가리킨다는 뜻입니다.

코드 13-15 참조 타입인 클로저

```
let incrementByTwo: (() -> Int) = makeIncrementer(forIncrement: 2)
let sameWithIncrementByTwo: (() -> Int) = incrementByTwo

let first: Int = incrementByTwo()             // 2
let second: Int = sameWithIncrementByTwo()    // 4
```

[코드 13-15]를 통해 두 상수는 같은 클로저를 참조하기 때문에 동일한 클로저가 동작하는 것을 확인할 수 있습니다.

13.6 탈출 클로저

함수의 전달인자로 전달한 클로저가 함수 종료 후에 호출될 때 클로저가 함수를 **탈출**Escape한다고 표현합니다. 클로저를 매개변수로 갖는 함수를 선언할 때 매개변수 이름의 콜론(:) 뒤에 @escaping 키워드를 사용하여 클로저가 탈출하는 것을 허용한다고 명시해줄 수 있습니다.

예를 들어 비동기 작업을 실행하는 함수들은 클로저를 컴플리션 핸들러Completion Handler 전달인자로 받아옵니다. 비동기 작업으로 함수가 종료되고 난 후 호출할 필요가 있는 클로저를 사용해야 할 때 **탈출 클로저**Escaping Closure가 필요합니다.

그런데 [코드 13-1]의 sorted(by:) 메서드를 비롯해 계속 살펴보았던 함수에는 @escaping 키워드를 찾아볼 수 없습니다. 정렬할 요소를 비교 연산하기 위해 전달인자로 전달하는 클로저는 **비탈출 클로저**Nonescape Closure이기 때문입니다. @escaping 키워드를 따로 명시하지 않는다면 매개변수로 사용되는 클로저는 기본으로 비탈출 클로저입니다. 함수로 전달된 클로저가 함수의 동작이 끝난 후 사용할 필요가 없을 때 비탈출 클로저를 사용합니다.

클로저가 함수를 탈출할 수 있는 경우 중 하나는 함수 외부에 정의된 변수나 상수에 저장되어 함수가 종료된 후에 사용할 경우입니다. 예를 들어 비동기로 작업을 하기 위해서 컴플리션 핸들러를 전달인자를 이용해 클로저 형태로 받는 함수들이 많습니다. 함수가 작업을 종료하고 난 이후(즉, 함수의 return 후)에 컴플리션 핸들러, 즉 클로저를 호출하기 때문에 클로저는 함수를 탈출해 있어야만 합니다. 함수의 전달인자로 전달받은 클로저를 다시 반환Return할 때도 마찬가지입니다.

[코드 13-16]은 탈출 클로저와 그 클로저를 저장할 수 있는 함수 외부의 배열 변수가 있습니다.

코드 13-16 탈출 클로저를 매개변수로 갖는 함수

```
var completionHandlers: [() -> Void] = []

func someFunctionWithEscapingClosure(completionHandler: @escaping () -> Void) {
    completionHandlers.append(completionHandler)
}
```

[코드 13-17]을 통해 탈출 클로저를 조금 더 자세히 살펴보겠습니다.

코드 13-17 함수를 탈출하는 클로저의 예

```swift
typealias VoidVoidClosure = () -> Void
let firstClosure: VoidVoidClosure = {
    print("Closure A")
}
let secondClosure: VoidVoidClosure = {
    print("Closure B")
}

// first와 second 매개변수 클로저는 함수의 반환 값으로 사용될 수 있으므로 탈출 클로저입니다.
func returnOneClosure(first: @escaping VoidVoidClosure, second: @escaping
    VoidVoidClosure, shouldReturnFirstClosure: Bool) -> VoidVoidClosure {
    // 전달인자로 전달받은 클로저를 함수 외부로 다시 반환하기 때문에 함수를 탈출하는 클로저입니다.
    return shouldReturnFirstClosure ? first : second
}

// 함수에서 반환한 클로저가 함수 외부의 상수에 저장되었습니다.
let returnedClosure: VoidVoidClosure = returnOneClosure(first:
    firstClosure, second: secondClosure, shouldReturnFirstClosure: true)

returnedClosure()   // Closure A

var closures: [VoidVoidClosure] = []

// closure 매개변수 클로저는 함수 외부의 변수에 저장될 수 있으므로 탈출 클로저입니다.
func appendClosure(closure: @escaping VoidVoidClosure) {
    // 전달인자로 전달받은 클로저가 함수 외부의 변수 내부에 저장되므로 함수를 탈출합니다.
    closures.append(closure)
}
```

[코드 13-17]에서 두 함수의 전달인자로 전달하는 클로저 앞에 @escaping 키워드를 사용하여 탈출 클로저임을 명시해주어야 합니다. 이 코드는 클로저 모두가 탈출할 수 있는 조건이 명확하기 때문에 @escaping 키워드를 사용하여 탈출 클로저임을 명시하지 않으면 컴파일 오류가 발생합니다. 이 코드는 함수 외부로 다시 전달되어 외부에서 사용이 가능하다든가, 외부 변수에 저장되는 등 클로저의 탈출 조건을 모두 갖추고 있습니다.

타입 내부 메서드의 매개변수 클로저에 @escaping 키워드를 사용하여 탈출 클로저임을 명시한 경우, 클로저 내부에서 해당 타입의 프로퍼티나 메서드, 서브스크립트 등에 접근하려면 self 키워드를 명시적으로 사용해야 합니다. 비탈출 클로저는 클로저 내부에서 타입 내부의 프로퍼티나 메서드, 서브스크립트 등에 접근할 때 self 키워드를 꼭 써주지 않아도 됩니다. 즉, 비탈출 클로저 내부에서 self 키워드는 선택 사항입니다. [코드 13-18]에서 알아봅시다.

코드 13-18 클래스 인스턴스 메서드에 사용되는 탈출, 비탈출 클로저

```
typealias VoidVoidClosure = () -> Void

func functionWithNoescapeClosure(closure: VoidVoidClosure) {
    closure()
}

func functionWithEscapingClosure(completionHandler: @escaping
    VoidVoidClosure) -> VoidVoidClosure {
    return completionHandler
}

class SomeClass {
    var x = 10

    func runNoescapeClosure() {
        // 비탈출 클로저에서 self 키워드 사용은 선택 사항입니다.
        functionWithNoescapeClosure { x = 200 }
    }

    func runEscapingClosure() -> VoidVoidClosure {
        // 탈출 클로저에서는 명시적으로 self를 사용해야 합니다.
        return functionWithEscapingClosure { self.x = 100 }
    }
}

let instance: SomeClass = SomeClass()
instance.runNoescapeClosure()
print(instance.x)    // 200

let returnedClosure: VoidVoidClosure = instance.runEscapingClosure()
returnedClosure()
print(instance.x)    // 100
```

[코드 13-18]의 비탈출 클로저에서는 인스턴스의 프로퍼티인 x를 사용하기 위해 self 키워드를 생략해도 무관했지만, 탈출하는 클로저에서는 값 획득을 하기 위해 self 키워드를 사용하여 프로퍼티에 접근해야만 합니다.

13.6.1 withoutActuallyEscaping

비탈출 클로저나 탈출 클로저와 관련한 여러 가지 상황 중 한 가지 애매한 경우가 있습니다. 비탈출 클로저로 전달한 클로저가 탈출 클로저인 척 해야 하는 경우입니다. 실제로는 탈출하지 않는데 다른 함수에서 탈출 클로저를 요구하는 상황에 해당합니다. [코드 13-19]에 구현한 함수 hasElements(in:match:)는 in 매개변수로 검사할 배열을 전달받으며, match라는 매개변수로 검사를 실행할 클로저를 받아들입니다.

hasElements(in:match:) 함수는 @escaping 키워드가 없으므로 비탈출 클로저를 전달받게 됩니다. 그리고 내부에서 배열의 lazy 컬렉션에 있는 filter 메서드의 매개변수로 비탈출 클로저를 전달합니다. 그런데 lazy 컬렉션은 비동기 작업을 할 때 사용하기 때문에 filter 메서드가 요구하는 클로저는 탈출 클로저입니다. 그래서 탈출 클로저 자리에 비탈출 클로저를 전달할 수 없다는 오류와 마주하게 됩니다.

코드 13-19 오류가 발생하는 hasElements 함수

```swift
func hasElements(in array: [Int], match predicate: (Int) -> Bool) -> Bool {
    return (array.lazy.filter { predicate($0) }.isEmpty == false)
}
```

그런데 함수 전체를 보면, match 클로저가 탈출할 필요가 없습니다. 이때 해당 클로저를 탈출 클로저인양 사용할 수 있게 돕는 withoutActuallyEscaping(_:do:) 함수가 있습니다.

[코드 13-20]에서 해당 함수의 활용을 살펴보겠습니다.

코드 13-20 withoutActuallyEscaping(_:do:) 함수의 활용

```swift
let numbers: [Int] = [2, 4, 6, 8]

let evenNumberPredicate = { (number: Int) -> Bool in
    return number % 2 == 0
}

let oddNumberPredicate = { (number: Int) -> Bool in
    return number % 2 == 1
}
```

```
func hasElements(in array: [Int], match predicate: (Int) -> Bool) -> Bool {
    return withoutActuallyEscaping(predicate, do: { escapablePredicate in
        return (array.lazy.filter { escapablePredicate($0) }.isEmpty == false)
    })
}

let hasEvenNumber = hasElements(in: numbers, match: evenNumberPredicate)
let hasOddNumber = hasElements(in: numbers, match: oddNumberPredicate)

print(hasEvenNumber)    // true
print(hasOddNumber)     // false
```

withoutActuallyEscaping(_:do:) 함수의 첫 번째 전달인자로 탈출 클로저인 척해야 하는 클로저가 전달되었습니다. do 전달인자는 이 비탈출 클로저를 또 매개변수로 전달받아 실제로 작업을 실행할 탈출 클로저를 전달합니다. 이렇게 withoutActuallyEscaping(_:do:) 함수를 활용하여 비탈출 클로저를 탈출 클로저처럼 사용할 수 있습니다.

13.7 자동 클로저

함수의 전달인자로 전달하는 표현을 자동으로 변환해주는 클로저를 **자동 클로저**Auto Closure라고 합니다. **자동 클로저는 전달인자를 갖지 않습니다.** 자동 클로저는 호출되었을 때 자신이 감싸고 있는 코드의 결괏값을 반환합니다. 자동 클로저는 함수로 전달하는 클로저를 (소괄호와 중괄호를 겹쳐서 써야 하는) 어려운 클로저 문법을 사용하지 않고도 클로저로 사용할 수 있도록 문법적 편의를 제공합니다.

스위프트 표준 라이브러리에는 자동 클로저를 호출하는 함수가 구현되어 있어 이를 사용하는 일이 종종 있습니다. 하지만 직접 자동 클로저를 호출하는 함수를 구현하는 일은 흔치 않을 겁니다. 예를 들어 스위프트 표준 라이브러리에 구현되어 있는 assert(condition:message:file:line:) 함수는 condition과 message 매개변수가 자동 클로저입니다. condition 매개변수는 디버그용 빌드에서만 실행되고, message 매개변수는 condition 매개변수가 false일 때만 실행됩니다.

자동 클로저는 클로저가 호출되기 전까지 클로저 내부의 코드가 동작하지 않습니다. 따라서 연산을 지연시킬 수 있습니다. 이 과정은 연산에 자원을 많이 소모한다거나 부작용이 우려될 때 유용하게 사용할 수 있습니다. 왜냐하면 코드의 실행을 제어하기 좋기 때문입니다.

[코드 13-21]를 통해 클로저가 연산을 어떻게 지연시킬 수 있는지 알 수 있습니다.

코드 13-21 클로저를 이용한 연산 지연

```swift
// 대기 중인 손님들입니다.
var customersInLine: [String] = ["YoangWha", "SangYong", "SungHun", "HaMi"]
print(customersInLine.count)        // 4

// 클로저를 만들어두면 클로저 내부의 코드를 미리 실행(연산)하지 않고 가지고만 있습니다.
let customerProvider: () -> String = {
    return customersInLine.removeFirst()
}
print(customersInLine.count)        // 4

// 실제로 실행합니다.
print("Now serving \(customerProvider())!") // "Now serving YoangWha!"
print(customersInLine.count)        // 3
```

[코드 13-21]에서 `customerProvider` 상수에 저장해둔 클로저는 하나의 명령문 묶음으로 볼 수 있습니다. `Array`의 `removeFirst()` 메서드는 자신의 첫 번째 요소를 제거하면서 그 요소를 반환해주는 메서드였던 것 기억하시나요? 그래서 `customerProvider()`를 선언했지만 바로 아래서 호출한 `print(customerInLine.count)`에서는 클로저 내부의 연산이 반영되지 않으며 클로저가 실제로 실행되기 전까지는 `removeFirst()` 메서드의 연산을 실행하지도 않습니다. 그 뒤에 실제로 클로저를 실행하면 그때서야 연산을 실행하게 됩니다. 클로저가 영영 호출되지 않는다면 내부의 코드도 실행되지 않기 때문에 해당 연산은 실행되지 않습니다. 우리가 이제껏 알던 클로저의 활용과 크게 다르지 않은 내용입니다.

만약에 [코드 13-22]와 같이 같은 조건의 클로저를 함수의 전달인자로 전달한다고 생각해봅시다.

코드 13-22 함수의 전달인자로 전달하는 클로저

```swift
// customersInLine is ["YoangWha", "SangYong", "SungHun", "HaMi"]
var customersInLine: [String] = ["YoangWha", "SangYong", "SungHun", "HaMi"]
```

```swift
func serveCustomer(_ customerProvider: () -> String) {
    print("Now serving \(customerProvider())!")
}

serveCustomer( { customersInLine.removeFirst() } )   // "Now serving YoangWha!"
```

우리가 이제껏 봐왔던 모양과 크게 다르지 않습니다. 함수의 전달인자로 직접 클로저를 작성하여 전달해주었습니다. 코드의 serveCustomer(_:) 함수는 클로저를 매개변수로 전달받고 있습니다.

> **NOTE_ 암시적 반환 표현**
>
> [코드 13-22]에서 [코드 13-21]과는 다르게 클로저 내부에서 return 키워드를 사용하지 않아도 되는 이유는 암시적 반환 표현 덕분입니다. 물론, [코드 13-21]에서도 return 키워드를 생략해줘도 됩니다. 반대로 [코드 13-22]에서도 return 키워드를 사용하여 명확하게 반환 값임을 명시해줄 수도 있습니다.

[코드 13-23]은 [코드 13-22]를 자동 클로저를 사용하여 표현한 예입니다.

코드 13-23 자동 클로저의 사용

```swift
// customersInLine is ["YoangWha", "SangYong", "SungHun", "HaMi"]
var customersInLine: [String] = ["YoangWha", "SangYong", "SungHun", "HaMi"]

func serveCustomer(_ customerProvider: @autoclosure () -> String) {
    print("Now serving \(customerProvider())!")
}

serveCustomer(customersInLine.removeFirst()) // "Now serving YoangWha!"
```

[코드 13-23]은 기존의 serveCustomer(_:) 함수와 동일한 역할을 하지만 매개변수에 @autoclosure 속성을 주었기 때문에 자동 클로저 기능을 사용합니다. 자동 클로저 속성을 부여한 매개변수는 클로저 대신에 customersInLine.removeFirst() 코드의 실행 결과인 String 타입의 문자열을 전달인자로 받게 됩니다. String 타입의 값이 자동 클로저 매개변수에 전달되면 String 값을 매개변수가 없는 String 값을 반환하는 클로저로 변환해줍니다. String 타입의 값을 전달받는 이유는 자동 클로저의 반환 타입이 String이기 때문입니다.

자동 클로저는 전달인자를 갖지 않기 때문에 반환 타입의 값이 자동 클로저의 매개변수로 전달되면 이를 클로저로 바꿔줄 수 있는 것입니다. 이렇게 String 값으로 전달된 전달인자가 자동으로 클로저로 변환되기 때문에 자동 클로저라고 부릅니다.

자동 클로저를 사용하면 기존의 사용 방법처럼 클로저를 전달인자로 넘겨줄 수 없습니다.

> **TIP 자동 클로저의 과도한 사용**
>
> 자동 클로저의 과도한 사용은 코드를 이해하기 어렵게 만들 가능성이 크므로 정신 건강에 매우 해롭습니다. 만약, 자동 클로저를 사용하고자 한다면 함수 이름 또는 매개변수 이름 등은 자동 클로저를 사용한다는 명확한 의미를 전달할 수 있는 이름으로 명명하는 것이 좋습니다.

기본적으로 @autoclosure 속성은 @noescape 속성을 포함합니다. 즉, @autoclosure 속성을 사용하면 @noescape 속성도 부여됨을 암시하는 것입니다. 만약 자동 클로저를 탈출하는 클로저로 사용하고 싶다면 @autoclosure 속성 뒤에 @escaping 속성을 덧붙여서 @autoclosure @escaping처럼 사용하면 됩니다. [코드 13-24]에서 확인해보겠습니다.

코드 13-24 자동 클로저의 탈출

```
var customersInLine: [String] = ["minjae", "innoceive", "sopress"]

func returnProvider(_ customerProvider: @autoclosure @escaping () ->
    String) -> (() -> String) {
    return customerProvider
}
let customerProvider: () -> String = returnProvider(customersInLine.removeFirst())
print("Now serving \(customerProvider())!") // "Now serving minjae!"
```

[코드 13-24]를 살펴보면 탈출 가능한 자동 클로저를 매개변수로 받아서 반환 값으로 반환하는 returnProvider(_:) 함수가 있습니다. 이 함수의 전달인자로 전달한 후 클로저로 변환된 코드들이 그대로 클로저의 형태로 반환되는 것을 알 수 있습니다. 즉, 함수를 탈출하는 클로저가 되는 것입니다. 그래서 @autoclosure @escaping 속성을 사용해야 합니다.

클로저는 이제 여러분이 앞으로 이 책에서 만나보게 될 스위프트의 막강한 기능에 매번 함께하는 파트너가 될 것입니다. 이 파트에서 클로저만큼은 눈과 손에 잘 익혀두길 권합니다.

클로저는 앞서 알아본 것처럼 생략 가능한 부분이 많습니다. 그렇기 때문에 경우의 수만 따져 보더라도 정말 다양한 표현의 클로저가 만들어질 수 있습니다. 타입 유추만 사용할 수도 있고, 암시적 반환 표현만 사용할 수 있습니다. 단축 인자 이름만 사용할 수도 있고, 이를 모두 사용할 수도, 사용하지 않을 수도 있습니다. 따라서 다양한 클로저 표현 방법을 알아두고, 잘 활용할 줄 아는 지혜가 필요합니다. 물론 다른 사람의 코드를 이해하려면 이를 모두 알고 있어야 합니다. 클로저의 축약 표현들이 득이 될 수도, 독이 될 수도 있을 것입니다. 만약 자신이 조직의 일원이라면 클로저를 어떻게 표현해야 좋을지 다른 조직원과 논의해보는 것은 어떨까요?

CHAPTER 14

옵셔널 체이닝과 빠른종료

우리는 앞서 옵셔널(8장)에 대해 알아보았을 뿐 옵셔널을 제대로 사용한 예제를 다루지는 않았습니다. 또 지금까지는 **옵셔널 체이닝**Optional Chaining을 소개하지 않았는데 옵셔널 체이닝은 여러 값이 중첩된 형태를 띄어야 제 몫을 발휘하기 때문입니다. 옵셔널을 이해하지 못하고 스위프트를 사용한다면 스위프트의 절반도 이해하지 못한 것과 마찬가지입니다. 옵셔널 체이닝이 없다면 옵셔널은 정말로 귀찮고 또 귀찮은 존재일 수밖에 없습니다. 이번 장에서는 옵셔널을 좀 더 편리하게 사용할 수 있는 옵셔널 체이닝과 **빠른종료**Early Exit 문법에 대해 알아보겠습니다.

14.1 옵셔널 체이닝

옵셔널 체이닝은 옵셔널에 속해 있는 nil일지도 모르는 프로퍼티, 메서드, 서브스크립션 등을 가져오거나 호출할 때 사용할 수 있는 일련의 과정입니다. 옵셔널에 값이 있다면 프로퍼티, 메서드, 서브스크립트 등을 호출할 수 있고, 옵셔널이 nil이라면 프로퍼티, 메서드, 서브스크립트 등은 nil을 반환합니다. 즉, 옵셔널을 반복 사용하여 옵셔널이 자전거 체인처럼 서로 꼬리를 물고 있는 모양이기 때문에 옵셔널 체이닝이라고 부릅니다. 자전거 체인에서 한 칸이라도 없거나 고장나면 체인 전체가 동작하지 않듯이 중첩된 옵셔널 중 하나라도 값이 존재하지 않는다면 결과적으로 nil을 반환합니다.

옵셔널 체이닝은 프로퍼티나 메서드 또는 서브스크립트를 호출하고 싶은 옵셔널 변수나 상수 뒤에 물음표(?)를 붙여 표현합니다. 옵셔널이 nil이 아니라면 정상적으로 호출될 것이고, nil이라면 결괏값으로 nil을 반환할 것입니다. 결과적으로 nil이 반환될 가능성이 있으므로 옵셔널 체이닝의 반환된 값은 항상 옵셔널입니다.

> **NOTE_ 느낌표(!)**
>
> 물음표 대신에 느낌표(!)를 사용할 수도 있는데 이는 옵셔널에서 값을 강제 추출하는 효과가 있습니다. 물음표를 사용하는 것과 가장 큰 차이점은 값을 강제 추출하기 때문에 옵셔널에 값이 없다면 런타임 오류가 발생한다는 점입니다. 또 다른 점은 옵셔널에서 값을 강제 추출해 반환하기 때문에 반환 값이 옵셔널이 아니라는 점입니다. 하지만 정말 100% nil이 아니라는 확신을 하더라도 사용을 지양하는 편이 좋습니다.

옵셔널 체이닝에 대해 알아보기 위해 [코드 14-1]에서 기본 클래스를 설계하겠습니다.

코드 14-1 사람의 주소 정보 표현 설계

```swift
class Room {                        // 호실
    var number: Int                 // 호실 번호

    init(number: Int) {
        self.number = number
    }
}

class Building {                    // 건물
    var name: String                // 건물 이름
    var room: Room?                 // 호실 정보

    init(name: String) {
        self.name = name
    }
}

struct Address {                    // 주소
    var province: String            // 광역시/도
    var city: String                // 시/군/구
    var street: String              // 도로명
    var building: Building?         // 건물
    var detailAddress: String?      // 건물 외 상세 주소
}
```

```
class Person { // 사람
    var name: String           // 이름
    var address: Address?      // 주소

    init(name: String) {
        self.name = name
    }
}
```

사람의 정보를 표현하기 위해 Person 클래스를 설계했습니다. Person 클래스는 이름이 있으며 주소를 옵셔널로 갖습니다. 주소 정보는 Address 구조체로 설계했습니다. 주소에는 광역시/도, 시/군/구, 도로명이 필수며, 건물 정보가 있거나 건물이 아니면 상세주소를 기재할 수 있도록 했습니다. 건물 정보는 Building 클래스로 설계했습니다. 건물은 이름이 있으며, 호실의 정보를 갖습니다. 호실 정보는 Room 클래스로 설계했으며 각 호실은 번호를 갖습니다.

먼저, [코드 14-2]에서 yagom이라는 사람의 인스턴스를 생성합니다.

코드 14-2 yagom 인스턴스 생성

```
let yagom: Person = Person(name: "yagom")
```

yagom이 사는 호실 번호를 알고 싶습니다. 옵셔널 체이닝과 강제 추출을 사용하여 프로퍼티에 접근해보면 [코드 14-3]과 같은 결과를 볼 수 있습니다.

코드 14-3 옵셔널 체이닝 문법

```
let yagomRoomViaOptionalChaining: Int? = yagom.address?.building?.room?.number
// nil
let yagomRoomViaOptionalUnwraping: Int = yagom.address!.building!.room!.number
// 오류 발생!!
```

yagom에는 아직 주소, 건물, 호실 정보가 없습니다. yagomRoomViaOptionalChaining 상수에 호실 번호를 할당하려고 옵셔널 체이닝을 사용하면 yagom의 address 프로퍼티가 nil이므로 옵셔널 체이닝 도중 nil이 반환됩니다. 그러나 yagomRoomViaOptionalUnwraping 상수에 호실 번호를 할당할 때는 강제 추출을 시도했기 때문에 nil인 address 프로퍼티에 접근하려 할 때 런타임 오류가 발생합니다.

그림 14-1 옵셔널 체이닝과 강제 추출 동작의 흐름

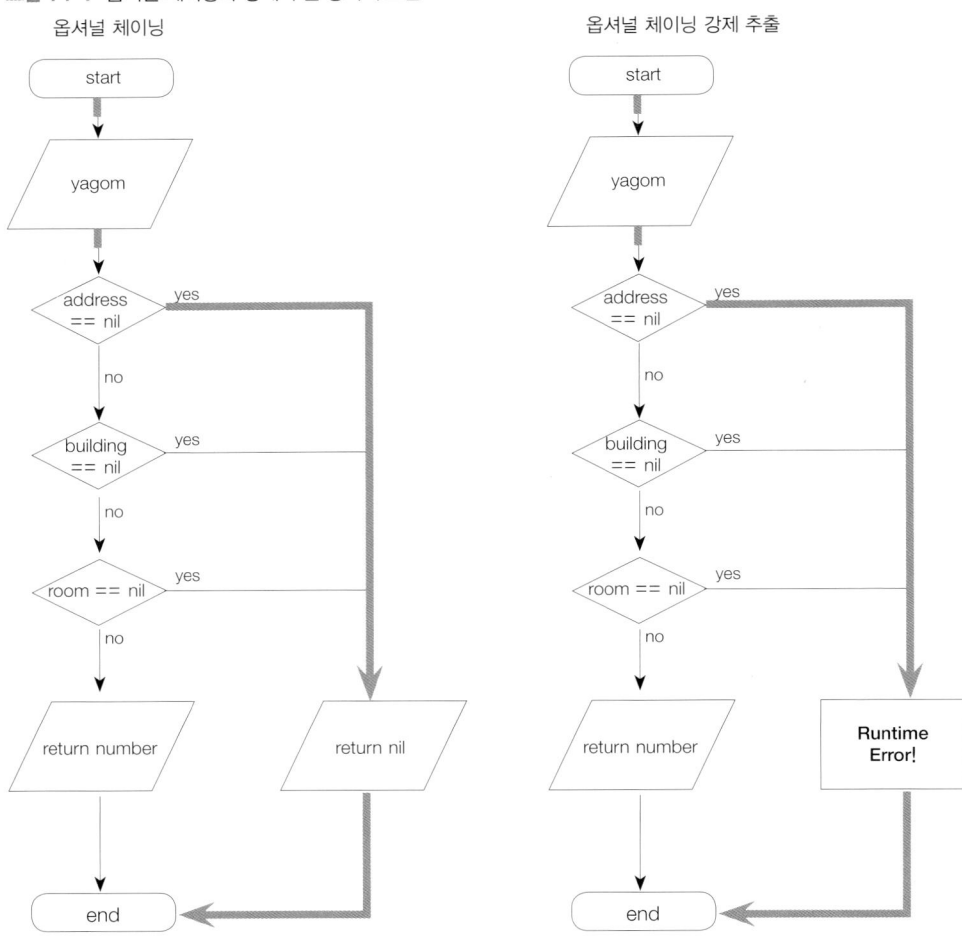

옵셔널 체이닝을 간략히 알아보았습니다. [코드 14-4]는 옵셔널 바인딩을 사용하여 yagom이 사는 호실 정보를 가져오는 코드를 표현한 것입니다.

코드 14-4 옵셔널 바인딩의 사용

```
let yagom: Person = Person(name: "yagom")

var roomNumber: Int? = nil

if let yagomAddress: Address = yagom.address {
```

```
            if let yagomBuilding: Building = yagomAddress.building {
                if let yagomRoom: Room = yagomBuilding.room {
                    roomNumber = yagomRoom.number
                }
            }
        }
    }

    if let number: Int = roomNumber {
        print(number)
    } else {
        print("Can not find room number")
    }
```

[코드 14-4]를 [코드 14-5]처럼 옵셔널 체이닝으로 표현해보면 훨씬 간단해집니다.

코드 14-5 옵셔널 체이닝의 사용

```
let yagom: Person = Person(name: "yagom")

if let roomNumber: Int = yagom.address?.building?.room?.number {
    print(roomNumber)
} else {
    print("Can not find room number")
}
```

[코드 14-4]와 [코드 14-5]는 완전히 똑같은 결과를 내놓지만, 코드의 간결함과 분량은 꽤 차이가 큽니다. 그런데 재미있는 점은 [코드 14-5]의 옵셔널 체이닝 코드가 옵셔널 바인딩 기능과 결합했다는 점입니다. 옵셔널 체이닝의 결괏값은 옵셔널 값이기 때문에 옵셔널 바인딩과 결합할 수 있는 것입니다.

쓸모없을 것 같았던 옵셔널 바인딩이 이렇게 옵셔널 체이닝과 환상의 궁합을 이룰 수 있다는 점, 재미있지 않나요? 옵셔널 바인딩을 통해 `yagom.address?.building?.room?.number`의 결괏값이 `nil`이 아님을 확인하는 동시에 `roomNumber`라는 상수로 받아올 수 있습니다.

[코드 14-5]에서 옵셔널 체이닝을 실행할 때, `yagom`의 `address`가 `nil`이기 때문에 더 이상 다음 체인의 `building`을 체크하지 않고 `nil`을 반환합니다.

그림 14-2 옵셔널 체이닝 동작의 흐름

옵셔널 체이닝

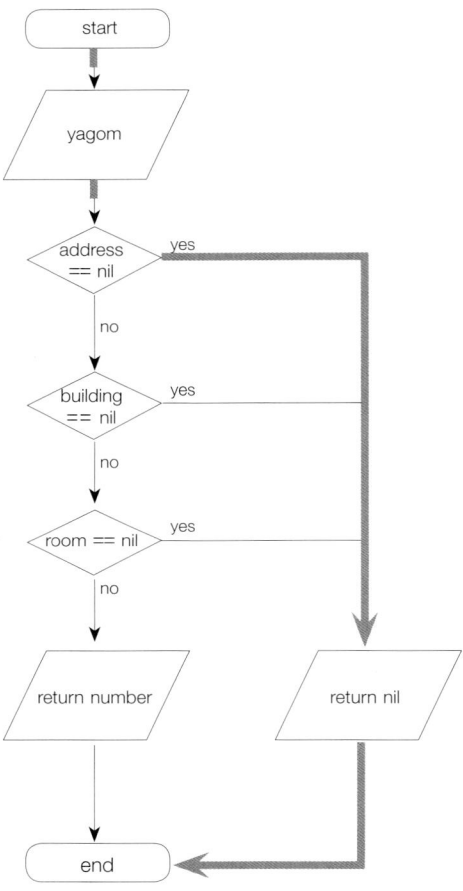

만약에 address의 값이 있었다면 [그림 14-3]과 같이 다음 체인인 building을 체크해보았을 것입니다.

그림 14-3 address가 존재할 때 옵셔널 체이닝 동작의 흐름

옵셔널 체이닝

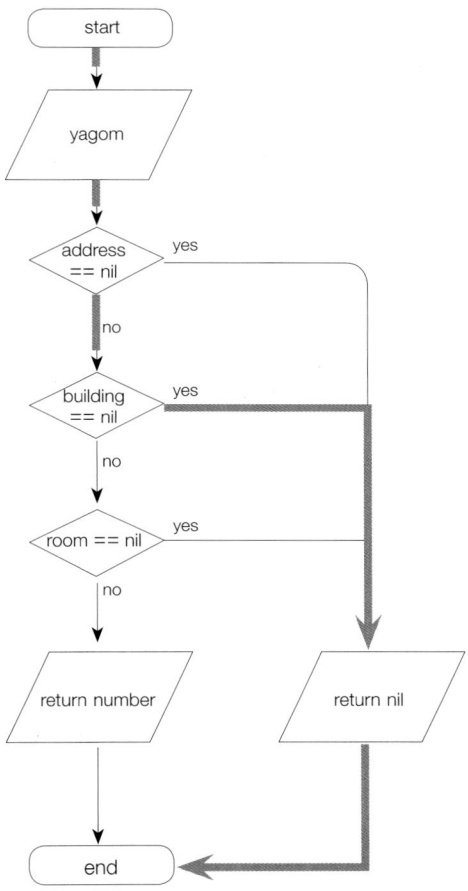

이처럼 옵셔널 체이닝을 통해 한 단계뿐만 아니라 여러 단계로 복잡하게 중첩된 옵셔널 프로퍼티나 메서드 등에 매번 nil 체크를 하지 않아도 손쉽게 접근할 수 있습니다. 또한 옵셔널 체이닝을 통해 값을 받아오기만 하는 것이 아니라 반대로 값을 할당해줄 수도 있습니다.

코드 14-6 옵셔널 체이닝을 통한 값 할당 시도

```
yagom.address?.building?.room?.number = 505
print(yagom.address?.building?.room?.number)    // nil
```

[코드 14-5]까지의 코드에 [코드 14-6]을 바로 아래에 작성하면, 아직 yagom의 address 프로퍼티가 없으며 그 하위의 building 프로퍼티도 room 프로퍼티도 없습니다. 그렇기 때문에 [코드 14-6]의 옵셔널 체이닝은 동작 도중에 중지될 것입니다. number 프로퍼티는 존재조차 하지 않으므로 505가 할당되지 않는 것은 물론입니다.

코드 14-7 옵셔널 체이닝을 통한 값 할당

```
yagom.address = Address(province: "충청북도", city: "청주시 청원구", street:
    "충청대로", building: nil, detailAddress: nil)
yagom.address?.building = Building(name: "곰굴")
yagom.address?.building?.room = Room(number: 0)
yagom.address?.building?.room?.number = 505

print(yagom.address?.building?.room?.number)    // Optional(505)
```

[코드 14-7]을 통해 옵셔널 체인에 존재하는 프로퍼티를 실제로 할당해준 후 옵셔널 체이닝을 통해 값이 정상적으로 반환되는 것을 확인할 수 있습니다.

옵셔널 체이닝을 통해 메서드와 서브스크립트(17장) 호출도 가능합니다. 서브스크립트는 인덱스를 통해 값을 넣고 빼올 수 있는 기능입니다. 아직 서브스크립트에 대해 배우지는 않았지만 차후에 사용하게 되므로 기억해두기 바랍니다.

먼저, 옵셔널 체이닝을 통한 메서드 호출입니다. 호출 방법은 프로퍼티 호출과 동일합니다. 만약 메서드의 반환 타입이 옵셔널이라면 이 또한 옵셔널 체인에서 사용 가능합니다. [코드 14-8]에서 Address 구조체에 메서드 코드를 추가하고 옵셔널 체인을 통해 호출해봅시다.

코드 14-8 옵셔널 체이닝을 통한 메서드 호출

```
struct Address {  // 주소
    var province: String        // 광역시/도
    var city: String            // 시/군/구
    var street: String          // 도로명
    var building: Building?     // 건물
    var detailAddress: String?  // 건물 외 상세주소

    init(province: String, city: String, street: String) {
        self.province = province
        self.city = city
```

```swift
            self.street = street
        }
        
        func fullAddress() -> String? {
            var restAddress: String? = nil
            
            if let buildingInfo: Building = self.building {
                
                restAddress = buildingInfo.name
                
            } else if let detail = self.detailAddress {
                restAddress = detail
            }
            
            if let rest: String = restAddress {
                var fullAddress: String = self.province
                
                fullAddress += " " + self.city
                fullAddress += " " + self.street
                fullAddress += " " + rest
                
                return fullAddress
            } else {
                return nil
            }
        }
        
        func printAddress() {
            if let address: String = self.fullAddress() {
                print(address)
            }
        }
    }
    
    yagom.address?.fullAddress()?.isEmpty       // false
    yagom.address?.printAddress()               // 충청북도 청주시 청원구 충청대로 곰굴
```

우리가 서브스크립트를 가장 많이 사용하는 곳은 Array와 Dictionary입니다. 옵셔널의 서브스크립트를 사용하고자 할 때는 대괄호([ ])보다 앞에* 물음표(?)를 표기해주어야 합니다.

---

* 예를 들어 인덱스로 접근 가능한 배열 항목(someArray[index])과 키로 접근 가능한 딕셔너리 항목(someDictionary[key])의 대괄호([ ])보다 앞을 뜻합니다.

이는 서브스크립트 외에도 언제나 옵셔널 체이닝을 사용할 때의 규칙입니다. [코드 14-9]에서 서브스크립트의 옵셔널 체이닝을 살펴봅시다.

코드 14-9 옵셔널 체이닝을 통한 서브스크립트 호출

```
let optionalArray: [Int]? = [1, 2, 3]
optionalArray?[1]      // 2

var optionalDictionary: [String: [Int]]? = [String: [Int]]()
optionalDictionary?["numberArray"] = optionalArray
optionalDictionary?["numberArray"]?[2]       // 3
```

14.2 빠른종료

빠른종료Early Exit의 핵심 키워드는 **guard**입니다. guard 구문은 if 구문과 유사하게 Bool 타입의 값으로 동작하는 기능입니다. guard 뒤에 따라붙는 코드의 실행 결과가 true일 때 코드가 계속 실행됩니다. if 구문과는 다르게 guard 구문은 항상 else 구문이 뒤에 따라와야 합니다. 만약 guard 뒤에 따라오는 Bool 값이 false라면 else의 블록 내부 코드를 실행하게 되는데, 이때 else 구문의 블록 내부에는 꼭 자신보다 상위의 코드 블록을 종료하는 코드가 들어가게 됩니다. 그래서 특정 조건에 부합하지 않다는 판단이 되면 재빠르게 코드 블록의 실행을 종료할 수 있습니다. 이렇게 현재의 코드 블록을 종료할 때는 return, break, continue, throw 등의 제어문 전환 명령을 사용합니다. 또는 fatalError()와 같은 비반환 함수나 메서드를 호출할 수도 있습니다.

```
guard Bool 타입 값 else {
    예외 사항 실행문
    제어문 전환 명령어
}
```

guard 구문을 사용하면 if 코드를 훨씬 간결하고 읽기 좋게 구성할 수 있습니다. if 구문을 사용하면 예외 사항을 else 블록으로 처리해야 하지만 예외 사항만을 처리하고 싶다면 guard 구문을 사용하는 것이 훨씬 간편합니다.

[코드 14-10]은 같은 기능을 수행하기 위한 if 구문과 guard 구문의 비교입니다.

코드 14-10 같은 역할을 하는 if 구문과 guard 구문

```
// if 구문을 사용한 코드
for i in 0...3 {
    if i == 2 {
        print(i)
    } else {
        continue
    }
}
```

```
// guard 구문을 사용한 코드
for i in 0...3 {
    guard i == 2 else {
        continue
    }
    print(i)
}
```

Bool 타입의 값으로 guard 구문을 동작시킬 수 있지만 옵셔널 바인딩의 역할도 할 수 있습니다. guard 뒤에 따라오는 옵셔널 바인딩 표현에서 옵셔널의 값이 있는 상태라면 guard 구문에서 옵셔널 바인딩된 상수를 guard 구문이 실행된 아래 코드부터 함수 내부의 지역상수처럼 사용할 수 있습니다.

코드 14-11 guard 구문의 옵셔널 바인딩 활용

```
func greet(_ person: [String: String]) {
    guard let name: String = person["name"] else {
        return
    }
    
    print("Hello \(name)!")
    
    guard let location: String = person["location"] else {
        print("I hope the weather is nice near you")
        return
    }
    
    print("I hope the weather is nice in \(location)")
}

var personInfo: [String: String] = [String: String]()
personInfo["name"] = "Jenny"

greet(personInfo)
// Hello Jenny!
```

14장 - 옵셔널 체이닝과 빠른종료 **297**

```
    // I hope the weather is nice near you

    personInfo["location"] = "Korea"

    greet(personInfo)
    // Hello Jenny!
    // I hope the weather is nice in Korea
```

[코드 14-11]에서 guard를 통해 옵셔널 바인딩된 상수는 greet(_:) 함수 내에서 지역상수처럼 사용된 것을 볼 수 있습니다.

그러면 우리가 옵셔널 체이닝(14장)에서 작성했던 코드를 조금 더 발전시켜 보겠습니다. [코드 14-8]에서 작성했던 Address 구조체의 fullAddress() 메서드를 조금 수정해보겠습니다.

코드 14-12 메서드 내부에서 guard 구문의 옵셔널 바인딩 활용

```
    func fullAddress() -> String? {
        var restAddress: String? = nil

        if let buildingInfo: Building = self.building {
            restAddress = buildingInfo.name

        } else if let detail = self.detailAddress {
            restAddress = detail
        }

        guard let rest: String = restAddress else {
            return nil
        }

        var fullAddress: String = self.province
        fullAddress += " " + self.city
        fullAddress += " " + self.street
        fullAddress += " " + rest

        return fullAddress
    }
```

기존에 사용했던 if let 바인딩보다는 조금 더 깔끔하고 명료하게 사용할 수 있습니다.

조금 더 구체적인 조건을 추가하고 싶다면 쉼표(,)로 추가 조건을 나열해주면 됩니다. 추가된 조건은 Bool 타입 값이어야 합니다. 또 쉼표로 추가된 조건은 AND 논리연산과 같은 결과를 줍니다. 즉, 쉼표를 &&로 치환해도 같은 결과를 얻을 수 있다는 뜻입니다.

코드 14-13 guard 구문에 구체적인 조건을 추가

```
func enterClub(name: String?, age: Int?) {
    guard let name: String = name, let age: Int = age, age > 19,
        name.isEmpty == false else {
        print("You are too young to enter the club")
        return
    }
    print("Welcome \(name)!")
}
```

gurad 구문도 if-let 바인딩에서처럼 바인딩 축약 표현을 사용할 수 있습니다. 예를 들어 guard let name: String = name을 guard let name: String으로 줄여 쓰는 것처럼 말이죠. 게다가 타입도 생략해서 guard let name이라고 표현해줄 수도 있습니다.

코드 14-14 guard 구문에 옵셔널 바인딩 축약 표현 사용

```
func enterClub(name: String?, age: Int?) {
    guard let name: String, let age, age > 19, name.isEmpty == false else {
        print("You are too young to enter the club")
        return
    }
    print("Welcome \(name)!")
}

enterClub(name: "Joo Young", age: 30)
// Welcome Joo Young!
```

guard 구문의 한계는 자신을 감싸는 코드 블록, 즉 return, break, continue, throw 등의 제어문 전환 명령어를 쓸 수 없는 상황이라면 사용이 불가능하다는 점입니다. 함수나 메서드, 반복문 등 특정 블록 내부에 위치하지 않는다면 사용이 제한됩니다.

코드 14-15 guard 구문이 사용될 수 없는 경우

```
let first: Int = 3
let second: Int = 5

guard first > second else {
    // 여기에 들어올 제어문 전환 명령은 딱히 없습니다. 오류!
}
```

CHAPTER 15

맵 · 필터 · 리듀스

스위프트는 함수를 일급 객체로 취급합니다. 따라서 함수를 다른 함수의 전달인자로 사용할 수 있습니다. 매개변수로 함수를 갖는 함수를 고차함수라고 부르는데, 스위프트에 유용한 대표적인 고차함수로는 맵, 필터, 리듀스 등이 있습니다. 이번 장에서는 맵, 필터, 리듀스를 통해 데이터의 연산을 쉽게 실행하는 방법을 알아보겠습니다.

그전에 이번 장을 이해하기 위해서는 제네릭(22장)과 프로토콜(20장) 등을 제대로 알아야 합니다. 이번 장의 내용이 어렵다면 제네릭과 프로토콜의 문법을 읽어본 후 살펴보면 좀 더 도움이 될 것입니다.

15.1 맵

맵Map은 자신을 호출할 때 매개변수로 전달된 함수를 실행하여 그 결과를 다시 반환해주는 함수입니다. 스위프트에서 맵은 배열, 딕셔너리, 세트, 옵셔널 등에서 사용할 수 있습니다. 조금 더 정확히 말하자면 스위프트의 Sequence, Collection 프로토콜을 따르는 타입과 옵셔널은 모두 맵을 사용할 수 있습니다.

맵을 사용하면 컨테이너가 담고 있던 각각의 값을 매개변수를 통해 받은 함수에 적용한 후 다시 컨테이너에 포장하여 반환합니다. 기존 컨테이너의 값은 변경되지 않고 새로운 컨테이너가 생성되어 반환됩니다. 그래서 **맵은 기존 데이터를 변형**Transform하는 데 많이 사용합니다.

그림 15-1 맵 메서드의 호출 및 결과

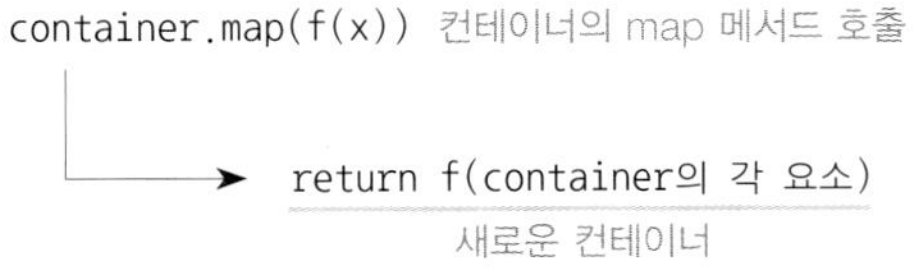

container.map(f(x))   컨테이너의 map 메서드 호출
    └──▶ return f(container의 각 요소)
              새로운 컨테이너

map 메서드의 사용법은 앞서 알아본 for-in 구문과 별반 차이가 없습니다. 다만 코드의 재사용 측면이나 컴파일러 최적화 측면에서 본다면 성능 차이가 있습니다. 또 다중 스레드 환경일 때 대상 컨테이너의 값이 스레드에서 변경되는 시점에 다른 스레드에서도 동시에 값이 변경되려고 할 때 예측치 못한 결과가 발생하는 부작용을 방지할 수도 있습니다. [코드 15-1]을 통해 for-in 구문과 map 메서드 사용을 비교해보겠습니다.

> TIP 15장에서는 배열에서의 map, filter, reduce를 소개하지만 스위프트의 다른 컬렉션 타입(세트, 딕셔너리 등)을 위한 map, filter, reduce도 있습니다. 또 딕셔너리에는 키에 해당하는 값을 위한 mapValue, compactMapValue, flatMapValue 등도 있으니 한번 살펴보세요.

코드 15-1 for-in 구문과 맵 메서드의 사용 비교

```swift
let numbers: [Int] = [0, 1, 2, 3, 4]

var doubledNumbers: [Int] = [Int]()
var strings: [String] = [String]()

// for 구문 사용
for number in numbers {
    doubledNumbers.append(number * 2)
    strings.append("\(number)")
}

print(doubledNumbers)   // [0, 2, 4, 6, 8]
print(strings)          // ["0", "1", "2", "3", "4"]


// map 메서드 사용
doubledNumbers = numbers.map({ (number: Int) -> Int in
    return number * 2
})
strings = numbers.map({ (number: Int) -> String in
    return "\(number)"
```

```
})

print(doubledNumbers)    // [0, 2, 4, 6, 8]
print(strings)           // ["0", "1", "2", "3", "4"]
```

짧은 코드라 차이를 느끼기는 힘들겠지만, [코드 15-1]을 살펴보면 map 메서드를 사용했을 때 for-in 구문을 사용한 것보다 간결하고 편리하게 각 요소의 연산을 실행하는 것을 볼 수 있습니다. 심지어 map 메서드를 사용하면 for-in 구문을 사용하기 위하여 빈 배열을 처음 생성해주는 작업도 필요 없습니다. 배열의 append 연산을 실행하기 위한 시간도 필요 없습니다.

그림 15-2 [코드 15-1]의 맵 메서드 동작 모식도

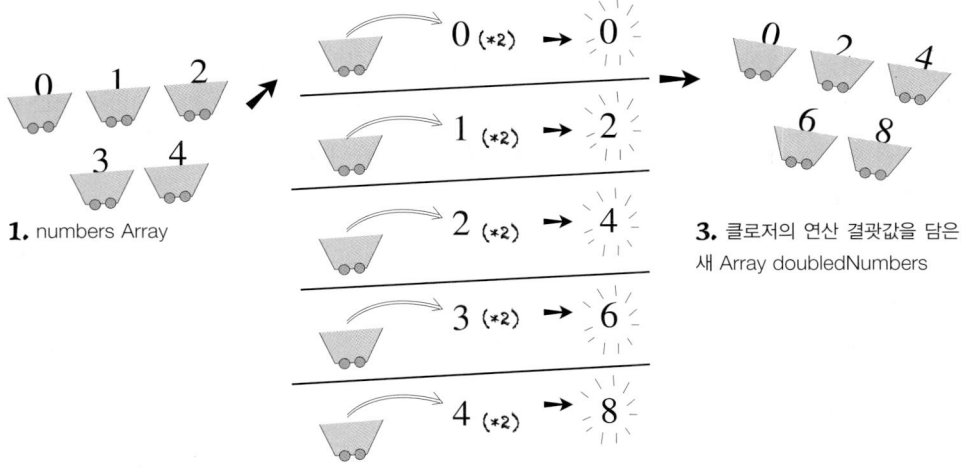

map 메서드를 사용하여 코드가 조금 더 간략해지긴 했지만, 우리가 배웠던 클로저 표현식을 사용하여 표현을 더 간략화해볼 수 있습니다. [코드 15-2]를 통해 살펴봅시다.

코드 15-2 클로저 표현의 간략화

```
let numbers: [Int] = [0, 1, 2, 3, 4]

// 기본 클로저 표현식 사용
var doubledNumbers = numbers.map({ (number: Int) -> Int in
```

15장 - 맵·필터·리듀스   303

```swift
        return number * 2
})

// 매개변수 및 반환 타입 생략
doubledNumbers = numbers.map({ return $0 * 2 })
print(doubledNumbers)    // [0, 2, 4, 6, 8]

// 반환 키워드 생략
doubledNumbers = numbers.map({ $0 * 2 })
print(doubledNumbers)    // [0, 2, 4, 6, 8]

// 후행 클로저 사용
doubledNumbers = numbers.map { $0 * 2 }
print(doubledNumbers)    // [0, 2, 4, 6, 8]
```

클로저 표현을 간략화하니 조금씩 코드가 더 간결해졌습니다. 그런데 처음에 언급했던 코드의 재사용 측면에 대해 생각해볼 필요가 있습니다. 같은 기능을 여러 번 사용할 것이라면 하나의 클로저를 여러 map 메서드에서 사용하는 편이 좋을 것 같습니다. [코드 15-3]을 통해 재사용 가능한 코드로 재구성했습니다.

코드 15-3 클로저의 반복 사용

```swift
let evenNumbers: [Int] = [0, 2, 4, 6, 8]
let oddNumbers: [Int] = [0, 1, 3, 5, 7]
let multiplyTwo: (Int) -> Int = { $0 * 2 }

let doubledEvenNumbers = evenNumbers.map(multiplyTwo)
print(doubledEvenNumbers)    // [0, 4, 8, 12, 16]

let doubledOddNumbers = oddNumbers.map(multiplyTwo)
print(doubledOddNumbers)    // [0, 2, 6, 10, 14]
```

map 메서드는 배열에서만 사용할 수 있는 것은 아닙니다. 여러 컨테이너 타입에 모두 적용이 가능합니다. [코드 15-4]는 다양한 종류의 컨테이너에서 map 메서드를 실행해본 결과입니다.

코드 15-4 다양한 컨테이너 타입에서의 맵의 활용

```swift
let alphabetDictionary: [String: String] = ["a": "A", "b": "B"]
```

```
    var keys: [String] = alphabetDictionary.map { (tuple: (String, String)) -> String in
        return tuple.0
    }

    keys = alphabetDictionary.map { $0.0 }

    let values: [String] = alphabetDictionary.map { $0.1 }
    print(keys)        // ["b", "a"]
    print(values)      // ["B", "A"]

    var numberSet: Set<Int> = [1, 2, 3, 4, 5]
    let resultSet = numberSet.map { $0 * 2 }
    print(resultSet)      // [2, 4, 6, 8, 10]

    let optionalInt: Int? = 3
    let resultInt: Int? = optionalInt.map { $0 * 2 }
    print(resultInt)      // 6 - 경고가 발생하는 이유는 타입캐스팅의 TIP에서 설명합니다.

    let range: CountableClosedRange = (0...3)
    let resultRange: [Int] = range.map { $0 * 2 }
    print(resultRange)  // [0, 2, 4, 6]
```

이렇게 map 메서드를 사용하여 여러 자료를 손쉽게 연산할 수 있습니다.

15.2 필터

필터Filter는 말 그대로 **컨테이너 내부의 값을 걸러서 추출**하는 역할을 하는 고차함수입니다. 맵과 마찬가지로 새로운 컨테이너에 값을 담아 반환해줍니다. 다만 맵처럼 기존 콘텐츠를 변형하는 것이 아니라, 특정 조건에 맞게 걸러내는 역할을 할 수 있다는 점이 다릅니다.

filter 함수의 매개변수로 전달되는 함수의 반환 타입은 Bool입니다. 해당 콘텐츠의 값을 갖고 새로운 컨테이너에 포함될 항목이라고 판단하면 true를, 포함하지 않으려면 false를 반환해주면 됩니다.

[코드 15-5]를 통해 간단한 필터 메서드의 사용을 살펴봅시다.

코드 15-5 필터 메서드의 사용

```
let numbers: [Int] = [0, 1, 2, 3, 4, 5]

let evenNumbers: [Int] = numbers.filter { (number: Int) -> Bool in
    return number % 2 == 0
}
print(evenNumbers)   // [0, 2, 4]

let oddNumbers: [Int] = numbers.filter { $0 % 2 == 1 }
print(oddNumbers)    // [1, 3, 5]
```

만약 콘텐츠의 변형 후에 필터링하고 싶다면 [코드 15-6]처럼 맵을 사용한 후에 필터 메서드를 호출하면 됩니다.

코드 15-6 맵과 필터 메서드의 연계 사용

```
let numbers: [Int] = [0, 1, 2, 3, 4, 5]

let mappedNumbers: [Int] = numbers.map { $0 + 3 }

let evenNumbers: [Int] = mappedNumbers.filter { (number: Int) -> Bool in
    return number % 2 == 0
}
print(evenNumbers)   // [4, 6, 8]

// mappedNumbers를 굳이 여러 번 사용할 필요가 없다면 메서드를 체인처럼 연결하여 사용할 수 있습니다.
let oddNumbers: [Int] = numbers.map { $0 + 3 }.filter { $0 % 2 == 1 }
print(oddNumbers)    // [3, 5, 7]
```

[코드 15-6]처럼 맵과 필터를 연결하여 사용하면 복잡한 연산도 손쉽게 실행할 수 있습니다.

15.3 리듀스

리듀스^{Reduce} 기능은 사실 결합^{Combine}이라고 불려야 마땅한 기능입니다. 리듀스는 컨테이너 내부의 콘텐츠를 하나로 합하는 기능을 실행하는 고차함수입니다. 배열이라면 배열의 모든 값을 전달인자로 전달받은 클로저의 연산 결과로 합해줍니다.

스위프트의 리듀스는 두 가지 형태로 구현되어 있습니다. 첫 번째 리듀스는 클로저가 각 요소를 전달받아 연산한 후 값을 다음 클로저 실행을 위해 반환하며 컨테이너를 순환하는 형태입니다.

```
public func reduce<Result>(_ initialResult: Result,
    _ nextPartialResult: (Result, Self.Element) throws -> Result) rethrows -> Result
```

initialResult이라는 이름의 매개변수로 전달되는 값을 통해 초깃값을 지정해줄 수 있으며, nextPartialResult라는 이름의 매개변수로 클로저를 전달받습니다. nextPartialResult 클로저의 첫 번째 매개변수는 리듀스 메서드의 initialResult 매개변수를 통해 전달받은 초깃값 또는 이전 클로저의 결괏값입니다. 모든 순회가 끝나면 리듀스의 최종 결괏값이 됩니다. 두 번째 매개변수는 리듀스 메서드가 순환하는 컨테이너의 요소입니다.

두 번째 리듀스 메서드는 컨테이너를 순환하며 클로저가 실행되지만 클로저가 따로 결괏값을 반환하지 않는 형태입니다. 대신 inout 매개변수를 사용하여 초깃값에 직접 연산을 실행하게 됩니다.

```
public func reduce<Result>(into initialResult: Result,
    _ updateAccumulatingResult: (inout Result, Self.Element) throws -> ()) rethrows -> Result)
```

updateAccumulatingResult 매개변수로 전달받는 클로저의 매개변수 중 첫 번째 매개변수를 inout 매개변수로 사용합니다. updateAccumulatingResult 클로저의 첫 번째 매개변수는 리듀스 메서드의 initialResult 매개변수를 이용해 전달받은 초깃값 또는 이전에 실행된 클로저 때문에 변경되어 있는 결괏값입니다. 모든 순회가 끝나면 리듀스의 최종 결괏값이 됩니다. 두 번째 매개변수는 리듀스 메서드가 순환하는 컨테이너의 요소입니다. 상황에 따라 리듀스를 맵과 유사하게 사용할 수도 있습니다.

두 리듀스의 사용법은 [코드 15-7]에서 알아봅시다.

코드 15-7 리듀스 메서드의 사용

```
let numbers: [Int] = [1, 2, 3]

// 첫 번째 형태인 reduce(_:_:) 메서드의 사용
```

```swift
// 초깃값이 0이고 정수 배열의 모든 값을 더합니다.
var sum: Int = numbers.reduce(0, { (result: Int, next: Int) -> Int in
    print("\(result) + \(next)")
    // 0 + 1
    // 1 + 2
    // 3 + 3
    return result + next
})

print(sum)  // 6

// 초깃값이 0이고 정수 배열의 모든 값을 뺍니다.
let subtract: Int = numbers.reduce(0, { (result: Int, next: Int) -> Int in
    print("\(result) - \(next)")
    // 0 - 1
    // -1 - 2
    // -3 - 3
    return result - next
})

print(subtract) // -6

// 초깃값이 3이고 정수 배열의 모든 값을 더합니다.
let sumFromThree: Int = numbers.reduce(3) {
    print("\($0) + \($1)")
    // 3 + 1
    // 4 + 2
    // 6 + 3
    return $0 + $1
}

print(sumFromThree)     // 9

// 초깃값이 3이고 정수 배열의 모든 값을 뺍니다.
var subtractFromThree: Int = numbers.reduce(3) {
    print("\($0) - \($1)")
    // 3 - 1
    // 2 - 2
    // 0 - 3
    return $0 - $1
}

print(subtractFromThree)    // -3
```

```swift
// 문자열 배열을 reduce(_:_:) 메서드를 이용해 연결시킵니다.
let names: [String] = ["Chope", "Jay", "Joker", "Nova"]

let reducedNames: String = names.reduce("yagom's friend : ") {
    return $0 + ", " + $1
}

print(reducedNames) // "yagom's friend : , Chope, Jay, Joker, Nova"

// 두 번째 형태인 reduce(into:_:) 메서드의 사용

// 초깃값이 0이고 정수 배열의 모든 값을 더합니다.
// 첫 번째 리듀스 형태와 달리 클로저의 값을 반환하지 않고 내부에서
// 직접 이전 값을 변경한다는 점이 다릅니다.
sum = numbers.reduce(into: 0, { (result: inout Int, next: Int) in
    print("\(result) + \(next)")
    // 0 + 1
    // 1 + 2
    // 3 + 3
    result += next
})

print(sum)    // 6

// 초깃값이 3이고 정수 배열의 모든 값을 뺍니다.
// 첫 번째 리듀스 형태와 달리 클로저의 값을 반환하지 않고 내부에서
// 직접 이전 값을 변경한다는 점이 다릅니다.
subtractFromThree = numbers.reduce(into: 3, {
    print("\($0) - \($1)")
    // 3 - 1
    // 2 - 2
    // 0 - 3
    $0 -= $1
})

print(subtractFromThree)    // -3

// 첫 번째 리듀스 형태와 다르기 때문에 다른 컨테이너에 값을 변경하여 넣어줄 수도 있습니다.
// 이렇게 하면 맵이나 필터와 유사한 형태로 사용할 수도 있습니다.
// 홀수는 걸러내고 짝수만 두 배로 변경하여 초깃값인 [1, 2, 3] 배열에 직접 연산합니다.
var doubledNumbers: [Int] = numbers.reduce(into: [1, 2]) { (result: inout
    [Int], next: Int) in
    print("result: \(result) next : \(next)")
    // result: [1, 2] next : 1
```

```swift
        // result: [1, 2] next : 2
        // result: [1, 2, 4] next : 3
        
        guard next.is else {
            return
        }
        
        print("\(result) append \(next)")
        // [1, 2] append 2
        
        result.append(next * 2)
}

print(doubledNumbers)    // [1, 2, 4]

// 필터와 맵을 사용한 모습
doubledNumbers = [1, 2] + numbers.filter { $0.isMultiple(of: 2) }.map { $0 * 2 }
print(doubledNumbers)    // [1, 2, 4]

// 이름을 모두 대문자로 변환하여 초깃값인 빈 배열에 직접 연산합니다.
var upperCasedNames: [String]
upperCasedNames = names.reduce(into: [], {
    $0.append($1.uppercased())
})

print(upperCasedNames)   // ["CHOPE", "JAY", "JOKER", "NOVA"]

// 맵을 사용한 모습
upperCasedNames = names.map { $0.uppercased() }
print(upperCasedNames)   // ["CHOPE", "JAY", "JOKER", "NOVA"]
```

리듀스도 [코드 15-8]처럼 맵과 필터로 환상의 결합을 이룰 수 있습니다.

코드 15-8 맵, 필터, 리듀스 메서드의 연계 사용

```swift
let numbers: [Int] = [1, 2, 3, 4, 5, 6, 7]

// 짝수를 걸러내어 각 값에 3을 곱해준 후 모든 값을 더합니다.
var result: Int = numbers.filter { $0.isMultiple(of: 2) }.map { $0 * 3 }.reduce(0)
{ $0 + $1 }
print(result) // 36

// for-in 구문 사용 시
```

```
result = 0

for number in numbers {
    guard number.isMultiple(of: 2) else {
        continue
    }
    
    result += number * 3
}

print(result)    // 36
```

15.4 맵, 필터, 리듀스의 활용

[코드 15-9]와 [코드 15-10]은 목록의 친구들을 특정 조건으로 분류하여 콘솔에 출력하는 예제입니다. 맵, 필터, 리듀스를 통합해서 사용해보겠습니다. 먼저 [코드 15-9]에서는 친구들의 정보를 담을 수 있는 구조체 Friend와 성별을 나타내는 열거형 Gender를 정의하고 친구들의 정보를 담아둘 배열 friends를 생성합니다.

코드 15-9 친구들의 정보 생성

```
enum Gender {
    case male, female, unknown
}

struct Friend {
    let name: String
    let gender: Gender
    let location: String
    var age: UInt
}

var friends: [Friend] = [Friend]()

friends.append(Friend(name: "Yoobato", gender: .male, location: "발리", age: 26))
friends.append(Friend(name: "JiSoo", gender: .male, location: "시드니", age: 24))
friends.append(Friend(name: "JuHyun", gender: .male, location: "경기", age: 30))
friends.append(Friend(name: "JiYoung", gender: .female, location: "서울", age: 22))
```

```swift
        friends.append(Friend(name: "SungHo", gender: .male, location: "충북", age: 20))
        friends.append(Friend(name: "JungKi", gender: .unknown, location: "대전", age: 29))
        friends.append(Friend(name: "YoungMin", gender: .male, location: "경기", age: 24))
```

그런데 [코드 15-9]에 입력된 자료는 작년 자료입니다. 그래서 친구들의 나이는 실제 나이보다 한 살 더 적게 적혀 있습니다. 일단 이 점을 기본 전제로 조건에 맞는 친구를 찾을 예정입니다. 조건은 "서울 외의 지역에 거주하며 25세 이상인 친구"입니다. 어떻게 찾아낼지 한번 고민해보고 [코드 15-10]을 보세요.

코드 15-10 조건에 맞는 친구 결과 출력

```swift
// 서울 외의 지역에 거주하며 25세 이상인 친구
var result: [Friend] = friends.map { Friend(name: $0.name, gender:
    $0.gender, location: $0.location, age: $0.age + 1) }

result = result.filter { $0.location != "서울" && $0.age >= 25 }

let string: String = result.reduce("서울 외의 지역에 거주하며 25세 이상인 친구") { $0
    + "\n" + "\($1.name) \($1.gender) \($1.location) \($1.age)세" }

print(string)
// 서울 외의 지역에 거주하며 25세 이상인 친구
// Yoobato male 발리 27세
// JiSoo male 시드니 25세
// JuHyun male 경기 31세
// JungKi unknown 대전 30세
// YoungMin male 경기 25세
```

[코드 15-10]을 살펴보면, 먼저 맵으로 나이를 한 살씩 더해 새 Friend 배열을 생성해줍니다. 그리고 필터로 서울에 사는 친구들과 25세 미만인 친구들을 걸러 낸 후, 리듀스로 필터링한 후 변형된 자료를 원하는 모양으로 합쳐서 출력했습니다.

간단한 예제지만 다른 경우에도 충분히 응용할 수 있으리라 기대합니다. 프로토콜 지향 프로그래밍(23장)에서는 맵, 필터, 리듀스를 직접 구현해볼 수 있습니다.

CHAPTER 16

모나드

함수형 프로그래밍 패러다임을 처음 접하는 독자라면 함수형 프로그래밍 패러다임에서 사용하는 용어나 개념이 매우 생소할 수 있습니다. 스위프트에는 함수형 프로그래밍 패러다임에서 파생된 기능이나 개념이 종종 등장하는데, 이 개념을 이해하지 못하면 스위프트 기능의 절반 정도는 제대로 사용하지 못합니다. 이번 장에서 배우는 개념이 함수형 프로그래밍 패러다임을 이해하는 첫걸음이 되면 좋겠습니다. 물론 함수형 프로그래밍이라는 것이 단순히 고차함수를 이용한다든가, 함수를 일급 객체로 사용한다든가, 순환(재귀)함수를 사용한 로직을 구현하는 등의 특정 기능에 국한되는 것은 아니지만 이번에 배워볼 모나드와 관련된 개념을 익혀두면 나중에 좀 더 깊이 있게 함수형 프로그래밍을 이해할 수 있으리라 생각합니다.

모나드는 여러 영역에서 다양한 뜻을 가지기도 하고 한 문장으로 설명하기 참 어려운 개념입니다. 모나드라는 용어는 수학의 범주론에서부터 시작합니다. 함수형 프로그래밍에서의 모나드는 순서가 있는 연산을 처리할 때 자주 활용하는 디자인 패턴이기도 합니다. 사용하는 곳에 따라 수학의 범주론에서 말하는 모나드인지 특정 디자인 패턴을 따르는 모나드인지가 다릅니다.

프로그래밍에서 사용하는 모나드는 범주론의 모나드의 의미를 완벽히 구현하려고 하지 않기 때문에 범주론의 모나드 개념을 차용한 정도의 의미를 갖습니다. 그래서 모나드의 성질을 완벽히 갖추지 못했지만 대부분의 성질을 갖추었다고 하여 프로그래밍에서의 모나드를 모나딕^{Monadic}이라고 표현합니다. 혹은 모나드의 성질을 갖는 타입이나 함수를 모나딕 타입 혹은 모나딕 함수 등으로 표현하기도 합니다.

프로그래밍에서 모나드가 갖춰야 하는 조건은 다음과 같습니다.

- 타입을 인자로 받는 타입(특정 타입의 값을 포장)
- 특정 타입의 값을 포장한 것을 반환하는 함수(메서드)가 존재
- 포장된 값을 변환하여 같은 형태로 포장하는 함수(메서드)가 존재

'타입을 인자로 받는다'는 표현이 아직 잘 이해가 가지 않겠지만, 이는 스위프트에서 제네릭이라는 기능을 통해 구현할 수 있습니다. 제네릭은 아직 살펴보지 않았지만 열거형의 연관 값에 대해서는 알아보았고, 옵셔널은 스위프트에서 가장 기본적이면서도 유용한 모나드이기 때문에 모나드를 설명하기 위해 옵셔널을 활용해보겠습니다. 이 장을 보기 전에 제네릭(22장)에 대해 간단하게 이해하는 것이 큰 도움이 됩니다.

모나드^{Monad}를 이해하는 출발점은 값을 어딘가에 포장하는 개념을 이해하는 것에서 출발합니다. 스위프트에서 모나드를 사용한 예 중에 하나가 바로 옵셔널입니다. 옵셔널은 값이 있을지 없을지 모르는 상태를 포장하는 것입니다.

함수객체^{Functor}와 모나드는 특정 기능이 아닌 디자인 패턴 혹은 자료구조라고 할 수 있습니다. 모나드를 이해하기에 앞서 이해해야 할 몇 가지 개념이 있습니다. 옵셔널을 하나하나 파헤쳐보면서 순서에 따라 조금씩 알아보겠습니다.

16.1 컨텍스트

컨텍스트^{Context}의 사전적 정의를 보면 '맥락', '전후 사정' 등입니다. 이번 파트에서 컨텍스트는 '콘텐츠^{Contents}를 담은 그 무엇인가'를 뜻합니다. 즉, 물컵에 물이 담겨있으면 물은 콘텐츠고 물컵은 컨텍스트라고 볼 수 있습니다.

컨텍스트에 대해 알아보기 전에 옵셔널을 다시 한번 되새겨볼 필요가 있습니다. 옵셔널은 열거형으로 구현되어 있어서 열거형 case의 연관 값(4.5.3절)을 통해 인스턴스 안에 연관 값을 갖는 형태입니다. 옵셔널에 값이 없다면 열거형의 .none case로, 값이 있다면 열거형의 .some(value) case로 값을 지니게 됩니다. 옵셔널의 값을 추출한다는 것은 열거형 인스턴스 내부의 .some(value) case의 연관 값을 꺼내오는 것과 같습니다.

2라는 숫자를 옵셔널로 둘러싸면, 컨텍스트 안에 2라는 콘텐츠가 들어가는 모양새입니다. 그리고 '컨텍스트는 2라는 값을 가지고 있다'고 말할 수 있습니다. 만약 값이 없는 옵셔널 상태라면 '컨텍스트는 존재하지만 내부에 값이 없다'고 할 수 있습니다. 이처럼 값(콘텐츠)과 컨텍스트의 관계를 이해하는 것이 이 장의 출발점입니다.

그림 16-1 컨텍스트

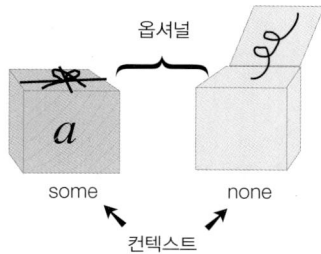

Optional은 Wrapped 타입을 인자로 받는 (제네릭)타입입니다. 즉, 앞서 살펴본 모나드의 조건 중 첫 번째 조건을 만족하는 타입입니다. 그리고 Optional 타입은 Optional<Int>.init(2) 처럼 다른 타입(Int)의 값을 갖는 상태의 컨텍스트를 생성할 수 있으므로 모나드의 조건 중 두 번째 조건을 만족합니다. 그렇다면 세 번째 조건은요? 이제 슬슬 알아봅시다.

[코드 16-1]에 Int 타입의 값을 전달받아 3을 더하여 반환하는 함수를 소개합니다.

코드 16-1 addThree 함수

```
func addThree(_ num: Int) -> Int {
    return num + 3
}
```

[코드 16-1]의 addThree(_:) 함수의 전달인자로 컨텍스트에 들어있지 않은 순수 값인 2를 전달하면 정상적으로 함수를 실행할 수 있습니다. addThree(_:) 함수는 매개변수로 일반 Int 타입의 값을 받기 때문입니다.

그림 16-2 addThree(_:) 함수의 동작

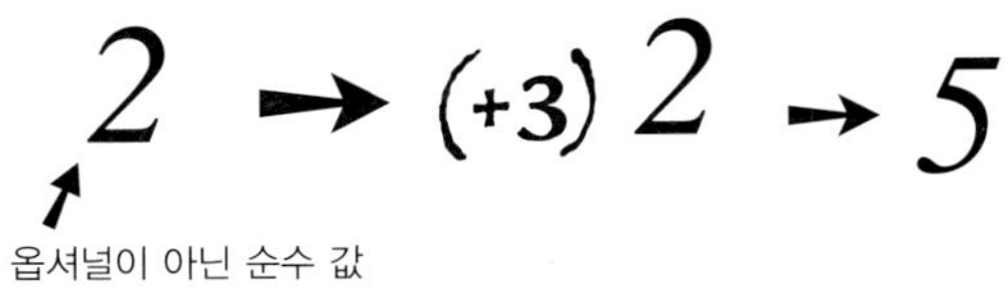

2 ➡ (+3) 2 ➡ 5

↑
옵셔널이 아닌 순수 값

코드 16-2 일반 값을 연산할 수 있는 addThree 함수

```
addThree(2) // 5
```

그러나 [코드 16-3]처럼 옵셔널을 전달인자로 사용하려고 한다면 오류가 발생합니다. 순수한 값이 아닌 옵셔널이라는 컨텍스트로 둘러싸여 전달되었기 때문입니다.

코드 16-3 옵셔널을 연산할 수 없는 addThree 함수

```
addThree(Optional(2))    // 오류 발생!
```

그림 16-3 addThree(_:) 함수가 받아들일 수 없는 옵셔널

오류!

16.2 함수객체

우리는 앞서 맵(15.1절)에 대해 알아봤습니다. 맵은 컨테이너(컨테이너는 다른 타입의 값을 담을 수 있으므로 컨텍스트의 역할을 수행할 수 있습니다)의 값을 변형시킬 수 있는 고차함수입니다. 그리고 옵셔널은 컨테이너와 값을 갖기 때문에 맵 함수를 사용할 수 있습니다. [코드 16-4]처럼 맵을 사용하면 컨테이너 안의 값을 처리할 수 있습니다.

코드 16-4 맵 메서드를 사용하여 옵셔널을 연산할 수 있는 addThree(_:) 함수

```
Optional(2).map(addThree)    // Optional(5)
```

따라서 [코드 16-5]처럼 따로 함수가 없어도 클로저를 사용할 수도 있습니다.

코드 16-5 옵셔널에 맵 메서드와 클로저의 사용

```
var value: Int? = 2
value.map { $0 + 3 } // Optional(5)
value = nil
value.map { $0 + 3 } // nil(== Optional<Int>.none)
```

그림 16-4 옵셔널의 맵 메서드를 통한 연산

왜 맵을 언급했냐면 '함수객체Functor란 맵을 적용할 수 있는 컨테이너 타입'이라고 말할 수 있기 때문입니다. 우리가 앞서 맵을 사용해보았던 Array, Dictionary, Set 등 스위프트의 많은 컬렉션 타입이 함수객체라는 것, 눈치챘나요?

맵을 사용하여 컨테이너 내부의 값을 처리할 수 있다는 것을 살펴보았는데, 도대체 맵은 어떻게 컨테이너 내부의 값을 갖고 addThree(_:) 함수를 사용할 수 있었던 걸까요?

[그림 16-5]를 통해 함수객체에서 맵이 어떻게 동작하는지 한번 살펴볼까요?

그림 16-5 함수객체와 맵 메서드의 동작 모식도

$$\text{map}(a \to b) \to f_a \to f_b$$

1. 맵이 함수를 인자로 받음
   예) addThree(_:)

2. 함수객체에 맵이 전달 받은 함수를 적용
   예) Optional(2)

3. 새로운 함수객체를 반환
   예) Optional(5)

[그림 16-5]를 코드로 보자면 [코드 16-6]처럼 표현할 수 있습니다.* 아직 제네릭(22장)과 익스텐션(21장)을 배우지 않아서 어려울 수 있지만 차후에 제네릭과 익스텐션을 익힌 후 다시 확인해보세요.

코드 16-6 옵셔널의 map 메서드 구현

```
extension Optional {
    func map<U>(f: (Wrapped) -> U) -> U? {
        switch self {
            case .some(let x): return f(x)
            case .none: return .none
        }
    }
}
```

옵셔널의 map(_:) 메서드를 호출하면 옵셔널 스스로 값이 있는지 없는지 switch 구문으로 판단합니다. 값이 있다면 전달받은 함수에 자신의 값을 적용한 결괏값을 다시 컨텍스트에 넣어 반환하고, 그렇지 않다면 함수를 실행하지 않고 빈 컨텍스트를 반환합니다.

Optional(2).map(addThree)를 실행할 때 어떤 일이 벌어지는지 [그림 16-6]을 통해 알아보겠습니다.

---

* [코드 16-6]은 옵셔널의 맵 메서드를 코드로 참고하고자 써둔 것이므로 실제 프로젝트나 플레이그라운드에서 [코드 16-6]의 코드를 작성하면 기존 맵 메서드와 충돌을 일으킵니다.

그림 16-6 Optional(2).map(addThree)의 동작 모식도

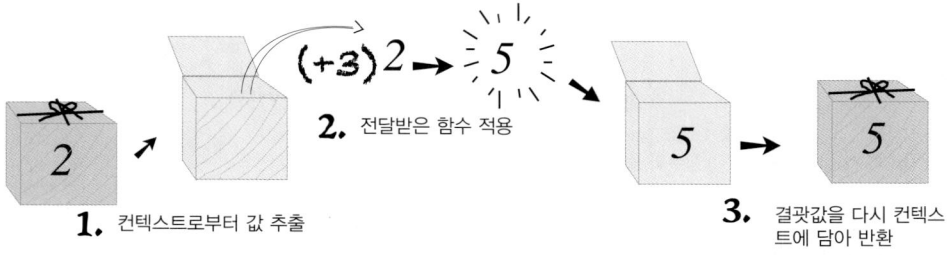

만약 값이 없는 `Optional.none.map(addThree)`와 같은 상황이라면 [그림16-7]과 같은 동작이 실행되겠죠.

그림 16-7 Optional.none.map(addThree)의 동작 모식도

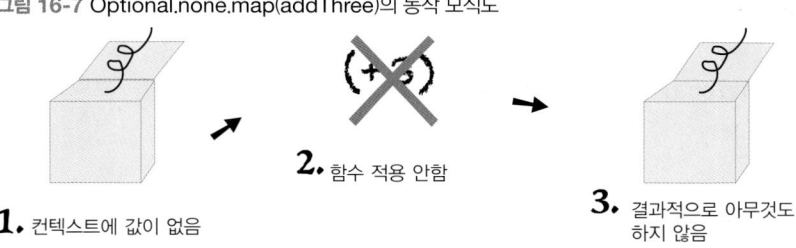

컨텍스트에 값이 없다면 빈 컨텍스트로 다시 반환합니다.

16.3 모나드

함수객체 중에서 자신의 컨텍스트와 같은 컨텍스트의 형태로 맵핑할 수 있는 함수객체를 닫힌 함수객체Endofunctor라고 합니다. 모나드Monad는 닫힌 함수객체입니다.

함수객체는 포장된 값에 함수를 적용할 수 있었습니다. 그래서 모나드도 컨텍스트에 포장된 값을 처리하여 포장된 값을 컨텍스트에 다시 반환하는 함수(맵)를 적용할 수 있습니다. 이 매핑의 결과가 함수객체와 같은 컨텍스트를 반환하는 함수객체를 모나드라고 할 수 있으며, 이런 매핑을 수행하도록 **플랫맵**flatMap이라는 메서드를 활용합니다.

플랫맵은 맵과 같이 함수를 매개변수로 받고, 옵셔널은 모나드이므로 플랫맵을 사용할 수 있

습니다. [코드 16-7]에 짝수면 2를 곱해서 반환하고 짝수가 아니라면 nil을 반환하는 함수 doubledEven(_:)이 있습니다. Optional(3)의 플랫맵에 이 함수를 전달하면 결과는 어떻게 될까요?

코드 16-7 doubledEven(_:) 함수와 플랫맵의 사용

```
func doubledEven(_ num: Int) -> Int? {
    if num.isMultiple(of: 2) {
        return num * 2
    }
    return nil
}

Optional(3).flatMap(doubledEven) // nil (==Optional<Int>.none)
```

[코드 16-7]에서 `Optional(3).flatMap(doubledEven)`를 실행하는 모습을 [그림 16-8]을 통해 알아보겠습니다.

그림 16-8 Optional(3).flatMap(doubledEven)의 동작

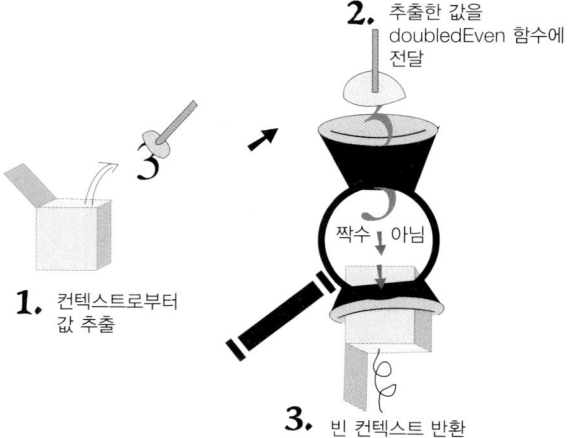

만약 `Optional.none.flatMap(doubledEven)`와 같이 빈 컨텍스트에서 플랫맵을 사용하면 어떻게 될까요? [그림 16-9]를 통해 알아봅시다.

그림 16-9 Optional.none.flatMap(doubledEven) 코드의 동작

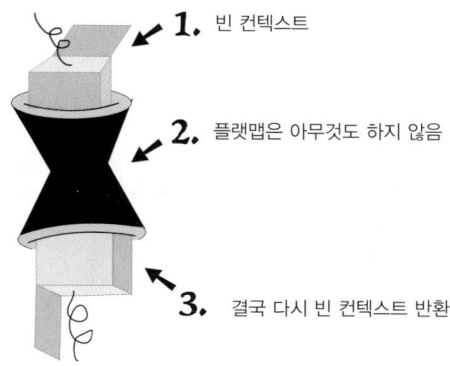

1. 빈 컨텍스트
2. 플랫맵은 아무것도 하지 않음
3. 결국 다시 빈 컨텍스트 반환

이렇게 보면 map(_:) 메서드와 무슨 차이인가 싶습니다(그래서 두 메서드의 차이를 명확히 알지 못하면 map(_:)을 써야 하는 경우에 flatMap(_:)을 잘못 사용하는 경우도 종종 있습니다). 하지만 플랫맵은 맵과 다르게 컨텍스트 내부의 컨텍스트를 모두 같은 위상으로 평평Flat 하게 펼쳐준다는 차이가 있습니다. 즉, 포장된 값 내부의 포장된 값의 포장을 풀어서 같은 위상으로 펼쳐준다는 뜻입니다.

[코드 16-7]에서 Optional 타입에 사용하였던 flatMap(_:) 메서드를 Sequence 타입이 Optional 타입의 Element를 포장한 경우에 compactMap(_:)이라는 이름으로 사용합니다. 이 경우를 제외한 다른 경우에는 그대로 flatMap(_:)이라는 이름을 사용합니다. compactMap(_:)의 사용 방법은 flatMap(_:)과 같습니다. 다만 좀 더 분명한 뜻을 나타내기 위해서 compactMap(_:)이라는 이름을 사용합니다(스위프트 4.0 버전 이하에서는 flatMap(_:)이라는 이름으로 쓰다가 4.1 버전에서 이름이 변경되었습니다). [코드 16-8]을 통해 맵과 컴팩트맵(플랫맵)의 차이를 확인해볼 수 있습니다.

코드 16-8 맵과 컴팩트의 차이

```
let optionals: [Int?] = [1, 2, nil, 5]

let mapped: [Int?] = optionals.map { $0 }
let compactMapped: [Int] = optionals.compactMap { $0 }

print(mapped)          // [Optional(1), Optional(2), nil, Optional(5)]
print(compactMapped) // [1, 2, 5]
```

[코드 16-8]에서 optionals는 이중 컨테이너의 형태를 띠고 있습니다.

그림 16-10 optionals 배열의 모식도

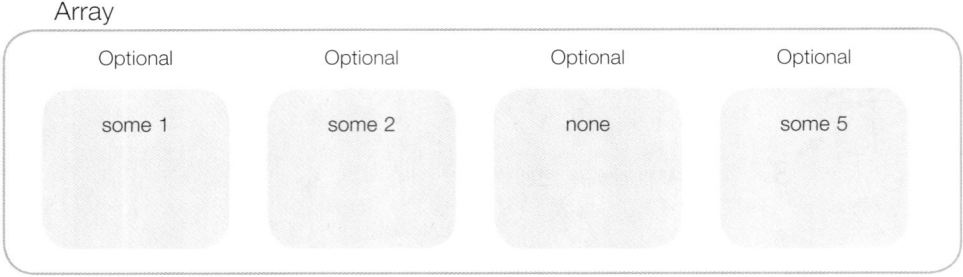

optionals는 Array라는 컨테이너의 내부에 Optional이라는 형태의 컨테이너들이 여러 개 들어가 있는 형태입니다. 이 배열의 맵 메서드와 플랫맵 메서드를 각각 호출한다면 다른 결과를 볼 수 있습니다. 맵 메서드를 사용한 결과는 Array 컨테이너 내부의 값 타입이나 형태가 어찌 되었든, Array 내부에 값이 있으면 그 값을 그저 클로저의 코드에서만 실행하고 결과를 다시 Array 컨테이너에 담기만 합니다. 그러나 플랫맵을 통해 클로저를 실행하면 알아서 내부 컨테이너까지 값을 추출합니다. 그렇기 때문에 mapped는 다시 [Int?] 타입이 되며, compactMapped는 [Int] 타입이 됩니다.

[코드 16-9]에서는 삼중 컨테이너에 중첩된 맵과 플랫맵(콤팩트맵)을 사용해보았습니다.

코드 16-9 중첩된 컨테이너에서 맵과 플랫맵(콤팩트맵)의 차이

```
let multipleContainer = [[1, 2, Optional.none], [3, Optional.none], [4, 5, Optional.none]]

let mappedMultipleContainer   = multipleContainer.map { $0.map { $0 } }
let flatmappedMultipleContainer = multipleContainer.flatMap { $0.compactMap { $0 } }

print(mappedMultipleContainer)
// [[Optional(1), Optional(2), nil], [Optional(3), nil],
// [Optional(4), Optional(5), nil]]
print(flatmappedMultipleContainer)     // [1, 2, 3, 4, 5]
```

그림 16-11 multipleContainer의 모식도

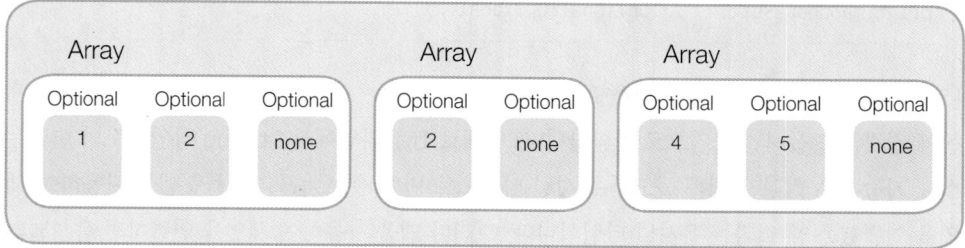

[코드 16-9]의 결과에서 볼 수 있듯이 컨테이너 내부의 데이터에 다시 맵을 적용했을 때와 플랫맵을 적용했을 때의 결과는 확연히 다릅니다. 플랫맵은 내부의 값을 1차원적으로 펼쳐놓는 작업도 하기 때문에, 값을 꺼내어 모두 동일한 위상으로 펼쳐놓는 모양새를 갖출 수 있습니다. 그래서 값을 일자로 평평하게 펼친다^{Flatten}고 해서 플랫맵으로 불리는 것입니다.

스위프트에서 옵셔널에 관련된 여러 컨테이너의 값을 연달아 처리할 때, 바인딩을 통해 체인 형식으로 사용할 수 있기에 맵보다는 플랫맵이 더욱 유용하게 쓰일 수 있습니다.

다소 억지스럽지만 Int 타입을 String 타입으로, 그리고 String 타입을 Int 타입으로 변환하는 과정을 체인 형식으로 구현해보겠습니다.

코드 16-10 플랫맵의 활용

```swift
func stringToInteger(_ string: String) -> Int? {
    return Int(string)
}

func integerToString(_ integer: Int) -> String? {
    return "\(integer)"
}

var optionalString: String? = "2"

let flattenResult = optionalString.flatMap(stringToInteger)
    .flatMap(integerToString)
    .flatMap(stringToInteger)

print(flattenResult)    // Optional(2)
```

```
let mappedResult = optionalString.map(stringToInteger) // 더 이상 체인 연결 불가
print(mappedResult)    // Optional(Optional(2))
```

[코드 16-10]에서 String 타입을 Int 타입으로 변환하는 것은 실패할 가능성을 내포하기 때문에 결괏값을 옵셔널 타입으로 반환합니다. 반대로 Int 타입에서 String 타입으로의 변환은 실패 가능성은 없지만 예를 들고자 옵셔널 타입으로 반환해주었습니다. 플랫맵을 사용하여 체인을 연결했을 때 결과는 옵셔널 타입입니다. 그러나 맵을 사용하여 체인을 연결하면 옵셔널의 옵셔널 형태로 반환됩니다. 그 이유는 플랫맵은 함수의 결괏값에 값이 있다면 추출해서 평평하게 만드는 과정을 내포하고, 맵은 그렇지 않기 때문입니다. 즉, 플랫맵은 항상 같은 컨텍스트를 유지할 수 있으므로 이 같은 연쇄 연산도 가능한 것입니다.

코드 16-11 옵셔널의 맵과 플랫맵의 정의

```
func map<U>(_ transform: (Wrapped) throws -> U) rethrows -> U?
func flatMap<U>(_ transform: (Wrapped) throws -> U?) rethrows -> U?
```

옵셔널의 map(_:)과 flatMap(_:)의 정의를 보면 [코드 16-10]의 결과가 왜 그렇게 나왔는지 조금 더 명확해집니다. 맵에서 전달받는 함수 transform은 포장된 값을 매개변수로 갖고 U를 반환하는 함수입니다. 예를 들어 [코드 16-10]의 stringToInt(_:)는 String 타입을 전달받고 Int? 타입을 반환합니다. U == Int?가 되겠죠? U 대신 Int?를 대입해보세요. 그렇게 생각해보면 슬슬 결과가 보이기 시작할 겁니다. String 옵셔널의 맵에 stringToInt(_:) 함수를 전달하면 최종 반환 타입이 Int??가 됩니다.

반면에 플랫맵이 전달받는 transform은 포장된 값을 매개변수로 갖고 U?를 반환하는 함수입니다. transform에 stringToInt(_:)를 대입해 생각해보면 U? == Int?가 됩니다. 즉, U == Int가 되기 때문에 플랫맵의 동작 결과는 최종적으로 Int? 타입을 반환하게 됩니다.

만약에 플랫맵을 사용하지 않으면서도 플랫맵과 같은 효과를 얻으려면 [코드 16-12]처럼 바인딩을 직접 해주어야 합니다.

코드 16-12 옵셔널 바인딩을 통한 연산

```
var result: Int?
if let string: String = optionalString {
```

```swift
            if let number: Int = stringToInteger(string) {
                if let finalString: String = integerToString(number) {
                    if let finalNumber: Int = stringToInteger(finalString) {
                        result = Optional(finalNumber)
                    }
                }
            }
        }

print(result)    // Optional(2)

if let string: String = optionalString,
    let number: Int = stringToInteger(string),
    let finalString: String = integerToString(number),
    let finalNumber: Int = stringToInteger(finalString) {
    result = Optional(finalNumber)
}

print(result)    // Optional(2)
```

[코드 16-12]처럼 바인딩을 통해서 연산을 실행할 때, 아무리 간단하게 구현하려 해도 플랫맵을 사용하는 것보다는 간단하지 않아 보입니다.

플랫맵은 체이닝 중간에, 연산에 실패하는 경우나 값이 없어지는 경우(.none이 된다거나 nil이 된다는 등)에는 별도의 예외 처리없이 빈 컨테이너를 반환합니다.

코드 16-13 플랫맵 체이닝 중 빈 컨텍스트를 만났을 때의 결과

```swift
func integerToNil(param: Int) -> String? {
    return nil
}

optionalString = "2"

result = optionalString.flatMap(stringToInteger)
    .flatMap(integerToNil)
    .flatMap(stringToInteger)

print(result)    // nil
```

flatMap(intToNil) 부분에서 nil, 즉 Optional.none을 반환받기 때문에 이후에 호출되는 메서드는 무시합니다. 이는 앞서 우리가 알아본 옵셔널 체이닝과 완전히 같은 동작이죠? 바로 옵셔널이 모나드이기 때문에 가능한 것입니다.

지금까지 알아본 것과 같이 옵셔널 체이닝, 옵셔널 바인딩, 플랫맵 등은 모나드와 관련된 연산입니다. 스위프트의 기본 모나드 타입이 아니더라도 플랫맵 모양의 모나드 연산자를 구현하면 사용자 정의 타입(흔히 클래스 또는 구조체 등)도 모나드로 사용할 수 있습니다. 이 책을 끝까지 읽으면 스스로 모나드 타입을 정의하고 구현해볼 수 있을 것입니다. 맵의 사용자 정의 구현은 프로토콜 지향 프로그래밍(23장)에서 다뤄보겠습니다. 플랫맵의 구현은 독자 여러분 스스로 구현해보면 좋겠다는 작은 소망을 가져봅니다.

Part IV

확장

스위프트에서 타입의 기능을 확장하는 방법은 많습니다. 기능이나 속성을 물려받아 수직 확장할 수 있는 상속도 있고, 타입에 기능을 추가하여 수평적으로 확장할 수 있는 익스텐션도 있습니다. 다양한 확장 기법을 통해 타입을 더욱 유용하게 사용할 수 있도록 구성하는 방법을 알아봅시다.

Part IV
확장

17장 서브스크립트

18장 상속

19장 타입캐스팅

20장 프로토콜

21장 익스텐션

22장 제네릭

23장 프로토콜 지향 프로그래밍

CHAPTER 17

서브스크립트

클래스, 구조체, 열거형에는 컬렉션, 리스트, 시퀀스 등 타입의 요소에 접근하는 단축 문법인 **서브스크립트**Subscript를 정의할 수 있습니다. 서브스크립트는 별도의 설정자Setter 또는 접근자Getter 등의 메서드를 구현하지 않아도 인덱스를 통해 값을 설정하거나 가져올 수 있습니다. 예를 들어 someArray라는 Array 인스턴스의 index를 통해 해당 인덱스의 값에 접근하고 싶다면 someArray[index]라고 표현하며, someDictionary라는 Dictionary의 key를 통해 해당 키의 값을 가져오고 싶다면 someDictionary[key]라고 표현하는 것이 바로 서브스크립트입니다.

클래스와 구조체는 필요한 만큼 얼마든지 서브스크립트를 구현할 수 있습니다. 서브스크립트를 여러 개 구현해도 외부에서 서브스크립트를 사용할 때는 서브스크립트를 사용할 때 전달한 값의 타입을 유추하여 적절한 서브스크립트를 선택하여 실행합니다. 이렇게 여러 서브스크립트를 한 타입에 구현하는 것을 서브스크립트 중복 정의Subscript Overloading라고 합니다.

서브스크립트는 통상 하나의 매개변수를 갖는 것이 보통이지만, 타입에 따라 여러 매개변수를 갖는 경우도 있습니다. 매개변수의 타입과 반환 타입에는 제한이 없습니다. 함수와 마찬가지로 서브스크립트는 여러 개의 매개변수를 가질 수 있고, 매개변수 기본값을 가질 수 있습니다. 그렇지만 입출력 매개변수in-out parameters는 가질 수 없습니다.

17.1 서브스크립트 문법

서브스크립트는 인스턴스의 이름 뒤에 대괄호로 감싼 값을 써줌으로써 인스턴스 내부의 특정 값에 접근할 수 있습니다. 서브스크립트 문법은 연산 프로퍼티나 인스턴스 메서드 문법과 유사한 형태로 볼 수 있습니다.

서브스크립트는 subscript 키워드를 사용하여 정의합니다. 인스턴스 메서드와 비슷하게 매개변수의 개수, 타입, 반환 타입 등을 지정하며, 읽고 쓰기가 가능하도록 구현하거나 읽기 전용으로만 구현할 수 있습니다. 이는 접근자와 설정자를 사용할 수 있는 연산 프로퍼티의 형태와 유사합니다.

[코드 17-1]은 서브스크립트를 정의하는 문법입니다. 서브스크립트를 정의하는 코드는 각 타입의 구현부 또는 타입의 익스텐션 구현부에 위치해야 합니다.

코드 17-1 서브스크립트 정의 문법

```
subscript(index: Int) -> Int {
    get {
        // 적절한 서브스크립트 결괏값 반환
    }

    set(newValue) {
        // 적절한 설정자 역할 수행
    }
}
```

[코드 17-1]에 구현한 서브스크립트 설정자의 newValue의 타입은 서브스크립트의 반환 타입과 동일합니다. 연산 프로퍼티와 마찬가지로 매개변수를 따로 명시해주지 않으면 설정자의 암시적 전달인자 newValue를 사용할 수 있습니다. 또 연산 프로퍼티와 마찬가지로 읽기 전용 프로퍼티를 구현할 때는 get이나 set 키워드를 사용하지 않고 적절한 값만 반환해주는 형태로 구현해도 됩니다. [코드 17-2]는 읽기 전용 서브스크립트를 정의할 때의 모습입니다.

코드 17-2 읽기 전용 서브스크립트 정의 문법

```
subscript(index: Int) -> Int {
    get {
```

```
        // 적절한 서브스크립트 값 반환
    }
}

subscript(index: Int) -> Int {
    // 적절한 서브스크립트 결괏값 반환
}
```

[코드 17-2]의 두 서브스크립트 정의는 동일한 역할을 합니다. get 메서드 없이 단순히 값만 반환하도록 구현한다면 읽기 전용이 됩니다. 연산 프로퍼티와 유사한 문법임을 알 수 있습니다.

17.2 서브스크립트 구현

서브스크립트는 자신이 가지는 시퀀스나 컬렉션, 리스트 등의 요소를 반환하고 설정할 때 주로 사용합니다. 함수와 마찬가지로 서브스크립트는 여러 개의 매개변수를 가질 수 있고, 매개변수 기본값을 가질 수 있습니다. 그렇지만 입출력 매개변수in-out parameters는 가질 수 없습니다. [코드 17-3]에서 서브스크립트 구현을 살펴보겠습니다.

코드 17-3 School 클래스 서브스크립트 구현

```
struct Student {
    var name: String
    var number: Int
}

class School {
    
    var number: Int = 0
    var students: [Student] = [Student]()
    
    func addStudent(name: String) {
        let student: Student = Student(name: name, number: self.number)
        self.students.append(student)
        self.number += 1
    }
    
    func addStudents(names: String...) {
```

```
        for name in names {
            self.addStudent(name: name)
        }
    }
    
    subscript(index: Int = 0) -> Student? {
        if index < self.number {
            return self.students[index]
        }
        return nil
    }
}

let highSchool: School = School()
highSchool.addStudents(names: "MiJeong","JuHyun", "JiYoung", "SeongUk", "MoonDuk")

let aStudent: Student? = highSchool[1]
print("\(aStudent?.number) \(aStudent?.name)")    // Optional(1)
Optional("JuHyun")
print(highSchool[]?.name) // 매개변수 기본값 사용 : Optional("MiJeong")
```

[코드 17-3]의 School 클래스는 읽기 전용 서브스크립트가 하나 있습니다. 학생의 번호를 전달인자로 전달받아 자신의 students 프로퍼티의 인덱스에 맞는 Student 인스턴스를 반환합니다. [코드 17-3]에서는 서브스크립트의 index 매개변수가 매개변수 기본값을 0으로 갖지만 필요하지 않으면 매개변수 기본값이 없어도 상관없습니다.

17.3 복수 서브스크립트

하나의 타입이 여러 개의 서브스크립트를 가질 수도 있습니다. 다양한 매개변수 타입을 사용하여 서브스크립트를 구현하면 여러 용도로 서브스크립트를 사용할 수 있다는 뜻입니다. [코드 17-4]를 통해 이를 알아보겠습니다.

코드 17-4 복수의 서브스크립트 구현

```
struct Student {
    var name: String
```

```swift
        var number: Int
}

class School {
    
    var number: Int = 0
    var students: [Student] = [Student]()
    
    func addStudent(name: String) {
        let student: Student = Student(name: name, number: self.number)
        self.students.append(student)
        self.number += 1
    }
    
    func addStudents(names: String...) {
        for name in names {
            self.addStudent(name: name)
        }
    }
    subscript(index: Int) -> Student? {      // 첫 번째 서브스크립트
        get {
            if index < self.number {
                return self.students[index]
            }
            return nil
        }
        
        set {
            guard var newStudent: Student = newValue else {
                return
            }
            
            var number: Int = index
            
            if index > self.number {
                number = self.number
                self.number += 1
            }
            
            newStudent.number = number
            self.students[number] = newStudent
        }
    }
```

```swift
    subscript(name: String) -> Int? {        // 두 번째 서브스크립트
        get {
            return self.students.filter { $0.name == name }.first?.number
        }
        
        set {
            guard var number: Int = newValue else {
                return
            }
            
            if number > self.number {
                number = self.number
                self.number += 1
            }
            
            let newStudent: Student = Student(name: name, number: number)
            self.students[number] = newStudent
        }
    }
    subscript(name: String, number: Int) -> Student? {  // 세 번째 서브스크립트
        return self.students.filter { $0.name == name && $0.number == number }.first
    }
}

let highSchool: School = School()
highSchool.addStudents(names: "MiJeong","JuHyun", "JiYoung", "SeongUk", "MoonDuk")

let aStudent: Student? = highSchool[1]
print("\(aStudent?.number) \(aStudent?.name)")    // Optional(1) Optional("JuHyun")

print(highSchool["MiJeong"])      // Optional(0)
print(highSchool["DongJin"])      // nil

highSchool[0] = Student(name: "HongEui", number: 0)
highSchool["MangGu"] = 1

print(highSchool["JuHyun"])        // nil
print(highSchool["MangGu"])        // Optional(1)
print(highSchool["SeongUk", 3])    // Optional(Student(name: "SeongUk", number: 3))
print(highSchool["HeeJin", 3])     // nil
```

[코드 17-4]의 School 클래스에 총 3개의 스크립트를 정의했습니다. 두 개의 읽고 쓰기 가능한 서브스크립트와 하나의 읽기 전용 서브스크립트고 각각의 서브스크립트는 매개변수 타입과

개수, 반환 타입이 모두 다릅니다.

첫 번째 서브스크립트는 학생의 번호를 전달받아 해당하는 학생이 있다면 Student 인스턴스를 반환하거나 특정 번호에 학생을 할당하는 서브스크립트입니다. 두 번째 서브스크립트는 학생의 이름을 전달받아 해당하는 학생이 있다면 번호를 반환하거나 특정 이름의 학생을 해당 번호에 할당하는 서브스크립트입니다. 그리고 마지막 세 번째 서브스크립트는 이름과 번호를 전달받아 해당하는 학생이 있다면 찾아서 Student 인스턴스를 반환합니다.

이처럼 서브스크립트는 메서드인 듯 아닌 듯, 연산 프로퍼티인 듯 아닌 듯 중간 형태를 띠며 인스턴스 이름 뒤에 대괄호만 써서 편리하게 내부 값에 접근하고 설정해줄 수 있습니다. 또 다양한 목적으로 구현해주는 데 용이합니다.

17.4 타입 서브스크립트

이전까지 설명한 서브스크립트는 인스턴스에서 사용할 수 있는 서브스크립트입니다. 타입 서브스크립트는 인스턴스가 아니라 타입 자체에서 사용할 수 있는 서브스크립트입니다. 타입 서브스크립트를 구현하려면 서브스크립트를 정의할 때 subscript 키워드 앞에 static 키워드를 붙여주면 됩니다. 클래스의 경우에는 class 키워드를 사용할 수도 있습니다.*

코드 17-5 타입 서브스크립트 구현

```swift
enum School: Int {
    case elementary = 1, middle, high, university
    
    static subscript(level: Int) -> School? {
        return Self(rawValue: level)
        // return School(rawValue: level)과 같은 표현입니다.
    }
}

let school: School? = School[2]
print(school)      // School.middle
```

---

* 클래스에서 static 키워드와 class 키워드의 차이는 타입 메서드(10.2.2절)를 참고하세요.

CHAPTER 18
상속

클래스는 메서드나 프로퍼티 등을 다른 클래스로부터 **상속**받을 수 있습니다. 어떤 클래스로부터 상속을 받으면 상속받은 클래스는 그 어떤 클래스의 **자식클래스**Subclass/Child-class라고 표현합니다. 자식클래스에게 자신의 특성을 물려준 클래스를 **부모클래스**Superclass/Parents-class라고 표현합니다. 상속은 스위프트의 다른 타입과 클래스를 구별 짓는 클래스만의 특징입니다.

스위프트의 클래스는 부모클래스로부터 물려받은 메서드를 호출할 수 있고 프로퍼티에 접근할 수 있으며 서브스크립트도 사용할 수 있습니다. 또 부모클래스로부터 물려받은 메서드, 프로퍼티, 서브스크립트 등을 자신만의 내용으로 재정의할 수도 있습니다. 스위프트는 부모클래스의 요소를 자식클래스에서 재정의할 때 자식클래스가 부모클래스의 요소들을 재정의한다는 것을 명확히 확인해주어야 합니다.

상속받은 프로퍼티에 프로퍼티의 값이 변경되었을 때 알려주는 프로퍼티 감시자도 구현할 수 있습니다. 연산 프로퍼티를 정의해준 클래스에서는 연산 프로퍼티에 프로퍼티 감시자를 구현할 수 없지만, 부모클래스에서 연산 프로퍼티로 정의한 프로퍼티든 저장 프로퍼티로 정의한 프로퍼티든 자식클래스에서는 프로퍼티 감시자를 구현할 수 있습니다.

다른 클래스로부터 상속을 받지 않은 클래스를 **기반클래스**Base Class라고 부릅니다. 우리가 이제까지 어떤 클래스로부터 상속받지 않고 생성한 대부분의 클래스를 기반클래스로 생각해도 무방합니다.

코드 18-1 기반클래스 Person

```
class Person {
    var name: String = ""
    var age: Int = 0

    var introduction: String {
        return "이름 : \(name). 나이 : \(age)"
    }

    func speak() {
        print("가나다라마바사")
    }
}

let yagom: Person = Person()
yagom.name = "yagom"
yagom.age = 99
print(yagom.introduction)    // 이름 : yagom. 나이 : 99
yagom.speak()                // 가나다라마바사
```

[코드 18-1]의 Person 클래스는 다른 클래스를 상속받지 않으므로 기반클래스라고 부를 수 있습니다. Person 클래스는 name, age라는 저장 프로퍼티와 introduction이라는 연산 프로퍼티, speak()라는 메서드가 있습니다. **상속을 통해** 기반클래스인 Person 클래스보다 세분화된 특징이 있고, 더 많은 기능을 실행할 수 있는 새로운 자식클래스를 만들어줄 수 있습니다.

18.1 클래스 상속

수직으로 클래스를 확장할 수 있는 상속에 대해 알아봅시다.

상속은 기반클래스를 다른 클래스에서 물려받는 것을 말합니다. 부모클래스의 메서드, 프로퍼티 등을 재정의하거나, 기반클래스의 기능이나 프로퍼티를 물려받고 자신의 기능을 추가할 수 있습니다.

클래스 이름 뒤에 콜론을 붙이고 다른 클래스 이름을 써주면 뒤에 오는 클래스의 기능을 앞의 클래스가 상속받을 것임을 뜻합니다.

```
class 클래스 이름: 부모클래스 이름 {
    프로퍼티와 메서드들
}
```

[코드 18-2]에서 부모클래스인 Person을 상속받는 Student 클래스를 만들어보겠습니다.

코드 18-2 Person 클래스를 상속받은 Student 클래스

```
class Student: Person {
    var grade: String = "F"

    func study() {
        print("Study hard...")
    }
}

let yagom: Person = Person()
yagom.name = "yagom"
yagom.age = 99
print(yagom.introduction)      // 이름 : yagom. 나이 : 99
yagom.speak()                  // 가나다라마바사

let jay: Student = Student()
jay.name = "jay"
jay.age = 10
jay.grade = "A"
print(jay.introduction)        // 이름 : jay. 나이 : 10
jay.speak()                    // 가나다라마바사
jay.study()                    // Study hard...
```

[코드 18-2]에서 Student 클래스는 [코드 18-1] Person 클래스를 상속받았기 때문에 부모클래스가 물려준 프로퍼티와 메서드를 사용할 수 있으며 자신이 정의한 프로퍼티와 메서드도 사용할 수 있습니다.

[코드 18-3]처럼 Person 클래스를 상속받은 Student 클래스는 다시 다른 클래스가 상속할 수 있습니다. 즉, 어떤 클래스의 자식클래스가 다른 클래스의 부모클래스가 될 수 있습니다.

코드 18-3 Student 클래스를 상속받은 UniversityStudent 클래스

```
class UniversityStudent: Student {
    var major: String = ""
}

let jenny: UniversityStudent = UniversityStudent()
jenny.major = "Art"
jenny.speak()    // 가나다라마바사
jenny.study()    // Study hard...
```

그림 18-1 Person, Student, UniversityStudent 클래스의 상속 관계 모식도

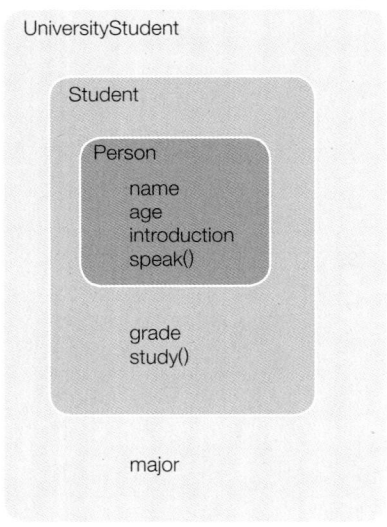

Person 클래스를 상속받은 Student 클래스는 Person의 인스턴스 메서드, 타입 메서드, 인스턴스 프로퍼티, 타입 프로퍼티, 서브스크립트 등 모든 특성*을 포함하며 Student를 상속받은 UniversityStudent 클래스는 Person과 Student가 갖는 모든 특성을 포함합니다.

다른 클래스를 상속받으면 똑같은 기능을 구현하기 위하여 코드를 다시 작성할 필요가 없으므로 코드를 재사용하기 용이하고 더불어 기능을 확장할 때 기존 클래스를 변경하지 않고도 새로운 추가 기능을 구현한 클래스를 정의할 수 있습니다.

* 물론 상속을 하지 못하도록 방지하는 키워드 final을 사용하면 모든 속성을 상속받지는 않습니다. final 키워드에 대한 설명은 18.2.5절을 참고하세요.

18.2 재정의

자식클래스는 부모클래스로부터 물려받은 특성(인스턴스 메서드, 타입 메서드, 인스턴스 프로퍼티, 타입 프로퍼티, 서브스크립트 등)을 그대로 사용하지 않고 자신만의 기능으로 변경하여 사용할 수 있습니다. 이를 재정의^{Override}**라고 합니다.

상속받은 특성들을 재정의하려면 새로운 정의 앞에 override라는 키워드를 사용합니다. override 키워드는 스위프트 컴파일러가 조상클래스(부모를 포함한 그 상위 부모클래스)에 해당 특성이 있는지 확인한 후 재정의하게 됩니다. 만약 조상클래스에 재정의할 해당 특성이 없는데 override 키워드를 사용하면 컴파일 오류가 발생합니다.

그림 18-2 잘못된 override 키워드 사용으로 인한 오류 발생

```
override func someMethod() { }
                    ❶ Method does not override any method from its superclass
```

만약 자식클래스에서 부모클래스의 특성을 재정의했을 때, 부모클래스의 특성을 자식클래스에서 사용하고 싶다면 super 프로퍼티를 사용하면 됩니다. 즉, 자식클래스에서 특성을 재정의했지만 필요에 따라 부모클래스의 특성을 활용하고 싶을 때 super를 사용합니다. super 키워드를 타입 메서드 내에서 사용한다면, 부모클래스의 타입 메서드와 타입 프로퍼티에 접근할 수 있으며 인스턴스 메서드 내에서 사용한다면, 부모클래스의 인스턴스 메서드와 인스턴스 프로퍼티, 서브스크립트에 접근할 수 있습니다.

재정의한 someMethod( )의 부모 버전을 호출하고 싶다면 super.someMethod( )라고 호출하면 됩니다. 재정의한 someProperty의 부모 버전에 접근하고 싶다면 super.someProperty라고 접근하면 됩니다. 재정의한 서브스크립트에서 부모 버전의 서브스크립트로 접근하고 싶다면 super[index]라고 접근하면 됩니다.

** 엄밀히 말하자면 오버라이드를 할 때 발생하는 특성이 재정의라고 할 수 있지만, 통상 Override를 재정의로 번역하므로 이 책에서도 재정의로 번역했습니다.

18.2.1 메서드 재정의

부모클래스로부터 상속받은 인스턴스 메서드나 타입 메서드를 자식클래스에서 용도에 맞도록 재정의할 수 있습니다.

코드 18-4 메서드 재정의

```swift
class Person {
    var name: String = ""
    var age: Int = 0
    
    var introduction: String {
        return "이름 : \(name), 나이 : \(age)"
    }
    
    func speak() {
        print("가나다라마바사")
    }
    
    class func introduceClass() -> String {
        return "인류의 소원은 평화입니다."
    }
}

class Student: Person {
    var grade: String = "F"
    
    func study() {
        print("Study hard...")
    }
    
    override func speak() {
        print("저는 학생입니다.")
    }
}

class UniversityStudent: Student {
    var major: String = ""
    
    class func introduceClass() {
        print(super.introduceClass())
    }
```

```swift
        override class func introduceClass() -> String {
            return "대학생의 소원은 A+입니다."
        }

        override func speak() {
            super.speak()
            print("대학생이죠.")
        }
    }

    let yagom: Person = Person()
    yagom.speak()    // 가나다라마바사

    let jay: Student = Student()
    jay.speak()    // 저는 학생입니다.

    let jenny: UniversityStudent = UniversityStudent()
    jenny.speak()    // 저는 학생입니다. 대학생이죠.

    print(Person.introduceClass())      // 인류의 소원은 평화입니다.
    print(Student.introduceClass())     // 인류의 소원은 평화입니다.
    print(UniversityStudent.introduceClass() as String) // 대학생의 소원은 A+입니다.
    UniversityStudent.introduceClass() as Void         // 인류의 소원은 평화입니다.
```

[코드 18-4]의 Student 클래스는 Person 클래스를 상속받았고, UniversityStudent 클래스는 Student 클래스를 상속받았습니다. Student 클래스에서 Person 클래스에 정의된 speak() 메서드를 재정의했고, UniversityStudent 클래스에서는 Person 클래스의 introduceClass() 메서드를 재정의했습니다. Student 클래스에서 재정의한 speak() 메서드는 UniversityStudent 클래스로 상속되었으므로 UniversityStudent 클래스의 인스턴스는 speak() 메서드를 호출하면 Student 클래스에서 재정의한 메서드가 호출됩니다.

UniversityStudent 클래스의 introduceClass() 메서드에 override 키워드가 붙은 메서드와 그렇지 않은 메서드 두 가지가 있는 이유는 바로 반환 타입이 다르기 때문입니다. 스위프트는 메서드의 반환 타입이나 매개변수가 다르면 서로 다른 메서드로 취급합니다. 서로 다른 타입의 반환 값을 받아오기 위해 사용한 as 연산자는 타입캐스팅(19장)에서 설명합니다.

또 부모클래스의 메서드에 접근하기 위해서는 UniversityStudent 클래스의 speak()와 introduceClass() 메서드에서처럼 super 프로퍼티를 사용하면 됩니다.

18.2.2 프로퍼티 재정의

메서드와 마찬가지로 부모클래스로부터 상속받은 인스턴스 프로퍼티나 타입 프로퍼티를 자식클래스에서 용도에 맞게 재정의할 수 있습니다. 프로퍼티를 재정의할 때는 저장 프로퍼티로 재정의할 수는 없습니다. 프로퍼티를 재정의한다는 것은 프로퍼티 자체가 아니라 프로퍼티의 접근자Getter, 설정자Setter, 프로퍼티 감시자Property Observer 등을 재정의하는 것을 의미합니다.

조상클래스에서 저장 프로퍼티로 정의한 프로퍼티는 물론이고 연산 프로퍼티로 정의한 프로퍼티도 접근자와 설정자를 재정의할 수 있습니다. 프로퍼티를 상속받은 자식클래스에서는 조상클래스의 프로퍼티 종류(저장, 연산 등)는 알지 못하고 단지 이름과 타입만을 알기 때문입니다. 재정의하려는 프로퍼티는 조상클래스 프로퍼티의 이름과 타입이 일치해야 합니다. 만약 조상클래스에 없는 프로퍼티를 재정의하려고 한다면 메서드와 마찬가지로 컴파일 오류가 발생합니다.

조상클래스에서 읽기 전용 프로퍼티였더라도 자식클래스에서 읽고 쓰기가 가능한 프로퍼티로 재정의해줄 수도 있습니다. 그러나, 읽기 쓰기 모두 가능했던 프로퍼티를 읽기 전용으로 재정의해줄 수는 없습니다.

읽기 쓰기가 모두 가능한 프로퍼티를 재정의할 때 설정자만 따로 재정의할 수는 없습니다. 즉, 접근자와 설정자를 모두 재정의해야 합니다. 만약 접근자에 따로 기능 변경이 필요 없다면 `super.someProperty`와 같은 식으로 부모클래스의 접근자를 사용하여 값을 받아와 반환해주면 됩니다.

코드 18-5 프로퍼티 재정의

```
class Person {
    var name: String = ""
    var age: Int = 0
    var koreanAge: Int {
        return self.age + 1
    }
    
    var introduction: String {
        return "이름 : \(name). 나이 : \(age)"
    }
}
```

```
class Student: Person {
    var grade: String = "F"

    override var introduction: String {
        return super.introduction + " " + "학점 : \(self.grade)"
    }

    override var koreanAge: Int {
        get {
            return super.koreanAge
        }

        set {
            self.age = newValue - 1
        }
    }
}

let yagom: Person = Person()
yagom.name = "yagom"
yagom.age = 55
yagom.koreanAge = 56        // 오류 발생
print(yagom.introduction)   // 이름 : yagom. 나이 : 55
print(yagom.koreanAge)      // 56

let jay: Student = Student()
jay.name = "jay"
jay.age = 14
jay.koreanAge = 15
print(jay.introduction)     // 이름 : jay. 나이 : 14 학점 : F
print(jay.koreanAge)        // 15
```

[코드 18-5]의 Student 클래스에서는 Person 클래스에서 상속받은 introduction과 koreanAge라는 연산 프로퍼티를 재정의했습니다. 읽기 전용이었던 koreanAge 프로퍼티는 읽기와 쓰기가 모두 가능하도록 재정의했고, introduction은 학생의 학점 정보를 추가하도록 재정의했습니다.

18.2.3 프로퍼티 감시자 재정의

프로퍼티 감시자도 프로퍼티의 접근자와 설정자처럼 재정의할 수 있습니다. 또 조상클래스에 정의한 프로퍼티가 연산 프로퍼티인지 저장 프로퍼티인지는 상관없습니다. 다만 상수 저장 프로퍼티나 읽기 전용 연산 프로퍼티는 프로퍼티 감시자를 재정의할 수 없습니다. 왜냐하면 상수 저장 프로퍼티나 읽기 전용 연산 프로퍼티는 값을 설정할 수 없으므로 willSet이나 didSet 메서드를 사용한 프로퍼티 감시자를 원천적으로 사용할 수 없기 때문입니다. 또 프로퍼티 감시자를 재정의하더라도 조상클래스에 정의한 프로퍼티 감시자도 동작한다는 점, 잊지 마세요.

프로퍼티의 접근자와 프로퍼티 감시자는 동시에 재정의할 수 없습니다. 만약 둘 다 동작하길 원한다면 재정의하는 접근자에 프로퍼티 감시자의 역할을 구현해야 합니다.

코드 18-6 프로퍼티 감시자 재정의

```swift
class Person {
    var name: String = ""
    var age: Int = 0 {
        didSet {
            print("Person age : \(self.age)")
        }
    }
    var koreanAge: Int {
        return self.age + 1
    }
    
    var fullName: String {
        get {
            return self.name
        }
        
        set {
            self.name = newValue
        }
    }
}

class Student: Person {
    var grade: String = "F"
```

```swift
    override var age: Int {
        didSet {
            print("Student age : \(self.age)")
        }
    }
    
    override var koreanAge: Int {
        get {
            return super.koreanAge
        }
        
        set {
            self.age = newValue - 1
        }
        
        didSet {  }    // 오류 발생!!
    }
    
    override var fullName: String {
        didSet {
            print("Full Name : \(self.fullName)")
        }
    }
}

let yagom: Person = Person()
yagom.name = "yagom"
yagom.age = 55            // Person age : 55
yagom.fullName = "Jo yagom"
print(yagom.koreanAge)    // 56


let jay: Student = Student()
jay.name = "jay"
jay.age = 14
// Person age : 14
// Student age : 14
jay.koreanAge = 15
// Person age : 14
// Student age : 14
jay.fullName = "Kim jay"  // Full Name : Kim jay
print(jay.koreanAge)      // 15
```

[코드 18-6]의 Student 클래스에는 Person 클래스의 age라는 저장 프로퍼티의 프로퍼티 감시자를 재정의해주었으며, koreanAge와 fullName이라는 연산 프로퍼티의 프로퍼티 감시자를 재정의해주었습니다. Person 클래스의 age라는 저장 프로퍼티에 이미 프로퍼티 감시자를 정의했으므로 jay의 age 프로퍼티의 값을 할당할 때는 Person에 정의한 프로퍼티 감시자와 Student에 정의한 프로퍼티 감시자가 모두 동작합니다. 또 기존에 연산 프로퍼티로 정의했던 fullName 프로퍼티에도 프로퍼티 감시자를 정의했음을 볼 수 있습니다. 그러나 koreanAge 프로퍼티에는 프로퍼티 감시자와 프로퍼티 설정자를 동시에 정의할 수 없습니다.

18.2.4 서브스크립트 재정의

서브스크립트도 메서드와 마찬가지로 재정의가 가능합니다. 서브스크립트도 매개변수와 반환 타입이 다르면 다른 서브스크립트로 취급하므로, 자식클래스에서 재정의하려는 서브스크립트라면 부모클래스 서브스크립트의 매개변수와 반환 타입이 같아야 합니다. 메서드 재정의와 방법이 같으므로 서브스크립트를 재정의한 [코드 18-7]의 자세한 설명은 생략합니다.

코드 18-7 서브스크립트 재정의

```swift
class School {
    var students: [Student] = [Student]()
    
    subscript(number: Int) -> Student {
        print("School subscript")
        return students[number]
    }
}

class MiddleSchool: School {
    var middleStudents: [Student] = [Student]()
    
    // 부모클래스(School)에게 상속받은 서브스크립트 재정의
    override subscript(index: Int) -> Student {
        print("MiddleSchool subscript")
        return middleStudents[index]
    }
}
```

```
let university: School = School()
university.students.append(Student())
university[0]    // School subscript

let middle: MiddleSchool = MiddleSchool()
middle.middleStudents.append(Student())
middle[0]    // MiddleSchool subscript
```

18.2.5 재정의 방지

만약 부모클래스를 상속받는 자식클래스에서 몇몇 특성을 재정의할 수 없도록 제한하고 싶다면 재정의를 방지하고 싶은 특성 앞에 `final` 키워드를 명시하면 됩니다. 예를 들면 `final var`, `final func`, `final class func`, `final subscript`와 같이 표현하면 됩니다.

재정의를 방지한 특성을 자식클래스에서 재정의하려고 하면 컴파일 오류가 발생합니다.

만약 클래스를 상속하거나 재정의할 수 없도록 하고 싶다면 `class` 키워드 앞에 `final` 키워드를 명시해주면 됩니다. 그렇게 하면 더 이상 자식클래스를 가질 수 없습니다. 상속이 방지된 클래스를 다른 클래스가 상속받으려고 하면 컴파일 오류가 발생합니다. [코드 18-8]을 통해 재정의 방지 및 상속 방지에 대해 알아봅시다.

코드 18-8 final 키워드의 사용

```
class Person {
    final var name: String = ""

    final func speak() {
        print("가나다라마바사")
    }
}

final class Student: Person {
    // 오류! Person의 name은 final을 사용하여
    // 재정의를 할 수 없도록 했기 때문입니다.
    override var name: String {
        set {
            super.name = newValue
        }
```

```
        get {
            return "학생"
        }
    }
    
    // 오류! Person의 speak()는 final을 사용하여
    // 재정의를 할 수 없도록 했기 때문입니다.
    override func speak() {
        print("저는 학생입니다.")
    }
}

// 오류!
// Student 클래스는 final을 사용하여
// 상속할 수 없도록 했기 때문입니다.
class UniversityStudent: Student { }
```

18.3 클래스의 이니셜라이저 - 상속과 재정의

우리는 인스턴스 생성(11.1절)에서 이니셜라이저 기본에 대해 알아보았습니다. 값 타입의 이니셜라이저는 이니셜라이저 위임을 위해 이니셜라이저끼리 구분할 필요가 없었지만 클래스에서는 지정 이니셜라이저와 편의 이니셜라이저로 역할을 구분합니다. 또 값 타입의 이니셜라이저는 상속을 고려할 필요가 없었지만 클래스는 상속이 가능하므로 상속받았을 때 이니셜라이저를 어떻게 재정의하는지도 큰 관건입니다.

두 종류의 이니셜라이저가 존재하고 상속이라는 클래스의 특성 때문에 다양한 패턴의 이니셜라이저가 생길 수 있으며, 그에 따라 클래스를 디자인할 때 더 많은 고민이 필요합니다. 이번 절에서는 값 타입에서 보여줬던 기본적인 이니셜라이저보다는 조금 더 알아보아야 할 클래스에서의 이니셜라이저에 대해 살펴보도록 하겠습니다.

18.3.1 지정 이니셜라이저와 편의 이니셜라이저

지정 이니셜라이저 Designated Initializer는 클래스의 주요 이니셜라이저입니다. 지정 이니셜라이저는 필요에 따라 부모클래스의 이니셜라이저를 호출할 수 있으며, 이니셜라이저가 정의된 클래스의

모든 프로퍼티를 초기화해야 하는 임무를 갖고 있습니다. 지정 이니셜라이저는 클래스의 이니셜라이저 중 기둥과 같은 역할을 하므로 클래스에 하나 이상 정의합니다. 물론 여러 개를 정의할 수는 있지만 편의 이니셜라이저에 비하면 적은 수입니다. 이 부분은 사용하면서 직접 느낄 수 있을 겁니다.

모든 클래스는 하나 이상의 지정 이니셜라이저를 갖습니다. 만약 조상클래스에서 지정 이니셜라이저가 자손클래스의 지정 이니셜라이저 역할을 충분히 할 수 있다면, 자손클래스는 지정 이니셜라이저를 갖지 않을 수도 있습니다. 아마도 이런 경우는 조상클래스로부터 물려받은 프로퍼티를 제외하고 옵셔널 저장 프로퍼티 외에 다른 저장 프로퍼티가 없을 가능성이 큽니다.

편의 이니셜라이저 Convenience Initializer는 초기화를 좀 더 손쉽게 도와주는 역할을 합니다. 편의 이니셜라이저는 지정 이니셜라이저를 자신 내부에서 호출합니다. 지정 이니셜라이저의 매개변수가 많아 외부에서 일일이 전달인자를 전달하기 어렵거나 특정 목적에 사용하기 위해서 편의 이니셜라이저를 설계할 수도 있습니다. 예를 들어 특정 목적으로 인스턴스를 생성할 때 일부 프로퍼티는 클래스 설계자가 의도한 대로 초깃값을 지정해줘야 합니다. 지정 이니셜라이저를 사용하면 인스턴스를 생성할 때마다 전달인자로 초깃값을 전달해야 하지만 편의 이니셜라이저를 사용하면 항상 같은 값으로 초기화가 가능합니다.

편의 이니셜라이저는 필수 요소는 아닙니다. 다만 클래스 설계자의 의도대로 외부에서 사용하길 원하거나 인스턴스 생성 코드를 작성하는 수고를 덜 때 유용하게 사용할 수 있습니다.

지정 이니셜라이저는 값 타입 이니셜라이저를 정의할 때와 같은 형식으로 정의할 수 있습니다.

```
init(매개변수들) {
    초기화 구문
}
```

편의 이니셜라이저는 앞에 convenience 지정자를 init 키워드 앞에 명시해주면 됩니다.

```
convenience init(매개변수들) {
    초기화 구문
}
```

18.3.2 클래스의 초기화 위임

지정 이니셜라이저와 편의 이니셜라이저 사이의 관계를 간단히 정리해보기 위해 세 가지 규칙을 적용해볼 수 있습니다.

1. **자식클래스의 지정 이니셜라이저는 부모클래스의 지정 이니셜라이저를 반드시 호출**해야 합니다.
2. 편의 이니셜라이저는 **자신을 정의한 클래스**의 다른 이니셜라이저를 **반드시** 호출해야 합니다.
3. 편의 이니셜라이저는 궁극적으로는 **지정 이니셜라이저를 반드시 호출**해야 합니다.

다음처럼 생각해볼 수도 있습니다. '누군가'는 다른 지정 이니셜라이저 또는 편의 이니셜라이저를 뜻합니다.

- 누군가는 지정 이니셜라이저에게 초기화를 반드시 위임합니다.
- 편의 이니셜라이저는 초기화를 반드시 누군가에 위임합니다.

위의 규칙들을 [그림 18-3]으로 표현해보았습니다.

그림 18-3 클래스의 초기화 위임 규칙 모식도

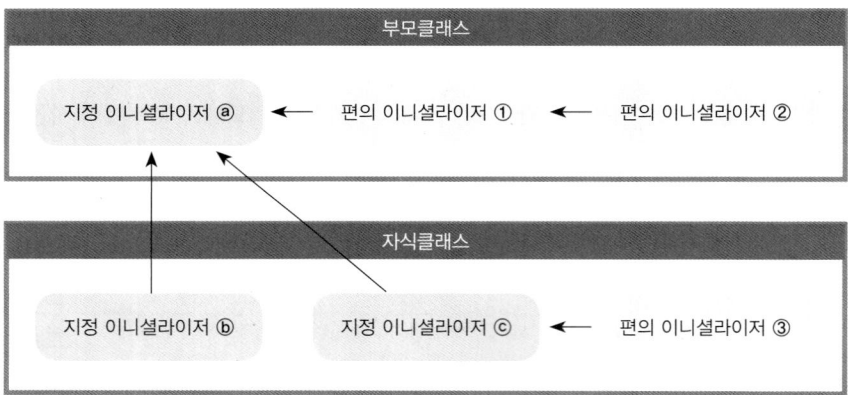

부모클래스는 하나의 지정 이니셜라이저(ⓐ)와 두 개의 편의 이니셜라이저(①, ②)를 갖습니다. 부모클래스의 맨 오른쪽 편의 이니셜라이저(②)는 다른 편의 이니셜라이저(①)를 호출하며 해당 편의 이니셜라이저는 궁극적으로 지정 이니셜라이저(ⓐ)를 호출합니다. 이는 앞의 규칙 2, 3을 만족하는 조건입니다. 부모클래스는 자신보다 조상인 부모를 갖지 않으므로 규칙 1은 해당 사항이 없습니다.

자식클래스는 두 개의 지정 이니셜라이저(ⓑ, ⓒ)와 하나의 편의 이니셜라이저(ⓐ)를 갖습니다. 편의 이니셜라이저(ⓐ)는 두 번째 지정 이니셜라이저(ⓒ)를 호출합니다. 편의 이니셜라이저는 자신의 클래스에 구현된 이니셜라이저만 호출할 수 있으므로 부모클래스의 이니셜라이저는 호출할 수 없습니다. 이는 위의 규칙 2, 3을 만족합니다. 또 두 지정 이니셜라이저(ⓑ, ⓒ) 모두 부모클래스의 지정 이니셜라이저(ⓐ)를 호출하므로 규칙 1도 만족합니다.

[그림 18-4]는 조금 더 복잡한 모식도로 지정 이니셜라이저가 어떻게 클래스의 이니셜라이저 중 기둥 역할을 하는지 조금 더 쉽게 알아볼 수 있습니다.

그림 18-4 복잡한 클래스의 초기화 위임 규칙 모식도

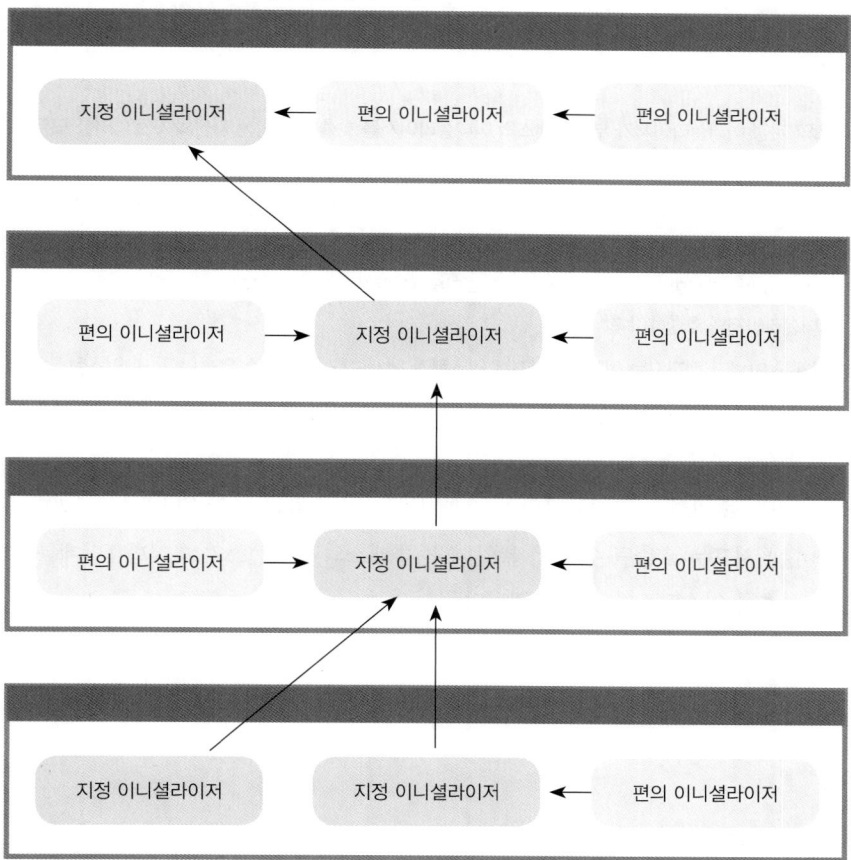

18.3.3 2단계 초기화

스위프트의 클래스 초기화는 2단계를 거칩니다. 1단계는 클래스에 정의한 각각의 저장 프로퍼티에 초깃값이 할당됩니다. 모든 저장 프로퍼티의 초기 상태가 결정되면 2단계로 돌입해 저장 프로퍼티들을 사용자 정의할 기회를 얻습니다. 그 후 비로소 새로운 인스턴스를 사용할 준비가 끝납니다.

2단계 초기화는 프로퍼티를 초기화하기 전에 프로퍼티 값에 접근하는 것을 막아 초기화를 안전하게 할 수 있도록 해줍니다. 또 다른 이니셜라이저가 프로퍼티의 값을 실수로 변경하는 것을 방지할 수도 있습니다.

스위프트 컴파일러는 2단계 초기화를 오류 없이 처리하기 위해 다음과 같은 네 가지 안전확인 Safty-Checks을 실행합니다.

1. 자식클래스의 지정 이니셜라이저가 부모클래스의 이니셜라이저를 호출하기 전에 자신의 프로퍼티를 모두 초기화했는지 확인합니다.*
2. 자식클래스의 지정 이니셜라이저는 상속받은 프로퍼티에 값을 할당하기 전에 반드시 부모클래스의 이니셜라이저를 호출해야 합니다.
3. 편의 이니셜라이저는 자신의 클래스에 정의한 프로퍼티를 포함하여 그 어떤 프로퍼티라도 값을 할당하기 전에 다른 이니셜라이저를 호출해야 합니다.
4. 초기화 1단계를 마치기 전까지는 이니셜라이저는 인스턴스 메서드를 호출할 수 없습니다. 또 인스턴스 프로퍼티의 값을 읽어들일 수도 없습니다. self 프로퍼티를 자신의 인스턴스를 나타내는 값으로 활용할 수도 없습니다.

클래스의 인스턴스는 초기화 1단계를 마치기 전까지는 아직 유효하지 않습니다. 프로퍼티는 읽기만 가능하며, 메서드는 호출될 수 있을 뿐입니다. 클래스의 인스턴스가 초기화 1단계를 마쳤을 때 비로소 유효한 인스턴스가 되는 것입니다.

네 가지 안전확인에 근거하여 어떻게 2단계 초기화가 이루어지는지 살펴보도록 하겠습니다.

---

* 그래서 자식클래스의 지정 이니셜라이저에서 부모클래스의 이니셜라이저를 호출하기 전에 자신의 모든 (기본값이 없는) 저장 프로퍼티에 값을 할당해주어야 합니다.

1단계

1. 클래스가 지정 또는 편의 이니셜라이저를 호출합니다.
2. 그 클래스의 새로운 인스턴스를 위한 메모리가 할당됩니다. 메모리는 아직 초기화되지 않은 상태입니다.
3. 지정 이니셜라이저는 클래스에 정의된 모든 저장 프로퍼티에 값이 있는지 확인합니다. 현재 클래스 부분까지의 저장 프로퍼티를 위한 메모리는 이제 초기화되었습니다.
4. 지정 이니셜라이저는 부모클래스의 이니셜라이저가 같은 동작을 행할 수 있도록 초기화를 양도합니다.
5. 부모클래스는 상속 체인을 따라 최상위 클래스에 도달할 때까지 이 작업을 반복합니다.

최상위 클래스에 도달했을 때, 최상위 클래스까지의 모든 저장 프로퍼티에 값이 있다고 확인하면 해당 인스턴스의 메모리는 모두 초기화된 것입니다. 이로써 1단계가 완료되었습니다.

그림 18-5 초기화 1단계

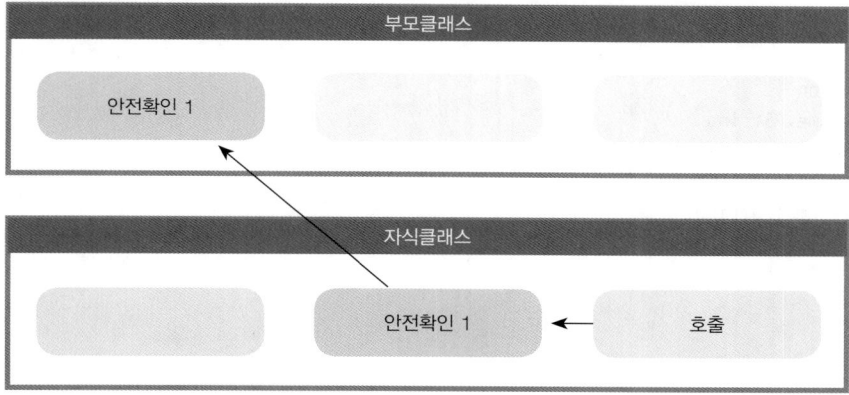

2단계

1. 최상위 클래스로부터 최하위 클래스까지 상속 체인을 따라 내려오면서 지정 이니셜라이저들이 인스턴스를 제각각 사용자 정의하게 됩니다. 이 단계에서는 self를 통해 프로퍼티 값을 수정할 수 있고, 인스턴스 메서드를 호출하는 등의 작업을 진행할 수 있습니다.
2. 마지막으로 각각의 편의 이니셜라이저를 통해 self를 통한 사용자 정의 작업을 진행할 수 있습니다.

그림 18-6 초기화 2단계

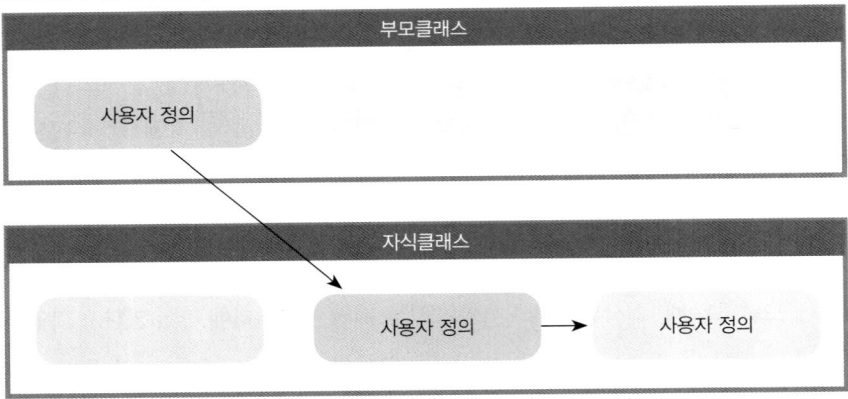

코드 18-9 Person 클래스를 상속받은 Student 클래스

```
class Person {
    var name: String
    var age: Int

    init(name: String, age: Int) {
        self.name = name
        self.age = age
    }
}

class Student: Person {
    var major: String

    init(name: String, age: Int, major: String) {
        self.major = "Swift"
        super.init(name: name, age: age)
    }

    convenience init(name: String) {
        self.init(name: name, age: 7, major: "")
    }
}
```

[코드 18-9] Student 클래스의 지정 이니셜라이저(init(name:age:major))는 부모클래스의 지정 이니셜라이저를 호출하기 전에 자신의 self 프로퍼티를 이용해 major 프로퍼

티의 값을 할당합니다. 그렇게 하면 안전확인 중 1번의 조건에 만족합니다. 그리고 `super.init(name: name, age: age)`를 통해 부모클래스의 이니셜라이저를 호출했으며 그 외에 상속받은 프로퍼티가 없으므로 부모의 이니셜라이저 호출 이후에 값을 할당해줄 프로퍼티가 없습니다. 따라서 2번의 조건을 갖추었습니다. 또 편의 이니셜라이저인 `convenience init(name:)`은 따로 차후에 값을 할당할 프로퍼티가 없고, 다른 이니셜라이저를 호출했으므로 3번 조건에 부합합니다. 마지막으로 이니셜라이저 어디에서도 인스턴스 메서드를 호출하거나 인스턴스 프로퍼티의 값을 읽어오지 않았으므로 4번 조건도 충족합니다.

안전확인 후 `super.init(name: name, age: age)`를 통해 1단계와 2단계의 초기화까지 마치게 됩니다. 굉장히 짧은 몇 줄의 코드지만 실제로는 상당히 많은 과정을 거치는 것입니다.

18.3.4 이니셜라이저 상속 및 재정의

기본적으로 스위프트의 이니셜라이저는 부모클래스의 이니셜라이저를 상속받지 않습니다. 부모클래스로부터 물려받은 이니셜라이저는 자식클래스에 최적화되어 있지 않아서, 부모클래스의 이니셜라이저를 사용했을 때 자식클래스의 새로운 인스턴스가 완전하고 정확하게 초기화되지 않는 상황을 방지하고자 함입니다. 안전하고 적절하다고 판단되는 특정한 상황에서는 부모클래스의 이니셜라이저가 상속되기도 합니다. 이는 이니셜라이저 자동 상속(18.3.5절)에서 다루겠습니다.

보통 부모클래스의 이니셜라이저와 똑같은 이니셜라이저를 자식클래스에서 사용하고 싶다면 자식클래스에서 부모의 이니셜라이저와 똑같은 이니셜라이저를 구현해주면 됩니다.

부모클래스와 동일한 지정 이니셜라이저를 자식클래스에서 구현해주려면 재정의하면 됩니다. 그러려면 `override` 수식어를 붙여야 합니다. 클래스에 주어지는 기본 이니셜라이저를 재정의할 때도 마찬가지입니다. 자식클래스의 편의 이니셜라이저가 부모클래스의 지정 이니셜라이저를 재정의하는 경우에도 `override` 수식어를 붙여줍니다.

반대로 부모클래스의 편의 이니셜라이저와 동일한 이니셜라이저를 자식클래스에 구현할 때는 `override` 수식어를 붙이지 않습니다. 자식클래스에서 부모클래스의 편의 이니셜라이저는 절대로 호출할 수 없기 때문입니다. 즉, 재정의할 필요가 없습니다.

코드 18-10 클래스 이니셜라이저의 재정의

```
class Person {
    var name: String
    var age: Int
    
    init(name: String, age: Int) {
        self.name = name
        self.age = age
    }
    
    convenience init(name: String) {
        self.init(name: name, age: 0)
    }
}

class Student: Person {
    var major: String
    
    override init(name: String, age: Int) {
        self.major = "Swift"
        super.init(name: name, age: age)
    }
    
    convenience init(name: String) {
        self.init(name: name, age: 7)
    }
}
```

[코드 18-10]을 보면 Person 클래스를 상속받은 Student 클래스에서 부모클래스의 편의 이니셜라이저와 동일한 편의 이니셜라이저를 정의할 때 override 수식어를 붙이지 않은 것을 볼 수 있습니다. 반대로 지정 이니셜라이저는 재정의를 위해 override 수식어를 사용한 것을 볼 수 있습니다. 기본 이니셜라이저 외에 지정 이니셜라이저를 자식클래스에서 동일한 이름으로 정의하려면 재정의를 위한 override 수식어를 명시해주어야 합니다.

부모클래스의 실패 가능한 이니셜라이저를 자식클래스에서 재정의하고 싶을 때는 실패 가능한 이니셜라이저로 재정의해도 되고 필요에 따라서 실패하지 않는 이니셜라이저로 재정의해줄 수도 있습니다.

코드 18-11 실패 가능한 이니셜라이저의 재정의

```swift
class Person {
    var name: String
    var age: Int
    
    init() {
        self.name = "Unknown"
        self.age = 0
    }
    
    init?(name: String, age: Int) {
        
        if name.isEmpty {
            return nil
        }
        self.name = name
        self.age = age
    }
    
    init?(age: Int) {
        
        if age < 0 {
            return nil
        }
        self.name = "Unknown"
        self.age = age
    }
}

class Student: Person {
    var major: String
    
    override init?(name: String, age: Int) {
        self.major = "Swift"
        super.init(name: name, age: age)
    }
    
    override init(age: Int) {
        self.major = "Swift"
        super.init()
    }
}
```

[코드 18-11]의 Person 클래스는 하나의 지정 이니셜라이저와 두 개의 실패 가능한 지정 이니셜라이저가 있습니다. 이를 Student 클래스에서 재정의해줄 때 하나는 부모클래스와 마찬가지로 실패 가능한 이니셜라이저로 재정의했고, 하나는 실패하지 않는 이니셜라이저로 재정의했습니다. 이처럼 부모클래스에서는 실패 가능한 이니셜라이저였더라도 자식클래스에서는 필요에 따라 실패하지 않는 이니셜라이저로 재정의해줄 수 있습니다.

18.3.5 이니셜라이저 자동 상속

이니셜라이저 상속 및 재정의(18.3.4절)에서 기본적으로 스위프트의 이니셜라이저는 부모클래스의 이니셜라이저를 상속받지 않는다고 설명했습니다. 그러나 특정 조건에 부합한다면 부모클래스의 이니셜라이저가 자동으로 상속됩니다. 사실, 대부분의 경우 자식클래스에서 이니셜라이저를 재정의해줄 필요가 없습니다.

자식클래스에서 프로퍼티 기본값을 모두 제공한다고 가정할 때, 다음 두 가지 규칙에 따라 이니셜라이저가 자동으로 상속됩니다.

- **규칙 1** 자식클래스에서 별도의 지정 이니셜라이저를 구현하지 않는다면, 부모클래스의 지정 이니셜라이저가 자동으로 상속됩니다.
- **규칙 2** 만약 **규칙 1** 에 따라 자식클래스에서 부모클래스의 지정 이니셜라이저를 자동으로 상속받은 경우 또는 부모클래스의 지정 이니셜라이저를 모두 재정의하여 부모클래스와 동일한 지정 이니셜라이저를 모두 사용할 수 있는 상황이라면 부모클래스의 편의 이니셜라이저가 모두 자동으로 상속됩니다.

코드 18-12 이니셜라이저 자동 상속

```swift
class Person {
    var name: String

    init(name: String) {
        self.name = name
    }

    convenience init() {
        self.init(name: "Unknown")
    }
}

class Student: Person {
```

```swift
        var major: String = "Swift"
    }

    // 부모클래스의 지정 이니셜라이저 자동 상속
    let yagom: Person = Person(name: "yagom")
    let hana: Student = Student(name: "hana")
    print(yagom.name)    // yagom
    print(hana.name)     // hana

    // 부모클래스의 편의 이니셜라이저 자동 상속
    let wizplan: Person = Person()
    let jinSung: Student = Student()
    print(wizplan.name)     // Unknown
    print(jinSung.name)     // Unknown
```

[코드 18-12]를 살펴보면 Student의 major 프로퍼티에 기본값이 있으며, 따로 지정 이니셜라이저를 구현해주지 않았으므로 부모클래스인 Person 클래스의 지정 이니셜라이저가 자동으로 상속됩니다. 이는 규칙1 에 부합합니다. 또 부모클래스의 지정 이니셜라이저를 모두 자동으로 상속받았으므로 편의 이니셜라이저도 자동으로 상속되었습니다.

코드 18-13 편의 이니셜라이저 자동 상속

```swift
    class Person {
        var name: String

        init(name: String) {
            self.name = name
        }

        convenience init() {
            self.init(name: "Unknown")
        }
    }

    class Student: Person {
        var major: String

        override init(name: String) {
            self.major = "Unknown"
            super.init(name: name)
        }
```

```
        init(name: String, major: String) {
            self.major = major
            super.init(name: name)
        }
    }

    // 부모클래스의 편의 이니셜라이저 자동 상속
    let wizplan: Person = Person()
    let jinSung: Student = Student()
    print(wizplan.name)      // Unknown
    print(jinSung.name)      // Unknown
```

[코드 18-13]을 살펴보면 Student 클래스의 major 프로퍼티에 기본값이 없더라도 이니셜라이저에서 적절히 초기화했고, 부모클래스의 지정 이니셜라이저를 모두 재정의하여 부모클래스의 지정 이니셜라이저와 동일한 이니셜라이저를 모두 사용할 수 있는 상황이므로 **규칙1** 에 부합합니다. 따라서 부모클래스의 편의 이니셜라이저가 자동으로 상속되었습니다.

자동 상속 규칙은 자식클래스에 편의 이니셜라이저를 추가한다고 하더라도 유효합니다. 또 부모클래스의 지정 이니셜라이저를 자식클래스의 편의 이니셜라이저로 구현하더라도 **규칙2** 를 충족합니다.

코드 18-14 편의 이니셜라이저 자동 상속 2

```
    class Person {
        var name: String

        init(name: String) {
            self.name = name
        }

        convenience init() {
            self.init(name: "Unknwon")
        }
    }

    class Student: Person {
        var major: String

        convenience init(major: String) {
            self.init()
```

```
        self.major = major
    }

    override convenience init(name: String) {
        self.init(name: name, major: "Unknown")
    }

    init(name: String, major: String) {
        self.major = major
        super.init(name: name)
    }
}

// 부모클래스의 편의 이니셜라이저 자동 상속
let wizplan: Person = Person()
let jinSung: Student = Student(major: "Swift")
print(wizplan.name)     // Unknown
print(jinSung.name)     // Unknown
print(jinSung.major)    // Swift
```

[코드 18-14]에서는 Student 클래스에서 부모클래스의 지정 이니셜라이저인 init(name:)을 편의 이니셜라이저로 재정의했지만 부모의 지정 이니셜라이저를 모두 사용할 수 있는 상황인 **규칙 2** 에 부합하므로 부모클래스의 편의 이니셜라이저를 사용할 수 있습니다. 또 자신만의 편의 이니셜라이저인 convenience init(major:)를 구현해주었지만 편의 이니셜라이저 자동 상속에는 아무런 영향을 미치지 않았습니다.

코드 18-15 편의 이니셜라이저 자동 상속 3

```
class UniversityStudent: Student {
    var grade: String = "A+"
    var description: String {
        return "\(self.name) \(self.major) \(self.grade)"
    }

    convenience init(name: String, major: String, grade: String) {
        self.init(name: name, major: major)
        self.grade = grade
    }
}
```

18장 - 상속 **363**

```swift
let nova: UniversityStudent = UniversityStudent()
print(nova.description) // Unknwon Unknown A+

let raon: UniversityStudent = UniversityStudent(name: "raon")
print(raon.description) // raon Unknown A+

let joker: UniversityStudent = UniversityStudent(name: "joker", major: "Programming")
print(joker.description) // joker Programming A+

let chope: UniversityStudent = UniversityStudent(name: "chope", major:
    "Computer", grade: "C")
print(chope.description) // chope Computer C
```

[코드 18-15]를 보면 Student 클래스를 상속받은 UniversityStudent 클래스는 grade 프로퍼티에 기본값이 있으며, 별도의 지정 이니셜라이저를 구현해주지 않았으므로 **규칙1**에 부합합니다. 따라서 부모클래스의 이니셜라이저를 모두 자동 상속받습니다. 게다가 자신만의 편의 이니셜라이저를 구현했지만 자동 상속에는 영향을 미치지 않았습니다. 결과적으로 UniversityStudent 클래스는 상속받은 이니셜라이저와 자신의 편의 이니셜라이저들을 모두 사용할 수 있습니다.

18.3.6 요구 이니셜라이저

required 수식어를 클래스의 이니셜라이저 앞에 명시해주면 이 클래스를 상속받은 자식클래스에서 반드시 해당 이니셜라이저를 구현해주어야 합니다. 다시 말하면 상속받을 때 반드시 재정의해야 하는 이니셜라이저 앞에 required 수식어를 붙여줍니다. 다만 자식클래스에서 요구 이니셜라이저를 재정의할 때는 override 수식어 대신에 required 수식어를 사용합니다.

코드 18-16 요구 이니셜라이저 정의

```swift
class Person {
    var name: String
    // 요구 이니셜라이저 정의
    required init() {
        self.name = "Unknown"
    }
}
```

```swift
class Student: Person {
    var major: String = "Unknown"
}

let miJeong: Student = Student()
```

[코드 18-16]을 살펴보면 Person 클래스에 init() 요청 이니셜라이저를 구현해주었지만, Person 클래스를 상속받은 Student 클래스에는 요구 이니셜라이저를 구현하지 않았습니다. 이는 Student 클래스의 major 프로퍼티에 기본값이 있으며 별다른 지정 이니셜라이저가 없기 때문에 이니셜라이저가 자동으로 상속된 것입니다.

만약 Student 클래스에 새로운 지정 이니셜라이저를 구현한다면 부모클래스로부터 이니셜라이저가 자동으로 상속되지 않으므로 요구 이니셜라이저를 구현해주어야 합니다.

코드 18-17 요구 이니셜라이저 재구현

```swift
class Person {
    var name: String

    // 요구 이니셜라이저 정의
    required init() {
        self.name = "Unknown"
    }
}

class Student: Person {
    var major: String = "Unknown"

    // 자신의 지정 이니셜라이저 구현
    init(major: String) {
        self.major = major
        super.init()
    }

    required init() {
        self.major = "Unknwon"
        super.init()
    }
}
```

```swift
class UniversityStudent: Student {
    var grade: String
    
    // 자신의 지정 이니셜라이저 구현
    init(grade: String) {
        self.grade = grade
        super.init()
    }
    
    required init() {
        self.grade = "F"
        super.init()
    }
}

let jiSoo: Student = Student()
print(jiSoo.major)    // Unknwon

let yagom: Student = Student(major: "Swift")
print(yagom.major)    // Swift

let juHyun: UniversityStudent = UniversityStudent(grade: "A+")
print(juHyun.grade)   // A+
```

[코드 18-17]을 보면 Student와 UniversityStudent 클래스는 자신만의 지정 이니셜라이저를 구현했습니다. 그래서 부모클래스의 이니셜라이저를 자동 상속받지 못합니다. 그래서 Person 클래스에 정의한 요구 이니셜라이저를 이니셜라이저 자동 상속 규칙에 부합하지 않는 자식클래스인 Student에도 구현해주고, 그 자식클래스인 UniversityStudent 클래스에도 구현해주어야 합니다. 이니셜라이저 자동 상속의 규칙에 부합하지 않는 한, 요구 이니셜라이저는 반드시 구현해주어야 합니다.

만약 부모클래스의 일반 이니셜라이저를 자신의 클래스부터 요구 이니셜라이저로 변경할 수도 있습니다. 그럴 때는 required override를 명시해주어 재정의됨과 동시에 요구 이니셜라이저가 될 것임을 명시해주어야 합니다. 또 편의 이니셜라이저도 요구 이니셜라이저로 변경될 수 있습니다. 마찬가지로 required convienience를 명시해주어 편의 이니셜라이저가 앞으로 요구될 것임을 명시해주면 됩니다.

코드 18-18 일반 이니셜라이저의 요구 이니셜라이저 변경

```swift
class Person {
    var name: String
    
    init() {
        self.name = "Unknown"
    }
}

class Student: Person {
    var major: String = "Unknown"
    
    init(major: String) {
        self.major = major
        super.init()
    }
    
    // 부모클래스의 이니셜라이저를 재정의함과 동시에
    // 요구 이니셜라이저로 변경됨을 알립니다.
    required override init() {
        self.major = "Unknwon"
        super.init()
    }
    
    // 이 요구 이니셜라이저는 앞으로 계속 요구합니다.
    required convenience init(name: String) {
        self.init()
        self.name = name
    }
}

class UniversityStudent: Student {
    var grade: String
    
    init(grade: String) {
        self.grade = grade
        super.init()
    }
    
    // Student 클래스에서 요구했으므로 구현해주어야 합니다.
    required init() {
        self.grade = "F"
        super.init()
    }
```

```
        // Student 클래스에서 요구했으므로 구현해주어야 합니다.
        required convenience init(name: String) {
            self.init()
            self.name = name
        }
    }

    let yagom: UniversityStudent = UniversityStudent()
    print(yagom.grade)   // F

    let juHyun: UniversityStudent = UniversityStudent(name: "JuHyun")
    print(juHyun.name)   // JuHyun
```

[코드 18-18]에서 Person 클래스에는 별다른 요구 이니셜라이저가 없습니다. 다만 Student 클래스에서 Person의 init() 이니셜라이저를 재정의하면서 요구 이니셜라이저로 변경했습니다. 따라서 UniversityStudent 클래스에서는 init() 이니셜라이저를 요구 이니셜라이저로 필히 구현해주어야 합니다. 또 Student 클래스의 편의 이니셜라이저 init(name:)이 요구 이니셜라이저로 지정되었기 때문에 UniversityStudent 클래스에서 다시 구현해주어야 합니다.

CHAPTER 19

타입캐스팅

스위프트는 데이터 타입 안전을 위하여 각기 다른 타입끼리의 값 교환을 엄격히 제한합니다. 또 다른 프로프래밍 언어에서 대부분 지원하는 암시적 데이터 타입 변환Implicit Type Conversion은 지원하지 않습니다. C 언어의 경우 데이터 타입 변환을 통해 손쉽게 다른 데이터 타입으로 변환해줄 수 있었습니다. 예를 들어 int num = (int)2.3f;과 같이 표현하거나 int num = 2.3f;처럼 표현하여 데이터 타입을 변환할 수 있었습니다.

스위프트에서 Int(2.3)처럼 부동소수 타입을 정수 타입의 값으로 변환해주는 형태와 C 언어의 데이터 타입 변환의 형태는 크게 다를 것 없어 보이지만 사실은 사뭇 다릅니다. 먼저 다른 언어의 데이터 타입 변환을 비교하며 타입캐스팅을 알아보겠습니다.

19.1 기존 언어의 타입 변환과 스위프트의 타입 변환

먼저 [코드 19-1]에서 C 언어와 스위프트의 데이터 타입 변환을 살펴보겠습니다.

코드 19-1 C 언어와 스위프트의 데이터 타입 변환 비교

```
// C 언어
double value = 3.3
int convertedValue = (int)value
convertedValue = 5.5        // double -> int 암시적 데이터 타입 변환
```

```
// 스위프트
var value: Double = 3.3
var convertedValue: Int = Int(value)
convertedValue = 5.5          // 오류!!
```

C 언어 코드를 살펴보면 부동소수 타입인 double에서 정수 타입인 int로 데이터 타입을 변경했습니다. C 언어에서는 이를 타입 변환이라고 칭합니다. 그러나 스위프트 코드를 보면 Int(value)라는 형태로 데이터 타입의 형태를 변경해주는데, 이는 앞서 배운 이니셜라이저(11.1절)입니다. 즉, 기존 값을 전달인자로 받는 이니셜라이저를 통해 새로운 Int 구조체의 인스턴스를 생성합니다. 스위프트에서는 이를 타입 변환 혹은 타입캐스팅이라고 칭하지 않습니다. 다만 이니셜라이저를 통해 새로운 인스턴스를 생성하는 과정이죠. 그래서 Int 구조체의 정의를 들여다보면 다양한 이니셜라이저가 정의되어 있음을 확인할 수 있습니다.

코드 19-2 Int 구조체의 다양한 이니셜라이저 정의

```
public struct Int : FixedWidthInteger, SignedInteger {

    /* 중략... */
    public init(bitPattern x: UInt)
    public init(_ source: Float)
    public init?(exactly source: Float)
    public init(_ source: Double)
    public init?(exactly source: Double)
    public init(_ source: Float80)
    public init?(exactly source: Float80)
    public init(bitPattern pointer: OpaquePointer?)
    public init(from decoder: Decoder) throws
    public init<T>(_ source: T) where T : BinaryFloatingPoint
    public init(bitPattern objectID: ObjectIdentifier)
    public init<U>(bitPattern: UnsafeMutablePointer<U>?)
    public init<U>(bitPattern: UnsafePointer<U>?)
    public init(bitPattern: UnsafeMutableRawPointer?)
    public init(bitPattern: UnsafeRawPointer?)

    /* 중략... */
    public convenience init?<S>(_ text: S, radix: Int = default)
        where S : StringProtocol
    public convenience init(integerLiteral value: Int)
```

```
    public convenience init()
    public convenience init?<T>(exactly source: T) where T : BinaryFloatingPoint
    public convenience init(littleEndian value: Int)
    public convenience init(bigEndian value: Int)
    public convenience init<Other>(clamping source: Other)
        where Other : BinaryInteger
    public convenience init<T>(truncatingIfNeeded source: T)
        where T : BinaryInteger
    public convenience init<T>(_ source: T) where T : BinaryInteger
    public convenience init?<T>(exactly source: T) where T : BinaryInteger
    /* 중략... */
}
```

Int의 이니셜라이저는 대부분 실패하지 않는 이니셜라이저로 정의되어 있습니다. 그러나 좀 더 살펴보면 실패 가능한 이니셜라이저도 포함되어 있습니다. StringProtocol 타입을 매개변수로 받는 public convenience init?<S>(_ text: S, radix: Int = default) where S : StringProtocol*가 실패 가능한 이니셜라이저입니다. StringProtocol 타입의 데이터 text를 Int 타입으로 변경할 때, 적절하지 못한 매개변수가 전달된다면 새로운 인스턴스가 생성되지 않을 수 있다는 뜻입니다.

코드 19-3 실패 가능한 Int 이니셜라이저

```
var stringValue: String = "123"
var integerValue: Int? = Int(stringValue)

print(integerValue) // Optional(123)

stringValue = "A123"
integerValue = Int(stringValue)

print(integerValue) // nil == Optional.none
```

---

* 이 이니셜라이저 문법이 지금 당장 이해 가지 않더라도 괜찮습니다. 제네릭(22장)과 where 절(26장)을 익힌 후에는 이해할 수 있습니다.

19.2 스위프트 타입캐스팅

스위프트에서는 다른 언어의 타입 변환 혹은 타입캐스팅을 이니셜라이저로 단순화했습니다. 그렇다면 스위프트에는 타입캐스팅이 없나요? 스위프트에도 타입캐스팅은 있으며 대신 조금 다른 의미로 사용합니다. **스위프트의 타입캐스팅은 인스턴스의 타입을 확인하거나 자신을 다른 타입의 인스턴스인양 행세할 수 있는 방법으로 사용할 수 있습니다.** 스위프트의 타입캐스팅은 is와 as 연산자로 구현했습니다. 이 두 연산자로 값의 타입을 확인하거나 다른 타입으로 전환Cast할 수 있습니다. 또한 타입캐스팅을 통해 프로토콜을 준수하는지도 확인해볼 수 있습니다.

스위프트의 타입캐스팅은 실제로 참조 타입에서 주로 사용됩니다. [코드 19-4]는 Coffee 클래스와 Coffee 클래스를 상속받은 Latte와 Americano 클래스입니다.

코드 19-4 Coffee 클래스와 Coffee 클래스를 상속받은 Latte와 Americano 클래스

```
class Coffee {
    let name: String
    let shot: Int
    
    var description: String {
        return "\(shot) shot(s) \(name)"
    }
    
    init(shot: Int) {
        self.shot = shot
        self.name = "coffee"
    }
}

class Latte: Coffee {
    var flavor: String
    
    override var description: String {
        return "\(shot) shot(s) \(flavor) latte"
    }
    
    init(flavor: String, shot: Int) {
        self.flavor = flavor
        super.init(shot: shot)
    }
}
```

```
class Americano: Coffee {
    let iced: Bool
    
    override var description: String {
        return "\(shot) shot(s) \(iced ? "iced" : "hot") americano"
    }
    
    init(shot: Int, iced: Bool) {
        self.iced = iced
        super.init(shot: shot)
    }
}
```

[그림 19-1]과 [그림 19-2]는 Coffee, Latte, Americano 클래스의 관계를 그림으로 설명합니다.

그림 19-1 Coffee, Latte, Americano의 클래스 상속도

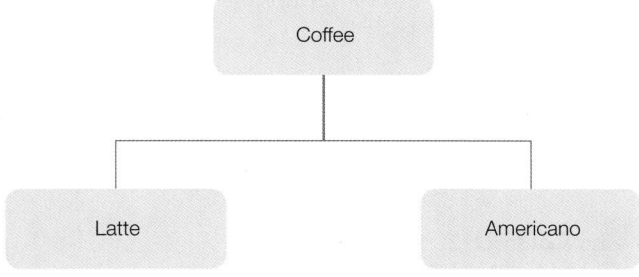

그림 19-2 Coffee, Latte, Americano의 클래스 포함도

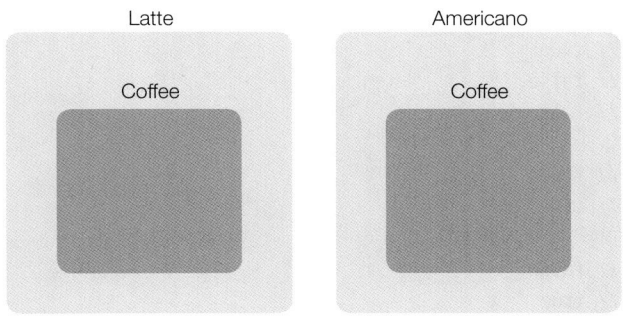

[그림 19-1]을 보면 Latte와 Americano 클래스는 Coffee 클래스를 상속받은 것을 확인할 수 있습니다. [그림 19-2]를 보면 Coffee 클래스가 갖는 특성들을 Latte나 Americano가 모두 포함한다는 사실도 알 수 있습니다. 다시 말하면 Coffee는 Latte나 Americano인 척할 수 없지만, Latte나 Americano는 Coffee인 척할 수 있다는 뜻입니다. 왜냐하면 Latte나 Americano는 Coffee가 갖는 특성을 모두 갖기 때문입니다. 이를 이해하는 것이 스위프트의 타입캐스팅을 이해하고 활용하는 시작점입니다.

19.3 데이터 타입 확인

타입 확인 연산자인 `is`를 사용하여 인스턴스가 어떤 클래스(혹은 어떤 클래스의 자식클래스)의 인스턴스인지 타입을 확인해볼 수 있습니다. 타입 확인 연산자는 인스턴스가 해당 클래스의 인스턴스거나 그 자식클래스의 인스턴스라면 true를 반환하고, 그렇지 않다면 false를 반환합니다. `is` 연산자는 클래스의 인스턴스뿐만 아니라 모든 데이터 타입에 사용할 수 있습니다.

코드 19-5 데이터 타입 확인

```swift
let coffee: Coffee = Coffee(shot: 1)
print(coffee.description)         // 1 shot(s) coffee

let myCoffee: Americano = Americano(shot: 2, iced: false)
print(myCoffee.description)       // 2 shot(s) hot americano

let yourCoffee: Latte = Latte(flavor: "green tea", shot: 3)
print(yourCoffee.description)     // 3 shot(s) green tea latte

print(coffee is Coffee)     // true
print(coffee is Americano)  // false
print(coffee is Latte)      // false

print(myCoffee is Coffee)   // true
print(yourCoffee is Coffee) // true

print(myCoffee is Latte)    // false
print(yourCoffee is Latte)  // true
```

[코드 19-5]에서 보는 coffee 인스턴스는 Coffee 타입입니다. 따라서 coffee는 Latte 타입이나 Americano 타입이 될 수 없습니다. 그러나 myCoffee는 Americano 타입이며, yourCoffee는 Latte 타입이므로 myCoffee와 yourCoffee는 Coffee 타입인지 확인했을 때 true를 반환받습니다. 하지만 myCoffee와 yourCoffee는 서로 특성이 다르며 부모와 자식클래스의 관계가 아니기 때문에 서로 다른 타입입니다.

is 연산자 외에도 타입을 확인해볼 수 있는 방법이 있습니다. **메타 타입**Meta Type **타입**을 이용하는 것입니다.

메타 타입 타입은 **타입의 타입**을 뜻합니다. 클래스 타입, 구조체 타입, 열거형 타입, 프로토콜 타입 등의 타입의 타입입니다. 즉, 타입 자체가 하나의 타입으로 또 표현할 수 있다는 것입니다.

클래스, 구조체, 열거형의 이름은 타입의 이름입니다. 그 타입의 이름 뒤에 .Type을 붙이면 이는 메타 타입을 나타냅니다. 프로토콜 타입의 메타 타입은 .Protocol이라고 붙여주면 됩니다. 예를 들어 SomeClass라는 클래스의 메타 타입은 SomeClass.Type이라고 표현하며, SomeProtocol의 메타 타입은 SomeProtocol.Protocol이라고 표현합니다.

또 self를 사용해서 타입을 값처럼 표현할 수 있습니다. 예를 들어 SomeClass.self라고 표현하면 SomeClass의 인스턴스가 아니라 SomeClass 타입을 값으로 표현한 값을 반환합니다. 그리고 SomeProtocol.self라고 표현하면 SomeProtocol을 준수하는 타입의 인스턴스가 아니라 SomeProtocol 프로토콜을 값으로 표현한 값을 반환합니다.

코드 19-6 메타 타입

```swift
protocol SomeProtocol { }
class SomeClass: SomeProtocol { }

let intType: Int.Type = Int.self
let stringType: String.Type = String.self
let classType: SomeClass.Type = SomeClass.self
let protocolProtocol: SomeProtocol.Protocol = SomeProtocol.self

var someType: Any.Type

someType = intType
print(someType) // Int

someType = stringType
```

```
print(someType) // String

someType = classType
print(someType) // SomeClass

someType = protocolProtocol
print(someType) // SomeProtocol
```

[코드 19-6]에 정의된 SomeProtocol, SomeClass 등의 메타 타입이 하나의 값으로 취급되어 someType 변수에 할당될 수 있음을 확인할 수 있습니다. 또 Int, String도 스위프트에서 구조체로 구현한 타입이므로 메타 타입을 값으로 취급해 할당될 수 있음을 확인할 수 있습니다.

만약 프로그램 실행 중에 인스턴스의 타입을 표현한 값을 알아보고자 한다면 type(of:) 함수를 사용합니다. 그래서 type(of: someInstance).self라고 표현하면 someInstance의 타입을 값으로 표현한 값을 반환합니다.

> **NOTE_ 인스턴스 self와 타입 self의 의미**
>
> .self 표현은 값 뒤에 써주면 그 값 자신을, 타입 이름 뒤에 써주면 타입을 표현하는 값을 반환합니다. "stringValue".self는 "stringValue" 그 자체를, String.self는 String 타입을 나타내는 값입니다.

코드 19-7 type(of:) 함수와 .self의 사용

```
print(type(of: coffee) == Coffee.self)          // true
print(type(of: coffee) == Americano.self)       // false
print(type(of: coffee) == Latte.self)           // false

print(type(of: coffee) == Americano.self)       // false
print(type(of: myCoffee) == Americano.self)     // true
print(type(of: yourCoffee) == Americano.self)   // false

print(type(of: coffee) == Latte.self)           // false
print(type(of: myCoffee) == Latte.self)         // false
print(type(of: yourCoffee) == Latte.self)       // true
```

19.4 다운캐스팅

어떤 클래스 타입의 변수 또는 상수가 정말로 해당 클래스의 인스턴스를 참조하지 않을 수도 있습니다. 예를 들어 Latte 클래스의 인스턴스가 Coffee 클래스의 인스턴스인양 Coffee 행세를 할 수 있습니다.

코드 19-8 Latte 타입의 인스턴스를 참조하는 Coffee 타입 actingConstant 상수

```
let actingConstant: Coffee = Latte(flavor: "vanilla", shot: 2)
print(actingConstant.description)     // 2 shot(s) vanilla latte
```

[코드 19-8]의 actingConstant 상수는 Coffee 인스턴스를 참조하도록 선언했지만, 실제로는 Coffee 타입인 척 하는 Latte 타입의 인스턴스를 참조하고 있습니다. 이런 상황에서 actingConstant가 참조하는 인스턴스를 진짜 타입인 Latte 타입으로 사용해야 할 때가 있습니다. 가령 Latte 타입에 정의되어 있는 메서드를 사용하거나 프로퍼티에 접근해야 할 때 Latte 타입으로 변수의 타입을 변환해주어야 합니다. 이를 스위프트에서 **다운캐스팅**Down Casting 이라고 합니다. 클래스의 상속 모식도에서 자식클래스보다 더 상위에 있는 부모클래스의 타입을 자식클래스의 타입으로 캐스팅한다고 해서 다운캐스팅이라고 부르는 것이죠. 물론 다운캐스팅이 클래스의 인스턴스에서만 사용하는 것은 아닙니다. Any 타입 등에서 다른 타입으로 캐스팅할 때도 다운캐스팅을 사용하는데 이는 Any, AnyObject의 타입캐스팅(19장)에서 다루겠습니다.

타입캐스트 연산자 Type Cast Operator에는 as?와 as! 두 가지가 있습니다. 타입캐스트 연산자를 사용하여 자식클래스 타입으로 다운캐스팅할 수 있습니다.

?와 !가 붙는 것을 보면 눈치챘겠지만, 다운캐스팅은 실패의 여지가 충분히 있기 때문에 ?가 붙은 연산자와 !가 붙은 연산자 두 종류가 있습니다. 다운캐스팅을 시도해보는 조건부 연산자인 as? 연산자는 다운캐스팅이 실패했을 경우 nil을 반환하고 다운캐스팅을 강제하는 as! 연산자는 다운캐스팅에 실패할 경우 런타임 오류가 발생합니다. 따라서 as? 연산자는 반환 타입이 옵셔널이며, as! 연산자의 반환 타입은 옵셔널이 아닙니다.

다운캐스팅에 실패할 가능성이 있다면 조건부 연산자인 as?를 사용해야 합니다. 조건부 연산자 as?를 사용하면 다운캐스팅에 성공할 경우 옵셔널 타입으로 인스턴스를 반환하며, 실패할 경우 nil을 반환합니다.

다운캐스팅이 무조건 성공할 것이라고 확신한다면, 즉 해당 변수 또는 상수가 참조하는 인스턴스가 다운캐스팅하고자 하는 타입이 확실하다면 강제 연산자인 as!를 사용할 수 있습니다. as! 연산자를 사용하여 다운캐스팅이 성공할 경우 옵셔널이 아닌 인스턴스가 반환되며, 실패할 경우 런타임 오류가 발생합니다.

코드 19-9 다운캐스팅

```
if let actingOne: Americano = coffee as? Americano {
    print("This is Americano")
} else {
    print(coffee.description)
}
// 1 shot(s) coffee

if let actingOne: Latte = coffee as? Latte {
    print("This is Latte")
} else {
    print(coffee.description)
}
// 1 shot(s) coffee

if let actingOne: Coffee = coffee as? Coffee {
    print("This is Just Coffee")
} else {
    print(coffee.description)
}
// This is Just Coffee

if let actingOne: Americano = myCoffee as? Americano {
    print("This is Americano")
} else {
    print(coffee.description)
}
// This is Americano

if let actingOne: Latte = myCoffee as? Latte {
    print("This is Latte")
} else {
    print(coffee.description)
}
// 1 shot(s) coffee
```

```
    if let actingOne: Coffee = myCoffee as? Coffee {
        print("This is Just Coffee")
    } else {
        print(coffee.description)
    }
    // This is Just Coffee

    // Success
    let castedCoffee: Coffee = yourCoffee as! Coffee

    // 런타임 오류!!! 강제 다운캐스팅 실패!
    let castedAmericano: Americano = coffee as! Americano
```

[코드 19-9]에서는 as?와 as!의 사용 방법을 살펴볼 수 있습니다. if let actingOne: Americano = coffee as? Americano만 놓고 보면 "만약 coffee가 참조하는 인스턴스가 Americano 타입의 인스턴스라면 actingOne이라는 임시 상수에 할당하라"로 해석할 수 있습니다. 또 let castedAmericano: Americano = coffee as! Americano만 놓고 보면 "coffee가 참조하는 인스턴스를 Americano 타입으로 강제 변환하여 castedAmericano 상수에 할당하라. 뒷일은 책임지지 않는다"로 읽어볼 수 있겠습니다.

컴파일러가 다운캐스팅을 확신할 수 있는 경우에는 as?나 as! 대신 as를 사용할 수도 있습니다. 항상 성공하는 것을 아는 경우는 캐스팅하려는 타입이 같은 타입이거나 부모클래스 타입이라는 것을 알 때입니다.

코드 19-10 항상 성공하는 다운캐스팅

```
    // 항상 성공한다는 것을 컴파일러도 알고 있습니다.
    let castedCoffee: Coffee = yourCoffee as Coffee
```

> **NOTE_ 타입캐스팅의 의미**
>
> 캐스팅은 실제로 인스턴스를 수정하거나 값을 변경하는 작업이 아닙니다. 인스턴스는 메모리에는 똑같이 남아있을 뿐입니다. 다만 인스턴스를 사용할 때 어떤 타입으로 다루고 어떤 타입으로 접근해야 할지 판단할 수 있도록 컴퓨터에 힌트를 주는 것뿐입니다.

19.5 Any, AnyObject의 타입캐스팅

스위프트에는 특정 타입을 지정하지 않고 여러 타입의 값을 할당할 수 있는 Any와 AnyObject라는 특별한 타입이 있습니다. Any는 함수 타입을 포함한 모든 타입을 뜻하고, AnyObject는 클래스 타입만을 뜻합니다.

> **TIP** Any와 AnyObject를 사용하면 예기치 못한 오류가 발생할 확률이 높아지므로 되도록이면 사용을 지양하는 것이 좋습니다.

스위프트 표준 라이브러리에서는 Any나 AnyObject를 찾아보기 어렵지만 다른 프로그래머나 기업에서 만들어 제공하는 프레임워크의 API를 보면 Any 또는 AnyObject의 사용을 심심치 않게 볼 수 있습니다. API를 통해 어떤 타입의 데이터라도 전달할 수 있다는 의미로 해석해볼 수 있습니다. 그런데 문제는 반환되는 타입도 Any나 AnyObject라면 전달받은 데이터가 어떤 타입인지 확인하고 사용해야 합니다. 왜냐하면 스위프트는 암시적 타입 변환을 허용하지 않으며, 타입에 굉장히 엄격하기 때문입니다.

우선 클래스의 인스턴스만 수용할 수 있는 AnyObject의 활용에 대해 살펴보겠습니다.

코드 19-11 AnyObject의 타입 확인

```swift
func checkType(of item: AnyObject) {
    if item is Latte {
        print("item is Latte")
    } else if item is Americano {
        print("item is Americano")
    } else if item is Coffee {
        print("item is Coffee")
    } else {
        print("Unknwon Type")
    }
}

checkType(of: coffee)          // item is Coffee
checkType(of: myCoffee)        // item is Americano
checkType(of: yourCoffee)      // item is Latte
checkType(of: actingConstant)  // item is Latte
```

[코드 19-11]에는 AnyObject를 타입으로 명시한 item 매개변수가 있는 checkType(of:) 함수에 Coffee, Latte, Americano 타입의 인스턴스를 전달인자로 호출해보았습니다. 그 결과 checkType(of:) 함수 안에서 is 연산자를 사용하여 해당 인스턴스가 어떤 타입의 인스턴스인지만 확인해볼 수 있었습니다.

[코드 19-12]의 방법을 사용하면 item이 어떤 타입인지 판단하는 동시에 실질적으로 해당 타입의 인스턴스로 사용할 수 있도록 캐스팅할 수 있습니다.

코드 19-12 AnyObject의 타입캐스팅

```
func castTypeToAppropriate(item: AnyObject) {
    if let castedItem: Latte = item as? Latte {
        print(castedItem.description)
    } else if let castedItem: Americano = item as? Americano {
        print(castedItem.description)
    } else if let castedItem: Coffee = item as? Coffee {
        print(castedItem.description)
    } else {
        print("Unknwon Type")
    }
}

castTypeToAppropriate(item: coffee)             // 1 shot(s) coffee
castTypeToAppropriate(item: myCoffee)           // 2 shot(s) hot americano
castTypeToAppropriate(item: yourCoffee)         // 3 shot(s) green tea latte
castTypeToAppropriate(item: actingConstant)     // 2 shot(s) vanilla latte
```

[코드 19-11]과 [코드 19-12]에서 AnyObject는 클래스의 인스턴스만 취할 수 있었던 반면에, Any는 모든 타입의 인스턴스를 취할 수 있습니다. Any는 함수, 구조체, 클래스, 열거형 등 모든 타입의 인스턴스를 의미할 수 있습니다. 자, [코드 19-13]을 살펴봅시다.

코드 19-13 Any의 타입캐스팅

```
func checkAnyType(of item: Any) {
    switch item {
    case 0 as Int:
        print("zero as an Int")
    case 0 as Double:
        print("zero as a Double")
```

```
        case let someInt as Int:
            print("an integer value of \(someInt)")
        case let someDouble as Double where someDouble > 0:
            print("a positive double value of \(someDouble)")
        case is Double:
            print("some other double value that I don't want to print")
        case let someString as String:
            print("a string value of \"\(someString)\"")
        case let (x, y) as (Double, Double):
            print("an (x, y) point at \(x), \(y)")
        case let latte as Latte:
            print(latte.description)
        case let stringConverter as (String) -> String:
            print(stringConverter("yagom"))
        default:
            print("something else : \(type(of: item))")
    }
}

checkAnyType(of: 0)              // zero as an Int
checkAnyType(of: 0.0)            // zero as a Double
checkAnyType(of: 42)             // an integer value of 42
checkAnyType(of: 3.14159)        // a positive double value of 3.14159
checkAnyType(of: -0.25)          // some other double value that I don't want to print
checkAnyType(of: "hello")        // a string value of "hello"
checkAnyType(of: (3.0, 5.0))     // an (x, y) point at 3.0, 5.0
checkAnyType(of: yourCoffee)     // 3 shot(s) green tea latte
checkAnyType(of: coffee)         // something else : Coffee
checkAnyType(of: { (name: String) -> String in "Hello, \(name)" })
// Hello, yagom
```

Any를 타입으로 명시한 item 매개변수가 있는 checkAnyType(of:) 함수에 다양한 타입의 인스턴스를 전달인자로 호출했습니다. 그 결과 checkAnyType(of:) 함수 안에서 switch 조건 구문과 as 연산자, let 값 바인딩 등을 사용하여 item의 타입을 확인하고 타입에 맞는 동작을 할 수 있었습니다. 전달되는 전달인자에는 Int, Double, String, Tuple, ClassType, Function 등 다양한 타입이 전달될 수 있었으며 적절히 처리된 것을 볼 수 있습니다. 또 switch의 case에 해당하지 않은 타입은 default에서 타입 이름을 콘솔로 출력해볼 수도 있었습니다.

[코드 19-13]에서 본 let 값 바인딩 및 where 절 등은 5부에서 다루겠습니다.

> **TIP** **옵셔널과 Any**
>
> Any 타입은 모든 값 타입을 표현합니다. 더불어 옵셔널 타입도 표현할 수 있습니다. 그런데도 Any 타입의 값이 들어와야 할 자리에 옵셔널 타입의 값이 위치한다면 스위프트 컴파일러는 경고를 합니다. 의도적으로 옵셔널 값을 Any 타입의 값으로 사용하고자 한다면 as 연산자를 사용하여 명시적 타입캐스팅을 해주면 경고 메시지를 받지 않습니다.
>
> 흔한 예로는 print( ) 함수를 생각해볼 수 있습니다.
>
> ```
> let optionalValue: Int? = 100
> print(optionalValue)       // 컴파일러 경고 발생
> print(optionalValue as Any) // 경고 없음
> ```

CHAPTER 20

프로토콜

스위프트에서 **프로토콜 지향 프로그래밍**Protocol Oriented Programming이 큰 화두로 떠올랐습니다. 프로토콜 지향 프로그래밍과 프로토콜의 응용을 알아보기 전에 **프로토콜**에 대해 먼저 알아보겠습니다.

20.1 프로토콜이란

프로토콜Protocol은 **특정 역할을 하기 위한 메서드, 프로퍼티, 기타 요구사항 등의 청사진**을 정의합니다. 구조체, 클래스, 열거형은 프로토콜을 채택Adopted해서 특정 기능을 실행하기 위한 프로토콜의 요구사항을 실제로 구현할 수 있습니다. 어떤 프로토콜의 요구사항을 모두 따르는 타입은 '해당 프로토콜을 준수한다Conform'고 표현합니다. 타입에서 프로토콜의 요구사항을 충족시키려면 프로토콜이 제시하는 청사진의 기능을 모두 구현해야 합니다. 즉, **프로토콜은 정의를 하고 제시를 할 뿐이지 스스로 기능을 구현하지는 않습니다.**

20.2 프로토콜 채택

프로토콜은 구조체, 클래스, 열거형의 모양과 비슷하게 정의할 수 있으며 protocol 키워드를 사용합니다.

```
protocol 프로토콜 이름 {
    프로토콜 정의
}
```

구조체, 클래스, 열거형 등에서 프로토콜을 채택하려면 타입 이름 뒤에 콜론(:)을 붙여준 후 채택할 프로토콜 이름을 쉼표(,)로 구분하여 명시해줍니다.

코드 20-1 타입의 프로토콜 채택

```
struct SomeStruct: AProtocol, AnotherProtocol {
    // 구조체 정의
}

class SomeClass: AProtocol, AnotherProtocol {
    // 클래스 정의
}

enum SomeEnum: AProtocol, AnotherProtocol {
    // 열거형 정의
}
```

[코드 20-1]의 각 타입은 AProtocol과 AnotherProtocol을 채택한 것입니다. 만약 클래스가 다른 클래스를 상속받는다면 상속받을 클래스 이름 다음에 채택할 프로토콜을 나열해줍니다.

코드 20-2 SuperClass를 상속받는 클래스의 프로토콜 채택

```
class SomeClass: SuperClass, AProtocol, AnotherProtocol {
    // 클래스 정의
}
```

SomeClass는 SuperClass를 상속받았으며 동시에 AProtocol과 AnotherProtocol 프로토콜을 채택한 클래스입니다.

20.3 프로토콜 요구사항

프로토콜은 타입이 특정 기능을 실행하기 위해 필요한 기능을 요구합니다. 프로토콜이 자신을 채택한 타입에 요구하는 사항은 프로퍼티나 메서드와 같은 기능들입니다.

20.3.1 프로퍼티 요구

프로토콜은 자신을 채택한 타입이 어떤 프로퍼티를 구현해야 하는지 요구할 수 있습니다. 그렇지만 프로토콜은 그 프로퍼티의 종류(연산 프로퍼티인지, 저장 프로퍼티인지 등)는 따로 신경 쓰지 않습니다. 프로토콜을 채택한 타입은 프로토콜이 요구하는 프로퍼티의 이름과 타입만 맞도록 구현해주면 됩니다. 다만 프로퍼티를 읽기 전용으로 할지 혹은 읽고 쓰기가 모두 가능하게 할지는 프로토콜이 정해야 합니다.

만약 프로토콜이 읽고 쓰기가 가능한 프로퍼티를 요구한다면 읽기만 가능한 상수 저장 프로퍼티 또는 읽기 전용 연산 프로퍼티를 구현할 수 없습니다. 만약 프로토콜이 읽기 가능한 프로퍼티를 요구한다면 타입에 프로퍼티를 구현할 때 상수 저장 프로퍼티나 읽기 전용 연산 프로퍼티를 포함해서 어떤 식으로든 프로퍼티를 구현할 수 있습니다. 쓰기만 가능한 프로퍼티는 없으니 타입에 구현해주는 프로퍼티는 무엇이 되어도 상관없습니다.

프로토콜의 프로퍼티 요구사항은 항상 var 키워드를 사용한 변수 프로퍼티로 정의합니다. 읽기와 쓰기가 모두 가능한 프로퍼티는 프로퍼티의 정의 뒤에 { get set }이라고 명시하며, 읽기 전용 프로퍼티는 프로퍼티의 정의 뒤에 { get }이라고 명시해줍니다.

코드 20-3 프로퍼티 요구

```
protocol SomeProtocol {
    var settableProperty: String { get set }
    var notNeedToBeSettableProperty: String { get }
}

protocol AnotherProtocol {
    static var someTypeProperty: Int { get set }
    static var anotherTypeProperty: Int { get }
}
```

[코드 20-3]의 SomeProtocol에 정의된 settableProperty는 읽기와 쓰기 모두를 요구했고, notNeedToBeSettableProperty는 읽기만 가능하다면 어떻게 구현되어도 상관없다는 요구사항입니다.

타입 프로퍼티를 요구하려면 static 키워드를 사용합니다. 클래스의 타입 프로퍼티에는 상속 가능한 타입 프로퍼티인 class 타입 프로퍼티와 상속 불가능한 static 타입 프로퍼티가 있습니다만 이 두 타입 프로퍼티를 따로 구분하지 않고 모두 static 키워드를 사용하여 타입 프로퍼티를 요구하면 됩니다. AnotherProtocol에 정의된 someProperty와 anotherProperty는 모두 타입 프로퍼티를 요구합니다.

코드 20-4 Sendable 프로토콜과 Sendable 프로토콜을 준수하는 Message와 Mail 클래스

```swift
protocol Sendable {
    var from: String { get }
    var to: String { get }
}

class Message: Sendable {
    var sender: String
    var from: String {
        return self.sender
    }
    
    var to: String
    
    init(sender: String, receiver: String) {
        self.sender = sender
        self.to = receiver
    }
}

class Mail: Sendable {
    var from: String
    var to: String
    
    init(sender: String, receiver: String) {
        self.from = sender
        self.to = receiver
    }
}
```

[코드 20-4]의 Sendable 프로토콜은 무언가의 전송을 가능하게 하기 위한 프로퍼티인 from 과 to를 요구합니다. 그래서 Sendable 프로토콜을 채택하여 준수하는 Message와 Mail 클래스는 모두 from과 to 프로퍼티를 갖습니다. 다만 Message 클래스의 from 프로퍼티는 읽기 전용 연산 프로퍼티라는 점이 Mail 클래스의 from 프로퍼티와 다를 뿐입니다. Sendable 프로토콜에서 요구한 프로퍼티는 읽기 가능한 프로퍼티였지만 실제로 프로토콜을 채택한 클래스에서 구현할 때는 읽고 쓰기가 가능한 프로퍼티로 구현해도 전혀 문제가 없습니다.

20.3.2 메서드 요구

프로토콜은 특정 인스턴스 메서드나 타입 메서드를 요구할 수도 있습니다. 프로토콜이 요구할 메서드는 프로토콜 정의에서 작성합니다. 다만 메서드의 실제 구현부인 중괄호({}) 부분은 제외하고 메서드의 이름, 매개변수, 반환 타입 등만 작성하며 가변 매개변수도 허용합니다.

프로토콜의 메서드 요구에서는 매개변수 기본값을 지정할 수 없습니다. 타입 메서드를 요구할 때는 타입 프로퍼티 요구와 마찬가지로 앞에 static 키워드를 명시합니다. static 키워드를 사용하여 요구한 타입 메서드를 클래스에서 실제 구현할 때는 static 키워드나 class 키워드 어느 쪽을 사용해도 무방합니다.*

코드 20-5 Receiveable, Sendable 프로토콜과 두 프로토콜을 준수하는 Message와 Mail 클래스

```
// 무언가를 수신받을 수 있는 기능
protocol Receiveable {
    func received(data: Any, from: Sendable)
}

// 무언가를 발신할 수 있는 기능
protocol Sendable {
    var from: any Sendable { get }
    var to: Receiveable? { get }

    func send(data: Any)

    static func isSendableInstance(_ instance: Any) -> Bool
}
```

* 클래스에서 static 메서드와 class 메서드의 차이는 타입 메서드(10.2.2절)를 참고하세요.

```swift
// 수신, 발신이 가능한 Message 클래스
class Message: Sendable, Receiveable {
    
    // 발신은 발신 가능한 객체, 즉 Sendable 프로토콜을 준수하는 타입의 인스턴스여야 합니다.
    var from: any Sendable {
        return self
    }
    
    // 상대방은 수신 가능한 객체, 즉 Receiveable 프로토콜을 준수하는 타입의 인스턴스여야 합니다.
    var to: Receiveable?
    
    // 메시지를 발신합니다.
    func send(data: Any) {
        guard let receiver: Receiveable = self.to else {
            print("Message has no receiver")
            return
        }
        // 수신 가능한 인스턴스의 received 메서드를 호출합니다.
        receiver.received(data: data, from: self.from)
    }
    
    // 메시지를 수신합니다.
    func received(data: Any, from: any Sendable) {
        print("Message received \(data) from \(from)")
    }
    
    // class 메서드이므로 상속이 가능합니다.
    class func isSendableInstance(_ instance: Any) -> Bool {
        if let sendableInstance: any Sendable = instance as? any Sendable {
            return sendableInstance.to != nil
        }
        return false
    }
}

// 수신, 발신이 가능한 Mail 클래스
class Mail: Sendable, Receiveable {
    
    var from: any Sendable {
        return self
    }
    
    var to: Receiveable?
```

```swift
    func send(data: Any) {
        guard let receiver: Receiveable = self.to else {
            print("Mail has no receiver")
            return
        }
        
        receiver.received(data: data, from: self.from)
    }
    
    func received(data: Any, from: any Sendable) {
        print("Mail received \(data) from \(from)")
    }
    
    // static 메서드이므로 상속이 불가능합니다.
    static func isSendableInstance(_ instance: Any) -> Bool {
        if let sendableInstance: any Sendable = instance as? any Sendable {
            return sendableInstance.to != nil
        }
        return false
    }
}

// 두 Message 인스턴스를 생성합니다.
let myPhoneMessage: Message = Message()
let yourPhoneMesssage: Message = Message()

// 아직 수신받을 인스턴스가 없습니다.
myPhoneMessage.send(data: "Hello")    // Message has no receiver

// Message 인스턴스는 발신과 수신이 모두 가능하므로 메시지를 주고받을 수 있습니다.
myPhoneMessage.to = yourPhoneMesssage
myPhoneMessage.send(data: "Hello")    // Message received Hello from Message

// 두 Mail 인스턴스를 생성합니다.
let myMail: Mail = Mail()
let yourMail: Mail = Mail()

myMail.send(data: "Hi")    // Mail has no receiver

// Mail과 Message 모두 Sendable과 Receiveable 프로토콜을 준수하므로 서로 주고받을 수 있습니다.
myMail.to = yourMail
myMail.send(data: "Hi")    // Mail received Hi from Mail
```

```
myMail.to = myPhoneMessage
myMail.send(data: "Bye")   // Message received Bye from Mail

// String은 Sendable 프로토콜을 준수하지 않습니다.
Message.isSendableInstance("Hello") // false

// Mail과 Message는 Sendable 프로토콜을 준수합니다.
Message.isSendableInstance(myPhoneMessage) // true

// yourPhoneMessage는 to 프로퍼티가 설정되지 않아서 보낼 수 없는 상태입니다.
Message.isSendableInstance(yourPhoneMesssage) // false
Mail.isSendableInstance(myPhoneMessage) // true
Mail.isSendableInstance(myMail) // true
```

[코드 20-5]의 Receiveable 프로토콜은 수신받을 수 있는 received(data:from:) 메서드를 요구합니다. Sendable 프로토콜은 데이터를 발신할 수 있는 Sendable 프로토콜 타입의 인스턴스*를 할당할 수 있는 from 프로퍼티와 데이터를 수신할 수 있는 Receiveable 프로토콜 타입의 인스턴스를 할당할 수 있는 to 프로퍼티를 요구합니다. 또, 데이터를 발신하는 메서드인 send(data:) 인스턴스 메서드를 요구하며, 전달받은 인스턴스가 발신 가능한 상태인지 확인하는 isSendableInstance(_:) 타입 메서드를 요구합니다. 타입으로서 활용한 Sendable의 앞에 붙은 any에 대해서는 실존 타입으로서의 프로토콜(20.7장)에서 설명하므로 지금은 크게 신경 쓰지 않고 넘어가도 됩니다.

Message와 Mail 클래스는 Sendable과 Receiveable 프로토콜을 준수합니다. 그래서 두 프로토콜에서 요구하는 프로퍼티와 메서드를 모두 구현해야 합니다. 두 프로토콜에서 요구한 프로퍼티와 메서드 각각의 이름과 타입은 같지만 실제 클래스에서 구현해줄 때는 조금 다른 동작과 용도로 구현하기도 합니다.

Mail과 Message 클래스의 isSendableInstance(_:) 메서드는 각각 class와 static 타입 메서드로 구현했습니다. 프로토콜에서 static 키워드를 통해 타입 메서드를 요구했지만 클래스에서 실제로 구현할 때 class 타입 메서드로 구현할지, static 타입 메서드로 구현할지는 프로토콜을 채택하여 사용하는 클래스의 특성에 따라 골라 사용해주면 됩니다.

---

* 프로토콜 타입의 인스턴스는 해당 프로토콜을 준수하는 타입의 인스턴스라고 생각할 수 있습니다.

> **NOTE_ 타입으로서의 프로토콜**
>
> 프로토콜은 요구만 하고 스스로 기능을 구현하지는 않습니다. 그렇지만 프로토콜은 코드에서 완전한 하나의 타입으로 사용되기에 여러 위치에서 프로토콜을 타입으로 사용할 수 있습니다.
>
> - 함수, 메서드, 이니셜라이저에서 매개변수 타입이나 반환 타입으로 사용될 수 있습니다.
> - 프로퍼티, 변수, 상수 등의 타입으로 사용될 수 있습니다.
> - 배열, 딕셔너리 등 컨테이너 요소의 타입으로 사용될 수 있습니다.
>
> 또 프로토콜은 스위프트의 다른 타입들과 마찬가지로 이름을 정할 때 대문자 카멜케이스를 사용합니다. 즉, [코드 20-4]와 [코드 20-5]의 Receiveable과 Sendable과 같이 이름의 첫 글자를 대문자로 표현합니다.

20.3.3 가변 메서드 요구

가끔은 메서드가 인스턴스 내부의 값을 변경할 필요가 있습니다. 값 타입(구조체와 열거형)의 인스턴스 메서드에서 자신 내부의 값을 변경하고자 할 때는 메서드의 func 키워드 앞에 mutating 키워드를 적어 메서드에서 인스턴스 내부의 값을 변경한다는 것을 확실히 해줍니다. mutating 키워드는 메서드(10.2절)를 참고하세요.

프로토콜이 어떤 타입이든 간에 인스턴스 내부의 값을 변경해야 하는 메서드를 요구하려면 프로토콜의 메서드 정의 앞에 mutating 키워드를 명시해야 합니다. 참조 타입인 클래스의 메서드 앞에는 mutating 키워드를 명시하지 않아도 인스턴스 내부 값을 바꾸는 데 문제가 없지만, 값 타입인 구조체와 열거형의 메서드 앞에는 mutating 키워드를 붙인 가변 메서드 요구^{Mutating Method Requirements}가 필요합니다. 프로토콜에 mutating 키워드를 사용한 메서드 요구가 있다고 하더라도 클래스 구현에서는 mutating 키워드를 써주지 않아도 됩니다.

코드 20-6 Resettable 프로토콜의 가변 메서드 요구

```
protocol Resettable {
    mutating func reset()
}

class Person: Resettable {
    var name: String?
    var age: Int?
```

```
        func reset() {
            self.name = nil
            self.age = nil
        }
    }

    struct Point: Resettable {
        var x: Int = 0
        var y: Int = 0

        mutating func reset() {
            self.x = 0
            self.y = 0
        }
    }

    enum Direction: Resettable {
        case east, west, south, north, unknown

        mutating func reset() {
            self = Direction.unknown
        }
    }
```

Resettable 프로토콜은 reset()이라는 가변 메서드를 요구합니다. Resettable 프로토콜을 채택한 Person 클래스에는 mutating 키워드를 제외하고 reset() 메서드를 구현했고, 값 타입인 Point 구조체와 Direction 열거형은 mutating 키워드를 포함하여 구현했습니다. **만약 Resettable 프로토콜에서 가변 메서드를 요구하지 않는다면, 값 타입의 인스턴스 내부 값을 변경하는 mutating 메서드는 구현이 불가능**합니다.

20.3.4 이니셜라이저 요구

프로토콜은 프로퍼티, 메서드 등과 마찬가지로 특정한 이니셜라이저를 요구할 수도 있습니다. 프로토콜에서 이니셜라이저를 요구하려면 메서드 요구와 마찬가지로 이니셜라이저를 정의하지만 구현은 하지 않습니다. 즉, 이니셜라이저의 매개변수를 지정하기만 할 뿐, 중괄호를 포함한 이니셜라이저 구현은 하지 않습니다.

코드 20-7 프로토콜의 이니셜라이저 요구와 구조체의 이니셜라이저 요구 구현

```swift
protocol Named {
    var name: String { get }

    init(name: String)
}

struct Pet: Named {
    var name: String

    init(name: String) {
        self.name = name
    }
}
```

[코드 20-7]의 Pet 구조체는 Named 프로토콜을 채택하여 요구 프로퍼티와 이니셜라이저를 모두 구현했습니다. 구조체는 상속할 수 없기 때문에 이니셜라이저 요구에 대해 크게 신경 쓸 필요가 없지만 클래스의 경우라면 조금 다릅니다.

코드 20-8 클래스의 이니셜라이저 요구 구현

```swift
class Person: Named {
    var name: String

    required init(name: String) {
        self.name = name
    }
}
```

클래스 타입에서 프로토콜의 이니셜라이저 요구에 부합하는 이니셜라이저를 구현할 때는 이니셜라이저가 지정 이니셜라이저인지 편의 이니셜라이저인지는 중요하지 않습니다. 그러나 이니셜라이저 요구에 부합하는 이니셜라이저를 구현할 때는 required 식별자를 붙인 요구 이니셜라이저로 구현해야 합니다. [코드 20-8]의 Person 클래스를 상속받는 모든 클래스는 Named 프로토콜을 준수해야 하며, 이는 곧 상속받는 클래스에 해당 이니셜라이저를 모두 구현해야 한다는 뜻입니다. 그렇기 때문에 Named에서 요구하는 init(name:) 이니셜라이저를 required 식별자를 붙인 요청 이니셜라이저로 구현해야 합니다.

만약에 클래스 자체가 상속받을 수 없는 final 클래스라면 required 식별자를 붙여줄 필요가 없습니다. 상속할 수 없는 클래스의 요청 이니셜라이저 구현은 무의미하기 때문입니다.

코드 20-9 상속 불가능한 클래스의 이니셜라이저 요구 구현

```swift
final class Person: Named {
    var name: String

    init(name: String) {
        self.name = name
    }
}
```

만약 특정 클래스에 프로토콜이 요구하는 이니셜라이저가 이미 구현되어 있는 상황에서 그 클래스를 상속받은 클래스가 있다면, required와 override 식별자를 모두 명시하여 프로토콜에서 요구하는 이니셜라이저를 구현해주어야 합니다.

코드 20-10 상속받은 클래스의 이니셜라이저 요구 구현 및 재정의

```swift
class School {
    var name: String

    init(name: String) {
        self.name = name
    }
}

class MiddleSchool: School, Named {
    required override init(name: String) {
        super.init(name: name)
    }
}
```

[코드 20-10]에서 School 클래스는 Named 프로토콜을 채택하지 않았지만 Named 프로토콜이 요구하는 이니셜라이저가 이미 있는 상태입니다. 그런데 MiddleSchool 클래스는 School 클래스를 상속받았으며, Named 프로토콜을 채택했습니다. 그래서 School 클래스에서 상속받은 init(name:) 이니셜라이저를 재정의해야 하며 동시에 Named 프로토콜의 이니셜라이저 요구도 충족시켜주어야 합니다. 그래서 override와 required 식별자를 모두 표기해야 합니

다. 두 식별자 중 어떤 것이 먼저 위치해도 상관없습니다. 즉, override required로 표기해도 무방합니다.

프로토콜은 일반 이니셜라이저 외에도 실패 가능한 이니셜라이저를 요구할 수도 있습니다. 실패 가능한 이니셜라이저를 요구하는 프로토콜을 준수하는 타입은 해당 이니셜라이저를 구현할 때 실패 가능한 이니셜라이저로 구현해도, 일반적인 이니셜라이저로 구현해도 무방합니다.

코드 20-11 실패 가능한 이니셜라이저 요구를 포함하는 Named 프로토콜과 Named 프로토콜을 준수하는 다양한 타입들

```swift
protocol Named {
    var name: String { get }
    
    init?(name: String)
}

struct Animal: Named {
    var name: String
    
    init!(name: String) {
        self.name = name
    }
}

struct Pet: Named {
    var name: String
    
    init(name: String) {
        self.name = name
    }
}

class Person: Named {
    var name: String
    
    required init(name: String) {
        self.name = name
    }
}

class School: Named {
    var name: String
```

```
        required init?(name: String) {
            self.name = name
        }
    }
```

20.4 프로토콜의 상속과 클래스 전용 프로토콜

프로토콜은 하나 이상의 프로토콜을 상속받아 기존 프로토콜의 요구사항보다 더 많은 요구사항을 추가할 수 있습니다. 프로토콜 상속 문법은 클래스의 상속 문법과 유사합니다.

코드 20-12 프로토콜의 상속

```
protocol Readable {
    func read()
}

protocol Writeable {
    func write()
}

protocol ReadSpeakable: Readable {
    func speak()
}

protocol ReadWriteSpeakable: Readable, Writeable {
    func speak()
}


class SomeClass: ReadWriteSpeakable {
    func read() {
        print("Read")
    }
    
    func write() {
        print("Write")
    }
```

```
    func speak() {
        print("Speak")
    }
}
```

ReadSpeakable 프로토콜은 Readable 프로토콜을, ReadWriteSpeakable 프로토콜은 Readable과 Writeable 프로토콜을 상속받았습니다. 그래서 ReadWriteSpeakable 프로토콜을 채택한 SomeClass는 세 프로토콜이 요구하는 read(), write(), speak() 메서드를 모두 구현해야 합니다.

프로토콜의 상속 리스트에 AnyObject를 추가해 프로토콜이 클래스 타입에만 채택되도록 제한할 수도 있습니다. 클래스 전용 프로토콜로 제한을 주기 위해서는 프로토콜의 상속 리스트에 AnyObject를 추가해주면 됩니다.

코드 20-13 클래스 전용 프로토콜의 정의

```
protocol ClassOnlyProtocol: AnyObject, Readable, Writeable {
    // 추가 요구사항
}

class SomeClass: ClassOnlyProtocol {
    func read() { }
    func write() { }
}

// 오류!! ClassOnlyProtocol 프로토콜은 클래스 타입에만 채택 가능합니다.
struct SomeStruct: ClassOnlyProtocol {
    func read() { }
    func write() { }
}
```

20.5 프로토콜 조합과 프로토콜 준수 확인

하나의 매개변수가 여러 프로토콜을 모두 준수하는 타입이어야 한다면 하나의 매개변수에 여러 프로토콜을 한 번에 조합Composition하여 요구할 수 있습니다. 프로토콜을 조합하여 요구할 때는 SomeProtocol & AnotherProtocol과 같이 표현합니다. 또 하나의 매개변수가 프로토 콜을 둘 이상 요구할 수도 있습니다. 이때도 마찬가지로 앰퍼샌드(&)를 여러 프로토콜 이름 사이에 써주면 됩니다.

더불어 특정 클래스의 인스턴스 역할을 할 수 있는지 함께 확인할 수 있습니다. 구조체나 열거형 타입은 조합할 수 없습니다. 그리고 조합 중 클래스 타입은 한 타입만 조합할 수 있습니다.

코드 20-14 프로토콜 조합 및 프로토콜, 클래스 조합

```
protocol Named {
    var name: String { get }
}

protocol Aged {
    var age: Int { get }
}

struct Person: Named, Aged {
    var name: String
    var age: Int
}

class Car: Named {
    var name: String

    init(name: String) {
        self.name = name
    }
}

class Truck: Car, Aged {
    var age: Int

    init(name: String, age: Int) {
        self.age = age
        super.init(name: name)
    }
}

func celebrateBirthday(to celebrator: any Named & Aged) {
    print("Happy birthday \(celebrator.name)!! Now you are \(celebrator.age)")
}
```

```
let yagom: Person = Person(name: "yagom", age: 99)
celebrateBirthday(to: yagom)      // Happy birthday yagom!! Now you are 99

let myCar: Car = Car(name: "Boong Boong")
//celebrateBirthday(to: myCar)    // 오류 발생!! Aged를 충족시키지 못합니다!

// 클래스 & 프로토콜 조합에서 클래스 타입은 한 타입만 조합할 수 있습니다. 오류 발생!
//var someVariable: any Car & Truck & Aged

// Car 클래스의 인스턴스 역할도 수행할 수 있고,
// Aged 프로토콜을 준수하는 인스턴스만 할당할 수 있습니다.
var someVariable: any Car & Aged

// Truck 인스턴스는 Car 클래스 역할도 할 수 있고 Aged 프로토콜도 준수하므로 할당할 수 있습니다.
someVariable = Truck(name: "Truck", age: 5)

// Car의 인스턴스인 myCar는 Aged 프로토콜을 준수하지 않으므로 할당할 수 없습니다.
// 오류 발생!
//someVariable = myCar
```

타입캐스팅에 사용하던 is와 as 연산자를 통해 대상이 프로토콜을 준수하는지 확인할 수도 있고, 특정 프로토콜로 캐스팅할 수 있습니다. 프로토콜을 준수하는지 확인하거나 다른 프로토콜로 캐스팅하는 방법은 타입캐스팅(19장) 방법과 똑같습니다.

- is 연산자를 통해 해당 인스턴스가 특정 프로토콜을 준수하는지 확인할 수 있습니다.
- as? 다운캐스팅 연산자를 통해 다른 프로토콜로 다운캐스팅을 시도해볼 수 있습니다.
- as! 다운캐스팅 연산자를 통해 다른 프로토콜로 강제 다운캐스팅을 할 수 있습니다.

코드 20-15 프로토콜 확인 및 캐스팅

```
print(yagom is Named)    // true
print(yagom is Aged)     // true

print(myCar is Named)    // true
print(myCar is Aged)     // false


if let castedInstance: any Named = yagom as? Named {
    print("\(castedInstance) is Named")
}   // Person is Named
```

```
    if let castedInstance: any Aged = yagom as? Aged {
        print("\(castedInstance) is Aged")
    }   // Person is Aged

    if let castedInstance: any Named = myCar as? Named {
        print("\(castedInstance) is Named")
    }   // Car is Named

    if let castedInstance: any Aged = myCar as? Aged {
        print("\(castedInstance) is Aged")
    }   // 출력 없음... 캐스팅 실패
```

[코드 20-14]에 이어 [코드 20-15]를 작성해보면 데이터 타입의 타입캐스팅과 똑같다는 것을 확인할 수 있습니다. 프로토콜도 하나의 타입이므로 당연합니다.

20.6 프로토콜의 선택적 요구

프로토콜의 요구사항 중 일부를 선택적 요구사항으로 지정할 수 있습니다. 다만 먼저 고려해야 할 사항이 있습니다. 선택적 요구사항을 정의하고 싶은 프로토콜은 objc 속성이 부여된 프로토콜이어야 합니다. objc 속성은 해당 프로토콜을 Objective-C 코드에서 사용할 수 있도록 만드는 역할을 합니다. 그렇지만 해당 프로토콜을 Objective-C 코드와 공유하고 싶지 않더라도, 혹은 프로젝트를 Objective-C 코드와 공유하지 않더라도 objc 속성이 부여되어야만 선택적 요구사항을 정의할 수 있습니다.

여기서 더 생각해보아야 할 것은 objc 속성이 부여되는 프로토콜은 Objective-C 클래스를 상속받은 클래스에서만 채택할 수 있다는 것입니다. 즉, 열거형이나 구조체 등에서는 objc 속성이 부여된 프로토콜은 아예 채택할 수 없습니다.

> **NOTE_ Foundation 프레임워크**
> objc 속성을 사용하려면 애플의 Foundation 프레임워크 모듈을 임포트해야 합니다.

선택적 요구를 하면 프로토콜을 준수하는 타입에 해당 요구사항을 필수로 구현할 필요가 없습니다. 선택적 요구사항은 optional 식별자를 요구사항의 정의 앞에 붙여주면 됩니다. 만약 메서드나 프로퍼티를 선택적 요구사항으로 요구하게 되면 그 요구사항의 타입은 자동적으로 옵셔널이 됩니다. 예를 들어 (Int) -> String 타입의 메서드는 ((Int) -> String)? 타입이 됩니다. 메서드의 매개변수나 반환 타입이 옵셔널이 된 것이 아니라 메서드(함수) 자체의 타입이 옵셔널이 된 것이라는 점을 놓치지 마세요!

선택적 요구사항은 그 프로토콜을 준수하는 타입에 구현되어 있지 않을 수 있기 때문에 옵셔널 체이닝을 통해 호출할 수 있습니다. 프로퍼티뿐만 아니라 메서드도 마찬가지입니다. 옵셔널 체이닝을 통한 프로퍼티 접근과 메서드 호출 등은 옵셔널 체이닝(14.1절)을 참고하세요.

코드 20-16 프로토콜의 선택적 요구

```
import Foundation

@objc protocol Moveable {
    func walk()
    @objc optional func fly()
}

// 걷기만 할 수 있는 호랑이
class Tiger: NSObject, Moveable {
    func walk() {
        print("Tiger walks")
    }
}

// 걷고 날 수 있는 새
class Bird: NSObject, Moveable {
    func walk() {
        print("Bird walks")
    }
    
    func fly() {
        print("Bird flys")
    }
}

let tiger: Tiger = Tiger()
let bird: Bird = Bird()

tiger.walk()    // Tiger walks
bird.walk()     // Bird walks
```

```
bird.fly()        // Bird flys

var movableInstance: any Moveable = tiger
movableInstance.fly?()    // 응답 없음

movableInstance = bird
movableInstance.fly?()    // Bird flys
```

[코드 20-16]의 `Moveable` 프로토콜은 선택적 요구사항인 `fly()` 메서드를 포함하므로 `objc` 속성을 부여했습니다. `objc` 속성의 프로토콜을 사용하기 위해 `Tiger`와 `Bird`는 각각 Objective-C의 클래스인 `NSObject`를 상속받았습니다. `Tiger`는 날 수 없으므로 `fly()` 메서드를 구현하지 않았고, `Bird`는 날 수 있으므로 `fly()` 메서드를 구현했습니다. 각 클래스의 인스턴스를 구현하여 사용할 때는 타입에 메서드가 구현되어 있는지 확인할 수 있지만, `Moveable` 프로토콜 변수에 할당되었을 때는 인스턴스의 타입에 실제로 `fly()` 메서드가 구현되어 있는지 알 수 없으므로 옵셔널 체인을 이용하여 `fly()` 메서드 호출을 시도해봅니다. 옵셔널 체인을 사용할 때는 메서드 이름 뒤에 물음표를 붙여 표현합니다.

20.7 실존 타입으로서의 프로토콜

프로토콜을 타입으로 갖는 변수 또는 상수에는 해당 프로토콜을 준수하는 타입의 모든 인스턴스를 할당할 수 있습니다. [코드 20-16]의 `movableInstance` 변수처럼 말이죠.

다른 예를 들어보기 위해 [코드 20-11]에 [코드 20-17]을 이어서 작성해봅니다.

코드 20-17 실존 타입으로서의 프로토콜 활용

```
var someNamed: any Named = Animal(name: "Animal")
someNamed = Pet(name: "Pet")
someNamed = Person(name: "Person")
someNamed = School(name: "School") ?? Person(name: "Student")

func sayHello(to named: any Named) {
    print("Hello, \(named.name)!!")
}
```

프로토콜은 프로토콜 이름만으로 스스로 인스턴스를 생성하고 초기화할 수는 없습니다. 그렇지만 [코드 20-17]과 같이 프로토콜 변수나 상수를 생성하여 특정 프로토콜을 준수하는 타입의 인스턴스를 할당할 수 있습니다. [코드 20-11]에서 구현해보았던 Pet, Person, School 타입은 모두 Named 프로토콜을 준수합니다. 그렇기 때문에 Named 프로토콜을 타입으로 갖는 변수 someNamed에 Pet, Person, School 타입의 인스턴스를 할당할 수 있습니다. 또 sayHello(to:) 함수에서처럼 프로토콜을 함수의 매개변수 타입으로도 활용할 수 있습니다.

프로토콜이 이렇게 타입으로 활용될 때 이를 실존 타입Existential Type이라고 부릅니다. 이렇게 프로토콜이 실존 타입으로 활용될 때는 앞에 any를 붙여 구체 타입Concrete Type과 구분해줍니다. 참고로 구체 타입은 클래스, 구조체, 열거형 등 실체가 있는 타입을 뜻합니다.

실존 타입을 구체 타입과 구분하여 any를 명시하는 이유는 프로그래머에게 코드의 동작 성능에 대해 경각심을 주기 위함이라고 합니다. 간단하게 설명하자면 변수 또는 상수의 타입을 구체 타입으로 명시하면 컴파일러가 코드를 컴파일하는 과정에서 더 빠른 실행 속도를 보장하도록 최적화하기 쉽지만, 실존 타입을 사용하면 실질적으로 어떤 인스턴스가 할당될지 실행 시점에 확인해야 하기 때문에 컴파일 시점에 성능 최적화가 어렵습니다. 즉, 실존 타입을 사용하면 컴파일러의 최적화 가능성이 낮아지고 코드 실행 성능에 영향을 미치므로 이 점을 이해하고 코드를 작성하라는 의미입니다.

실존 타입을 사용하면 변수 활용에 유연함을 줄 수 있지만 실행 성능이 떨어질 수 있습니다. 실행 성능을 향상하기 위해서는 실존 타입 대신 제네릭(22장)을 활용할 수 있습니다. 제네릭을 활용하면 컴파일러의 성능 최적화 가능성이 높아집니다. 프로토콜을 사용할 때 실행 성능에 어떤 영향이 있는지 더 알아보고 싶다면 WWDC16의 'Understanding Swift Performance' 세션을 살펴볼 것을 추천합니다. 무조건 실존 타입을 사용하지 않는 것이 아니라, 성능에 미치는 영향을 이해하고 적재적소에 사용해야 하겠습니다.

20.8 위임을 위한 프로토콜

위임Delegation은 클래스나 구조체가 자신의 책임이나 임무를 다른 타입의 인스턴스에게 위임하는 디자인 패턴입니다. 책무를 위임하기 위해 정의한 프로토콜을 준수하는 타입은 자신에게 위임

될 일정 책무를 할 수 있다는 것을 보장합니다. 그렇기 때문에 다른 인스턴스에게 자신이 해야 할 일을 믿고 맡길 수 있습니다. 위임은 사용자의 특정 행동에 반응하기 위해 사용되기도 하며, 비동기 처리에도 많이 사용합니다.

위임 패턴 Delegation Pattern은 애플의 프레임워크에서 사용하는 주요한 패턴 중 하나입니다. 언어 자체로의 기능이 아닌 하나의 디자인 패턴이지만 애플의 프레임워크에서 중요하게 사용되는 만큼, 개념을 알아두면 앞으로 애플 플랫폼의 애플리케이션을 만들 때 도움이 됩니다. 애플의 프레임워크에 사용하는 위임 패턴을 위해 다양한 프로토콜이 'OOOODelegate'라는 식의 이름으로 정의되어 있습니다. 예를 들어 `UITableView` 타입의 인스턴스가 해야 하는 일을 위임받아 처리하는 인스턴스는 `UITableViewDelegate` 프로토콜을 준수하면 됩니다. 위임받은 인스턴스, 즉 `UITableViewDelegate` 프로토콜을 준수하는 인스턴스는 `UITableView`의 인스턴스가 해야 하는 일을 대신 처리해줄 수 있습니다.

CHAPTER 21

익스텐션

21.1 익스텐션이란

익스텐션Extension은 스위프트의 강력한 기능 중 하나로 구조체, 클래스, 열거형, 프로토콜 타입에 새로운 기능을 추가할 수 있습니다. 기능을 추가하려는 타입을 구현한 소스코드를 알지 못하거나 볼 수 없다 해도, 타입만 안다면 그 타입의 기능을 확장할 수도 있습니다. 익스텐션은 Objective-C의 카테고리와 유사한 기능입니다.* Objective-C의 카테고리는 카테고리마다 이름을 명명했지만 스위프트의 익스텐션은 이름이 없습니다.

스위프트의 익스텐션이 타입에 추가할 수 있는 기능은 다음과 같습니다.

- 연산 타입 프로퍼티 / 연산 인스턴스 프로퍼티
- 타입 메서드 / 인스턴스 메서드
- 이니셜라이저
- 서브스크립트
- 중첩 타입
- 특정 프로토콜을 준수할 수 있도록 기능 추가

익스텐션은 타입에 새로운 기능을 추가할 수는 있지만, 기존에 존재하는 기능을 재정의할 수는 없습니다. 클래스의 상속과 익스텐션을 비교해보겠습니다. 이 둘은 비슷해 보이지만 실제 성격은 많이 다릅니다. 클래스의 상속은 클래스 타입에서만 가능하지만 익스텐션은 구조체, 클래스, 프로토콜 등에 적

---

* 개념이 유사하다는 것이지 기능이 똑같다는 뜻은 아닙니다.

용이 가능합니다. 또 클래스의 상속은 특정 타입을 물려받아 하나의 새로운 타입을 정의하고 추가 기능을 구현하는 수직 확장이지만, 익스텐션은 기존의 타입에 기능을 추가하는 수평 확장입니다. 상속을 받으면 기존 기능을 재정의할 수 있지만, 익스텐션은 재정의할 수 없다는 것도 큰 차이 중 하나입니다. 상황과 용도에 맞게 상속과 익스텐션을 선택하여 사용하면 됩니다.

표 21-1 상속과 익스텐션의 비교

구분	상속	익스텐션
확장	수직 확장	수평 확장
사용	클래스 타입에서만 사용	클래스, 구조체, 프로토콜, 제네릭 등 모든 타입에서 사용
재정의	재정의 가능	재정의 불가

그림 21-1 상속과 익스텐션의 비교

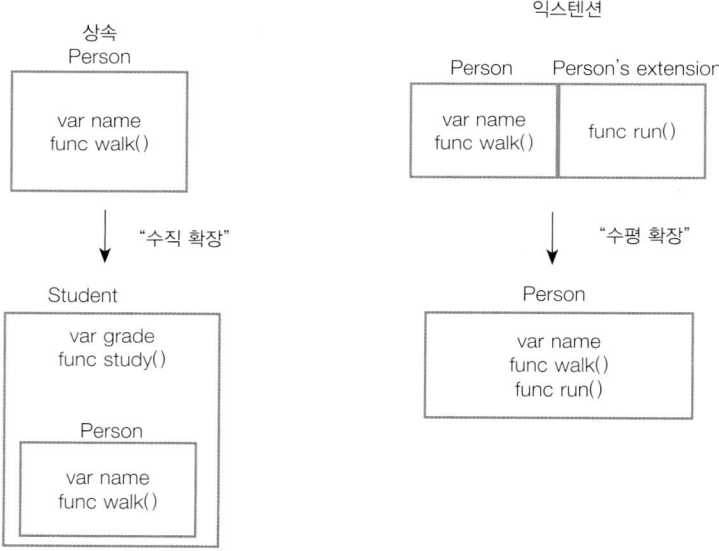

익스텐션을 사용하는 대신 원래 타입을 정의한 소스에 기능을 추가하는 방법도 있겠지만, 외부 라이브러리나 프레임워크를 가져다 사용했다면 원본 소스를 수정하지 못합니다. 이처럼 외부에서 가져온 타입에 내가 원하는 기능을 추가하고자 할 때 익스텐션을 사용합니다. 따로 상속을 받지 않아도 되며, 구조체와 열거형에도 기능을 추가할 수 있으므로 익스텐션은 매우 편리합니다.

익스텐션은 모든 타입에 적용할 수 있습니다. 모든 타입이라 함은 구조체, 열거형, 클래스, 프로토콜, 제네릭 타입 등을 뜻합니다. 즉, 익스텐션을 통해 모든 타입에 연산 프로퍼티, 메서드, 이니셜라이저, 서브스크립트, 중첩 데이터 타입 등을 추가할 수 있습니다. 익스텐션을 모두 익힌 후에 이 책의 매 장마다 소개되는 각 타입의 예제에 익스텐션을 사용하여 기능을 추가해보세요.

더불어 익스텐션은 프로토콜과 함께 사용하면 굉장히 강력한 기능을 선사합니다. 그 내용은 프로토콜 지향 프로그래밍(23장)에서 조금 더 자세히 다루겠습니다.

21.2 익스텐션 문법

익스텐션은 extension이라는 키워드를 사용하여 선언합니다.

```
extension 확장할 타입 이름 {
    // 타입에 추가될 새로운 기능 구현
}
```

익스텐션은 기존에 존재하는 타입이 추가로 다른 프로토콜을 채택할 수 있도록 확장할 수도 있습니다. 이런 경우에는 클래스나 구조체에서 사용하던 것과 똑같은 방법으로 프로토콜 이름을 나열해줍니다.

```
extension 확장할 타입 이름: 프로토콜 1, 프로토콜 2, 프로토콜 3 {
    // 프로토콜 요구사항 구현
}
```

스위프트 라이브러리를 살펴보면 실제로 익스텐션이 굉장히 많이 사용됨을 알 수 있습니다. Double 타입에는 수많은 프로퍼티와 메서드, 이니셜라이저가 정의되어 있으며 수많은 프로토콜을 채택할 것으로 예상되지만, 실제로 Double 타입의 정의를 살펴보면 그 모든 것이 다 정의되어 있지는 않습니다.

코드 21-1 스위프트 표준 라이브러리의 Double 타입 정의

```
/// A double-precision, floating-point value type.
public struct Double {
    public init()
    public init(_ v: UInt8)
    public init(_ v: Int8)
    public init(_ v: UInt16)
    public init(_ v: Int16)
    public init(_ v: UInt32)
    public init(_ v: Int32)
    public init(_ v: UInt64)
    public init(_ v: Int64)
    public init(_ v: UInt)
    public init(_ v: Int)
    public init(_ other: Float)
    public init?(exactly other: Float)
    public init(_ other: Double)
    public init?(exactly other: Double)
    public init(_ other: Float80)
    public init?(exactly other: Float80)
}
```

그러면 Double 타입에서 채택하고 준수해야 하는 수많은 프로토콜은 어디로 갔을까요? 어디에서 채택하고 어디에서 준수하도록 정의되어 있을까요? 당연히 답은 익스텐션입니다. [코드 21-2]는 Double 타입에 적용된 익스텐션 중 아주 일부입니다. [코드 21-2]의 익스텐션의 예를 보면서 익스텐션을 어떤 문법으로 어떻게 활용하는지 잠깐 살펴보세요.

코드 21-2 스위프트 표준 라이브러리의 Double 타입에 구현한 익스텐션의 일부 코드

```
extension Double : CustomStringConvertible {
    /// A textual representation of the value.
    public var description: String { get }
}

extension Double : CustomDebugStringConvertible {
    /// A textual representation of the value, suitable for debugging.
    public var debugDescription: String { get }
}

extension Double : ExpressibleByIntegerLiteral {
```

```
        /// - Parameter value: The new value.
        public init(integerLiteral value: Int64)
    }

    extension Double : Hashable {
        /// The number's hash value.
        public var hashValue: Int { get }
    }

    extension Double : CustomReflectable {
        /// A mirror that reflects the 'Double' instance.
        public var customMirror: Mirror { get }
    }
```

이처럼 스위프트 표준 라이브러리 타입의 기능은 대부분 익스텐션으로 구현되어 있습니다. Double 외에도 다른 타입들의 정의와 익스텐션을 찾아보면 더 많은 예를 볼 수 있습니다. 꼭 한번 찾아보세요.

21.3 익스텐션으로 추가할 수 있는 기능

익스텐션을 통해 추가할 수 있는 기능에는 무엇이 있는지 알아봅시다.

21.3.1 연산 프로퍼티

익스텐션을 통해서 타입에 연산 프로퍼티를 추가할 수 있습니다.

코드 21-3 익스텐션을 통한 연산 프로퍼티 추가

```
extension Int {
    var isEven: Bool {
        return self % 2 == 0
    }

    var isOdd: Bool {
        return self % 2 == 1
    }
```

```
    }

    print(1.isEven) // false
    print(2.isEven) // true
    print(1.isOdd)  // true
    print(2.isOdd)  // false

    var number: Int = 3
    print(number.isEven)    // false
    print(number.isOdd)     // true

    number = 2
    print(number.isEven)    // true
    print(number.isOdd)     // false
```

[코드 21-3]의 익스텐션은 Int 타입에 두 개의 연산 프로퍼티를 추가한 것입니다. Int 타입의 인스턴스가 홀수인지 짝수인지 판별하여 Bool 타입으로 알려주는 연산 프로퍼티입니다. 익스텐션으로 Int 타입에 추가해준 연산 프로퍼티는 Int 타입의 어떤 인스턴스에도 사용이 가능합니다. [코드 21-3]처럼 인스턴스 연산 프로퍼티를 추가할 수도 있으며, static 키워드를 사용하여 타입 연산 프로퍼티도 추가할 수 있습니다.

익스텐션으로 연산 프로퍼티를 추가할 수는 있지만, 저장 프로퍼티는 추가할 수 없습니다. 또 타입에 정의되어 있는 기존의 프로퍼티에 프로퍼티 감시자를 추가할 수도 없습니다.

21.3.2 메서드

익스텐션을 통해 타입에 메서드를 추가할 수 있습니다.

코드 21-4 익스텐션을 통한 메서드 추가

```
extension Int {
    func multiply(by n: Int) -> Int {
        return self * n
    }

    mutating func multiplySelf(by n: Int) {
        self = self.multiply(by: n)
    }
```

```swift
        static func isIntTypeInstance(_ instance: Any) -> Bool {
            return instance is Int
        }
}

print(3.multiply(by: 2))    // 6
print(4.multiply(by: 5))    // 20

var number: Int = 3

number.multiplySelf(by: 2)
print(number)    // 6

number.multiplySelf(by: 3)
print(number)    // 18

Int.isIntTypeInstance(number)     // true
Int.isIntTypeInstance(3)          // true
Int.isIntTypeInstance(3.0)        // false
Int.isIntTypeInstance("3")        // false

prefix operator ++

struct Position {
    var x: Int
    var y: Int
}

extension Position {
    // + 중위 연산 구현
    static func + (left: Position, right: Position) -> Position {
        return Position(x: left.x + right.x, y: left.y + right.y)
    }
    
    // - 전위 연산 구현
    static prefix func - (vector: Position) -> Position {
        return Position(x: -vector.x, y: -vector.y)
    }
    
    // += 복합할당 연산자 구현
    static func += (left: inout Position, right: Position) {
        left = left + right
    }
}
```

```swift
extension Position {
    // == 비교 연산자 구현
    static func == (left: Position, right: Position) -> Bool {
        return (left.x == right.x) && (left.y == right.y)
    }
    
    // != 비교 연산자 구현
    static func != (left: Position, right: Position) -> Bool {
        return !(left == right)
    }
}

extension Position {
    // ++ 사용자 정의 연산자 구현
    static prefix func ++ (position: inout Position) -> Position {
        position.x += 1
        position.y += 1
        return position
    }
}

var myPosition: Position = Position(x: 10, y: 10)
var yourPosition: Position = Position(x: -5, y: -5)

print(myPosition + yourPosition)       // Position(x: 5, y: 5)
print(-myPosition)                     // Position(x: -10, y: -10)

myPosition += yourPosition
print(myPosition)                      // Position(x: 5, y: 5)

print(myPosition == yourPosition)      // false
print(myPosition != yourPosition)      // true

print(++myPosition)                    // Position(x: 6, y: 6)
```

[코드 21-4]에서는 익스텐션을 통해 Int 타입에 여러 종류의 메서드를 추가했습니다. 인스턴스 메서드인 multiply(by:) 메서드를, 가변 메서드인 multiplySelf(by:) 메서드를, 타입 메서드인 isIntTypeInstance(_:) 메서드를 추가했습니다. 또 익스텐션을 통해 Position 구조체 타입에 사용할 연산자(타입 메서드)를 추가해줄 수도 있습니다. Position의 익스텐션처럼 여러 기능을 여러 익스텐션 블록으로 나눠서 구현해도 전혀 문제가 없습니다. 관련 기능별로 하나의 익스텐션 블록에 묶어주는 것도 좋습니다.

21.3.3 이니셜라이저

인스턴스를 초기화(이니셜라이즈)할 때 인스턴스 초기화에 필요한 다양한 데이터를 전달받을 수 있도록 여러 종류의 이니셜라이저를 만들 수 있습니다. 타입의 정의 부분에 이니셜라이저를 추가하지 않더라도 익스텐션을 통해 이니셜라이저를 추가할 수 있습니다.

하지만 익스텐션으로 **클래스 타입**에 편의 이니셜라이저는 추가할 수 있지만, 지정 이니셜라이저는 추가할 수 없습니다. 지정 이니셜라이저와 디이니셜라이저는 반드시 클래스 타입의 구현부에 위치해야 합니다(값 타입은 상관없습니다).

코드 21-5 익스텐션을 통한 이니셜라이저 추가

```swift
extension String {
    init(intTypeNumber: Int) {
        self = "\(intTypeNumber)"
    }

    init(doubleTypeNumber: Double) {
        self = "\(doubleTypeNumber)"
    }
}

let stringFromInt: String = String(intTypeNumber: 100)          // "100"
let stringFromDouble: String = String(doubleTypeNumber: 100.0)  // "100.0"

class Person {
    var name: String

    init(name: String) {
        self.name = name
    }
}

extension Person {
    convenience init() {
        self.init(name: "Unknown")
    }
}

let someOne: Person = Person()
print(someOne.name) // "Unknown"
```

익스텐션으로 값 타입(열거형, 구조체 등)에 이니셜라이저를 추가했을 때, 해당 값 타입이 다음 조건을 모두 성립한다면 익스텐션으로 사용자 정의 이니셜라이저를 추가한 이후에도 해당 타입의 기본 이니셜라이저와 멤버와이즈 이니셜라이저(11.1.5절)를 호출할 수 있습니다.

- 모든 저장 프로퍼티에 기본값이 있습니다.
- 타입에 기본 이니셜라이저와 멤버와이즈 이니셜라이저 외에 추가 사용자 정의 이니셜라이저가 없습니다.

이는 값 타입의 초기화 위임(11.1.6절)에 대해 설명했던 내용을 참고하면 됩니다.

익스텐션을 통해 추가하는 이니셜라이저는 타입의 기존 이니셜라이저가 갖는 책무를 동일하게 수행해야 합니다. 즉, 이니셜라이저 호출이 종료되는 시점까지 인스턴스가 정상적으로 완벽하게 초기화되는 것을 책임져야 합니다.

코드 21-6 익스텐션을 통한 초기화 위임 이니셜라이저 추가

```swift
struct Size {
    var width: Double = 0.0
    var height: Double = 0.0
}

struct Point {
    var x: Double = 0.0
    var y: Double = 0.0
}

struct Rect {
    var origin: Point = Point()
    var size: Size = Size()
}

let defaultRect: Rect = Rect()
let memberwiseRect: Rect = Rect(origin: Point(x: 2.0, y: 2.0),
                                size: Size(width: 5.0, height: 5.0))

extension Rect {
    init(center: Point, size: Size) {
        let originX: Double = center.x - (size.width / 2)
        let originY: Double = center.y - (size.height / 2)
        self.init(origin: Point(x: originX, y: originY), size: size)
    }
}
```

```swift
let centerRect: Rect = Rect(center: Point(x: 4.0, y: 4.0),
                            size: Size(width: 3.0, height: 3.0))
```

[코드 21-6]의 Size 구조체와 Point 구조체의 모든 저장 프로퍼티는 기본값을 가지며, 추가로 사용자 정의 이니셜라이저를 구현하지 않았기 때문에 기본 이니셜라이저와 멤버와이즈 이니셜라이저를 사용할 수 있습니다. 그렇기 때문에 익스텐션에서 추가해주는 새로운 이니셜라이저는 멤버와이즈 이니셜라이저에게 초기화를 위임해줄 수 있습니다.

21.3.4 서브스크립트

익스텐션을 통해 타입에 서브스크립트를 추가할 수 있습니다.

코드 21-7 익스텐션을 통한 서브스크립트 추가

```swift
extension String {
    subscript(appedValue: String) -> String {
        return self + appedValue
    }
    
    subscript(repeatCount: UInt) -> String {
        var str: String = ""
        
        for _ in 0..<repeatCount {
            str += self
        }
        
        return str
    }
}

print("abc"["def"]) // "abcdef"
print("abc"[3])     // "abcabcabc"
```

21.3.5 중첩 데이터 타입

익스텐션을 통해 타입에 중첩 데이터 타입^{Nested Types}을 추가할 수 있습니다. 중첩 데이터 타입에 대해서는 타입 중첩(24장)에서 자세히 알아보겠습니다.

코드 21-8 익스텐션을 통한 중첩 데이터 타입 추가

```swift
extension Int {
    enum Kind {
        case negative, zero, positive
    }

    var kind: Kind {
        switch self {
        case 0:
            return .zero
        case let x where x > 0:
            return .positive
        default:
            return .negative
        }
    }
}

print(1.kind)       // positive
print(0.kind)       // zero
print((-1).kind)    // negative

func printIntegerKinds(numbers: [Int]) {
    for number in numbers {
        switch number.kind {
        case .negative:
            print("- ", terminator: "")
        case .zero:
            print("0 ", terminator: "")
        case .positive:
            print("+ ", terminator: "")
        }
    }
    print("")
}
printIntegerKinds(numbers: [3, 19, -27, 0, -6, 0, 7])
// + + - 0 - 0 +
```

익스텐션을 통해 Int 타입에 Kind라는 열거형 타입과 Kind 타입의 연산 프로퍼티를 추가해주었습니다. kind 프로퍼티는 인스턴스가 양수인지 음수인지 0인지 판단하여 Kind를 반환하는 연산 프로퍼티입니다. printIntegerKinds(numbers:) 함수는 Int 타입의 값의 배열을 전달받아 각 값의 부호를 print() 함수를 통해 출력해주는 함수입니다. print() 함수의 매개변수 중 terminator를 사용한 이유는 줄바꿈을 하지 않기 위해 기본적으로 줄바꿈 문자로 지정되어 있는 terminator에 빈 문자열을 전달해준 것입니다.

CHAPTER 22

제네릭

제네릭Generic은 스위프트의 강력한 기능 중 하나입니다. 제네릭을 이용해 코드를 구현하면 어떤 타입에도 유연하게 대응할 수 있습니다. 또한 제네릭으로 구현한 기능과 타입은 재사용하기도 쉽고, 코드의 중복을 줄일 수 있기에 깔끔하고 추상적인 표현이 가능합니다.

스위프트 표준 라이브러리 또한 수많은 제네릭 코드로 구성되어 있습니다. 사실 우리는 지금까지 제네릭 기능을 수없이 사용하고 있었습니다. 예를 들어 Array, Dictionary, Set 등의 타입은 모두 제네릭 컬렉션입니다. Int나 String 타입을 요소로 갖는 배열을 만들거나 그 외의 어떤 타입도 배열을 요소로 가질 수 있었던 것은 모두 제네릭 덕분입니다. 딕셔너리도, 세트도 마찬가지입니다.

코드 22-1 제네릭, 프로토콜, 서브스크립트 등 다양한 기능으로 구현된 Array 타입 선언부

```
public struct Array<Element> : RandomAccessCollection, MutableCollection {
    public typealias Index = Int
    public typealias Iterator = IndexingIterator<[Element]>
    // 중략…
    public var startIndex: Int { get }
    public var endIndex: Int { get }
    // 중략…
    public subscript(index: Int) -> Element
    public subscript(bounds: Range<Int>) -> ArraySlice<Element>
    // 중략…
    public mutating func popLast() -> Element?
    // 중략…
```

```swift
        public func map<T>(_ transform: (Element) throws -> T) rethrows -> [T]
        // 중략…
        public var last: Element? { get }
        // 중략…
        public func reduce<Result>(_ initialResult: Result,
            _ nextPartialResult: (Result, Element) throws -> Result) rethrows ->
            Result
}
```

제네릭을 사용하고자 할 때는 제네릭이 필요한 타입 또는 메서드의 이름 뒤의 홀화살괄호 기호 (<>) 사이에 제네릭을 위한 타입 매개변수를 써주어 제네릭을 사용할 것임을 표시합니다.

```
제네릭을 사용하고자 하는 타입 이름 <타입 매개변수>
제네릭을 사용하고자 하는 함수 이름 <타입 매개변수> (함수의 매개변수…)
```

[코드 22-1]의 Array는 타입 매개변수 Element가 있으며, map 메서드는 타입 매개변수 T가 있습니다. Array는 제네릭을 사용하는 제네릭 타입(22.2절)이고, map 메서드는 제네릭을 사용하는 제네릭 함수(22.1절)이기 때문입니다.

앞서 5장 연산자 파트에서 구현했던 예제 코드를 살펴보며 본격적으로 제네릭을 이해해봅시다. 사용자 정의 연산자와 관련된 [코드 5-7]을 잠깐 다시 살펴봐주세요. 편의를 위해 그대로 옮겨왔습니다.

코드 5-7 전위 연산자 구현과 사용

```swift
prefix func ** (value: Int) -> Int {
    return value * value
}

let minusFive: Int = -5
let sqrtMinusFive: Int = **minusFive

print(sqrtMinusFive) // 25
```

[코드 5-7]의 사용자 정의 연산자 **는 조금 한정된 범위에서만 사용할 수 있습니다. 즉, Int 타입에서만 사용자 정의 연산자를 사용할 수 있습니다. UInt 타입, 즉 부호가 없는 정수 타입

에서는 Int 타입에 구현해준 사용자 정의 연산자를 사용하지 못합니다. 그래서 우리는 조금 더 범용적으로 사용하기 위하여 '정수의 제곱을 구하는 연산자'를 구현하려고 합니다. 프로토콜과 제네릭이라는 스위프트의 훌륭한 기능을 조합하여 정수 타입 프로토콜, 즉 BinaryInteger 프로토콜에 해당하는 값이면 해당 연산자를 사용할 수 있도록 (제네릭을 이용하여) 구현해줄 수 있습니다. 그렇게 되면 UInt 타입에서도 해당 연산자를 사용할 수 있습니다.

코드 22-2 프로토콜과 제네릭을 이용한 전위 연산자 구현과 사용

```
prefix operator **

prefix func ** <T: BinaryInteger> (value: T) -> T {
    return value * value
}

let minusFive: Int = -5
let five: UInt = 5

let sqrtMinusFive: Int = **minusFive
let sqrtFive: UInt = **five

print(sqrtMinusFive)    // 25
print(sqrtFive)         // 25
```

아직 제네릭 문법이 눈에 들어오지 않아 감이 잘 오지 않으실 겁니다. 제네릭 문법과 제네릭 설명을 살펴본 후 [코드 22-2]의 예를 한번 더 생각해보세요.

조금 더 쉬운 예를 통해 제네릭을 차근차근 이해해봅시다. Int 타입의 두 변숫값을 교환하는 swapTwoInts(_:_:) 함수를 바꿔볼 것입니다. 어떻게 하면 코드의 중복을 줄이고 타입에 유연하도록 구현할 수 있는지 제네릭 코드를 사용하여 차근차근 살펴보겠습니다.

코드 22-3 제네릭을 사용하지 않은 swapTwoInts(_:_:) 함수

```
func swapTwoInts(_ a: inout Int, _ b: inout Int) {
    let temporaryA: Int = a
    a = b
    b = temporaryA
}
```

```
var numberOne: Int = 5
var numberTwo: Int = 10

swapTwoInts(&numberOne, &numberTwo)
print("\(numberOne), \(numberTwo)") // 10, 5
```

[코드 22-3]의 swapTwoInts(_:_:) 함수는 두 Int 타입의 변숫값을 교환하는 역할을 충분히 해낼 수 있습니다. 그렇지만 만약에 Int 타입이 아닌 Double이나 String 타입의 변숫값을 서로 교환하고 싶다면? 별도의 함수를 다시 구현해주어야 할 것입니다.

코드 22-4 제네릭을 사용하지 않은 swapTwoStrings(_:_:) 함수

```
func swapTwoStrings(_ a: inout String, _ b: inout String) {
    let temporaryA: String = a
    a = b
    b = temporaryA
}

var stringOne: String = "A"
var stringTwo: String = "B"

swapTwoStrings(&stringOne, &stringTwo)

print("\(stringOne), \(stringTwo)") // "B, A"
```

[코드 22-4]의 swapTwoStrings(_:_:) 함수는 두 String 타입의 변수끼리 값을 교환하는 역할은 충분히 해냈지만 이 함수도 마찬가지로 String 타입끼리의 교환만 허용할 뿐입니다. Double 타입의 값 교환을 원한다면 또 다른 함수를 구현해야 합니다. 그리고 타입마다 다른 함수를 써줘야 하는 불편함도 있습니다.

그러면 여기서 의문을 하나 생길 수 있습니다. 그럼 Any를 사용하면 되지 않을까? 자, 한번 구현하여 사용해봅시다.

코드 22-5 제네릭을 사용하지 않은 swapTwoValues(_:_:) 함수

```
func swapTwoValues(_ a: inout Any, _ b: inout Any) {
    let temporaryA: Any = a
    a = b
```

```
        b = temporaryA
}

var anyOne: Any = 1
var anyTwo: Any = "Two"

swapTwoValues(&anyOne, &anyTwo)
print("\(anyOne), \(anyTwo)") // "Two", 1

anyOne = stringOne
anyTwo = stringTwo

swapTwoValues(&anyOne, &anyTwo)
print("\(anyOne), \(anyTwo)")           // "A, B"
print("\(stringOne), \(stringTwo)")     // "B, A"

swapTwoValues(&stringOne, &stringTwo) // 오류 - Any 외 다른 타입의 전달인자 전달 불가
```

[코드 22-5]의 swapTwoValues(_:_:) 함수는 inout 매개변수로 두 Any 타입의 값을 받습니다. Any 타입의 anyOne과 anyTwo 변수의 값을 교환하는 데는 무리가 없습니다. 다만 우리는 Any 타입의 두 변수에 어떤 타입의 값이 들어있을지 모릅니다. Int면 Int끼리, String이면 String끼리 교환하고 싶은데, 그런 제한을 줄 수 없는 것이죠.

또 다른 문제점도 있습니다. Any 타입의 inout 매개변수를 통해 전달될 전달인자의 타입은 Any로 전달되어야 합니다. 다른 타입인 String 타입의 변수(stringOne, stringTwo)를 전달인자로 전달할 수가 없습니다. 그래서 String 타입의 값을 Any 타입의 변수(anyOne, anyTwo)에 넣어 함수를 호출해야 하는데, 그 순간 값은 복사되어 할당합니다. 즉, 새로운 변수로만 함수를 호출할 수 있는 겁니다. 그렇게 되면 우리가 원했던 stringOne과 stringTwo의 값은 교환할 수 없습니다.

22.1 제네릭 함수

[코드 22-3], [코드 22-4], [코드 22-5]는 제네릭을 사용하지 않은 함수인데 이 함수들의 한계점을 제네릭 함수를 통해 말끔히 해결할 수 있습니다. 즉, 같은 타입인 두 변수의 값을 교환한다는 목적을 타입에 상관없이 할 수 있도록 단 하나의 함수로 구현할 수 있습니다.

> **NOTE_ swap 함수**
>
> 스위프트 표준 라이브러리에는 [코드 22-6]의 swapTwoValue(_:_:)와 같은 기능을 실행하는 더 안전한 함수인 swap(_:_:)이 따로 구현되어 있습니다. 이 함수의 정의는 다음과 같습니다.
>
> public func swap<T>(_ a: inout T, _ b: inout T)
>
> 이 함수를 사용하는 것이 따로 값 교환 함수를 구현하여 사용하는 것보다 안전하므로 표준 함수를 사용하는 쪽을 권장합니다.

코드 22-6 제네릭을 사용한 swapTwoValues(_:_:) 함수

```swift
func swapTwoValues<T>(_ a: inout T, _ b: inout T) {
    let temporaryA: T = a
    a = b
    b = temporaryA
}

swapTwoValues(&numberOne, &numberTwo)
print("\(numberOne), \(numberTwo)") // 10, 5

swapTwoValues(&stringOne, &stringTwo)
print("\(stringOne), \(stringTwo)") // "B, A"

swapTwoValues(&anyOne, &anyTwo)
print("\(anyOne), \(anyTwo)") // "Two", 1

swapTwoValues(&numberOne, &stringOne)    // 오류!! - 같은 타입끼리만 교환 가능
```

[코드 22-6]의 swapTwoValues(_:_:) 함수는 제네릭을 사용하여 구현한 함수입니다. 함수 내부의 모습은 swapTwoInts(_:_:), swapTwoStrings(_:_:) 함수 등과 특별히 다를 게 없습니다. 그러나 함수의 이름 뒤에 뭔가 추가된 모양새가 있음을 확인할 수 있습니다. 또 매개변수의 데이터 타입도 처음보는 T라는 알파벳 하나만 덜렁 있는 것을 볼 수 있습니다.

제네릭 함수는 실제 타입 이름(Int, String 등)을 써주는 대신에 플레이스홀더^{Placeholder}(위 함수에서는 T)를 사용합니다. 플레이스홀더(T)는 타입의 종류를 알려주지 않지만 말 그대로 어떤 타입이라는 것은 알려줍니다. 즉, 매개변수로 플레이스홀더 타입이 T인 두 매개변수가 있으므로, 두 매개변수는 같은 타입이라는 정도는 알 수 있습니다. T의 실제 타입은 함수가

호출되는 그 순간 결정됩니다. Int 타입의 변수가 전달인자로 전달되었다면 T는 Int가 되고, String 타입의 변수가 전달인자로 전달되었다면 그 호출 순간에 T는 String이 됩니다.

제네릭 함수의 플레이스홀더를 지정하는 방법은 함수 이름 오른쪽의 홀화살괄호 기호 (<>) 안쪽에 플레이스홀더 이름들을 나열하는 것입니다. 예를 들어 func swapTwoValues<T>에서는 T가 이 함수의 플레이스홀더로 사용된다는 것을 뜻합니다. T가 플레이스홀더로 사용되기 때문에 스위프트 컴파일러는 함수의 문법을 검사할 때, T의 실제 타입을 신경 쓰지 않습니다.

그림 22-1 일반 함수와 제네릭 함수의 비교

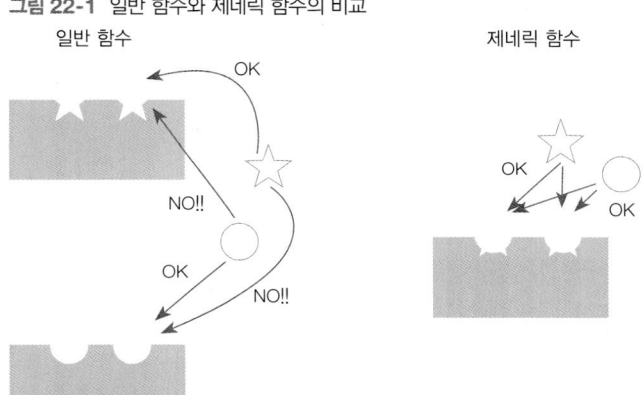

플레이스홀더 타입 T는 타입 매개변수Type Parameter의 한 예로 들 수 있습니다. 타입 매개변수는 플레이스홀더 타입의 이름을 지정하고 명시하는 역할을 하며, 함수의 이름 뒤 홀화살괄호 기호 (<>) 안쪽에 위치합니다. <T>처럼 말이죠.

타입 매개변수를 지정해주면 이를 함수의 매개변수의 타입으로 사용할 수 있습니다. 또는 함수의 반환 타입으로 사용할 수도 있으며, 함수 내부 변수의 타입 지정을 위해 사용할 수도 있습니다. 각각의 경우 타입 매개변수는 함수를 호출할 때마다 실제 타입으로 치환됩니다. 즉, Int 타입 변수 두 개를 통해 swapTwoValues(_:_:) 함수를 호출한다면 T는 Int로 치환되고, String 타입 변수 두 개를 통해 swapTwoValues(_:_:) 함수를 호출한다면 T는 String으로 치환됩니다. 호출할 때마다 다른 타입으로 작동한다는 뜻입니다. swapTwoValues(_:_:) 함수처럼 하나의 타입 매개변수를 갖지 않고 여러 개의 타입 매개변수를 갖고 싶다면 홀화살괄호 기호 안쪽에 쉼표로 분리한 여러 개의 타입 매개변수를 지정해줄 수 있습니다. <T, U, V>처럼 말이죠.

타입 매개변수 대부분은 의미있는 이름을 갖게 되는 경우가 많습니다. 예를 들어 딕셔너리에 쓰이는 Key, Value와 같은 이름들이죠. Dictionary<Key, Value>와 같이 표현했던 것 기억하시나요? 그리고 배열에서 요소를 표현하기 위해 Array<Element>와 같이 표현했습니다. 이렇게 의미있는 이름으로 타입 매개변수의 이름을 지정해주면 제네릭 타입 및 제네릭 함수와 타입 매개변수와의 관계를 조금 더 명확히 표현해줄 수 있습니다. 그러나 특별히 관계의 의미를 이름으로 표현하기 어려울 때는 관용적으로 T, U, V 등의 대문자 한 글자로 표현합니다.

> **TIP** 타입 매개변수 이름은 타입 이름이기도 하므로 대문자 카멜케이스를 사용하여 표현합니다. T, Key, Value, Element, TypeParameterName과 같이 각 단어의 첫 글자를 대문자로 표현해줍니다.

22.2 제네릭 타입

제네릭 함수에 이어 제네릭 타입을 구현할 수도 있습니다. 제네릭 타입을 구현하면 사용자 정의 타입인 구조체, 클래스, 열거형 등이 어떤 타입과도 연관되어 동작할 수 있습니다. Array와 Dictionary 타입이 자신의 요소로 모든 타입을 대상으로 동작할 수 있는 것과 유사합니다.

이번 파트에서는 Stack이라는 제네릭 컬렉션 타입을 어떻게 만들어가는지를 알아보겠습니다. 스택은 배열과 유사하게 순서가 있는 값들의 모음입니다. 배열은 중간중간 요소를 삽입하거나 삭제할 수 있지만, 스택은 컬렉션의 끝 부분에서만 요소를 추가하고 삭제할 수 있습니다. 추가를 푸시Push, 삭제를 팝Pop이라 칭합니다.

그림 22-2 스택 모식도

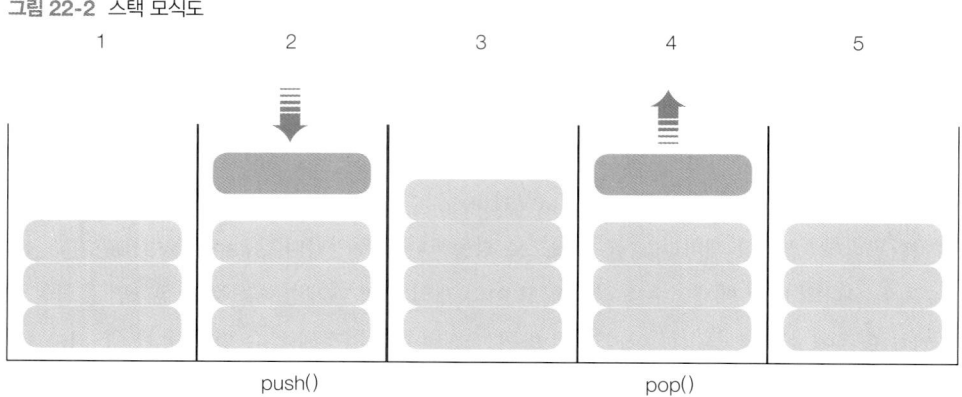

[그림 22-2]는 스택의 요소가 어떻게 추가되고 삭제되는지에 대한 모식도입니다. 1번에는 세 개의 요소가 스택에 존재하는 모습이고, 2번은 스택에 새로운 요소가 푸시되는 상황입니다. 3번은 푸시 후 네 개의 요소가 있는 모습이며, 4번에서 팝을 통해 마지막 요소가 제거되고, 5번에는 다시 세 개의 요소가 남은 것을 볼 수 있습니다.

코드 22-7 제네릭을 사용하지 않은 IntStack 구조체 타입

```swift
struct IntStack {
    var items = [Int]()
    mutating func push(_ item: Int) {
        items.append(item)
    }
    mutating func pop() -> Int {
        return items.removeLast()
    }
}

var integerStack: IntStack = IntStack()

integerStack.push(3)
print(integerStack.items)   // [3]

integerStack.push(2)
print(integerStack.items)   // [3, 2]

integerStack.push(3)
print(integerStack.items)   // [3, 2, 3]

integerStack.push(5)
print(integerStack.items)   // [3, 2, 3, 5]

integerStack.pop()
print(integerStack.items)   // [3, 2, 3]

integerStack.pop()
print(integerStack.items)   // [3, 2]

integerStack.pop()
print(integerStack.items)   // [3]

integerStack.pop()
print(integerStack.items)   // []
```

[코드 22-7]의 IntStack 타입은 Int 타입을 요소로 가질 수 있는 간단한 스택 기능을 구현한 구조체 타입입니다. 내부에 items라는 이름의 Int 타입 배열을 가짐으로써, Int 타입의 요소들을 팝하고 푸시할 수 있는 스택의 기능을 구현했습니다.

이제 모든 타입을 대상으로 동작할 수 있는 스택 기능을 구현해보려고 합니다. 모든 타입을 대상으로 동작할 수 있다는 뜻이 모든 타입이 섞여 들어올 수 있다는 것은 아닙니다. 만약 요소로 모든 타입을 수용할 수 있도록 구현하려고 했다면 [코드 22-7]에서 items 배열의 타입을 Any로 지정해주면 그만입니다. 우리는 스택의 요소로 한 타입을 지정해주면 그 타입으로 계속 스택이 동작하길 바라며, 처음 지정해주는 타입은 스택을 사용하고자 하는 사람 마음대로 지정할 수 있도록 제네릭을 사용한다는 것입니다.

코드 22-8 제네릭을 사용한 Stack 구조체 타입

```swift
struct Stack<Element> {
    var items = [Element]()
    mutating func push(_ item: Element) {
        items.append(item)
    }
    mutating func pop() -> Element {
        return items.removeLast()
    }
}

var doubleStack: Stack<Double> = Stack<Double>()

doubleStack.push(1.0)
print(doubleStack.items)      // [1.0]
doubleStack.push(2.0)
print(doubleStack.items)      // [1.0, 2.0]
doubleStack.pop()
print(doubleStack.items)      // [1.0]

var stringStack: Stack<String> = Stack<String>()

stringStack.push("1")
print(stringStack.items)      // ["1"]
stringStack.push("2")
print(stringStack.items)      // ["1", "2"]
stringStack.pop()
print(stringStack.items)      // ["1"]
```

```
var anyStack: Stack<Any> = Stack<Any>()

anyStack.push(1.0)
print(anyStack.items)       // [1.0]
anyStack.push("2")
print(anyStack.items)       // [1.0, "2"]
anyStack.push(3)
print(anyStack.items)       // [1.0, "2", 3]
anyStack.pop()
print(anyStack.items)       // [1.0, "2"]
```

[코드 22-8]의 Stack 구조체는 Int라는 타입 대신 Element라는 타입 매개변수를 사용했습니다. Element라는 타입 매개변수는 items Array의 요소 타입으로 지정했으며, push(_:)와 pop() 메서드의 매개변수와 반환 타입으로도 지정했습니다.

Stack의 인스턴스를 생성할 때 실제로 Element 대신 어떤 타입을 사용할지 명시해주는 방법은 Stack<Type>처럼 선언해주면 됩니다. 그래서 Stack<Double>이라고 타입을 선언해준 doubleStack 인스턴스는 Element의 타입으로 Double을 사용합니다. 마치 우리가 Array 타입을 사용할 때 Array<Type>, Dictionary 타입을 사용할 때 Dictionary<KeyType, ValueType>처럼 표기해줬던 것과 유사하죠. Array도 제네릭 타입이기 때문입니다.

[코드 22-8]의 아래쪽에 사용한 anyStack의 예처럼 Element의 타입으로 Any를 사용해도 무방합니다. Stack의 items 배열을 Any 타입으로 정의하는 것보다 제네릭을 사용했을 때 훨씬 유연하고 광범위하게 사용할 수 있으며, Element의 타입을 정해주면 그 타입에만 동작하도록 제한할 수 있어 더욱 안전하고 의도한 대로 기능을 사용하도록 유도할 수 있습니다.

22.3 제네릭 타입 확장

만약 익스텐션을 통해 제네릭을 사용하는 타입에 기능을 추가하고자 한다면 익스텐션 정의에 타입 매개변수를 명시하지 않아야 합니다. 대신 원래의 제네릭 정의에 명시한 타입 매개변수를 익스텐션에서 사용할 수 있습니다.

코드 22-9 익스텐션을 통한 제네릭 타입의 기능 추가

```
extension Stack {
    var topElement: Element? {
        return self.items.last
    }
}

print(doubleStack.topElement)    // Optional(1.0)
print(stringStack.topElement)    // Optional("1")
print(anyStack.topElement)       // Optional("2")
```

[코드 22-9]의 익스텐션은 Stack 구조체를 확장한 것입니다. Stack은 제네릭 타입이지만 익스텐션의 정의에는 따로 타입 매개변수를 명시해주지 않았습니다. 대신 기존의 제네릭 타입에 정의되어 있는 Element라는 타입을 사용할 수 있습니다.

22.4 타입 제약

계속해서 살펴본 제네릭 기능의 타입 매개변수는 실제 사용 시 타입의 제약 없이 사용할 수 있었습니다. 그러나 종종 제네릭 함수가 처리해야 할 기능이 특정 타입에 한정되어야만 처리할 수 있다든가, 제네릭 타입을 특정 프로토콜을 따르는 타입만 사용할 수 있도록 제약을 두어야 하는 상황이 발생할 수 있습니다. 타입 제약은 타입 매개변수가 가져야 할 제약 사항을 지정할 수 있는 방법입니다. 예를 들어 타입 매개변수 자리에 사용할 실제 타입이 특정 클래스를 상속받은 타입이어야 한다든지, 특정 프로토콜을 준수하는 타입이어야 한다는 등의 제약을 줄 수 있다는 뜻입니다. **타입 제약**Type Constraints**은 클래스 타입 또는 프로토콜로만 줄 수 있**습니다. 즉 열거형, 구조체 등의 타입은 타입 제약의 타입으로 사용할 수 없습니다.

예를 들어 우리가 자주 사용하는 제네릭 타입인 Dictionary의 키는 Hashable 프로토콜을 준수하는 타입만 사용할 수 있습니다.

코드 22-10 Dictionary 타입 정의

```
public struct Dictionary<Key : Hashable, Value> : Collection,
    ExpressibleByDictionaryLiteral { /* ...*/ }
```

[코드 22-10]을 살펴보면 Dictionary의 두 타입 매개변수는 Key와 Value입니다. 그런데 Key 뒤에 콜론(:)을 붙인 다음에 Hashable이라고 명시되어 있습니다. 이는 타입 매개변수인 Key 타입은 Hashable 프로토콜을 준수해야 한다는 뜻입니다. 즉, Key로 사용할 수 있는 타입은 Hashable 프로토콜을 준수하는 타입이어야 한다는 것입니다. Hashable은 스위프트 표준 라이브러리에 정의되어 있는 프로토콜이며 스위프트의 기본 타입(String, Int, Bool 등)은 모두 Hashable 프로토콜을 준수합니다. 제네릭 타입에 제약을 주고 싶으면 타입 매개변수 뒤에 콜론을 붙인 후 원하는 클래스 타입 또는 프로토콜을 명시하면 됩니다.

코드 22-11 제네릭 타입 제약

```
func swapTwoValues<T: BinaryInteger>(_ a: inout T, _ b: inout T) {
    // 함수 구현
}

struct Stack<Element: Hashable> {
    // 구조체 구현
}
```

[코드 22-11]은 기존에 타입 제약 없이 구현해보았던 swapTwoValues(_:_:) 함수와 Stack 구조체에 타입 제약을 준 것입니다. 코드에서 보다시피 타입 매개변수 뒤에 콜론을 붙이고 제약조건으로 주어질 타입을 명시해주면 됩니다. 여러 제약을 추가하고 싶다면 콤마로 구분해주는 것이 아니라 where 절(26장)을 사용할 수 있습니다. Stack 구조체의 Element 타입 매개변수의 타입을 Hashable 프로토콜을 준수하는 타입으로 제약을 준다면, Any 타입은 Hashable 프로토콜을 준수하지 않기 때문에 [코드 22-8]에서 사용했던 Any 타입은 사용할 수 없을 것입니다.

코드 22-12 제네릭 타입 제약 추가

```
func swapTwoValues<T: BinaryInteger>(_ a: inout T, _ b: inout T) where T: FloatingPoint {
    // 함수 구현
}
```

[코드 22-11]은 사실 제가 생각했던 완벽한 조건을 갖추지는 못했습니다. 저는 T에 정수도, 실수도 들어올 수 있게 구현하고 싶었지만 그렇게 하려면 함수를 중복 정의해주어야

합니다. 다만 where를 사용하여 제약을 추가할 수는 있습니다. 즉, [코드 22-12]의 T는 BinaryInteger 프로토콜을 준수하고, FloatingPoint 프로토콜도 준수하는 타입만 사용할 수 있습니다. 우리가 특별히 사용자 정의 타입을 만들어 구현하지 않는 한, 저 조건에 맞는 기본 타입은 없습니다. 결국 이런 상황에서는 앞서 말했듯 함수를 중복 정의하거나 새로운 (프로토콜)타입을 정의해서 사용하는 등 다른 방법을 사용해야겠습니다. [코드 22-12]에 사용된 where 절에 대해서는 26장에서 상세히 다루겠습니다.

타입 제약을 실제로 사용할 법한 예를 생각해볼까요? 뺄셈 정도를 생각해볼 수 있습니다.

코드 22-13 substractTwoValue 함수의 잘못된 구현

```
func substractTwoValue<T>(_ a: T, _ b: T) -> T {
    return a - b
}
```

[코드 22-13]의 substractTwoValue(_:_:) 함수는 T라는 타입 매개변수가 있는 간단한 제네릭 함수입니다. 그런데 이 함수에는 중대한 실수가 있습니다. 무엇일까요? 뺄셈을 하려면 뺄셈 연산자를 사용할 수 있는 타입이어야 연산이 가능하다는 한계입니다. 즉, 이 T가 실제로 받아들일 수 있는 타입은 뺄셈 연산자를 사용할 수 있는 타입이어야 합니다.

코드 22-14 substractTwoValue 함수의 구현

```
func substractTwoValue<T: BinaryInteger>(_ a: T, _ b: T) -> T {
    return a - b
}
```

[코드 22-14]에서 타입 매개변수인 T의 타입을 BinaryInteger 프로토콜을 준수하는 타입으로 한정해두니 뺄셈 연산이 가능하게 되었습니다. 이처럼 타입 제약은 함수 내부에서 실행해야 할 연산에 따라 적절한 타입을 전달받을 수 있도록 제약을 둘 수 있습니다.

다시 [코드 22-2]의 ** 연산자를 보면 타입 매개변수(T)가 BinaryInteger라는 특정 프로토콜을 준수할 때 제네릭 함수인 연산자를 사용할 수 있도록 타입을 제약해준 것입니다.

TIP 스위프트의 표준 라이브러리에 정의되어 있는 프로토콜 중 타입 제약에 자주 사용할 만한 프로토콜에는 Hashable, Equatable, Comparable, Indexable, IteratorProtocol, Error, Collection,

CustomStringConvertible 등이 있습니다. 이 책 부록에서 스위프트 표준 라이브러리의 주요 프로토콜에 대해 조금 더 알아보겠습니다.

코드 22-15 makeDictionaryWithTwoValue 함수의 구현

```swift
func makeDictionaryWithTwoValue<Key: Hashable, Value>(key: Key, value:
    Value) -> Dictionary<Key, Value> {
    let dictionary: Dictionary<Key, Value> = [key:value]
    return dictionary
}
```

[코드 22-15]의 makeDictionaryWithTwoValue(_:_:) 함수는 Key와 Value라는 타입 매개변수가 있는데, 두 타입 매개변수의 제약조건이 다르다는 것을 알 수 있습니다. 이처럼 타입 매개변수마다 제약조건을 달리해서 구현해줄 수도 있습니다.

22.5 프로토콜의 연관 타입

프로토콜을 정의할 때 연관 타입Associated Type을 함께 정의하면 유용할 때가 있습니다. 연관 타입은 프로토콜에서 사용할 수 있는 플레이스홀더 이름입니다. 즉, 제네릭에서는 어떤 타입이 들어올지 모를 때, 타입 매개변수를 통해 '종류는 알 수 없지만, 어떤 타입이 여기에 쓰일 것이다' 라고 표현해주었다면 연관 타입은 타입 매개변수의 그 역할을 프로토콜에서 수행할 수 있도록 만들어진 기능입니다.

코드 22-16 Container 프로토콜 정의

```swift
protocol Container {
    associatedtype ItemType
    var count: Int { get }
    mutating func append(_ item: ItemType)
    subscript(i: Int) -> ItemType { get }
}
```

[코드 22-16]의 Container 프로토콜은 존재하지 않는 타입인 ItemType을 연관 타입으로 정의하여 프로토콜 정의에서 타입 이름으로 활용합니다. 이는 제네릭의 타입 매개변수와 유사

한 기능으로, 프로토콜 정의 내부에서 사용할 타입이 '그 어떤 것이어도 상관없지만, 하나의 타입임은 분명하다'라는 의미입니다. Container 프로토콜을 준수하는 타입이 꼭 구현해야 할 기능을 생각해봅시다.

- 컨테이너의 새로운 아이템을 append(_:) 메서드를 통해 추가할 수 있어야 합니다.
- 아이템 개수를 확인할 수 있도록 Int 타입 값을 갖는 count 프로퍼티를 구현해야 합니다.
- Int 타입의 인덱스 값으로 특정 인덱스에 해당하는 아이템을 가져올 수 있는 서브스크립트를 구현해야 합니다.

이 세 가지 조건을 충족한다면 Container 프로토콜을 준수하는 타입이 될 수 있습니다. 그런데 생각해보면 컨테이너가 어떤 타입의 아이템을 저장해야 할지에 대해서 언급하지 않는다는 것을 알 수 있습니다.

코드 22-17 MyContainer 클래스 정의

```swift
class MyContainer: Container {
    var items: Array<Int> = Array<Int>()

    var count: Int {
        return items.count
    }

    func append(_ item: Int) {
        items.append(item)
    }

    subscript(i: Int) -> Int {
        return items[i]
    }
}
```

[코드 22-17]의 MyContainer 클래스는 Container 프로토콜을 준수하기 위해서 필요한 것을 모두 갖추었습니다. 연관 타입인 ItemType 대신에 실제 타입인 Int 타입으로 구현해주었고, 이는 프로토콜의 요구사항을 모두 충족하므로 큰 문제가 없습니다. 왜냐하면 프로토콜에서 ItemType이라는 연관 타입만 정의했을 뿐, 특정 타입을 지정하지 않았기 때문입니다. 실제 프로토콜 정의를 준수하기 위해 구현할 때는 ItemType을 하나의 타입으로 일관성 있게 구현하면 됩니다.

이번엔 [코드 22-7]에서 구현했던 IntStack 구조체를 Container 프로토콜을 준수하도록 구현해보겠습니다.

코드 22-18 IntStack 구조체의 Container 프로토콜 준수

```
struct IntStack: Container {
    // 기존 IntStack 구조체 구현
    var items = [Int]()
    mutating func push(_ item: Int) {
        items.append(item)
    }
    mutating func pop() -> Int {
        return items.removeLast()
    }

    // Container 프로토콜 준수를 위한 구현
    mutating func append(_ item: Int) {
        self.push(item)
    }
    var count: Int {
        return items.count
    }
    subscript(i: Int) -> Int {
        return items[i]
    }
}
```

[코드 22-18]의 IntStack 구조체는 Container 프로토콜을 채택했고, 해당 프로토콜을 준수하기 위해 append(_:) 메서드, count 프로퍼티, 서브스크립트를 구현했습니다. 다만 ItemType 대신 Int 타입을 사용하여 구현했을 뿐입니다. 만약 ItemType을 어떤 타입으로 사용할지 조금 더 명확히 해주고 싶다면 IntStack 구조체 구현부에 typealias ItemType = Int라고 타입 별칭을 지정해줄 수 있습니다.

코드 22-19 IntStack 구조체의 typealias 사용

```
struct IntStack: Container {
    typealias ItemType = Int

    // 기존 IntStack 구조체 구현
```

```
        var items = [ItemType]()
        mutating func push(_ item: ItemType) {
            items.append(item)
        }
        mutating func pop() -> ItemType {
            return items.removeLast()
        }

        // Container 프로토콜 준수를 위한 구현
        mutating func append(_ item: ItemType) {
            self.push(item)
        }
    var count: Int {
            return items.count
        }
    subscript(i: Int) -> ItemType {
            return items[i]
        }
    }
```

프로토콜의 연관 타입에 대응하여 실제 타입을 사용할 수도 있지만, 제네릭 타입에서는 연관 타입과 타입 매개변수를 대응시킬 수도 있습니다.

코드 22-20 Stack 구조체의 Container 프로토콜 준수

```
    struct Stack<Element>: Container {
        // 기존 Stack<Element> 구조체 구현
        var items = [Element]()
        mutating func push(_ item: Element) {
            items.append(item)
        }
        mutating func pop() -> Element {
            return items.removeLast()
        }

        // Container 프로토콜 준수를 위한 구현
        mutating func append(_ item: Element) {
            self.push(item)
        }
        var count: Int {
            return items.count
        }
        subscript(i: Int) -> Element {
```

```
        return items[i]
    }
}
```

[코드 22-20]을 보면 Container 프로토콜을 준수하기 위해 Stack 구조체에서 ItemType이라는 연관 타입 대신에 Element라는 타입 매개변수를 사용했음을 볼 수 있습니다. 그럼에도 Stack 구조체는 Contatiner 프로토콜을 완벽히 준수합니다.

22.6 제네릭 서브스크립트

제네릭 함수(메서드)를 구현할 수 있었던 것처럼 서브스크립트도 제네릭을 활용하여 타입에 큰 제한 없이 유연하게 구현할 수 있습니다. 물론 타입 제약을 사용하여 제네릭을 활용하는 타입에 제약을 줄 수도 있습니다.

자세한 사용 예는 [코드 22-21]을 통해 확인해봅니다.

코드 22-21 Stack 구조체의 제네릭 서브스크립트 구현과 사용

```
extension Stack {
    subscript<Indices: Sequence>(indices: Indices) -> [Element]
        where Indices.Iterator.Element == Int {
            var result = [ItemType]()
            for index in indices {
                result.append(self[index])
            }
            return result
    }
}

var integerStack: Stack<Int> = Stack<Int>()
integerStack.append(1)
integerStack.append(2)
integerStack.append(3)
integerStack.append(4)
integerStack.append(5)

print(integerStack[0...2])  // [1, 2, 3]
```

[코드 22-21]에서 Stack 구조체의 익스텐션으로 서브스크립트를 추가했습니다. 서브스크립트는 Indices라는 플레이스홀더를 사용하여 매개변수를 제네릭하게 받아들일 수 있습니다. Indices는 Sequence 프로토콜을 준수하는 타입으로 제약이 추가되어 있습니다. 또 Indices 타입 Iterator의 Element 타입이 Int 타입이어야 하는 제약이 추가되었습니다.

서브스크립트는 이 Indices 타입의 indices라는 매개변수로 인덱스 값을 받을 수 있습니다. 그 결과 indices 시퀀스의 인덱스 값에 해당하는 스택 요소의 값을 배열로 반환합니다.

22.7 매개변수 다발

매개변수 다발Parameter Packs을 활용하면 제네릭 타입과 제네릭 함수에서 다양한 타입의 매개변수를 유연하게 전달할 수 있으며 매개변수의 개수도 자유롭게 조정할 수 있습니다.

예를 들어 생각해봅시다. 게임 캐릭터와 무기가 주어졌을 때, 양쪽의 인덱스에 맞춰 캐릭터에게 무기를 배정하려면 어떻게 구현하면 될까요?

코드 22-22 가변 매개변수를 활용한 pairWeapon 함수

```
protocol GameCharacter {
    var name: String { get }
}

protocol Weapon {
    var name: String { get }
}

class Warrior: GameCharacter {
    var name: String = "Warrior"
}

class Wizard: GameCharacter {
    var name: String = "Wizard"
}

struct Sword: Weapon {
    var name: String = "Sword"
```

```swift
}

struct Bow: Weapon {
    var name: String = "Bow"
}

struct Wand: Weapon {
    var name: String = "Wand"
}

let dave: Warrior = .init()
let john: Wizard = .init()
let sword: Sword = .init()
let bow: Bow = .init()
let wand: Wand = .init()

func pairWeapon(characters: GameCharacter..., weapons: Weapon...) -> [(any GameCharacter, any Weapon)] {
    
    var result: [(any GameCharacter, any Weapon)] = []
    
    for (index, weapon) in weapons.enumerated() {
        result.append((characters[index], weapon))
    }
    
    return result
}

let pairResult1: [(any GameCharacter, any Weapon)] = pairWeapon(characters: dave, john, weapons: sword, bow, wand)
```

[코드 22-22]는 큰 문제가 없어 보이지만, 첫 번째 문제는 매개변수를 통해 전달받는 전달인자의 수를 예측하기 어렵다는 점입니다. 실제로 코드를 실행하면 런타임 오류가 발생합니다. pairWeapon 함수의 두 매개변수 characters와 weapons가 모두 가변 매개변수이기 때문에 입력받을 전달인자의 수를 예측할 수 없습니다.

[코드 22-22]에서는 weapons 매개변수로 전달된 전달인자의 수가 3개로 characters 매개변수의 전달인자보다 많습니다. 그래서 for-in 구문 실행 중 인덱스 범위를 벗어나 런타임 오류가 발생하는 것입니다.

두 번째 문제는 프로토콜을 실존 타입으로 사용함으로써 성능상의 아쉬움이 있다는 점입니다.

실존 타입을 사용하지 않고 제네릭을 활용하면 다음의 [코드 22-23]처럼 구현할 수 있습니다.

코드 22-23 제네릭을 활용하여 구현한 pairWeapon2 함수

```
func pairWeapon2<T: GameCharacter, U: Weapon>(characters: T..., weapons: U...) ->
[(T, U)] {

    var result: [(T, U)] = []

    for (index, weapon) in weapons.enumerated() {
        result.append((characters[index], weapon))
    }

    return result
}

let pairResult2 = pairWeapon2(characters: dave, john, weapons: sword, bow, wand)
// 오류 발생!
```

[코드 22-23]에서는 성능상의 이점을 위해 제네릭을 활용해봤습니다. 하지만 제네릭을 통해 T와 U를 플레이스 홀더로 사용하면, 단 하나의 타입만 들어갈 수 있는 해당 위치에 여러 타입의 전달인자를 전달할 수 없어 컴파일 타임 오류가 발생합니다.

그렇다면 각 매개변수로 전달되는 전달인자의 수를 딱 맞게 짝도 지어주고, 여러 타입을 하나의 제네릭처럼 사용하려면 어떻게 하면 좋을까요? 바로 매개변수 다발을 활용하면 됩니다.

코드 22-24 매개변수 다발을 활용하여 구현한 pairWeapon3 함수

```
func pairWeapon3<each T: GameCharacter, each U: Weapon>(characters: repeat each T,
weapons: repeat each U) -> (repeat (each T, each U)) {

    for (character, weapon) in repeat (each characters, each weapons) {
        print("\(character.name) - \(weapon.name)")
    }

    return (repeat (each characters, each weapons))
}

let pairResult3 = pairWeapon3(characters: dave, john, weapons: sword, bow)
```

```
let pairResult4 = pairWeapon3(characters: dave, john, weapons: sword, bow, wand)
// 오류 발생!
```

[코드 22-24]의 pairWeapon3 함수는 매개변수 다발을 활용하여 구현했습니다. 매개변수 다발을 사용 시 제네릭 타입 플레이스 홀더 앞에는 each를 붙여주고, 매개변수 타입 앞에는 repeat each를 붙여줍니다. each T, each U를 통해 타입 매개변수 다발을 나타내며 repeat each T, repeat each U를 사용하여 매개변수 다발을 실질적인 값으로 받아올 수 있습니다.

또 매개변수 다발로 받아온 전달인자를 순회하며 반복하고 싶다면 기존의 for-in 구문과 유사하게 각 요소를 순회 반복할 수 있습니다. 이때도 repeat과 each를 사용하면 됩니다.

[코드 22-24]의 마지막 줄은 오류가 발생합니다. characters 매개변수의 전달인자 개수와 weapons 매개변수의 전달인자 개수가 다르기 때문입니다. 개수가 반드시 쌍을 이루어야만 오류가 발생하지 않습니다.

이처럼 쌍을 이루며 제네릭한 가변 매개변수를 활용하고 싶다면 매개변수 다발을 활용하면 됩니다.

CHAPTER 23

프로토콜 지향 프로그래밍

애플은 2015년 6월, WWDC에서 스위프트 버전 2.0을 발표하면서 스위프트는 프로토콜 지향 언어Protocol-Oriented Language라고 말했습니다. 프로토콜 지향 언어는 도대체 무슨 뜻일까요?

Objective-C 등 객체지향 프로그래밍 패러다임에 기반을 둔 언어는 대부분 클래스의 상속을 사용해 타입에 공통된 기능을 구현합니다. 그런데 스위프트의 표준 라이브러리에서 타입과 관련된 것을 살펴보면 대부분이 구조체로 구현되어 있습니다. 클래스로 구현된 타입은 별로 없고, 대부분 구조체로 기본 타입이 구현되어 있습니다. 상속도 되지 않는 구조체로 어떻게 그렇게 다양한 공통 기능을 가질 수 있는 걸까요? 해답은 프로토콜(20장)과 익스텐션(21장)에 있습니다. 물론 여기에 제네릭(22장)도 기여했습니다. 이번 장에서는 프로토콜, 익스텐션, 제네릭이 어떻게 조화를 이룰 수 있는지 살펴보겠습니다.

23.1 프로토콜 초기구현

익스텐션은 기존 타입의 기능을 확장하며, 프로토콜은 프로토콜을 채택한 타입이 원하는 기능을 강제로 구현한다는 점을 우리는 알고 있습니다. 그런데 특정 프로토콜을 정의하고 여러 타입에서 이 프로토콜을 준수하게 만들어 타입마다 똑같은 메서드, 프로퍼티, 서브스크립트 등을 구현해야 한다면…? 얼마나 많은 코드를 중복 사용해야 하며, 유지보수는 얼마나 힘들어질지 생각만 해도 머리가 아플 겁니다. 이때 필요한 게 바로 익스텐션과 프로토콜의 결합입니다.

[코드 20-5]를 돌아보면 Receiveable과 Sendable 프로토콜을 준수하기 위해 Message와 Mail 두 타입에 모두 같은 기능을 하는 코드를 구현해야 했습니다. 아마도 해당 예제를 설명할 때 중복 구현된 코드를 불편하게 여겼을 수도 있을 겁니다. 이번 장에서는 이 중복 코드를 제거하고자 다음과 같이 수정해봤습니다.

코드 23-1 익스텐션을 통한 프로토콜의 실제 구현

```
protocol Receiveable {
    func received(data: Any, from: Sendable)
}

extension Receiveable {
    // 메시지를 수신합니다.
    func received(data: Any, from: Sendable) {
        print("\(self) received \(data) from \(from)")
    }
}

// 무언가를 발신할 수 있는 기능
protocol Sendable {
    var from: Sendable { get }
    var to: Receiveable? { get }

    func send(data: Any)

    static func isSendableInstance(_ instance: Any) -> Bool
}

extension Sendable {
    // 발신은 발신 가능한 객체, 즉 Sendable 프로토콜을 준수하는 타입의 인스턴스여야 합니다.
    var from: Sendable {
        return self
    }

    // 메시지를 발신합니다.
    func send(data: Any) {
        guard let receiver: Receiveable = self.to else {
            print("Message has no receiver")
            return
        }

        // 수신 가능한 인스턴스의 received 메서드를 호출합니다.
```

```swift
        receiver.received(data: data, from: self.from)
    }
    
    static func isSendableInstance(_ instance: Any) -> Bool {
        if let sendableInstance: Sendable = instance as? Sendable {
            return sendableInstance.to != nil
        }
        return false
    }
}

// 수신, 발신이 가능한 Message 클래스
class Message: Sendable, Receiveable {
    var to: Receiveable?
}

// 수신, 발신이 가능한 Mail 클래스
class Mail: Sendable, Receiveable {
    var to: Receiveable?
}

// 두 Message 인스턴스를 생성합니다.
let myPhoneMessage: Message = Message()
let yourPhoneMesssage: Message = Message()

// 아직 수신받을 인스턴스가 없습니다.
myPhoneMessage.send(data: "Hello")    // Message has no receiver

// Message 인스턴스는 발신과 수신이 모두 가능하므로 메시지를 주고받을 수 있습니다.
myPhoneMessage.to = yourPhoneMesssage
myPhoneMessage.send(data: "Hello")    // Message received Hello from Message

// Mail 인스턴스를 두 개 생성합니다.
let myMail: Mail = Mail()
let yourMail: Mail = Mail()

myMail.send(data: "Hi")    // Mail has no receiver

// Message와 Mail 모두 Sendable과 Receiveable 프로토콜을 준수하므로
// 서로 주고받을 수 있습니다.
myMail.to = yourMail
myMail.send(data: "Hi")    // Mail received Hi from Mail

myMail.to = myPhoneMessage
```

```
    myMail.send(data: "Bye")    // Message received Bye from Mail

    // String은 Sendable 프로토콜을 준수하지 않습니다.
    Message.isSendableInstance("Hello")              // false

    // Message와 Mail은 Sendable 프로토콜을 준수합니다.
    Message.isSendableInstance(myPhoneMessage)       // true

    // yourPhoneMessage는 to 프로퍼티가 설정되지 않아서 보낼 수 없는 상태입니다.
    Message.isSendableInstance(yourPhoneMesssage)    // false
    Mail.isSendableInstance(myPhoneMessage)          // true
    Mail.isSendableInstance(myMail)                  // true
```

[코드 23-1]의 Message와 Mail 클래스는 Receiveable과 Sendable 프로토콜을 채택하고 있지만, 실제로 구현한 것은 저장 인스턴스 프로퍼티인 to뿐입니다. 그 외의 기능은 이미 각 프로토콜의 익스텐션에 구현되어 있습니다.

프로토콜을 정의할 때는 그 프로토콜을 채택한 타입에서 구현해주어야 하는 프로토콜의 요구사항을 구현할 수 없습니다. 단지 요구사항을 정의할 수 있을 뿐입니다. 그러나 프로토콜의 익스텐션에는 프로토콜이 요구하는 기능을 실제로 구현해줄 수 있습니다. 다만 익스텐션에는 저장 프로퍼티를 구현할 수 없으므로 저장 프로퍼티는 각각의 타입에서 직접 구현해야 합니다. 이렇게 프로토콜과 익스텐션을 결합하면 코드의 재사용성이 월등히 증가합니다.

이처럼 프로토콜의 요구사항을 익스텐션을 통해 구현하는 것을 프로토콜 초기구현Protocol Default Implementations이라고 합니다.

그런데 만약 프로토콜의 익스텐션에서 구현한 기능을 사용하지 않고 타입의 특성에 따라 조금 변경해서 구현하고 싶다면 재정의하면 됩니다.

코드 23-2 익스텐션을 통해 구현된 메서드 재정의

```
class Mail: Sendable, Receiveable {
    var to: Receiveable?

    func send(data: Any) {
        print("Mail의 send 메서드는 재정의되었습니다.")
    }
}
```

```
let mailInstance: Mail = Mail()
mailInstance.send(data: "Hello")   // Mail의 send 메서드는 재정의되었습니다.
```

사실 [코드 23-2]의 send(data:) 메서드를 구현한 것은 재정의라고 할 수 없습니다. 이미 프로토콜을 준수하는 타입의 메서드를 호출했기 때문입니다. 특정 프로토콜을 준수하는 타입에 프로토콜의 요구사항을 찾아보고 이미 구현되어 있다면 그 기능을 호출하고, 그렇지 않다면 프로토콜 초기구현의 기능을 호출합니다.

여기에 제네릭까지 더한다면 코드의 재사용성은 훨씬 더 좋아질 것입니다. [코드 22-16]부터 [코드 22-20]까지 작성해보았던 Container 프로토콜 관련 코드를 살펴보면, Container 프로토콜을 Stack 구조체 외에 다른 타입에서 준수하려면 동일하거나 유사한 코드를 다시 작성해야 하는 부담이 따를 겁니다. 제네릭, 프로토콜, 익스텐션을 적절히 융합하여 재사용에 조금 더 용이하도록 변경해보았습니다. [코드 23-3]을 보세요.

코드 23-3 제네릭, 프로토콜, 익스텐션을 통한 재사용 가능한 코드 작성

```
protocol SelfPrintable {
    func printSelf()
}

extension SelfPrintable where Self: Container {
    func printSelf() {
        print(items)
    }
}

protocol Container: SelfPrintable {
    associatedtype ItemType

    var items: [ItemType] { get set }
    var count: Int { get }

    mutating func append(item: ItemType)
    subscript(i: Int) -> ItemType { get }
}

extension Container {
    mutating func append(item: ItemType) {
        items.append(item)
```

```swift
    }
    
    var count: Int {
        return items.count
    }
    
    subscript(i: Int) -> ItemType {
        return items[i]
    }
}

protocol Popable: Container {
    mutating func pop() -> ItemType?
    mutating func push(_ item: ItemType)
}

extension Popable {
    mutating func pop() -> ItemType? {
        return items.removeLast()
    }
    
    mutating func push(_ item: ItemType) {
        self.append(item: item)
    }
}

protocol Insertable: Container {
    mutating func delete() -> ItemType?
    mutating func insert(_ item: ItemType)
}

extension Insertable {
    mutating func delete() -> ItemType? {
        return items.removeFirst()
    }
    
    mutating func insert(_ item: ItemType) {
        self.append(item: item)
    }
}

struct Stack<Element>: Popable {
    var items: [Element] = [Element]()
}
```

```
struct Queue<Element>: Insertable {
    var items: [Element] = [Element]()
}

var myIntStack: Stack<Int> = Stack<Int>()
var myStringStack: Stack<String> = Stack<String>()
var myIntQueue: Queue<Int> = Queue<Int>()
var myStringQueue: Queue<String> = Queue<String>()

myIntStack.push(3)
myIntStack.printSelf()      // [3]

myIntStack.push(2)
myIntStack.printSelf()      // [3, 2]

myIntStack.pop()            // 2
myIntStack.printSelf()      // [3]

myStringStack.push("A")
myStringStack.printSelf()   // ["A"]

myStringStack.push("B")
myStringStack.printSelf()   // ["A", "B"]

myStringStack.pop()         // "B"
myStringStack.printSelf()   // ["A"]

myIntQueue.insert(3)
myIntQueue.printSelf()      // [3]

myIntQueue.insert(2)
myIntQueue.printSelf()      // [3, 2]

myIntQueue.delete()         // 3
myIntQueue.printSelf()      // [2]

myStringQueue.insert("A")
myStringQueue.printSelf()   // ["A"]

myStringQueue.insert("B")
myStringQueue.printSelf()   // ["A", "B"]

myStringQueue.delete()      // "A"
myStringQueue.printSelf()   // ["B"]
```

[코드 23-3]은 SelfPrintable 프로토콜을 비롯해 Container, Popable, Insertable 프로토콜, 익스텐션 각각, Stack과 Queue 구조체의 구현으로 이루어져 있습니다. Container 프로토콜은 연관 타입을 활용하여 제네릭에 더욱 유연하게 대응할 수 있도록 정의했습니다.

Stack과 Queue 구조체는 익스텐션을 통한 초기구현으로 프로토콜을 채택했을 뿐인데, 구조체 내부에서는 프로토콜 준수를 위해 추가 구현이 필요 없습니다. 또 Popable과 Insertable 프로토콜은 Container 프로토콜을 상속받아 추가로 특정 목적을 갖는 컨테이너 타입에 필요한 기능을 요구합니다. 그러나 이 프로토콜들도 초기구현을 통해 미리 공통 기능을 구현했기에 실제 프로토콜을 따르는 타입은 추가 구현이 필요 없습니다.

Stack 구조체와 Queue 구조체는 서로 동작하는 방식은 다르지만, 특정 아이템을 가질 수 있는 컨테이너라는 특성은 공유합니다. 따라서 그저 Container 프로토콜을 채택하기만 하면 됩니다. 그러나 세부 요구사항이 조금 다르기 때문에 최종적으로는 Container 프로토콜을 상속받은 다른 프로토콜을 채택합니다.

더불어 각각의 요소 타입은 제네릭을 통해 사용할 때 결정하므로 타입에 대해 매우 유연하게 동작할 수 있습니다. 이는 클래스의 상속보다도 훨씬 강력하게 기능의 단위를 공유할 수 있는 방법으로 사용합니다. 스위프트의 클래스는 다중상속을 지원하지 않으므로 부모클래스의 기능으로 부족하다면 자식클래스에서 다시 구현해야 하지만, 프로토콜 초기구현을 한 프로토콜을 채택했다면 상속도 추가 구현도 필요 없습니다. 게다가 상속을 지원하지 않는 값 타입인 구조체와 열거형도 상속을 받지 못한다고 아쉬워할 필요가 없습니다. 초기구현을 한 프로토콜만 채택한다면 기능이야 얼마든지 추가할 수 있기 때문입니다.

이처럼 프로토콜 초기구현을 통해 기능을 구현한다면 프로토콜 채택만으로 타입에 기능을 추가해 사용할 수 있습니다. 이것이 프로토콜 지향 프로그래밍의 핵심 콘셉트 중 하나입니다. SelfPrintable 프로토콜의 익스텐션에서 제약을 걸어준 where 문법은 어떤 용도로 사용되는지 눈치 채셨겠지만, 조금 더 자세한 설명은 where 절(26장)을 참고하세요.

프로토콜 지향 프로그래밍의 서두에서도 언급했지만 실제로 스위프트의 많은 기능은 프로토콜, 익스텐션, 제네릭의 조합으로 구현되어 있습니다.

코드 23-4 스위프트 표준 라이브러리의 Array 정의

```swift
public struct Array<Element> : RandomAccessCollection, MutableCollection {
    public typealias Index = Int
    public typealias Iterator = IndexingIterator<[Element]>

    public var startIndex: Int { get }
    public var endIndex: Int { get }

    public func index(after i: Int) -> Int
    public func formIndex(after i: inout Int)
    public func index(before i: Int) -> Int
    public func formIndex(before i: inout Int)
    public func index(_ i: Int, offsetBy n: Int) -> Int
    public func index(_ i: Int, offsetBy n: Int, limitedBy limit: Int) -> Int?

    public func distance(from start: Int, to end: Int) -> Int
    public typealias Indices = CountableRange<Int>

    public subscript(index: Int) -> Element
    public subscript(bounds: Range<Int>) -> ArraySlice<Element>

    public func withUnsafeBufferPointer<R>(_ body:
        (UnsafeBufferPointer<Element>) throws -> R) rethrows -> R
    public mutating func withUnsafeMutableBufferPointer<R>(_ body:
        (inout UnsafeMutableBufferPointer<Element>) throws -> R) rethrows -> R
    public mutating func replaceSubrange<C where C : Collection,
        C.Iterator.Element == _Buffer.Element>(_ subrange: Range<Int>,
        with newElements: C)

    public mutating func popLast() -> Element?
    public func dropLast(_ n: Int) -> ArraySlice<Element>
    public func suffix(_ maxLength: Int) -> ArraySlice<Element>
    public func map<T>(_ transform: (Element) throws -> T) rethrows -> [T]
    public func dropFirst(_ n: Int) -> ArraySlice<Element>
    public func prefix(_ maxLength: Int) -> ArraySlice<Element>
    // 중략..
    public func reversed() -> ReversedRandomAccessCollection<Array<Element>>
    // 생략..
```

익스텐션을 통한 각 프로토콜의 초기구현은 구현 코드를 볼 수 없기 때문에 어떻게 구현했는지는 확실히 볼 수 없지만 Array의 정의만 보더라도 제네릭, 프로토콜을 다양하게 사용한 것을 볼 수 있습니다. 아마도 각 타입별로 공유하는 초기구현은 익스텐션으로 구현했을 것입니다.

스위프트의 주요 기능을 하나하나 알아갈수록 표준 라이브러리의 코드가 눈에 잘 들어오나요? 하나의 기능을 알아갈 때마다 스위프트 표준 라이브러리를 살펴보면서 어떤 기능을 통해 구현했는지, 어떻게 연관이 되는지 읽어보고, 해석해보고, 상상해보는 것도 언어를 이해하는 데 도움이 됩니다.

23.2 맵, 필터, 리듀스 직접 구현해보기

우리는 함수형 프로그래밍을 살펴보면서 맵, 필터, 리듀스에 대해 알아보았습니다. 그리고 말미에 맵, 필터, 리듀스를 직접 구현한다고 언급한 바 있습니다. 이번에는 프로토콜, 익스텐션, 제네릭이 조화롭게 어우러진 컨테이너 타입에 맵, 필터, 리듀스 메서드를 구현해보겠습니다.

맵은 컨테이너가 담고 있던 각각의 값을 매개변수를 통해 받은 함수에 적용한 후 다시 컨테이너에 포장하여 반환하는 함수입니다. 필터는 컨테이너 내부의 값을 걸러서 추출해 새로운 컨테이너에 값을 담아 반환하는 함수입니다. 리듀스는 컨테이너 내부의 콘텐츠를 하나로 합쳐주는 기능을 실행하는 함수입니다.

지금부터 앞서 [코드 23-3]에서 구현해본 Stack 컨테이너 타입에 맵, 필터 리듀스를 구현해보겠습니다.

우리는 처음에 Array 타입으로 맵, 필터, 리듀스에 대해 알아봤습니다. Array 컨테이너 타입의 맵과 필터 함수는 전달받은 클로저를 통해 각 요소를 자신의 역할에 맞게 처리하여 새로운 Array를 만들어 반환했습니다. 리듀스 함수는 처리 결과로 Array 요소의 타입에 해당하는 값을 반환했습니다.

아주 간단하게 생각해보면, Stack 컨테이너 타입에는 특정 Array 타입의 요소가 들어있습니다. 쉽게 말하면 items Array의 타입이 곧 Stack 컨테이너의 요소 타입입니다. 컨테이너 타입을 직접 구현하는 일은 복잡하므로 Stack 내부에 기존 컨테이너 타입인 Array를 사용했습니다. 이렇게 items Array를 Stack이 랩핑했기 때문에 외부에서는 Stack 자체를 컨테이너로 인식합니다. 즉, 실제 컨테이너는 Stack이라는 가정하에 출발합니다.

우선 기억을 되살리기 위해 Array에서 맵을 사용했던 간략한 예를 살펴보도록 하겠습니다.

코드 23-5 Array 타입의 맵 사용

```
let items: Array<Int> = [1, 2, 3]

let mappedItems: Array<Int> = items.map { (item: Int) -> Int in
    return item * 10
}

print(mappedItems)  // [10, 20, 30]
```

Int 타입이 요소로 저장된 Array 제네릭 타입 컨테이너(Array<Int>)에 맵 메서드를 호출하면 똑같이 Array<Int> 타입의 결과물을 반환합니다. 바꿔 생각해보면 Stack<Int>는 맵 메서드를 통해 Stack<Int>를 반환받는다고 생각할 수 있습니다. 그럼 Stack 구조체, 즉 Stack 컨테이너에 맵 메서드에서 전달받은 함수를 사용한다고 생각해보면 자신이 갖는 요소의 타입인 Element를 특정한 타입으로 변환시키는 함수를 전달받으면 됩니다. 그리고 맵 메서드의 반환은 변경된 타입을 요소로 갖는 Stack 타입이 될 것입니다.

[코드 23-6]은 [코드 23-3]에 추가될 코드입니다.

코드 23-6 Stack 구조체의 맵 메서드

```
//// Stack 구조체 구현부
func map<T>(transform: (Element) -> T) -> Stack<T> {
    var transformedStack: Stack<T> = Stack<T>()
    
    for item in items {
        transformedStack.items.append(transform(item))
    }
    
    return transformedStack
}

//// Stack 구조체 구현부 외부
var myIntStack: Stack<Int> = Stack<Int>()
myIntStack.push(1)
myIntStack.push(5)
myIntStack.push(2)
myIntStack.printSelf()  // [1, 5, 2]
var myStrStack: Stack<String> = myIntStack.map{ "\($0)" }
myStrStack.printSelf()  // ["1", "5", "2"]
```

Stack 구조체의 구현에 맵 메서드를 구현하자면 [코드 23-6]과 같은 모습이 될 것입니다. 맵 메서드는 Stack의 요소를 변환하는 방법인 transform 함수를 전달받습니다. 그리고 transform 함수는 Stack 요소의 타입인 Element의 값을 T 타입으로 변환한 후 자신이 속해 있는 타입과 같은 컨테이너인 Stack의 모습으로 결과를 반환합니다. 실제로 Int 타입을 자신의 요소로 갖는 Stack에 맵 메서드를 호출하여 새로운 Stack을 반환받은 것을 볼 수 있습니다.

코드 23-7 Array 타입의 필터 사용

```
let filteredItems: Array<Int> = items.filter { (item: Int) -> Bool in
    return item % 2 == 0
}

print(filteredItems)    // [2]
```

[코드 23-7]에서 볼 수 있듯이 Array 타입의 필터 또한 자신과 동일한 모양의 Array 타입을 반환해줍니다. [코드 23-8]처럼 Stack 구조체에 필터도 구현해봅시다.

코드 23-8 Stack 구조체의 필터 메서드

```
//// Stack 구조체 구현부
func filter(includeElement: (Element) -> Bool) -> Stack<Element> {
    var filteredStack: Stack<ItemType> = Stack<ItemType>()

    for item in items {
        if includeElement(item) {
            filteredStack.items.append(item)
        }
    }

    return filteredStack
}

//// Stack 구조체 구현부 외부
let filteredStack: Stack<Int> = myIntStack.filter { (item: Int) -> Bool in
    return item < 5
}

filteredStack.printSelf()    // [1, 2]
```

[코드 23-8]처럼 Stack의 필터 또한 Array의 필터와 동작하는 모습은 크게 다르지 않습니다. 각 요소가 조건에 부합하는지 확인하여 부합하면 새로운 Stack에 포함하여 반환해줍니다.

코드 23-9 Array 타입의 리듀스 사용

```
let combinedItems: Int = items.reduce(0) { (result: Int, next: Int) -> Int in
    return result + next
}

print(combinedItems)     // 6

let combinedItemsDoubled: Double = items.reduce(0.0) { (result:
    Double, next: Int) -> Double in
    return result + Double(next)
}

print(combinedItemsDoubled) // 6.0

let combinedItemsString: String = items.reduce("") { (result: String, item: Int)
    -> String in
    return result + "\(next) "
}

print(combinedItemsString) // "1 2 3 "
```

[코드 23-9]에서 볼 수 있듯 Array 타입의 리듀스는 함수를 통해 변환하고 합한 타입을 반환해줍니다. 리듀스는 전달인자로 전달받은 초깃값과 처리함수를 통해 초깃값과 동일한 타입의 결과를 반환합니다. 이를 [코드 23-10]처럼 Stack에서도 구현해볼 수 있습니다.

코드 23-10 Stack 구조체의 리듀스 메서드

```
//// Stack 구조체 구현부
func reduce<T>(_ initialResult: T, nextPartialResult: (T, Element) -> T) -> T {
    var result: T = initialResult
    
    for item in items {
        result = nextPartialResult(result, item)
    }
    
    return result
```

```
}

//// Stack 구조체 구현부 외부
let combinedInt: Int = myIntStack.reduce(100) { (result: Int, next: Int) -> Int in
    return result + next
}

print(combinedInt) // 108

let combinedDouble: Double = myIntStack.reduce(100.0) { (result:
    Double, next: Int) -> Double in
    return result + Double(next)
}

print(combinedDouble) // 108.0

let combinedString: String = myIntStack.reduce("") { (result: String,
    next: Int) -> String in
    return result + "\(next) "
}

print(combinedString) // "1 5 2 "
```

[코드 23-10]의 Stack에 구현한 리듀스 함수는 Array에서 보았듯이 적절한 처리를 거쳐 취합된 결과를 반환받을 수 있습니다.

이처럼 제네릭은 타입에 한정되지 않도록 다양한 기능을 구현합니다. 맵, 필터, 리듀스의 기능을 직접 구현해보는 것을 뒤로 미룬 이유는 제네릭뿐만 아니라 프로토콜, 익스텐션을 이해해야 더욱 풍부하게 여러 기능을 조합해볼 수 있기 때문입니다. 여러분도 이 세 기능을 제대로 익혀서 실제로 구현해볼 기회가 있으면 좋겠습니다.

23.3 기본 타입 확장

프로토콜 초기구현을 통해 스위프트의 기본 타입을 확장하여 내가 원하는 기능을 공통적으로 추가해볼 수도 있습니다. 스위프트 표준 라이브러리에 정의되어 있는 타입은 실제 구현 코드를 보고 수정할 수 없기 때문에 익스텐션, 프로토콜, 프로토콜의 초기구현을 사용해 기본 타입에 기능을 추가해볼 수 있습니다.

코드 23-11 SelfPrintable 프로토콜의 초기구현과 기본 타입의 확장

```swift
protocol SelfPrintable {
    func printSelf()
}

extension SelfPrintable {
    func printSelf() {
        print(self)
    }
}

extension Int: SelfPrintable { }
extension String: SelfPrintable { }
extension Double: SelfPrintable { }

1024.printSelf()       // 1024
3.14.printSelf()       // 3.14
"hana".printSelf()     // "hana"
```

[코드 23-11]은 코드를 수정할 수 없는 스위프트의 기본 타입인 Int, String, Double에 SelfPrintable 프로토콜과 그 프로토콜의 초기구현으로 공통 기능을 간단히 추가해본 것입니다. 스위프트 표준 라이브러리 내부의 공통 기능이 이렇게 프로토콜 초기구현을 통해 구현하지 않았을까 상상해볼 수 있겠죠.

Part V

스위프트 고급

지금까지는 스위프트의 기본 문법과 기능 위주로 살펴보았습니다. 이번 파트에서는 기본 문법과 더불어 스위프트를 더욱 강력하고 유용하게 사용할 수 있도록 도와줄 기능과 문법에 대해 알아보겠습니다. 또 메모리 관리를 위해 꼭 알아두어야 할 ARC^Automatic Reference Counting에 대해 알아보며, 각종 오류를 제어하기 위한 오류처리 기법에 대해서도 알아보겠습니다.

Part V
스위프트 고급

24장 타입 중첩

25장 패턴

26장 where 절

27장 ARC

28장 오류처리

29장 메모리 안전

30장 불명확 타입과 상자형 프로토콜 타입

31장 결과 구축자

32장 동시성

33장 매크로

CHAPTER 24

타입 중첩

열거형은 특정 클래스나 구조체의 기능을 명확히 사용하기에 용이합니다. 그러나 굳이 클래스나 구조체 외부에서는 열거형을 사용할 필요가 없을 때도 있습니다. 즉, 클래스나 구조체 내부에서 자신의 역할을 충실히 할 수 있도록 역할을 구분 짓는 열거형을 선언해주고 자신의 내부에서만 사용할 수 있기를 원할 수 있습니다. 또는 특정 데이터 타입들을 하나의 클래스나 구조체에 구현하여 외부와의 혼선을 피하고 싶을 수도 있습니다.

어떤 이유가 되었든, 스위프트에는 타입 내부에 타입을 정의하고 구현할 수 있습니다. 이처럼 타입 내부에 새로운 타입을 선언해준 것을 중첩 타입Nested Types이라고 부릅니다.

타입 내부에 새로운 타입을 정의하고 싶다면, 자신의 정의 내부에 새로운 타입을 정의하고 구현해주기만 하면 됩니다.

24.1 중첩 데이터 타입

함수를 중첩해 사용했듯이 클래스 내부에 새 클래스, 클래스 내부에 새 구조체, 구조체 내부에 새 열거형 등의 타입을 중첩해서 타입 내부에 새 타입을 정의할 수 있습니다.

코드 24-1 중첩 데이터 타입 구현

```swift
class Person {
    enum Job {
        case jobless, programmer, student
    }

    var job: Job = .jobless
}

class Student: Person {
    enum School {
        case elementary, middle, high
    }

    var school: School

    init(school: School) {
        self.school = school
        super.init()
        self.job = .student
    }
}

let personJob: Person.Job = .jobless
let studentJob: Student.Job = .student

let student: Student = Student(school: .middle)
print(student.job)       // student
print(student.school)    // middle
```

[코드 24-1]에는 Person 클래스 내부에 중첩 데이터 타입으로 Job이라는 열거형 타입이 정의되어 있습니다. 또 Student 클래스 내부에는 중첩 데이터 타입으로 School이라는 열거형 타입이 정의되어 있습니다. 데이터 타입을 중첩 구현하는 것은 보기에는 열거형을 외부에 정의했던 것과 크게 다르지 않아 보입니다. 다만 중첩 데이터 타입을 사용할 때는 자신을 둘러싼 타입(자신이 속해 있는 타입)의 이름을 자신보다 앞에 적어줘야 한다는 점이 다릅니다. 예를 들어 Person 클래스 내부에 정의한 Job 타입을 나타내려면 Person.Job이라고 표현합니다. 또 Student 내부의 School 타입을 나타내려면 Student.School이라고 표현합니다. 이 순서로 중첩된 타입이 정확히 어떤 역할을 위해 만들어졌는지 더욱 확실히 알 수 있습니다.

Job 열거형은 Person 내부에 정의되어 있지만 Person을 상속받은 Student 클래스의 중첩 데이터 타입으로도 취급할 수 있습니다. 그래서 Person.Job과 Student.Job이라는 표현은 동일하게 사용할 수 있습니다.

아직은 왜 중첩 데이터 타입을 구현해야 하는지 잘 이해가 되지 않을 겁니다. [코드 24-2]를 살펴보겠습니다.

코드 24-2 같은 이름의 중첩 데이터 타입 구현

```
struct Sports {
    enum GameType {
        case football, basketball
    }
    
    var gameType: GameType
    
    struct GameInfo {
        var time: Int
        var player: Int
    }
    
    var gameInfo: GameInfo {
        switch self.gameType {
        case .basketball:
            return GameInfo(time: 40, player: 5)
        case .football:
            return GameInfo(time: 90, player: 11)
        }
    }
}

struct ESports {
    enum GameType {
        case online, offline
    }
    
    var gameType: GameType
    
    struct GameInfo {
        var location: String
        var pakage: String
    }
```

```
    var gameInfo: GameInfo {
        switch self.gameType {
        case .online:
            return GameInfo(location: "www.liveonline.co.kr", pakage: "LoL")
        case .offline:
            return GameInfo(location: "제주", pakage: "SA")
        }
    }
}

var basketball: Sports = Sports(gameType: .basketball)
print(basketball.gameInfo)  // (time: 40, player: 5)

var sudden: ESports = ESports(gameType: .offline)
print(sudden.gameInfo)      // (location: "제주", pakage: "SA")

let someGameType: Sports.GameType = .football
let anotherGameType: ESports.GameType = .online
let errorIfYouWantIt: Sports.GameType = .online // 오류 발생
```

[코드 24-2]의 중첩 데이터 타입 구현을 보면 Sports 구조체와 ESports 구조체에 각각 GameType과 GameInfo가 있습니다. 이름이 같은 데이터 타입이지만 각 구조체에 맞게 서로 다른 종류의 게임이 있으며 제공해야 하는 게임 정보도 서로 다릅니다. 이렇게 이름이 같더라도 역할이 달라야 할 때, 예를 들어 외부에 GameType과 GameInfo 타입을 정의했다면 공용으로 쓰지 못하고 오히려 혼란만 초래했을 겁니다. 물론 SportsGameType이나 ESportsGameInfo처럼 다른 이름으로 길게 타입을 선언해도 되었겠죠. GameType이나 GameInfo 등의 타입을 다른 타입 내부에 중첩하여 구현한 것과 같이 목적에 따라 타입을 중첩하는 것은 타입의 목적성을 명확히 하는 데 큰 도움이 됩니다.

CHAPTER 25

패턴

스위프트에는 문법에 응용할 수 있는 다양한 종류의 **패턴**Pattern이 있습니다. 여러 패턴을 잘 숙지해두면 스위프트 코드의 양을 줄이는 효과는 물론, 스위프트 문법을 좀 더 잘 활용할 수 있습니다.

패턴은 '단독 또는 복합 값의 구조를 나타내는 것'이고, 패턴 매칭은 '코드에서 어떤 패턴의 형태를 찾아내는 행위'라고 할 수 있습니다. 뜻만 놓고 보면 크게 와닿지 않을 겁니다. 쉽게 말하자면 '이러이러한 것을 표현하고 싶다'면, '이러이러한 패턴을 통해 표현하면 된다'라고 이해하면 됩니다. 대부분의 패턴은 switch, if, guard, for 등의 키워드와 아주 친하며 두 개 이상의 키워드가 합을 이뤄 동작합니다. 예제에서 볼 수 있겠지만, 대부분의 패턴은 switch 구문에서 강력한 힘을 발휘합니다.

스위프트의 패턴은 크게 두 종류로 나뉩니다.

- **값을 해체(추출)하거나 무시하는 패턴**: 와일드카드 패턴, 식별자 패턴, 값 바인딩 패턴, 튜플 패턴
- **패턴 매칭을 위한 패턴**: 열거형 케이스 패턴, 옵셔널 패턴, 표현 패턴, 타입캐스팅 패턴

이제부터 스위프트의 다양한 패턴과 이를 실제로 어떻게 사용하는지에 대해 알아보겠습니다.

25.1 와일드카드 패턴

와일드카드 패턴Wildcard Pattern은 이 책의 중간중간에 소개된 바 있습니다. 와일드카드 식별자(_)를 사용한다는 것은 '이 자리에 올 것이 무엇이든 간에 상관하지 마라'는 뜻입니다. 즉, 와일드카드 식별자가 위치한 곳의 값은 무시합니다. 6장에서 봤던 [코드 6-9]와 같이 switch 구문에서 사용될 수도 있고, [코드 6-13]과 같이 for-in 구문에서도 사용할 수 있습니다. 자세한 설명은 주석으로 대체하겠습니다.

코드 25-1 와일드카드 패턴의 사용

```
let string: String = "ABC"

switch string {
// ABC  -> 어떤 값이 와도 상관없기에 항상 실행됩니다.
case _: print(string)
}

let optionalString: String? = "ABC"

switch optionalString {
// optionalString이 Optional("ABC")일 때만 실행됩니다.
case "ABC"?: print(optionalString)

// optionalString이 Optional("ABC") 외의 값이 있을 때만 실행됩니다.
case _?: print("Has value, but not ABC")

// 값이 없을 때 실행됩니다.
case nil: print("nil")
} // Optional("ABC")

let yagom = ("yagom", 99, "Male")

switch yagom {
// 첫 번째 요소가 "yagom"일 때만 실행됩니다.
case ("yagom", _, _): print("Hello yagom!!!")

// 그 외 언제든지 실행됩니다.
case (_, _, _): print("Who cares~")
}   // Hello yagom!!!

for _ in 0..<2 {
```

```
        print("Hello")
}
// Hello
// Hello
```

25.2 식별자 패턴

식별자 패턴Identifier Pattern은 변수 또는 상수의 이름에 알맞은 값을 어떤 값과 매치시키는 패턴을 말합니다.

코드 25-2 식별자 패턴의 사용

```
let someValue: Int = 42
```

[코드 25-2]에서는 `let someValue: Int = 42`와 같이 `someValue` 상수를 선언하는 동시에 `someValue`에 42라는 값을 할당하려고 합니다. 이때 `someValue`의 타입인 `Int`와 할당하려는 42의 타입이 매치된다면 `someValue`는 42라는 값의 식별자가 되므로 식별자 패턴이 성립됩니다. 이렇게 식별자 패턴이 성립되면 42라는 값은 `someValue`라는 상수에 할당됩니다.

사실 너무나 당연히 써왔던 모습이기 때문에 패턴이라고 하기에 민망할 수 있습니다. 경우에 따라서 식별자 패턴은 값 바인딩 패턴의 일종이라고 할 수도 있습니다.

25.3 값 바인딩 패턴

값 바인딩 패턴Value-Binding Pattern은 변수 또는 상수의 이름에 매치된 값을 바인딩하는 것입니다. 값 바인딩 패턴의 일종인 식별자 패턴은 매칭되는 값을 새로운 이름의 변수 또는 상수에 바인딩합니다. 예를 들어 튜플의 요소를 해체하여 그에 대응하는 식별자 패턴에 각각의 요소 값을 바인딩하는 것입니다.

[코드 25-3]처럼 `switch` 구문에서 많이 사용됩니다.

코드 25-3 값 바인딩 패턴의 사용

```
let yagom = ("yagom", 99, "Male")

switch yagom {
// name, age, gender를 yagom의 각각의 요소와 바인딩합니다.
case let (name, age, gender) : print ("Name: \(name), Age: \(age), Gender:
    \(gender)")
} // Name: yagom, Age: 99, Gender: Male

switch yagom {
case (let name, let age, let gender) : print ("Name: \(name), Age: \(age),
    Gender: \(gender)")
} // Name: yagom, Age: 99, Gender: Male

switch yagom {
// 값 바인딩 패턴은 와일드카드 패턴과 결합하여 유용하게 사용될 수도 있습니다.
case (let name, _, let gender): print ("Name: \(name), Gender: \(gender)")
} // Name: yagom, Gender: Male
```

25.4 튜플 패턴

튜플 패턴Tuple Pattern은 소괄호(()) 내에 쉼표로 분리하는 리스트입니다. 튜플 패턴은 그에 상응하는 튜플 타입과 값을 매치합니다. 예를 들어 let (x, y): (Int, Int) = (1, 2)와 같이 상수를 선언한다면 (x, y): (Int, Int)라고 사용된 튜플 패턴은 요소가 모두 Int 타입인 튜플하고만 매치된다는 뜻입니다.

튜플 패턴을 for-in 구문 또는 변수나 상수 선언에서 사용한다면 와일드카드 패턴, 식별자 패턴, 옵셔널 패턴, 또다른 튜플 패턴 등을 함께 사용할 수 있습니다.

코드 25-4 튜플 패턴의 사용

```
let (a): Int = 2
print(a)    // 2

let (x, y): (Int, Int) = (1, 2)
print(x)    // 1
```

```
print(y)      // 2

let name: String = "Jung"
let age: Int = 99
let gender: String? = "Male"

switch (name, age, gender) {
case ("Jung", _, _): print("Hello Jung!!")
case (_, _, "Male"?): print("Who are you man?")
default: print("I don't know who you are")
}     // Hello Jung!!

let points: [(Int, Int)] = [(0, 0), (1, 0), (1, 1), (2, 0), (2, 1)]

for (x, _) in points {
    print(x)
}
// 0
// 1
// 1
// 2
// 2
```

25.5 열거형 케이스 패턴

열거형 케이스 패턴Enumeration Case Pattern은 값을 열거형 타입의 case와 매치시킵니다. 열거형 케이스 패턴은 switch 구문의 case 레이블과 if, while, guard, for-in 구문의 case 조건에서 볼 수 있습니다. 만약 연관 값(4.5.3절)이 있는 열거형 케이스와 매치하려고 한다면 열거형 케이스 패턴에는 반드시 튜플 패턴이 함께해야 합니다.

코드 25-5 열거형 케이스 패턴의 사용

```
let someValue: Int = 30

if case 0...100 = someValue {
    print("0 <= \(someValue) <= 100")
}     // 0 <= 30 <= 100
```

```swift
let anotherValue: String = "ABC"

if case "ABC" = anotherValue {
    print(anotherValue)
}   // ABC

enum MainDish {
    case pasta(taste: String)
    case pizza(dough: String, topping: String)
    case chicken(withSauce: Bool)
    case rice
}

var dishes: [MainDish] = []

var dinner: MainDish = .pasta(taste: "크림")   // 크림 파스타
dishes.append(dinner)

if case .pasta(let taste) = dinner {
    print("\(taste) 파스타")
}   // 크림 파스타

dinner = .pizza(dough: "치즈크러스트", topping: "불고기") // 치즈크러스트 불고기 피자 만들기
dishes.append(dinner)

func whatIsThis(dish: MainDish) {
    guard case .pizza(let dough, let topping) = dinner else {
        print("It's not a Pizza")
        return
    }
    
    print("\(dough) \(topping) 피자")
}
whatIsThis(dish: dinner)              // 치즈크러스트 불고기 피자

dinner = .chicken(withSauce: true)   // 양념 통닭 만들기
dishes.append(dinner)

while case .chicken(let sauced) = dinner {
    print("\(sauced ? "양념" : "후라이드") 통닭")
    break
}   // 양념 통닭

dinner = .rice   // 밥
```

```
    dishes.append(dinner)

    if case .rice = dinner {
        print("오늘 저녁은 밥입니다.")
    }   // 오늘 저녁은 밥입니다.

    for dish in dishes {
        switch dish {
        case let .pasta(taste): print(taste)
        case let .pizza(dough, topping): print(dough, topping)
        case let .chicken(sauced): print(sauced ? "양념" : "후라이드")
        case .rice: print("Just 쌀")
        }
    }
    /*
     크림
     치즈크러스트 불고기
     양념
     Just 쌀
     */
```

25.6 옵셔널 패턴

옵셔널 패턴Optional Pattern은 옵셔널 또는 암시적 추출 옵셔널 열거형*에 감싸져 있는 값을 매치시킬 때 사용합니다. 옵셔널 패턴은 식별자 패턴 뒤에 물음표를 넣어 표기하며 열거형 케이스 패턴과 동일한 위치에 자리합니다. 또 옵셔널 패턴은 옵셔널 값을 저장하는 배열의 for-in 구문을 통한 순환에서 nil이 아닌 값을 찾는 데도 유용하게 사용합니다.

코드 25-6 옵셔널 패턴의 사용

```
    var optionalValue: Int? = 100

    if case .some(let value) = optionalValue {
```

---

* 옵셔널과 암시적 추출 옵셔널은 각각 Optional과 ImplicitlyUnwrappedOptional이라는 제네릭 열거형 타입으로 구현되어 있습니다. ImplicitlyUnwrappedOptional 타입은 스위프트 3에서 deprecated되었지만 암시적 추출 옵셔널 개념은 여전히 사라지지 않았습니다.

```
    print(value)
} // 100

if case let value? = optionalValue {
    print(value)
} // 100

func isItHasValue(_ optionalValue: Int?) {
    guard case .some(let value) = optionalValue else {
        print("none")
        return
    }
    
    print(value)
}

isItHasValue(optionalValue) // 100

while case .some(let value) = optionalValue {
    print(value)
    optionalValue = nil
} // 100

print(optionalValue)        // nil

let arrayOfOptionalInts: [Int?] = [nil, 2, 3, nil, 5]

for case let number? in arrayOfOptionalInts {
    print("Found a \(number)")
}
// Found a 2
// Found a 3
// Found a 5
```

25.7 타입캐스팅 패턴

타입캐스팅 패턴Type-Casting Pattern에는 is 패턴과 as 패턴이 있습니다. is 패턴은 switch의 case 레이블에서만 사용할 수 있습니다. is 패턴은 is (TYPE_NAME)과 같이 쓸 수 있고 as

패턴은 SomePattern as (TYPE_NAME)과 같이 쓸 수 있습니다.

이름에서부터 알 수 있듯이 타입캐스팅 패턴은 타입캐스팅을 하거나 타입을 매치시킵니다. is 패턴은 프로그램 실행 중에 값의 타입이 is 우측에 쓰여진 타입 또는 그 타입의 자식클래스 타입이면 값과 매치시킵니다. is 패턴은 타입캐스팅에 사용되는 as 연산자와 비슷한 역할을 하지만 반환된 결괏값은 신경 쓰지 않는다는 차이가 있습니다.

as 패턴은 프로그램 실행 중에 값의 타입이 as 우측에 쓰여진 타입 또는 그 타입의 자식클래스 타입이면 값과 매치시킵니다. 만약 매치된다면 매치된 값의 타입은 as 패턴이 원하는 타입으로 캐스팅됩니다.

코드 25-7 타입캐스팅 패턴의 사용

```
let someValue: Any = 100

switch someValue {
// 타입이 Int인지 확인하지만 캐스팅된 값을 사용할 수는 없습니다.
case is String: print ("It's String!")

// 타입 확인과 동시에 캐스팅까지 완료되어 value에 저장됩니다.
// 값 바인딩 패턴과 결합된 모습입니다.
case let value as Int: print(value + 1)
default: print("Int도 String도 아닙니다.")
}   // 101
```

25.8 표현 패턴

표현 패턴Expression Pattern은 표현식의 값을 평가한 결과를 이용하는 것입니다. 표현 패턴은 switch 구문의 case 레이블에서만 사용할 수 있습니다.

표현 패턴은 스위프트 표준 라이브러리의 패턴 연산자인 ~= 연산자의 연산 결과가 true를 반환하면 매치시킵니다. ~= 연산자는 같은 타입의 두 값을 비교할 때 == 연산자를 사용합니다. 표현 패턴은 정숫값과 정수의 범위를 나타내는 Range 객체와 매치시킬 수도 있습니다.

표현 패턴은 매우 유용한 패턴 중 하나입니다. 사실 모든 패턴 중에 최고봉이며 궁극의 패턴 매칭을 이루어낼 수 있는 패턴이라고 할 수 있습니다. 그 이유는 ~= 연산자를 중복 정의Overload하거나 ~= 연산자를 새로 정의하거나 또는 자신이 만든 타입에 ~= 연산자를 구현해준다면 자신이 원하는 대로 패턴을 완성시킬 수 있기 때문입니다. 거기에 더불어 제네릭까지 추가하면 활용도는 더욱 높아집니다.

코드 25-8 표현 패턴의 사용

```swift
switch 3 {
case 0...5: print("0과 5 사이")
default: print("0보다 작거나 5보다 큽니다.")
}    // 0과 5 사이

var point: (Int, Int) = (1, 2)

// 같은 타입 간의 비교이므로 == 연산자를 사용하여 비교할 것입니다.
switch point {
case (0, 0): print("원점")
case (-2...2, -2...2): print("(\(point.0), \(point.1))은 원점과 가깝습니다.")
default: print("point (\(point.0), \(point.1))")
}    // (1, 2)는 원점과 가깝습니다.

// String 타입과 Int 타입이 매치될 수 있도록 ~= 연산자를 정의합니다.
func ~= (pattern: String, value: Int) -> Bool {
    return pattern == "\(value)"
}

point = (0, 0)

// 새로 정의된 ~= 연산자를 사용하여 비교합니다.
switch point {
case ("0", "0"): print("원점")
default: print("point (\(point.0), \(point.1))")
}    // 원점

struct Person {
    var name: String
    var age: Int
}

let lingo: Person = Person(name: "Lingo", age: 99)
func ~= (pattern: String, value: Person) -> Bool {
    return pattern == value.name
```

```
}
func ~= (pattern: Person, value: Person) -> Bool {
    return pattern.name == value.name && pattern.age == value.age
}

switch lingo {
case Person(name: "Lingo", age: 99): print("Same Person!!")
case "Lingo": print("Hello Lingo!!")
default: print("I don't know who you are")
}    // Same Person!!
```

표현 패턴은 프로토콜과 제네릭을 더해 특정 프로토콜을 따르는 타입에 대해서 원하는 패턴을 만들 수 있습니다. 또 스위프트의 함수형 프로그래밍 방식을 따르면 더욱 재미있는 패턴 효과를 얻을 수 있습니다. 스위프트에서 함수는 일급 객체여서 함수를 함수의 전달인자로 사용할 수 있기 때문입니다. 그래서 패턴 매칭을 위한 연산자가 함수라는 점과 함수의 전달인자로 함수를 전달할 수 있다는 점을 생각해보면 발전 가능성이 무궁무진합니다.

코드 25-9 제네릭을 사용한 표현 패턴 활용

```
// 제네릭을 사용하기 위해 프로토콜을 정의합니다.
protocol Personalize {
    var name: String { get }
    var age: Int { get }
}

struct Person: Personalize {
    var name: String
    var age: Int
}

let star: Person = Person(name: "Star", age: 99)

/* 이제 필요 없습니다.  - 제네릭을 이용해서 구현할 거니까요.
func ~= (pattern: String, value: Person) -> Bool {
    return pattern == value.name
}

func ~= (pattern: Person, value: Person) -> Bool {
    return pattern.name == value.name && pattern.age == value.age
}
```

```swift
*/

// 제네릭을 사용하여 패턴 연산자를 정의합니다.
func ~= <T: Personalize>(pattern: String, value: T) -> Bool {
    return pattern == value.name
}

func ~= <T: Personalize>(pattern: T, value: T) -> Bool {
    return pattern.name == value.name && pattern.age == value.age
}

// 기존 패턴 연산자가 없더라도 제네릭 패턴 연산자로 똑같이 사용할 수 있습니다.
switch star {
case Person(name: "Star", age: 99): print("Same Person!!")
case "Star": print("Hello Star!!")
default: print("I don't know who you are")
}   // Same Person!!

// 이번엔 제네릭을 사용하여 패턴 연산자를 정의합니다.
// 패턴 자체가 함수임을 유심히 살펴보세요!
func ~= <T: Personalize>(pattern: (T) -> Bool, value: T) -> Bool {
    return pattern(value)
}

// 패턴에 사용할 제네릭 함수입니다.
func young<T: Personalize>(value: T) -> Bool {
    return value.age < 50
}

switch star {
// 패턴결합을 하면 young(star)와 같은 효과를 봅니다.
case young: print("\(star.name) is young")
default: print("\(star.name) is old")
}   // Star is old

// 패턴에 사용할 제네릭 함수입니다.
func isNamed<T: Personalize>(_ pattern: String) -> ((T) -> Bool) {
    return { (value: T) -> Bool in value.name == pattern }
    // 패턴과 값을 비교할 클로저를 반환합니다.
}

switch star {
// 패턴결합을 하면 isNamed("Jung")(star)와 같은 효과를 봅니다.
case isNamed("Jung"): print("He is Jung")
```

```
    default: print("Another person")
}   // Another person
// 연산자가 함수라는 점을 생각해보면 이런 방식으로도 구현할 수 있습니다.
prefix operator ==?

prefix func ==? <T: Personalize>(pattern: String) -> ((T) -> Bool) {
    return isNamed(pattern)
}

switch star {
// 패턴결합을 하면 isNamed("Jung")(star)와 같은 효과를 봅니다.
case ==?"Jung": print("He is Jung")
default: print("Another person")
}   // Another person
```

[코드 25-8]에서는 패턴과 비교 값이 모두 단순 값이었던 것에 비해 [코드 25-9]에서는 패턴에 함수를 사용하여 함수의 결과를 통해 Bool 값을 얻어냈습니다. 단순히 패턴에 함수를 사용하는 것을 넘어서 제네릭을 사용하여 프로토콜을 준수하는 타입 모두가 공통으로 매칭이 될 수 있다는 점은 굉장히 매력적입니다. 또한, 사용자 정의 연산자를 적극 활용할 수 있으므로 재미있는 활용법도 무궁무진하게 구상해볼 수 있습니다!

CHAPTER 26

where 절

스위프트의 where 절은 특정 패턴과 결합하여 조건을 추가하는 역할을 합니다. 조건을 더 추가하고 싶을 때, 특정 타입에 제한을 두고 싶을 때 등 다양한 용도로 사용됩니다. 마치 해리포터의 마법을 보는 것 같기도 하고 어디서든 필요할 때마다 나타나 도와주는 슈퍼맨 같기도 한 where에 대해 알아볼까요?

26.1 where 절의 활용

where 절은 크게 두 가지 용도로 사용됩니다.

- 패턴과 결합하여 조건 추가
- 타입에 대한 제약 추가

다시 말해서 특정 패턴에 Bool 타입 조건을 지정하거나 어떤 타입의 특정 프로토콜 준수 조건을 추가하는 등의 기능이 있습니다.

예제를 통해 where 절과 결합할 수 있는 다양한 패턴과 그 활용에 대해 알아보겠습니다. [코드 26-1]에서 값 바인딩, 와일드카드 패턴과 결합한 where 절을 살펴보겠습니다.

코드 26-1 값 바인딩, 와일드카드 패턴과 where 절의 활용

```swift
let tuples: [(Int, Int)] = [(1, 2), (1, -1), (1, 0), (0, 2)]

// 값 바인딩, 와일드카드 패턴
for tuple in tuples {
    switch tuple {
    case let (x, y) where x == y: print("x == y")
    case let (x, y) where x == -y: print("x == -y")
    case let (x, y) where x > y: print("x > y")
    case (1, _): print("x == 1")
    case (_, 2): print("y == 2")
    default: print("\(tuple.0), \(tuple.1)")
    }
}

/*
 x == 1
 x == -y
 x > y
 y == 2
 */

var repeatCount: Int = 0
// 값 바인딩 패턴
for tuple in tuples {
    switch tuple {
    case let (x, y) where x == y && repeatCount > 2: print("x == y")
    case let (x, y) where repeatCount < 2: print("\(x), \(y)")
    default: print("Nothing")
    }
    
    repeatCount += 1
}

/*
 1, 2
 1, -1
 Nothing
 Nothing
 */

let firstValue: Int = 50
let secondValue: Int = 30
```

```
// 값 바인딩 패턴
switch firstValue + secondValue {
case let total where total > 100: print("total > 100")
case let total where total < 0: print("wrong value")
case let total where total == 0: print("zero")
case let total: print(total)
}    // 80
```

또한 where 절은 옵셔널 패턴과도 결합할 수 있습니다. [코드 26-2]을 통해 알아봅시다.

코드 26-2 옵셔널 패턴과 where 절의 활용

```
let arrayOfOptionalInts: [Int?] = [nil, 2, 3, nil, 5]

for case let number? in arrayOfOptionalInts where number > 2 {
    print("Found a \(number)")
}
// Found a 3
// Found a 5
```

where 절을 타입캐스팅 패턴과 결합할 수 있습니다. [코드 26-3]을 통해 알아봅시다.

코드 26-3 타입캐스팅 패턴과 where 절의 활용

```
let anyValue: Any = "ABC"

switch anyValue {
case let value where value is Int: print("value is Int")
case let value where value is String: print("value is String")
case let value where value is Double: print("value is Double")
default: print("Unknown type")
}    // value is String

var things: [Any] = [Any]()

things.append(0)
things.append(0.0)
things.append(42)
things.append(3.14159)
things.append("hello")
things.append((3.0, 5.0))
```

```
    things.append({ (name: String) -> String in "Hello, \(name)" })

    for thing in things {
        switch thing {
        case 0 as Int:
            print("zero as an Int")
        case 0 as Double:
            print("zero as a Double")
        case let someInt as Int:
            print("an integer value of \(someInt)")
        case let someDouble as Double where someDouble > 0:
            print("a positive double value of \(someDouble)")
        case is Double:
            print("some other double value that I don't want to print")
        case let someString as String:
            print("a string value of \"\(someString)\"")
        case let (x, y) as (Double, Double):
            print("an (x, y) point at \(x), \(y)")
        case let stringConverter as (String) -> String:
            print(stringConverter("Michael"))
        default:
            print("something else")
        }
    }

    // zero as an Int
    // zero as a Double
    // an integer value of 42
    // a positive double value of 3.14159
    // a string value of "hello"
    // an (x, y) point at 3.0, 5.0
    // Hello, Michael
```

where 절을 표현 패턴과 결합할 수 있습니다. [코드 26-4]을 통해 알아봅시다.

코드 26-4 표현 패턴과 where 절의 활용

```
    var point: (Int, Int) = (1, 2)

    switch point {
    case (0, 0): print("원점")
    case (-2...2, -2...2) where point.0 != 1: print("(\(point.0), 
        \(point.1))은 원점과 가깝습니다.")
```

```
        default: print("point (\(point.0), \(point.1))")
        }    // point (1, 2)
```

프로토콜 익스텐션에 where 절을 사용하면 이 익스텐션이 특정 프로토콜을 준수하는 타입에만 적용될 수 있도록 제약을 줄 수 있습니다. 다시 말해 익스텐션이 적용된 프로토콜을 준수하는 타입 중 where 절 뒤에 제시되는 프로토콜도 준수하는 타입만 익스텐션이 적용되도록 제약을 줄 수 있다는 뜻입니다. 우리가 이미 앞에서 한번 살펴본 [코드 23-3]에서와 같은 모습입니다. [코드 23-3]에서 extension SelfPrintable where Self: Container의 뜻은 'SelfPrintable 프로토콜을 준수하는 타입 중 Container 프로토콜도 준수하는 타입에만 이 익스텐션이 적용될 수 있다'는 뜻입니다. 여러 프로토콜을 제시하고 싶다면 쉼표로 구분해 주면 됩니다. [코드 26-5]을 통해 알아봅니다.

코드 26-5 where 절을 활용한 프로토콜 익스텐션의 프로토콜 준수 제약 추가

```
protocol SelfPrintable {
    func printSelf()
}

struct Person: SelfPrintable { }

extension Int: SelfPrintable { }
extension UInt: SelfPrintable { }
extension String: SelfPrintable { }
extension Double: SelfPrintable { }

extension SelfPrintable where Self: FixedWidthInteger, Self: SignedInteger {
    func printSelf() {
        print("FixedWidthInteger와 SignedInteger를 준수하면서 SelfPrintable을 준수하는
            타입 \(type(of:self))")
    }
}

extension SelfPrintable where Self: CustomStringConvertible {
    func printSelf() {
        print("CustomStringConvertible을 준수하면서 SelfPrintable을 준수하는 타입
            \(type(of:self))")
    }
}
extension SelfPrintable {
```

```
    func printSelf() {
        print("그 외 SelfPrintable을 준수하는 타입 \(type(of:self))")
    }
}

// FixedWidthInteger와 SignedInteger을 준수하면서 SelfPrintable을 준수하는 타입 Int
Int(-8).printSelf()

// CustomStringConvertible을 준수하면서 SelfPrintable을 준수하는 타입 UInt
UInt(8).printSelf()

// CustomStringConvertible을 준수하면서 SelfPrintable을 준수하는 타입 String
String("yagom").printSelf()

// CustomStringConvertible을 준수하면서 SelfPrintable을 준수하는 타입 Double
Double(8.0).printSelf()

// 그 외 SelfPrintable을 준수하는 타입 Person
Person().printSelf()
```

타입 매개변수와 연관 타입의 제약을 추가하는 데 where 절을 사용하기도 합니다. 제네릭 함수(메서드)의 반환 타입 뒤에 where 절을 포함하면 타입 매개변수와 연관 타입에 요구사항을 추가할 수 있습니다. 요구사항이 여러 개일 때는 쉼표로 구분합니다. 이렇게 제네릭의 where 절을 사용한 요구사항은 타입 매개변수가 특정 클래스를 상속받았는지 또는 특정 프로토콜을 준수하는지를 표현할 수 있습니다.

제네릭의 타입 제약(22.4절) 기능은 where 절을 사용하지 않고 간편하게 타입 제약을 추가한 것입니다. 그래서 타입 매개변수에 where 절로 똑같이 타입을 제약하는 기능을 구현할 수도 있습니다. [코드 26-6]을 통해 알아봅시다.

코드 26-6 where 절을 활용한 타입 매개변수와 연관 타입의 타입 제약 추가

```
// 타입 매개변수 T가 BinaryInteger 프로토콜을 준수하는 타입
func doubled<T>(integerValue: T) -> T where T: BinaryInteger {
    return integerValue * 2
}

// 위 함수와 같은 표현입니다.
func doubled<T: BinaryInteger>(integerValue: T) -> T {
    return integerValue * 2
}
```

```swift
}

// 타입 매개변수 T와 U가 CustomStringConvertible 프로토콜을 준수하는 타입
func prints<T, U>(first: T, second: U) where T: CustomStringConvertible, U:
    CustomStringConvertible {
    print(first)
    print(second)
}

// 위 함수와 같은 표현입니다.
func prints<T: CustomStringConvertible, U:
    CustomStringConvertible>(first: T, second: U) {
    print(first)
    print(second)
}

// 타입 매개변수 S1과 S2가 Sequence 프로토콜을 준수하며
// S1과 S2가 준수하는 프로토콜인 Sequence 프로토콜의 연관 타입인 Element가 같은 타입
func compareTwoSequences<S1, S2>(a: S1, b: S2) where S1: Sequence,
    S1.Element: Equatable, S2: Sequence, S2.Element: Equatable {
    // ...
}

// 위 함수와 같은 표현입니다.
func compareTwoSequences<S1, S2>(a: S1, b: S2) where S1: Sequence,
    S2: Sequence, S1.Element: Equatable, S1.Element == S2.Element {
    // ...
}

// 위 함수와 같은 표현입니다.
func compareTwoSequences<S1: Sequence, S2: Sequence>(a: S1, b: S2) where
    S1.Element: Equatable, S1.Element == S2.Iterator.Element {
    // ...
}

// 프로토콜의 연관 타입에도 타입 제약을 줄 수 있습니다.
protocol Container {
    associatedtype ItemType where ItemType: BinaryInteger
    var count: Int { get }

    mutating func append(_ item: ItemType)
    subscript(i: Int) -> ItemType { get }
}
// 위 표현과 같은 표현입니다.
protocol Container where ItemType: BinaryInteger {
```

```
    associatedtype ItemType
    var count: Int { get }

    mutating func append(_ item: ItemType)
    subscript(i: Int) -> ItemType { get }
}
```

연관 타입이 특정 프로토콜을 준수하는 경우에만 제네릭 타입에 프로토콜을 채택하도록 제네릭 타입의 연관 타입에 제약을 줄 수 있습니다.

코드 26-7 where 절을 활용한 제네릭 타입의 연관 타입 제약 추가

```
protocol Talkable { }
protocol CallToAll {
    func callToAll()
}

struct Person: Talkable { }
struct Animal { }

extension Array: CallToAll where Element: Talkable {
    func callToAll() { }
}

let people: [Person] = []
let cats: [Animal] = []

people.callToAll()
// cats.callToAll() // 컴파일 오류!
```

[코드 26-7]의 Person 타입은 Talkable 프로토콜을 준수하지만 Animal 타입은 Talkable 프로토콜을 준수하지 않습니다. Element 타입이 Talkable 프로토콜을 준수하는 경우에만 Array 타입에 CallToAll 프로토콜을 채택했으므로 Animal 타입을 요소(Element)로 갖는 Array 타입은 CallToAll 프로토콜을 채택하지 않습니다.

코드 26-8 where 절을 활용한 제네릭 타입의 메서드 제약 추가

```
// 코드 22-8의 Stack 제네릭 구조체
struct Stack<Element> {
```

```
    var items = [Element]()
    mutating func push(_ item: Element) {
        items.append(item)
    }
    
    mutating func pop() -> Element {
        return items.removeLast()
    }
}

// 익스텐션을 사용한 제네릭 타입 확장
extension Stack {
    func sorted() -> [Element] where Element: Comparable {
        return items.sorted()
    }
}
```

[코드 26-8]의 Stack 타입은 [코드 22-8]에서 구현했던 스택입니다. 거기에 익스텐션을 사용하여 sorted() 메서드를 추가해줬는데요. 이 sorted() 메서드가 제대로 작동하기 위해서는 Element가 Comparable 프로토콜을 준수해야 합니다. 따라서 Element가 Comparable 프로토콜을 준수하는 경우에만 메서드가 동작하도록 where 절을 통해 제약을 줄 수 있습니다. sorted() 메서드가 익스텐션에 위치하지 않고 Stack 타입의 구현부에 위치해도 똑같습니다. 이처럼 제네릭 타입과 제네릭 익스텐션에 포함된 메서드에서 where 절을 사용할 수 있습니다.

이와 같이 where 절은 다른 패턴과 조합하면 원하는 추가 요구사항을 자유롭게 더할 수 있으며, 익스텐션과 제네릭에 사용함으로써 프로토콜 또는 타입에 대한 제약을 추가해줄 수도 있습니다. 조건 구문이나 논리 연산으로 구현한 코드보다는 훨씬 명확하고 간편하게 사용할 수 있습니다.

CHAPTER 27

ARC

매번 전달할 때마다 값을 복사해 전달하는 값 타입과는 달리 참조 타입은 하나의 인스턴스가 참조를 통해 여러 곳에서 접근하기 때문에 언제 메모리에서 해제되는지가 중요한 문제입니다. 인스턴스가 적절한 시점에 메모리에서 해제되지 않으면 한정적인 메모리 자원을 낭비하게 되며, 이는 성능의 저하로 이어지게 됩니다. 스위프트는 프로그램의 메모리 사용을 관리하기 위하여 메모리 관리 기법인 ARC를 사용합니다.*

> **NOTE_ ARC와 값 타입**
>
> ARC가 관리해주는 참조 횟수 계산Reference Counting은 참조 타입인 클래스의 인스턴스에만 적용됩니다. 구조체나 열거형은 값 타입이므로 참조 횟수 계산과 무관합니다. 즉, 구조체나 열거형은 다른 곳에서 참조하지 않기 때문에 ARC로 관리할 필요가 없습니다.

27.1 ARC란

ARC 기능은 이름에서 알 수 있듯이 자동으로 메모리를 관리해주는 방식입니다. 아무래도 프로그래머가 메모리 관리에 신경을 덜 쓸 수 있기에 편리합니다. ARC는 더 이상 필요하지 않은 클래스의 인스턴스를 메모리에서 해제하는 방식으로 동작합니다.

---

* Automatic Reference Counting. 자동 참조 카운팅은 Objective-C에서도 사용 중입니다.

그렇다면 자바 등 다른 프로그래밍 언어에서 사용되는 메모리 관리 기법인 가비지 컬렉션Garbage Collection 기법과 어떤 차이가 있을까요?

ARC와 가비지 컬렉션의 가장 큰 차이는 참조를 계산Count하는 시점입니다. ARC는 인스턴스가 언제 메모리에서 해제되어야 할지를 컴파일과 동시에 결정합니다. 가비지 컬렉션은 그렇지 않죠. 이 차이로 인해 생기는 장점과 단점은 명확합니다. [표 27-1]을 참고하세요.

표 27-1 ARC와 가비지 컬렉션의 차이

메모리 관리 기법	ARC	가비지 컬렉션
참조 카운팅 시점	• 컴파일 시	• 프로그램 동작 중
장점	• 컴파일 당시 이미 인스턴스의 해제 시점이 정해져 있어서 인스턴스가 언제 메모리에서 해제될지 예측할 수 있습니다. • 컴파일 당시 이미 인스턴스의 해제 시점이 정해져 있어서 메모리 관리를 위한 시스템 자원을 추가할 필요가 없습니다.	• 상호 참조 상황 등의 복잡한 상황에서도 인스턴스를 해제할 수 있는 가능성이 더 높습니다. • 특별히 규칙에 신경 쓸 필요가 없습니다.
단점	• ARC의 작동 규칙을 모르고 사용하면 인스턴스가 메모리에서 영원히 해제되지 않을 가능성이 있습니다.	• 프로그램 동작 외에 메모리 감시를 위한 추가 자원이 필요하므로 한정적인 자원 환경에서는 성능 저하가 발생할 수 있습니다. • 명확한 규칙이 없기 때문에 인스턴스가 정확히 언제 메모리에서 해제될지 예측하기 어렵습니다.

우리가 ARC를 이용해 자동으로 메모리 관리를 받기 위해서는 몇 가지 규칙을 알아야 합니다. 왜냐하면 가비지 컬렉션과 달리 ARC는 컴파일과 동시에 인스턴스를 메모리에서 해제하는 시점이 결정하기 때문입니다. 우리가 원하는 방향으로 메모리 관리가 이루어지려면 ARC에 명확한 힌트를 주어야 합니다.

클래스의 인스턴스를 생성할 때마다 ARC는 그 인스턴스에 대한 정보를 저장하기 위한 메모리 공간을 따로 또 할당합니다. 그 메모리 공간에는 인스턴스의 타입 정보와 함께 그 인스턴스와 관련된 저장 프로퍼티의 값 등을 저장합니다. 그 후에 인스턴스가 더 이상 필요 없는 상태가 되면 인스턴스가 차지하던 메모리 공간을 다른 용도로 활용할 수 있도록 ARC가 메모리에서 인스턴스를 없앱니다.

그런데 만약 아직 더 사용해야 하는 인스턴스를 메모리에서 해제시킨다면 인스턴스와 관련된 프로퍼티에 접근하거나 인스턴스의 메서드를 호출할 수 없습니다. 게다가 인스턴스에 강제로 접근하려고 하면 잘못된 메모리 접근으로 인해 프로그램이 강제 종료될 확률이 큽니다.

인스턴스가 지속해서 필요한 상황에서 ARC는 인스턴스가 메모리에서 해제되지 않도록 인스턴스 참조 여부를 계속 추적합니다. 다른 인스턴스의 프로퍼티나 변수, 상수 등 어느 한 곳에서 인스턴스를 참조한다면 ARC가 해당 인스턴스를 해제하지 않고 유지해야 하는 명분이 됩니다. 인스턴스를 메모리에 유지시키려면 이런 명분을 ARC에 제공해야 한다는 것을 명심해야 합니다.

인스턴스가 언제 메모리에서 해제될지 예측할 수 있도록 ARC에 적용되는 몇 가지 규칙을 알아봅시다. 그리고 이런 규칙을 알지 못할 때 벌어질 수 있는 문제점과 해결 방안도 알아봅시다.

27.2 강한참조

인스턴스가 계속해서 메모리에 남아있어야 하는 명분을 만들어 주는 것이 바로 **강한참조**Strong Reference입니다. 인스턴스는 참조 횟수가 0이 되는 순간 메모리에서 해제되는데, 인스턴스를 다른 인스턴스의 프로퍼티나 변수, 상수 등에 할당할 때 강한참조를 사용하면 참조 횟수가 1 증가합니다. 또 강한참조를 사용하는 프로퍼티, 변수, 상수 등에 nil을 할당해주면 원래 자신에게 할당되어 있던 인스턴스의 참조 횟수가 1 감소합니다.

참조의 기본은 강한참조이므로 클래스 타입의 프로퍼티, 변수, 상수 등을 선언할 때 별도의 식별자를 명시하지 않으면 강한참조를 합니다. 이제까지 우리는 알지 못하고 써왔지만 프로퍼티와 변수, 상수를 모두 강한참조로 선언해주었던 것입니다.

코드 27-1 강한참조의 참조 횟수 확인

```
class Person {
    let name: String

    init(name: String) {
        self.name = name
        print("\(name) is being initialized")
    }

    deinit {
        print("\(name) is being deinitialized")
    }
}
var reference1: Person?
```

```swift
    var reference2: Person?
    var reference3: Person?

    reference1 = Person(name: "yagom")
    // yagom is being initialized
    // 인스턴스의 참조 횟수 : 1

    reference2 = reference1 // 인스턴스의 참조 횟수 : 2
    reference3 = reference1 // 인스턴스의 참조 횟수 : 3

    reference3 = nil    // 인스턴스의 참조 횟수 : 2
    reference2 = nil    // 인스턴스의 참조 횟수 : 1
    reference1 = nil    // 인스턴스의 참조 횟수 : 0
    // yagom is being deinitialized
```

[코드 27-1]의 reference1에 할당된 Person 클래스 타입의 인스턴스는 처음 메모리에 생성된 후 강한참조로 reference1에 할당되기 때문에 참조 횟수가 1 증가합니다. 그 후 reference2에 강한참조로 할당되기 때문에 참조 횟수가 1 더 증가합니다. 마찬가지로 이 인스턴스가 reference3에 할당될 때도 참조 횟수가 1 증가합니다. 하나의 인스턴스가 세 개의 변수에 강한참조로 참조하는 있는 것이죠. 따라서 계속 메모리에 살아있을 명분이 충분합니다.

다음은 해제입니다. 마지막에 참조되었던 reference3에서 제일 먼저 인스턴스 참조를 그만두었습니다. 그러면 인스턴스의 참조 횟수는 1 감소하여 2가 됩니다. 마찬가지로 reference2와 reference1에서 순차적으로 참조를 그만두면 참조 횟수가 0이 됩니다. 참조 횟수가 0이 되는 순간 인스턴스는 ARC의 규칙에 의해 메모리에서 해제되며 메모리에서 해제되기 직전에 디이니셜라이저를 호출합니다.

코드 27-2 강한참조 지역변수(상수)의 참조 횟수 확인

```swift
func foo() {
    let yagom: Person = Person(name: "yagom")   // yagom is being initialized
    // 인스턴스의 참조 횟수 : 1

    // 함수 종료 시점
    // 인스턴스의 참조 횟수 : 0
    // yagom is being deinitialized
}
foo()
```

[코드 27-2]의 경우, foo( )라는 함수 내부에 yagom이라 정의한 강한참조 상수가 있습니다. Person 타입의 인스턴스는 이니셜라이저에 의해 생성된 후 yagom 상수에 할당할 때 참조 횟수가 1이 됩니다. 그리고 강한참조 지역변수(상수)가 사용된 범위의 코드 실행이 종료되면 그 지역변수(상수)가 참조하던 인스턴스의 참조 횟수가 1 감소합니다. 그래서 yagom 상수가 강한참조하던 인스턴스의 참조 횟수가 1 감소하여 인스턴스의 참조 횟수가 0이 됩니다. 인스턴스의 참조 횟수가 0이 되는 순간 인스턴스는 메모리에서 해제됩니다.

코드 27-3 강한참조 지역변수(상수)의 참조 횟수 확인과 전역변수

```
var globalReference: Person?

func foo() {
    let yagom: Person = Person(name: "yagom")   // yagom is being initialized
    // 인스턴스의 참조 횟수 : 1
    
    globalReference = yagom // 인스턴스의 참조 횟수 : 2
    
    // 함수 종료 시점
    // 인스턴스의 참조 횟수 : 1
}
foo()
```

[코드 27-3]에서 인스턴스가 foo( ) 함수 내부에서 생성된 후 강한참조로 yagom 상수에 참조된 것은 [코드 27-2]와 크게 다르지 않습니다. 그런데 이번엔 인스턴스가 강한참조를 하는 전역변수 globalReference에 강한참조되면서 참조 횟수가 1 더 증가하여 2가 되었습니다. 그 상태에서는 함수가 종료되면 참조 횟수가 1 감소하여도 여전히 참조 횟수가 1이므로 메모리에서 해제되지 않습니다.

27.2.1 강한참조 순환 문제

그런데 복합적으로 강한참조가 일어나는 상황에서 강한참조의 규칙을 모르고 사용하게 되면 문제가 발생할 수 있습니다. 인스턴스끼리 서로가 서로를 강한참조할 때를 대표적인 예로 들 수 있습니다. 이를 **강한참조 순환**Strong Reference Cycle이라고 합니다.

코드 27-4 강한참조 순환 문제

```swift
class Person {
    let name: String

    init(name: String) {
        self.name = name
    }

    var room: Room?

    deinit {
        print("\(name) is being deinitialized")
    }
}

class Room {
    let number: String

    init(number: String) {
        self.number = number
    }

    var host: Person?

    deinit {
        print("Room \(number) is being deinitialized")
    }
}

var yagom: Person? = Person(name: "yagom")    // Person 인스턴스의 참조 횟수 : 1
var room: Room? = Room(number: "505")         // Room 인스턴스의 참조 횟수 : 1

room?.host = yagom   // Person 인스턴스의 참조 횟수 : 2
yagom?.room = room   // Room 인스턴스의 참조 횟수 : 2

yagom = nil // Person 인스턴스의 참조 횟수 : 1
room = nil  // Room 인스턴스의 참조 횟수 : 1

// Person 인스턴스를 참조할 방법 상실 - 메모리에 잔존
// Room 인스턴스를 참조할 방법 상실 - 메모리에 잔존
```

[코드 27-4]의 Person 클래스는 강한참조를 하는 Room? 타입의 저장 프로퍼티 room을 가지며, Room 클래스는 강한참조를 하는 Person? 타입의 저장 프로퍼티 host를 갖습니다. 사람(Person 클래스)에게 필요한 방이 없을 수도 있고, 방(Room 클래스)에 사는 사람이 없을 수도 있기 때문에 두 프로퍼티 모두 옵셔널로 정의되어 있습니다. 그리고 두 클래스 모두 인스턴스가 메모리에서 해제되는 시점을 파악하기 위해 디이니셜라이저를 정의하고 콘솔 출력 문구를 출력하도록 구현해주었습니다.

그러나 이 예제 코드를 실행했을 때 디이니셜라이저는 영원히 호출되지 않음을 확인할 수 있습니다.

두 클래스 모두 클래스 정의 다음 코드를 보면 yagom은 Person? 타입의 변수고, room은 Room? 타입의 변수입니다. 각 변수에 맞는 타입으로 Person 클래스의 인스턴스와 Room 클래스의 인스턴스가 각각 메모리에 할당될 때 강한참조를 하므로 참조 횟수가 1씩 증가합니다.

두 인스턴스 모두 참조 횟수가 1인 상태에서 room이 참조하는 Room 클래스 인스턴스의 저장 프로퍼티인 host 프로퍼티에 변수 yagom이 참조하는 Person 클래스 인스턴스를 할당합니다. 이때 host 프로퍼티는 Room 클래스에 정의된 대로 강한참조를 하므로 변수 yagom이 참조하는 Person 클래스 인스턴스는 참조 횟수가 1 증가하여 2가 됩니다. 마찬가지로 yagom이 참조하는 Person 클래스 인스턴스의 저장 프로퍼티인 room 프로퍼티에 변수 room이 참조하는 Room 클래스 인스턴스를 할당하면 room 프로퍼티는 강한참조를 하므로 변수 room이 참조하는 Room 클래스 인스턴스는 참조 횟수가 1 증가하여 2가 됩니다.

서로 강한참조를 하는 상태에서 yagom 변수에 nil을 할당하면 yagom이 참조하는 인스턴스의 참조 횟수는 1 감소하여 참조 횟수가 1이 됩니다. 그렇지만 이제 yagom이 참조하던 인스턴스를 참조할 방법은 변수 room이 참조하는 인스턴스의 host 프로퍼티로 접근하는 방법밖에 남아 있지 않습니다. 다행히도 room 변수가 아직 그 인스턴스를 강한참조로 붙들고 있기 때문에 인스턴스는 메모리에서 해제되지 않은 상황입니다.

그렇지만 불행은 변수 room에 nil을 할당해주었을 때 일어납니다. room 변수가 참조하던 인스턴스는 참조 횟수가 1 감소하고 최종적으로 참조 횟수가 1이 됩니다. 그렇지만 이제 yagom 변수가 참조하던 Person 클래스의 인스턴스에 접근할 방법도, room 변수가 참조하던 Room 클래스의 인스턴스에 접근할 방법도 사라졌습니다. 참조 횟수가 0이 되지 않는 한, ARC의 규칙대로라면 인스턴스를 메모리에서 해제시키지 않기 때문에 이렇게 두 인스턴스 모두 참조 횟수 1을 남겨둔 채, 메모리에 좀비처럼 남아 있게 됩니다. 메모리 누수가 발생하는 거죠. 디이니셜라이저가 호출되지 않은 것을 보면 메모리에서 해제되지 않고 계속 남아 있다는 것을 알 수 있습니다.

이렇게 두 인스턴스가 서로를 참조하는 상황에서 강한참조 순환 문제가 발생할 수 있습니다.

코드 27-5 강한참조 순환 문제를 수동으로 해결

```
var yagom: Person? = Person(name: "yagom")   // Person 인스턴스의 참조 횟수 : 1
var room: Room? = Room(number: "505")        // Room 인스턴스의 참조 횟수 : 1

room?.host = yagom   // Person 인스턴스의 참조 횟수 : 2
yagom?.room = room   // Room 인스턴스의 참조 횟수 : 2

yagom?.room = nil    // Room 인스턴스의 참조 횟수 : 1
yagom = nil          // Person 인스턴스의 참조 횟수 : 1

room?.host = nil     // Person 인스턴스의 참조 횟수 : 0
// yagom is being deinitialized

room = nil           // Room 인스턴스의 참조 횟수 : 0
// Room 505 is being deinitialized
```

변수 또는 프로퍼티에 nil을 할당하면 참조 횟수가 감소한다는 규칙을 생각해보면 [코드 27-5]와 같은 방법으로 인스턴스를 메모리에서 해제시킬 수 있을지도 모릅니다. 그렇지만 만약 실수로, 아니면 깜빡하고 코드를 빼먹는다면? 아니면 해제해야 할 프로퍼티가 너무 많거나 귀찮다면? 좀 더 깔끔하고 멋진 해결책은 없을까요?

다음에 소개할 약한참조와 미소유참조를 통해 조금 더 명확한 해결책을 찾아봅시다.

27.3 약한참조

약한참조Weak Reference는 강한참조와 달리 자신이 참조하는 인스턴스의 참조 횟수를 증가시키지 않습니다. 참조 타입의 프로퍼티나 변수의 선언 앞에 weak 키워드를 써주면 그 프로퍼티나 변수는 자신이 참조하는 인스턴스를 약한참조합니다.

약한참조를 사용한다면 자신이 참조하는 인스턴스가 메모리에서 해제될 수도 있다는 것을 예상해볼 수 있어야 합니다. 자신이 참조 횟수를 증가시키지 않았기 때문에 그 인스턴스를 강한참조하던 프로퍼티나 변수에서 참조 횟수를 감소시켜 0으로 만들면 자신이 참조하던 인스턴스가 메모리에서 해제되기 때문입니다.

> **NOTE_ 약한참조와 상수, 옵셔널**
>
> 약한참조는 상수에서 쓰일 수 없습니다. 만약 자신이 참조하던 인스턴스가 메모리에서 해제된다면 nil이 할당될 수 있어야 하기 때문입니다. 그래서 약한참조를 할 때는 자신의 값을 변경할 수 있는 변수로 선언해야 합니다. 더불어 nil이 할당될 수 있어야 하므로 약한참조는 항상 옵셔널이어야 합니다. 즉, 옵셔널 변수만 약한참조를 할 수 있습니다.

코드 27-6 강한참조 순환 문제를 약한참조로 해결

```swift
class Room {
    let number: String
    
    init(number: String) {
        self.number = number
    }
    
    weak var host: Person?
    
    deinit {
        print("Room \(number) is being deinitialized")
    }
}

var yagom: Person? = Person(name: "yagom")    // Person 인스턴스의 참조 횟수 : 1
var room: Room? = Room(number: "505")         // Room 인스턴스의 참조 횟수 : 1

room?.host = yagom   // Person 인스턴스의 참조 횟수 : 1
yagom?.room = room   // Room 인스턴스의 참조 횟수 : 2

yagom = nil // Person 인스턴스의 참조 횟수 : 0, Room 인스턴스의 참조 횟수 : 1
// yagom is being deinitialized
print(room?.host)    // nil

room = nil   // Room 인스턴스의 참조 횟수 : 0
// Room 505 is being deinitialized
```

[코드 27-4]의 강한참조 순환 문제를 해결하기 위하여 [코드 27-6]에서는 Room 클래스의 host 프로퍼티가 약한참조를 하도록 weak 키워드를 추가하여 정의했습니다. 각각의 Person과 Room 인스턴스는 yagom과 room 변수에 할당할 때 참조 횟수가 1이 되는 것은 [코드 27-4]와 동일합니다. 그러나 room 변수가 참조하는 인스턴스의 host 프로퍼티가 약한참조를 하므로 yagom이 참조하는 인스턴스를 host 프로퍼티에 참조하도록 할 때 참조 횟수는 증가하지 않습니다. 그렇지만 yagom이 참조하는 인스턴스의 room 프로퍼티는 강한참조를 하므로 인스턴스의 참조 횟수는 1 증가하게 됩니다.

우리가 여기서 눈여겨봐야 할 점은 yagom 변수가 참조했던 인스턴스의 참조 횟수가 0이 되면서 메모리에서 해제될 때, 인스턴스의 room 프로퍼티가 참조하는 인스턴스의 참조 횟수도 1 감소된 것입니다. 이를 통해 우리는 인스턴스가 메모리에서 해제될 때, 자신의 프로퍼티가 강한참조를 하던 인스턴스의 참조 횟수를 1 감소시킨다는 것을 알 수 있습니다.

그리고 한 가지 더 yagom 변수가 참조하던 인스턴스가 메모리에서 해제되었다는 뜻은 room 변수가 참조하는 인스턴스의 프로퍼티인 host가 참조하는 인스턴스가 메모리에서 해제되었다는 의미입니다. 우리는 분명히 room?.host = yagom이라는 코드를 통해 host 프로퍼티에 인스턴스를 참조하도록 했지만 print(room?.host)를 통해 확인한 결과는 nil이었습니다. host 프로퍼티는 약한참조를 하기 때문에 자신이 참조하는 인스턴스가 메모리에서 해제되면 자동으로 nil을 할당한다는 것을 알 수 있습니다.

그리고 마지막으로 room 변수가 참조하던 인스턴스는 room = nil이라는 코드를 통해 더 이상 자신을 참조하는 곳이 없는 상태입니다. 즉, 참조 횟수가 0이 되고 메모리에서 해제되는 것을 확인할 수 있습니다.

약한참조를 통해 [코드 27-6]은 [코드 27-5]보다 강한참조 순환 문제를 훨씬 멋지고 명확하게 해결할 수 있었습니다.

27.4 미소유참조

참조 횟수를 증가시키지 않고 참조할 수 있는 방법은 약한참조만 있는 것은 아닙니다. 약한참조와 마찬가지로 **미소유참조**Unowned Reference는 인스턴스의 참조 횟수를 증가시키지 않습니다. 미소유참조는 약한참조와 다르게 자신이 참조하는 인스턴스가 항상 메모리에 존재할 것이라는 전제를 기반으로 동작합니다. 즉, 자신이 참조하는 인스턴스가 메모리에서 해제되더라도 스스로 nil을 할당해주지 않는다는 뜻입니다. 그렇기 때문에 미소유참조를 하는 변수나 프로퍼티는 옵셔널이나 변수가 아니어도 됩니다.

그렇지만 미소유참조를 하면서 메모리에서 해제된 인스턴스에 접근하려 한다면 잘못된 메모리 접근으로 런타임 오류가 발생해 프로세스가 강제로 종료됩니다. 따라서 미소유참조는 참조하는 동안 해당 인스턴스가 메모리에서 해제되지 않으리라는 확신이 있을 때만 사용해야 합니다.

참조 타입의 변수나 프로퍼티의 정의 앞에 unowned 키워드를 써주면 그 변수(상수)나 프로퍼티는 자신이 참조하는 인스턴스를 미소유참조하게 됩니다.

우리는 약한참조 파트에서 방과 사람의 관계에 약한참조를 적용하여 강한참조 순환 문제를 해결할 수 있었습니다. 미소유참조는 어떤 관계에서 사용할 수 있을까요? 사람과 신용카드의 관계를 예로 들어 생각해볼 수 있습니다. 사람이 신용카드를 소지하지 않을 수는 있지만, 신용카드는 명의자가 꼭 있어야 합니다. 명의자와 신용카드는 서로를 참조해야 하는 상황이고 신용카드는 명의자가 꼭 존재한다는 확신이 있을 때, 이 관계를 클래스로 표현해보자면 [코드 27-7] 처럼 표현해볼 수 있습니다.

코드 27-7 미소유참조

```swift
class Person {
    let name: String
    
    // 카드를 소지할 수도, 소지하지 않을 수도 있기 때문에 옵셔널로 정의합니다.
    // 또 카드를 한 번 가진 후 잃어버리면 안 되기 때문에 강한참조를 해야 합니다.
    var card: CreditCard?
    
    init(name: String) {
        self.name = name
    }
    
    deinit { print("\(name) is being deinitialized") }
}

class CreditCard {
    let number: UInt
    unowned let owner: Person    // 카드는 소유자가 분명히 존재해야 합니다.
```

```
    init(number: UInt, owner: Person) {
        self.number = number
        self.owner = owner
    }

    deinit {
        print("Card #\(number) is being deinitialized")
    }
}

var jisoo: Person? = Person(name: "jisoo")  // Person 인스턴스의 참조 횟수 : 1

if let person: Person = jisoo {
    // CreditCard 인스턴스의 참조 횟수 : 1
    person.card = CreditCard(number: 1004, owner: person)
    // Person 인스턴스의 참조 횟수 : 1
}

jisoo = nil // Person 인스턴스의 참조 횟수 : 0
// CreditCard 인스턴스의 참조 횟수 : 0
// jisoo is being deinitialized
// Card #1004 is being deinitialized
```

[코드 27-7]의 Person 클래스는 CreditCard? 타입의 인스턴스를 강한참조하는 card 프로퍼티가 있고, CreditCard 클래스는 Person 타입의 인스턴스를 미소유참조하는 owner 프로퍼티가 있습니다. jisoo 변수에 새로운 Person 클래스의 인스턴스를 할당하면 참조 횟수는 1이 됩니다. 또한 jisoo 변수가 참조하는 인스턴스의 card 프로퍼티에 새로운 CreditCard 인스턴스를 할당하면 그 인스턴스의 참조 횟수는 1이 됩니다.

그러나 CreditCard의 이니셜라이저에서 owner 프로퍼티에 미소유참조되는 Person 인스턴스는 참조 횟수가 증가하지 않습니다. 그래서 서로 참조를 하지만 참조 횟수는 모두 1인 상태가 됩니다. jisoo 변수에 nil을 할당하면 jisoo 변수가 강한참조하던 인스턴스가 메모리에서 해제되므로 그 인스턴스의 card 프로퍼티가 강한참조하던 CreditCard 클래스의 인스턴스도 참조 횟수가 1 감소되어 메모리에서 해제됩니다.

이렇듯 사람이 신용카드를 소지하고 있다가 사람이 죽으면 신용카드도 없애야 하는 상황을 unowned 키워드 하나로 표현할 수 있으며 더불어 강한참조 순환 문제도 피해갈 수 있습니다.

27.5 미소유 옵셔널 참조

클래스를 참조하는 옵셔널을 미소유로 표시할 수 있습니다. ARC 소유 모델에 따르면 미소유 옵셔널 참조와 약한참조를 같은 상황에 사용할 수 있습니다. 차이가 있다면 미소유 옵셔널 참조는 항상 유효한 객체를 가리키거나 그렇지 않으면 nil을 할당해 주도록 직접 신경을 써야 한다는 것입니다.

특정 학과가 운영하는 과목들의 수강 순서를 나타내고 싶습니다. 각 과목에는 다음 수강 과목이 있을 수도, 없을 수도 있습니다. 이 관계를 나타내기 위해 [코드 27-8]에서 미소유 옵셔널 참조를 사용해봅니다.

코드 27-8 미소유 옵셔널 참조의 사용

```
class Department {
    var name: String
    var subjects: [Subject] = []
    init(name: String) {
        self.name = name
    }
}

class Subject {
    var name: String
    unowned var department: Department
    unowned var nextSubject: Subject?
    init(name: String, in department: Department) {
        self.name = name
        self.department = department
        self.nextSubject = nil
    }
}

let department = Department(name: "Computer Science")

let intro = Subject(name: "Computer Architecture", in: department)
let intermediate = Subject(name: "Swift Language", in: department)
let advanced = Subject(name: "iOS App Programming", in: department)

intro.nextSubject = intermediate
intermediate.nextSubject = advanced
department.subjects = [intro, intermediate, advanced]
```

Department는 학과에서 운영하는 각 과목을 배열에 담아 강한참조하고 있습니다. 학과가 과목들을 소유하고 있는 형태죠. Subject는 두 개의 미소유참조를 갖고 있습니다. 하나는 학과이고 하나는 학생이 수강해야 하는 다음 과목을 참조하고 있습니다. 이 두 프로퍼티는 과목이 소유하고 있지 않은 것이죠. 각각의 과목은 특정 학과에 꼭 속해 있기 때문에 department 프로퍼티는 옵셔널이 아닙니다. 그렇지만 모든 과목이 다음 차례의 과목을 갖고 있는 것은 아니기 때문에 nextSubject 프로퍼티는 옵셔널입니다. 만약 nextSubject 프로퍼티의 타입이 옵셔널이 아니었다면 Subject의 이니셜라이저에서 nextSubject에 nil을 할당해줄 수 없었을 것입니다.

클래스를 정의한 후 학과와 세 개의 과목의 인스턴스를 생성합니다. intro, intermediate 과목은 다음 수강 과목을 미소유 옵셔널 참조로 nextSubject 프로퍼티에 저장합니다.

미소유 옵셔널 참조는 옵셔널의 값인 클래스 인스턴스를 강한참조를 하지 않기 때문에, 옵셔널 값인 클래스의 인스턴스가 메모리에서 해제될 때 ARC에 의해 보호받지 못합니다. 이는 미소유참조와 동일한 동작을 하지만, 미소유 옵셔널 참조는 nil이 될 수 있다는 점이 미소유참조와 다릅니다.

옵셔널이 아닌 미소유참조와 같이 nextSubject가 항상 올바른(즉, 메모리에서 해제되지 않고 살아 있는) 과목 인스턴스를 참조하도록 신경 써야 합니다. 예를 들어, [코드 27-8]에서 department.subjects에서 한 과목을 제거한다면, 그 과목을 nextSubject로 참조하고 있는 인스턴스에서 nextSubject의 참조를 제거해 줘야 합니다. 만약 그렇지 않다면 참조하려고 할 때 오류가 발생할 것입니다.

> **NOTE_ 잠깐, 그러고 보니 옵셔널은 값 타입 아닌가요?**
>
> 옵셔널 값의 기본 타입은 스위프트 표준 라이브러리에 열거형으로 정의된 Optional 타입입니다. 즉, 값 타입이란 뜻이죠. 값 타입은 참조 타입이 아니므로 unowned 등으로 참조 관리를 할 수 없습니다. 그러나 옵셔널은 값 타입일지라도 예외적으로 unowned 등을 활용해 참조 관리를 할 수 있습니다. 또 클래스를 감싸는 옵셔널은 참조 횟수 계산을 하지 않기 때문에 강한참조로 관리할 필요가 없습니다.

27.6 미소유참조와 암시적 추출 옵셔널 프로퍼티

약한참조와 미소유참조의 예제에서 강한참조 순환 문제 두 가지를 해결해보았습니다.

[코드 27-4]의 강한참조 순환 문제에서 Person은 Room 타입의 강한참조 프로퍼티 room이 있고, Room은 Person 타입의 강한참조 프로퍼티 host가 있었습니다. 또 Person 타입의 변수 yagom과 Room 타입의 변수 room에 nil을 할당할 수 있었는데, 이 모두는 강한참조 순환 문제가 발생할 가능성을 열어두는 것입니다. 이 강한참조 순환 문제는 약한참조를 통해 멋지게 해결할 수 있었습니다.

[코드 27-7]의 미소유참조 예제에서 CreditCard는 owner를 소유하지 않으면서, nil을 할당할 수 없는 미소유참조 상수 프로퍼티를 사용함으로써 강한참조 순환 문제를 해결해볼 수 있었습니다.

그런데 앞의 두 문제 외에 또 다른 문제 상황이 있습니다. 서로 참조해야 하는 프로퍼티에 값이 꼭 있어야 하면서도 한 번 초기화되면 그 이후에는 nil을 할당할 수 없는 조건을 갖추어야 하는 경우입니다. 어떨 때 무엇이 필요할까요? [코드 27-9]를 통해 이를 알아봅시다.

코드 27-9 미소유참조와 암시적 추출 옵셔널 프로퍼티의 활용

```
class Company {
    let name: String
    // 암시적 추출 옵셔널 프로퍼티 (강한참조)
    var ceo: CEO!
    
    init(name: String, ceoName: String) {
        self.name = name
        self.ceo = CEO(name: ceoName, company: self)
    }
    
    func introduce() {
        print("\(name)의 CEO는 \(ceo.name)입니다.")
    }
}

class CEO {
    let name: String
    // 미소유참조 상수 프로퍼티 (미소유참조)
    unowned let company: Company
```

```swift
    init(name: String, company: Company) {
        self.name = name
        self.company = company
    }
    
    func introduce() {
        print("\(name)는 \(company.name)의 CEO입니다.")
    }
}

let company: Company = Company(name: "무한상사", ceoName: "김태호")
company.introduce()      // 무한상사의 CEO는 김태호입니다.
company.ceo.introduce() // 김태호는 무한상사의 CEO입니다.
```

[코드 27-9]의 상황은 이렇습니다. 회사(Company)를 창립(인스턴스 생성)할 때는 꼭 최고경영자(CEO)가 있어야 하며, 최고경영자는 단 하나의 회사를 운영합니다. 회사가 사라지면 최고경영자가 있을 의미가 없습니다. 즉, Company를 초기화할 때 CEO 인스턴스가 생성되면서 프로퍼티로 할당되어야 하고, Company가 존재하는 한 ceo 프로퍼티에는 꼭 CEO 인스턴스가 존재해야 하는 상황입니다. 또 CEO의 인스턴스는 꼭 회사가 있는 경우에만 초기화할 수 있습니다. 즉, 회사를 꼭 운영하고 있어야 최고경영자의 존재가 인정되는 것입니다. 그리고 회사가 사라지면 최고경영자가 있을 의미가 없기 때문에 강한참조를 사용하지 않습니다.

[코드 27-9]에서 최고경영자는 회사를 꼭 운영하고 있어야 하므로 CEO 타입의 company는 옵셔널이 될 수 없습니다. 옵셔널이 될 수 없다는 뜻은 약한참조를 사용할 수 없다는 뜻입니다. 그렇지만 강한참조를 하면 강한참조 순환 문제가 발생할 수 있으므로 미소유참조를 합니다.

Company의 ceo 프로퍼티에 암시적 추출 옵셔널을 사용한 이유는, Company 타입의 인스턴스를 초기화할 때, CEO 타입의 인스턴스를 생성하는 과정에서 자기 자신을 참조하도록 보내줘야 하기 때문입니다. 즉, 암시적 추출 옵셔널이 아닌 일반 프로퍼티를 사용했다면 자신의 초기화가 끝난 후(init 메서드가 호출된 이후)에만 CEO(name: ceoName, company: self)와 같은 코드를 호출할 수 있다는 뜻입니다.

그래서 모든 조건을 충족하려면 Company의 ceo 프로퍼티는 암시적 추출 옵셔널로, CEO의 company 프로퍼티는 미소유참조 상수를 사용하면 됩니다.

정리해보자면 암시적 추출 옵셔널 프로퍼티는 이니셜라이저의 2단계 초기화(18.3.3절) 조건을 충족시키기 위해 사용했으며 미소유참조 프로퍼티는 약한참조를 사용할 수 없는 경우(옵셔널이 아니어야 하거나 상수로 지정해야 하는 경우)에 강한참조를 피하기 위하여 사용할 수 있습니다.

27.7 클로저의 강한참조 순환

[코드 27-4]에서 인스턴스끼리의 강한참조 때문에 발생하는 강한참조 순환 문제를 살펴본 바 있습니다. 그런데 강한참조 순환 문제는 두 인스턴스끼리의 참조일 때만 발생하는 것 외에 클로저가 인스턴스의 프로퍼티일 때나, 클로저의 값 획득 특성 때문에 발생합니다. 예를 들어 클로저 내부에서 `self.someProperty`처럼 인스턴스의 프로퍼티에 접근할 때나 클로저 내부에서 `self.someMethod()`처럼 인스턴스의 메서드를 호출할 때 값 획득이 발생할 수 있는데, 두 경우 모두 클로저가 `self`를 획득하므로 강한참조 순환이 발생합니다.

강한참조 순환이 발생하는 이유는 클로저가 클래스와 같은 참조 타입이기 때문입니다. 클로저를 클래스 인스턴스의 프로퍼티로 할당하면 클로저의 참조가 할당됩니다. 이때 참조 타입과 참조 타입이 서로 강한참조를 하기 때문에 강한참조 순환 문제가 발생합니다.

이러한 클로저의 강한참조 순환 문제는 클로저의 획득목록을 통해 해결할 수 있습니다. 그런데 클로저의 획득목록을 통해 강한참조 순환 문제를 해결하는 방법을 알아보기 전에 강한참조 순환이 어떻게 일어나게 되는지 알아보는 것도 중요합니다. 간단한 예제를 통해 이러한 문제 발생 가능성을 확인해보겠습니다.

코드 27-10 클로저의 강한참조 순환 문제

```
class Person {
    let name: String
    let hobby: String?
    
    lazy var introduce: () -> String = {
        
        var introduction: String = "My name is \(self.name)."
        
        guard let hobby = self.hobby else {
```

```
            return introduction
        }
        
        introduction += " "
        introduction += "My hobby is \(hobby)."
        
        return introduction
    }
    
    init(name: String, hobby: String? = nil) {
        self.name = name
        self.hobby = hobby
    }
    
    deinit {
        print("\(name) is being deinitialized")
    }
}

var yagom: Person? = Person(name: "yagom", hobby: "eating")
print(yagom?.introduce())    // My name is yagom. My hobby is eating.
yagom = nil
```

[코드 27-10]에서 yagom 변수는 마지막에 nil을 할당했지만 deinit이 호출되지 않은 것을 보면 메모리에서 해제되지 않은 채 누수를 일으키는 것으로 보입니다. Person 클래스의 introduce 프로퍼티에 클로저를 할당한 후 클로저 내부에서 self 프로퍼티를 사용할 수 있었던 이유는 introduce가 지연 저장 프로퍼티이기 때문입니다. 만약 지연 저장 프로퍼티(10.1.2절)가 아니라면 이렇게 self를 사용하여 접근할 수 없었을 것입니다. lazy 프로퍼티로 할당한 클로저 내부에서 Person 클래스 인스턴스의 다른 인스턴스 프로퍼티에 접근하려면 Person 클래스의 인스턴스가 모두 초기화되어 사용이 가능한 상태에서만 클로저에 접근할 수 있습니다. 따라서 클로저 내부에서는 self 프로퍼티를 통해서만 다른 프로퍼티에 접근할 수 있습니다.

자기소개를 하려고 introduce 프로퍼티를 통해 클로저를 호출하면 그때 클로저는 자신의 내부에 있는 참조 타입 변수 등을 획득합니다. 문제는 여기서 시작됩니다. 클로저는 자신이 호출되면 언제든지 자신 내부의 참조들을 사용할 수 있도록 참조 횟수를 증가시켜 메모리에서 해제되는 것을 방지하는데, 이때 자신을 프로퍼티로 갖는 인스턴스의 참조 횟수도 증가시킵니다.

이렇게 강한참조 순환이 발생하면 자신을 강한참조 프로퍼티로 갖는 인스턴스가 메모리에서 해제될 수 없습니다. 즉, yagom 변수에 nil을 할당해도 deinit가 호출되지 않는 것으로 보아 인스턴스가 메모리에서 해제되지 않는 것을 확인할 수 있습니다.

> **NOTE_ self 프로퍼티와 참조 횟수**
>
> 클로저 내부에서 self 프로퍼티를 여러 번 호출하여 접근한다고 해도 참조 횟수는 한 번만 증가합니다.

그림 27-1 클로저를 프로퍼티로 갖는 인스턴스의 강한참조 순환 문제

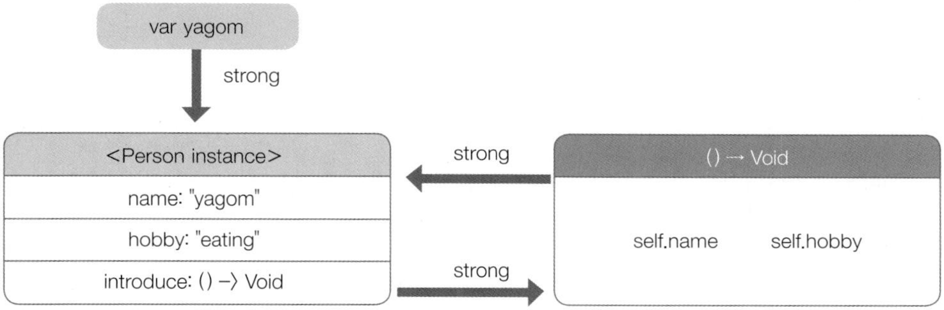

27.7.1 획득목록

우리는 앞의 문제를 **획득목록**Capture List을 통해 해결할 수 있습니다. 획득목록은 클로저 내부에서 참조 타입을 획득하는 규칙을 제시해줄 수 있는 기능입니다. 예를 들어 [코드 27-10]의 상황에서 클로저 내부의 self 참조를 약한참조로 지정할 수도, 강한참조로 지정할 수도 있다는 뜻입니다. [코드 27-10]에서는 self를 약한참조하도록 바꾸면 문제를 해결할 수 있습니다. 획득목록을 사용하면 때에 따라 혹은 각 관계에 따라 참조 방식을 클로저에 제안할 수 있습니다.

획득목록은 클로저 내부의 매개변수 목록 이전 위치에 작성해줍니다. 획득목록은 참조 방식과 참조할 대상을 대괄호([ ])로 둘러싼 목록 형식으로 작성하며 획득목록 뒤에는 in 키워드를 써줍니다. 획득목록에 명시한 요소가 참조 타입이 아니라면 해당 요소들은 클로저가 생성될 때 초기화됩니다.

코드 27-11 획득목록을 통한 값 획득

```
var a = 0
var b = 0
let closure = { [a] in
    print(a, b)
    b = 20
}

a = 10
b = 10
closure()      // 0 10
print(b)       // 20
```

[코드 27-11]을 보면 변수 a는 클로저의 획득목록을 통해 클로저가 생성될 때 값 0을 획득했지만 b는 따로 값을 획득하지 않았습니다. 차후에 a와 b의 값을 변경한 후 클로저를 실행하면 a는 클로저가 생성되었을 때 획득한 값을 갖지만, b는 변경된 값을 사용하는 것을 확인할 수 있습니다.

a 변수는 클로저가 생성됨과 동시에 획득목록 내에서 다시 a라는 이름의 상수로 초기화된 것입니다. 그렇기 때문에 외부에서 a의 값을 변경하더라도 클로저의 획득목록을 통한 a와는 별개가 되는 것입니다. 그러나 b의 경우에는 클로저의 내부와 외부 상관없이 값이 변하는 대로 모두 반영됨을 확인할 수 있습니다.

그러나 만약 획득목록에 해당하는 요소가 참조 타입이라면 조금 다른 결과를 볼 수 있습니다. [코드 27-12]를 통해 확인해봅시다.

코드 27-12 참조 타입의 획득목록 동작

```
class SimpleClass {
    var value: Int = 0
}

var x = SimpleClass()
var y = SimpleClass()

let closure = { [x] in
    print(x.value, y.value)
}
```

```
x.value = 10
y.value = 10

closure()        // 10 10
```

[코드 27-12]의 결과는 [코드 27-11]의 결과와는 조금 다른 것을 알 수 있습니다. 변수 x는 획득목록을 통해 값을 획득했지만 y는 획득목록에 별도로 명시되지 않았습니다. 그렇지만 서로 동작은 같습니다. 두 변수 모두 참조 타입의 인스턴스가 있기 때문입니다. 그렇지만 참조 타입은 획득목록에서 어떤 방식으로 참조할 것인지, 즉 **강한획득**Strong Capture을 할 것인지, **약한획득** **Weak Capture**을 할 것인지, **미소유획득**Unowned Capture을 할 것인지를 정해줄 수 있습니다. 또 획득의 종류에 따라 참조 횟수를 증가시킬지 결정할 수 있습니다. 다만 명심할 것은 약한획득을 하게 되면 획득목록에서 획득하는 상수가 옵셔널 상수로 지정된다는 것입니다. 그 이유는 차후에 클로저 내부에서 약한획득한 상수를 사용하려고 할 때 이미 메모리에서 해제된 상태일 수 있기 때문입니다. 해제된 후에 접근하려 하면 잘못된 접근으로 오류가 발생하므로 안전을 위해 약한획득은 기본적으로 타입을 옵셔널으로 사용하는 것입니다.

코드 27-13 획득목록의 획득 종류 명시

```
class SimpleClass {
    var value: Int = 0
}

var x: SimpleClass? = SimpleClass()
var y = SimpleClass()

let closure = { [weak x, unowned y] in
    print(x?.value, y.value)
}

x = nil
y.value = 10

closure()    // nil 10
```

[코드 27-13]의 획득목록에서 x를 약한참조로, y를 미소유참조하도록 지정했습니다. x가 약한참조를 하게 되므로 클로저 내부에서 사용하더라도 클로저는 x가 참조하는 인스턴스의 참조

횟수를 증가시키지 않습니다. 그렇게 되면 변수 x가 참조하는 인스턴스가 메모리에서 해제되어 클로저 내부에서도 더 이상 참조가 불가능한 것을 볼 수 있습니다. y는 미소유참조를 했기 때문에 클로저가 참조 횟수를 증가시키지 않지만, 만약 메모리에서 해제된 상태에서 사용하려 한다면 실행 중에 오류로 애플리케이션이 강제로 종료될 가능성이 있습니다.

클로저의 획득목록을 알아보았으니 [코드 27-10]에서 우리가 만들었던 클로저의 강한참조 순환 문제를 해결해보도록 하겠습니다.

코드 27-14 획득목록을 통한 클로저의 강한참조 순환 문제 해결

```swift
class Person {
    let name: String
    let hobby: String?
    
    lazy var introduce: () -> String = { [unowned self] in
        var introduction: String = "My name is \(self.name)."
        
        guard let hobby = self.hobby else {
            return introduction
        }
        
        introduction += " "
        introduction += "My hobby is \(hobby)."
        return introduction
    }
    
    init(name: String, hobby: String? = nil) {
        self.name = name
        self.hobby = hobby
    }
    
    deinit {
        print("\(name) is being deinitialized")
    }
}

var yagom: Person? = Person(name: "yagom", hobby: "eating")
print(yagom?.introduce())    // My name is yagom. My hobby is eating.
yagom = nil // yagom is being deinitialized
```

[코드 27-14]를 보면 yagom이 참조하는 인스턴스가 의도한 대로 메모리에서 해제되는 것을 확인할 수 있습니다. introduce 프로퍼티의 클로저가 self를 미소유참조하도록 획득목록에 명시했기 때문입니다. self 프로퍼티를 미소유참조하도록 한 것은, 해당 인스턴스가 존재하지 않는다면 프로퍼티도 호출할 수 없으므로 self는 미소유참조를 하더라도 실행 중에 오류를 발생시킬 가능성이 거의 없다고 볼 수 있기 때문입니다.

그림 27-2 획득목록을 통해 클로저를 프로퍼티로 갖는 인스턴스의 강한참조 순환 문제 해결

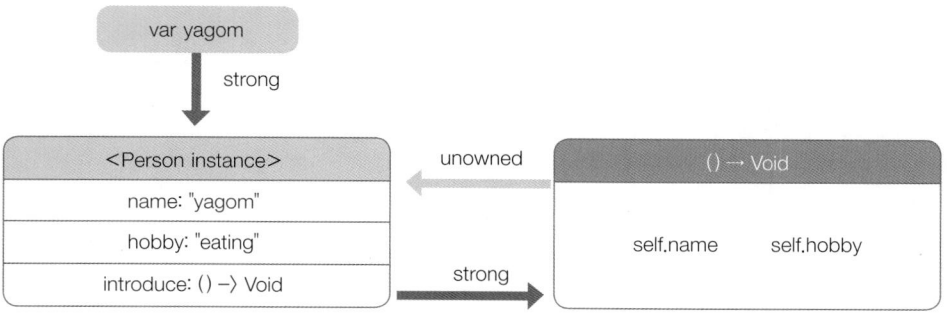

self를 미소유참조로 지정해주었을 때 문제가 발생할 수 있습니다. 프로퍼티로 사용하던 클로저를 다른 곳에서 참조하게 된 후 인스턴스가 메모리에서 해제되었을 때입니다. 그런 상황에 클로저가 실행되면 잘못된 메모리 접근을 야기합니다. 그러므로 미소유참조는 신중히 사용해야 하며, 문제가 될 소지가 있다면 약한참조를 사용하면 됩니다.

코드 27-15 획득목록의 미소유참조로 인한 차후 접근 문제 발생

```
var yagom: Person? = Person(name: "yagom", hobby: "eating")
var hana: Person? = Person(name: "hana", hobby: "playing guitar")

// hana의 introduce 프로퍼티에 yagom의 introudce 프로퍼티 클로저의 참조 할당
hana?.introduce = yagom?.introduce ?? {" "}

// 아직 yagom이 참조하는 인스턴스가 해제되지 않았기 때문에
// 클로저 내부에서 self(yagom 변수가 참조하는 인스턴스) 참조 가능
print(yagom?.introduce())   // My name is yagom. My hobby is eating.

yagom = nil // yagom is being deinitialized

print(hana?.introduce())    // 오류 발생! 이미 메모리에서 해제된 인스턴스(yagom) 참조 시도
```

[코드 27-15]처럼 미소유참조로 인한 문제상황이 발생할 수 있다면 약한참조로 변경하여 옵셔널로 사용해도 무방합니다.

코드 27-16 획득목록의 약한참조를 통한 차후 접근 문제 방지

```swift
class Person {
    let name: String
    let hobby: String?
    
    lazy var introduce: () -> String = { [weak self] in
        // 'self'를 사용한 이유는 2장 예약어와 키워드 TIP(2.1절)과 부록 C를 참고하세요.
        guard let `self` = self else {
            return "원래의 참조 인스턴스가 없어졌습니다."
        }
        
        var introduction: String = "My name is \(self.name)."
        
        guard let hobby = self.hobby else {
            return introduction
        }
        
        introduction += " "
        introduction += "My hobby is \(hobby)."
        
        return introduction
    }
    
    init(name: String, hobby: String? = nil) {
        self.name = name
        self.hobby = hobby
    }
    
    deinit {
        print("\(name) is being deinitialized")
    }
}

var yagom: Person? = Person(name: "yagom", hobby: "eating")
var hana: Person? = Person(name: "hana", hobby: "playing guitar")

// hana의 introduce 프로퍼티에 yagom의 introudce 프로퍼티 클로저의 참조 할당
hana?.introduce = yagom?.introduce ?? { " " }
```

```
// 아직 yagom이 참조하는 인스턴스가 해제되지 않았기 때문에
// 클로저 내부에서 self(yagom 변수가 참조하는 인스턴스) 참조 가능
print(yagom?.introduce())    // My name is yagom. My hobby is eating.

yagom = nil // yagom is being deinitialized

print(hana?.introduce())     // 원래의 참조 인스턴스가 없어졌습니다.
```

이처럼 클로저의 획득 특성 때문에 클로저가 프로퍼티로 사용될 경우 발생할 수 있는 강한참조 순환 문제는 클로저의 획득목록을 통해 해결할 수 있는 것을 알 수 있습니다.

CHAPTER 28

오류처리

대부분의 프로그래밍 언어는 프로그램에서 발생하는 오류에 대비하기 위해 오류를 처리하는 기능을 제공합니다. 스위프트도 오류를 적절히 처리할 수 있는 기능을 제공합니다. 스위프트가 제공하는 오류처리 기능에 대해 알아봅시다.

28.1 오류처리란

오류처리Error Handling는 프로그램이 오류를 일으켰을 때 이것을 감지하고 회복시키는 일련의 과정입니다.

프로그램에서 모든 기능이 우리가 원하는 대로 100% 정확히 동작한다는 보장은 없습니다. 특히나 전달받아야 하는 값이 까다롭거나 데이터를 가공하는 데 소비하는 자원이 많을 경우 오류가 발생할 확률이 높아집니다. 이런 가능성이 있는 기능을 구현할 때는 오류가 발생할 수 있음을 항상 고려해야 합니다.

예를 들어 디스크의 파일을 읽어오는 기능을 생각해볼까요? 파일이 존재하지 않을 수도 있으며, 읽기 권한이 없을 수도 있고, 잘못된 파일일 가능성도 있습니다. 이렇게 파일을 읽어오는 간단한 기능에서도 오류가 발생할 수 있는 가능성이 여럿 존재합니다. 오류처리 기능을 통해 이런 상황들을 구별하여 프로그램 자체적으로 오류를 해결할 수도 있고, 사용자와 상호작용을 통해 오류를 어떤 방향으로 풀어나갈지 제어할 수도 있습니다.

다만 주의할 점은 스위프트의 오류처리 기능을 통해 시스템(예를 들어 운영체제 등 우리가 작성하는 응용프로그램 외부)에서 발생한 오류를 처리할 수 있는 것이 아님을 명심해야 합니다.

28.2 오류의 표현

스위프트에서 오류는 Error라는 프로토콜을 준수하는 타입의 값을 통해 표현됩니다. Error 프로토콜은 사실상 요구사항이 없는 빈 프로토콜일 뿐이지만, 오류를 표현하기 위한 타입(주로 열거형)은 이 프로토콜을 채택합니다.

스위프트의 열거형은 오류의 종류를 나타내기에 아주 적합한 기능입니다. 연관 값(4.5.3절)을 통해 오류에 관한 부가 정보를 제공할 수도 있습니다. [코드 28-1]은 프로그램 내에서 자판기를 작동시키려고 할 때 발생하는 오류의 종류를 열거형으로 표현한 것입니다.

코드 28-1 자판기 동작 오류의 종류를 표현한 VendingMachineError 열거형

```
enum VendingMachineError: Error {
    case invalidSelection
    case insufficientFunds(coinsNeeded: Int)
    case outOfStock
}
```

VendingMachineError 열거형을 살펴보면 Error 프로토콜을 채택함으로써 오류처리를 위한 타입임을 알 수 있습니다. 그리고 이 코드에서 오류의 종류는 invalidSelection(유효하지 않은 선택), insufficientFunds(coinsNeeded: Int)(자금 부족 - 필요한 동전 개수), outOfStock(품절) 등 세 가지가 있습니다. 이처럼 열거형을 통해 오류의 종류를 표현하는 것이 가장 일반적이며 편리한 방법입니다.

이렇게 오류의 종류를 예상한 다음, 오류 때문에 다음에 행할 동작이 정상적으로 진행되지 않을 때라면 **오류를 던져**Throw Error주면 됩니다. 오류를 던져줄 때는 throw 구문을 사용합니다. 만약 자금이 부족하고 동전이 5개 더 필요한 상황이라면 throw VendingMachineError.insufficientFunds(coinsNeeded: 5)라고 오류를 던져줄 수 있습니다.

이제 던져진 오류를 포착하고 처리하는 방법을 알아보겠습니다.

28.3 오류 포착 및 처리

오류를 던질 수도 있지만 오류가 던져지는 것에 대비하여 던져진 오류를 처리하기 위한 코드도 작성해야 합니다. 예를 들어 던져진 오류가 무엇인지 판단하여 다시 문제를 해결한다든지, 다른 방법으로 문제 해결을 시도해 본다든지, 오류를 알리고 사용자에게 선택 권한을 넘겨주어 다음에 어떤 동작을 하게 할 것인지 결정하도록 유도하는 등의 코드를 작성해야 합니다.

스위프트에는 오류를 처리하기 위한 네 가지 방법이 있습니다.

- 함수에서 발생한 오류를 해당 함수를 호출한 코드에 알리는 방법
- do-catch 구문을 이용하여 오류를 처리하는 방법
- 옵셔널 값으로 오류를 처리하는 방법
- 오류가 발생하지 않을 것이라고 확신하는 방법

각각의 방법에 대해 알아보도록 하겠습니다.

28.3.1 함수에서 발생한 오류 알리기

먼저 함수에서 발생한 오류를 해당 함수를 호출한 코드에 알리는 방법입니다. 함수가 오류를 던지면 프로그램의 흐름이 바뀔 가능성이 매우 큽니다. 그러므로 어디서 오류를 던지고 받을 것인가 결정하는 것은 매우 중요합니다. try 키워드로 던져진 오류를 받을 수 있습니다. try 키워드는 try 또는 try?, try! 등으로 표현할 수 있습니다.

함수, 메서드, 이니셜라이저의 매개변수 뒤에 throws 키워드를 사용하면 해당 함수, 메서드, 이니셜라이저는 오류를 던질 수 있습니다. 일반적으로 func cannotThrowErrors() -> String처럼 표현하던 것에 func canThrowErrors() throws -> String처럼 throws 키워드를 명시해주면 오류를 던질 수 있습니다. 이런 함수는 호출했을 때, 동작 도중 오류가 발생하면 자신을 호출한 코드에 오류를 던져서 오류를 알릴 수 있습니다.

> TIP throws는 함수나 메서드의 자체 타입에도 영향을 미칩니다. 즉, throws 함수나 메서드는 같은 이름의 throws가 명시되지 않는 함수나 메서드와 구분됩니다. 또 throws를 포함한 함수, 메서드, 이니셜라이저는 일반 함수, 메서드, 이니셜라이저로 재정의할 수 없습니다. 반대로 일반 함수, 메서드, 이니셜라이저는 throws 함수, 메서드, 이니셜라이저로 재정의할 수 있습니다.

[코드 28-1]에 이어 다음 코드를 살펴보겠습니다.

코드 28-2 자판기 동작 도중 발생한 오류 던지기

```swift
struct Item {
    var price: Int
    var count: Int
}

class VendingMachine {
    var inventory = [
        "Candy Bar": Item(price: 12, count: 7),
        "Chips": Item(price: 10, count: 4),
        "Biscuit": Item(price: 7, count: 11)
    ]
    
    var coinsDeposited = 0
    
    func dispense(snack: String) {
        print("\(snack) 제공")
    }
    
    func vend(itemNamed name: String) throws {
        guard let item = self.inventory[name] else {
            throw VendingMachineError.invalidSelection
        }
        
        guard item.count > 0 else {
            throw VendingMachineError.outOfStock
        }
        
        guard item.price <= self.coinsDeposited else {
            throw VendingMachineError.insufficientFunds(
                    coinsNeeded: item.price - self.coinsDeposited)
        }
        
        self.coinsDeposited -= item.price
        
        var newItem = item
        newItem.count -= 1
        self.inventory[name] = newItem
        
        self.dispense(snack:name)
```

```swift
        }
    }

    let favoriteSnacks = [
        "yagom": "Chips",
        "jinsung": "Biscuit",
        "heejin": "Chocolate"
    ]

    func buyFavoriteSnack(person: String, vendingMachine: VendingMachine) throws {
        let snackName = favoriteSnacks[person] ?? "Candy Bar"
        try vendingMachine.vend(itemNamed: snackName)
    }

    struct PurchasedSnack {
        let name: String
        init(name: String, vendingMachine: VendingMachine) throws {
            try vendingMachine.vend(itemNamed: name)
            self.name = name
        }
    }

    let machine: VendingMachine = VendingMachine()
    machine.coinsDeposited = 30

    var purchase: PurchasedSnack = try PurchasedSnack(name: "Biscuit",
        vendingMachine: machine)
    // Biscuit 제공

    print(purchase.name)    // Biscuit

    for (person, favoriteSnack) in favoriteSnacks {
        print(person, favoriteSnack)
        try buyFavoriteSnack(person: person, vendingMachine: machine)
    }
    // Biscuit 제공
    // Biscuit
    // yagom Chips
    // Chips 제공
    // jinsung Biscuit
    // heejin Chocolate

    // 오류 발생!!
```

[코드 28-2]의 자판기 VendingMachine 클래스는 오류를 던질 수 있는 vend(itemNamed:) 메서드가 있습니다. vend(itemNamed:) 메서드 내부에서는 오류가 발생했을 때 흐름을 제어하기 위해 guard를 통한 빠른종료 구문을 사용합니다. 특정 조건이 충족되지 않는다면 throws 키워드를 통해 오류를 던져서 오류가 발생했다는 것을 자신을 호출한 코드에게 알립니다.

또한 vend(itemNamed:) 메서드가 오류를 던질 가능성이 있으므로, vend(itemNamed:) 메서드를 호출하는 함수 또한 오류를 던질 수 있어야 합니다. 그래서 buyFavoriteSnack(person:vendingMachine:) 함수도 throws 키워드를 통해 오류를 던질 수 있는 함수로 구현해주어야 합니다.

오류를 던질 수 있는 함수, 메서드, 이니셜라이저를 호출하는 코드는 반드시 오류를 처리할 수 있는 구문을 작성해주어야 합니다. 그러나 [코드 28-2]에는 오류가 발생할 수 있는 메서드와 함수를 호출하면서도 try로 시도만 할 뿐 오류가 발생했을 때 처리할 수 있는 코드는 작성되어 있지 않습니다. [코드 28-2]의 for-in 구문 내에서 buyFavoriteSnack(person:vendingMachine:) 함수 호출 중 오류가 발생한 후 적절한 처리를 해주지 않았기 때문에 다음 코드가 정상적으로 동작하지 않을 것입니다.

이렇게 발생한 오류는 자신을 호출한 코드로 던져서 알릴 수는 있지만, 오류를 받은 코드가 적절히 오류를 처리해주지 않는다면 이후의 코드는 작동하지 않습니다. 던져진 오류를 처리하는 방법에 대해 알아보겠습니다.

28.3.2 do-catch 구문을 이용하여 오류처리

다음은 do-catch 구문을 이용하여 오류를 처리하는 방법입니다. 함수, 메서드, 이니셜라이저 등에서 오류를 던져주면 오류 발생을 전달받은 코드 블록은 do-catch 구문을 사용하여 오류를 처리해주어야 합니다. do 절 내부의 코드에서 오류를 던지면 catch 절에서 오류를 전달받아 적절이 처리해주면 됩니다.

do-catch 구문은 보통 다음처럼 표현합니다.

```
do {
    try 오류 발생 가능코드
    오류가 발생하지 않으면 실행할 코드
} catch 오류 패턴 1 {
```

```
        처리 코드
    } catch 오류 패턴 2, 오류 패턴 3 {
        처리 코드
    } catch 오류 패턴 4 where 추가 조건 {
        처리 코드
    }
```

catch 절에서는 catch 키워드 뒤에 처리할 오류의 종류를 작성합니다. 한 개뿐만 아니라 여러 개의 오류도 하나의 catch 절에서 매칭할 수 있습니다. 만약 catch 뒤에 오류의 종류를 명시하지 않고 코드 블록을 생성하면 블록 내부에 암시적으로 error라는 이름의 지역 상수가 오류의 내용으로 들어옵니다.

코드 28-3 do-catch 구문을 사용하여 던져진 오류를 처리

```swift
func buyFavoriteSnack(person: String, vendingMachine: VendingMachine) {
    let snackName = favoriteSnacks[person] ?? "Candy Bar"
    tryingVend(itemNamed: snackName, vendingMachine: vendingMachine)
}

struct PurchasedSnack {
    let name: String
    init(name: String, vendingMachine: VendingMachine) {
        tryingVend(itemNamed: name, vendingMachine: vendingMachine)
        self.name = name
    }
}

func tryingVend(itemNamed: String, vendingMachine: VendingMachine) {
    do {
        try vendingMachine.vend(itemNamed: itemNamed)
    } catch VendingMachineError.invalidSelection {
        print("유효하지 않은 선택")
    } catch VendingMachineError.outOfStock {
        print("품절")
    } catch VendingMachineError.insufficientFunds(let coinsNeeded) {
        print("자금 부족 - 동전 \(coinsNeeded)개를 추가로 지급해주세요.")
    } catch {
        print("그 외 오류 발생 : ", error)
    }
}

let machine: VendingMachine = VendingMachine()
```

```
machine.coinsDeposited = 20

var purchase: PurchasedSnack = PurchasedSnack(name: "Biscuit",
    vendingMachine: machine)
// Biscuit 제공

print(purchase.name)      // Biscuit

purchase = PurchasedSnack(name: "Ice Cream", vendingMachine: machine)
// 유효하지 않은 선택

print(purchase.name)      // Ice Cream

for (person, favoriteSnack) in favoriteSnacks {
    print(person, favoriteSnack)
    try buyFavoriteSnack(person: person, vendingMachine: machine)
}
// yagom Chips
// Chips 제공
// jinsung Biscuit
// 자금 부족 - 동전 4개를 추가로 지급해주세요.
// heejin Chocolate
// 유효하지 않은 선택
```

[코드 28-3]은 [코드 28-2]와 달리 던져진 오류를 do-catch 구문을 사용하여 처리하는 함수를 별도로 만들어주었습니다. 그에 따라 오류를 받아서 다시 던지던 함수들이 더 이상 다른 곳으로 오류를 던지지 않아도 되는 형태가 되었습니다. 더불어 오류를 적절히 처리해주자 코드가 중간에 중단되지 않고 끝까지 정상 동작하는 것을 볼 수 있습니다.

28.3.3 옵셔널 값으로 오류처리

try?를 사용하여 옵셔널 값으로 변환하여 오류를 처리할 수도 있습니다. try? 표현을 통해 동작하던 코드가 오류를 던지면 그 코드의 반환 값은 nil이 됩니다.

코드 28-4 옵셔널 값으로 오류를 처리

```
func someThrowingFunction(shouldThrowError: Bool) throws -> Int {
    if shouldThrowError {
        enum SomeError: Error {
```

```swift
            case justSomeError
        }

        throw SomeError.justSomeError
    }

    return 100
}

let x: Optional = try? someThrowingFunction(shouldThrowError: true)
print(x)       // nil

let y: Optional = try? someThrowingFunction(shouldThrowError: false)
print(y)       // Optional(100)
```

[코드 28-4]를 보면, `try?` 표현을 사용하여 호출한 함수가 오류를 던지면 반환 값이 `nil`로 반환되고, 오류가 발생하지 않으면 옵셔널 값으로 반환되는 것을 확인할 수 있습니다. 이렇게 `do-catch` 구문을 사용하지 않더라도 옵셔널을 사용하여 오류를 처리할 수도 있습니다. 여기서 주목할 점은 `someThrowingFunction(shouldThrowError:)`의 반환 타입이 `Int`라도 `try?` 표현을 사용하면 반환 타입이 옵셔널이 된다는 점입니다.

우리가 기존에 반환 타입으로 옵셔널을 활용하던 방법과 결합하여 사용할 수도 있습니다.

코드 28-5 옵셔널 값으로 오류를 처리하는 방법과 기존 옵셔널 반환 타입과의 결합

```swift
func fetchData() -> Data? {
    if let data = try? fetchDataFromDisk() {
        return data
    }
    if let data = try? fetchDataFromServer() {
        return data
    }
    return nil
}
```

[코드 28-5]의 `fetchData()` 함수는 반환 타입을 옵셔널로 정의했습니다. 즉, 함수 내부에서 제대로 처리가 이루어지지 않으면 반환 값이 `nil`이 될 수 있음을 내포하는 것이죠. 예를 들어 데이터를 디스크에서 가져오지 못하면 서버에서 가져오는 것을 시도해보고 그조차 없으면 `nil`을 반환해주도록 응용해볼 수 있습니다.

28.3.4 오류가 발생하지 않을 것이라고 확신하는 방법

오류를 처리하는 마지막 방법으로는 오류가 발생하지 않을 것이라는 확신을 갖고 처리하는 방법입니다. 코드를 작성하는 프로그래머가 오류를 던질 수 있는 함수 등을 호출할 때 오류가 절대로 발생하지 않을 거라고 확신하는 상황이라면 오류가 발생하지 않을 것이라는 전제 하에 try! 표현을 사용할 수 있습니다. 이 표현은 다른 느낌표 표현(암시적 추출 옵셔널, 강제 타입캐스팅 등)과 마찬가지로 실제 오류가 발생하면 런타임 오류가 발생하여 프로그램이 강제로 종료됩니다.

코드 28-6 오류가 발생하지 않음을 확신하여 오류처리

```
func someThrowingFunction(shouldThrowError: Bool) throws -> Int {
    if shouldThrowError {
        enum SomeError: Error {
            case justSomeError
        }
        
        throw SomeError.justSomeError
    }
    
    return 100
}

let y: Int = try! someThrowingFunction(shouldThrowError: false)
print(y)    // 100

let x: Int = try! someThrowingFunction(shouldThrowError: true)   // 런타임 오류!!
```

28.3.5 다시 던지기

함수나 메서드는 rethrows 키워드를 사용하여 자신의 매개변수로 전달받은 함수가 오류를 던진다는 것을 나타낼 수 있습니다. rethrows 키워드를 사용하여 **다시 던지기**Rethrowing가 가능하게 하려면 최소 하나 이상의 오류 발생 가능한 함수를 매개변수로 전달받아야 합니다. [코드 28-7]을 통해 오류를 다시 던지는 함수의 모습을 살펴봅시다.

코드 28-7 오류의 다시 던지기

```swift
// 오류를 던지는 함수
func someThrowingFunction() throws {
    enum SomeError: Error {
        case justSomeError
    }
    
    throw SomeError.justSomeError
}

// 다시 던지기 함수
func someFunction(callback: () throws -> Void) rethrows {
    try callback()    // 다시 던지기 함수는 오류를 다시 던질 뿐 따로 처리하지는 않습니다.
}

do {
    try someFunction(callback: someThrowingFunction)
} catch {
    print(error)
}
// justSomeError
```

다시 던지기 함수 또는 메서드는 기본적으로 스스로 오류를 던지지 못합니다. 즉, 자신 내부에 직접적으로 throw 구문을 사용할 수 없습니다. 그러나 catch 절 내부에서는 throw 구문을 작성할 수 있습니다. 다시 던지기 함수나 메서드가 오류를 던지는 함수를 do-catch 구문 내부에서 호출하고 catch 절 내부에서 다른 오류를 던짐으로써 오류를 던지는 함수에서 발생한 오류를 제어할 수 있습니다. 다시 던지기 내부의 catch 절에서는 다시 던지기 함수의 매개변수로 전달받은 오류던지기 함수만 호출하고 결과로 던져진 오류만 제어할 수 있습니다. [코드 28-8]을 통해 알아봅시다.

코드 28-8 다시 던지기 함수의 오류 던지기

```swift
// 오류를 던지는 함수
func someThrowingFunction() throws {
    enum SomeError: Error {
        case justSomeError
    }
    
    throw SomeError.justSomeError
```

```swift
    }

    // 다시 던지기 함수
    func someFunction(callback: () throws -> Void) rethrows {
        enum AnotherError: Error {
            case justAnotherError
        }

        do {
            // 매개변수로 전달한 오류 던지기 함수이므로
            // catch 절에서 제어할 수 있습니다.
            try callback()
        } catch {
            throw AnotherError.justAnotherError
        }

        do {
            // 매개변수로 전달한 오류 던지기 함수가 아니므로
            // catch 절에서 제어할 수 없습니다.
            try someThrowingFunction()
        } catch {
            // 오류 발생!
            throw AnotherError.justAnotherError
        }

        // catch 절 외부에서 단독으로 오류를 던질 수는 없습니다. 오류 발생!
        throw AnotherError.justAnotherError
    }
```

부모클래스의 다시 던지기 메서드(rethrows 메서드)는 자식클래스에서 던지기 메서드(throws 메서드)로 재정의할 수 없습니다. 그러나 부모클래스의 던지기 메서드는 자식클래스에서 다시 던지기 메서드로 재정의할 수 있습니다.

그리고 만약 프로토콜 요구사항 중에 다시 던지기 메서드가 있다면, 던지기 메서드를 구현한다고 해서 요구사항을 충족시킬 수는 없습니다. 그러나 프로토콜 요구사항 중에 던지기 메서드가 있다면 다시 던지기 메서드를 구현해서 요구사항을 충족시킬 수 있습니다. [코드 28-9]를 통해 이를 알아봅시다.

코드 28-9 프로토콜과 상속에서 던지기 함수와 다시 던지기 함수

```swift
protocol SomeProtocol {
    func someThrowingFunctionFromProtocol(callback: () throws -> Void) throws
    func someRethrowingFunctionFromProtocol(callback: () throws -> Void) rethrows
}

class SomeClass: SomeProtocol {
    func someThrowingFunction(callback: () throws -> Void) throws { }
    func someFunction(callback: () throws -> Void) rethrows { }

    // 던지기 메서드는 다시 던지기 메서드를 요구하는 프로토콜을 충족할 수 없습니다.
    // 오류 발생!
    func someRethrowingFunctionFromProtocol(callback: () throws -> Void) throws {
    }

    // 다시 던지기 메서드는 던지기 메서드를 요구하는 프로토콜의 요구사항에 부합합니다.
    func someThrowingFunctionFromProtocol(callback: () throws -> Void) rethrows {
    }
}

class SomeChildClass: SomeClass {
    // 부모클래스의 던지기 메서드는 자식클래스에서 다시 던지기 메서드로 재정의할 수 있습니다.
    override func someThrowingFunction(callback: () throws -> Void) rethrows { }

    // 부모클래스의 다시 던지기 메서드는 자식클래스에서 던지기 메서드로 재정의할 수 없습니다.
    // 오류 발생!
    override func someFunction(callback: () throws -> Void) throws { }
}
```

[코드 28-9]의 SomeProtocol에서 요구한 던지기 함수 someThrowingFunctionFromProtocol(callback:)과 다시 던지기 함수 someRethrowingFunctionFromProtocol(callback:)을 각각 다시 던지기 함수와 던지기 함수로 구현해보았습니다. 던지기 메서드는 다시 던지기 메서드 요구에 부합하지만 다시 던지기 메서드는 던지기 메서드 요구에 부합하지 못함을 확인할 수 있습니다. 또 부모클래스의 던지기 메서드는 자식클래스에서 다시 던지기 메서드로 재정의할 수 있는 반면, 부모클래스의 다시 던지기 메서드는 자식클래스의 던지기 메서드로 재정의할 수 없음을 확인할 수 있습니다.

28.3.6 후처리

defer 구문을 사용하여 현재 코드 블록을 나가기 전에 꼭 실행해야 하는 코드를 작성해줄 수 있습니다. 즉, defer 구문은 코드가 블록을 어떤 식으로 빠져나가든 간에 꼭 실행해야 하는 마무리 작업을 할 수 있도록 도와줍니다. 그 말인즉슨, 오류가 발생하여 코드 블록을 빠져나가는 것이든, 정상적으로 코드가 블록을 빠져나가는 것이든 간에 defer 구문은 코드가 블록을 빠져나가기 전에 무조건 실행되는 것을 보장한다는 뜻입니다.

예를 들어 함수 내에서 파일을 열어 사용하다가 오류가 발생하여 코드가 블록을 빠져나가더라도 파일을 정상적으로 닫아 메모리에서 해제해야 하기 때문에 defer 구문 내부에는 파일을 닫는 코드를 작성해주어 정상적으로 파일이 메모리에서 해제될 수 있도록 해야 합니다.

> **NOTE_ defer 구문과 오류처리**
>
> defer 구문은 꼭 오류처리 상황에서만 사용해야 하는 것은 아니지만, 오류처리를 할 때 유용하게 쓰이기에 오류처리 파트에서 소개합니다. **defer 구문은 오류처리 상황뿐만 아니라 함수, 메서드, 반복문, 조건문 등 보통의 코드 블록 어디에서든 사용할 수 있습니다.**

```
for i in 0...2 {
    defer {
        print("A", terminator: " ")
    }
    print(i, terminator: " ")

    if i % 2 == 0 {
        defer {
            print("", terminator: "\n")
        }

        print("It's even", terminator: " ")
    }
}
// 0 It's even
// A 1 A 2 It's even
// A
```

코드 28-10 파일쓰기 예제에서 defer 구문 활용

```
func writeData() {
    let file = openFile()

    // 함수 코드 블록을 빠져나가기 직전 무조건 실행되어 파일을 잊지 않고 닫아줍니다.
    defer {
        closeFile(file)
    }

    if ... {
        return
    }

    if ... {
        return
    }

    // 처리 끝
}
```

만약 defer 구문이 없었다면 [코드 28-11]과 같이 중복된 코드가 많아질 것이고 차후 유지관리가 어려울뿐더러 코드가 길어지다보면 프로그래머가 파일닫기 코드를 닫지 않는 실수를 할 가능성도 높아집니다.

코드 28-11 파일쓰기 예제에서 defer 구문이 없다면

```
func writeData() {
    let file = openFile()

    if ... {
        closeFile(file)
        return
    }

    if ... {
        closeFile(file)
        return
    }

    closeFile(file)
    // 처리 끝
}
```

defer 구문은 현재 코드 범위를 벗어나기 전까지 실행을 미루고[defer] 있다가 프로그램 실행 흐름이 코드 범위를 벗어나기 직전 실행됩니다. defer 구문 내부에는 break, return 등과 같이 구분을 빠져나갈 수 있는 코드 또는 오류를 던지는 코드는 작성하면 안 됩니다. 여러 개의 defer 구문이 하나의 범위(블록) 내부에 속해 있다면 맨 마지막에 작성된 구문부터 역순으로 실행됩니다.

코드 28-12 defer 구문의 실행 순서

```swift
func someThrowingFunction(shouldThrowError: Bool) throws -> Int {
    defer {
        print("First")
    }
    
    if shouldThrowError {
        enum SomeError: Error {
            case justSomeError
        }
        
        throw SomeError.justSomeError
    }
    
    defer {
        print("Second")
    }
    
    defer {
        print("Third")
    }
    
    return 100
}

try? someThrowingFunction(shouldThrowError: true)
// First
// 오류를 던지기 직전까지 작성된 defer 구문까지만 실행됩니다.

try? someThrowingFunction(shouldThrowError: false)
// Third
// Second
// First
```

그런데, do 구문을 catch 절과 함께 사용하지 않고 단독으로 사용할 수도 있습니다. 코드 블록 내부에 또 한 단계 하위의 블록을 만들고자 할 때입니다. 이럴 때는 하위 블록이 종료될 때 그 내부의 defer 구문이 실행됩니다. [코드 28-13]에서 defer 구문이 여러 개 존재할 때 어떤 순서로 실행되는지 확인해봅시다. 맨 아래 주석으로 나와있는 결과를 보지 않고 어떤 순서로 진행될지 예상해보세요!

코드 28-13 복합적인 defer 구문의 실행 순서

```
func someFunction() {
    print("1")

    defer {
        print("2")
    }

    do {
        defer {
            print("3")
        }
        print("4")
    }

    defer {
        print("5")
    }

    print("6")
}

someFunction()

// 1
// 4
// 3
// 6
// 5
// 2
```

28.4 오류 타입 지정하기

이번 장에서 소개한 오류처리에서는 Error 프로토콜을 따르는 임의의 오류를 모두 던질 수 있었습니다. 오류를 던지는 쪽에서는 어떤 종류든 원하는 수만큼 늘릴 수 있기 때문에 코드의 유연성이 유지됩니다. 하지만 오류를 받는 쪽에서는 어떤 타입의 오류를 받을지 알 수 없기 때문에 오류처리에 어려움이 생길 수 있습니다. 앞서 살펴본 [코드 28-3]에서도 받은 오류를 알 수 없어 각 catch 구문에서 예상하지 못한 오류는 맨 마지막 catch 구문에서 실행할 수밖에 없습니다.

어떤 타입의 오류를 던지고 받을지 명확히 명시하고 싶을 때는 던지는 오류 타입을 지정할 수 있습니다. 던지는 오류의 타입을 지정하려면 throws 다음에 괄호를 열고 던지는 타입을 명시하면 됩니다. [코드 28-2]의 vend(itemNamed:) 메서드에서 func vend(item Named name: String) throws 코드를 func vend(itemNamed name: String)throws(VendingMachineError)라고 수정한다면 vend(itemNamed:) 메서드는 VendingMachineError 오류만 던질 수 있습니다. 사실 오류를 던지지 않는 함수는 throws (Never)와 같은 표현이고, throws만 명시된 오류를 던지는 함수는 throws(any Error)와 같은 표현이라고 볼 수 있습니다.

[코드 28-2]의 vend(itemNamed:) 메서드에서 func vend(itemNamed name: String) throws 코드를 func vend(itemNamed name: String) throws(VendingMachineError)라고 수정하면 던지는 오류의 종류가 VendingMachineError의 케이스에 국한되므로 [코드 28-3] tryingVend(itemNamed:vendingMachine:) 함수 내부의 do-try-catch 구문 맨 마지막 catch는 더 이상 필요 없습니다.

간단한 예시를 통해 알아보겠습니다.

코드 28-14 타입을 지정하여 오류 던지기

```
enum PhoneCallError: Error {
    case noSignal
    case outOfBattery
    case airplaneMode
}

enum TextMessageError: Error {
```

```
        case wrongNumber
        case blocked
    }

    func makePhoneCall() throws(PhoneCallError) {
        // throw TextMessageError.wrongNumber   // 오류 발생!!
        throw PhoneCallError.noSignal
    }

    do {
        try makePhoneCall()
    } catch .noSignal {
        print("통신 연결 상태가 좋지 않습니다")
    } catch .outOfBattery {
        print("배터리가 부족합니다")
    } catch .airplaneMode {
        print("비행기 모드 상태입니다")
    }
```

[코드 28-14]에는 PhoneCallError와 TextMessageError라는 두 가지 타입의 오류를 정의하였고, makePhoneCall() 함수는 PhoneCallError 타입을 지정하여 던지도록 정의하였습니다. makePhoneCall() 함수는 PhoneCallError만 던질 수 있기 때문에 다른 종류의 오류를 던지려고 하면 컴파일 오류가 발생합니다. 또 오류를 받는 쪽에서는 어떤 오류 케이스를 받을지 명확히 알 수 있으므로 불필요한 catch 구문을 작성할 필요가 없습니다.

이처럼 스위프트는 오류를 처리하는 다양한 방법을 제공하며, 다른 기능과도 멋지게 조합하여 사용할 수 있습니다. 스위프트 표준 라이브러리의 함수나 메서드 등에도 throws와 rethrows 키워드가 종종 발견됩니다. 언제, 어떻게 오류를 던져줄지 잘 생각해보면 스위프트에 대한 이해도도 높아질 것입니다. 또한 스위프트 표준 라이브러리를 보며, 스위프트를 만든 사람들이 언제 이 키워드를 사용했는지를 이해한다면 언제 이 키워드를 사용해야 할지 금방 습득할 것입니다. 이 장을 익히고 자신의 코드에서 throws와 rethrows 키워드를 적재적소에 적용해보세요.

CHAPTER 29

메모리 안전

스위프트는 안전을 중요시하는 언어입니다. 그래서 컴파일러가 코드에서 위험을 줄일 수 있도록 많은 장치를 두었습니다. 그중 큰 부분을 차지하는 것이 메모리의 안전한 접근입니다. 변수를 사용하기 전에 초기화를 강제하고, 해제된 메모리에 접근할 수 없도록 설계된 것들이 그 대표적인 예라고 볼 수 있습니다.

스위프트는 메모리를 자동으로 관리하기 때문에 특별한 경우가 아니라면 프로그래머가 메모리의 접근에 대해 크게 신경 쓸 필요가 없습니다. 그렇지만 메모리 접근 중 충돌이 발생할 수 있는 상황을 이해해두면 메모리가 충돌할 만한 코드를 작성하지 않는 능력자가 될 수 있겠죠? 그래도 걱정 마세요. 능력자가 아니라도 스위프트 컴파일러는 메모리 접근 충돌이 생길 만한 코드를 미연에 알려줍니다. 이번 장에서는 이에 대해 설명하고자 합니다.

29.1 메모리 접근 충돌의 이해

프로그래머가 변수에 값을 할당한다든가 함수의 전달인자로 변수의 값을 전달하는 등 다양한 경우에 코드를 통해 메모리에 접근하게 됩니다.

코드 29-1 코드를 통해 메모리에 접근하는 유형

```
// one이 저장될 메모리 위치에 쓰기 접근
var one: Int = 1

// one이 저장된 메모리 위치에 읽기 접근
print("숫자 출력 : \(one)")
```

메모리 접근 충돌은 서로 다른 코드에서 동시에 같은 위치의 메모리에 접근할 때 발생합니다. 동시에 여러 접근을 하게 되면 예상치 못한 결과를 얻을 수 있습니다. 예를 들어봅시다. 어떤 인스턴스 내부의 여러 프로퍼티의 값을 합산하여 반환하는 함수가 있을 때, 외부의 한 코드에서 인스턴스의 프로퍼티 값 일부를 수정하고, 동시에 또 다른 어딘가의 코드에서 합산하여 결과를 돌려주는 함수를 호출한다면 그 결과를 예측할 수 있을까요? 동시에 일어나는 일이라면 수정 전의 합산 결과를 돌려줄지, 수정된 값의 합산 결과를 돌려줄지 누구도 장담할 수 없습니다. 이런 일이 발생하지 않을 것이라고 생각하지만 다중 스레드 프로그램에서는 흔히 겪을 수 있는 일입니다. 우선 이 장에서는 다중 스레드 환경에서의 문제는 뒤로하고, 단일 스레드 프로그래밍 중에 발생할 수 있는 문제를 컴파일러가 미연에 방지해주는 것에 대한 내용을 다룹니다.

29.1.1 메모리 접근의 특성

메모리 접근 충돌을 일으키는 메모리 접근에는 세 가지 특성이 있습니다. 다음의 세 가지 조건에 모두 해당하는 메모리 접근이 두 군데 이상의 코드에서 동시에 일어나면 메모리 접근 충돌이 발생합니다.

- 최소한 한 곳에서 쓰기 접근합니다.
- 같은 메모리 위치에 접근합니다.
- 접근 타이밍이 겹칩니다.

순차적으로 코드를 실행하고, 메모리에 접근하는 것이 **순간적**이라면 다른 코드에서 같은 메모리 위치에 동시에 접근할 일이 없습니다. 단일 스레드 환경에서는 대부분의 메모리 접근이 순간적 접근이고 동시에 다른 코드에서 접근할 일이 없습니다.

코드 29-2 순차적, 순간적 메모리 접근

```
func oneMore(than number: Int) -> Int {
    return number + 1
}

var myNumber: Int = 1
myNumber = oneMore(than: myNumber)
print(myNumber)
// 2
```

반면에 **장기적 메모리 접근**이라는 접근 방식도 있습니다. 장기적 메모리 접근 중에는 해당 메모리 접근이 끝나기 전에 다른 코드에서 메모리에 접근할 가능성이 있습니다. 접근 타이밍이 겹치게 되는 것이죠.

접근 타이밍이 겹치게 되는 대표적 상황은 함수나 메서드에서 inout을 사용한 입출력 매개변수를 사용하는 경우나 구조체에서 mutating 키워드를 사용하는 가변 메서드를 사용하는 경우입니다. 메모리의 같은 위치에 접근하는 여러 접근의 타이밍이 겹친다고해서 무조건적으로 메모리 접근 충돌이 발생하는 것은 아닙니다. 그렇지만 접근 타이밍이 겹치는 경우 대개 메모리 접근 충돌이 발생할 가능성이 큽니다. 메모리 접근 충돌을 코드에서 정적으로 예측할 수 있는 경우 컴파일러에서 오류로 취급하여 컴파일하지 않습니다.

접근 타이밍이 겹칠 때 발생하는 문제에 대해 이어서 설명하도록 하고, 문제가 발생하지 않는 상세한 조건은 이 장 마지막에서 설명합니다.

> **TIP** 특정 변수나 상수의 메모리 주소를 알고 싶다면 다음의 예제 코드를 참고하세요. 해당 변수의 메모리 주소가 다른 변수의 메모리 주소와 같다면 두 변수는 서로 같은 메모리 위치를 참조하게 된다는 뜻입니다.
>
> ```
> // 값 타입의 경우
> var number: Int = 100
> print(Unmanaged<AnyObject>.fromOpaque(&number).toOpaque())
>
> // 참조 타입의 경우
> var object: SomeClass = SomeClass()
> print(Unmanaged<AnyObject>.passUnretained(object).toOpaque())
> ```

29.2 입출력 매개변수에서의 메모리 접근 충돌

입출력 매개변수를 갖는 함수는 동작 중 모두 장기적 메모리 접근을 합니다. 즉, 함수의 실행과 동시에 입출력 매개변수의 쓰기 접근이 시작되고 함수가 종료될 때까지 쓰기 접근을 유지합니다. 함수가 종료될 때 쓰기 접근을 종료합니다.

입출력 매개변수를 통한 장기적 메모리 접근 중에는 매개변수로 전달하는 변수는 다른 접근이 제한됩니다. [코드 29-3]을 통해 알아보겠습니다.

코드 29-3 입출력 매개변수에서의 메모리 접근 충돌

```
var step: Int = 1

func increment(_ number: inout Int) {
  number += step
}

increment(&step) // 오류 발생!
```

[코드 29-3]의 step 변수는 increment(_:) 함수의 입출력 매개변수로 전달되었는데 함수 내부에서 같은 메모리 공간에 읽기 접근을 하려고 시도하기 때문에 메모리 접근 충돌이 발생합니다. 그래서 [코드 29-3]을 실행하면 런타임 오류가 발생합니다. 이런 경우, [코드 29-4]처럼 새로운 변수를 생성해서 해결할 수 있습니다.

코드 29-4 입출력 매개변수에서의 메모리 접근 충돌 해결

```
var step: Int = 1
var copyOfStep: Int = step

func increment(_ number: inout Int) {
    number += copyOfStep
}

increment(&step)
```

입출력 매개변수에서 메모리 접근 충돌이 발생할 수 있는 다른 예를 들자면 두 개 이상의 입출력 매개변수로 같은 변수를 전달하는 상황을 들 수 있습니다.

코드 29-5 복수의 입출력 매개변수로 하나의 변수를 전달하여 메모리 접근 충돌

```
func balance(_ x: inout Int, _ y: inout Int) {
    let sum = x + y
    x = sum / 2
    y = sum - x
}
var playerOneScore: Int = 42
var playerTwoScore: Int = 30
balance(&playerOneScore, &playerTwoScore) // 문제없음
balance(&playerOneScore, &playerOneScore)    // 오류 발생!
```

[코드 29-5]에서 첫 번째 함수 호출의 경우 각각 다른 변수를 입출력 매개변수로 전달하여 문제가 없지만, 두 번째 호출의 경우 같은 변수를 동시에 두 개의 입출력 매개변수로 전달하여 메모리 접근 충돌이 발생합니다. 왜냐하면 `playerOneScore`라는 변수의 메모리 위치를 함수가 실행되는 동안 동시에 장기적 접근을 시도하기 때문에 문제가 발생합니다. 이 경우에는 컴파일러에서 미리 컴파일 오류로 알려줍니다.

29.3 메서드 내부에서 self 접근의 충돌

구조체의 가변 메서드는 메서드 실행 중에 `self`에 쓰기 접근을 합니다. 게임 캐릭터를 구조체로 구현했다고 생각했을 때, 캐릭터가 상처를 입으면 체력이 닳습니다. 체력을 다시 회복하는 메서드와 체력을 다른 캐릭터와 공유하는 메서드를 만들고 그것을 [코드 29-6]처럼 표현해보았습니다.

코드 29-6 게임 캐릭터를 정의한 GamePlayer 구조체

```
struct GamePlayer {
    var name: String
    var health: Int
    var energy: Int
    
    static let maxHealth = 10
    
    mutating func restoreHealth() {
```

```
            self.health = GamePlayer.maxHealth
    }
    
    mutating func shareHealth(with teammate: inout GamePlayer) {
        balance(&teammate.health, &health)   // balance 함수는 [코드 29-5]에
    }
}
```

[코드 29-6]의 restoreHealth() 메서드는 실행 중 인스턴스 자신인 self에 장기적으로 쓰기 접근을 합니다. 현재 restoreHealth() 메서드는 내부의 코드 중 인스턴스의 다른 프로퍼티를 동시에 접근하는 코드가 없습니다. 반면에 shareHealth(with:) 메서드는 다른 캐릭터의 인스턴스를 입출력 매개변수로 받기 때문에 메모리 접근 충돌이 발생할 여지가 있습니다.

코드 29-7 메모리 접근 충돌이 없는 shareHealth(with:) 메서드 호출

```
var oscar: GamePlayer = GamePlayer(name: "Oscar", health: 10, energy: 10)
var maria: GamePlayer = GamePlayer(name: "Maria", health: 5, energy: 10)
oscar.shareHealth(with: &maria)
```

[코드 29-7]에서 shareHealth(with:) 메서드의 호출은 메모리 접근 충돌을 일으키지 않습니다. teammate 입출력 매개변수로 전달된 maria는 shareHealth(with:) 메서드가 실행되는 중에 쓰기 접근을 하고, 가변 메서드를 실행해야 하는 oscar도 쓰기 접근을 합니다. 하지만 서로 다른 메모리 위치에 있기 때문에 메모리 접근 충돌이 발생하지 않는 것이죠.

코드 29-8 메모리 접근 충돌이 발생하는 shareHealth(with:) 메서드 호출

```
oscar.shareHealth(with: &oscar) // 오류 발생!
```

그렇지만 [코드 29-8]에서는 teammate 입출력 매개변수로 전달받은 메모리 위치와 oscar 인스턴스의 메모리 위치는 같은 곳이기 때문에 동시에 쓰기 접근을 하면 메모리 접근 충돌이 발생합니다.

29.4 프로퍼티 접근 중 충돌

구조체, 열거형 등은 프로퍼티로 구성되고, 튜플은 요소의 모임으로 구성됩니다. 이 프로퍼티나 요소는 각각 독립적인 값을 가진 타입의 구성 요소입니다. 구조체, 열거형, 튜플 등은 값 타입입니다. 그래서 자신의 인스턴스 내부의 프로퍼티를 변경한다는 뜻은 자신 스스로의 값을 변경한다는 의미로도 생각할 수 있습니다. 그 말을 다시 생각하면 프로퍼티에 읽고 쓰기를 위한 접근을 하는 것은 인스턴스 자신 전체에 대한 읽고 쓰기 접근 권한이 필요하다는 뜻으로도 생각할 수 있습니다. [코드 29-7]에 만들어둔 oscar를 다시 한번 괴롭혀봐야겠습니다.

코드 29-9 프로퍼티 접근 중 메모리 접근 충돌

```
balance(&oscar.health, &oscar.energy)
```

[코드 29-9]에서 balance(_:_:) 함수의 두 매개변수는 모두 입출력 매개변수이므로 함수가 실행 중이면 두 매개변수 모두 쓰기 접근을 합니다. oscar의 프로퍼티인 health만 매개변수로 전달했더라도 oscar 인스턴스 자체의 값이 변경될 것을 의미하므로 oscar 인스턴스 자체에 쓰기 접근을 해야 합니다. 이와 마찬가지로 두 번째 입출력 매개변수로 oscar의 energy 프로퍼티를 전달하더라도 oscar 인스턴스의 쓰기 접근을 해야 하므로 두 접근이 충돌할 수밖에 없습니다.

사실 [코드 29-9]와 유사한 상황이 발생할 일은 많지 않을 것 같기도 합니다. [코드 29-9]의 예는 oscar가 전역변수일 때 이야기입니다. 우리가 자주 사용하는 지역변수를 사용하면 이야기가 조금 달라질 수 있습니다. 만약 oscar가 특정 함수나 메서드, 반복문, 조건문 등의 안에서만 쓰이는 지역변수라면 어떤지 [코드 29-10]을 통해 알아봅니다.

코드 29-10 전역변수와 지역변수의 메모리 접근의 차이

```
func someFunction() {
    var oscar = GamePlayer(name: "Oscar", health: 10, energy: 10)
    balance(&oscar.health, &oscar.energy)
}
```

[코드 29-10]처럼 someFunction 함수를 만들고 호출하면 어떻게 될까요? [코드 29-10]

의 oscar는 balance(_:_:) 함수가 실행되는 도중 다른 곳에서 oscar의 메모리 위치에 접근하려는 코드가 있을 수 있을까요? 무슨 뜻이냐 하면, [코드 29-7]에서 생성한 oscar는 다른 코드 어디에서든 쓰일 수 있는 전역변수였던 반면에 [코드 29-10]의 oscar는 someFunction() 함수 안에서만 사용하는 변수기 때문에 다른 위치의 코드에서 접근할 일이 없다는 뜻입니다. [코드 29-10]에서 balance(_:_:) 함수의 두 입출력 매개변수로 oscar의 두 프로퍼티를 전달하였음에도 불구하고 지역변수로 쓰이던 oscar는 현재 함수 안에서 순차적 실행될 코드 외의 영역에서 접근할 코드가 없기 때문에 다른 코드에서 oscar의 메모리 위치에 접근하여 문제가 발생할 여지가 없습니다. balance(_:_:) 함수 안에서만 oscar의 메모리 위치에 접근하면 되는 상황이죠. 이런 상황이라면 전혀 문제될 것이 없습니다. 컴파일러도 이것을 알고 있기 때문에 오류로 취급하지 않습니다.

메모리 안전 때문에 구조체의 프로퍼티 메모리에 접근하는 타이밍이 겹치는 것을 무조건 제한해야 하는 것은 아닙니다. 앞서 설명에 컴파일러가 상황에 따라 판단하여 오류로 취급한다고 설명했는데, 언제 메모리 접근이 확실하게 안전할 것이라고 장담할 수 있을까요? 다음 세 조건을 충족하면 구조체의 프로퍼티 메모리에 동시에 접근하더라도 안전이 보장될 것입니다.

- 연산 프로퍼티나 클래스 프로퍼티가 아닌 인스턴스의 저장 프로퍼티에만 접근
- 전역변수가 아닌 지역변수일 때
- 클로저에 의해 획득Captured되지 않았거나 비탈출 클로저에 의해서만 획득되었을 때

앞의 세 조건을 충족하지 않는 경우에는 컴파일러가 안전을 담보할 수 없기 때문에 접근을 제한할 수 있도록 오류로 취급합니다.

CHAPTER 30

불명확 타입과 상자형 프로토콜 타입

30.1 불명확 타입

반환 타입에 불명확 타입^{Opaque Types}을 사용하면 반환할 타입의 정확한 타입을 알려주지 않은 채로 반환하겠다는 것을 의미합니다.

프로퍼티나 서브스크립트의 선언 혹은 함수의 반환 타입 위치에 프로토콜을 쓰면서 앞에 some을 붙이면, '이 프로토콜을 준수하는 어떤 타입 중에 하나일 것은 분명하다'는 뜻입니다. 언뜻 보면 '제네릭 아닌가?'라는 생각이 들 수 있지만 잘 생각하면 많이 다릅니다. 제네릭은 정의해줄 때 정확히 어떤 타입이 들어올지 모르는 상태로 플레이스 홀더를 만들어줍니다. 불명확 타입은 반대로 외부에서는 어떤 타입이 나에게 반환될지 모릅니다. 다시 말해서 제네릭은 외부에서 타입을 지정해주는 것이고, 불명확 타입은 내부에서 타입을 정해서 내보내게 되는데, 밖에서는 정확히 어떤 타입인지는 몰라도 쓸 수 있는 것이죠. 그래서 '역제네릭 타입^{Reverse Generics Types}'이라고 표현하기도 합니다. 굳이 비슷한 점을 찾아보자면 제네릭의 플레이스 홀더 타입과 불명확 타입의 반환 타입을 프로토콜로 지정해줄 수 있다는 점 정도일 것 같습니다.

다시 한번 생각해보면 '어떤 프로토콜을 따르는 타입을 반환할 것인데 그 타입이 명확히는 알려주지 않겠다' 정도로 생각해볼 수 있겠습니다. '그러면 그냥 프로토콜을 반환 타입으로 정의해주면 되는 것 아닌가?'라고 생각할 수도 있겠죠? 하지만 프로토콜 정의부에 `associatedType`을 사용했거나, `Self` 타입을 사용하는 프로토콜이라면 타입 자체가 제네릭하게 되므로 반환 타입으로 사용할 수 없습니다. 아직 잘 감이 안오신다구요? 천천히 예제를 통해 알아보겠습니다.

여러 종류의 피규어를 임의로 배출하는 뽑기 기계가 있다고 가정해보겠습니다. 뽑기는 포장을 열어보기 전까지는 어떤 상품이 들어있는지 알 수 없죠. 그래서 포장된 상품을 [코드 30-1]에서 프로토콜로 정의했습니다.

코드 30-1 뽑기 상품 프로토콜 정의

```
// 포장된 상품을 표현
protocol WrappedPrize {
    associatedtype Prize

    var wrapColor: String! { get }    // 포장 색상
    var prize: Prize! { get }         // 실제 상품
}
```

그리고 실제로 포장된 상품을 [코드 30-2]처럼 구조체로 표현해봅니다.

코드 30-2 포장된 상품 프로토콜 정의

```
protocol Gundam { }
protocol Pokemon { }

struct WrappedGundam: WrappedPrize {
    var wrapColor: String!
    var prize: (any Gundam)!
}

struct WrappedPokemon: WrappedPrize {
    var wrapColor: String!
    var prize: (any Pokemon)!
}
```

자, 이제 뽑기 기계를 만들어보려고 합니다. 뽑기 기계는 임의의 포장된 상품을 내어주어야 합니다. [코드 30-3]처럼 시도해보았습니다.

코드 30-3 뽑기 기계 구조체 정의

```
struct PrizeMachine {
    func dispenseRandomPrize() -> WrappedPrize {
        return WrappedGundam()
```

            }
        }

그러나 [코드 30-3]은 `WrappedPrize`는 제네릭 타입 제약이 있어야만 사용할 수 있는 타입이기 때문에 `WrappedPrize` 자체만으로는 반환 타입이 될 수 없다고 오류를 뱉어냅니다. `WrappedPrize` 프로토콜의 연관 타입인 `Prize`를 추론할 힌트를 얻지 못하기 때문입니다. 그래서 [코드 30-4]처럼 `some`을 앞에 붙여서 불명확 타입으로 개선해봅니다.

코드 30-4 뽑기 기계 구조체 개선

```
struct PrizeMachine {
    func dispenseRandomPrize() -> some WrappedPrize {
        return WrappedGundam()
    }
}

let machine: PrizeMachine = PrizeMachine()
let wrappedPrize = machine.dispenseRandomPrize()
```

기계가 잘 동작하는 것 같습니다!

이처럼 외부에서는 정확한 타입은 알 수 없지만, 해당 프로토콜을 준수하는 어떤 타입인가를 반환한다는 약속을 불명확 타입으로 표현할 수 있습니다. 불명확 타입은 함수(메서드)의 반환 타입뿐만 아니라 프로퍼티나 서브스크립트의 타입에도 사용할 수 있습니다.

30.2 상자형 프로토콜 타입

상자형 프로토콜 타입은 실존 타입Existential Type이라고 불리기도 합니다. 기억하시나요? 실존 타입은 실존 타입으로서의 프로토콜(20.7절)에서 소개한 바 있습니다. 타입의 위치에 프로토콜이 위치하면 그것이 바로 실존 타입이자 상자형 프로토콜 타입Boxed Protocol Type인 것입니다. 상자형 프로토콜 타입을 사용할 때는 앞에 `any`를 붙여 씁니다. [코드 20-17]과 [코드 30-2]에서 그 예를 찾아볼 수 있습니다.

다음 [코드 30-5]에서 새로운 예를 살펴보겠습니다.

코드 30-5 상자형 프로토콜 타입을 사용하는 Person 타입

```
protocol Animal {
    func makeSound() -> String
}

struct Dog: Animal {
    func makeSound() -> String { "멍멍!" }
}

struct Bird: Animal {
    func makeSound() -> String { "짹짹" }
}

struct Person {
    var pets: [any Animal]
}

let doggy: Dog = .init()
let swift: Bird = .init()
let yagom: Person = .init(pets: [doggy, swift])
```

[코드 30-5]에서 Person 타입의 pets 프로퍼티는 상자형 Animal 요소를 갖는 배열입니다. Animal 프로토콜만 따른다면 어떤 타입이든지 pets 배열에 들어갈 수 있죠. 그렇게 함으로써 런타임에 여러 타입을 할당할 수 있는 유연성을 얻지만, 배열 내부의 요소를 사용할 때는 각 요소가 어떤 타입인지 명확하지 않아 컴파일 최적화가 어렵기 때문에 성능상으로는 손실이 발생할 수 있습니다.

[코드 30-5]의 Person 타입은 크게 세 가지 방향으로 구현해볼 수 있을 것 같습니다.

- **박스형 프로토콜 타입 활용**: [코드 30-5]의 예시대로 var pets: [any Animal]을 활용하는 방법입니다. 이렇게 하면 배열에 Animal 프로토콜을 준수하는 어떤 타입이든 들어갈 수 있기 때문에 여러 타입이 섞일 수 있습니다. 또 프로퍼티를 호출하는 쪽에서는 그 타입들이 무엇인지 알 수 없습니다.
- **불투명 타입 활용**: var pets:[some Animal]을 활용하는 방법입니다. 이렇게 하면 배열 내부에는 Animal 프로토콜을 준수하는 단 하나의 타입만 들어갈 수 있어 타입이 섞이지 않습니다. 하지만 프로퍼티를 호출하는 쪽에서는 그 타입이 무엇인지 알 수 없습니다.
- **제네릭 활용**: struct Person<T: Animal>과 var pets: [T]를 활용하는 방법입니다. 이렇게 하면 배열에 Animal 프로토콜을 준수하는 단 하나의 타입만 들어갈 수 있습니다. 또 프로퍼티를 호출하는 쪽에서도 해당 타입이 무엇인지 명확하게 알 수 있습니다.

각각의 방식이 맞고 틀렸다기보다는 상황에 맞는 방식을 선택할 수 있도록 고민하는 자세가 필요하겠습니다. 극도의 유연성이 중요하다면 박스형 프로토콜 타입을, 프로토콜의 제네릭 연관 타입을 반환 타입으로 활용해야 한다면 불투명 타입을 고민해볼 수 있습니다. 세 방법 중 성능 최적화 가능성은 제네릭을 활용한 방법이 가장 높습니다.

CHAPTER 31

결과 구축자

결과 구축자^{Result Builder}는 선언적 방식으로 리스트나 트리 같은 중첩 데이터를 생성하기 위한 사용자 정의 타입입니다. 애플의 UI 프레임워크인 SwiftUI에서 복잡한 뷰^{View}를 구성하기 위해 결과 구축자를 적극 활용하고 있습니다.

결과 구축자의 역할은 글로 설명하기보다 직접 예제를 보고 이해하는 편이 더 좋을 것 같습니다.

콘솔에 텍스트로 다음과 같이 크리스마스 트리를 그려보겠습니다.

```
    *
   ***
  *****
 *******
    *
   ***
DRAWER : YAGOM
```

우리에게 익숙한 방식으로 그려볼까요?

코드 31-1 결과 구축자 없이 크리스마스 트리 그리기

```swift
let drawer: String? = "yagom"
var tree: String = ""
```

```swift
for i in 0...3 {
    for _ in 1...(4 - i) { tree += " " }
    
    for _ in 1...(1 + i * 2) { tree += "*" }
    
    for _ in 1...(4 - i) { tree += " " }
    
    tree += "\n"
}

tree += "    *\n"
tree += "   ***\n"
tree += "DRAWER : \(drawer ?? "unknown")"
print(tree)
```

[코드 31-1]은 직관적이지 않아 읽고 해석하기도 어렵습니다. 더군다나 트리를 그린 이의 이름을 대문자로 바꿔주는 것을 깜빡한 나머지 버그까지 만들어버렸습니다. 이 코드를 조금 더 구조적이고 직관적으로 나타내보기 위해 [코드 31-2]처럼 트리 각각의 구성 요소를 구조체와 프로토콜로 구성했습니다. 그리고 다시 트리를 그려봅니다.

코드 31-2 구조체와 프로토콜로 구성 요소를 구조화하여 크리스마스 트리 그리기

```swift
protocol Drawable {
    func draw() -> String
}

struct Composed: Drawable {
    var lines: [Drawable]
    func draw() -> String {
        var result: String = ""
        for line in lines {
            result += line.draw()
        }
        return result
    }
}

struct Text: Drawable {
    var content: String
    init(_ content: String) { self.content = content }
    func draw() -> String { return content }
```

```swift
}

struct Space: Drawable {
    var length: Int
    func draw() -> String { return String(repeating: " ", count: length) }
    init(_ length: Int = 1) { self.length = length }
}

struct Linebreak: Drawable {
    func draw() -> String { return "\n" }
}

struct Star: Drawable {
    var length: Int
    func draw() -> String { return String(repeating: "*", count: length) }
    init(_ length: Int = 1) { self.length = length }
}

struct AllCaps: Drawable {
    var content: Drawable
    func draw() -> String { return content.draw().uppercased() }
}

let drawer: String? = "yagom"
let tree: Composed = Composed(lines: [
    Space(4), Star(), Space(4), Linebreak(),
    Space(3), Star(3), Space(3), Linebreak(),
    Space(2), Star(5), Space(2), Linebreak(),
    Space(1), Star(7), Space(1), Linebreak(),
    Space(4), Star(), Space(4), Linebreak(),
    Space(3), Star(3), Space(3), Linebreak(),
    AllCaps(content: Text(("DRAWER : \(drawer ?? "unknown")")))
])
print(tree.draw())
```

[코드 31-2]는 [코드 31-1]보다 직관적이지만 살짝 부족한 감이 있습니다. 더군다나 AllCaps 구조체를 생성하는 코드는 nil 병합 연산자(??) 때문에 읽기도 힘듭니다. 그리고 반복문을 사용할 수 있으면 코드를 훨씬 줄일 수 있을 것도 같습니다. 이렇게 복합적인 요소를 하나의 결과물로 구조화하려 할 때 결과 구축자를 활용하면 좋습니다.

타입을 결과 구축자로 만들기 위해서는 타입에 @resultBuilder 속성을 적용하고 필요한 타입 메서드를 구현해주면 됩니다. 필요한 타입 메서드의 종류에 대해서는 뒤에서 설명하기로 하고, 우선 buildBlock(_:) 메서드를 먼저 활용해보겠습니다.

코드 31-3 결과 구축자 DrawingBuilder 정의 및 활용

```
@resultBuilder
struct DrawingBuilder {
    static func buildBlock(_ components: Drawable...) -> Drawable {
        return Composed(lines: components)
    }
}

func draw(@DrawingBuilder content: () -> Drawable) -> Drawable {
    return content()
}

func caps(@DrawingBuilder content: () -> Drawable) -> Drawable {
    return AllCaps(content: content())
}

let drawer: String? = "yagom"
let tree = draw {
    Space(4)
    Star()
    Space(4)
    Linebreak()
    Space(3)
    Star(3)
    Space(3)
    Linebreak()
    Space(2)
    Star(5)
    Space(2)
    Linebreak()
    Space(1)
    Star(7)
    Space(1)
    Linebreak()
    Space(4)
    Star()
    Space(4)
    Linebreak()
    Space(3)
```

```
        Star(3)
        Space(3)
        Linebreak()
        caps {
            Text("Drawer : \(drawer ?? "unknown")")
        }
    }

    print(tree.draw())
```

[코드 31-3]의 DrawingBuilder 타입은 @resultBuilder 속성을 적용하여 결과 구축자로 정의했습니다. 결과 구축자 내부에는 미리 약속된 몇몇 타입 메서드를 구현하면 결과 구축자의 행위를 구현할 수 있습니다. DrawingBuilder 내부에 구현된 buildBlock(_:) 메서드는 매개변수로 받아온 컴포넌트들을 하나의 컴포넌트로 묶어주는 역할을 수행합니다. 코드에서 여러 줄로 작성한 Drawable 요소들(예를 들어 Star(), Space() 등)을 한 번에 받아들여 Composed 타입으로 묶어 반환해줍니다. 그래서 tree 인스턴스의 타입은 Composed이고 draw() 메서드를 호출하여 String의 인스턴스를 만들어낼 수 있습니다.

또 draw(_:)와 caps(_:) 함수는 전달인자로 @DrawingBuilder라는 속성이 적용되어 있는 클로저를 받아들이고 있습니다. 두 함수를 호출할 때 이 힌트를 통해 DrawingBuilder 결과 구축자에 정의된 역할을 수행합니다.

[코드 31-3]과 같이 사용자 정의 결과 구축자를 정의하면 결과 구축자와 같은 이름의 속성(예를 들어 결과 구축자가 DrawingBuilder라면 @DrawingBuilder라는 속성)을 만들게 됩니다. 그렇게 만들어진 속성을 사용할 수 있는 곳은 세 군데입니다.

- **함수 선언부**: 함수 선언부에 속성을 적용하면 결과 구축자가 함수의 구현부를 결과로 구축합니다.
- **getter를 포함한 변수/서브스크립트 정의부**: 결과 구축자가 getter의 구현부를 결과로 구축합니다.
- **함수의 매개변수 정의부**: 해당 매개변수로 전달하는 클로저의 구현부를 결과로 구축합니다.

결과 구축자를 잘 활용해본 것 같지만, [코드 31-3]도 영 탐탁치 않습니다. 반복문을 통해 코드 중복도 줄이고 싶고 조건문을 통해서 nil 병합 연산자도 없애서 가독성을 높여보고 싶습니다. 반복문과 조건문을 활용해볼 수 있으면 얼마나 좋을까요?

DrawingBuilder 타입에 몇 가지 타입 메서드를 추가하면 결과 구축자 클로저 내부에서 반복문과 조건문을 사용할 수 있습니다.

코드 31-4 결과 구축자 클로저 내부에서 반복문과 조건문 사용을 위해 타입 메서드 추가

```
extension DrawingBuilder {
    static func buildEither(first: Drawable) -> Drawable {
        return first
    }
    static func buildEither(second: Drawable) -> Drawable {
        return second
    }
    static func buildArray(_ components: [Drawable]) -> Drawable {
        return Composed(lines: components)
    }
}
```

[코드 31-4]에서는 DrawingBuilder에 세 가지 타입 메서드를 추가해줬습니다. 첫 번째와 두 번째 타입 메서드 buildEither(first:)와 buildEither(second:)는 if-else나 switch와 같은 조건의 구문을 작성할 수 있도록 도와줍니다. 세 번째 타입 메서드인 buildArray(_:)는 for 등의 반복 구문을 사용할 수 있도록 도와줍니다. 이 결과 [코드 31-5]처럼 결과 구축자 클로저 내부에서 반복문과 조건문을 사용할 수 있습니다.

코드 31-5 결과 구축자 클로저 내부에서 반복문과 조건문 활용

```
let drawer: String? = "yagom"
let tree: Composed = draw {
    for i in 0...3 {
        Space(4 - i)
        Star(1 + i * 2)
        Space(4 - i)
        Linebreak()
    }
    Space(4)
    Star()
    Space(4)
    Linebreak()
    Space(3)
    Star(3)
    Space(3)
    Linebreak()
    caps {
        if let drawer {
            Text("Drawer : \(drawer)")
```

```
            } else {
                Text("unknown")
            }
        }
    }

    print(tree.draw())
```

[코드 31-5]를 통해 [코드 31-1]보다 훨씬 직관적이고 선언적인 방식으로 데이터를 구조화하는 데 성공했습니다.

결과 구축자의 클로저에서 결과를 만들어낼 때 도움을 주는 타입 메서드에 대해 알아봅니다.

이어서 소개하는 타입 메서드에는 세 종류의 타입 플레이스 홀더가 있습니다. Expression 타입은 결과 구축자의 입력 값의 타입을 뜻합니다. Component 타입은 부분 결과Partial Result의 타입을 나타냅니다. FinalResult 타입은 결과 구축자가 최종으로 생산하는 결괏값의 타입을 나타냅니다. 결과 구축자를 위한 타입 메서드를 구현할 때에는 앞서 설명한 세 가지 플레이스 홀더 타입 대신 실질적으로 결과 구축자가 사용할 타입을 기재하여 구현해야 합니다. 만약 Expression과 FinalResult 타입을 명시하지 않으면 Component와 같은 타입이라고 가정하고 동작합니다.

먼저 필수로 구현해야 하는 블록 구축 메서드입니다.

- `static func buildBlock(_ components: Component...) -> Component`
  여러 개의 부분 결과(Component)를 하나의 부분 결과로 묶어줍니다.
- `static func buildPartialBlock(first: Component) -> Component`
  첫First 컴포넌트로부터 한 개의 부분 결과를 구축합니다. 이 메서드와 buildPartialBlock(accumulated:next:) 메서드를 모두 구현하면 블록이 한 번에 하나의 컴포넌트를 구축할 수 있습니다. buildBlock(_:) 메서드와 비교해보면, 이 두 개의 메서드를 사용하는 방식은 상황마다 다른 여러 개의 매개변수를 다루는 것보다는 오버헤드를 줄일 수 있습니다.
- `static func buildPartialBlock(accumulated: Component, next: Component) -> Component`
  누적된 컴포넌트와 새New 컴포넌트를 묶어 한 개의 부분 결과를 구축합니다. 이 메서드와 buildPartialBlock(first:) 메서드를 모두 구현하면 블록이 한 번에 하나의 컴포넌트를 구축할 수 있습니다. buildBlock(_:) 메서드와 비교해보면 이 두 개의 메서드를 사용하는 방식은 상황마다 다른 여러 개의 매개변수를 다루는 것보다는 오버헤드를 줄일 수 있습니다.

결과 구축자는 앞서 설명한 세 개의 블록 구축 메서드를 모두 구현할 수도 있고, buildBlock

(_:)만 단독으로 구현하거나 buildPartialBlock(first:)과 buildPartialBlock(accumulated:next:)만 구현할 수도 있습니다. 명심해야 할 사실은 블록 구축 메서드는 결과 구축자에 필수로 구현해야 한다는 것입니다.

만약 세 개의 메서드를 모두 구현한다면 가용 상황에 따라 호출할 메서드가 결정됩니다. 스위프트는 기본적으로 buildPartialBlock(first:)과 buildPartialBlock(accumulated:next:)를 호출합니다.

다음은 추가적으로 구현 가능한 결과 구축 메서드 목록입니다.

- static func buildOptional(_ component: Component?) -> Component
  nil일 수도 있는 부분 결과로부터 부분 결과를 구축합니다. 이 메서드를 구현하면 else 절이 없는 if 구문을 작성할 수 있습니다.
- static func buildEither(first: Component) -> Component
  조건에 따라 값이 달라지는 부분 결과를 구축합니다. 이 메서드와 buildEither(second:) 메서드를 함께 구현하면 switch 구문과 else 절을 포함하는 if 구문을 작성할 수 있습니다.
- static func buildEither(second: Component) -> Component
  조건에 따라 값이 달라지는 부분 결과를 구축합니다. 이 메서드와 buildEither(first:) 메서드를 함께 구현하면 switch 구문과 else 절을 포함하는 if 구문을 작성할 수 있습니다.
- static func buildArray(_ components: [Component]) -> Component
  부분 결과의 배열로부터 하나의 부분 결과를 구축합니다. 이 메서드를 구현하면 for 반복문을 사용할 수 있습니다.
- static func buildExpression(_ expression: Expression) -> Component
  표현Expression을 통해 부분 결과를 구축합니다. 이 메서드를 구현하면 전처리를 수행하거나 사용하는 위치에서 타입 추론의 부가적인 정보를 제공할 수 있습니다.
- static func buildFinalResult(_ component: Component) -> FinalResult
  부분 결과로부터 최종 결과를 구축합니다. 이 메서드를 구현하면 부분 결과의 타입과 최종 결과의 타입을 다르게 할 수 있습니다. 또는 최종 결과를 반환하기 전에 프로그래머가 원하는 후처리를 할 수도 있습니다. 최종 결과물을 반환할 때 작동하는 메서드이기 때문입니다.
- static func buildLimitedAvailability(_ component: Component) -> Component
  가용성 확인을 수행하는 컴파일러 제어 구문의 외부에서 타입 정보를 전파하거나 지우는 부분 결과를 구축합니다. 여러 조건 분기점 사이에서 타입 정보를 지울 수 있습니다.

결과 구축자는 여러 종류의 구성 요소를 단일 인스턴스로 묶어주는 데 유용하게 활용할 수 있습니다. 깃허브에 다른 프로그래머들이 공유한 결과 구축자를 보며 나만의 새로운 결과 구축자 활용 아이디어를 구상해보는 것은 어떨까요?

CHAPTER 32

동시성

스위프트 5.5 버전의 가장 큰 변화 중 하나는 스위프트 언어가 동시성Concurrency 기능을 자체 기능으로 내장하여 제공한다는 점입니다. 애플 생태계에서 이전부터 개발해왔던 프로그래머라면 Objective-C 또는 스위프트 언어의 기능을 활용하지 않고, GCD^{Grand Central Dispatch} 등을 활용하여 동시성 프로그래밍을 했던 경험이 있을 겁니다. 물론 스위프트에 동시성 프로그래밍 기능이 내장되었더라도 기존의 GCD는 계속 활용할 수 있지만, 언어 외부에 의존하게 된다는 것은 다른 플랫폼에서 프로그래밍할 때 한계가 생길 수밖에 없다는 아쉬움이 있죠. 하지만 스위프트 자체 기능으로 동시성 프로그래밍이, 그것도 아주 편리하고 강력하게 구현되었다는 점은 매우 고무적이며 스위프트 언어 역사의 새로운 전환점이기도 합니다.

다만, 이전에 GCD 등으로 스레드Thread 관리 위주의 동시성 프로그래밍에 익숙한 분이라면 스위프트의 동시성 기능 동작이 다소 의아할 수 있습니다. 스위프트 언어의 동시성 프로그래밍 이전의 방식들은 대부분 스레드를 기반으로 동작하고 이전의 동작이 일시 중지된 스레드에서 다시 작업이 재개되는 반면, 스위프트의 동시성 환경에서는 작업이 재개될 때 어떤 스레드에서 동작할지 알 수 없습니다. 즉, 중단 시점의 스레드와 복귀 시점의 스레드가 일치하지 않을 수 있다는 뜻입니다. 물론 메인 스레드를 활용하는 메인 액터Main Actor를 제외한다면 말이죠. 이 점을 명심하면 디버깅으로 고생하는 일이 많이 줄어들 것입니다.

또 스위프트 언어의 동시성 기능은 안전을 추구하는 만큼 꽤나 규칙이 엄격하여 컴파일 타임에 병렬처리에서 발생할 수 있는 오류는 많이 잡아냅니다. 문제가 될 수 있는 부분은 아예 컴파일할 수 없는 경우가 많죠. 그렇다 보니 처음엔 어렵게 느껴질 수 있지만, 규칙을 알고 사용한다면 안정적이고 효율적인 동시성 프로그래밍을 할 수 있습니다. 스위프트 언어의 동시성 프로그래밍을 위한 여러 종합적인 개념과 응용 그리고 테크닉 등을 모두 포함하려면 책 한 권으로는 부족하므로, 이번 챕터에서는 스위프트 언어의 동시성 기능의 핵심 용어와 개념을 위주로 살펴봅니다.

참고로 스위프트 언어에서의 '동시성'이라는 용어는 비동기와 병렬 코드를 혼합하여 사용하는 것을 의미합니다.

32.1 작업

스위프트 언어의 동시성 프로그래밍에서 비동기적으로 실행할 수 있는 작업의 (최소)단위는 Task입니다. 우리말로 하면 '작업'이라고 표현할 수 있겠습니다. 작업은 실행할 코드의 블록, 즉 클로저를 통해 생성할 수 있으며 생성 직후에 즉시 실행된다는 특성이 있습니다.

코드 32-1 작업의 생성

```swift
let myFirstTask: Task = Task.init(priority: .userInitiated) { print("안녕하세요? 작업입니다!") }
let mySecondTask: Task = Task.init { print("안녕하세요? 둘쨉니다!") }
let myThirdTask: Task = Task { print("안녕하세요? 셋쨉니다!") }
Task { print("꼭 변수/상수에 할당하지 않아도 실행됩니다!") }
```

[코드 32-1]에서 보듯이 Task 인스턴스를 생성하는 방법은 매개변수 생략에 따라 여러 방법이 있지만, 특별히 우선순위를 지정하지 않는다면 통상 세 번째 줄의 방법(myThirdTask 선언)을 사용합니다. [코드 32-1]을 여러 번 실행해보세요! 작업에 별다른 실행 명령을 내리지 않아도 클로저 내부의 코드가 곧바로 실행되는 것을 확인할 수 있습니다.

작업은 동시성 프로그래밍이 아닌 문맥에서 동시성 프로그래밍 문맥으로 코드를 편입시켜주는 징검다리 역할도 수행합니다. 만약 동시성 프로그래밍 문맥이 아닌 곳에서 스위프트의 동시성 프로그래밍 기능을 사용하고 싶다면 [코드 32-1]의 마지막 줄처럼 Task의 클로저 내부에 동시성 코드를 작성 및 호출하면 됩니다.

코드 32-2 동시성 프로그래밍 문맥 전환을 위한 작업의 활용

```swift
func someAsyncWork() async -> String {
    return "async 함수라고 해서 꼭 await이 있어야 하는 것은 아닙니다. 자세한 것은 조금 뒤에 async/await에서 설명합니다."
}

func someFunction() {
    Task {
        let result: String = try await someAsyncWork()
        print(result)
    }
}

someFunction()
```

[코드 32-2]에서 someFunction은 async 함수가 아니므로 동시성 프로그래밍 문맥이 아닐 가능성이 있으므로 await을 사용하는 someAsyncWork 함수를 호출할 수 없습니다. 그때 Task를 활용하면 동시성 프로그래밍 문맥으로 진입할 수 있습니다.

32.2 비동기 함수의 정의와 호출

코드 32-3 async와 await을 활용한 비동기 함수의 정의와 호출

```swift
// async 함수
func fetchData(from url: String) async throws -> String {
    // await을 활용하여 비동기적으로 데이터를 가져오는 시뮬레이션
    try await Task.sleep(for: .seconds(1)) // 1초 대기
    return "\(url)로부터 데이터 가져오기"
}

func fetchDataConcurrently() async throws {
    let urls: [String] = ["URL1", "URL2", "URL3"]
    
    for url in urls {
        let data: String = try await fetchData(from: url)
        await Task.yield()
        print(data)
```

```
            }
        }
    do {
        try await fetchDataConcurrently()
    }
```

스위프트 동시성 환경에서 비동기 함수를 정의하기 위해서는 async 키워드를 사용하면 됩니다. [코드 32-3]에서 async 키워드를 사용하여 fetchData(from:) 함수를 정의한 것을 볼 수 있습니다. 참고로 오류를 던지는 함수라는 의미의 throws는 async 뒤에 위치해야 합니다. async 함수는 실행 도중 일시 중단^{Suspended}되었다가 다른 작업을 마치고 다시 복귀하여 이어서 실행될 수 있는 가능성이 있습니다. 즉, 함수를 실행 도중 다른 작업을 위해 멈추었다가 다시 이어서 실행될 가능성을 가졌다는 뜻입니다. '가능성을 가졌다'는 의미는 일시적으로 중단되지 않을 수도 있다는 뜻이기도 합니다. 그렇다면 일시 중단되는 지점은 어디일까요? 바로 await 키워드가 명시된 호출 부분입니다. 즉, 함수 내에 await 호출이 없다면 일시 중지되지 않을 수도 있다는 뜻입니다. async 함수 내부에는 await이 있을 수도 있지만, 없어도 전혀 상관없습니다.

fetchDataConcurrently() 함수 또한 async를 사용하여 비동기 함수로 정의했습니다. fetchDataConcurrently() 함수 내부에서 await을 사용하는 부분은 두 군데가 있습니다. 먼저 fetchData(from: url)입니다. async로 정의한 비동기 함수는 반드시 await을 사용하여 호출해야 합니다. 그래서 fetchData(from:) 함수를 호출할 때 앞에 await을 붙여서 호출합니다. 오류처리를 위한 try는 await 앞에 명시해야 합니다. 이렇게 await을 명시한 호출에서는 해당 함수의 실행을 일시 중단하고 await을 사용해 호출한 작업의 수행을 시작합니다. 즉, fetchDataConcurrently() 함수의 실행 중 await을 만나면 그 곳에서 fetchDataConcurrently()의 실행을 일시 중단하고 await을 사용해 호출한 fetchData(from: url)의 실행이 끝날 때까지 기다립니다. 그리고 fetchData(from:) 함수에도 내부에 await이 있으므로 await을 만났을 때 호출한 Task.sleep(for: .seconds(1))이 끝날 때까지 일시 중단하고, Task.sleep(for: .seconds(1))이 끝나면 그 이후 명령을 실행합니다. Task.sleep(for:) 메서드는 일정 시간 동안(이 코드에서는 1초) 잠시 작업을 일시 중단하는 역할을 합니다. 두 번째 await 호출 부분은 await Task.yield() 부분입니다. Task의 yield() 메서드는 다른 작업에게 작업을 명시적으로 양보할 때 사용할 수 있는 메서드입니다. 지금 수행하는 작업이 무겁고 오래 걸리는 작업이라면 다른 작업에게 중간중간 양보해서 다른 작업이 너무 늦게 처리되지 않도록 명시적으로 기회를 제공하는 것이죠. 지금 이 코드에서는 다른 작업이 없기 때문에 큰 효과는 없습니다만, 참고삼아 적어보았습니다.

결과적으로 [코드 32-3]을 실행하면 1초 간격으로 콘솔에 결과를 출력하는 것을 확인할 수 있습니다.

이렇게 async로 비동기 함수를 만들고, await을 활용하여 일시 중단하여 다른 작업이 끝날 때까지 기다렸다가 이어서 동작하는 코드를 따로 콜백 함수나 클로저를 활용하지 않아도 간편하게 구현할 수 있습니다.

스위프트 동시성 프로그래밍에서는 비동기 함수에서 작업을 일시 중단할 때 현재 스레드 점유를 반환합니다. 그리고 다시 작업을 이어서 진행할 때 기존에 점유했던 스레드로 복귀하지 않고 다른 스레드로 복귀할 수 있습니다. 그래서 일시 중지 후 복귀했을 때 기존과 같은 스레드로 복귀할 거라고 예상하면 예상치 못한 결과를 얻을 수 있으니 주의해야 합니다. 이 부분에 대해 깊게 알고 싶다면 **Continuation** 개념에 대해 더 알아보길 추천합니다.

32.3 비동기 함수의 병렬 호출

[코드 32-3]은 여러 URL을 통해 여러 개의 데이터를 가져오는 역할을 충분히 수행하고 있지만, 만족할 만한 시간 성능을 보여주진 못하는 것 같습니다. 대체적으로 여러 데이터를 받아올 때는 병렬로 받아오는 것이 시간적으로 더 절약될 테니까요. await을 붙여 호출하면 그 호출이 끝날 때까지 작업이 일시 중단됩니다. 따라서 fetchDataConcurrently() 함수에서는 await을 호출할 때마다 일시 중단하므로 데이터 하나를 받아올 때까지 기다렸다가 다음 데이터를 요청하고 또 끝날 때까지 기다리죠. 그렇기 때문에 동시성 프로그래밍의 이점을 잘 얻지 못합니다. 그래서 [코드 32-4]처럼 병렬 호출 방식이 더 유리할 수 있습니다.

코드 32-4 async let을 활용한 비동기 함수의 병렬 호출

```
// async 함수
func fetchData(from url: String) async throws -> String {
    // await을 활용하여 비동기적으로 데이터를 가져오는 시뮬레이션
```

```
        try await Task.sleep(for: .seconds(1)) // 1초 대기
        return "\(url)로부터 데이터 가져오기"
    }

    func fetchDataConcurrently() async throws {
        async let firstData: String = fetchData(from: "url1")
        async let secondData: String = fetchData(from: "url2")
        async let thirdData: String = fetchData(from: "url3")

        let results: [String] = try await [firstData, secondData, thirdData]
        print(results)
    }

    do {
        try await fetchDataConcurrently()
    }
```

[코드 32-4]에서는 fetchData(from:) 함수를 호출할 때 앞에 async를 붙여주는 대신, 함수의 결괏값을 할당받는 상수 선언(let) 앞에 async를 붙여주었습니다. 그리고 병렬로 처리하고 싶은 상수를 묶어 배열로 만들고 그 앞에 한 번에 await을 붙여줍니다. 이렇게 하면 배열 안에 속한 호출을 병렬로 수행할 수 있습니다. 코드의 실행 결과를 보면 1초 남짓한 시간으로 모든 처리가 끝나는 것을 확인할 수 있습니다. 거의 동시에 실행되고 처리되기 때문이죠. 비교해보면 [코드 32-3]에서는 각 await을 기다리기 때문에 순차적으로 처리되지만, [코드 32-4]에서는 async let을 활용해 병렬로 작업을 수행하므로 작업 완료 시간에서 차이가 발생합니다. 공통점으로는 await을 사용하여 호출하는 부분에서 기존 작업이 일시 중단되고 await 호출 부분의 작업이 끝날 때까지 기다린다는 점입니다.

32.4 작업 그룹

앞에서 살펴본 작업^{Task}은 비동기 실행의 작업 단위죠. 비동기 코드도 암묵적으로 작업을 생성하여 실행합니다. 그리고 작업은 계층 구조를 가집니다. 예를 들어 async let 구문은 암묵적으로 자식 작업을 생성합니다. 즉, 작업은 부모와 자식 관계를 가지고 있고 작업 그룹^{Task Group}으로도 묶일 수 있습니다. 이를 구조적 동시성^{Structured Concurrency}이라고 부릅니다. 작업 그룹을 사용하면 작업의 우선순위나 취소 등을 더 세밀하게 제어할 수 있습니다.

구조적 동시성이 갖는 몇 가지 특성이자 장점은 다음과 같습니다.

- 부모 작업은 자식 작업이 모두 끝날 때까지 기다려야 합니다.
- 자식 작업의 우선순위를 높이면 부모 작업의 우선순위도 자동으로 상승합니다.
- 부모 작업을 취소하면 자식 작업도 자동으로 취소됩니다.
- 작업의 로컬 값이 자식 작업으로 효율적이고 자동으로 전파됩니다.

코드 32-5 작업과 작업 그룹을 활용한 병렬 네트워크 요청 처리

```swift
func fetchData(from url: String) async throws -> String {
    print("\(url)에 네트워크 요청 중...")
    try await Task.sleep(for: .seconds(1)) // 1초 대기
    return "\(url)로부터 데이터"
}

func fetchAllData() async throws -> [String] {
    let dataResult: [String] = try await withThrowingTaskGroup(of: String.self) { group in
        let urls: [String] = ["URL1", "URL2", "URL3"]
        
        // 작업 그룹에 각 URL에 대해 비동기 네트워크 요청 작업 추가
        for url in urls {
            group.addTask {
                try await fetchData(from: url) // 비동기 네트워크 요청
            }
        }
        
        var results: [String] = []
        for try await result in group {
            results.append(result)
        }
        
        return results
    }
    
    return dataResult
}

print(try await fetchAllData())
```

[코드 32-5]에서는 fetchAllData() 함수에서 withThrowingTaskGroup(of:) 함수를 통해 작업 그룹을 만들고 실행합니다. for await을 활용하여 작업 그룹 내의 모든 작업이 완료된 후에 print(result) 코드를 실행합니다. 작업 그룹은 여러 작업을 병렬로 실행하므로 [코드 32-4]와 유사한 결과를 볼 수 있습니다. 작업 그룹에 들어간 작업의 우선순위를 지정하지 않았기 때문에 완료 순서는 보장할 수 없습니다. 그렇기 때문에 결과의 순서는 상황에 따라 얼마든지 바뀔 수 있습니다.

만약 fetchData(from:) 함수가 오류를 던지지 않는 함수라면 withThrowingTaskGroup(of:) 함수 대신 withTaskGroup(of:) 함수를 활용할 수 있습니다.

32.5 작업의 취소

사용자가 작업을 취소하거나 화면을 이동하는 등 여러 가지 이유로 수행하던 작업을 취소해야 하는 경우가 있습니다. 그럴 때 작업을 취소하려면 어떻게 해야 할까요?

코드 32-6 작업의 취소

```
nonisolated(unsafe) var callCounter: Int = 0

func fetchData(from url: String) async throws -> String {
    print("\(url)에 네트워크 요청 중...")
    callCounter += 1
    try await Task.sleep(for: .seconds(callCounter)) // n초 대기
    return "\(url)로부터 데이터"
}

func fetchAllData() async throws -> [Result<String, Error>] {
    let dataResult: [Result<String, Error>] = try await withThrowingTaskGroup(of: Result<String, Error>.self) { group in
        let urls: [String] = ["URL1", "URL2", "URL3"]

        // 작업 그룹 각 URL에 대해 비동기 네트워크 요청 작업 추가
        for url in urls {
            group.addTask {
                do {
                    try Task.checkCancellation()
```

```swift
                    let result: String = try await fetchData(from: url)
                    if Task.isCancelled {
                        return .failure(CancellationError())
                    }
                    return .success(result)
                } catch {
                    return .failure(error)
                }
            }
        }
        
        try await Task.sleep(for: .seconds(1.5))
        
        // 남은 작업 취소
        group.cancelAll()
        
        var results: [Result<String, Error>] = []
        for try await result in group {
            results.append(result)
        }
        
        return results
    }
    
    return dataResult
}

print(try await fetchAllData())
```

[코드 32-6]는 [코드 32-5]의 코드를 살짝 수정하여 fetchAllData() 함수에서 작업 그룹이 만들어진 후, 2초 이후에 작업 그룹에 남아 있는 작업을 모두 취소하였습니다. 작업은 취소하면 실패하여 오류를 담아 보내고, 취소하지 않고 끝까지 성공하면 문자열을 실어 성공을 반환합니다. 작업 그룹 전체의 작업을 취소하는 시점은 그룹 생성 후 2초 뒤이므로 늦게 추가된 작업은 취소되어 실패로 끝나게 됩니다. 이렇게 작업 그룹 전체를 취소하는 cancelAll() 메서드도 있지만 각각의 작업을 단독으로 취소하는 방법도 있습니다. 또, 작업 중간에 작업이 취소되었는지 수동으로 파악하여 실패를 반환할 수도 있습니다. 작업 중간에 수동으로 작업 취소를 확인해야 하는 이유는 작업에 취소 명령을 내렸다고 하더라도 작업은 끝까지 진행되기 때문입니다. 즉, 작업이 자동으로 중단되는 것이 아니라는 의미입니다. 긴 작업의 경우라면 중간중간 작업이 취소되었는지 확인하여 수동으로 빠르게 종료해주는 것이 좋습니다. 이때는 Task의

checkCancellation() 메서드 또는 isCancelled 프로퍼티를 활용하여 작업이 취소됐는지 수동으로 파악할 수 있습니다. checkCancellation() 메서드는 작업이 취소된 경우 오류를 던져줍니다.

32.6 비구조적 동시성

앞서 작업이 부모와 자식의 위계적 관계를 가지는 것이 구조적 동시성이라고 설명했습니다. 스위프트는 위계적 관계를 벗어나 부모를 갖지 않는 새로운 독립적 작업을 생성할 수 있는데, 이를 비구조적 동시성^{Unstructured Concurrency}이라고 부릅니다. 비구조적 작업을 만드는 방법은 크게 두 가지가 있습니다. 첫 번째는 [코드 32-1]처럼 현재 액터(32.7절) 문맥에서 새로운 작업을 생성할 때는 Task.init(priority:operation:) 이니셜라이저를 사용하여 생성하고, 현재 액터 문맥에서 벗어난 분리된 작업을 생성하려면 Task.detached(priority:operation:) 메서드를 활용합니다. 두 방법 모두 새로운 작업 인스턴스를 반환합니다.

코드 32-7 구조적 작업 생성과 비구조적 작업 생성

```
let someStructuredTask = Task {
    try await Task.sleep(for: .seconds(2))
}

let someUnstructuredTask = Task.detached {
    try await Task.sleep(for: .seconds(2))
}
```

32.7 액터

작업을 사용해서 동시에 실행되는 여러 작업 조각으로 나눌 수 있지만 때로는 작업 간에 정보를 공유해야 할 때가 있습니다. 이때 액터를 사용하여 동시에 실행되는 작업 코드 사이에 안전하게 정보를 공유할 수 있습니다. 특히 액터는 데이터 경쟁^{Data Race}을 방지하는 데 매우 유용합니다. 액터는 기본적으로 상태 값을 안전하게 관리하고 보호하여 동시성 문제를 해결하는 데 중점을 두고 있습니다. 여러 비동기 작업이 동시에 접근하는 데이터를 안전하게 처리하고, 상태 값 변경을 직렬화하여 데이터의 일관성을 유지하는 데 도움을 줍니다. 액터는 클래스와 같은 참조 타입입니다. 하지만 클래스와 다르게 상속은 불가합니다.

코드 32-8 데이터 경쟁 상태 문제가 발생할 수 있는 클래스

```
import Foundation

class BankAccountClass {
    var balance: Int = 0
    
    func deposit(_ amount: Int) {
        balance += amount
    }
    
    func withdraw(_ amount: Int) {
        balance -= amount
    }
}

nonisolated(unsafe) let classAccount: BankAccountClass = BankAccountClass()

for _ in 0..<100000 {
    DispatchQueue.global().async {
        classAccount.deposit(1)
        classAccount.withdraw(1)
    }
}

print(classAccount.balance)
```

[코드 32-8]의 BankAccountClass의 정의를 보면 언뜻 보기에는 문제가 없어 보이지만, 실행해보면 동시에 많은 스레드에서 접근하여 일처리할 때 문제가 생기는 것을 알 수 있습니다. 같은 금액을 입금하고 인출했기 때문에 실행 최종 결과는 0이어야 하지만 매번 0과 다른 숫자가 조금씩 출력되는 것을 확인할 수 있습니다. 데이터 경쟁 문제 때문입니다. 다른 액터의 예를 살펴보겠습니다.

코드 32-9 액터를 사용하여 데이터 경쟁을 봉쇄

```swift
actor BankAccountActor {
    var balance: Int = 0
    
    func deposit(_ amount: Int) {
        balance += amount
    }
    
    func withdraw(_ amount: Int) {
        balance -= amount
    }
}

let actorAccount: BankAccountActor = BankAccountActor()

for _ in 0..<100000 {
    await actorAccount.deposit(1)
    await actorAccount.withdraw(1)
}

print(await actorAccount.balance)
```

[코드 32-9]의 BankAccountActor의 정의를 살펴보면 언뜻 보기에는 [코드 32-8]의 클래스와 크게 다르지 않아 보입니다. 하지만 사용하는 부분에 있어서 큰 차이를 보입니다. 기본적으로 액터의 메서드를 호출하거나 프로퍼티에 접근할 때 await을 사용해야 하는 것을 볼 수 있습니다. await은 비동기 호출 때 사용했던 키워드로, 이곳에서 일을 마칠 때까지 기다린다고 했던 것을 기억하실 겁니다. 액터의 메서드나 프로퍼티를 호출할 때는 꼭 await을 붙여줘야 하기 때문에 원천적으로 일이 끝날 때까지 기다릴 수밖에 없습니다. 그렇기 때문에 작업이 직렬화되며 데이터 경쟁 상태를 원천적으로 봉쇄했다고 볼 수 있습니다. 코드의 실행 결과도 우리가 예상한 대로 항상 0이 나오죠. 반면 액터 내부에서는 await 없이 서로 호출할 수 있습니다. 어차피 외부에서 호출할 때 await을 사용하여 호출하기 때문이죠.

이처럼 액터를 사용하면 원천적으로 데이터 경쟁을 차단함으로써 더욱 안전하게 상태를 안전하게 보호하고 관리할 수 있습니다.

그렇다면 작업 사이에 정보를 공유할 때 액터를 어떻게 활용할 수 있을까요?

코드 32-10 클래스를 사용한 정보 공유와 액터를 사용한 작업 간 정보 공유의 차이

```swift
class BankAccountClass {
    var balance: Int = 0
    
    func deposit(_ amount: Int) {
        balance += amount
    }
    
    func withdraw(_ amount: Int) {
        balance -= amount
    }
}

nonisolated(unsafe) let classAccount: BankAccountClass = BankAccountClass()

await withTaskGroup(of: Void.self) { group in
    for _ in 0..<100000 {
        group.addTask {
            classAccount.deposit(1)
        }
        
        group.addTask {
            classAccount.withdraw(1)
        }
    }
}

print(classAccount.balance)


actor BankAccountActor {
    var balance: Int = 0
    
    func deposit(_ amount: Int) {
        balance += amount
    }
    
    func withdraw(_ amount: Int) {
        balance -= amount
    }
}
```

```swift
let actorAccount: BankAccountActor = BankAccountActor()

await withTaskGroup(of: Void.self) { group in
    for _ in 0..<100000 {
        group.addTask {
            await actorAccount.deposit(1)
        }
        group.addTask {
            await actorAccount.withdraw(1)
        }
    }
}

print(await actorAccount.balance)
```

[코드 32-10]에서 클래스의 인스턴스의 메서드를 여러 작업에서 동시에 접근하는 것과 액터 인스턴스의 메서드를 여러 작업에서 동시에 접근하는 결과의 차이를 확인해볼 수 있습니다. 액터는 호출이 직렬화되었기 때문에 항상 정확한 결과를 보이지만, 클래스는 매번 다른 결과를 내는 것을 볼 수 있습니다. 물론 차이가 명확히 드러나도록 안전하지 않은 상수로 클래스를 선언한 것도 있지만, 여러 작업에서 접근할 때는 액터를 사용하는 것이 일반적으로 훨씬 더 안전하다는 점은 분명합니다.

32.8 전송 가능한 타입

[코드 32-10]에서 클래스의 상태 값^{balance}을 여러 작업에서 공유할 때 제대로 된 결과를 볼 수 없었던 이유는 가변 상태에 대한 보호 메커니즘이 없기 때문입니다. 보호하지 않는 가변 상태는 동시 실행 도메인$^{Concurrency\ Domain}$ 사이에 공유할 때 문제가 발생할 수 있습니다. 전송 가능한 타입$^{Sendable\ Types}$은 동시 실행 도메인 사이에서 안전하게 전달할 수 있는 타입을 의미합니다. 전달 가능한 타입은 액터의 메서드에 전달인자로 전달하거나 작업의 결과를 반환할 수 있습니다. 이전 예제 코드에서는 간단한 값 타입을 사용했기 때문에 큰 문제가 없었습니다. 값 타입은 기본적으로 동시 실행 도메인 사이에서 안전하게 공유할 수 있는 전송 가능한 타입입니다. 스위프트의 간단한 값 타입은 대부분 Sendable 프로토콜을 준수하고 있습니다.

반면, 가변 상태를 가진 클래스는 동시 실행 도메인 사이에 전달될 때 예기치 못한 결과를 마주할 수 있습니다. [코드 32-10]의 BankAccountClass처럼 말이죠.

전송 가능한 타입을 선언하려면 Sendable 프로토콜을 따르도록 해야 합니다. Sendable 프로토콜은 동시 실행 도메인 사이에서 데이터를 안전하게 주고받을 수 있도록 하며, 경쟁 상태를 방지할 수 있도록 불변성Immutable을 강제하거나 데이터의 변화를 안전하게 처리할 수 있는 메커니즘을 요구합니다. 전송 가능한 타입이 되기 위한 조건은 크게 세 가지가 있습니다.

- **값 타입인 경우**: 가변 상태 값의 타입이 Sendable 프로토콜을 준수하는 경우
- **가변 상태가 없는 경우**: 읽기 전용 프로퍼티만 가진 구조체나 클래스 등
- **가변 상태의 안전성을 보장하는 보호 메커니즘이 있는 경우**: @MainActor로 표기된 클래스나 특정 프로퍼티에 대한 접근을 직렬화하는 클래스 등

코드 32-11 전송 가능한 타입의 구현

```swift
// Sendable을 채택한 구조체
struct UserInfo: Sendable {
    let username: String
    let email: String
}

// 비동기적으로 UserInfo 인스턴스를 처리하는 함수
func processUserInfo(userInfo: UserInfo) async throws {
    // 비동기 작업을 시뮬레이션
    try await Task.sleep(for: .seconds(1))    // 1초 대기
    print("사용자 정보 처리 중... 이름: \(userInfo.username), 이메일: \(userInfo.email)")
}

// 여러 비동기 작업을 수행하는 함수
func handleMultipleUserInfos() async throws {
    // 여러 UserInfo 인스턴스 생성
    let users: [UserInfo] = [
        UserInfo(username: "user1", email: "user1@yagom.net"),
        UserInfo(username: "user2", email: "user2@yagom.net"),
        UserInfo(username: "user3", email: "user3@yagom.net")
    ]
    
    // 비동기적으로 여러 사용자 정보를 처리
    await withThrowingTaskGroup(of: Void.self) { group in
```

```swift
        for user in users {
            group.addTask {
                try await processUserInfo(userInfo: user)
            }
        }
    }
}

// 메인 실행 부분
try await handleMultipleUserInfos()   // 여러 비동기 작업을 병렬로 처리


// Sendable을 채택한 클래스
@MainActor
final class Account: Sendable {
    let accountID: String
    var balance: Int
    
    init(accountID: String, balance: Int) {
        self.accountID = accountID
        self.balance = balance
    }
    
    // balance를 수정하는 메서드
    func updateBalance(newBalance: Int) {
        balance = newBalance
    }
}

// 비동기적으로 Account 인스턴스를 처리하는 함수
func processAccount(account: Account) async throws {
    // 비동기 작업을 시뮬레이션
    try await Task.sleep(for: .seconds(1))   // 1초 대기
    print("계좌 정보 처리 중... 계좌: \(account.accountID), 잔고: \(await account.balance)")
}

// 여러 Account 인스턴스의 상태를 수정하는 함수
func handleMultipleAccounts() async throws {
    // 여러 Account 인스턴스 생성
    let accounts: [Account] = await [
        Account(accountID: "12345", balance: 5000),
        Account(accountID: "67890", balance: 3000),
        Account(accountID: "54321", balance: 7000)
```

```swift
        ]
        // 비동기적으로 여러 Account 인스턴스를 처리
        await withThrowingTaskGroup(of: Void.self) { group in
            for account in accounts {
                group.addTask {
                    try await processAccount(account: account)
                }
            }
        }
    }

    // 메인 실행 부분
    try await handleMultipleAccounts()  // 여러 비동기 작업을 병렬로 처리
```

앞서 설명한 바와 같이 전송 가능한 타입을 구현하려면 Sendable 프로토콜을 준수해야 합니다. [코드 32-11]의 UserInfo 구조체는 전송 가능한 타입의 조건 중 두 번째 조건을 만족합니다. 구조체 스스로도 값 타입이며, 가변 상태가 없습니다. 따라서 Sendable 프로토콜을 준수하는 데 전혀 문제가 없습니다.

반면, Account 클래스는 조건이 더 까다롭습니다. 내부에 가변 상태인 balance가 존재하기 때문입니다. 이 가변 상태가 하나의 도메인에서 안전하게 처리될 수 있다는 보장을 해줄 수 있어야 합니다. 수동으로 구현해줄 수는 있지만, 이 코드에서는 메인 액터 도메인에 한정되어 값을 사용하도록 메인 액터 도메인에 편입시켜 가변 상태를 고립Isolated시켜주었습니다. 이 가변 값은 메인 액터 도메인에서 안전하게 공유할 수 있는 상태가 되었습니다. 그리고 이렇게 고립된 값은 await을 사용하여 직렬화된 상태로 호출해야 합니다. 이렇게 구현한 Account 클래스는 전송 가능한 타입의 조건 중 세 번째 조건에 부합합니다.

만약 암시적으로 전송 가능한 타입을 명시적으로 전송 불가한 타입으로 변경하려면 @available 속성을 활용하면 됩니다. 익스텐션을 활용하여 Sendable 프로토콜 채택을 불가능하도록 하면 전송 가능 타입을 명시적으로 비활성화할 수 있습니다.

```swift
struct SomeType { }

@available(*, unavailable)
extension SomeType: Sendable { }
```

이처럼 Sendable 프로토콜은 스위프트의 구조적 동시성에서 중요한 역할을 합니다. 또한 여러 동시성 도메인과 작업 사이에서 데이터를 안전하게 전달할 수 있도록 보장합니다. 이를 위해 Sendable을 채택한 타입은 기본적으로 불변성을 요구하며, 이를 통해 데이터 전달의 안전성을 유지합니다.

32.9 미복사 타입

미복사 타입Noncopyable Type인 ~Copyable은 스위프트 동시성 기능에 직접적으로 포함되는 기능은 아니지만, 동시성 프로그래밍과도 밀접한 연관이 있어 이 챕터에서 함께 소개합니다.

미복사 타입의 개념은 스위프트의 메모리 관리와 동시성 안전성을 강화하기 위해 도입되었습니다. 스위프트에서 값 타입(구조체, 열거형 등)과 참조 타입(클래스, 액터 등)을 다룰 때 이들에 대한 복사 동작을 어떻게 처리할지 명확하게 정의하는 것이 중요한데, 코드로 명시하지 않으면 헷갈리거나 착각하는 경우가 발생할 수 있습니다. 이때 필요한 것이 Copyable과 ~Copyable입니다. ~Copyable 사용에 관해서는 함수(7장)의 매개변수 제어자 설명 부분을 읽고 이해하길 바랍니다.

Copyable 타입은 기본적으로 복사가 가능한 타입을 의미합니다. 스위프트에서 구조체나 열거형은 값 타입이므로, 기본적으로 복사할 수 있습니다. 복사 시 값 자체가 복사되며 원본과 복사본은 서로 독립적인 상태를 가집니다. 예를 들어 구조체 인스턴스를 복사하면 해당 구조체의 값들이 복사되어 새로운 인스턴스가 생성됩니다.

코드 32-12 Copyable 타입의 선언과 동작

```
struct Person {
    var name: String
    var age: Int
}

var yagom: Person = Person(name: "yagom", age: 20)
var me: Person = yagom // 복사됨

me.name = "Hana" // me의 이름만 변경됨, yagom 인스턴스는 영향을 받지 않음
```

```swift
print(yagom.name)  // "yagom"
print(me.name)     // "Hana"

struct DatabaseConnection: Copyable {
    private var connectionID: Int
    
    init(connectionID: Int) {
        self.connectionID = connectionID
        print("Database connected with ID: \(connectionID)")
    }
    
    func executeQuery(_ query: String) {
        print("Executing query on connection \(connectionID): \(query)")
    }
}

func performDatabaseOperations() {
    let dbConnection: DatabaseConnection = DatabaseConnection(connectionID: 123)
    // 여러 작업에서 동일한 dbConnection을 복사하여 사용
    let dbConnectionCopy: DatabaseConnection = dbConnection // 복사본 생성
    
    dbConnectionCopy.executeQuery("SELECT * FROM users")
    dbConnection.executeQuery("SELECT * FROM orders")
}

performDatabaseOperations()
```

[코드 32-12]에서 Person 구조체는 값 타입이므로 암시적으로 Copyable 프로토콜을 준수합니다. yagom을 me에 복사했을 때, 두 인스턴스는 서로 독립적인 인스턴스로 존재합니다. me의 값을 수정해도 yagom은 영향을 받지 않습니다. 이것은 값 복사가 이루어졌기 때문입니다.

DatabaseConnection 구조체는 명시적으로 Copyable 프로토콜을 채택했습니다. 이렇게 하면 dbConnection 인스턴스는 복사할 수 있는 Copyable 타입이므로 dbConnectionCopy와 같은 복사본이 만들어집니다.

이 복사본들이 동일한 데이터베이스 연결을 사용하는 경우, 동시성 문제가 발생할 수 있습니다. 여러 dbConnection이 동시에 같은 연결을 공유하려 할 때 경쟁 조건[Race Condition]이 발생할 수 있습니다. 예를 들어 동시에 여러 쿼리가 실행되면 데이터가 중간에 변경되거나 잘못된 결과를 출력할 수 있습니다.

이런 문제들을 해결하기 위해 미복사 타입을 활용할 수 있습니다.

미복사 타입 ~Copyable은 복사할 수 없는 타입을 의미합니다. 즉, 인스턴스를 복사할 수 없고 복사를 시도하면 컴파일 오류가 발생합니다. 이는 액터 또는 특별히 유일해야 하는 자원을 관리하는 인스턴스에서 유용합니다. 예를 들어 데이터베이스 핸들러, 네트워크 소켓 등 시스템 리소스는 복사해서 전달하기보다는 소유권을 이전하는 것이 더 적절할 수 있습니다.

스위프트 5.9에 ~Copyable 타입이 도입되었으며, 이 타입은 복사할 수 없는 상태로 인스턴스의 생명 주기를 명확하게 관리할 수 있습니다. 이처럼 미복사 타입은 유일한 자원을 관리할 때 유용하며 값 타입의 인스턴스가 다량으로 복사되는 일을 방지할 수 있어 메모리도 효율적으로 관리할 수 있습니다. 특히 동시성 프로그래밍 상황에서 하나의 인스턴스가 복사되어 예기치 않은 문제를 일으킬 가능성을 낮출 수 있습니다. 또 기본적으로 구조체나 열거형 등 값 타입은 deinit을 사용할 수 없지만, ~Copyable 타입의 구조체, 열거형 등은 deinit을 구현할 수 있으며 소멸 시기에 deinit이 호출됩니다.

~Copyable은 구조체, 열거형 등에 사용할 수 있으며 스위프트 6부터는 제네릭 타입에도 사용할 수 있습니다.

코드 32-13 ~Copyable 타입의 선언과 동작

```swift
import Foundation

// 미복사 타입인 NetworkSocket 구조체
struct NetworkSocket: ~Copyable {
    private var socketDescriptor: Int32

    // 소켓 초기화
    init(socketDescriptor: Int32) {
        self.socketDescriptor = socketDescriptor
        print("Network socket opened with descriptor: \(socketDescriptor)")
    }

    // 데이터 전송
    func sendData(_ data: Data) {
        print("Sending data through socket \(socketDescriptor): \(data)")
    }

    // deinit 시 소켓 닫기
```

```
    deinit {
        print("Closing network socket with descriptor: \(socketDescriptor)")
    }
}

// 네트워크 소켓을 사용하는 함수
func performNetworkOperations() {
    let socket: NetworkSocket = NetworkSocket(socketDescriptor: 456)
    // let socket2: NetworkSocket = socket
    socket.sendData(Data([0x01, 0x02, 0x03])) // 데이터 전송 후 네트워크 소켓 인스턴스 소멸
}

performNetworkOperations()
```

[코드 32-13]의 NetworkSocket 구조체의 인스턴스는 복사할 수 없습니다. 여기서 복사가 불가능하다는 것은 다른 변수나 상수에 할당할 수 없다는 뜻이 아니라 다른 곳으로 할당하면 이전의 변수나 상수가 소유권을 잃게 되는 것입니다. 따라서 한 번 다른 곳으로 옮겨가거나 사용하면 소비되어 소멸됩니다. 주석으로 넣어둔 // let socket2: NetworkSocket = socket 코드의 주석을 해제하면 이미 소유권을 잃은 socket 상수를 사용할 수 없습니다. 따라서 performNetworkOperations 함수에서 생성한 socket 인스턴스는 생성 후 한 번 사용하고 소멸하기 때문에 다른 곳으로 복사되거나 재사용될 가능성이 없습니다. 이처럼 미복사 타입을 잘 활용하면 메모리 관리뿐만 아니라 동시성 프로그래밍 환경에서도 인스턴스가 복사되어 발생할 수 있는 문제를 예방할 수 있습니다.

이 챕터에서 다룬 스위프트의 동시성 내용은 기초적인 개념입니다. 더 강력하고 유용하게 활용하기 위해서는 더욱 깊은 학습이 필요합니다. WWDC 등의 자료를 참고하여 스위프트의 동시성에 대해 심도 있게 탐구해보기를 추천합니다.

CHAPTER 33

매크로

스위프트 5.9 버전에 매크로^{Macro}기능이 추가됐습니다. 매크로는 '기존 코드를 크게 확장한다'는 의미로 사용하는데, 각 프로그래밍 언어마다 매크로의 구현과 사용법이 다릅니다. 다른 언어에서 매크로를 사용해본 경험이 있다면 그 의미를 어느 정도 이해하고 있겠지만, 스위프트에서의 매크로 개념과 사용법은 상당히 다를 수 있습니다. 하지만 공통점으로는 많은 양의 중복 코드^{Boilerplate Code}(보일러플레이트 코드)를 줄여준다는 점이 있죠. 스위프트에서는 매크로를 통해 중복된 코드를 어떻게 줄이는지 알아보겠습니다.

매크로는 코드의 생성과 변환을 컴파일 타임에 자동화하는 기능입니다. 매크로 문법을 사용하면 패키지로 배포된 매크로 내용의 코드를 컴파일 타임에 내가 호출한 위치에 자동으로 생성하여 삽입합니다. 이를 코드 확장이라고 부르기도 합니다.

그림 33-1 스위프트 매크로 문서에 설명된 코드의 확장 모습

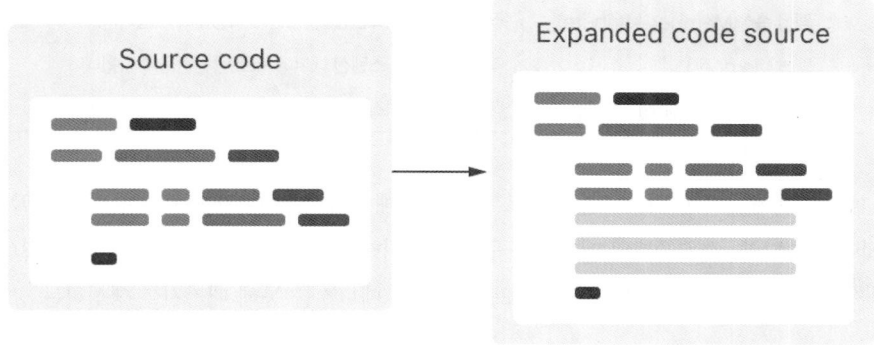

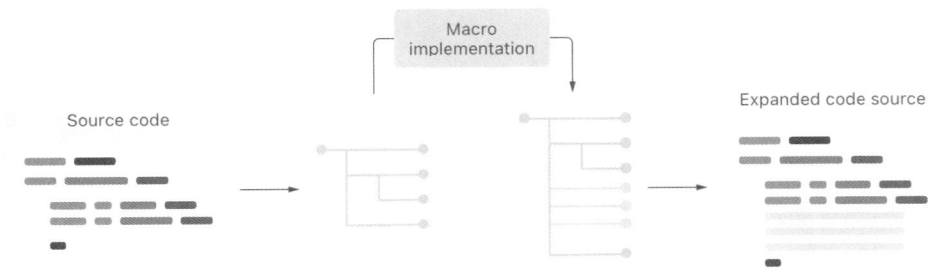

스위프트 컴파일러는 컴파일 도중 매크로를 인식하면 해당 매크로를 구현한 컴파일러 플러그인으로 전달합니다. 이 플러그인은 매크로를 확장하여 코드를 생성하고 이를 다시 컴파일러에게 전달하여 최종 코드로 컴파일합니다.

매크로는 크게 두 종류가 있습니다. 바로 독립 매크로Freestanding Macro와 부착 매크로Attached Macro입니다. 독립 매크로는 독립적으로 실행할 수 있는 매크로이며 #기호를 사용합니다. 부착 매크로는 특정 선언에 부착하여 선언을 수정하거나 보완할 수 있는 매크로이며 @ 기호를 사용합니다. 매크로의 종류는 앞으로도 추가 및 수정될 수 있지만, 스위프트 5.9 버전에서의 매크로의 종류는 [표 33-1]과 같습니다.

표 33-1 스위프트 매크로의 종류

종류(Kind)	역할(Role)	설명
독립 매크로	표현(Expression)	값을 반환하는 코드 조각을 생성합니다.
	선언(Declaration)	하나 이상의 선언을 생성합니다.
부착 매크로	동등(Peer)	적용한 선언에 덧붙여 새로운 선언을 추가합니다.
	접근자(Accessor)	속성에 접근자를 추가합니다.
	멤버 속성(Member Attribute)	적용한 타입/익스텐션 내 선언에 속성을 추가합니다.
	멤버(Member)	적용한 타입/익스텐션 내부에 새로운 선언을 추가합니다.
	익스텐션(Extension)	적용한 타입/익스텐션에 프로토콜 준수를 추가합니다.

스위프트 매크로 예제를 구현해보려면 스위프트 패키지 매니저Swift Package Manager 활용 방법을 알고 있는 것이 좋습니다. 스위프트의 매크로를 구현하기 위해서는 스위프트 패키지 매니저를 활용해야 하기 때문입니다. 따라서 별도로 스위프트 패키지 매니저를 통해 패키지를 생성하는 방

법과 스위프트 패키지의 소스트리 구조에 대해 먼저 알아본 후 다음 내용을 보면 훨씬 이해하기 쉬울 것입니다.

> **NOTE_** 이 챕터에서 활용한 Xcode 버전은 16 버전이므로 차후 다른 버전의 Xcode와는 UI 및 메뉴의 위치가 변경될 수 있음을 알아주세요.

매크로를 생성하려면 먼저 스위프트 패키지를 생성해야 하는데, 다음 두 가지 방법을 활용할 수 있습니다.

1. Xcode를 활용하는 방법
2. 터미널 명령어를 활용하는 방법

두 방법 모두 생성된 패키지 템플릿 결과물은 크게 다르지 않습니다.

Xcode를 활용하여 매크로 패키지를 만들어봅시다. 먼저 Xcode 메뉴의 [File] - [New] - [Package…]를 선택합니다.

그림 33-2 스위프트 매크로 패키지 생성을 위한 Xcode 메뉴 진입

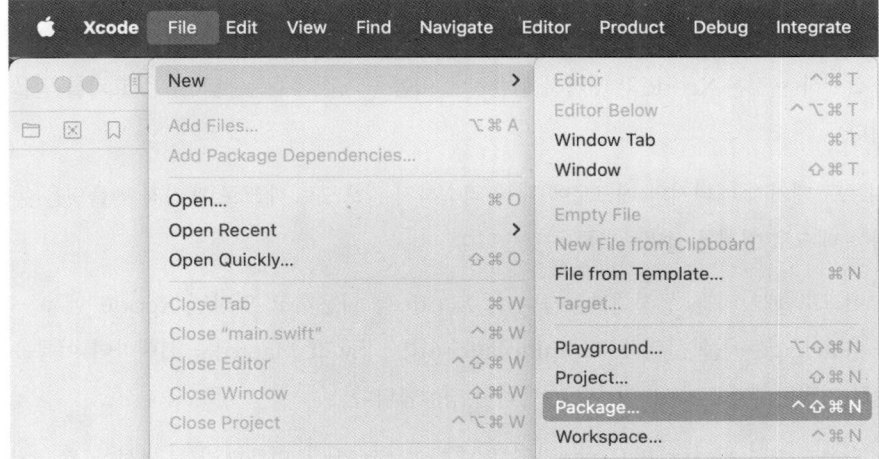

[Multiplatform] - [Swift Macro]를 선택하여 원하는 이름을 지정한 후 [Create] 버튼으로 생성할 수 있습니다.

33장 - 매크로 **583**

그림 33-3 스위프트 매크로 패키지 생성을 위한 템플릿 선택

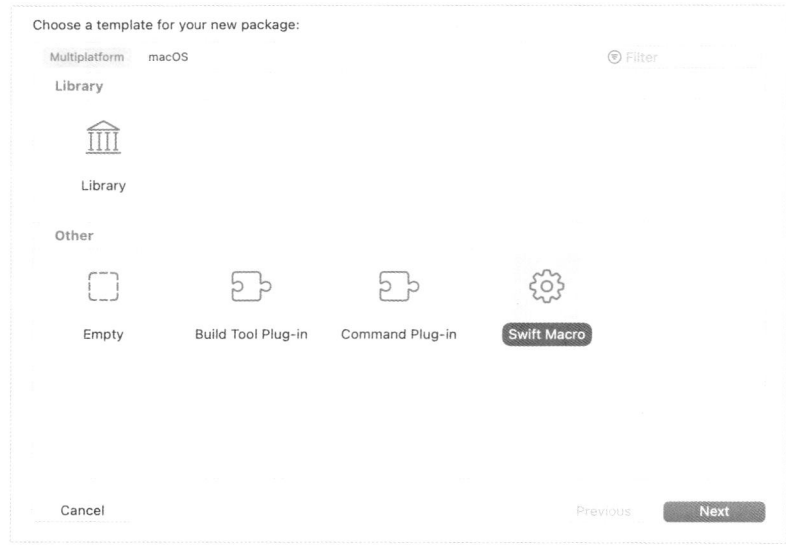

다음으로 터미널을 활용하여 매크로 패키지를 만들기 위해서는 매크로 이름을 영문으로 지정하여 디렉터리를 생성한 다음 터미널에서 해당 디렉터리로 이동한 후 `swift package init --type macro` 명령어를 입력해주면 됩니다. 원하는 이름의 디렉터리를 생성하고 그 안에서 명령어를 실행하는 것은 Xcode의 패키지 템플릿에 이름을 지정해주는 것과 같은 효과를 얻을 수 있습니다.

아직 스위프트 패키지 매니저와 매크로에 대해 익숙하지 않으므로 매크로 패키지 템플릿을 통해 제공하는 매크로 예제를 살펴보도록 하겠습니다.

MyFirst 매크로 패키지를 생성해보겠습니다. Xcode를 사용하고 있다면 Xcode 메뉴 - [New] - [Package…]를 선택하고 [Multiplatform] - [Swift Macro]를 선택하여 이름을 MyFirst로 지정한 후 [Create] 버튼을 선택하여 생성합니다.

터미널을 활용한다면 `mkdir MyFirst`라고 입력하여 MyFirst 디렉터리를 생성한 후, `cd MyFirst` 명령어로 디렉터리 내부로 이동합니다. 그 후 `swift package init --type macro` 명령어를 통해 매크로 패키지 템플릿을 생성합니다.

Xcode로 생성했다면 패키지가 자동으로 열릴 것이고, 터미널을 활용했다면 `open Package.swift` 명령어를 통해 패지키를 열 수 있습니다. 템플릿을 통해 매크로 패키지를 생성하면 [그림 33-1]과 같은 파일트리 구조를 확인할 수 있습니다.

그림 33-4 MyFirst 매크로 패키지의 파일트리 구조

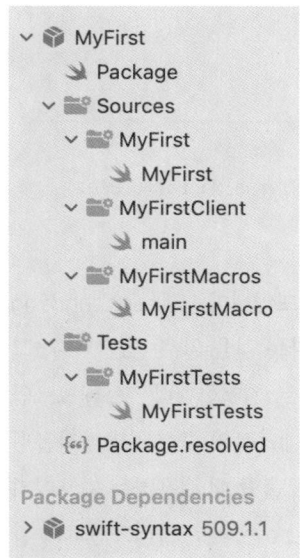

[그림 33-4]의 디렉터리 구조를 간단히 살펴보겠습니다.

- **Package.swift**: 패키지의 각종 설정 값이 기술되어 있습니다. 템플릿에서 항목별로 작성된 주석을 읽어보면 이해하기 쉽습니다.
  - name: 패키지의 이름(현재는 "MyFirst")
  - products: 외부에서 패키지를 사용할 때 추가 가능한 product 목록
  - dependencies: 패키지가 의존하는 모듈 목록
  - targets: 패키지 내부의 타깃 목록
- **Sources**: 패키지의 각 타깃에 해당하는 소스코드(모듈) 모음
  - MyFirst: 매크로 패키지를 사용하는 클라이언트 프로그램에 사용될 매크로 API를 정의
  - MyFirstClient(main.swift): MyFirstMacros 모듈에 작성한 매크로를 사용(시험)해볼 수 있는 모듈
  - MyFirstMacros: 매크로의 실제 구현, 즉 매크로의 본체
- **Tests**: 매크로의 동작을 테스트해볼 수 있는 테스트 케이스 모음

간단히 정리하면 MyFirst 모듈에서는 매크로를 정의하고, MyFirstMacros 모듈에서 매크로를 구현합니다. 또 MyFirstClient 모듈에서는 작성한 매크로를 직접 실행해볼 수 있고, MyFirstTests 모듈에서는 매크로를 여러 테스트 케이스를 작성하여 테스트해볼 수 있습니다.

매크로 패키지 템플릿을 통해 생성된 예제 코드로 `stringify` 매크로가 정의 및 구현되어 있습니다. [MyFirst.swift] 파일로 이동하여 선언부를 살펴보겠습니다.

코드 33-1 MyFirst.swift 파일의 `stringify` 매크로의 선언부

```
@freestanding(expression)
public macro stringify<T>(_ value: T) -> (T, String) = #externalMacro(module:
 "MyFirstMacros", type: "StringifyMacro")
```

[코드 33-1]은 예시로 제공된 `stringify` 매크로의 선언부 코드입니다. `@freestanding(expression)`이라는 속성을 통해 독립 매크로 중 표현 매크로라는 것을 알 수 있습니다. 그리고 매크로는 모듈 외부로 노출해야 하므로 `public` 접근수준으로 지정합니다. 또 매크로임을 표현하기 위해 `func` 대신 `macro`를 붙여줍니다. 등호 뒤에는 매크로의 구현부가 따라옵니다. `#externalMacro`라는 코드가 보이는데, `#`는 독립 매크로를 호출할 때 사용하는 기호이기 때문에 매크로를 호출한다는 것을 알 수 있습니다. `externalMacro`는 외부 플러그인과의 관계를 정의하는 조금 특별한 매크로입니다. 쉽게 설명하면 외부에서 정의한 매크로에 대한 모듈과 타입 이름을 지정하여 매크로의 실제 구현 위치를 알려주는 역할을 합니다. 즉, 선언과 구현 타입 사이의 링크를 생성하여 연결 고리를 만들어주는 것이죠. 컴파일러에 매크로를 수행하기 위해 `MyFirstMacros` 모듈의 `StringifyMacro` 타입을 사용해야 한다는 것을 알려줄 수 있습니다. 매크로의 선언부에 다른 매크로를 사용한다니, 재미있죠?

그럼 컴파일러에게 알려준 매크로의 구현부를 살펴보기 위해 [MyFirstMacro.swift] 파일을 열어보겠습니다. 파일 내부에는 [코드 33-2]와 같은 내용이 포함되어 있습니다. 먼저 코드 아래쪽 `MyFirstPlugin` 구조체를 살펴보면 `CompilerPlugin` 프로토콜을 채택한 모습을 볼 수 있습니다. 해당 프로토콜이 요구하는 `providingMacros` 프로퍼티를 구현해둔 모습입니다. 이 프로퍼티가 반환하는 값은 외부로 제공할 매크로의 타입입니다. 이 코드에서는 `StringifyMacro` 타입을 반환하고 있습니다.

코드 33-2 MyFirstMacro.swift 파일의 stringify 매크로의 구현부

```swift
import SwiftCompilerPlugin
import SwiftSyntax
import SwiftSyntaxBuilder
import SwiftSyntaxMacros

public struct StringifyMacro: ExpressionMacro {
    public static func expansion(
        of node: some FreestandingMacroExpansionSyntax,
        in context: some MacroExpansionContext
    ) -> ExprSyntax {
        guard let argument = node.argumentList.first?.expression else {
            fatalError("compiler bug: the macro does not have any arguments")
        }
        
        return "(\(argument), \(literal: argument.description))"
    }
}

@main
struct MyFirstPlugin: CompilerPlugin {
    let providingMacros: [Macro.Type] = [
        StringifyMacro.self
    ]
}
```

그럼 StringifyMacro 타입을 살펴보기 위해 [코드 33-2]의 윗부분을 보겠습니다. StringifyMacro가 ExpressionMacro 프로토콜을 채택한 것을 보아 표현 매크로인 것을 알 수 있습니다. 아직 모든 코드를 이해할 수는 없지만, 표현 매크로인 StringifyMacro의 구현부라는 것을 짐작해볼 수 있습니다.

[main.swift] 파일에서는 stringify 매크로를 실행해볼 수 있습니다. Xcode 환경에서 해당 코드를 실행해보고 싶다면 실행 Target을 MyFirstClient로 변경하고 MyMac에서 실행해봅니다. 만약 터미널을 사용하고 있다면 swift build --product MyFirstClient && ./.build/debug/MyFirstClient 명령어를 사용하여 빌드하고 실행할 수 있습니다. 처음 빌드에는 시간이 조금 걸릴 수 있으니 여유를 가지고 기다립니다. 코드를 실행하면 "The Value 42 was produced by the code "a + b""라고 출력되는 것을 확인할 수 있습니다. [main.swift] 파일의 let (result, code) = #stringify(a + b) 부분의 코드에서 a + b

대신에 1 + 2로 바꾸면 어떤 결과가 나오는지 확인해보세요. a + 25로 바꿔봐도 좋습니다!

`let (result, code) = #stringify(a + b)` 코드에서 어떻게 (result, code) 튜플에 값이 할당될 수 있을까요? 컴파일러가 `#stringify(a + b)` 코드에서 #을 발견하고, 매크로의 사용을 감지합니다. 그리고 stringify 매크로를 찾아가서 매크로를 호출한 자리에 매크로의 코드를 확장하여 함께 컴파일하기 때문입니다.

[MyFirstMacro.swift] 파일에서 한 가지 더 눈여겨볼 것이 있습니다. 바로 코드 맨 위에 import하는 라이브러리들입니다. 하나씩 간단히 살펴보겠습니다.

- **SwiftCompilerPlugin**: 컴파일러 플러그인을 활용하기 위한 `ComplierPlugin` 프로토콜을 담고 있는 라이브러리
- **SwiftSyntax**: 스위프트 코드의 문법 구문을 분석하고 트리 구조로 변환하는 기능을 제공하는 라이브러리
- **SwiftSyntaxBuilder**: SwiftSyntax의 트리 구성을 위한 API를 제공하는 라이브러리
- **SwiftSyntaxMacros**: 매크로를 구현하기 위한 타입 및 프로토콜 등을 제공하는 라이브러리

추가로 예시 템플릿에는 기본적으로 import되어 있지 않지만, 구문 진단 정보를 정확히 전달하는 데 유용하게 사용할 수 있는 SwiftDiagnostics 등 다른 유용한 라이브러리도 있습니다.

다음으로 [MyFirstTests.swift] 파일로 이동하면 몇 개의 샘플 테스트 케이스가 구현되어 있는 것을 확인할 수 있습니다. Xcode에서 command + U 단축키를 사용하여 테스트를 수행해볼 수 있습니다. 또는 Xcode 메뉴에서 [Product] - [Test]를 선택하여 수행할 수도 있습니다. 원한다면 다양한 테스트 케이스를 추가하여 매크로의 동작을 테스트해보세요.

> **TIP** 스위프트의 매크로는 [main.swift] 파일처럼 외부에서 활용할 때 패키지 내부에서 발생하는 오류를 파악하기 어려운 경우가 많습니다. 제대로 된 오류를 뱉어주지 않기도 하죠. 그럴 때는 **XCTest**를 활용하여 테스트를 진행하면 수월하게 디버깅할 수 있습니다. 매크로를 사용할 때 알 수 없는 오류 때문에 힘들다면 테스트를 활용하여 디버깅하는 것을 추천합니다.

매크로 패키지 템플릿을 생성하여 매크로를 어디에 정의하고 어디에 구현하는지 눈에 익혔다면, 이제 각각의 매크로의 종류와 역할에 대해 알아보며 매크로를 구현해봅시다.

> **NOTE_** 스위프트의 매크로는 스위프트 6 버전에서도 계속해서 많은 변경이 이루어지고 있습니다. 따라서 이 책에 실린 예제 코드가 향후 스위프트 패키지 버전에서 정상적으로 동작하지 않거나 일부 수정이 필요할 수 있습니다. 예를 들어 매크로 프로토콜이 요구하는 메서드의 매개변수의 이름, 개수, 타입 등이 변경될 수 있으며, 경우에 따라 특정 타입이 변경되거나 사라질 수 있습니다. 또한 매크로 사용과 관련된 새로운 제약 사항이 추가되는 경우도 있습니다.
>
> 따라서 예시 코드는 개념을 이해하는 참고용으로 활용하고, 스위프트 매크로의 최신 변경 사항은 스위프트 공식 문서와 같은 공식적인 자료를 통해 다시 확인하는 과정이 필요합니다.

33.1 독립 매크로

독립 매크로^{Freestanding Macro}는 코드 내에서 독립적으로 사용할 수 있으며 # 기호를 사용합니다. 독립적으로 사용한다는 뜻은 다른 선언에 부착하지 않고 혼자서 존재할 수 있다는 뜻입니다. 이해가 어렵다면 부착 매크로(33.2절)을 읽어보세요. 독립 매크로의 하위 역할에는 표현, 선언 등이 있습니다.

33.1.1 표현 매크로

스위프트의 표현^{Expression} 매크로는 표현식 형태로 확장하는 매크로를 의미합니다.

즉, 특정 입력을 받아 표현식^{ExprSyntax}으로 변환하여 반환하는 매크로입니다. 쉽게 말하면 결괏값을 반환하는 코드 확장 매크로라고 할 수 있습니다. `@freestanding(expression)` 속성을 붙여 표현합니다.

표현 매크로의 예제로 두 배의 값을 생성하는 `double` 매크로를 만들어보겠습니다.

첫 번째 순서로 매크로를 정의하기 위해 [MyFirst.swift] 파일로 이동합니다. 기존에 작성되어 있는 `stringify` 매크로 아래쪽에 추가로 코드를 작성합니다. **모듈 이름과 타입을 문자열로 작성하므로 오타에 주의하세요!**

코드 33-3 표현 매크로의 정의

```
@freestanding(expression)
public macro double<T>(_ value: T) -> T = #externalMacro(module: "MyFirstMacros",
type: "DoubleMacro")
```

다음으로 매크로를 실질적으로 구현하기 위해 [MyFirstMacro.swift] 파일로 이동합니다. 먼저 StringifyMacro 구조체와 @main 사이에 DoubleMacro 구조체를 구현합니다. 그리고 MyFirstPlugin 구조체 내부의 providingMacros 프로퍼티의 반환 값에 DoubleMacro 타입을 추가합니다.

코드 33-4 표현 매크로의 구현

```
public struct DoubleMacro: ExpressionMacro {
    public static func expansion(
        of node: some FreestandingMacroExpansionSyntax,
        in context: some MacroExpansionContext
    ) -> ExprSyntax {
        guard let argument = node.arguments.first?.expression else {
            fatalError("잘못된 입력입니다")
        }
        return ExprSyntax("\(argument) * 2")
    }
}


@main
struct MyFirstPlugin: CompilerPlugin {
    let providingMacros: [Macro.Type] = [
        StringifyMacro.self,
        DoubleMacro.self
    ]
}
```

구현해보았으니 직접 실행해보겠습니다. [main.swift] 파일로 이동하여 예시 코드를 작성해봅니다.

코드 33-5 표현 매크로의 활용

```
let someInt = 3
let someDouble = 5.7
let doubledInt = #double(someInt)
let doubledDouble = #double(someDouble)

print("\(someInt)을 두 배 하면 \(doubledInt)이고, \(someDouble)을 두 배 하면
\(doubledDouble)입니다")
```

실행 결과를 보면 정상적으로 동작함을 확인할 수 있습니다. `String` 타입 등 연산이 불가능한 타입을 전달인자로 전달하면 컴파일 단계에서 오류가 발생하므로 런타임 오류 없이 안전하게 사용할 수 있습니다.

이처럼 표현 매크로를 활용하면 함수를 호출하듯 특정 값을 반환하고, 오류를 뱉어낼 수도 있습니다.

33.1.2 선언 매크로

선언Declaration 매크로는 독립 매크로의 한 역할로, 새로운 선언(클래스, 구조체, 변수, 함수 등)을 선언하거나 수정하는 매크로입니다. `@freestading(declaration)`으로 표현합니다.

문자열 배열을 케이스로 갖는 열거형 타입을 생성하는 `generateWeekEnum` 매크로를 만들어 보겠습니다.

먼저 [MyFirst.swift] 파일로 이동하여 매크로를 정의합니다. 이미 작성되어 있는 코드 맨 아래에 [코드 33-6]을 추가합니다.

코드 33-6 선언 매크로의 정의

```
@freestanding(declaration, names: named(Week))
public macro generateWeekEnum(named: String, cases: [String]) =
#externalMacro(module: "MyFirstMacros", type: "GenerateWeekEnumMacro")
```

NOTE_ 여기서 잠깐! @freestanding(declaration)까지는 알겠는데, 그 뒤에 따라붙는 names는 무엇일까요? names 매개변수로 전달하는 전달인자는 이름 지정자^{Name Specifier}입니다. 이름 지정자는 매크로가 생성할 선언의 이름을 지정하는 역할을 합니다. 이름 지정자의 종류는 다음과 같습니다.

- overloaded: 부착 매크로가 부착된 선언의 이름과 똑같은 선언을 생성(부착 매크로 전용)
- prefixed(#접두어#): #접두어#를 가진 선언을 생성(부착 매크로 전용)
- suffixed(#접미어#): #접미어#를 가진 선언을 생성(부착 매크로 전용)
- named(#이름#): #이름#을 가진 선언을 생성
- arbitrary: 위의 네 가지 경우가 아닌 규칙 없는 이름의 선언을 생성

@freestanding(declaration, names: named(Week))라는 표현은 해당 매크로가 생성할 선언의 이름을 Week라고 지정한 것입니다. **독립 매크로와 동등 매크로가 전역^{Global Scope}에 선언할 때 arbitrary 지정자를 사용할 수 없고 오직 named 지정자만 사용할 수 있다는 점을 주의하세요.**

다음으로 [MyFirstMacro.swift] 파일로 이동하여 매크로를 구현해줍니다. GenerateWeekEnumMacro 구조체를 구현하고, 플러그인에 매크로 타입을 추가하는 것도 잊지 마세요.

[코드 33-7]에서는 GenerateWeekEnumMacro 구조체를 구현하였습니다.

코드 33-7 선언 매크로의 구현

```swift
public struct GenerateWeekEnumMacro: DeclarationMacro {
    public static func expansion(
        of node: some FreestandingMacroExpansionSyntax,
        in context: some MacroExpansionContext
    ) -> [DeclSyntax] {
        
        // 매크로 호출에서 전달받은 매개변수 추출
        guard node.arguments.count == 2,
              let nameExpr = node.arguments.first?.expression.as(StringLiteralExprSyntax.self),
              let casesExpr = node.arguments[node.arguments.index(at: 1)].expression.as(ArrayExprSyntax.self) else {
            fatalError("잘못된 매크로 입력: #generateWeekEnum(\"이름\", cases: [\"case1\", \"case2\"])")
        }
        
        let enumName = nameExpr.segments.description
        let cases = casesExpr.elements.compactMap { $0.expression.
```

```
                as(StringLiteralExprSyntax.self)?.segments.description }

        // 열거형 생성
        let enumDeclaration = """
        enum \(enumName) {
        \(cases.map { "    case \($0)" }.joined(separator: "\n"))
        }
        """

        return [DeclSyntax(stringLiteral: enumDeclaration)]
    }
}

@main
struct MyFirstPlugin: CompilerPlugin {
    let providingMacros: [Macro.Type] = [
        StringifyMacro.self,
        DoubleMacro.self,
        GenerateWeekEnumMacro.self
    ]
}
```

`DeclarationMacro` 프로토콜을 채택한 것으로 선언 매크로 타입임을 알 수 있습니다. 매크로 확장 프로퍼티에서는 전달받은 이름과 케이스 배열을 통해 열거형을 생성하는 코드를 반환합니다. 플러그인에 매크로 타입을 알려주는 것도 잊지 않았습니다.

코드 33-8 선언 매크로의 활용

```
#generateWeekEnum(named: "Week", cases: ["월", "화", "수", "목", "금", "토", "일"])

let monday: Week = .월
```

[main.swift] 파일로 이동하여 [코드 33-8]의 내용을 작성하면 열거형을 직접 선언하지 않아도 매크로가 코드를 확장하여 열거형을 선언한 것을 알 수 있습니다.

이처럼 선언 매크로를 사용하면 반복적인 선언 코드를 간단하게 매크로로 대체할 수 있습니다.

33.2 부착 매크로

부착 매크로^{Attached Macro}는 특정 선언에 부착되어 해당 선언을 수정하거나 보완할 수 있으며 @ 기호를 사용합니다. 부착 매크로의 하위 역할에는 동등^{Peer}, 접근자^{Accessor}, 멤버 속성^{Member Attribute}, 멤버^{Member}, 익스텐션^{Extension} 등이 있습니다.

33.2.1 동등 매크로

동등^{Peer} 매크로는 기존 선언을 변경하지 않고, 같은 범위^{Scope}에 새로운 선언을 추가하는 매크로입니다. 즉, 원래 선언된 클래스, 구조체, 열거형 등에 영향을 주지 않으면서 같은 수준^{Level}에 관련된 새로운 코드(함수, 메서드, 프로퍼티, 타입 등)를 확장할 수 있습니다. `@attached(peer)`로 표현합니다.

간단한 예로 타입 부착해서 자동으로 팩토리^{Factory} 메서드를 만들어주는 매크로를 만들어보겠습니다.

먼저 매크로를 정의하기 위해 [MyFrist.swift] 파일로 이동합니다.

코드 33-9 동등 매크로의 정의

```
@attached(peer, names: prefixed(create))
public macro AutoFactory() = #externalMacro(module: "MyFirstMacros", type: "AutoFactoryMacro")
```

[코드 33-9]에서 `@attached(peer, names: prefixed(create))` 속성을 사용하여 부착 매크로 중 동등 매크로의 역할을 할 것임을 명시해줬으며, **create**라는 접두어를 가진 선언을 추가할 것을 알려주고 있습니다. 또 매크로의 이름은 `AutoFactory`입니다.

다음으로는 `AutoFactory` 매크로를 구현하기 위해 [MyFirstMacro.swift] 파일로 이동합니다.

코드 33-10 동등 매크로의 구현

```
public struct AutoFactoryMacro: PeerMacro {
    public static func expansion(
```

```swift
    of node: AttributeSyntax,
    providingPeersOf declaration: some DeclSyntaxProtocol,
    in context: some MacroExpansionContext
) throws -> [DeclSyntax] {
    // 구조체인지 확인
    guard let typeDecl = StructDeclSyntax(declaration) else {
        fatalError("@AutoFactory는 구조체에서만 사용 가능합니다.")
    }

    let typeName = typeDecl.name.text

    // 모든 프로퍼티 가져오기
    let properties = typeDecl.memberBlock.members
        .flatMap { member -> [(String, String)] in
            guard let variableDecl = member.decl.as(VariableDeclSyntax.self) else { return [] }

            return variableDecl.bindings.compactMap { binding in
                guard let identifier = binding.pattern.as(IdentifierPatternSyntax.self) else { return nil }

                let name = identifier.identifier.text
                let type = binding.typeAnnotation?.type.description ?? "Any" // 기본값 "Any"

                return (name, type)
            }
        }

    // 매개변수 리스트 생성
    let parameters = properties.map { "\($0.0): \($0.1)" }.joined(separator: ", ")

    // 전달인자 리스트 생성
    let arguments = properties.map { "\($0.0): \($0.0)" }.joined(separator: ", ")

    // 팩토리 함수 생성
    let factoryFunction = """
    func create\(typeName)(\(parameters)) -> \(typeName) {
        return \(typeName)(\(arguments))
    }
    """

    return [DeclSyntax(stringLiteral: factoryFunction)]
```

```
        }
    }

    @main
    struct MyFirstPlugin: CompilerPlugin {
        let providingMacros: [Macro.Type] = [
            StringifyMacro.self,
            DoubleMacro.self,
            GenerateWeekEnumMacro.self,
            AutoFactoryMacro.self
        ]
    }
```

[코드 33-10]에서는 먼저 매크로가 부착된 위치가 구조체의 선언부인지 확인 후, 구조체 내부의 멤버를 가져옵니다. 그리고 멤버의 이름을 매개변수 이름으로 가지는 **create[타입 이름]** 팩토리 함수를 선언하는 코드를 반환합니다. 이 코드를 통해 구조체와 동등한 수준의 층위에 팩토리 함수를 추가 구현하는 효과를 얻을 수 있습니다.

코드 33-11 동등 매크로의 활용

```
@AutoFactory
struct Car {
    let model: String
    let year: Int
    let isElectric: Bool
}

/* AutoFactory 매크로에 의해 확장된 코드 부분
func createCar(model: String, year: Int, isElectric: Bool) -> Car {
    return Car(model: model, year: year, isElectric: isElectric)
}
*/

let myCar: Car = createCar(model: "번개카", year: 1998, isElectric: false)
print(myCar)
```

Car라는 구조체 위에 @AutoFactory 매크로를 부착하면 [코드 33-10]에서 구현한 것과 같이 매크로가 동작하여 Car라는 구조체 이름에 create 접두어가 붙은 createCar(model:year:

isElectric:) 이름의 팩토리 함수를 선언합니다. 우리 눈에는 코드가 직접적으로 보이지는 않지만, 컴파일러는 이 코드를 컴파일 타임에 확장하는 것이죠. 결과적으로는 눈에 보이지 않는 함수를 사용할 수 있습니다.

이처럼 동등 매크로를 부착하면 기존 선언에 부가적으로 선언을 추가할 수 있습니다.

33.2.2 접근자 매크로

접근자Accessor 매크로는 변수나 서브스크립트 등에 부착하여 get, set, willSet, didSet 등의 접근자를 추가 확장할 수 있는 매크로입니다. @attached(accessor)로 표현합니다. 접근자를 구현할 수 있는 문법에 대해서는 연산 프로퍼티와 프로퍼티 감시자(10장)를 참고하면 됩니다. 접근자 매크로의 개념 자체는 어려운 것이 아니니 바로 예제 코드를 살펴보겠습니다.

구현하고자 하는 매크로는 _를 접두사로 갖는 비공개 접근수준을 가진 변수와 접두사를 뺀 같은 이름의 내부 접근수준 이상의 접근수준의 변수가 있을 때, 접두사가 없는 변수에 자동으로 get과 set을 확장하여 연산 프로퍼티로 만들어주는 매크로입니다. 물론 private(set) 등을 활용하여 외부에선 읽기 전용으로 선언할 수 있지만, 때론 접근자를 사용자 정의하고 싶을 때가 있습니다. 그럴 때 유용하게 활용 가능합니다.

먼저 [MyFirst.swift] 파일로 이동하여 Accessors 매크로를 정의합니다.

코드 33-12 접근자 매크로의 정의

```
@attached(accessor)
public macro Accessors() = #externalMacro(module: "MyFirstMacros", type: "AccessorsMacro")
```

그다음 [MyFirstMacro.swift] 파일로 이동하여 매크로를 구현합니다.

코드 33-13 접근자 매크로의 구현

```
public struct AccessorsMacro: AccessorMacro {
    public static func expansion(
        of node: AttributeSyntax,
        providingAccessorsOf declaration: some DeclSyntaxProtocol,
```

```swift
        in context: some MacroExpansionContext
    ) throws -> [AccessorDeclSyntax] {
        // 변수 선언부의 정보 가져오기
        guard let varDecl = declaration.as(VariableDeclSyntax.self),
              let firstBinding = varDecl.bindings.first,
              let identifier = firstBinding.pattern.as(IdentifierPatternSyntax.self) else {
            return []
        }
        
        // 비공개 접근수준인지 확인 후 비공개 접근수준의 변수라면 오류 발생
        // 여기서 오류가 발생하면 컴파일 타임에 컴파일을 할 수 없음
        let isPrivate = varDecl.modifiers.contains { $0.name.text == "private" }
        if isPrivate { fatalError("@Accessors 매크로는 비공개 변수에 사용할 수 없습니다") }
        
        let publicName = identifier.identifier.text  // "age"
        let privateName = "_\(publicName)"  // "age" → "_age"
        
        // 접근자 구현 구문 생성
        // Getter
        let getter: AccessorDeclSyntax =
        """
        get {
            return \(raw: privateName)
        }
        """
        
        // Setter
        let setter: AccessorDeclSyntax =
        """
        set {
            \(raw: privateName) = newValue
        }
        """
        
        return [getter, setter]
    }
}


@main
struct MyFirstPlugin: CompilerPlugin {
    let providingMacros: [Macro.Type] = [
```

```
            StringifyMacro.self,
            DoubleMacro.self,
            GenerateWeekEnumMacro.self,
            AutoFactoryMacro.self,
            AccessorsMacro.self
        ]
    }
```

[코드 33-13]에서 구현한 내용은 먼저 변수 선언 정보에서 변수의 이름을 가져오고, 변수가 비공개 접근수준인지 확인합니다. 비공개 접근수준이 아니라면 자신의 이름 앞에 _를 붙인 비공개 접근수준의 변수의 값을 가져오고 할당하는 접근자를 생성하는 구문을 작성하여 반환합니다. [코드 33-13]에서는 간단히 값을 가져오고 할당하기만 했지만, 원한다면 get과 set 블록 내부의 코드를 적절히 변형하여 목적에 맞게 사용자 정의를 할 수 있습니다. 마지막으로 플러그인에 제공하는 것도 잊지 마세요.

작성한 매크로의 동작을 직접 확인해보겠습니다. [main.swift] 파일로 이동하여 Person 클래스를 작성해봅니다.

코드 33-14 접근자 매크로의 활용

```
class Person {
    var name: String
    private var _age: Int
    private var _height: Double
    @Accessors var age: Int
    @Accessors var height: Double
    
    init(name: String, age: Int, height: Double) {
        self.name = name
        self._age = age
        self._height = height
    }
}

/* 매크로에 의해 확장된 Person 클래스
class Person {
    var name: String
    private var _age: Int
    private var _height: Double
    var age: Int {
```

```
            get {
                return _age
            }
            set {
                _age = newValue
            }
        }
        var height: Double {
            get {
                return _height
            }
            set {
                _height = newValue
            }
        }

        init(name: String, age: Int, height: Double) {
            self.name = name
            self._age = age
            self._height = height
        }
    }
    */

    let yagom: Person = .init(name: "yagom", age: 19, height: 183.5)
    print(yagom.height)
```

숨겨진 `_age`, `_height` 변수의 접근자 역할을 수행할 `age`, `height` 변수 앞에 `@Accessors` 속성, 즉 매크로를 부여했더니 컴파일러가 코드를 확장하여 `age`와 `height`가 연산 프로퍼티가 된 것을 확인할 수 있습니다. 이처럼 접근자 매크로를 활용하면 변수를 연산 프로퍼티로 확장할 수도 있고, 프로퍼티 감시자(`didSet`, `willSet`)를 확장할 수도 있습니다.

33.2.3 멤버 속성 매크로

멤버 속성Member Attribute 매크로는 클래스, 구조체, 열거형 등의 타입 또는 그 익스텐션 멤버(프로퍼티나 메서드) 전체에 특정 속성을 부여할 때 사용합니다. 멤버 속성 매크로는 주로 코드에서 프로퍼티나 메서드의 동작을 제어하거나 부가적인 기능을 추가하는 데 사용합니다. 즉, 멤버 속성 매크로를 사용하면 타입이나 타입의 익스텐션에 멤버 속성 매크로를 부여하면 내부의 모든 멤버에 특정 속성을 부여할 수 있습니다. @attached(memberAttribute)로 표현합니다.

앞서 접근자 매크로에서 활용했던 Person 클래스를 이어서 활용해보겠습니다. Person 클래스 내부에서 활용하고 싶은 접근자 변수마다 @Accessors 매크로를 붙여주는 것 또한 반복된 코드인 것 같습니다. 그래서 비공개 접근수준을 가진 프로퍼티가 자신의 이름과 같은 공개 프로퍼티가 있다면 그 프로퍼티에 @Accessor 속성을 부여하는 매크로를 작성해보려 합니다.

먼저 [MyFirst.swift] 파일로 이동하여 AutoAccessors 매크로를 정의합니다.

코드 33-15 멤버 속성 매크로의 정의

```
@attached(memberAttribute)
public macro AutoAccessors() = #externalMacro(module: "MyFirstMacros", type: "AutoAccessorsAttributeMacro")
```

그다음으로 [MyFirstMacro.swift] 파일로 이동하여 매크로를 구현합니다.

코드 33-16 멤버 속성 매크로의 구현

```
public struct AutoAccessorsAttributeMacro: MemberAttributeMacro {
    public static func expansion(
        of node: AttributeSyntax,
        attachedTo declaration: some DeclGroupSyntax,
        providingAttributesFor member: some DeclSyntaxProtocol,
        in context: some MacroExpansionContext
    ) throws -> [AttributeSyntax] {
        // 해당 멤버가 변수인지 확인 후 변수 정보를 가져옴
        guard let varDecl = member.as(VariableDeclSyntax.self),
              !(varDecl.modifiers.contains { $0.name.text == "private" }),
              let firstBinding = varDecl.bindings.first,
              let identifier = firstBinding.pattern.as(IdentifierPatternSyntax.self) else {
            return []
        }
        
        let varName = identifier.identifier.text   // "age"
        let privateVarName = "_" + varName   // "_age"
        
        // 현재 클래스에서 private 변수 확인
```

```swift
        let parentDecl = declaration.as(ClassDeclSyntax.self)
        let privateVarExists = parentDecl?.memberBlock.members.contains { member in
            guard let privateVar = member.decl.as(VariableDeclSyntax.self),
                  let privateBinding = privateVar.bindings.first,
                  let privateIdentifier = privateBinding.pattern.as(IdentifierPatternSyntax.self) else {
                return false
            }
            return privateIdentifier.identifier.text == privateVarName
        } ?? false
        
        // `_` 접두어가 있는 private 변수와 매칭되는 경우만 `@Accessors` 적용
        if privateVarExists {
            // 이미 @Accessors가 있는지 확인
            let hasAccessors = varDecl.attributes.contains {
                $0.as(AttributeSyntax.self)?.attributeName.trimmedDescription == "Accessors"
            }
            
            if !hasAccessors {
                return ["@Accessors"]
            }
        }
        
        return []
    }
}


@main
struct MyFirstPlugin: CompilerPlugin {
    let providingMacros: [Macro.Type] = [
        StringifyMacro.self,
        DoubleMacro.self,
        GenerateWeekEnumMacro.self,
        AutoFactoryMacro.self,
        AccessorsMacro.self,
        AutoAccessorsAttributeMacro.self
    ]
}
```

[코드 33-16]에서 멤버 속성 매크로 AutoAccessors의 본체를 구현했습니다. 이제 매크로 구현 코드에 대해 익숙해졌나요? 코드에 주석으로 설명이 있으니 코드를 이해하는 데 큰 무리는 없을 겁니다.

먼저, 멤버 속성 매크로의 경우에는 모든 멤버에 대해 순차적으로 expansion 메서드를 호출하므로 지금 속성을 부여하려는 멤버가 변수인지 확인해야 합니다. 그래서 첫 guard 구문에서 변수인지 확인합니다. 또 그 변수가 비공개 접근수준을 가진 변수라면 속성을 부여하지 않도록 guard 구문에서 검사합니다. 그리고 guard 구문 이후에는 변수의 이름과 짝을 이루는 비공개 접근수준 변수가 있는지 확인합니다. 기존에 부여한 @Accessors 매크로 속성과 중복되지 않도록 검사하여 최종적으로 조건에 부합하면 @Acessors 속성을 부여하도록 속성을 반환합니다. 마지막으로 잊지 말고 플러그인에 매크로 정보를 제공합니다.

[main.swift] 파일로 이동하여 Person 클래스를 일부 수정합니다. 매크로의 확장을 통해 생성된 결과 코드는 [코드 33-14]와 같습니다.

코드 33-17 멤버 속성 매크로의 활용

```swift
@AutoAccessors
class Person {
    var name: String
    private var _age: Int
    private var _height: Double
    var age: Int
    var height: Double
    
    init(name: String, age: Int, height: Double) {
        self.name = name
        self._age = age
        self._height = height
    }
}

let yagom: Person = .init(name: "yagom", age: 19, height: 183.5)
print(yagom.height)
```

age와 height 변수 앞에 직접 붙여주었던 @Accessors 매크로 속성 대신, Person 타입에 부착한 @AutoAccessors 덕분에 age와 height 변수에 자동으로 @Accessors 매크로 속성이 부여됐습니다. 이처럼 멤버 속성 매크로를 활용하면 타입 또는 익스텐션의 모든 멤버에 한 번에 속성을 부여할 수 있습니다.

33.2.4 멤버 매크로

멤버^{Member} 매크로는 클래스, 구조체, 열거형 등의 타입 또는 그 익스텐션에 멤버(프로퍼티, 메서드, 이니셜라이저, 열거형의 케이스 등)를 추가할 때 사용합니다. 즉, 멤버 매크로를 사용하면 기존 타입 또는 익스텐션에 자유롭게 새로운 멤버를 추가할 수 있습니다. `@attached(member)`로 표현합니다.

멤버 매크로는 클래스의 보일러 코드로 볼 수 있는 이니셜라이저를 추가할 때도 유용하게 사용할 수 있습니다. [코드 33-17]에 이니셜라이저를 자동으로 붙일 수 있는 매크로를 만들 수도 있다는 뜻이죠. 심지어 비공개 접근수준이고 접두어로 _가 붙는 변수/상수는 외부로 드러나는 접두어를 뺀 변수/상수를 자동으로 만들어주는 매크로를 만들 수 있습니다. 멤버 매크로는 활용 방안이 정말 무궁무진하지요. 하지만 이번에는 앞에서 제시한 예시와는 조금 다른 방향으로 멤버 매크로를 구현해보겠습니다.

이번에 만들어볼 매크로는 타입에 `description` 프로퍼티를 추가하는 매크로입니다. 특정 타입이나 인스턴스를 문자열로 치환할 때 문자열 보간법을 사용하는데, 문자열 보간법을 통해 문자열로 변환되는 형식을 사용자 정의할 때 `description` 프로퍼티를 사용합니다. 이 프로퍼티를 사용자 정의하고 타입에 `CustomStringConvertible` 프로토콜을 채택하면 사용자가 정의한 문자열로 치환됩니다. 이를 위해 `AutoDescriptionMember` 매크로를 만들어보겠습니다.

먼저 [MyFirst.swift] 파일로 이동하여 `AutoDescriptionMember` 매크로를 정의합니다.

코드 33-18 멤버 매크로의 정의

```
@attached(member, names: arbitrary)
public macro AutoDescriptionMember() = #externalMacro(module: "MyFirstMacros",
type: "AutoDescriptionMemberMacro")
```

[코드 33-18]에서 매크로의 매개변수 중 names에 arbitary를 전달한 이유는 추가할 멤버의 이름에 별도의 규칙이 없기 때문입니다.

다음으로 [MyFirstMacro.swift] 파일로 이동하여 매크로를 구현합니다.

코드 33-19 멤버 매크로의 구현

```swift
public struct AutoDescriptionMemberMacro: MemberMacro {
    public static func expansion(
      of node: AttributeSyntax,
      providingMembersOf declaration: some DeclGroupSyntax,
      in context: some MacroExpansionContext
    ) throws -> [DeclSyntax] {
        // 매크로가 부착된 위치가 구조체의 정의부인지 확인
        guard let structDecl = declaration.as(StructDeclSyntax.self) else {
            throw MacroExpansionErrorMessage("AutoDescriptionMember는 구조체에서만 사용 가능합니다.")
        }
        
        // 구조체의 프로퍼티 목록 가져오기
        let properties = declaration.memberBlock.members.compactMap { member -> String? in
            guard let varDecl = member.decl.as(VariableDeclSyntax.self),
                  let firstBinding = varDecl.bindings.first,
                  let identifier = firstBinding.pattern.as(IdentifierPatternSyntax.self) else {
                return nil
            }
            return identifier.identifier.text
        }
        
        // `description` 프로퍼티 선언 구문 생성
        let descriptionBody = properties
            .map { "\($0): \\(\($0))" }
            .joined(separator: ", ")
        
        let descriptionProperty: DeclSyntax =
        """
        var description: String {
            return \"\(raw: structDecl.name.trimmed.description)(\(raw: descriptionBody))\"
        }
        """
```

```
            return [descriptionProperty]
        }
    }


    @main
    struct MyFirstPlugin: CompilerPlugin {
        let providingMacros: [Macro.Type] = [
            StringifyMacro.self,
            DoubleMacro.self,
            GenerateWeekEnumMacro.self,
            AutoFactoryMacro.self,
            AccessorsMacro.self,
            AutoAccessorsAttributeMacro.self,
            AutoDescriptionMemberMacro.self,
            AutoDescriptionMacro.self
        ]
    }
```

[코드 33-19]에서는 AutoDescriptionMember 매크로의 본체를 구현합니다. AutoDescriptionMemberMacro 구조체가 MemberMacro 프로토콜을 채택한 것을 통해 멤버 매크로의 구현임을 알 수 있습니다. 매크로가 부착된 위치가 구조체임을 확인한 후, 구조체에 포함된 프로퍼티 목록을 가져와서 description 프로퍼티에 포함할 문자열을 생성합니다. 그 후 description 프로퍼티를 선언하는 구문을 만들어 반환합니다. 이 매크로를 통해 타입의 이름과 그 프로퍼티를 나열한 사용자 정의 description 프로퍼티 코드를 확장합니다. 플러그인에 정보를 제공하는 것도 잊지 않았겠죠?

매크로가 예상한 대로 잘 동작하는지 직접 확인해보겠습니다. [main.swift] 파일로 이동하여 [코드 33-11]에서 구현하였던 Car 구조체에 CustomStringConvertible 프로토콜을 채택한 후 @AutoDescriptionMember 매크로를 부착합니다.

코드 33-20 멤버 매크로의 활용

```
@AutoFactory
@AutoDescriptionMember
struct Car: CustomStringConvertible {
    let model: String
    let year: Int
```

```
        let isElectric: Bool

        /* AutoDescriptionMemeber 매크로에 의해 확장된 코드 부분
        var description: String {
            return "Car(model: \(model), year: \(year), isElectric: \(isElectric))"
        }
        */
    }

    let myCar: Car = createCar(model: "번개카", year: 1998, isElectric: false)
    print(myCar)
```

[코드 33-20]의 실행 결과로 출력된 문자열은 [코드 33-11]의 실행 결과와 아주 미세한 차이가 있을 겁니다. 직접 실행하여 확인해보세요.

이처럼 멤버 매크로를 사용하면 기존 타입에 새로운 멤버를 쉽게 추가 확장할 수 있습니다.

33.2.5 익스텐션 매크로

익스텐션Extension 매크로는 타입이나 익스텐션에 프로토콜 준수를 추가할 수 있습니다. 즉, 기존 타입이나 익스텐션에 프로토콜을 채택하고 그 준수 사항을 구현하는 코드를 확장할 수 있다는 뜻입니다. `@attached(extention)`으로 표현합니다. 매크로에는 추가적으로 준수할 프로토콜 리스트와 이름 등을 추가로 제공해야 합니다.

[코드 33-20]에서 `description` 프로퍼티가 문자열 치환에 사용되려면 `Car` 구조체에 `CustomStringConvertible` 프로토콜을 수동으로 채택해줘야 했습니다. 만약 깜빡하고 프로토콜을 채택하지 않는다면 우리가 의도한 사용자 정의 `description`이 동작하지 않는 상황이 되어버립니다. 이럴 때 익스텐션 매크로를 활용해볼 수 있습니다.

매크로를 부착한 타입에 대한 익스텐션을 구현하면서 `CustomStringConvertible` 프로토콜을 채택하고, 프로토콜 준수 사항에 대한 구현까지 할 수 있도록 `AutoDescription` 매크로를 만들어보겠습니다.

먼저 [MyFirst.swift] 파일로 이동하여 [코드 33-21]의 내용을 추가하여 `AutoDescription` 매크로를 정의합니다.

코드 33-21 익스텐션 매크로의 정의

```
@attached(extension, conformances: CustomStringConvertible, names: arbitrary)
public macro AutoDescription() = #externalMacro(module: "MyFirstMacros", type:
"AutoDescriptionMacro")
```

[코드 33-21]에서 정의한 익스텐션 매크로는 CustomStringConvertible 프로토콜을 준수하도록 코드를 확장할 매크로이며 names 매개변수의 전달인자로 arbitary를 전달하여 프로토콜 준수를 위한 추가 멤버의 이름에 규칙이 없음을 전달합니다.

다음으로 [MyFirstMacro.swift] 파일로 이동하여 매크로를 구현합니다.

코드 33-22 익스텐션 매크로의 구현

```
public struct AutoDescriptionMacro: ExtensionMacro {
    public static func expansion(
      of node: AttributeSyntax,
      attachedTo declaration: some DeclGroupSyntax,
      providingExtensionsOf type: some TypeSyntaxProtocol,
      conformingTo protocols: [TypeSyntax],
      in context: some MacroExpansionContext
    ) throws -> [ExtensionDeclSyntax] {

        // 타입의 이름 가져오기
        let typeName = type.trimmed.description

        // 구조체 내부의 프로퍼티 가져오기
        guard let structDecl = declaration.as(StructDeclSyntax.self) else {
            throw MacroExpansionErrorMessage("AutoDescription은 구조체에서만 사용 가능합니다.")
        }

        let properties = structDecl.memberBlock.members.compactMap { member -> String? in
            guard let varDecl = member.decl.as(VariableDeclSyntax.self),
                  let firstBinding = varDecl.bindings.first,
                  let identifier = firstBinding.pattern.as(IdentifierPatternSyntax.self) else {
                return nil
            }
            return identifier.identifier.text
```

```swift
            }

            // `description` 프로퍼티 생성
            let descriptionBody = properties
                .map { "\($0): \\(\($0))" }
                .joined(separator: ", ")

            let extensionDecl: DeclSyntax =
            """
            extension \(raw: typeName): CustomStringConvertible {
                var description: String {
                    return \"\(raw: typeName)(\(raw: descriptionBody))\"
                }
            }
            """

            return [extensionDecl.cast(ExtensionDeclSyntax.self)]
    }
}


@main
struct MyFirstPlugin: CompilerPlugin {
    let providingMacros: [Macro.Type] = [
        StringifyMacro.self,
        DoubleMacro.self,
        GenerateWeekEnumMacro.self,
        AutoFactoryMacro.self,
        AccessorsMacro.self,
        AutoAccessorsAttributeMacro.self,
        AutoDescriptionMemberMacro.self,
        AutoDescriptionMacro.self
    ]
}
```

[코드 33-22]에서는 `AutoDescription` 매크로의 본체를 구현하고 플러그인에 제공했습니다. `AutoDescriptionMacro` 타입이 `ExtensionMacro`를 채택하고 준수한 것을 통해 익스텐션 매크로를 구현할 것을 알 수 있습니다. `expansion` 메서드에서는 구조체 내부의 프로퍼티를 모두 가져와 `description` 프로퍼티가 제공할 문자열을 만들고, 익스텐션 선언 구문의 코드를 작성하여 반환합니다. 그러면 이 매크로를 부착한 타입에 코드를 확장하여 익스텐션을 추가하고 `CustomStringConvertible` 프로토콜을 준수하도록 할 수 있습니다.

매크로가 잘 동작하는지 확인해보겠습니다. [main.swift] 파일로 이동하여 [코드 33-23]과 같이 Car 구조체에 @AutoDescription 매크로를 부착해줍니다. [코드 33-20]과 달리 @AutoDescriptionMember 매크로를 부착하지 않았고, CustomStringConvertible 프로토콜을 수동으로 채택하지도 않았습니다. 그렇지만 동작 결과는 [코드 33-20]과 동일한 것을 확인할 수 있습니다.

코드 33-23 익스텐션 매크로의 활용

```
@AutoFactory
@AutoDescription
struct Car {
    let model: String
    let year: Int
    let isElectric: Bool
}

let myCar: Car = createCar(model: "번개카", year: 1998, isElectric: false)
print(myCar)
```

이처럼 익스텐션 매크로를 활용하면 매크로를 부착한 타입에 코드를 확장하여 익스텐션을 추가하고 특정 프로토콜을 채택하고 준수하도록 자동화할 수 있습니다.

지금까지 두 가지 매크로의 종류(독립, 부착)와 하위 역할(표현, 선언, 동등, 접근자, 멤버 등)에 대해 알아보았습니다. 이 장에서는 각각의 역할을 개별적인 매크로에 구현했지만, 하나의 매크로에 여러 역할을 담아 구현하고 조합할 수도 있습니다(단, 독립 매크로의 두 역할은 동시에 조합할 수 없습니다). 이 장에서 다룬 예제들은 기본 개념을 이해하기 위한 간단한 예제이며 지면의 한계로 많은 양을 담지 못했습니다. 매크로에 대해 더 깊이 있는 내용을 학습하고 싶다면 WWDC와 스위프트 문서를 참고해보세요.

Appendix

부록

스위프트 사용 시 미리 알아두면 도움이 될 만한 내용을 부록으로 정리했습니다. 여러분에게 유용하면 좋겠습니다.

스위프트에 관련된 더 자세하고 많은 사항은 스위프트 문서와 스위프트 블로그에서 확인할 수 있습니다. 기술 문서를 읽는 습관을 들이면 개발에 도움이 되리라 생각합니다.

- **스위프트 문서**: https://www.swift.org/documentation
- **스위프트 블로그**: https://www.swift.org/blog

A. 스위프트의 주요 프로토콜

스위프트 표준 라이브러리에 정의된 주요 프로토콜을 알아두면 스위프트의 기본 기능을 훨씬 편리하게 활용할 수 있을 것입니다. 또 각각의 프로토콜 정의를 살펴보면 더욱 유용할 것입니다. 스위프트 문서를 참고하면 프로토콜 간의 상관관계 또한 쉽게 알아볼 수 있습니다.

표 부록-1 스위프트의 주요 프로토콜

프로토콜 이름	설명
AnyObject	모든 클래스 타입이 암시적으로 준수하는 프로토콜입니다.
BinaryInteger	스위프트의 정수 타입을 위한 요구사항입니다.

프로토콜 이름	설명
CaseIterable	연관 값이 없는 열거형인 경우에 CaseIterable 프로토콜을 준수하면 각각의 case를 순회할 수 있습니다. 순회할 case는 allCases 콜렉션으로 제공합니다.
Codable	Codable은 Encodable과 Decodable 프로토콜의 합성 프로토콜입니다. Codable 프로토콜을 준수하는 타입은 다른 표현방식으로 상호 변환할 수 있습니다. 대표적인 예로 스위프트의 인스턴스를 JSON 문자열로 변환하고, 반대로 JSON 문자열을 스위프트의 인스턴스로 상호 변환할 수 있는 기능을 제공합니다.
CodingKey	인코딩과 디코딩의 키로 활용할 타입입니다.
Collection	요소에 인덱스와 서브스크립트로 접근할 수 있는 시퀀스입니다.
Comparable	관계 연산자(<, <=, >=, >)을 사용해 비교할 수 있는 타입입니다. 숫자나 문자열처럼 순서를 갖는 타입에 사용하기 적합합니다. 스위프트 표준 라이브러리의 대부분의 타입은 Comparable 프로토콜을 준수합니다.
CustomStringConvertible	사용자 정의 텍스트 표현을 할 수 있는 타입입니다. 사용자 정의 텍스트 표현은 print 등의 함수에서 사용하는 출력 스트림에 쓰일 수 있습니다.
Equatable	== 및 != 연산자를 사용하여 값이 동일한지 판단할 수 있는 타입입니다. 스위프트 표준 라이브러리에 정의된 타입 대부분은 Equatable 프로토콜을 준수합니다. 사용자 정의 타입에서 Equatable 프로토콜을 채택하면 해당 타입을 위한 == 연산자를 구현해야 합니다. 그러면 표준 라이브러리에서 != 연산자를 자동으로 구현해줍니다.
Error	던질 수 있는 오류를 표현하는 타입입니다. Error 프로토콜을 준수하는 타입은 스위프트의 오류처리 시스템의 오류를 표현합니다. Error 프로토콜은 별다른 요구사항의 정의가 없으므로 어떤 타입이든 채택하면 준수할 수 있습니다. 열거형 타입을 활용하여 오류를 표현하는 데 많이 사용합니다.
FixedWidthInteger	정수 오버플로 연산을 지원하기 위한 요구사항입니다.
Hashable	정수 해시 값을 제공하고 Dictionary의 키가 될 수 있는 타입입니다.
IteratorProtocol	시퀀스를 통한 반복을 위해 반복 상태와 인터페이스를 캡슐화합니다.
Sequence	for-in 구문을 통해 반복될 수 있는 타입입니다.
SignedInteger	스위프트의 부호가 있는 정수 타입을 위한 요구사항입니다.
SignedNumeric	뺄셈 연산이 가능하며 음(Negative)의 표현이 가능하고 0으로 초기화될 수 있는 타입입니다.
TextOutputStreamable	텍스트 스트리밍 기능을 실행할 수 있는 타입입니다. TextOutputStreamable 인스턴스는 어떤 출력 스트림이든 쓰일 수 있습니다. TextOutputStreamable 프로토콜을 준수하는 대표적인 타입으로 String, Character, UnicodeScalar 등이 있습니다.
UnsignedInteger	스위프트의 부호가 없는 정수 타입을 위한 요구사항입니다.

ExpressibleByLiteral

리터럴Literal은 코드에 쓰인 값의 타입대로 그 타입의 인스턴스를 생성할 수 있도록 하는 표현입니다. ExpressibleByLiteral 종류*의 프로토콜은 말 그대로, 코드에 쓰이는 그대로 자신의 타입으로 인스턴스를 초기화하고 생성할 수 있는 타입의 프로토콜을 뜻합니다.

예를 들어 ExpressibleByArrayLiteral 프로토콜을 준수한다면, 배열 리터럴로 자신의 인스턴스를 초기화할 수 있는 타입이 된다는 것을 뜻합니다.

Set 타입은 ExpressibleByArrayLiteral 프로토콜을 준수합니다. 그래서 `let aSet: Set<Int> = [1, 2, 3]`처럼 표현할 수 있습니다.

표 부록-2 ExpressibleByLiteral 류의 프로토콜

프로토콜 이름	설명
ExpressibleByArrayLiteral	배열 리터럴을 통해 초기화할 수 있는 타입입니다.
ExpressibleByBooleanLiteral	불리언 리터럴(true와 false)을 통해 초기화할 수 있는 타입입니다.
ExpressibleByDictionaryLiteral	딕셔너리 리터럴을 통해 초기화할 수 있는 타입입니다.
ExpressibleByFloatLiteral	부동소수 리터럴을 통해 초기화할 수 있는 타입입니다.
ExpressibleByIntegerLiteral	정수 리터럴을 통해 초기화할 수 있는 타입입니다.
ExpressibleByNilLiteral	nil을 통해 초기화할 수 있는 타입입니다.
ExpressibleByStringLiteral	문자열 리터럴을 통해 초기화할 수 있는 타입입니다.
ExpressibleByUnicodeScalarLiteral	유니코드 스칼라 값을 갖는 하나의 문자를 갖는 문자열 리터럴을 통해 초기화할 수 있는 타입입니다.

B. 스위프트의 주요 함수

스위프트 표준 라이브러리에서 기본적으로 제공하는 함수에 대해 알아봅시다. 해당 함수들은 전역 함수이므로 새로운 함수를 정의할 때 이름이 중복되지 않도록 주의를 기울이는 것이 좋습니다.

---

* ExpressibleByLiteral 자체는 프로토콜 이름이 아닙니다. ExpressibleByOOOLiteral 프로토콜 타입을 통칭하기 위해 저자가 임의로 사용했습니다.

abs

| 정의 |

```
@inlinable public func abs<T>(_ x: T) -> T where T : Comparable, T : SignedNumeric
```

| 설명 |

전달인자로 전달받은 값의 절대 값을 반환하는 함수입니다.

assert

| 정의 |

```
public func assert(_ condition: @autoclosure () -> Bool, _ message:
    @autoclosure () -> String = String(), file: StaticString = #file,
    line: UInt = #line)
```

| 설명 |

전통적인 C 스타일의 Assert를 위해 제공하는 함수입니다. 실제 배포하는 빌드에서는 전혀 영향을 미치지 않으므로 실제 배포하는 코드에는 precondition 함수를 사용하는 것이 좋습니다.

- 플레이그라운드와 -Onone 빌드 구성(Xcode의 디버그용 빌드 기본 구성)을 사용하는 빌드에서는 condition 실행 결과가 false라면 message를 출력한 후 프로그램을 중단하고 디버그 가능한 상태로 전환됩니다.
- -O 빌드 구성(Xcode의 배포용 빌드 기본 구성)을 사용하는 빌드에서는 condition이 실행되지 않으며, 프로그램에 어떠한 영향도 미치지 않습니다.
- -Ounchecked 빌드 구성에서는 condition이 실행되지 않지만 최적화 중 true를 반환할 것이라는 가정 하에 빌드됩니다.

> **NOTE_ 빌드 구성**
>
> -Onone, -O, -Ounchecked 구성은 사실 디버그, 배포, 미확인배포 등을 위한 빌드 구성이 아니라 스위프트 최적화 단계 옵션 구성입니다. Xcode에서 각각 디버그, 배포, 미확인배포 등에 기본적으로 적용되는 구성입니다.

assertionFailure

| 정의 |

```
@inlinable public func assertionFailure(_ message: @autoclosure () ->
    String = String(), file: StaticString = #file, line: UInt = #line)
```

| 설명 |

배포 버전 빌드에는 영향을 미치지 않지만, 디버그용 빌드에서 프로그램을 중단하고 디버그 가능한 상태로 전환하고 싶을 때 사용합니다.

- 플레이그라운드와 -Onone 빌드 구성(Xcode의 디버그용 빌드 기본 구성)을 사용하는 빌드에서는 message를 출력한 후 프로그램을 중단하고 디버그 가능한 상태로 전환됩니다.
- -O 빌드 구성(Xcode의 배포용 빌드 기본 구성)을 사용하는 빌드에서는 프로그램에 어떠한 영향도 미치지 않습니다.
- -Ounchecked 빌드 구성에서는 최적화 중 이 함수가 절대 실행되지 않을 것이라는 가정하에 빌드됩니다.

debugPrint

| 정의 |

```
public func debugPrint(_ items: Any..., separator: String = " ",
    terminator: String = "\n")
```

```
public func print<Target>(_ items: Any..., separator: String = " ",
    terminator: String = "\n", to output: inout Target) where Target :
    TextOutputStream
```

| 설명 |

items을 텍스트 표현으로 표준 출력하거나 output에 작성해 디버깅에 적합하도록 만듭니다. 출력할 때 자동 줄바꿈을 원하지 않으면 terminator의 값으로 " "를 전달하면 됩니다.

dump

| 정의 |

```
public func dump<T>(_ value: T, name: String? = nil, indent: Int = 0,
    maxDepth: Int = .max, maxItems: Int = .max) -> T

public func dump<T, TargetStream>(_ value: T, to target: inout TargetStream,
    name: String? = nil, indent: Int = 0, maxDepth: Int = .max, maxItems:
    Int = .max) -> T where TargetStream : TextOutputStream
```

| 설명 |

표준 출력 또는 지정된 출력 스트림을 통해 객체 내용의 덤프를 생성합니다. 출력할 때 자동 줄바꿈을 원하지 않는다면 terminator의 값으로 " "를 전달하면 됩니다.

fatalError

| 정의 |

```
public func fatalError(_ message: @autoclosure () -> String = String(),
    file: StaticString = #file, line: UInt = #line) -> Never
```

| 설명 |

message의 내용을 출력하고 무조건 프로그램 실행을 중단시킵니다.

getVaList

| 정의 |

```
@inlinable public func getVaList(_ args: [CVarArg]) -> CVaListPointer
```

| 설명 |

매개변수를 이용해 전달받은 [CVarArg] 타입을 C 언어의 매개변수 리스트 포인터 타입인 CVaListPointer로 반환합니다. CVaListPointer 타입은 C 언어의 va_list 전달인자로 사용할 수 있습니다. C 언어 함수를 스위프트의 함수로 매핑하는 데 사용하기 좋습니다. 단, 이 함수보다는 withVaList(_:_:) 함수를 사용할 것을 더 권합니다.

max

| 정의 |

```
@inlinable public func max<T>(_ x: T, _ y: T) -> T where T : Comparable
```

```
@inlinable public func max<T>(_ x: T, _ y: T, _ z: T, _ rest: T...) -> T where T : Comparable
```

| 설명 |

전달인자 중에 가장 큰 값을 반환합니다. 만약 동일한 값이 있다면 제일 마지막의 값을 반환합니다.

min

| 정의 |

```
@inlinable public func min<T>(_ x: T, _ y: T) -> T where T : Comparable
```

| 설명 |

전달인자 중에 가장 작은 값을 반환합니다. 만약 동일한 값이 있다면 제일 처음의 값을 반환합니다.

numericCast

| 정의 |

```
@inlinable public func numericCast<T, U>(_ x: T) -> U where T : BinaryInteger,
    U : BinaryInteger
```

| 설명 |

정수 타입의 값을 다른 크기의 정수 타입으로 변환해줍니다. 오버플로가 발생할 경우 런타임 오류가 발생합니다.

precondition

| 정의 |

```
public func precondition(_ condition: @autoclosure () -> Bool, _ message:
    @autoclosure () -> String = String(), file: StaticString = #file,
    line: UInt = #line)
```

| 설명 |

- 플레이그라운드와 -Onone 빌드 구성(Xcode의 디버그용 빌드 기본 구성)을 사용하는 빌드에서는 condition 실행 결과가 false라면 message를 출력한 후 프로그램을 중단하고 디버그 가능한 상태로 전환됩니다.
- -O 빌드 구성(Xcode의 배포용 빌드 기본 구성)을 사용하는 빌드에서는 condition 실행 결과가 false라면 프로그램 실행을 중단합니다.
- -Ounchecked 빌드 구성에서는 condition이 실행되지 않지만 최적화 중 true를 반환할 것이라는 가정 하에 빌드됩니다.

preconditionFailure

| 정의 |

```
public func preconditionFailure(_ message: @autoclosure () ->
    String = String(), file: StaticString = #file, line: UInt = #line) -> Never
```

| 설명 |

- 플레이그라운드와 -Onone 빌드 구성(Xcode의 디버그용 빌드 기본 구성)을 사용하는 빌드에서는 message를 출력한 후 프로그램을 중단하고 디버그 가능한 상태로 전환됩니다.
- -O 빌드 구성(Xcode의 배포용 빌드 기본 구성)을 사용하는 빌드에서는 프로그램 실행을 중단합니다.
- -Ounchecked 빌드 구성에서는 최적화 중 이 함수가 절대 실행되지 않을 것이라는 가정하에 빌드됩니다.

print

| 정의 |

```
public func print(_ items: Any..., separator: String = " ", terminator:
    String = "\n")
```

```
public func print<Target>(_ items: Any..., separator: String = " ",
    terminator: String = "\n", to output: inout Target) where Target :
    TextOutputStream
```

| 설명 |

items의 텍스트 표현을 표준 출력 또는 output에 작성합니다. 출력할 때 자동 줄바꿈을 원하지 않는다면 terminator의 값으로 " "을 전달하면 됩니다.

readLine

| 정의 |

```
public func readLine(strippingNewline: Bool = true) -> String?
```

| 설명 |

표준 입력을 통해 한 줄씩 혹은 문서의 끝인 **EOF**를 발견할 때까지 읽어들여 문자열을 반환합니다. 표준 입력은 **UTF-8** 형식으로 해석합니다. strippingNewline 매개변수에 true를 전달하면 한 줄씩 읽어들입니다. 기본값은 true입니다.

repeatElement

| 정의 |

```
public func repeatElement<T>(_ element: T, count n: Int) -> Repeated<T>
```

| 설명 |

count 수만큼 element 타입의 Repeated 컬렉션을 생성하여 반환합니다.

swap

| 정의 |

```
public func swap<T>(_ a: inout T, _ b: inout T)
```

| 설명 |

a와 b의 값을 교환합니다.

transcode

| 정의 |

```
func transcode<Input, InputEncoding, OutputEncoding>(
    _ input: Input, frominputEncoding: InputEncoding.Type,
    to outputEncoding: OutputEncoding.Type, stoppingOnError stopOnError: Bool,
    into processCodeUnit: (OutputEncoding.CodeUnit) -> Void
```

```
) -> Bool where Input : IteratorProtocol,
    InputEncoding : _UnicodeEncoding,
    OutputEncoding : _UnicodeEncoding,
    Input.Element == InputEncoding.CodeUnit
```

| 설명 |

유니코드로 인코딩한 입력 값을 다른 유니코드로 인코딩된 값으로 변경합니다. 예를 들어 **UTF-8** 형식에서 **UTF-32** 형식으로 변환할 수 있습니다.

type

| 정의 |

```
public func type<T, Metatype>(of value: T) -> Metatype
```

| 설명 |

전달받은 값의 메타 타입(19.3절) 인스턴스를 반환합니다. 전달받은 값의 타입을 알아낼 때 사용하기 좋습니다.

unsafeBitCast

| 정의 |

```
@inlinable public func unsafeBitCast<T, U>(_ x: T, to type: U.Type) -> U
```

| 설명 |

전달받은 값의 비트를 다른 타입의 형식으로 해석하여 반환합니다. x는 변환할 값, type은 변환할 타입입니다. type은 원래 x와 같은 비트 자릿수를 가진 타입이어야 합니다.

unsafeDowncast

| 정의 |

```
public func unsafeDowncast<T>(_ x: AnyObject, to type: T.Type) ->
    T where T : AnyObject
```

| 설명 |

x as T와 동일한 결과를 반환합니다. 단, x is T가 참이라는 것을 확신할 때만 사용하세요. 이 함수보다는 조금이나마 더 안전하게 사용할 수 있는 unsafeBitCast(_:to:) 함수를 사용할 것을 권합니다.

withoutActuallyEscaping

| 정의 |

```
public func withoutActuallyEscaping<ClosureType, ResultType>
    (_ closure: ClosureType, do body: (ClosureType) throws ->
    ResultType) rethrows -> ResultType
```

| 설명 |

비탈출 클로저로 전달된 클로저를 탈출 클로저인 척 실행할 수 있도록 해줍니다. 자세한 설명은 withoutActuallyEscaping(13.6절)을 참고하세요.

withVaList

| 정의 |

```
@inlinable public func withVaList<R>(_ args: [CVarArg], _ body: (CVaListPointer)
    -> R) -> R
```

| 설명 |

getVaList(_:) 대신 사용할 수 있는 함수입니다. args 매개변수로 전달받은 [CVarArg] 타입의 값들을 CVaListPointer 타입으로 변환한 후 함수의 body 매개변수로 전달받는 클로저의 매개변수로 다시 전달합니다. body 클로저는 전달받은 CVaListPointer를 활용하여 결괏값을 만들어 함수의 최종 반환 값으로 합니다.

zip

| 정의 |

```
@inlinable public func zip<Sequence1, Sequence2>(_ sequence1: Sequence1, _ sequence2: Sequence2) -> Zip2Sequence<Sequence1, Sequence2> where Sequence1 : Sequence, Sequence2 : Sequence
```

| 설명 |

두 시퀀스를 하나의 시퀀스로 짝을 이루도록 만들어줍니다.

표 부록-3 함수 실행이 프로그램 실행에 영향을 미치는지의 여부

	디버그 빌드 (Debug Build)	배포 빌드 (Release Build)	미확인배포 빌드 (Unchecked Release Build)
function	-Onone	-O	-Ounchecked
assert()	O	X	X
assertionFailure()	O	X	X
fatalError()	O	O	O
precondition()	O	O	X
preconditionFailure()	O	O	X

코드 부록-1 스위프트 주요 함수의 사용

```
abs(-100)    // 100
abs(100)     // 100

let int8: Int8 = 5
```

```swift
let int64: Int64 = numericCast(int8)

let zeroes = repeatElement(0, count: 5)
for x in zeroes {
    print(x)
}
// 0
// 0
// 0
// 0

var valueA: Int = 10
var valueB: Int = 10

assert(valueA == valueB, "valueA != valueB")
// assertionFailure("just assertion failure")
// fatal error: just assertion
// failure: file playground.swift, line 24
debugPrint(valueA, valueB, separator: ",", terminator: "")  // 10,10
debugPrint(valueA, valueB)  // 10 10

dump(valueA)     // 10

// fatalError()    // fatal error: : playground.swift, line 31

max(1, 3)    // 3
max(1, 2, 3, 4, 5, 6, 7, 8) // 8
min(1, 3)    // 1
min(1, 2, 3, 4, 5, 6, 7, 8) // 1

precondition(valueA == valueB, "valueA != valueB")
// preconditionFailure("valueA != valueB")
// fatal error: valueA != valueB: file playground.swift, line 39

print(valueA, valueB, separator: ",", terminator: "")   // 10,10
print(valueA, valueB)    // 10 10

valueA = 100
valueB = 200

swap(&valueA, &valueB)

print(valueA, valueB)    // 200 100
```

```
let words = ["하나", "둘", "셋", "넷"]
let numbers = 1...4

for (word, number) in zip(words, numbers) {
    print("\(word): \(number)")
}
// "하나: 1"
// "둘: 2"
// "셋: 3"
// "넷: 4"

let naturalNumbers = 1...Int.max
let zipped = Array(zip(words, naturalNumbers))

print(zipped)
// [("하나", 1), ("둘", 2), ("셋", 3), ("넷", 4)]
```

C. 스위프트의 예약어

예약어는 프로그래밍 언어에서 미리 사용하기로 약속되어 있는 단어로, 식별자로 사용할 수 없습니다. 스위프트의 일부 예약어는 강세표(backquote, `)를 사용하여 이름으로 사용할 수 있습니다.

코드 부록-2 예약어를 식별자로 사용하기

```
class 'let' { }
let 'self': 'let' = 'let'()
func 'var'(param: 'let') { }
'var'(param: 'self')
```

키워드, 수식어, 특수기호

프로그래밍 언어에서 특정 기능을 실행하기 위해 미리 지정해둔 단어를 키워드라고 합니다. 즉, 명령어나 어떤 의미가 부여된 단어입니다. 대표적인 키워드로는 var, let, func 등을 예로 들 수 있습니다. 프로그래밍 언어에서 지정한 키워드는 다른 용도로 사용하거나 다른 식별자(변수, 상수, 함수, 메서드, 타입 등의 이름)로 사용할 수 없습니다. 그렇지만 몇몇 키워드는 다른 곳에서도 사용이 가능합니다. 키워드와 수식어는 프로그래밍 언어에서 사용을 미리 예약해 둔 예약어의 한 종류입니다. 또한, 특정 몇몇 특수기호도 예약어로 지정되어 있습니다.

스위프트에서 사용되는 키워드Keyword와 수식어Modifier에 대해 알아보겠습니다.

다음 키워드는 스위프트에서 사용하기로 미리 예약해놓은 키워드로 식별자로 사용할 수 없습니다. 다만 앞에서 말했듯이 강세표를 사용하면 식별자로 사용할 수 있습니다. 또 `inout`, `var`, `let` 키워드를 제외한 키워드는 함수의 매개변수 이름 및 전달인자 레이블로 사용할 수 있습니다.

- **선언에 사용하는 키워드**: actor, associatedtype, async, class, deinit, enum, extension, fileprivate, func, import, init, inout, internal, let, macro, open, operator, override, package, private, protocol, public, static, struct, subscript, typealias, var
- **구문에 사용하는 키워드**: break, case, continue, default, defer, do, else, fallthrough, for, guard, if, in, repeat, return, switch, where, while
- **패턴에 사용하는 키워드**: _
- **타입과 기타 표현에 사용하는 키워드**: as, await, catch, false, is, nil, rethrows, super, self, Self, throw, throws, true, try, #column, #file, #filePath, #function, #line, #sourceLocation
- **#으로 시작하는 키워드**: #available, #column, #dsohandle, #else, #elseif, #endif, #error, #file, #fileID, #filePath, #function, #if, #selector, #sourceLocation, #unavailable, #warning
- **특정 문맥에 의해 예약된 키워드**: assignment, associativity, convenience, dynamic, didSet, final, get, higherThan, indirect, infix, lazy, left, lowerThan, mutating, none, nonmutating, optional, override, postfix, precedencegroup, prefix, Protocol, required, right, set, type, unowned, weak, willSet, yield – 해당 키워드를 사용할 만한 문맥의 범위에 해당하지 않을 때는 식별자(이름)로 사용이 가능합니다.
- **사용자 정의 연산자로 사용이 불가능한 특수기호**: (,), {, }, [,], ., ,, :, ;, =, @, #, &(전위 연산자), –>, `, ?, !(후위 연산자)
- **선언 수식어**: dynamic, final, lazy, optional, required, weak, open, public, internal, fileprivate, private

D. 디버깅 식별자

프로그램을 빌드하고 실행 중 디버깅을 할 때 유용하게 사용할 수 있는 식별자입니다.

- `#file` : 실행 중인 현재 코드의 모듈 이름과 파일 이름을 '모듈/파일' 형식으로 나타냅니다. – String Type
- `#filePath` : 실행 중인 현재 코드의 파일 경로를 나타냅니다. – String Type
- `#line` : 실행 중인 현재 코드가 파일의 몇 번 줄에 위치하는지 나타냅니다. – Int Type
- `#column` : 실행 중인 현재 코드가 파일의 몇 번 칸에 위치하는지 나타냅니다. – Int Type
- `#function` : 실행 중인 현재 코드가 위치한 함수의 이름을 나타냅니다. – String Type
- `#dsohandle` : 실행 중인 현재 코드의 DSO(Dynamic Shared Object) 핸들을 나타냅니다. – UnsafeRawPointer Type

코드 부록-3 디버깅 식별자의 사용

```
func printDebugInfo() {
    print("\(#file) 파일의 \(#line)번 줄, \(#column)번 칸이고,
        \(#function) 함수 안에서 실행되고 있습니다.")
}
printDebugInfo()
// ThisModule/example.swift 파일의 10번 줄, 50번 칸이고, printDebugInfo() 함수 안에서
// 실행되고 있습니다.
```

E. 컴파일러 제어 구문

컴파일러 제어 구문을 사용하면 컴파일에 영향을 줄 수 있습니다. 스위프트에는 **조건부 컴파일 블록**Conditional Compilation Block, **라인 제어 구문**Line Control Statement, **컴파일 시점 진단 구문**Compile-time diagnostic statement 등 세 가지의 **컴파일러 제어 구문**Compiler Control Statement이 있습니다.

E.1 조건부 컴파일 블록

조건부 컴파일 블록에서 사용하는 키워드는 #if, #elseif, #endif 등이 있습니다. 조건부 컴파일 블록을 사용하면 컴파일 조건에 맞는 코드는 컴파일 단계에서 포함시키고, 그렇지 않은

코드는 컴파일하지 않습니다.

모든 조건부 컴파일 블록은 #if로 시작하여 #endif로 끝납니다. #if 외에 다른 조건을 추가하고 싶다면 #elseif를 사용합니다. if-else 구문과 거의 비슷한데, 다만 #endif가 마지막에 꼭 따라붙어야 하며 프로그램 실행 중(런타임)에 동작하는 것이 아니라 컴파일할 때 영향을 줍니다.

기본적으로 조건부 컴파일 블록은 다음과 같은 형식으로 사용합니다.

```
#if 컴파일 조건 1
// 컴파일 조건 1이 참이면 컴파일될 코드
#elseif 컴파일 조건 2
// 컴파일 조건 1이 거짓이고 컴파일 조건 2가 참이면 컴파일될 코드
#else
// 컴파일 조건 1과 컴파일 조건 2가 모두 거짓인 경우 컴파일될 코드
#endif
```

컴파일 조건은 Boolean 타입의 값이 들어갈 수 있으며, 빌드 플래그 값이 들어갈 수도 있고, 플랫폼이나 언어 버전을 확인하는 함수가 들어갈 수도 있습니다. 버전을 확인하는 함수 중 스위프트 버전 확인 함수인 swift() 함수와 컴파일러 버전 확인 함수인 compiler() 함수의 전달인자 값을 전달할 때는 공백이 포함되면 안 됩니다. 또 비교 연산자는 >=와 <만 사용할 수 있습니다.

표 부록-4 각종 환경 확인 함수와 유효한 전달인자 값

함수	유효한 전달인자
os()	macOS, iOS, watchOS, tvOS, Linux
arch()	i386, x86_64, arm, arm64
swift(), compiler()	>=버전숫자 혹은 <버전숫자
canImport()	모듈 이름
targetEnvironment()	simulator

코드 부록-4 조건부 컴파일 블록의 사용

```
#if os(Linux)
    print("이 프로그램은 리눅스 환경을 위해 컴파일했습니다. ")
```

```
#elseif os(macOS)
    print("이 프로그램은 macOS 환경을 위해 컴파일했습니다.")
#elseif os(iOS)
    print("이 프로그램은 iOS 환경을 위해 컴파일했습니다.")
#else
    print("플랫폼을 인식할 수 없습니다.")
#endif

#if DEBUG
    print("DEBUG 환경으로 컴파일했습니다.")
#elseif TEST_RELEASE
    print("TEST RELEASE 환경으로 컴파일했습니다.")
#else
    print("RELEASE 환경으로 컴파일했습니다.")
#endif

#if swift(>=3.0)
    print("Swift 3.0과 같거나 높은 버전의 환경에서 컴파일했습니다.")
#elseif swift(>=2.0)
    print("Swift 2.0과 같거나 높은 버전의 환경에서 컴파일했습니다.")
#else
    print("Swift 2.0미만 버전의 환경에서 컴파일했습니다.")
#endif

#if os(macOS) && swift(<5.0)
    print("macOS를 위해 Swift 5.0보다 낮은 버전의 환경에서 컴파일했습니다.")
#elseif os(Linux) || swift(>=3.0)
    print("Linux를 위해 빌드되었거나 Swift 3.0과 같거나 높은 버전의 환경에서 컴파일했습니다.")
#endif

#if compiler(>=5.0)
    print("스위프트 5.0 이상의 컴파일러에서 컴파일했습니다.")
#endif
#if swift(>=4.2)
    print("스위프트 4.2 이상의 버전에서 컴파일했습니다.")
#endif
#if compiler(>=5.0) && swift(<5.0)
    print("스위프트 5.0 이상의 컴파일러에서 스위프트 5.0 미만의 버전으로 컴파일했습니다.")
#endif

#if canImport(UIKit)
    print("UIKit을 사용할 수 있습니다.")
#elseif canImport(AppKit)
```

```
        print("AppKit을 사용할 수 있습니다.")
#else
        print("UIKit과 AppKit을 사용할 수 없습니다.")
#endif

#if targetEnvironment(simulator)
        print("시뮬레이터 환경으로 컴파일했습니다.")
#endif
```

또 한 가지 알아둘 점은 각각의 조건부 컴파일 블록 내부의 코드들은 컴파일이 되든 되지 않든 간에 문법 검사를 하는데, 예외적으로 스위프트 버전 검사를 하는 조건부 컴파일 블록 내부의 코드는 문법 검사를 하지 않습니다. 언어의 버전이 변경됨에 따라 변경된 문법이 컴파일 오류로 처리되지 않게 하기 위함입니다.

코드 부록-5 스위프트 및 컴파일러 버전 확인 조건부 컴파일 블록의 사용

```
var i: Int = 0

#if swift(>=2.2)
    i += 1
#else
    i++
#endif

print(i)    // 1

#if compiler(<2.2)
    i++
#else
    i += 1
#endif

print(i)    // 2
```

E.2 라인 제어 구문

라인 제어 구문 Line Control Statement은 라인 번호와 파일 이름을 소스코드가 컴파일할 때 다른 라인 번호와 파일 이름으로 사용하도록 의도적으로 변경하고 싶을 때 사용합니다. 디버깅과 진단 목적

에 따라 라인 제어 구문을 사용하여 디버깅 로그에 출력할 소스코드의 위치를 변경할 수 있습니다. 즉, 라인 제어 구문은 파일 이름과 라인 번호를 실제 컴파일한 파일의 환경과 다르게 변경할 수 있는 기능입니다. 라인 제어 구문을 통해 #file, #line의 값을 프로그래머 마음대로 변경해주거나 초기화해줄 수 있습니다.

라인 제어 구문은 #sourceLocation을 사용하며, 두 가지 방법으로 사용할 수 있습니다.

```
#sourceLocation(file: 파일 이름, line: 라인 번호)
#sourceLocation()
```

먼저 #sourceLocation(file: 파일 이름, line: 라인 번호)처럼 사용하면 #file과 #line 그리고 #filePath 리터럴 표현의 값을 변경합니다. 파일 이름은 문자열 값이어야 하며 라인 번호는 0 이상의 정숫값이어야 합니다.

또는 #sourceLocation()처럼 사용하면 #sourceLocation(file: 파일 이름, line: 라인 번호)가 변경해 둔 #file과 #line의 값을 원래 파일에서의 위치대로 복원해줍니다. #sourceLocation(file: 파일 이름, line: 라인 번호) 구문이 선행된 이후에 사용해주어야 합니다.

E.3 컴파일 시점 진단 구문

컴파일 시점 진단 구문Compile-Time Diagnostic Statement을 사용하면 컴파일러가 컴파일하는 도중에 오류나 경고가 발생합니다. 문법적으로 오류가 있어서 오류나 경고가 발생하는 것이 아니라 프로그래머가 의도적으로 오류나 경고를 발생시키고자 할 때 사용합니다. 차후에 특정 위치에 코드를 작성해야 하는데 깜빡할 것 같을 때 사용하면 유용한 기능입니다.

#error("오류 메시지")를 사용하면 컴파일 시점에 **"오류 메시지"**가 발생하면서 컴파일이 중단됩니다. #warning("경고 메시지")을 사용하면 컴파일 시점에 **"경고 메시지"**를 출력합니다. 컴파일이 중단되지는 않습니다. 오류 메시지나 경고 메시지에는 문자열 보간법을 사용할 수 없습니다.

코드 부록-6 라인 제어 구문과 컴파일 시점 진단 구문의 사용

```
import Swift

print("\(#file) 파일의 \(#line)번 줄에서 실행되고 있습니다.")
// ThisModule/example.swift 파일의 3번 줄에서 실행되고 있습니다.

#sourceLocation(file: "mine.swift", line: 100)
func printDebugInfo() {
    print("\(#file) 파일의 \(#line)번 줄, \(#column)번 칸이고,
        \(#function) 함수 안에서 실행되고 있습니다.")
}

printDebugInfo()
// ThisModule/example.swift 파일의 101번 줄, 50번 칸이고, printDebugInfo() 함수 안에서
// 실행되고 있습니다.

#sourceLocation()

print("\(#file) 파일의 \(#line)번 줄에서 실행되고 있습니다.")
// ThisModule/example.swift 파일의 25번 줄에서 실행되고 있습니다.

#warning("여기에 작성할 코드가 있을 텐데요! 혹시 잊은 것이 없는지 확인해보세요!")
#error("여기에 코드 작성 안하면 오류가 발생해요!")
```

F. 사용 가능 조건 확인

사용 가능 조건 Availability Condition을 이용하면 프로그램 실행 중 동적으로 API 사용이 가능한지 판단할 수 있습니다. if, while, guard 등의 구문과 함께 사용할 수 있습니다.

사용 가능 조건은 기본적으로 다음과 같은 모양으로 사용할 수 있습니다.

```
if #available(플랫폼 이름 버전, ..., *) {
    // API가 사용 가능하면 실행할 코드
} else {
    // API가 사용이 불가능하면 실행할 코드
}
```

사용 가능 조건을 통해 프로그램을 실행하는 도중에 동적으로 API 사용이 가능한지 확인하여 특정 코드를 실행할 수 있도록 합니다. 컴파일러는 사용 가능 조건을 통해 API를 확인하여 블록 내부의 코드 실행 가능 여부를 판단합니다.

사용 가능 조건은 플랫폼 이름과 버전의 목록 형식으로 작성합니다. iOS, macOS, watchOS 등의 플랫폼 이름을 사용할 수 있으며, 버전 숫자를 포함하여 표현해줍니다. 애스터리스크(*) 전달인자는 모든 플랫폼을 뜻합니다. 플랫폼 조건 뒤에 마지막에는 꼭 *을 붙여주어야 합니다. 사용 가능 조건은 &&, || 등의 논리연산을 통해 조건을 추가하거나 병합할 수 없습니다.

코드 부록-7 사용 가능 조건 사용

```
if #available(iOS 11, *) {
    print("iOS 11 이상의 버전에서 실행 중입니다.")
} else if #available(iOS 10, *) {
    print("iOS 10 이상의 버전에서 실행 중입니다.")
} else {
    print("iOS 10 미만의 버전에서 실행 중입니다.")
}

if #available(iOS 11.0, macOS 10.13, *) {
    print("iOS 11.0 이상 또는 macOS의 10.13 이상의 버전에서 실행 중입니다.")
} else if #available(watchOS 4.0, *) {
    print("watchOS 4.0 이상의 버전에서 실행 중입니다.")
} else {
    print("그 외 기타 플랫폼")
}

while true {
    guard #available(iOS 9.0, *) else {
        print("iOS 9.0 미만의 버전입니다.")
        break
    }
}
```

사용 가능 조건을 실행 중에 확인할 수도 있지만, 프로그래머가 직접 함수, 메서드, 클래스, 구조체, 열거형 등에 사용 가능한 조건을 명시해줄 수도 있습니다. @available 표현을 사용하면 해당 코드 블록은 @available에 명시된 조건을 충족해야 사용할 수 있습니다. 또 현재 빌드한 환경이 @available 속성과 맞지 않는다면 해당 코드 블록은 컴파일되지 않습니다. 저장 프로퍼티에는 사용 가능 조건을 줄 수 없습니다. @available에 대한 자세한 설명은 속성에서 이어서 자세히 다룹니다.

G. 속성

속성Attribute은 선언Declaration 또는 타입Type 등에 대한 부가 정보를 나타냅니다. 스위프트에는 세 가지 종류의 속성이 있습니다. 첫 번째는 선언에 부여하는 속성이고, 두 번째는 타입에 부여하는 속성이며, 세 번째는 스위치 케이스에 부여하는 속성입니다.

속성은 @ 표시를 속성 이름 앞에 명시합니다. @ 표시 뒤에는 속성의 이름과 필요한 전달인자를 명시합니다.

```
@ 속성 이름
@ 속성 이름(매개변수)
```

G.1 선언 속성

선언 속성Declaration attribute은 선언(클래스의 선언, 함수의 선언, 열거형의 선언, 프로토콜의 선언 등)에만 적용할 수 있습니다. 선언 속성의 종류에는 available, discardableResult, objc, nonobjc, testable, objcMembers, dynamicMemberLookup, dynamicCallable, inlinable, usableFromInline, requires_stored_property_inits, warn_unqualified_access, propertyWrapper, main 등이 있습니다. 몇몇 선언 속성은 속성에 관한 정보를 매개변수를 통해 전달할 수 있습니다.

available

available 속성은 특정 플랫폼 또는 운영체제의 버전에 관련된 속성입니다. available 속성은 매개변수가 두 개 이상 나열되는 리스트입니다. 매개변수로 사용할 수 있는 플랫폼 이름은 다음과 같습니다.

- iOS
- macOS
- watchOS
- tvOS
- swift
- iOSApplicationExtension
- macOSApplicationExtension
- watchOSApplicationExtension
- tvOSApplicationExtension

모든 플랫폼에 적용할 수 있도록 하려면 리스트에 애스터리스크(*)를 적어주면 됩니다.

나머지 매개변수는 추가 정보를 나타내는데 쓰입니다. 중요한 남김말이나 생명주기 등의 자세한 정보를 나타낼 수 있습니다. 그런 정보들을 나타낼 때 쓰이는 매개변수의 이름에는 unavailable, introduced, deprecated, obsoleted, message, renamed가 있습니다.

| unavailable |

unavailable 매개변수는 해당 플랫폼에서 사용할 수 없는 선언임을 나타냅니다.

코드 부록-8 available 속성의 unavailable 매개변수 사용

```
@available(tvOS, unavailable)
class SomeClass {}
// tvOS에서 사용할 수 없는 클래스입니다.
```

| introduced |

introduced 매개변수는 이 선언이 어떤 버전에서 처음으로 소개(작성)되었는지 나타냅니다. 콜론(:) 뒤에 버전 번호를 덧붙여줍니다. 버전 번호는 양수로 나타냅니다.

코드 부록-9 available 속성의 introduced 매개변수 사용

```
class SomeClass {
    // 이 프로퍼티는 스위프트 4.0에서 작성했으므로
    // 스위프트 4.0 이상에서만 사용할 수 있습니다.
    @available(swift, introduced: 4.0)
    var multilineString: String {
        return """
            여러 줄
            문자열은
```

```
            스위프트 4.0 이상에서
            사용할 수 있습니다
            """
    }
}
```

| deprecated |

deprecated 매개변수는 이 선언이 어떤 버전에서 사용이 제한(중지)되었는지 나타냅니다. 특별히 버전을 명시하고 싶지 않다면 뒤에 콜론과 버전을 생략해도 됩니다.

코드 부록-10 available 속성의 deprecated 매개변수 사용

```
@available(*, deprecated: 2.0.0)
class SomeClass {}
// 이 클래스는 2.0.0 버전부터 사용이 제한되었습니다.
```

| obsoleted |

obsoleted 매개변수는 이 선언이 어떤 버전부터 버려진 것인지 나타냅니다. 버려진 선언은 더 이상 사용할 수 없습니다.

코드 부록-11 available 속성의 obsoleted 매개변수 사용

```
@available(*, obsoleted: 2.0.0)
class SomeClass {}
// 이 클래스는 2.0.0 버전부터 사용이 불가능합니다.
```

| message |

message 매개변수는 사용이 제한되거나 불가능한 선언을 사용하려고 할 때 컴파일러로 프로그래머에게 전달할 경고 또는 오류 메시지입니다. 메시지는 문자열 리터럴로 작성합니다.

코드 부록-12 available 속성의 message 매개변수 사용

```
@available(*, deprecated: 2.0.0, message: "아마도 쓰지 않는 것이 좋을 걸?")
class SomeClass {}
// 이 클래스는 2.0.0 버전부터 사용이 제한되었습니다.

let instance = SomeClass()   // 플랫폼 버전이 기준 버전보다 높다면 컴파일러 경고
```

그림 부록-1 사용이 제한된 클래스의 컴파일 경고 메시지

```
@available(*, deprecated: 2.0.0, message: "아마도 쓰지 않는 것이 좋을 걸?")
class SomeClass {}
// 이 클래스는 2.0.0 버전부터 사용이 제한되었습니다.
let instance = SomeClass()  // 컴파일러 경고    ⚠ 'SomeClass' is deprecated: 아마도 쓰지 않는 것이 좋을 걸?
```

| renamed |

renamed 매개변로수는 해당 선언이 교체되어 다른 이름으로 변경되었을 때, 그 다른 이름을 나타냅니다. 다른 이름으로 교체된 선언을 사용하려 할 때 컴파일러를 통해 프로그래머에게 다른 클래스를 사용할 것을 제안할 경고 또는 오류 메시지입니다. 메시지는 문자열 리터럴로 작성합니다.

코드 부록-13 available 속성의 renamed 매개변수 사용

```
@available(*, deprecated: 2.0.0, message: "아마도 쓰지 않는 것이 좋을 걸?", renamed:
    "NewClass")
class SomeClass {}
// 이 클래스는 2.0.0 버전부터 사용이 제한되었습니다.

@available(*, unavailable, message: "사용 불가", renamed: "NewClass")
class AnotherClass {}
// 이 클래스는 사용 불가능합니다.

@available(*, introduced: 2.0.0)
class NewClass {}

let someInstance = SomeClass()          // 플랫폼 버전이 기준 버전보다 높다면 컴파일러 경고
let anotherInstance = AnotherClass()    // 컴파일러 오류
let newInstance = NewClass()            // 플랫폼 버전이 기준 버전보다 낮다면 컴파일러 오류
```

그림 부록-2 사용이 제한되거나 불가능한 클래스의 컴파일러의 제안 메시지

```
@available(*, deprecated: 2.0.0, message: "아마도 쓰지 않는 것이 좋을 걸?", renamed: "NewClass")
class SomeClass {}
// 이 클래스는 2.0.0 버전부터 사용이 제한되었습니다.

@available(*, unavailable, message: "사용 불가", renamed: "NewClass")
class AnotherClass {}
// 이 클래스는 사용 불가능합니다.

@available(*, introduced: 2.0.0)
class NewClass {}

let someInstance = SomeClass()          // 컴파일러 경고
let anotherInstance = AnotherClass()    // 컴파일러 오류
```

available 속성의 매개변수로 여러 플랫폼과 여러 매개변수를 동시에 전달할 수 있습니다. 또 introduced 매개변수를 생략하고 곧바로 버전을 명시해줄 수도 있습니다. 몇 가지 플랫폼에서 사용할 것을 한정할 때는 사용하고 싶은 플랫폼 이름과 최소 버전을 명시해주면 됩니다. 그리고 리스트의 맨 마지막은 꼭 애스터리스크로 끝나야 합니다.

코드 부록-14 available 속성의 여러 플랫폼 한정

```
@available(iOS 11.0, *)
func someFunction() { }

@available(iOS 11.0, macOS 10.13, watchOS 4.0, *)
func anotherFunction() { }
```

discardableResult

흔히 반환 값이 있는 함수나 메서드를 호출한 후 반환 값을 다른 변수나 상수에 할당하여 사용하거나 조건 수식에 반영하는 등 반환 값이 있는 함수의 반환 값은 유의미하게 사용되는 경우가 많습니다.

그렇지만 종종 반환 값을 유의미하게 사용하지 않고 버려도 되는 함수들이 있습니다. 이때 컴파일러 경고가 발생하지 않도록 하려면 discardableResult 속성을 함수나 메서드의 정의에 부여하면 됩니다.

objc

스위프트로 선언된 코드를 Objective-C의 코드에서 표현하고 사용할 수 있도록 하려면 objc 속성을 사용합니다. 단, 중첩 타입, 제네릭 열거형 등은 objc 속성을 사용할 수 없습니다.

objc 속성이 부여된 클래스는 Objective-C의 클래스를 꼭 상속받아야 합니다. objc 속성이 부여된 클래스를 상속받는 클래스는 암시적으로 objc 속성이 부여됩니다. objc 속성이 부여된 프로토콜은 objc 속성이 부여되지 않은 스위프트의 프로토콜을 상속받을 수 없습니다. objc 속성이 부여된 프로토콜을 상속받는 프로토콜은 암시적으로 objc 속성이 부여됩니다.

코드 부록-15 objc 속성과 상속

```
import Foundation

// 오류 - Objective-C의 클래스를 상속받지 않았습니다.
@objc
class SomeClass {}

// Objective-C의 클래스를 상속받으면 암시적으로 @objc 속성이 부여됩니다.
class AnotherClass: NSObject {}

protocol ParentProtocol {}

@objc    // 오류 - ParentProtocol은 objc 속성이 없습니다.
protocol SomeProtocol: ParentProtocol { }
```

objc 속성이 부여된 열거형은 Objective-C 코드에서 사용할 수 있습니다. 다만 원시 값 타입을 Int 타입으로 지정해주어야 합니다. 스위프트로 작성한 각 열거형 case의 이름은 Objective-C 코드에서는 Objective-C 스타일의 열거형 case 이름으로 나타납니다. 예를 들어 스위프트의 Planet 열거형의 earth 케이스는 Objective-C 코드에서 PlanetEarth 라는 이름으로 나타납니다.

코드 부록-16 objc 열거형의 Objective-C 이름

```
@objc
enum Planet: Int {
    case mercury, venus, earth, mars, jupiter
    // Objective-C 이름
```

```
        // PlanetMercury, PlanetVenus, PlanetEarth, PlanetMars, PlanetJupiter
}
```

스위프트와 Objective-C의 명명 규칙이 다르기 때문에 배려해야 하는 부분도 있습니다. 그래서 자동으로 변경되지 않는 이름은 수동으로 이름을 정해줘야 할 때도 있습니다. objc 속성을 부여할 때 매개변수로 이름을 전달하면 해당 선언이 Objective-C 코드에서는 매개변수로 전달한 이름으로 사용합니다. 다른 이름으로 변경할 수 있는 선언은 클래스, 열거형, 열거형 case, 프로토콜, 메서드, 접근자, 설정자, 이니셜라이저 등이 있습니다.

코드 부록-17 objc 속성에 Objective-C 이름 부여

```
@objc(Example)
// Objective-C 코드에서는 ExampleClass 클래스의 이름이 Example이라고 보입니다.
class ExampleClass: NSObject {
    @objc var enabled: Bool {
        // Objective-C 코드에서는 enabled 프로퍼티의 이름이 isEnabled라고 보입니다.
        @objc(isEnabled) get {
            return true
        }
    }

    // Objective-C 코드에서는 print(name:) 메서드의 이름이 printWithName:이라고 보입니다.
    @objc(printWithName:)
    func print(name: String) {    }

    // Objective-C 코드에서는 init(name:) 이니셜라이저의 이름이 initWithName:이라고 보입니다.
    @objc(initWithName:)
    init(name: String) {    }
}
```

nonobjc

메서드, 프로퍼티, 서브스크립트, 이니셜라이저, 디이니셜라이저 등에 nonobjc 속성을 부여하면 Objective-C 코드에서는 사용이 불가능합니다. 또 nonobjc 속성을 부여한 메서드는 objc 속성이 부여된 메서드로 재정의할 수 없으며, objc 속성을 요구하는 프로토콜 요구사항을 충족할 수 없습니다.

testable

testable 속성은 테스트를 위해 컴파일한 모듈에 정의한 내부 접근수준 정의를 공개 접근수준으로 정의한 것처럼 만들어줍니다. 외부에서 가져다 테스트할 수 있도록 부여할 수 있는 속성입니다. 테스트를 위한 코드는 공개 접근수준과 내부 접근수준으로 testable 속성과 함께 정의한 클래스나 클래스 요소에 개방 접근수준의 접근수준처럼 접근하여 테스트할 수 있습니다.

objcMembers

클래스 선언에 objcMembers 속성을 적용하면 클래스에 objc 속성을 부여할 수 있습니다. objc 속성은 클래스의 멤버, 클래스의 익스텐션, 자식클래스를 비롯한 하위클래스 및 익스텐션에도 암묵적으로 Objective-C와 호환되도록 합니다.

대부분의 경우 objc 속성을 사용할 테지만, 정의 하나만 Objective-C에 노출하려는 경우에는 objcMembers 속성을 사용합니다. 많은 양의 정의를 노출하고자 한다면 익스텐션에 그 정의를 묶어 objc 속성을 주는 것이 좋습니다. 불필요한 곳에 objc 속성을 남용하면 바이너리 크기가 커질 뿐만 아니라 성능에 영향을 미칠 수도 있습니다. 클래스나 라이브러리의 크기가 클 때 모든 멤버가 Objective-C 멤버로 노출될 필요가 없다면 objcMemebers 속성을 사용하여 필요한 멤버만 노출하도록 합니다.

dynamicMemberLookup

클래스, 구조체, 열거형, 프로토콜 선언에 이 속성을 적용하면 실행 중^{Runtime}에 이름으로 멤버(프로퍼티 등)를 찾을 수 있습니다. 이 속성을 적용한 타입은 subscript(dynamicMemberLookup:) 서브스크립트를 정의해야 합니다.

이 속성을 적용한 타입의 인스턴스에 명확한 멤버 표현(예를 들어 점 표기법 등)에서 적절한 멤버를 찾지 못하면 서브스크립트에 매개변수로 그 멤버의 이름이 전달된 subscript(dynamicMemberLookup:) 서브스크립트가 호출됩니다. 서브스크립트의 매개변수는 키경로 혹은 멤버 이름을 모두 수용할 수 있습니다. dynamicMemberLookup 속성을 적용한 클래스를 상속받으면 상속받은 클래스도 dynamicMemeberLookup 속성이 적용됩니다.

subscript(dynamicMemberLookup:) 서브스크립트를 구현할 때 KeyPath, Writable

KeyPath, ReferenceWritableKeyPath 등의 타입을 매개변수로 전달받을 수 있습니다. 또 멤버 이름을 ExpressibleByStringLiteral 프로토콜을 준수하는 타입의 매개변수로 전달받을 수도 있습니다.

멤버의 이름으로 멤버를 찾는 것은 실행 중에 데이터가 존재할지 확신할 수 없는 상황에서 사용하기 좋습니다.

코드 부록-18 dynamicMemberLookup 속성의 사용

```swift
@dynamicMemberLookup
struct Contacts {
    private let contacts: [String: String] = ["yagom": "010-1234-4567",
                                              "hana": "010-5544-5568"]
    subscript(dynamicMember member: String) -> String {
        return contacts[member] ?? "114"
    }
}
let contacts: Contacts = Contacts()

// Dynamic Member Lookup 사용
let hanas: String = contacts.hana
print(hanas)     // "010-5544-5568"

// 서브스크립트 직접 호출
let yagoms: String = contacts[dynamicMember: "yagom"]
print(yagoms)    // "010-1234-4567"

// 찾을 수 없는 경우
let somebody: String = contacts.somebody
print(somebody) // "114"

let anybody: String = contacts[dynamicMember: "anybody"]
print(anybody)  // "114"
```

dynamicCallable

클래스, 구조체, 열거형, 프로토콜 등의 선언에 dynamicCallable 속성을 적용하면 그 타입의 인스턴스 자체를 함수처럼 호출할 수 있습니다. 이 속성을 적용한 타입에는 dynamicallyCall(withArguments:) 메서드나 dynamicallyCall(withKeywordArguments:) 메서드를

구현해야 합니다. 물론 두 메서드 모두 다 구현해도 무관합니다.

dynamicallyCall(withArguments:) 메서드는 [코드 부록-19]처럼 ExpressibleByArrayLiteral 프로토콜을 준수하는 단 하나의 매개변수만 받을 수 있습니다. 반환 타입은 어떤 타입이든 상관없습니다. 만약에 메서드를 호출할 때 매개변수 레이블을 사용하고 싶다면 dynamicallyCall(withKeywordArguments:) 메서드를 활용하면 됩니다.

코드 부록-19 dynamicCallable 속성의 사용

```
@dynamicCallable
struct Contacts {
    private let contacts: [String: String] = ["yagom": "010-1234-4567",
                                              "hana": "010-5544-5568"]

    func dynamicallyCall(withArguments names: [String]) -> [String] {
        var result: [String] = []
        for name in names {
            guard let mobile: String = contacts[name] else {
                continue
            }
            result.append(mobile)
        }
        return result
    }
}

let contacts: Contacts = Contacts()
var mobiles: [String]

// Dynamic Member Lookup 사용
mobiles = contacts("yagom", "hana")
print(mobiles)   // ["010-1234-4567", "010-5544-5568"]
mobiles = contacts("you", "yagom", "me")
print(mobiles)   // ["010-1234-4567"]

@dynamicCallable
struct Repeater {
    func dynamicallyCall(withKeywordArguments pairs: KeyValuePairs<String, Int>)
    -> String {
        return pairs
            .map { label, count in
                repeatElement(label, count: count).joined(separator: " ")
```

```
            }
            .joined(separator: "\n")
        }
    }

    let repeatLabels: Repeater = Repeater()
    print(repeatLabels(yagom: 1, hana: 2))
    // yagom
    // hana hana
```

inlinable

inlinable 속성을 함수, 메서드, 연산 프로퍼티, 서브스크립트, 편의 이니셜라이저, 디이니셜라이저 등의 선언에 적용하면 모듈의 공개 인터페이스의 일부로 노출됩니다. 컴파일 시에 컴파일러는 inlinable 속성을 가진 함수, 메서드, 연산 프로퍼티, 서브스크립트, 편의 이니셜라이저, 디이니셜라이저 등을 호출하는 코드 부분에서 단순히 호출하도록 컴파일하는 것이 아니라 inlinable 구현 코드를 그대로 치환합니다.

inlinable 코드는 다른 모듈이나 같은 모듈의 공개(public) 접근수준의 코드와 상호작용할 수 있습니다. 또 같은 모듈의 내부(internal) 접근수준에 usableFromInline 속성을 적용한 코드와 상호작용할 수 있습니다. 비공개(private) 혹은 파일외부비공개(fileprivate) 접근수준의 코드와는 상호작용할 수 없습니다.

inlinable 속성은 비공개(private) 혹은 파일외부비공개(fileprivate) 접근수준의 선언부 혹은 중첩 함수 내부에는 적용할 수 없습니다. inlinable 속성을 적용한 코드 내부에 선언한 함수나 클로저는 암시적으로 inlinable 속성이 적용됩니다.

usableFromInline

usableFromInline 속성을 함수, 메서드, 연산 프로퍼티, 서브스크립트, 편의 이니셜라이저, 디이니셜라이저 등의 선언에 적용하면 같은 모듈의 inlinable 코드와 상호작용할 수 있습니다. usableFromInline 속성을 적용한 선언은 내부(internal) 접근수준의 코드여야 합니다.

usableFromInline 속성을 적용하면 모듈의 공개 인터페이스의 일부로써 선언이 노출됩니다. inlinable 속성을 적용한 선언은 usableFromInline 속성을 암시적으로 적용한 것으로 취급합니다. 하나의 선언에 inlinable 속성과 usableFromInline 속성을 동시에 적용할 수 없습니다.

requires_stored_property_inits

클래스의 선언에 requires_stored_property_inits 속성을 적용하면 그 클래스의 모든 저장 프로퍼티가 기본값이 있어야 합니다. 모든 저장 프로퍼티의 값을 초기화해주는 지정 이니셜라이저가 있다고 하더라도 초깃값이 있어야 합니다. NSManagedObject 클래스를 상속받은 클래스는 기본적으로 이 속성을 적용한 것으로 취급합니다.

warn_unqualified_access

최상위 수준Top-Level의 함수, 인스턴스 메서드, 클래스 메서드, 정적Static 메서드에 warn_unqualified_access 속성을 적용하면 (모듈 이름, 타입 이름, 인스턴스 변수, 인스턴스 상수 등의) 선확인자Preceding Qualifier 없이 사용할 때 경고가 발생합니다. 같은 범위에 같은 이름의 함수나 메서드 등이 존재하는 경우 컴파일러가 어떤 것을 실행해야 할지 애매할 수 있습니다. 이런 애매함이 발생하지 않도록 미연에 방지할 수 있습니다.

예를 들어 스위프트 표준 라이브러리에 min(_:_:) 함수가 있는데, 시퀀스를 갖는 Sequence 타입에도 같은 이름의 min() 메서드가 있습니다. 사용의 혼동을 막고자 Sequence 타입의 메서드에는 warn_unqualified_access 속성이 적용되어 있습니다.

propertyWrapper

클래스, 구조체, 열거형 선언에 이 속성을 적용하면 프로퍼티의 접근 패턴을 정의하는 타입이 됩니다. 프로퍼티의 선언에서 propertyWrapper 속성을 적용한 타입을 채택하면 그 타입에서 구현한 접근 패턴을 활용할 수 있습니다.

propertyWrapper 속성을 적용한 타입은 wrappedValue라는 이름의 프로퍼티를 구현해야 합니다. 또한 특정 매개변수를 갖는 이니셜라이저를 구현하여 프로퍼티 선언부에 이니셜라이저를 통한 프로퍼티 사용에 필요한 최초 설정을 할 수 있습니다.

특정 타입의 프로퍼티의 값을 파일에 읽고 쓰는 경우나 UserDefaults 등에서 읽고 쓰는 경우 등, 프로퍼티의 접근과 할당이 특정 패턴을 갖는 경우 매우 유용하게 사용할 수 있습니다. 다양한 경우에 활용할 수 있는 만큼 예제 코드를 통해 간단히 살펴보겠습니다. [코드 부록-20]에서 propertyWrapper의 간단한 활용 방법을 알아봅니다.

코드 부록-20 propertyWrapper 속성의 사용

```
import Foundation

// 프로퍼티를 텍스트 파일로 읽고 쓰도록 포장할 때 사용할 패턴입니다.
@propertyWrapper
struct TextFileIO {
    
    private var fileLocation: URL
    
    init(fileName: String?) {
        
        let applicationSupportDirectory: URL
        
        do {
            applicationSupportDirectory = try  FileManager.default.url(for: .applicationSupportDirectory, in: .userDomainMask, appropriateFor: nil, create: false)
        } catch {
            fatalError("파일경로 생성 실패")
        }
        
        let fileNameToAppend: String
        
        if let fileName = fileName {
            fileNameToAppend = fileName
        } else {
            fileNameToAppend = "file.text"
        }
        
        self.fileLocation = applicationSupportDirectory.appendingPathComponent(fileNameToAppend)
    }
    
    var wrappedValue: String {
        get {
            guard let string = try? String(contentsOf: self.fileLocation, encoding: String.Encoding.utf8) else {
```

```swift
            return ""
        }
        return string
    }
    
    set {
        try? newValue.write(to: self.fileLocation, atomically: true, encoding: String.Encoding.utf8)
    }
  }
}

// TextFileIO 패턴을 적용한 프로퍼티를 사용하는 NoteManager 구조체
struct NoteManager {
    @TextFileIO(fileName: "title.txt")
    var title: String
    
    @TextFileIO(fileName: "contents.txt")
    var contents: String
}

var manager = NoteManager()
print(manager.title)        // 다음 실행에서 지난번 변경 내용이 저장되어 있었는지 확인해봅니다.
manager.title = "title" // 새로운 제목을 파일에 저장합니다.

print(manager.contents) // 다음 실행에서 지난번 변경 내용이 저장되어 있었는지 확인해봅니다.
manager.contents = "yagom"   // 새로운 내용을 파일에 저장합니다.


// 특정 프로퍼티에 할당하는 값이 범위를 벗어나지 않도록 제한하는 패턴을 만들어봅니다.
@propertyWrapper
struct LimitedRange<T: Comparable> {
    
    var value: T
    let range: ClosedRange<T>
    
    init(wrappedValue: T, range: ClosedRange<T>) {
        precondition(range.contains(wrappedValue))
        self.value = wrappedValue
        self.range = range
    }
    
    var wrappedValue: T {
        get {
```

```
            return self.value
        }
        mutating set {
            value = max(min(range.upperBound, newValue), range.lowerBound)
        }
    }
}

// LimitedRange 패턴을 적용한 프로퍼티를 활용해봅니다.
struct Person {
    let name: String
    @LimitedRange(range: 0...150) var age: Int = 0
}

var yagom: Person = Person(name: "yagom", age: 100)
print(yagom.age)     // 100
yagom.age = -1
print(yagom.age)     // 0
yagom.age = 160
print(yagom.age)     // 150
```

main

구조체, 클래스, 열거형의 정의에 @main 속성을 적용하면 해당 타입이 프로그램 흐름의 가장 최상위 진입점이라는 것을 나타냅니다. @main 속성을 적용한 타입은 반드시 main 타입 메서드를 구현해야 합니다. 해당 메서드는 아무 매개변수도 없고 반환 값도 없는 메서드입니다.

코드 부록-21 프로그램 진입 지점을 나타내는 MyTopLevel 구조체

```
@main
struct MyTopLevel {
    static func main() {
        // Top-level code goes here
    }
}
```

@main 속성을 작성한 타입은 반드시 [코드 부록-22]의 가상 프로토콜을 준수해야 한다고 표현할 수도 있겠습니다.

코드 부록-22 @main 속성을 채택한 타입이 준수해야 하는 가상의 프로토콜 예시

```
protocol ProvidesMain {
    static func main() throws
}
```

스위프트 코드를 실행하려면 하나의 최상위 진입 지점이 존재해야 합니다.

attached

@attached 속성은 부착 매크로Attached Macro를 선언할 때 사용합니다. @attached 속성에 대한 자세한 내용은 매크로(33장) 설명을 참고해주세요.

backDeployed

함수, 메서드, 서브스크립트, 연산 프로퍼티에 backDeployed 속성을 추가하면 해당 심볼을 호출하거나 접근할 수 있는 심볼의 구현부 복사본을 프로그램에 포함할 수 있습니다. backDeployed 속성을 추가하면 해당 심볼이 OS에 포함된 API처럼 플랫폼의 일부로 실려나갑니다. backDeployed 속성을 사용하면 해당 심볼 구현부의 복사본이 프로그램에 포함되기 때문에 과거 버전의 환경에서도 해당 심볼을 사용할 수 있게 만들어줍니다.

스위프트 컴파일러는 backDeployed 속성을 가진 함수를 컴파일할 때, 함수의 구현부를 찾기 위한 간접 레이어를 삽입합니다. backDeployed된 심볼이 포함된 SDK에서 함수가 호출된다면 SDK의 함수가 호출되고, 그 이전 환경에서 실행되면 복사된 심볼의 구현부가 호출됩니다.

만약 호출하는 쪽의 최소 배포 버전Minimum Deployment Target이 SDK에 포함된 최소 버전과 같거나 높다면 컴파일러는 최적화를 위해 backDeployed된 구현부의 간접참조를 위한 런타임 검사를 건너뛰고 SDK의 구현부를 바로 호출합니다.

backDeployed 속성을 사용할 수 있는 조건은 다음과 같습니다.

- 함수, 메서드, 서브스크립트, 연산 프로퍼티 중 하나일 것
- public 접근수준이거나 @usableFromInline일 것
- 클래스의 메서드인 경우 final 메서드이면서 @objc 메서드가 아닐 것
- 인라인Inline 가능한 구현일 것

backDeployed 속성은 before: 전달인자를 통해 해당 심볼을 무슨 버전부터 사용하게 만들지에 대한 정보를 전달받습니다. available 속성에서도 사용 가능한 특정 버전을 명시했던 것을 기억하나요? available 속성에 명시해줬던 것과 같은 의미의 버전입니다. 다만, 모든 버전을 의미하는 애스터리스크(*)를 사용할 수 없다는 점이 다릅니다.

코드 부록-23 @backDeployed 속성의 활용

```
@backDeployed(before: macOS 13)
public func canUseInAllVersion() {  }

@available(iOS 15, *)
@backDeployed(before: iOS 17)
public func canUseFrom15() {  }
```

[코드 부록-23]에서 canUseInAllVersion은 macOS 13 버전부터 제공된 함수이지만, backDeployed 속성이 적용되어 해당 심볼이 프로그램에 복사되어 포함되기 때문에 이전 버전에서도 canUserInAllVersion을 사용할 수 있습니다. canUserFrom15 함수는 iOS 17 버전에서부터 제공된 함수이지만, backDeployed 속성을 통해 과거 버전에서도 사용할 수 있습니다. 다만, available 속성의 제약 때문에 iOS 15 버전 이상부터 사용할 수 있습니다. 이처럼 available과 backDeployed 속성을 조합해 활용할 수도 있습니다.

freestanding

@freestanding 속성은 독립 매크로Attached Macro를 선언할 때 사용합니다. @freestanding 속성에 대한 자세한 내용은 매크로(33장) 설명을 참고해주세요.

frozen

@frozen은 구조체 또는 열거형 타입의 정의부를 수정할 수 없도록 하기 위해 사용합니다. @frozen 속성은 라이브러리 전개 모드Library Evolution Mode일 때만 사용할 수 있습니다. 이후 버전의 라이브러리에서 열거형의 케이스 또는 구조체의 저장 인스턴스 프로퍼티를 추가 또는 삭제하거나 순서를 바꿀 수 없습니다. 이러한 변경은 ABI 호환성을 무너뜨릴 수 있기 때문입니다.

라이브러리 전개 모드가 아닌 상황에서는 모든 구조체와 열거형은 암시적으로 @frozen입니다.

불변 타입Frozen Type과 불변 열거형 케이스의 연관 값은 반드시 공개 수준(public)이거나 usableFromInline 속성을 갖추고 있어야 합니다. 불변 구조체의 프로퍼티는 프로퍼티 감시자를 가질 수 없습니다. 또 저장 인스턴스 프로퍼티의 초깃값을 제공하기 위한 표현은 인라인 가능한 함수의 제약 사항과 같은 제약을 갖습니다.

명령줄Command Line에서 라이브러리 전개 모드를 활성화하려면 스위프트 컴파일러에 -enable-library-evolution 옵션을 보내면 됩니다. Xcode에서 활성화하려면 "Build Libraries for Distribution" 빌드 설정의 (BUILD_LIBRARY_FOR_DISTRIBUTION)을 'YES'로 설정해주면 됩니다.

불변 열거형은 향후 변경 사항이 없기 때문에 불변 열거형을 조건으로 하는 switch 구문은 default 케이스가 필요 없습니다.

preconcurrency

스위프트 언어 5.5 버전에서 새롭게 동시성Concurrency 기능이 추가되었고, 6 버전에서는 동시성 관련 코드에 대해 엄격하게 규칙을 적용합니다. 그렇기 때문에 6 버전 미만에서 작성한 코드는 6 버전에서 요구하는 강력한 규칙에 부합하지 않을 수 있습니다. 그럴 때 코드에 엄격한 규칙을 적용하지 않도록 @preconcurrency 속성을 추가할 수 있습니다. @preconcurrency 속성을 적용할 수 있는 곳은 다음과 같습니다.

- import 구문
- 구조체, 클래스, 액터
- 열거형과 열거형의 케이스
- 프로토콜
- 변수와 상수
- 서브스크립트
- 이니셜라이저
- 함수

@preconcurrency 속성을 import할 때 사용하면 가져오는 모듈 내의 타입에 대한 동시성 검사의 엄격도를 완화합니다. 즉, 가져온 모듈 내부의 타입이 Sendable을 명시적으로 표기하지 않았더라도 전송 가능한 타입이 요구되는 문맥에서 사용할 수 있습니다.

@preconcurrency 속성을 클래스, 함수, 프로토콜 등에 적용하면 해당 선언을 사용할 때 동시성과 관련한 제약을 검사하지 않습니다. 즉, 최소한의 동시성 검사만 적용하고, 해당 요소는 비교적 자유롭게 동시성 문맥에서 사용할 수 있습니다.

Objective-C에서 가져온 선언은 자동으로 @preconcurrency 속성을 적용한 상태로 import 합니다. 즉, Objective-C 코드에서는 이 속성을 추가할 필요가 없습니다.

resultBuilder

클래스, 구조체, 열거형 등에 @resultBuilder 속성을 적용하면 해당 타입을 결과 구축자 Result Builder로 사용할 수 있습니다. 결과 구축자는 단계별로 중첩된 데이터 구조를 구축하는 타입입니다. 결과 구축자는 중첩된 데이터구조를 자연스럽고 선언적 방식으로 만들어주기 위한 도메인 특화 언어 Domain-specific Language (DSL)를 구현하는 데 사용할 수 있습니다. SwiftUI에서도 결과 구축자를 적극 활용하고 있습니다. 결과 구축자에 대한 더 자세한 내용은 결과 구축자(31장) 설명에서 확인할 수 있습니다.

retroactive

@retroactive 속성은 스위프트 6 버전에서 추가되었습니다. 다른 모듈에서 가져온 타입에 프로토콜을 추가 채택하려면 익스텐션 등을 활용할 수 있습니다. 그런데 모듈을 업데이트하면서 내가 익스텐션으로 추가 채택한 프로토콜이 모듈 내 타입에 채택된다면 어떻게 될까요? 여러 문제가 발생할 수 있습니다. 런타임 충돌로 인해 버그가 발생하거나 오류가 발생할 수도 있죠. @retroactive 속성은 이런 문제를 미연에 방지하기 위해 사용할 수 있습니다. 익스텐션에서 다른 모듈의 타입에 프로토콜을 채택할 때 앞에 @retroactive 속성을 붙여주면 해당 프로토콜의 채택이 의도적으로 소급 적용된 것임을 컴파일러에게 알려주어 예기치 않은 오류를 미연에 방지할 수 있습니다.

코드 부록-24 @retroactive 속성을 적용한 SomeType 타입

```
class SomeType: @retroactive Hashable {
    // ...
}
```

testable

import 선언에 @testable 속성을 적용하면 해당 모듈의 코드를 테스트할 수 있도록 접근제어를 단순화할 수 있습니다. @testable로 불러온 모듈의 코드 중 internal 접근수준인 요소는 public 접근수준으로 표시됩니다. 클래스와 클래스 멤버가 internal 또는 public 접근수준이었다면 open 접근수준으로 표시됩니다. 불러오는 모듈은 테스트 가능한 상태로 컴파일되어야 합니다.

unchecked

@unchecked 속성은 Sendable 프로토콜에만 적용할 수 있습니다. 타입을 정의할 때 Sendable 프로토콜을 채택하면서 그 앞에 @unchecked 속성을 적용하면, Sendable 프로토콜이 요구하는 사항을 모두 충족하지 않더라도 컴파일러 오류가 발생하지 않습니다. 컴파일러에게 타입이 Sendable 요구사항을 충족하는지, 프로그래머가 직접 확인하고 채택했다고 알리는 것이라고 생각할 수 있습니다.

코드 부록-25 @unchecked 속성을 적용한 SomeType 타입

```
class SomeType: @unchecked Sendable {
    // ...
}
```

G.2 타입 속성

타입 속성Type Attribute은 타입에만 적용할 수 있습니다. 종류에는 autoclosure, convention, escaping이 있습니다.

autoclosure

autoclosure 속성을 부여한 매개변수에 작성된 표현을 바로 실행하지 않고 전달인자가 없는 클로저로 변경하고자 할 때 사용합니다. 함수나 메서드의 매개변수 타입의 속성으로 사용할 수 있습니다. autoclosure에 대한 자세한 설명과 예는 자동 클로저(13.7절)에 있습니다.

convention

convention 속성은 함수의 타입이 어떤 호출 방식을 사용할지 지정하며 swift, block, c 중 하나의 매개변수를 갖습니다.

swift 매개변수는 스위프트 함수 참조를 나타냅니다. 스위프트의 함수 값을 위한 표준 호출 방식입니다.

block 매개변수는 Objective-C의 블록 객체 참조를 나타냅니다. Objective-C의 블록 객체는 C 언어 함수 호출 방식을 포함합니다.

c 매개변수는 C 언어 함수의 참조를 나타냅니다. C 언어 함수 호출 방식입니다.

C 언어 함수 호출 방식은 Objective-C 블록 호출 방식으로 사용할 수 있고, Objective-C 블록 호출 방식은 스위프트 함수 호출 방식으로 사용할 수 있습니다. 그러나 지역변수를 획득하지 않고 제네릭을 사용하지 않은 전역 함수, 제네릭을 사용하지 않은 지역함수, 제네릭을 사용하지 않은 클로저는 C 언어 함수 호출 방식으로 사용할 수 있습니다.

코드 부록-26 convention 속성 사용

```
import Foundation

// 전역변수
var someGlobalInstance: NSObject = NSObject()

func swiftParamFunction(_ param: @convention(swift) () -> Void) { param() }

func blockParamFunction(_ param: @convention(block) () -> Void) { param() }

func cParamFunction(_ param: @convention(c) () -> Void) { param() }

swiftParamFunction{ [someGlobalInstance] in print(someGlobalInstance) }
blockParamFunction{ [someGlobalInstance] in print(someGlobalInstance) }
```

```
// 오류: 전역변수를 획득하는 클로저는 C 언어 함수 호출 방식으로 사용할 수 없습니다.
cParamFunction{ [someGlobalInstance] in print(someGlobalInstance) }

let someSwiftClosure: @convention(swift) () -> Void = {
    [someGlobalInstance] in print(someGlobalInstance)
}

let someBlock: @convention(block) () -> Void = {
    [someGlobalInstance] in print(someGlobalInstance)
}

// 오류: 전역변수를 획득하는 클로저는 C 언어 함수 호출 방식으로 사용할 수 없습니다.
let someCFunction: @convention(c) () -> Void = {
    [someGlobalInstance] in print(someGlobalInstance)
}
```

escaping

메서드나 함수의 매개변수 타입에 escaping 속성을 사용하면 매개변수의 값을 나중에 실행하기 위해서 어딘가로 다시 저장될 가능성이 있다는 것을 의미합니다. 즉, 함수나 메서드의 호출이 끝난 후에도 매개변수를 사용할 수 있다는 것을 의미합니다. escaping에 대한 자세한 설명과 예는 탈출 클로저(13.6절)에 있습니다.

Sendable

함수 또는 클로저에 @Sendable 속성을 적용하면 해당 함수나 클로저가 전송 가능한^{Sendable} 것을 뜻합니다. 즉, 이 속성을 적용하면 해당 함수 또는 클로저를 동시성^{Concurrency} 환경에서 안전하게 사용할 수 있습니다. 함수 타입에 @Sendable 속성을 적용하는 것은 함수가 아닌 타입에 Sendable 프로토콜을 적용하는 것과 같은 의미로 해석할 수 있습니다. 따라서 함수 또는 클로저가 다른 스레드에서 실행될 수 있도록 보장하며, 스위프트의 동시성 모델에서 데이터 경쟁^{Race Condition} 없이 안전하게 공유될 수 있습니다.

함수나 클로저가 전송 가능한 값을 요구하는 문맥에 사용될 때, 스위프트 컴파일러는 해당 함수 또는 클로저가 Sendable 요구사항을 만족하면 자동으로 @Sendable으로 추론합니다.

G.3 스위치 케이스 속성

스위치 케이스 속성은 스위치의 케이스 선언에 적용할 수 있는 속성입니다. unknown 속성이 있습니다.

unknown

스위치 케이스에 unknown 속성을 적용하면 열거형의 각 케이스가 스위치 구문에 매칭되지 않는 경우 컴파일 경고를 발생시킵니다. 자세한 활용법은 [코드 6-14]를 참고하세요.

H. 타입 별칭 및 호환 타입

스위프트에서 많이 사용하는 타입이지만 실제로는 타입 별칭인 경우가 많습니다. 또 C 언어 등과 타입을 호환하기 위해 별칭으로 사용하는 타입들이 있습니다. 그런 타입들이 실제로는 스위프트의 어떤 타입인지 알아봅니다.

표 부록-5 타입 별칭의 실제 타입

별칭	실제 타입	설명
AnyClass	AnyObject.Type	모든 클래스 타입이 암시적으로 준수하는 프로토콜
BooleanLiteralType	Bool	Boolean 리터럴의 기본 타입
CBool	Bool	C의 _Bool 및 C++의 bool 타입
CChar	Int8	C의 char 타입(플랫폼에 따라 CSignedChar 또는 CUnsignedChar 타입과 같음)
CChar16	UInt16	UTF-16 인코딩을 사용하는 C++11의 char16_t 타입
CChar32	Unicode.Scalar	UTF-32 인코딩을 사용하는 C++11의 char32_t 타입
CDouble	Double	C의 double 타입
CFloat	Float	C의 float 타입
CInt	Int32	C의 int 타입
CLong	Int	C의 long 타입
CLongLong	Int64	C의 long long 타입

별칭	실제 타입	설명
Codable	Decodable & Encodable	다른 형식으로 저장하거나 불러오는 작업을 스스로 처리할 수 있는 타입
CShort	Int16	C의 short 타입
CSignedChar	Int8	C의 signed char 타입
CUnsignedChar	UInt8	C의 unsinged char 타입
CUnsignedInt	UInt32	C의 unsinged int 타입
CUnsignedLong	UInt	C의 unsigned long 타입
CUnsignedLongLong	UInt64	C의 unsigned long long 타입
CUnsignedShort	UInt16	C의 unsigned short 타입
CWideChar	Unicode.Scalar	C++의 wchar_t 타입
ExtendedGraphemeClusterType	String	유니코드로 확장된 문자 집합 리터럴의 기본 타입
Float32	Float	32비트 부동소수 타입
Float64	Double	64비트 부동소수 타입
FloatLiteralType	Double	부동소수 리터럴의 기본 타입
IntegerLiteralType	Int	정수 리터럴의 기본 타입
StringLiteralType	String	문자열 리터럴의 기본 타입
UnicodeScalarType	String	유니코드 스칼라 리터럴의 기본 타입
Void	( )	빈 튜플 타입(Void, 즉 빈 튜플은 함수의 반환 타입을 명시하지 않으면 암시적으로 사용되는 반환 타입)

I. 알아두면 유용한 타입

스위프트 표준 라이브러리에서 알아두면 유용한 타입을 모아 소개합니다.

I.1 Codable

Codable은 스위프트 4 버전에서 처음 소개된 것으로 스위프트의 문법 형식 자체는 아니지만, 여러모로 유용한 타입이기에 소개합니다. Codable의 정의를 살펴보면 `public typealias`

Codable = Decodable & Encodable로, Decodable 프로토콜과 Encodable 프로토콜의 조합임을 알 수 있습니다.

Encodable과 Decodable은 사용자 정의 데이터 타입을 다른 형식으로 쉽게 인코딩하고 디코딩할 수 있는 청사진을 제시하는 프로토콜입니다.

사실 Encodable과 Decodable 프로토콜을 준수한다고 해서 그 자체만으로 큰 역할을 하지는 않지만 다른 기능과 결합하면 큰 시너지 효과를 발휘합니다. 특히 애플에서 제공하는 **Foundation 프레임워크**의 여러 클래스와 호환됩니다.

표 부록-6 Codable을 활용할 수 있는 Foundation 프레임워크의 대표적인 클래스

Foundation 프레임워크의 클래스	효과
JSONEncoder, JSONDecoder	Codable 프로토콜을 준수하는 타입의 데이터를 JSON 문자열로 변환하거나 JSON 문자열을 타입의 인스턴스로 변환할 수 있습니다.
NSKeyedArchiver, NSKeyedUnarchiver	Codable 프로토콜을 준수하는 타입의 데이터를 JSON 문자열로 변환하거나 JSON 문자열을 타입의 인스턴스로 변환할 수 있습니다.
PropertyListEncoder, PropertyListDecoder	Codable 프로토콜을 준수하는 타입의 데이터를 프로퍼티 리스트 데이터로 변환하거나 프로퍼티 리스트 데이터를 타입의 인스턴스로 변환할 수 있습니다.

위 클래스 중 `JSONEncoder`와 `JSONDecoder`를 활용하는 방법에 대해 [코드 부록-27]을 통해 알아봅니다.

코드 부록-27 Codable, JSONEncoder, JSONDecoder의 활용

```
/// Encodable과 Decodable 프로토콜을 준수하는 타입 Person
struct Person: Codable {
    /// Encodable과 Decodable 프로토콜을 준수하는 타입 Gender
    enum Gender: String, Codable {
        case male, female, unknown
    }
    
    var name: String
    var age: Int
    var gender: Gender
    var friends: [Person]
```

```swift
}

let yagom = Person(name: "yagom", age: 20, gender: .male, friends: [])
let hana = Person(name: "hana", age: 22, gender: .female, friends: [yagom])
let eric = Person(name: "eric", age: 25, gender: .male, friends: [yagom, hana])

// JSONEncoder 인스턴스 생성
var encoder = JSONEncoder()

// JSONEncoder를 활용하여 Person 타입의 eric 인스턴스를 JSON 문자열로 인코딩
let jsonData = try encoder.encode(eric)
let jsonString = String(data: jsonData, encoding: .utf8)
print(jsonString ?? "convert to json string failed")
/*
"{"age":25,"gender":"male","friends":[{"age":20,"gender":"male","friends":[],"name":"yagom"},{"age":22,"gender":"female","friends":[{"age":20,"gender":"male","friends":[],"name":"yagom"}],"name":"hana"}],"name":"eric"}"
 */

// JSONDecoder를 활용하여 JSON 문자열을 Person 타입의 인스턴스로 디코딩
let decoder = JSONDecoder()
let decoded: Person = try decoder.decode(Person.self, from: jsonData)
print(decoded.name) // eric
```

[코드 부록-27]에서 Gender 타입에도 Codable을 준수하도록 한 것은, Person 타입이 Codable을 준수하더라도 중첩 타입인 Gender가 Codable을 준수하지 않으면 gender 프로퍼티를 인코딩 혹은 디코딩할 수 없기 때문입니다. 이 점에 주의해야 합니다.

또 한 가지 생각해볼 점이 있는데요, 바로 JSON 키의 이름을 짓는 방법입니다. 스위프트는 소문자 카멜케이스로 프로퍼티의 이름을 짓습니다. 그런데 다른 언어를 사용하는 서버에서 JSON 객체를 보내는 경우에는 키의 이름이 카멜케이스가 아닌 경우가 있습니다. 그럴 때는 JSONDecoder의 KeyDecodingStrategy와 JSONEncoder의 KeyEncodingStrategy를 활용하면 카멜케이스Camel Case와 스네이크 케이스Snake Case를 상호 변환하여 줍니다.

코드 부록-28 KeyDecodingStrategy와 KeyEncodingStrategy의 활용

```swift
struct Car: Codable {
    let wheelCount: Int
    let doorCount: Int
}
```

```
var snakeJsonString = "[{\"wheel_count\":4,\"door_count\":4},{\"wheel_
count\":6,\"door_count\":2}]"
var snakeJsonData = snakeJsonString.data(using: String.Encoding.utf8)!

let snakeDecoder = JSONDecoder()
snakeDecoder.keyDecodingStrategy = JSONDecoder.KeyDecodingStrategy.
convertFromSnakeCase

let cars = try snakeDecoder.decode([Car].self, from: snakeJsonData)
print(cars.count)    // 2

let snakeEncoder = JSONEncoder()

let nonSnakeJsonData = try snakeEncoder.encode(cars)
let nonSnakeJsonString = String(data: nonSnakeJsonData, encoding: .utf8)
print(nonSnakeJsonString ?? "convert to json string failed")
// [{"doorCount":4,"wheelCount":4},{"doorCount":2,"wheelCount":6}]

snakeEncoder.keyEncodingStrategy = JSONEncoder.KeyEncodingStrategy.
convertToSnakeCase

snakeJsonData = try snakeEncoder.encode(cars)
snakeJsonString = String(data: snakeJsonData, encoding: .utf8)!
print(snakeJsonString)
// [{"wheel_count":4,"door_count":4},{"wheel_count":6,"door_count":2}]
```

JSONDecoder에는 KeyDecodingStrategy 외에도 DataDecodingStrategy 등이 있고, JSONEncoder에는 DataEncodingStrategy, KeyEncodingStrategy 등이 있습니다.

또 CodingKey 프로토콜을 활용하면 JSON 객체의 키 값과 프로퍼티의 이름이 서로 달라도 값을 매칭할 수 있습니다. Codable 프로토콜을 준수하는 타입의 중첩 타입으로 String 타입의 원시 값을 가지며 CodingKey 프로토콜을 준수하는 CodingKeys라는 이름의 열거형을 선언하면 됩니다. CodingKeys는 해당 타입의 프로퍼티 이름을 모두 케이스로 가져야 합니다.

코드 부록-29 CodingKey의 활용

```
struct Animal: Codable {
    var species: String
    var age: Int
    var birth: Date
```

```
    enum CodingKeys : String, CodingKey {
        case species
        case age
        case birth = "date_of_birth"
    }
}

var puppyString = "{\"species\":\"Dog\",\"age\":1,\"date_of_birth\":596300800}"
var puppyData = puppyString.data(using: String.Encoding.utf8)!
let puppyDecoder = JSONDecoder()

let puppy = try puppyDecoder.decode(Animal.self, from: puppyData)
print(puppy.birth)    // 2019-11-24 15:06:40 +0000
```

I.2 CaseIterable

연관 값이 없는 열거형인 경우에 `CaseIterable` 프로토콜을 준수하면 각각의 `case`를 순회할 수 있습니다. 순회할 `case`는 `allCases` 콜렉션으로 제공합니다. 또 `allCases`로 뽑아낸 `case` 목록 중 `randomElement()` 메서드로 임의의 `case`를 만들 수 있습니다. 의외로 자주 쓸 수 있는 조합입니다.

코드 부록-30 CaseIterable 프로토콜의 사용

```
enum Day: String, CaseIterable {
    case mon = "월", tue = "화", wed = "수", thu = "목", fri = "금"
    case sat = "토", sun = "일"
}

// Day.allCases == [.mon, .tue, .wed, .thu, .fri, .sat, .sun]
for day in Day.allCases {
    print(day, terminator: " ")
}
// mon tue wed thu fri sat sun

if let dayOfClean = Day.allCases.randomElement() {
    print("\n청소하는 날 : \(dayOfClean.rawValue)")
    // 청소하는 날 : 목
}
```

I.3 Result

성공 혹은 실패에 대한 정보를 담는 타입입니다. 제네릭 열거형으로 구현되어 있습니다. 값이 있음 혹은 없음을 구현한 옵셔널과 유사하지만 옵셔널은 값이 없음에 연관 값이 없는 반면 Result 타입은 실패에도 오류에 대한 정보를 담은 연관 값이 존재합니다.

코드 부록-31 Result 타입의 활용

```swift
enum ConvertError: Error {
    case notAnASCII
    case unknown
}

func ascii(_ character: Character) -> Result<UInt8, ConvertError> {
    if let ascii = character.asciiValue {
        return Result.success(ascii)
    } else {
        return Result.failure(ConvertError.notAnASCII)
    }
}

switch ascii("A") {
case .success(let value):
    print(value)
case .failure(let error):
    print(error)
}
// 65

switch ascii("ㄱ") {
case .success(let value):
    print(value)
case .failure(let error):
    print(error)
}
// notAnASCII

print(ascii("A"))    // success(65)
print(ascii("ㄱ"))   // failure(ConvertError.notAnASCII)
```

찾아보기

abs 614
Access Control 251
Access Level 252
Adopted 385
Any 91, 380, 381
AnyClass 656
AnyObject 91, 380, 611
ARC 491
arch() 628
Argument 161
arm 628
arm64 628
Array 97
as 372, 377, 474, 626
Assert 614
assertionFailure 615
assignment 137
associatedtype 626
associatedType 545
Associated Type 435
Associated Values 107
Attribute 634
autoclosure 283, 654
Auto Closure 281
available 575

Base Class 337
BinaryInteger 434, 611
Bool 83

Boxed Protocol Type 547
break 143, 156, 626

canImport() 628
Capture 265, 273
Capture List 509
case 143, 471, 475, 626, 639
CaseIterable 114, 612, 661
catch 522, 534, 626
Character 85
Child-class 337
class 195, 626
Class 49
Closure 265
Codable 612, 657
CodingKey 612
Collection 612
compactMap 321
Comparable 612
Computed Properties 205
Conform 385
Context 314
continue 156, 626
convenience 351, 626
Convenience Initializer 351
convention 654
CustomStringConvertible 72, 604

debugPrint 615

찾아보기

Decodable 658
Decodable 프로토콜 612
default 149, 626
Default Value 236
defer 530, 626
deinit 198, 248, 578, 626
Deinitializer 198, 248
Delegation Pattern 406
deprecated 636
Designated Initializer 350
Dictionary 100
didSet 215, 626
discardableResult 634, 638
do 37, 626
do-catch 522
double 589
Double 84
Down Casting 377
dump 616
dynamic 626

E

Early Exit 296
else 142, 187, 558, 626
Encodable 658
enum 107, 626
Enumeration Case Pattern 471
Equatable 612
Error 518
Error Handling 517
Escape 277
escaping 277, 655

Escaping Closure 277
Existential Type 547
ExpressibleByArrayLiteral 613
ExpressibleByBooleanLiteral 613
ExpressibleByDictionaryLiteral 613
ExpressibleByFloatLiteral 613
ExpressibleByIntegerLiteral 613
ExpressibleByNilLiteral 613
ExpressibleByStringLiteral 613
ExpressibleByUnicodeScalarLiteral 613
Expression Pattern 475
extension 626
Extension 407

F

Failable Initializer 244
fallthrough 143, 626
false 626
fatalError 178
fileprivate 254, 259, 626
filter 280
Filter 305
final 349, 396, 626
First-Calss Citizen 51
FixedWidthInteger 612
flatMap 156, 319
Float 84
for 626
Forced Unwrapping 186
for-in 153, 302
Frozen Type 651
func 160, 626

G

Generic 421
get 626
getVaList 617
guard 47, 296, 626

H

Hashable 433
higherThan 626

I

i386 628
Identifier Pattern 469
Identity Operators 201
if 141, 626
Implicitly Unwrapped Optionals 189
import 626
in 280, 626
indirect 115, 626
infix 626
init 235, 244, 626
init? 244
Initialization 235
Initializer 235
Initial Value 236
inout 168, 307, 626
Int 81
internal 252, 254, 626
introduced 635
iOS 191, 248, 628, 635

is 372, 401, 474, 626
IteratorProtocol 612

J

JSONDecoder 41, 658
JSONEncoder 41, 658

K

keyPath 221

L

lazy 209, 280, 508
Lazy Stored Properties 209
left 626
let 97, 195, 626
Line Control Statement 630
Linux 628
lowerThan 626

M

macOS 62, 628
Macro 581
Map 301
max 81, 617
message 281, 636
Message 49
Metatype 621
Method 49
min 81, 617

찾아보기

Module 252
Monad 265, 314, 319
mutating 230, 393

Name Specifier 592
Nested Types 418, 463
Never 177, 178
newValue 213
nil 91, 181, 244, 626
nil 병합 연산자 126, 189
noescape 284
Noncopyable Type 576
none 626
Nonescape Closure 277
nonmutating 626
nonobjc 640
Nonreturning Function 177
Nonreturning Method 177
numericCast 618

objc 402, 639
Object 49
obsoleted 636
open 253, 626
operator 626
optional 402
Optional 315
Optional Binding 186

Optional Chaining 287
Optional Pattern 473
Optionals 181
os() 628
override 396
Override 341

package 254
Parameter Packs 440
Parents-class 337
Pattern 467
postfix 626
precedencegroup 128, 626
precondition 614, 618
preconditionFailure 619
prefix 626
print 619
private 255, 626
Property Observers 206, 214
protocol 626
Protocol 265, 385
Protocol Default Implementations 448
Protocol-Oriented Language 54
public 253, 626

Quick Help Inspector 73
Quick Look 59

R

rawValue 109
Raw Value 107, 108
Read-Eval-Print Loop 55
Reduce 306
Reference 265
Reference Counting 491
renamed 637
repeat 157, 626
repeatElement 620
repeat-while 157
required 364, 396, 626
Result Builder 652
Rethrowing 526
rethrows 526, 535
return 160, 213, 626
Return Type 160
right 626

S

Safty-Checks 354
self 541
Sendable 392, 572
Sequence 612, 645
Set 103, 613
SignedInteger 612
SignedNumeric 612
static 231, 626
Static 645
Stored Properties 205
String 86

String interpolation 72
Strong Capture 511
Strong Reference 493
struct 194, 626
Structured Concurrency 564
Subclass 337
subscript 626
Subscript 329
super 341, 343
Superclass 337
SuperClass 386
swap 620
swift 635
switch 143, 475, 626

T

Task Group 564
testable 641
TextOutputStreamable 612
throw 518
Trailing Closure 269
true 626
try 519, 525, 526
Tuple 95
Tuple Pattern 470
tvOS 628
type 621
typealias 100, 626
Type Attribute 653
Type-Casting 93
Type-Casting Pattern 474
Type Cast Operator 377

찾아보기

Type Constraints　432
Type Parameter　427
Type Properties　205

UInt　81
unavailable　635
unowned　626
Unowned Capture　511
Unowned Reference　500
unsafeBitCast　621
unsafeDowncast　622
UnsignedInteger　612
Unstructured Concurrency　568

Value-Binding Pattern　469
var　103, 195, 626
Void　170, 172

watchOS　628
weak　626
Weak Capture　511
Weak Reference　498
where　481, 626
while　156, 626
Wildcard Pattern　468
willSet　215

withoutActuallyEscaping　622
withVaList　622

x86_64　628
Xcode　55
zip　623

가변 매개변수　166
값 바인딩 패턴　469
값 타입　199
강세표　70, 625
강한참조　493
강한참조 순환　495
강한획득　511
개방 접근수준　253
객체지향 프로그래밍　48
결과 구축자　652
공개 접근수준　253
구문 이름표　157
구조적 동시성　564
구조체　194
기반클래스　337
기본 이니셜라이저　241

내부 접근수준　254

ㄷ

다시 던지기 526
다운캐스팅 377
단방향 범위 연산자 123
대문자 카멜케이스 81
데이터 타입 81
데이터 타입 안심 93
독립 매크로 589
동등 매크로 594
디이니셜라이저 198, 248
딕셔너리 100

ㄹ

라인 제어 구문 630
리듀스 306

ㅁ

매개변수 161
매개변수 기본값 164
매개변수 다발 440
매개변수 이름 162
매크로 581
맵 301
메서드 159, 225, 342, 412
메타 타입 375
멤버 매크로 604
멤버 속성 매크로 600
멤버와이즈 이니셜라이저 241
모나드 53, 313, 319

모듈 252
문자열 보간법 72
미복사 타입 576
미소유참조 500
미소유획득 511

ㅂ

반폐쇄 범위 연산자 123
반환이 없는 함수 170
반환 타입 160
배열 97
범위 연산자 123
변수 79
부모클래스 337
부착 매크로 594
불변 타입 651
비공개 접근수준 255
비구조적 동시성 568
비반환 177
비탈출 클로저 277
빠른종료 296
빠른확인 59

ㅅ

상속 337
상수 80
상자형 프로토콜 타입 547
서브스크립트 329, 417
선언 매크로 591
세트 102

찾아보기

소스파일 252
속성 634
순환 열거형 115
식별 연산자 201
식별자 패턴 469
실존 타입 547
실패 가능한 이니셜라이저 244

ㅇ

안전확인 354
암시적 추출 옵셔널 188
약한참조 498
약한획득 511
연관 값 107, 110
연관 타입 435
연산자 119, 126
연산자 결합방향 132
연산자 우선순위 127
연산자 우선순위 그룹 128
연산 프로퍼티 210
열거형 106
열거형 케이스 패턴 471
예약어 625
오류처리 517
오버플로 연산자 125
옵셔널 181
옵셔널 강제 추출 186
옵셔널 바인딩 186
옵셔널 체이닝 287
옵셔널 패턴 473
와일드카드 식별자 147, 468
와일드카드 패턴 468

요구 이니셜라이저 364
원시 값 107, 108
위임 패턴 406
이니셜라이저 235, 238, 394, 415
이니셜라이저 자동 상속 360
이름 지정자 592
익스텐션 407
익스텐션 매크로 607
인스턴스 195, 235
인스턴스 메서드 225
인스턴스 프로퍼티 219
일급 객체 51, 301
읽기 전용 구현 260
입출력 매개변수 540

ㅈ

자동 클로저 281
자식클래스 337
작업 그룹 564
재정의 341
저장 프로퍼티 206
전달인자 161
전달인자 레이블 162
전위 연산자 133
접근수준 252
접근자 매크로 597
접근제어 251
제네릭 421
제네릭 서브스크립트 439
제어문자 90
종료되지 않는 함수 177
중위 연산자 136

중첩 타입　463
중첩 함수　174
지연 저장 프로퍼티　209
지정 이니셜라이저　350

ㅊ

참조　199, 265
참조 비교 연산자　122
참조 타입　199
채택　385
초기구현　448
초기화　195, 235, 415
초기화 위임　242, 352
초깃값　236

ㅋ

컨텍스트　314
콘솔　57
콘솔 로그　71
클래스　195
클로저　265
키 경로　221

ㅌ

타입 매개변수　427
타입 메서드　231
타입 별칭　94
타입 속성　653
타입 제약　432

타입 중첩　463
타입 추론　94
타입캐스트 연산자　377
타입캐스팅　369
타입캐스팅 패턴　474
타입 프로퍼티　219
탈출　277
탈출 클로저　277
튜플　95
튜플 패턴　470
특수문자　90

ㅍ

파라미터　160
파일외부비공개 접근수준　254
패키지　252
패키지 접근수준　254
패턴　467
편의 이니셜라이저　350
폐쇄 범위 연산자　123
표현 매크로　589
표현 패턴　475
프로토콜 지향　54, 445
프로토콜 지향 언어　54
프로토콜 초기구현　445
프로퍼티　205, 209
프로퍼티 감시자　214
프로퍼티 기본값　236
플랫맵　319
플레이그라운드　55
필터　305

찾아보기

함수 159
함수객체 316
함수형 프로그래밍 패러다임 53
형변환 93
획득 265, 273
획득목록 509
후위 연산자 135
후행 클로저 269

2단계 초기화 354
` 625
_ 604, 626
! 133
? 133
$0 271
@available 633
#available 626, 632
#column 626, 627
@discardableResult 178
#dsohandle 626, 627
#else 626
#elseif 626, 628
#endif 626, 628
#file 626, 627
#fileID 626
#filePath 626, 627
#function 626, 627
#if 626, 628
#line 626, 627
.Protocol 375
#selector 626
#sourceLocation 626, 631
.Type 375